Truddi Chase

Aufschrei

Ein Kind wird jahrelang
mißbraucht – und seine Seele zerbricht.
Das erschütternde Zeugnis einer
Persönlichkeitsspaltung.

Aus dem Amerikanischen von
Hilke Schlaeger

BASTEI-LÜBBE-TASCHENBUCH
Band 61 133

1. Auflage Oktober 1988
2. Auflage Juli 1989
3. Auflage Mai 1990
4. Auflage Juli 1990
5. Auflage August 1990

Deutsche Erstveröffentlichung
Titel der Originalausgabe:
WHEN RABBIT HOWLS
© 1987 by Truddi Chase
© für Einleitung und Epilog der Originalausgabe
1987 by Robert A. Phillips, jr.
© für die deutsche Ausgabe 1988 by
Gustav Lübbe Verlag GmbH, Bergisch Gladbach
Printed in West Germany
Einbandgestaltung: Manfred Peters
Satz: ICS Communikations-Service GmbH, Bergisch Gladbach
Druck und Bindung: Ebner Ulm
ISBN 3-404-61133-2

Der Preis dieses Bandes versteht sich einschließlich
der gesetzlichen Mehrwertsteuer

Dies Buch widmen wir Robert A. Phillips, Jr., Ph. D., der den Namen »Stanley« ertragen und den Kampfplatz sicher gemacht hat; Lois B. Valladeres, M.S., die den Standort der anderen Bombe bloßlegte; Joan Uri von *A Woman's Place*, die die Not erkannte; unseren Agenten Rebecca McCormick und Mr. McCormick, die Irishman sein Recht gaben; Leezie Dameron, Dennis V. Kosineski und Boo, Suzanne Turner McBride, Dottie Reich, Alice Randall, Ernie Fears, Sandra R. Gregg, Karen Chenoweth und Pat Martin, die das Licht ins Fenster stellten; Sergeant York und den Frauen und Männern der *Montgomery County Police Youth Division*; »Mr.« Stone, der sich erinnern und das Seine tun wird; Mike und Ken und der ganzen Männergruppe – und Terry und Apple Blossom wegen ihres Muts und liebevollen Mitdenkens; Mervie, Arthur und Großvater in innigem Gedenken; ganz besonders aber unserer Tochter Kari Kathleen Cupcake in unauslöschlicher Liebe; und Daniel Davis, dem die acht Pferde entgegentraben.

EINLEITUNG

Dies Buch bietet einen unmittelbaren Einblick in die Erfahrung, die wir Multiple oder Mehrfachpersönlichkeit nennen. Nicht der Bericht eines professionellen Journalisten oder die interpretierende Studie eines Psychotherapeuten, sondern eine Autobiographie, die die verschiedenen Persönlichkeiten selbst zusammengestellt haben. Wir sehen hier mit den Augen von Truddi Chase, die von ihrem zweiten bis zu ihrem sechzehnten Lebensjahr von ihrem Stiefvater sexuell mißbraucht wurde und in der sich mindestens neunzig Personen manifestieren – Personen, die entstanden, um sie für mehr als vierzig Jahre daran zu hindern, sich mit dem emotionalen und physischen Trauma dieses Mißbrauchs auseinanderzusetzen. Wir nehmen teil an der fortschreitenden Bewußtwerdung ihrer Realität in dem gleichen Maß, in dem sie sich in der Therapie und beim Schreiben dieses Manuskripts entwickelte.

Von und über Menschen, die den sexuellen Mißbrauch als Kinder überlebt haben, sind zahlreiche Bücher geschrieben worden, über multiple Personen nur wenige. Die wichtigsten sind »*The Three Faces of Eve*« (Die drei Gesichter Evas), »Sybil« und »Die Leben des Billy Milligan«.* »*The Three Faces of Eve*« wurde von den

---

* Auf deutsch erhältlich: Flora Schreiber, »Sybil«, Fischer Taschenbuch-Verlag. Daniel Keyes, »Die Leben des Billy Milligan«, Heyne-Taschenbuch

am Prozeß der Therapie beteiligten Psychotherapeuten geschrieben. »Sybil« verfaßte eine professionelle Autorin, die versuchte, eine sehr frühe Erfahrung und eine lang andauernde Therapie nachzuvollziehen. »Die Leben des Billy Milligan« entstand aus Interviews, die ebenfalls ein Journalist geführt hat. »Aufschrei« ist das einzige mir bekannte Buch, das von einem Opfer sexuellen Mißbrauchs im Kindesalter, das mehrere Persönlichkeiten entwickelte, stammt. Was dieses Buch so faszinierend macht, ist, daß es auf den ersten Blick über und von Truddi Chase geschrieben scheint, in Wirklichkeit aber die Geschichte und das Werk der vielen Personen ist, die sich in ihr drängen.
Die Leser werden hier nicht die Geschichte einer eindeutig identifizierbaren Person finden. Auch nach unseren neuesten Informationen ist Truddi Chase, die »Erstgeborene«, abwesend, seit sie zwei Jahre war. Sie lebte in einer kleinen Nische, sie »schlief«, ihr Platz wurde von einer Reihe anderer Personen eingenommen. Dies ist in sich ein Problem: Wie sich beziehen auf die Person oder die Personen, denen wir auf diesen Seiten begegnen? Als mindestes erwarten wir, von einer einheitlichen Hauptfigur zu erfahren, die den größten Teil der Zeit für die Außenwelt sichtbar ist und die sich für kürzere Perioden ausblendet, wenn andere an ihre Stelle treten. Statt dessen haben wir in diesem Fall viele Personen vor uns, die sprechen und die Geschichte schreiben (das Originalmanuskript weist verschiedene, klar unterscheidbare Handschriften auf), und nur schrittweise lernen wir, daß die Frau, die wir die meiste Zeit sehen, nur eine Fassade ist, die anfangs von den anderen nichts wußte. Ich werde in dieser Einleitung mit diesem Dilemma umgehen, indem ich einfach den Namen benutze: »Truddi Chase«. Aber der Leser sollte sich ständig daran erinnern, daß die wirkliche Truddi Chase »schläft« und daß ich ihren

Namen nur verwende, um auf die Gruppe von Charakteren zu verweisen, die sich mit Hilfe ihres Körpers präsentiert.
Die Personen, die sprechen und schreiben, nennen sich selbst kollektiv »die Truppe«. Sie sind es, die das Buch geschaffen haben als einen Teil des Klärungsprozesses, den wir Psychotherapie nennen; im therapeutischen Prozeß war das Buch ein wichtiger Bestandteil. Da es mitten in der therapeutischen Erforschung geschrieben wurde, ist es auch ein einzigartiges Mittel, diesen Prozeß mit den Augen derjenigen zu sehen, die ihn erfahren. Schließlich gibt das Buch dem Leser die Möglichkeit, zu begreifen, was das heißt: sexueller Mißbrauch. Wir folgen Truddi Chase vom Beginn ihrer Therapie, als sie noch unfähig war, sich an auch nur eine einzige ihrer Erfahrungen zu erinnern, bis zur Realisierung des Geschehens, bis zum Bewußtwerden der Tatsache, daß sie als ein kreatives Mittel, diese Erfahrungen zu bewältigen, multiple Personen entwickelt hatte. Das Buch erkundet, wie sie – und ich als ihr Therapeut – sich der Anwesenheit vieler Personen in ihr bewußt wurde.
Vielen wird dieses Buch unglaublich und furchterregend zugleich vorkommen. Es verändert vieles von dem, was man landläufig von der menschlichen Persönlichkeit annimmt, und übersteigt die Erfahrung der meisten bei weitem. Manchmal mag es sogar wie Science-fiction anmuten. Selbstverständlich mußte auch Truddi (ebenso wie die Mitglieder der Truppe) ihren anfänglichen Unglauben, was ihren Zustand betraf, erst überwinden. Dennoch: es ist der wahrheitsgetreue Rechenschaftsbericht über Vorgänge, die die Forschung erst jetzt eingehender zu untersuchen und zu beschreiben beginnt.
Unter Berufskollegen gab es jahrelang große Kontroversen darüber, ob die Krankheit »Multiple Persönlichkeit« überhaupt existiert. Seit dem siebzehnten Jahrhundert ist

darüber berichtet worden, in den letzten hundert Jahren wurde eine signifikante Zahl von Beispielen diskutiert und aufgezeichnet. Die Anzahl heutiger Daten, die die Existenz multipler Persönlichkeiten bestätigen, nimmt ständig zu. Das »Diagnostische und statistische Handbuch der Geisteskrankheiten«, herausgegeben von der Amerikanischen Gesellschaft für Psychiatrie, in dem die geltenden, von Fachleuten anerkannten klinischen Kategorien beschrieben werden, hat in seiner Ausgabe von 1980 die Diagnose »Multiple oder Mehrfach-Persönlichkeit« aufgeführt. Die Definition heißt:

> »Das wesentliche Merkmal ist die Existenz zweier oder mehrerer unterscheidbarer Persönlichkeiten innerhalb des Individuums. Jede Persönlichkeit ist eine voll ausgebildete und komplexe Einheit mit eigenen Erinnerungen, Verhaltensmustern und sozialen Bezügen, die die Handlungen des Individuums bestimmen, wenn diese Persönlichkeit dominiert. Der Übergang von einer Persönlichkeit zur anderen geschieht plötzlich, oft verbunden mit psychosozialem Streß. ... Normalerweise hat die originäre Persönlichkeit weder Kenntnis noch ein Bewußtsein davon, daß die anderen Persönlichkeiten (Sub-Persönlichkeiten) existieren.« (S. 257)

Die Eintragung diskutiert dann den Zeitverlust des Individuums, Gedächtnisschwund, fachliche Auseinandersetzungen und notiert anhand von Fällen die Unterschiede, die mit Hilfe psychologischer und physiologischer Tests gefunden wurden.
Die Arbeiten von Frank Putnam, M.D. – einem Psychiater, der an den Nationalen Instituten für Geisteskrankheiten in Bethesda, Maryland, und Washington, D.C., Grundlagenforschung über multiple Persönlichkeiten betrieben hat – und Richard Kluft, M.D. – einem Psych-

iater in Philadelphia, der sich mit mehr als zweihundert Fällen von Mehrfachpersönlichkeiten beschäftigt hat – liefern empirisch getestete und klinisch beschriebene Daten, die die Stichhaltigkeit der Diagnose »Multiple Persönlichkeit« begründen und sie von anderen diagnostischen Kategorien abgrenzen, mit denen sie immer wieder verwechselt worden ist. Dr. Putnam hat entdeckt, daß es zwischen den Persönlichkeiten signifikante Unterschiede im Muster der Hirnströme, in Stimmlage und -modulation, bei Augenreaktionen auf äußere Reize und bei anderen Reaktionen auf sowohl physische wie psychische Stimulationen gibt, auch wenn sie sich alle im gleichen Körper befinden. Bei meinen eigenen klinischen Beobachtungen habe ich Unterschiede in Handschrift, Syntax, Stimme, Akzent, Gesichtsausdruck und Körperhaltung gefunden. Multiple Persönlichkeiten unterscheiden sich wesentlich von jenen Menschen, die als schizophren oder manisch-depressiv diagnostiziert worden sind. Um nur ein Beispiel zu nennen: die multiple Persönlichkeit spricht auf chemotherapeutische Behandlung (psycho-aktive Drogen) nicht an. Das wachsende Datenmaterial läßt darauf schließen, daß die Persönlichkeiten (oder »Personen«, wie einige Multiple sie lieber nennen) sich sehr voneinander unterscheiden und tatsächlich eindeutig definierte Individuen sind. Stimmen sprechen, nicht bloß innere Stimmen: andere können sie hören. Wenn der Körper sich unter der Kontrolle einer bestimmten Person befindet, sind medizinische Symptome beobachtet worden, die nicht auftreten, wenn eine andere Person diese Kontrolle ausübt. Bei mir bekannten Patienten wurden Symptome beobachtet wie allergiebedingte Hautausschläge, Krebs, Zysten, schwere Kopfschmerzen und sogar Anzeichen von Schwangerschaft, wenn eine Person die Oberhand hatte, die wieder verschwanden, wenn andere Personen die Kontrolle über den Körper übernahmen.

Multiple Persönlichkeit ist auch nicht bloß der Stimmungsumschwung, wie ihn die meisten von uns kennen. Da jede Persönlichkeit sich signifikant von den anderen unterscheidet (und, wie Dr. Putnam nachgewiesen hat, die Unterschiede meßbar sind), sehen wir die Reaktionen und Aktionen unterschiedlicher Leute. Oft ist es ein Zeitraum von nur wenigen Minuten, in denen ein Patient scheinbar eine Reihe von Gefühlen ausdrückt, die bei genauerem Hinsehen das Weinen eines Babys, die Verwirrung eines jungen Mädchens, die Angst eines Kindes, die Wut eines Mannes und das sorglose Lachen einer erwachsenen Frau sein können. Professionelle Schauspieler wurden aufgefordert, diese unterschiedlichen Haltungen unter klinischer Kontrolle nachzuspielen. Die Ergebnisse solcher Tests zeigen, daß eine einzelne Person die Unterschiede nicht annähernd so präzise simulieren kann, wie die multiple sie zum Ausdruck bringt. So unglaublich diese Ergebnisse auch sein mögen, so beweisen sie doch, daß in einem Körper mehrere Personen existieren können.

In ihrer Erscheinungsform kann sich die multiple Persönlichkeit von einem Fall zum anderen sehr unterscheiden. Sybil, Eva und Billy Milligan haben alle eine Primärperson, die seit der Geburt existiert und auch jetzt noch präsent ist und im Alltag agiert. Die Person aber, die ursprünglich als Truddi geboren wurde, die »Erstgeborene«, ist seit dem zweiten Lebensjahr verschwunden. Die Person, die »die Frau« genannt wird, ist nicht Truddi, sondern eine, die später entstand. Das Buch zeigt, daß die komplexe Struktur dieses Falles sich von den anderen, in der Öffentlichkeit besser bekannten, in Form und Ausdruck unterscheidet.

Die überwiegende Mehrheit der bekannten Fälle von multipler Persönlichkeit findet sich bei Männern und Frauen, die als Kinder über längere Zeit hinweg wiederholt und schwer mißbraucht worden sind – sexuell mißbraucht und körperlich mißhandelt. Meine Kollegin Lois Valladeres und ich haben Patienten gesehen, die von Vätern, Stiefvätern, Müttern, Stiefmüttern, Großeltern, erwachsenen Geschwistern oder Verwandten beiderlei Geschlechts, von Kollegen am Arbeitsplatz und von Babysittern auf sadistische Weise sexuell mißbraucht worden waren. Brutale Schläge und seelische Grausamkeit gehörten dazu. Ein kindliches Opfer kann mit der überwältigenden Erfahrung schweren wiederholten Mißbrauchs durch den Prozeß der Dissoziation fertigwerden. (Dissoziation: der Zerfall geordneter Vorstellungsverbindungen, eines Bewußtseinszusammenhangs. Anm. d. Ü.) Auf diese Weise wird die Entwicklung mehrerer, multipler, Persönlichkeiten ein funktionierendes Mittel zum Überleben. Statt Selbstmord zu begehen oder psychotisch zu werden, überlebte Truddi Chase, weil es ihr gelang, »in ihrer Seele zu verschwinden« und andere zu erfinden, die an ihrer Stelle das Trauma bewältigen sollten. So wurden aus ihr viele Personen in einem Körper. Multiple Persönlichkeit, so unverständlich und furchterregend dies für viele, für Fachleute wie für die Allgemeinheit, auch sein mag, ist die Reaktion eines kreativen Geistes, der einer Kindheit voller Entsetzen und Schmerz zu entkommen versucht.

Für uns alle wird es Zeit, uns klarzumachen, daß der sexuelle Mißbrauch von Kindern kein isoliertes Problem ist, das nur eine kleine Gruppe von Menschen betrifft. Die Fachwelt wie die Öffentlichkeit werden sich schmerzlich bewußt, daß sexueller Mißbrauch von Kindern in allen sozio-ökonomischen Schichten unserer Gesellschaft vorkommt. Nach vorsichtigen Schätzungen sind mindestens 20 Prozent aller Menschen durch eine ältere, mit ihrer Obhut betraute Person mißbraucht worden. Das ergibt Millionen von Menschen, Männern und Frauen, Jungen und Mädchen, die unangemessenes

Berühren, Streicheln und/oder Geschlechtsverkehr ertragen haben oder ertragen. Diese Hochrechnung ist schwindelerregend, vor allem, weil nur ein geringer Prozentsatz bisher aktenkundig ist.

Diese nationale Tragödie, die bis vor kurzem praktisch ignoriert worden ist, findet in den Millionen traumatisch gezeichneter Leben jener Erwachsenen ihren Nachhall, die als Kinder sexuell mißbraucht wurden. Ihre Auswirkung auf menschliche Existenzen ist in den Behandlungszimmern der für seelische Krankheiten Zuständigen zu sehen. In meiner eigenen klinischen Praxis, die einen repräsentativen Querschnitt unserer Gesellschaft umfaßt, war ich oft überwältigt von der großen Zahl von Menschen, die zu mir kamen und offenbarten, daß sie als Kinder sexuell mißbraucht worden waren. Viele waren Studentinnen aus Seminaren, in denen ich über das Thema gesprochen hatte. Sie sagten mir häufig, daß ich der erste Mensch sei, dem sie sich mitgeteilt hätten. Gar nicht selten sind die Täter Akademiker oder Leute mit hohem Einkommen, die Familien unterscheiden sich auf den ersten Blick nicht von anderen, in denen Mißbrauch nicht vorkommt. Diese Menschen – Studentinnen und Studenten, Akademikerinnen und Akademiker, Männer, die wiederum ihre eigenen Kinder belästigt haben, Menschen mit persönlichen und familiären Problemen, mit denen sie auf den ersten Blick oft auch sehr gut fertigzuwerden scheinen – erzählen mir von ihren Ängsten, ihrer Unfähigkeit, Vertrauen zu entwickeln, ihren Schwierigkeiten in der Ehe oder in privaten Beziehungen und ihren schweren sexuellen Problemen. Sie kommen mit Konflikten und dem Gefühl tiefer Schuld und Verwirrung. Und einige weisen das auf, was wir als multiple Persönlichkeit kennen.

Es ist wichtig zu begreifen, daß sexueller Mißbrauch auch körperlicher und emotionaler Mißbrauch ist. Einige

Opfer neigen dazu, die Aspekte körperlichen Mißbrauchs herunterzuspielen, besonders wenn die mißhandelnde Person sich auf erotisches Streicheln oder das bloße Berühren der Genitalien beschränkt hat. Aber auch solches Berühren und Streicheln ist ein körperlicher Eingriff und eine Verletzung von Gefühlen. Den »harmlosen« Mißbrauch eines Kindes oder Jugendlichen gibt es nicht. Ich habe jüngere und ältere Frauen und Männer interviewt, die nur gestreichelt worden waren, solche, die Geschlechtsverkehr ertragen mußten, und andere, die vergewaltigt worden sind. Sie alle haben seelische Narben davongetragen. In jedem einzelnen Fall ist Vertrauen mißbraucht worden, junge Körper wurden geschändet und verletzt. Ein Erwachsener hat die natürliche Neugier eines Kindes, seine Unschuld und seinen Wunsch zu gefallen ausgenutzt. In einer signifikanten Zahl von Fällen berichten diese Opfer auch von nichtsexuellem körperlichem Mißbrauch, der ebenso schwere emotionale Folgen hat. Dieser Mißbrauch kann begleitet sein von seelischem Mißbrauch – der nicht nur vom sexuell mißbrauchenden Elternteil verübt wird, sondern auch vom anderen, der das Opfer nicht verteidigt.
Truddi Chase wurde vor fünfzig Jahren in Rochester, N.Y., geboren. Das genaue Datum ihrer Geburt kennen wir nicht, denn in ihrer Erinnerung gibt es (noch) große Lücken. Zu den Charakteristiken des Gedächtnisverlusts bei Menschen mit multipler Persönlichkeit gehören große Flecken in der persönlichen Geschichte. Einzelheiten des Familienlebens werden oft nicht erinnert. Truddi Chase befürchtete zudem, ihre Eltern könnten sie aufspüren, und so war sie all die Jahre sorgfältig bemüht, ihre Vergangenheit zuzuschütten. Wichtige Dokumente sind verlorengegangen; viele persönliche Daten, die wir für selbstverständlich halten, sind nicht verfügbar.
Eine Reihe von Fakten haben wir zusammengetragen.

Die Eltern der »Primärperson« (oder des »erstgeborenen Kindes«), die wir als Truddi Chase kennen, trennten sich, als das Kind zwei Jahre alt war. Ihre Mutter lebte dann mit einem Mann auf einer Farm in der Nähe einer kleinen Stadt in der Umgebung von Rochester. Dieser Mann ist der, den wir im Buch als den »Stiefvater« kennenlernen werden, der Täter der abscheulichen Handlungen an Truddi (und den sich entwickelnden »Mitgliedern der Truppe«). Im Alter von nur zwei Jahren erlitt das erstgeborene Kind, Truddi, die Penetration. Der Mißbrauch Truddis (und, wie wir heute wissen, verschiedener anderer Mitglieder der Truppe, die ihren Platz einnahmen) durch den Stiefvater dauerte vierzehn Jahre, und die ganze Zeit machte er es ihr unmöglich, sich irgend jemandem anzuvertrauen. Gleichzeitig quälte auch die Mutter das Kind, ohne erkennen zu lassen, daß sie von dem andauernden sexuellen Mißbrauch wußte. Aus dieser Verbindung stammen noch drei weitere Kinder; es scheint, als wären zwei von ihnen ebenfalls körperlich und sexuell mißhandelt worden. Als Truddi sechzehn war, wurde der Stiefvater gezwungen, das Haus zu verlassen. Zwei Jahre später ging auch Truddi fort. Jahre der Arbeit, der Beziehungen, des Studiums begannen – Jahre, über die wir sehr wenig wissen. Schließlich kam sie nach Washington, D.C., wo sie als Gebrauchsgrafikerin arbeitete. Sie heiratete und bekam ein Kind, fühlte sich aber nach acht Jahren nicht mehr in der Lage, in dieser Ehe weiterzuleben, und wurde geschieden. Während ihrer Ehe hatte sie vergeblich versucht, einen medizinischen Grund für ihre gelegentlichen Wutanfälle, periodischen Blackouts und das Gefühl andauernder Benommenheit herauszufinden. Das Sorgerecht für die Tochter wurde ihrem Mann übertragen, allerdings hielt Truddi den Kontakt aufrecht. Sie wurde Grundstücksverwalterin, dann Maklerin; im September 1980, als sie die Therapie bei mir begann, hatte sie ihre eigene Firma. Bis zu diesem Zeitpunkt war ihr nicht bewußt, daß sie aus mehreren Personen bestand. Sie wußte nur, daß sie oft Angst hatte. Etwa zu der Zeit, als unsere Therapie begann, ging es infolge der sich verschlechternden wirtschaftlichen Situation mit ihrem Geschäft als Immobilienmaklerin bergab. Truddi arbeitete als Grafikerin, Illustratorin und als Sekretärin bei Gericht. Zur Zeit ist sie Sekretärin bei einer großen Firma in einer anderen Großstadt.

Truddi Chase und die Mitglieder der Truppe erlitten schweren und andauernden sexuellen Mißbrauch. Die mit solchen Erfahrungen verbundenen Gefühle und Empfindungen sind mehr, als die sich erst entwickelnde Fähigkeit eines Kindes, aufzunehmen und zu verstehen, verkraften kann. Die Gefühle sind zu intensiv, die Erfahrungen zu bestürzend, vor allem, wenn der mißhandelnde Elternteil es untersagt, sich einem anderen Menschen anzuvertrauen. Um die enorme emotionale Belastung zu bewältigen, beginnt deshalb bei einigen Kindern ein Prozeß der Dissoziation. In Truddis Fall, so vermuten wir, »starb« das erstgeborene Kind im Alter von zwei Jahren, bald nachdem es Opfer der väterlichen Penetration geworden war. Zu diesem Zeitpunkt begannen die anderen Egos zu entstehen, Egos, die im Leben dieses Kindes all die täglichen Aufgaben übernahmen. Überschüttet von einander widersprechenden Botschaften der Eltern, ging das Kind einfach davon, während alternierende Personen sich entwickelten, um der Hauptaufgabe der Dissoziation zu genügen: dem Schutz des Kindes.

Die einander ablösenden Personen entstanden in einer Struktur, die sich mit den Verteidigungsmauern einer mittelalterlichen Burg vergleichen läßt. Weil auch nichtsexuelle körperliche Mißhandlung zunehmend Teil der

Erfahrung wurde, entstand das Bedürfnis nach immer mehr Schutz. Einige Personen hatten starke, aber voneinander unabhängige Gefühle zu verkörpern und zu kontrollieren. Andere sollten das Trauma des Mißbrauchs ertragen. Und schließlich kamen noch die hinzu, die sich um die verschiedenen Ebenen des Alltagsgeschehens zu kümmern hatten. Der Leser könnte fragen: Was geschah mit Truddi, der Primärperson, als die anderen an ihre Stelle traten. Wie die Truppen erklären, »schlief« sie, so daß sie den Konflikt und den Schmerz nicht an sich heranlassen mußte.

Den größten Teil der letzten zehn Jahre habe ich mich in meiner psychotherapeutischen Arbeit auf die tragischen Konsequenzen sexuellen Mißbrauchs für das Leben von Männern wie Frauen konzentriert. Die Frau, von der ich glaubte, sie sei Truddi Chase, rief mich, einen Therapeuten, der in der Arbeit mit sexuellem Mißbrauch und seinen Folgen Erfahrung hatte, um Hilfe an, um mit den Folgen des Mißbrauchs durch ihren Stiefvater fertigzuwerden. Ihr war außerdem der nicht-sexuelle körperliche und seelische Mißbrauch durch ihre Mutter durchaus bewußt. Als ich begann, die psychosoziale Vorgeschichte aufzunehmen, was für gewöhnlich mein erster Schritt in eine neue therapeutische Beziehung ist, schien Truddi wenig Erinnerungen zu haben. Tatsächlich müssen wir auch jetzt, nach sechs Jahren, eine vollständige Geschichte erst noch erschaffen. In ihrem Leben gab es lange Perioden ohne jeden Inhalt. Als die therapeutische Beziehung sich vertiefte und sie mir zu vertrauen begann, erzählte sie mir, zögernd und ängstlich, daß sie sich verschiedener »Seiten« in sich bewußt sei.
Während der ersten Therapiesitzungen, die in der Universität auf Video aufgezeichnet wurden, war mir in keiner Weise deutlich, daß ich in den nächsten sechs

Jahren nicht mit einer einzelnen Frau zu tun haben würde, sondern mit mehr als neunzig verschiedenen Individuen, Kindern und Erwachsenen, männlichen und weiblichen, einige dazu von abweichender ethnischer Herkunft und alle sich den Körper einer einzigen Frau teilend.

Wäre ich auf eine multiple Persönlichkeit gefaßt gewesen, hätte ich verschiedene Hinweise registriert: die ausgedehnten leeren Perioden im Leben der Frau, ihre Schwierigkeit im Umgang mit »Zeit«, die Erwähnung von Kopfschmerzen, die »nicht weh taten«, ein enormes Maß an Antriebsenergie, die scheinbar auf sie selbst bezogenen Formulierungen »wir« und »uns« und das, was ich anfänglich nur für verschiedene Seiten einer Persönlichkeit hielt.

Während dieser ersten Zeit der Therapie, in dem Bemühen, sich an die Details des sexuellen Mißbrauchs zu erinnern, begann Truddi ein Buch über ihr Leben zu schreiben. Ihr erster Entwurf enthielt allerdings keinerlei Hinweise auf sexuelles Verhalten. Sie hatte keine klare Erinnerung an irgendeine sexuelle Erfahrung, auch nicht an die, bei der sie ihre Tochter empfing. Sie war nicht einmal in der Lage, Wörter mit sexuellem Beiklang zu benutzen, was die Kommunikation über den sexuellen Mißbrauch sehr schwierig machte. Als wir gemeinsam ihre Welt erforschten, lernte ich, daß diese Welt von unterschiedlichen Personen bevölkert war, die den gleichen Körper bewohnten. Mit fortschreitender Therapie und zunehmendem Vertrauen ließ Truddi erkennen, daß sie sich dieser anderen Personen bewußt war, die gewissermaßen an die Stelle der Person, die wir als Truddi kennen, getreten waren und dies immer noch tun.

Mir wurde gesagt, daß die Personen, mit denen ich sprach, nicht Truddi waren, daß Truddi überhaupt nur sehr selten anwesend war und schon gar nicht ansprech-

bar für einen Kontakt. Die mir gegenüber sitzende Person, von der ich annahm, sie sei Truddi Chase, hatte kaum ein Bewußtsein vom oder gar Erinnerungen an den sexuellen Mißbrauch. Den Schlüssel für diese Erinnerungen hielten die anderen in Händen.
Die anderen kamen allmählich zum Vorschein, und sie blieben. Wer sind sie? In diesem Manuskript werden sie bei ihren Namen genannt, obwohl die meisten von ihnen zunächst nicht namentlich bekannt sein wollten und ihre Identität nach außen noch nicht zugeben. *Rabbit, Miss Wonderful, Catherine, Elvira, Lamb Chop, Ean, Mean Joe Green, Twelve, Sister Mary Catherine, Nails, Zombie, Front Runner, Interpreter** und die anderen existieren aus eigener Kraft. Sie bestehen auf ihrer Individualität. Als ich sie kennenlernte, begann ich zu begreifen, daß sie komplexe Personen sind; ich kam ihrem Wunsch nach, sie als solche zu behandeln und nicht als (psychotherapeutisch gesehen) Charaktere. Zu manchen Zeiten waren einige von ihnen eindimensional; aber auch wenn mehrere gemeinsam auftraten, waren sie deutlich voneinander zu unterscheiden. Mit der Zeit wurde deutlich, daß jede für Truddi bestimmte Funktionen erfüllte.
Selbst nachdem mir die Dissoziation bewußt geworden war – das, was ich anfänglich »multiple Facetten ihrer Persönlichkeit« genannt hatte –, war ich noch immer nicht imstande, festzustellen, daß ich eine Frau mit mehreren Persönlichkeiten vor mir hatte. Während meiner Ausbildung hatte ich auch einige Informationen über multiple Persönlichkeiten erhalten, aber Truddi schien mit den Fällen im Lehrbuch nicht vergleichbar. Die Auftritte der anderen (wenn eine Person die andere ablöste)

---

* Die amerikanischen Namen der Truppenmitglieder bleiben im Text erhalten, da sie ohne die Gefahr der Lächerlichkeit nicht exakt zu übertragen sind. Eine Liste der Namen und deren Bedeutung findet sich im Anhang.

liefen anders ab als in den Büchern oder gar den populären Filmen. Sie stellten sich zum Beispiel nicht vor. Bei Truddi machten sich die verschiedenen Personen nur durch unterschiedlichen Gesichtsausdruck oder einen anderen Tonfall bemerkbar – und durch den Hinweis auf »sie«, wenn von Truddi die Rede war.
Seit ich auch mit anderen Menschen mit multiplen Persönlichkeiten gearbeitet habe, weiß ich, daß sie in der Art, wie sie sich darstellen, und in den grundlegenden Strukturen ihrer Organisation stark voneinander abweichen. Einige treten nur auf, wenn die Primärperson sich in Hypnose befindet. Einige kommen, wenn sie bei ihrem Namen gerufen werden. In Truddis Fall waren die Übergänge, vor allem während der ersten Sitzungen, viel subtiler und folgten sehr rasch aufeinander. Truddi war schon früher in psychotherapeutischer Behandlung gewesen und hatte gegen das, was ihre Ärzte als Stimmungsschwankungen bezeichnet hatten, Medikamente bekommen. Sie war auf Epilepsie untersucht worden. Aber diese Behandlungen hatten die Gründe für ihre persönlichen Schwierigkeiten nicht freilegen können. Sie war körperlich überaus gesund, und die Tabletten konnten ihre wechselnden Verhaltensweisen, Stimmungen und Gefühle nicht beeinflussen. Ein Gutachter empfahl ihr schließlich, einen Therapeuten aufzusuchen, der Erfahrung mit Inzest und Kindesmißhandlung besäße – um »einen Fall von extremer Beklemmung« zu lösen.
Als Truddi mich das erstemal, im Herbst 1980, aufsuchte, war ihre eigentliche Frage: Bin ich verrückt? Sie sprach es nicht direkt aus, aber diese Frage lag allem zugrunde. Ich lernte Truddi kennen und nach und nach auch die »Truppen« und fand keinerlei Hinweis auf eine Psychose. Ängstlichkeit und Verwirrung, ja, aber auch eine enorme Kraft und die Fähigkeit zu kämpfen. Die

Truppen erfüllten ihre Funktion perfekt: mit brutalen Erfahrungen umzugehen.
Für den Leser ist es wichtig, sich vor Augen zu halten, daß dies Buch nicht das Produkt einer Person ist. Vor allem ist es nicht das Produkt des erstgeborenen Kindes. Die Truppen arbeiteten gemeinsam daran. Es war eine Möglichkeit, sich über eine sehr komplexe Abfolge von Erfahrungen Klarheit zu verschaffen, ihnen einen Sinn zu geben, für verschiedene Personen auch der Weg, sich zu offenbaren und zu erklären. Das Buch wurde zu einem Vehikel, mit dem sie in einer gemeinsamen konkreten Anstrengung einander ihre Geschichten erzählen, ihre Erkenntnisse mitteilen konnten. Irgendwann mußte jede von ihnen sich entscheiden, ob und in welcher Weise sie kooperieren wollten. Das Originalmanuskript wirkte zeitweise wie aus den Fugen geraten, irgendwelche Hinweise auf Sexuelles fehlten vollständig. Es zeigte deutlich verschiedene Handschriften und drückte voneinander abweichende, miteinander kollidierende Inhalte aus. Wenn ihr Problembewußtsein eine neue Stufe erreicht hatte, schrieben die Truppen das Manuskript um und arbeiteten die eben an die Oberfläche gekommenen Erinnerungen ein. Während der ersten drei Jahre der Therapie wurde das Manuskript mehrmals umgeschrieben, und jedesmal wurden neue Erkenntnisse über die Einzelheiten des sexuellen Mißbrauchs eingebracht. Was als skeletthafter Umriß begonnen hatte, wurde mit jeder neuen Fassung weiter ausgefüllt, bis das Manuskript seine endgültige Form hatte, in der es hier präsentiert wird. Zu Anfang konzentrierte der Text sich ausschließlich auf den Mißbrauch. Dann rückte die Beschreibung des therapeutischen Prozesses und der Rückkehr der Erinnerungen in den Mittelpunkt. Sie wurden sich allmählich bewußt, wie viele sie waren. Das Schreiben dieses Buches war ein wichtiger Bestandteil

des fortschreitenden »Heilungs«-Prozesses: Es war ein Mittel, Bewußtsein zu integrieren und durch das Erschließen immer neuer Erinnerungen jeweils neu in Gang zu setzen.

Die Therapiesitzungen wurden mit der Zeit ein sicherer Platz, um hervorzukommen, zu erforschen, sich auszuprobieren und Anteil aneinander zu nehmen. Ich versuchte, eine freundliche Umgebung zu schaffen, in der die Truppen schrittweise Vertrauen fassen konnten. Bis dahin hatten sie niemandem vertraut außer sich selbst. Der erste therapeutische Schritt war für sie, so viel Selbstachtung zu entwickeln, daß sie die Welt nicht mehr für einen ausschließlich furchterregenden Ort hielten. Zu Beginn traute offensichtlich kein Mitglied der Truppe sich selbst wirklich, geschweige denn den anderen. Also begann ich damit und signalisierte jeder einzelnen mein Vertrauen. In dieser Kernfrage mußte jedes Truppenmitglied einzeln angesprochen werden. Vor allem für die Kinder (noch heute sind mindestens sieben Personen Kinder) war es ein großer Schritt nach vorn, Vertrauen zu wagen und damit möglicherweise auch Zurückweisung – oder gar »Tod« – zu riskieren. Ich ermutigte sie, neue Personen und Situationen zu testen und zwischen Sicherheit und Gefahr unterscheiden zu lernen.

Am Anfang dieses wichtigen Vorgangs, Vertrauen zu fassen, steht das Bedürfnis, mit jemandem zu sprechen, das so lange gehütete Geheimnis ans Licht bringen zu wollen. Aber die Patientin ist abhängig von der Reaktion des Therapeuten auf die Enthüllungen. Unausgesprochen fürchtet die Patientin, daß sie verantwortlich sei für die schrecklichen Dinge, die ihr geschehen sind. Sie fürchtet, der Zuhörer könne angewidert zurückschrecken, sobald ihre Geschichte heraus ist. Die meisten Opfer von Kindesmißbrauch sind mit Drohungen und negativen Botschaften über sich selbst derart manipuliert wor-

den, daß sie nur allzu rasch bereit sind, sich selbst anzuklagen statt andere.
Als Therapeut versuche ich eine Atmosphäre herzustellen, in der Patientinnen sich angenommen fühlen, gleichgültig was ihnen geschehen ist. Die Patientin braucht die Gewißheit, daß sie nicht, weil Erwachsene ihr Böses angetan haben, ein böses Kind ist, das den Mißbrauch verdient oder ihn gar selbst verschuldet hat.
Zu Beginn bestand Truddis Therapie hauptsächlich aus Zuhören und Beruhigen, Beistand und Bestätigung. Sie mußte erst lernen, ihr Bewußtsein, ihre Erfahrung, ihre Gefühle und Ängste als glaubwürdig zu akzeptieren. Sie brauchte die Bestätigung, daß sie nicht »verrückt« war, wie sie befürchtete, sondern daß ihre Gefühle und Reaktionen angesichts ihrer Erfahrungen »normal« waren.
Sexueller Mißbrauch zerstört ein Urvertrauen. Er verletzt das Kind in seiner Substanz und erzeugt eine nur zu verständliche Abwehrhaltung gegen alle durch zu großes Vertrauen entstandenen Gefahren. Als Kind hatte Truddi Menschen vertraut, von denen sie annehmen durfte, sie seien es wert. Weil sie von ihrem Stiefvater, dem zu gehorchen und zu glauben sie gelernt hatte, tagtäglich sexuell mißbraucht worden war, war ihre Fähigkeit, grundlegend zu vertrauen, praktisch zerstört. Selbstvertrauen stand für Truddi im Gegensatz zu allem, was sie in ihrer Familie gelernt hatte. Immer wieder war ihr gesagt worden, sie sei böse und verlogen. Es gab keinen Ausweg, niemanden, an den sie sich hätte wenden können. Sie empfand nichts als Ohnmacht und Einsamkeit, schreckliche Angst und Verwirrung. Es gab keinen anderen Weg, damit fertigzuwerden, als »fortzugehen«, ein Versteck zu finden... wo, das wissen wir nicht. Jedenfalls ging sie irgendwohin, wo sie sicher war, und eine andere nahm ihren Platz ein.
Das ist meine Schwierigkeit als Therapeut: die Atmo-

sphäre zu schaffen, in der Truddi mir so weit vertrauen konnte, daß sie ihre Abwehrhaltung aufgab und mich die Mauern passieren ließ, die sie umgeben. Als ich Truddi kennenlernte, begriff ich, daß ich mehrere solcher hintereinanderliegender Verteidigungslinien überwinden mußte. Ich weiß heute, daß ich damals jemanden, der alles unter Kontrolle hatte, davon überzeugen mußte, daß ich keinen Schaden anrichten würde. Ich akzeptierte alles, was in unseren Sitzungen zum Vorschein kam, und versicherte Truddi immer wieder, daß ihre Reaktionen denen anderer Frauen glichen, die Ähnliches durchgemacht hatten. Indem ich sie an den Empfindungen und Erfahrungen anderer Frauen teilnehmen ließ, machte ich es ihr möglich, mehr von sich preiszugeben. Manchmal schien sie sehr erleichtert und ließ erkennen, daß sie auch so empfunden, sich nur nicht getraut hätte, davon zu sprechen.

Als Truddi begann, von den anderen Personen in sich zu reden, konnte ich ihr die Realität auch dieser Erfahrungen bestätigen. Daß ich akzeptierte, was ihr wie »Verrücktheit« vorkam, half ihr, weitere Aussagen zu wagen. In dem Maß, in dem sich das Bild multipler Persönlichkeiten verdichtete, bemühte ich mich sehr, die verschiedenen Personen zu erreichen, sie ihrer Realität zu versichern und als wirklich zu nehmen, woran sie sich erinnerten. Ich zwang sie nicht, mir ihre Namen zu nennen, denn das hätte mir in ihren Augen mehr Macht über sie verschafft, als sie hätten ertragen können.

Bei der Arbeit mit Truddi konzentrierte ich mich auf die positiven Aspekte ihrer Fähigkeit zu kämpfen. Ständig hatte ich gegen die negativen Botschaften, die sie als Kind erhalten hatte, anzugehen. Manchmal sprach sie so heftig davon, wie wertlos, schmutzig und gemein sie sei, daß all mein Bemühen vergeblich war, die Kraft der ichzerstörenden Botschaften, die ihre Eltern ihr vermittelt

hatten, zu kompensieren. Aber immer, wenn sie sich auf ihre »schlechten« Seiten konzentrierte, zeigte ich ihr ihre Stärken. Mit der Zeit begann sie, sich in besserem Licht zu sehen und zu akzeptieren, daß ihre Eltern, um sie unter Kontrolle zu halten, sie einer Gehirnwäsche unterworfen hatten.
Kompliziert wurde die Therapie dadurch, daß Truddi nicht nur ein Opfer war, sondern viele. Ich arbeitete mit Personen verschiedenen Alters, unterschiedlicher Intelligenz, eigenen Ängsten, Interessen, Wünschen, Bedürfnissen, Fähigkeiten und Erinnerungen. Methoden, die bei der einen erfolgreich waren, mußten dies nicht notwendigerweise bei den anderen sein. Mehr als neunzig Personen mußte ich davon überzeugen, daß sich selbst und anderen zu vertrauen nicht länger bedrohlich für ihr Wohlbefinden war und daß Sprechen keine Strafe nach sich zog. Seit ihnen als Kinder beigebracht worden war, Sprechen bedeute, getötet zu werden, hatte die Überzeugung, sie seien schlecht und für alle Welt unglaubwürdig, jeden Augenblick ihres Lebens beeinflußt. Für viele Truppenmitglieder bleibt diese Furcht auch weiterhin bestehen. Einige von ihnen zeigen sich in den Sitzungen nur am Rande und weigern sich, offen hervorzukommen. Ihr alles dominierende Anliegen war und ist, jeder Form der Kommunikation mit oder Nähe zu einem menschlichen Wesen auszuweichen. Ich bin zu der Einsicht gekommen, daß diese besonders schweigsamen Truppenmitglieder die Last der größten Wut und Angst tragen und deshalb selten auftauchen. Statt dessen haben sie »Spiegelbilder«, die für sie die tägliche Arbeit erledigen.
Ganz besonders ein Mitglied der Truppe glaubte, in dem Moment, in dem die Entscheidung gefallen war, sich in eine Therapie zu begeben und einem Fremden Einzelheiten preiszugeben, müsse etwas Schreckliches geschehen.

Mit fortschreitender Therapie und wachsendem Zutrauen der Truppenmitglieder zeigte auch diese sensible Person, was für sie das stärker werdende Wahrnehmen der anderen bedeutete. Später, als die Truppen allmählich zur Ruhe kamen, wurde mir mitgeteilt, keine der Personen, mit denen ich sprach, sei die Primärperson oder das erstgeborene Kind. Als wir die Beziehungen der Personen zueinander gründlicher untersuchten und ihre jeweiligen Erinnerungen an den Mißbrauch erforschten, begriffen sie und ich allmählich, daß der Mißbrauch nicht nur eine Anzahl sehr junger Existenzen «zerstört», sondern auch die Primärperson oder Erstgeborene von ihrem zweiten Lebensjahr an in einen »Schlaf« versenkt hatte. Sich damit und mit der Realität der Truppe insgesamt auseinanderzusetzen, war für sie wie für mich als ihrem Therapeuten schwierig.

Die Frau, die ich kennengelernt und von der ich angenommen hatte, sie sei Truddi, war geschaffen worden und aufgewachsen als eine Fassade, die man der Außenwelt vorführt. Sie war es, die das Gedächtnis verloren und deshalb keine Erinnerung an den Mißbrauch hatte. Sie lebte im Schatten einer diffusen Furcht, war aber in der Lage, sich ihrer Umgebung als normale und angepaßte Frau zu präsentieren. Ihre Aufgabe war es, die Folgen des Mißbrauchs vor der Außenwelt zu verbergen und damit den anderen zu ermöglichen, unentdeckt zu bleiben. Hinter der Fassade waren viele andere, und sie machten sich anfangs nur sehr zögernd bemerkbar.

Allmählich verstand ich, daß, seit die Erstgeborene mit zwei Jahren untergetaucht und »eingeschlafen« war, die anderen Mitglieder der Truppe sich nacheinander entwickelt und den Mißbrauch an ihrer Stelle erlebt hatten. Gleichzeitig begrub die Entwicklung anderer Subjekte das erstgeborene Kind immer tiefer. Wie sieht es heute aus? Ein Mitglied der Truppe berichtete mir einmal, wie

sie einen Eindruck von der »Seele« des schlafenden Kindes »empfangen« hatte. Sie beschrieb ein kindliches Bewußtsein: unfertig, unentwickelt, unschuldig – und immer noch »schlafend«. Diese Enthüllung machte mir klar, wie die ursprüngliche Person durch die Herausbildung einer anderen beschützt und gleichzeitig ihre normale eigene Entwicklung verhindert wird.
Die therapeutische Arbeit mit Truddi bestand in der Erforschung sehr verschiedener Erfahrungen und ging weit über die traditionellen Zweier-Sitzungen hinaus. Damit »Multiple« zulassen und akzeptieren, sich in ihrer ganzen Vielfalt zu äußern, müssen sie – so denke ich – zunächst erkennen, daß sie nicht allein sind. Deshalb machte ich sie mit Studentinnen und Patientinnen bekannt, die ebenfalls Mehrfach-Persönlichkeiten erlebt hatten oder noch erlebten. Solche Treffen boten Gelegenheit, sich zu vergegenwärtigen, daß sie nicht die einzigen mit solchen Erlebnissen sind, zu entdecken, daß innerhalb des Kontexts multipler Persönlichkeiten ihre Erfahrungen als »normal« bezeichnet werden können.
In einem frühen Experiment wurde Truddi in eine Gruppe von Frauen gebracht, die als Kinder sexuell mißbraucht worden, aber keine Multiplen waren. Das stellte sich für ihre Behandlung als ungeeignet heraus, aber es legte ihren tiefen Haß auf Frauen bloß. Sie formulierte ihre Überzeugung, daß Frauen generell nur Abscheu und Verachtung verdienten, daß ihre Passivität sie zu Fußabtretern machte, die jeder benutzen konnte. Sie war überwältigt von ihrer Entrüstung über die Verwundbarkeit von Frauen. Die Truppen, zu denen ja auch Frauen gehörten, begriffen, daß sie etwas tun mußten, um Gestalt anzunehmen. Ich verstand, daß Truddis Antipathie gegenüber Frauen ihren Ursprung in der Beziehung zu ihrer Mutter haben mußte, und wir begannen, diese Beziehung in der Therapie zu erforschen.

Dabei stellte sich heraus, daß einige Mitglieder der Truppe sich an körperliche und seelische Mißhandlungen durch die Mutter erinnern konnten. Das und die Verwundbarkeit des kleinen Mädchens Truddi summierten sich zu immenser Wut.

Mit dem Auftauchen weiterer Erinnerungen kam auch die Erkenntnis, daß vieles von der negativen Reaktion auf Sexualität und die negative Haltung sich selbst gegenüber das Ergebnis der ständigen mütterlichen Kritik war. Die Botschaft war eindeutig: Sex ist böse; brave Mädchen lassen sich weder auf sexuelle Handlungen ein noch denken sie an so etwas; böse Mädchen verursachen böse Dinge, also war das Mädchen selbst schuld. Truddi hätte ein braves Mädchen werden sollen, aber das war offenbar unmöglich; also war Truddi böse. Hinzu kam, daß die Mutter ständig herumnörgelte: sie sei undankbar (»schließlich verdankst du mir dein Leben«), plump und unattraktiv (»du bist vielleicht nicht hübsch, aber du könntest wenigstens sauber sein«). Der Stiefvater tat sein möglichstes, damit Truddi sich für die sexuellen Aktivitäten verantwortlich fühlte, und schimpfte ständig, wie blöd sie sei. Alle diese Reaktionen auf sie schwächten ihr ohnehin schon geringes Selbstbild immer mehr. Truddi begann selbst zu glauben, daß sie böse und häßlich sei und nichts recht machen konnte. Der Konflikt nahm noch zu, weil sie selbst manchmal sexuell erregt war und angenehme Empfindungen hatte, was sie als Beweis für die eigene Verdorbenheit ansah. Folglich traten die Truppen auf den Plan, von denen nur ganz wenige sich überhaupt an irgend etwas Sexuelles erinnern konnten. Als ich versuchte, eine Verlaufsgeschichte sexueller Erfahrungen aufzunehmen, fand ich keine – weil die Person, mit der ich gerade sprach, bei keiner sexuellen Aktivität dabeigewesen war.

Der möglicherweise umstrittenste Punkt meiner Behand-

lung von Truddi war, daß ich sie bat, über ihre Erfahrungen in zwei Gruppen von Männern zu sprechen, die ihre Kinder mißbraucht hatten und bei mir in der Therapie waren. Meine Absicht war, die Väter damit zu konfrontieren, welche Schäden ihr Verhalten bei ihren Kindern hervorgerufen hatte, und Truddi die Möglichkeit zu geben, dem Problem sexuellen Mißbrauchs auf konkrete Weise entgegenzutreten.
Das Ergebnis war eine sehr nützliche und positive Erfahrung sowohl für die Täter als auch für die Mitglieder der Truppe. Die Truppen erfuhren, daß einige der Männer selbst als Kinder mißbraucht worden waren und daß auch diese Männer mit überwältigender Furcht auf ihre Peiniger reagiert hatten. Sie hörten einen großen, kräftigen Mann von seiner Angst vor seinem Großvater sprechen, der ihn vergewaltigt hatte, als er fünf war. Der Ekel vor diesem Mann und anderen in der Gruppe, vor dem, was sie ihren Kindern angetan hatten, verringerte sich ein wenig angesichts einer neuen, menschlicheren Perspektive.

Für manche Leser mag es schwer sein, Passagen in diesem Buch zu folgen, die die gleichzeitige Anwesenheit von mehr als einer Person und Gespräche zwischen diesen Personen beschreiben. Die Truppenmitglieder »sehen« und »hören« einander und setzen Gespräche miteinander fort, die für sie real sind. Diese Gespräche sind dem vergleichbar, was sich in uns abspielt, wenn wir denken, aber unsere Gedanken nicht aussprechen. Der wesentliche Unterschied besteht darin, daß hier sich mehr als eine Person mitteilt. Wenn sie diese Unterhaltungen nach außen verlagern, vernimmt der Zuhörer auch verschiedene Stimmen. Dem Verständnis dieses Phänomens kommen wir vielleicht am nächsten, wenn wir uns ansehen, was wir über außergewöhnliche

Bewußtseinszustände wissen. Menschen in Hypnose zum Beispiel berichten oft, daß sie sich Szenen, Bilder, Orte und Personen sehr lebhaft und auf eine für sie sehr reale Weise vorstellen können, die aber von denen nicht geteilt wird, die bei ihnen sind. Ähnlich mag eine Unterhaltung vonstatten gehen, an der mehrere Truppenmitglieder beteiligt sind – auch wenn ein Beobachter diese spezielle, den Mitgliedern der Truppe gemeinsame Realität von außen überhaupt nicht wahrnehmen kann. Wichtig ist auch, sich klarzumachen, daß einzelne Truppenmitglieder sehr unterschiedliche Vorstellungen von Zeit haben. Die Frau und alle anderen haben lange Perioden, in denen sie Zeit nicht wahrnehmen – Perioden, die Minuten, aber auch Tage dauern können. Für diese Phasen, in denen ein bestimmtes Subjekt nicht anwesend ist, wird es schwierig zu bestimmen, wieviel Zeit vergangen ist oder wann bestimmte Ereignisse stattgefunden haben. Für die Abwesenden existiert die Zeit ihrer Abwesenheit nicht.

Die meisten Opfer von Kindesmißbrauch, ganz besonders jene, die multiple Persönlichkeiten entwickeln, streben angesichts dessen, was sie beständig als Schwäche, als eigene Unzulänglichkeit empfinden, nach Perfektion. Diese Neigung gefährdet jede persönliche Beziehung. Zu Beginn sahen die Truppen ihren Argwohn, ihr Mißtrauen, ihren Zorn auf alle Menschen, die ihnen nahe kamen, überhaupt nicht. Schrittweise begannen sie zu verstehen, was sie verdrängt hatten: daß der Grund für solche Empfindungen mangelnde Selbstachtung war, verursacht durch das, was die Mutter und der Stiefvater ihnen als Kinder beigebracht hatten. Erst als sie das realisiert hatten, konnten sie anfangen, weniger hart mit sich und anderen zu sein.

Verschiedene Truppenmitglieder haben inzwischen begriffen, wie sehr das häusliche Milieu, in dem sie

aufwuchsen, ihr Verhalten beeinflußt hat. Eine von ihnen notierte, daß vor allem die Formulierung alles Sexuellen mit Angst besetzt war. Sie teilte mir mit: Wenn sie sich nicht an die mütterlichen Äußerungen über »zügelloses Betragen« gehalten hätte, wäre aus ihr höchstwahrscheinlich eine äußerst promiskuitive Person geworden, wenn nicht gar eine Prostituierte. »Die Mutter hatte recht«, sagte sie, »ich war schlecht, ich bin so geboren worden.« Im Gegensatz dazu hatte ein anderes Truppenmitglied als Resultat der restriktiven Erziehung gelernt, alle erwachsenen Autoritätspersonen zu verachten und zu fürchten. Sie erklärte mir, daß niemand jemals wirklich frei sei und daß »wir nicht einmal mit der Zeit umgehen können, wie wir wollen. Ob wir es wollen oder nicht, wird uns im Herbst eine Stunde dazugegeben und im Frühjahr wieder weggenommen. Immer gibt es jemand, Regierung, Eltern, Kirche, der dir sagt, was du tun sollst und wie du es tun sollst. Kein Wunder, daß die Menschen niemals lernen, sich bei irgend etwas auf sich selbst zu verlassen.«
Natürlich existieren noch immer viele unbeantwortete Fragen. Zum Beispiel haben die Truppen all die Zeit über die spezifischen Umstände ihrer Entstehung gerätselt. Sie spekulieren immer noch, ob anstelle der Geburt jeder einzelnen als einer bewußten oder unbewußten Reaktion des erstgeborenen Kindes auf die Mißhandlung ihre Entstehung, als Antwort auf den Mißbrauch, durch irgendeinen bisher nicht bekannten Teil des Gehirns ausgelöst worden sein könnte. Könnte es da nicht einen Bereich geben, wo – auf eine uns unbekannte Weise – Persönlichkeit entsteht und genährt und vielleicht sogar bis zu einem gewissen Grad festgelegt wird? Sie fragen, ob ihre Erschaffung möglicherweise das Ergebnis einer Art intellektueller Reproduktion ist, so wie normale Geburten Teil unseres sexuellen Reproduktionssystems sind. Während ihrer ganzen Therapie haben die Truppen viele

Fragen gestellt und stellen sie immer noch, die weder ich noch andere Fachkollegen beantworten können.

Die Therapie eines Menschen mit multiplen Persönlichkeiten ist ein schwieriger Prozeß, der mehr erfordert als das normale Sich-aufeinander-Einlassen von Patient und Therapeut. Der Therapeut muß willens sein, ein verläßliches Hilfssystem zu werden, was Kontakte auch außerhalb der Therapiesitzungen einschließt. Ich denke, daß der Therapeut auch bereit sein muß, ungewöhnliche Methoden außer und außerhalb der gewohnten Gesprächstherapie zu benutzen. Man muß in der Lage sein, Vertrauen bei jenen Patientinnen zu erzeugen, die allen Grund haben, niemals zu vertrauen. Der Therapeut muß neues Gelände erforschen wollen, muß offen sein für die Möglichkeit multipler Personen, auch wenn die Patientin geradezu verzweifelt ihren eigenen Erfahrungen nicht trauen will. Hier ist also die Geschichte von Truddi Chase und den Truppen, Personen, die beschlossen haben, über das bloße Überleben ihrer Kindheitserfahrungen hinauszugehen, um in Zukunft frei von Furcht leben zu können. Die Therapie geht weiter und macht Fortschritte. Wir beraten uns regelmäßig am Telefon; ich habe die Truppen getroffen und mit ihnen bearbeitet, was ihnen aktuell geschieht. Von den 92 Egos, von denen wir wissen, daß sie die Gesamtheit des Verbandes bilden, haben sich bis heute 74 gemeldet und beschrieben. Weitere 18 leben noch im Dunkeln, sie bergen das tiefste Trauma, die wüstesten Erinnerungen. Beim Lesen dieser Geschichte werden Sie eine fremde Welt entdecken, eine Welt, in der sich viele konkrete Personen durch den physischen Körper einer einzigen äußern. Es ist eine Welt, die für mich sehr real geworden ist, und eine, von der die Truppenmitglieder hoffen, daß andere sie wiedererkennen. Die Welt der multiplen Persönlichkeiten.

Robert A. Phillips, Jr., Ph. D.

Vorwort der Autorinnen und Autoren

Dies Buch faßt vier Jahre unserer Therapie mit Robert A. Phillips, unserem Psychotherapeuten, in einem Zeitabschnitt von neun Monaten zusammen. Wir, die Truppen, haben dieses Buch geschrieben als Teil des therapeutischen Prozesses, den wir uns selbst auferlegt haben. Die Dokumentation dessen, was geschah, haben wir wörtlich unseren Tagebüchern, unseren gemeinsamen Erinnerungen, die wir auf Tonbändern festhielten, unseren Sitzungen, die per Video aufgezeichnet wurden, entnommen. Dank *Interpreter*, einem Mitglied der Truppe mit einem geradezu fotografischen Gedächtnis für Gespräche, gibt das Buch auch jene Situationen wieder, bei denen wir keine Notizen oder Aufnahmen machen konnten: die Interaktionen zwischen uns und Dr. Phillips, seinen Studenten und Studentinnen, anderen Inzest-Opfern, anderen Multiplen, den Beamten der Jugendabteilung der Kreispolizei von Montgomery, Maryland, der Staatsanwaltschaft von Maryland, dem Krankenhauspersonal des Landeskinderkrankenhauses und des Prince-George-County-Krankenhauses, Mitarbeitern der Fürsorge, Müttern von Opfern und auch einer Anzahl von Tätern.

Außer unseren eigenen sind alle Orts- und Personennamen, andere Opfer und unsere Tochter eingeschlossen, geändert worden. Captain Albert Johnson ist eine Kompilation verschiedener Personen und Situationen. Marshall Fielding, der Psychologe, den Stanley zu Rate zieht,

ist aus all dem zusammengesetzt, was wir während unserer Therapie wahrzunehmen und zu formulieren begannen, also das, was MPD (Multiple Personality Disorder – Mehrfach- oder multiple Persönlichkeit als Krankheit) als Prozeß für uns bedeutet.
Glücklicherweise hat Dr. Phillips nicht versucht, uns in vorgegebene multiple Schablonen zu pressen, sondern uns erlaubt, uns selbst zu entdecken. Nur so waren wir in der Lage, dem Käfig zu entfliehen, in dem wir bis dahin gelebt hatten – dem Käfig, in dem der Tiger und das Lamm nur scheinbar Tiger und Lamm sind und in Wirklichkeit nur die Spiegelbilder dessen, was die Gesellschaft zu sehen wünscht.
Die verschiedenen Sprachebenen (Britisch, Mittelenglisch, Altenglisch, Altfranzösisch usw.) gehen auf *Ean* zurück, das irische Truppenmitglied, der einfach sagt, sie seien ein Teil seiner Geschichte, seines Erbes. Er scheint auch der zu sein, der mit der Bibel vertrauter ist als andere unter uns. Aber selbst wenn das für *Ean* stimmen mag, wird doch weder er noch sonst jemand von uns es zulassen, daß in diesem Buch irgendein Bezug auf Religion oder Ähnliches mit Großbuchstaben geschrieben wird außer am Anfang eines Satzes.
Ean ist auch verantwortlich für die »Tunnel«-Passagen, jene Teile des Buches, die halbfett gedruckt sind; sie zeigen das Geschehen innerhalb der Mauern unserer Festung. *Ean* war der erste, der den Gedanken an Integration verwarf, unser aller Verschmelzung in einem aus uns allen zusammengesetzten neuen Menschen. Diese Alternative werden wir nie akzeptieren. Wir haben einen halb-dokumentarischen Stil gewählt, weil wir Sybil, Eve und Milligan als klinische Studien ansahen, die die Wirklichkeit unserer Erfahrungen nicht wiedergeben konnten. Die dritte Person Singular wurde benutzt, weil es keinen »einzelnen« Autor oder eine einzelne Autorin

gibt, der oder die sich vollständig an den Mißbrauch erinnern. Auch jenes Truppenmitglied, das seit Truddis Kindheit ihr Leben stellvertretend für sie lebte, kann nicht als Sprecherin in der ersten Person auftreten, denn sie hat noch weniger Erinnerung als jede andere von uns. Sie hatte nicht einmal eine genaue Vorstellung von ihrem »Job« innerhalb unserer Rangordnung. Hätten wir unsere Namen sofort preisgegeben – im Manuskript und in den Sitzungen mit Dr. Phillips –, hätte sie sich möglicherweise in einen Zustand zurückgezogen, in dem sie so unerreichbar wie die »Seelen« gewesen wäre, unfähig, ihre eigentliche Aufgabe fortzuführen. Dr. Phillips würde das, was wir tun, als »Mechanismen, mit der Multiplizität fertigzuwerden«, bezeichnen.

Was die in diesem Buch debattierte Frage der Energie betrifft, sagt Dr. Phillips, müßten unsere Erfahrungen für sich stehen. Auch wenn andere Multiple, die wir kennen, Ähnliches berichten, und obwohl die Wissenschaft beginnt, auf diesem Gebiet zu experimentieren, ist das Problem weder geklärt noch akzeptiert. Wie auch immer, Dr. Phillips sagt jedenfalls, daß jeder einzelne Mensch aus Energie besteht und daß, da wir mehr als einer sind, wir natürlich mehr davon aufweisen, besonders wenn mehrere von uns gleichzeitig kommen und gehen. Verbunden damit ist auch der Faktor verdrängter Wut. Wenn die Wut zunimmt, steigt auch die Energie, vergleichbar dem Dampf in einem Druckkochtopf.

Die meisten Inzestopfer und Multiplen erhalten nie eine Therapie. Wir haben die beste erhalten, die wir bekommen konnten. Was wir trotzdem nicht verlieren können, ist die Wut. Die landläufige Überzeugung ist, daß ein »gutes« Opfer dem Zorn adieu gesagt hat – wir wissen, daß kaum ein Opfer das wirklich kann. Das einzige, was infolgedessen in diesem Buch nicht vorkommen kann, ist unser Ende – ausgenommen als literarischer Kompromiß zwischen uns. Für die Kinder unter uns, die das begriffen haben, ist deshalb der Ausgang klar: Die Wut, die sie nie verlieren werden, ist ihr Trost.

Die Truppen

1

Die von den Bundesstaaten finanzierten Sozialen Dienste befassen sich mit einer Vielzahl von familiär begründeten Leiden. Die Fürsorge von Cashell, Maryland, war am Rand der Stadt in einem langgestreckten Betonbau untergebracht. Als er an diesem Morgen auf seinen Parkplatz fuhr, waren die rückwärtigen Fenster bereits hell erleuchtet. Der Frühlingswind, gegen den sein Wagen auf dem Highway angekämpft hatte, schob ihn nun über den Parkplatz, zerrte an seiner Tweedjacke, riß an seiner Aktentasche. Als er durch die Glastür ging, spiegelte sich darin das unscharfe Bild seiner 1,80 großen, vierzigjährigen Erscheinung. Sein dunkelbraunes Haar und der Vandyke-Bart hatten einen Haarschnitt nötig.
Die gedämpften Geräusche einer Schreibmaschine und klingelnder Telefone folgten ihm durch das Labyrinth der Korridore, vorbei an dem Spielzimmer, wo kleine Kinder Dinge sagen, die die meisten Erwachsenen nicht glauben mögen und die mancher Richter unter Umständen als nicht zur Sache gehörig verwirft. Auf dem Schild an seiner Tür stand: »Robert A. Phillips, Jr., Ph. D., Psychotherapeut«. Die Papierberge auf seinem Schreibtisch nahm er ohne Überraschung zur Kenntnis. Gefährdete Familien schienen in der erzwungenen Familiarität des Wochenendes zu explodieren. Am Montagmorgen landeten sie in Form von Polizeiberichten und telefonischen Nachrichten bei der Fürsorge. Seit fünfeinhalb

Jahren arbeitete er mit inzestgefährdeten Familien. Aufgrund dieser Arbeit hatte man ihn gebeten, seine Kenntnis männlicher Sexualität zu nutzen und ein Programm zu entwickeln, das die therapeutische Arbeit mit Männern, die ihre Kinder mißbraucht hatten, einen Schritt weiterbrachte. Ein Teil der Überfüllung auf seinem Schreibtisch hing mit diesem Programm zusammen: Anrufe der Täter und zorniger oder auch nur mißtrauischer Mütter, zahllose Hinweise vom Kinderkrankenhaus und vom Büro des Staatsanwalts.
Das vertraute Geräusch von Mrs. Greenwoods vier Zoll hohen Absätzen kam die Eingangshalle entlang und hielt vor seiner Tür. Mrs. Greenwood war eine kleine Frau, die alles tat, um größer zu erscheinen und trotzdem wie ein winziger Gnom aussah. Gar nichts Zwergenhaftes war allerdings an ihrem Geschick im Umgang mit dem Publikum. Als Leiterin der Aufnahmestation mußte sie sich oft Dinge anhören, die sie zum Rotieren brachten. Vor dem Durchbrennen bewahrte sie nur, schnell den geeignetsten Mitarbeiter zu finden und bei ihm abzuladen. Mit einem Schlag von allem befreit, was sie mühsam, irritierend oder erschreckend fand, kehrte Mrs. Greenwood zu ihrer Arbeit zurück, erfrischt und bereit für den nächsten Fall.
Jetzt klapperte sie in sein Büro, schwarzes Haar fiel ihr ins Gesicht, die Augen funkelten.
»Erinnern Sie sich an den allgemeinen Beifall, als der Notruf für Kindesmißhandlung eingerichtet wurde? Nun, den können Sie vergessen. Der Anruf kam heute morgen. Die Abteilung in Jersey konnte nichts damit anfangen. Innerhalb von vierundzwanzig Stunden registrierten sie 750 ernstgemeinte Anrufe. Können Sie sich das vorstellen? Einer ist ihnen entgangen.« Sie hob einen Zettel auf, der zu Boden gefallen war. »Diese Person ist 41, ein Opfer. Ein Frauenhaus war ihre erste Anlauf-

stelle, aber die dürfen keine Therapeuten empfehlen. Können Sie sich vorstellen, daß sie zwei Monate lang von einer Stelle zur nächsten gereicht wurde? Sie hat alles versucht, von der Amerikanischen Psychiatrischen Gesellschaft bis zum Zentrum für vergewaltigte Frauen, um an einen Therapeuten zu kommen, der Erfahrung mit der Behandlung von Inzestopfern hat. Überall hat man ihr gesagt, auf den Karteikarten würden Spezialisierungen nicht notiert. Wenn jemand fragt, gibt es offenbar keine Möglichkeit, zu erfahren, welcher Psychoanalytiker oder Psychotherapeut was macht. Irgend jemand vom Vergewaltigungszentrum hat ihr zum Schluß Ihren Namen genannt, als Hinweis vom Kinderkrankenhaus.«
Dr. Phillips schüttelte den Kopf. »Die Mühlen mahlen langsam.«
Sie war wütend. »Die Frau hat mir noch etwas erzählt, was ich nicht wußte. Wetten, Sie wissen es auch nicht.«
»Was?«
»Sie war in der Stadtbibliothek, wollte schwarz auf weiß sehen, daß es noch andere Opfer gibt. Die Regale waren leer. Kein einziges Buch über irgend etwas im Zusammenhang mit Kindesmißbrauch. Die Bibliothekarin sagte ihr, daß Kinder die Regale leerfegen und jedes Buch entleihen, das sie finden. Und dann sagte die Bibliothekarin: ›Ich denke, Sie wissen, warum. Die Erwachsenen mißbrauchen sie, und die Kinder schweigen. Die Bücher sagen ihnen, daß sie nicht allein sind.‹«
»Nein, das wußte ich nicht.«
»Sie hat was Eigenartiges.«
»Die Bibliothekarin?«
»Die Frau. Sie kann die Zeit nicht lesen. Nicht mit der Uhr, es sei denn, sie strengt sich wahnsinnig an, und nur für größere Zeiträume. Ich mußte ihr helfen herauszufinden, wieviel Zeit zwischen den einzelnen Telefonanrufen lag, die sie gemacht hat. Es ist schwer zu erklären«, sagte

sie und registrierte seine Verwunderung, »aber glauben Sie mir. Die Frau hat Schwierigkeiten mit der Zeit.«

Er fuhr vorsichtig die unbefestigte Straße entlang und fragte sich, warum alle Welt unbedingt immer am äußersten Ende von nirgendwo leben wollte. Neben seinen Verpflichtungen bei der Fürsorge hielt er an der Universität Vorlesungen über Familienprobleme. Es wäre einfacher gewesen, dort mit ihr zu sprechen, wie er es mit den meisten seiner Patientinnen machte. Wenn die Zeit drängte, führte er die Gespräche allerdings, wo immer es möglich war oder dem Opfer paßte. Nach dem einen ersten Hilferuf blieben manche Opfer lieber auf vertrautem Gelände; entweder ging man zu ihnen, oder sie riefen kein zweites Mal an.
Er fand die Adresse auf dem Briefkasten, konnte aber das Haus zunächst nicht entdecken. Behaglich und rustikal lag es hinter Tannen versteckt am Ende eines langen ungepflasterten Fahrwegs. Auf der Hälfte der Strecke parkte er und ging den Rest zu Fuß, während er die vollständige Stille ringsum wahrnahm. Ein Kübel mit Osterglocken stand unter dem Vorderfenster, und drei Bienen kreisten in endloser Sinnlosigkeit um die nickenden goldenen Blüten. Als die Tür sich öffnete, sah er eine Galerie über dem Wohnzimmer und eine große weiße Collage an der Ziegelwand. Die Räume waren mit Geschmack und Einfallsreichtum, wenn auch nicht teuer eingerichtet. Der vorherrschende Eindruck war der von Charme und Wärme. Daneben fielen ihm bei näherem Hinsehen die geschlossenen Vorhänge, absolute Sauberkeit und die wie mit dem Lineal aufgereihten Möbel auf. Die Frau begrüßte ihn mit festem Händedruck und einem warmen Lächeln. Sie bot ihm einen Platz auf dem Sofa an und hockte sich auf ein paar orangefarbene Kissen auf den Boden. Sie sagte, sie hasse Stühle.

Sie hatte keine Einwände, als er sein Tonbandgerät herausholte. Er nahm den Eistee an, den sie ihm anbot. Sie goß sich einen Kaffee ein und zündete sich eine Zigarette an, ihr Verhalten wirkte zwanglos. Er, der zahllose Inzest-Opfer interviewt hatte, wußte: der Zwang war da, eine Kluft zwischen ihnen, die nur mit äußerster Vorsicht überbrückt werden konnte. Er beobachtete sie so unauffällig wie möglich, bemüht, ihr jenes Maß an Privatheit zu lassen, das die meisten Inzest-Opfer offenbar brauchten.
Sie war blond und schlank, mittelgroß, mit kräftigen Knochen und fließenden Bewegungen. Sie hatte hohe Backenknochen und schräg geschnittene Augen, fast ganz hinter einer Ponyfrisur verborgen. Ruhig und interessiert erkundigte sie sich nach seiner Vorbildung und seinen Qualifikationen. Er gab Auskunft.
»Danken Sie Gott«, sagte sie. »Sie wissen wenigstens, was Sie tun, was ich von mir nicht behaupten kann.«
»Sie haben einen Akzent. Wo sind Sie geboren?«
»Im nördlichen Staat New York, in einer Großstadt. Aber aufgewachsen bin ich in winzigen Nestern in der Umgebung. Ich habe mein Zuhause gleich nach der Highschool verlassen und bin nie zurückgekehrt. Das ist zwanzig Jahre her. Ich weiß nicht einmal, ob meine Familie noch lebt, und abgesehen von meinem Halbbruder, der ein netter Mensch war, ist es mir auch egal. Das bringt eine Menge Leute außer Fassung, die Familie für etwas Heiliges halten.«
»Das hängt von der Familie ab, denke ich.«
»Danke.« Sie sah ihn offen an, während sie sprach. Plötzlich bewegten sich die von der Galerie herabhängenden Farne im Morgenwind. Mit einem Satz sprang sie auf. Eine Schale mit weißen Maßliebchen fiel um, das Wasser lief über den gläsernen Couchtisch. Er half ihr, es mit Papiertüchern aufzuwischen. Sie entschuldigte sich

und hockte sich wieder auf die Kissen. Er hatte noch nie eine Frau so knien sehen, im Schneiderkostüm mit engem Rock und ohne einen Zoll Bein zu zeigen.

»Schatten«, sagte sie. »Ein Kellner, der im Restaurant zu leise von hinten an mich herantritt – seit einiger Zeit schreie ich. Ich weiß nicht, warum. Die Leute, meine Angestellten, meine Geschäftspartner, macht es nervös. Wenn es schlimmer wird, werden sie denken, ich schaffe es nicht, aber ich schaff's, verstehen Sie?«

Sie sagte ihm, was sie erwartete: eine Therapie mit schnellen Ergebnissen, damit sie ihr Geschäft und ihr Privatleben fortführen konnte. Sie formulierte ihren Ärger über die gegenwärtige Situation nüchtern und geschäftsmäßig.

»Man hat mir gesagt, daß die Behandlung von Inzest-Opfern sich – verglichen mit dem, was ich vor acht Jahren erlebt habe – nicht wesentlich verbessert hat. Meine Ehe war damals in Gefahr, vor allem durch meine Schuld, und ich war sechs Wochen – oder sechs Monate, ich kann mich nicht mehr erinnern – bei einem ziemlich aufdringlichen Psychoanalytiker. Ich habe die Behandlung abgebrochen. Jetzt geht es wieder los, und ich habe Angst. Die Beraterin sagte, diesmal sollte ich vorsichtiger sein bei der Wahl eines Therapeuten.«

Sie überreichte ihm mehrere beschriebene, an vielen Stellen korrigierte Seiten, eine nach der anderen. Die letzte, die mit Tinte geschriebene Fassung, holte sie mit zitternden Händen aus ihrer Tasche.

»Das ist für Sie«, sagte sie. »Wann ich geboren wurde; wie alt ich war, als ich die Farm verließ, auf der ich aufgewachsen bin; wann ich geheiratet habe; wann meine Tochter Page geboren wurde. Sie ist jetzt vierzehn und lebt bei ihrem Vater. Diese Daten, ich habe Schwierigkeiten mit Daten, ich habe das schon Ihrer Mrs. Greenwood gesagt. Jede Berechnung auf diesen Seiten

war eine Anstrengung. Halt. Das ist nicht wahr. Meine Mutter sagte, ich hätte häufig gelogen. Als ich diese Berechnungen aufstellte, platzten einige geradezu in meinen Kopf. Von irgendwoher. Wenn sie falsch sind –« Ihre Hände zitterten stärker.
»Machen Sie sich keine Sorgen. Daten sind nicht so wichtig.«
»Sie bestehen nicht darauf, daß ich exakt bin? Soll ich nicht lieber noch einmal von vorn anfangen und auseinanderhalten, was ich zurückgerechnet habe und was mir einfach so eingefallen ist? Wenn Sie es wollen, mache ich das.«
Er bat sie, sich zu beruhigen.
»Meine Mutter hielt Genauigkeit für sehr wichtig.« Sie hob den Zeigefinger der linken Hand und zeigte auf eine schwarze Stelle direkt unter der Haut. »Eines Abends, als ich meine Mathe-Aufgaben machte, hat sie mich mit einem Bleistift gestochen.«
»Wie haben Sie das empfunden?«
»Gar nicht. Ich habe nichts gefühlt.«
Er notierte auf seinem Block: »Distanziert. Sehr weit weg.« Alle Opfer distanzierten sich von ihren Gefühlen, mal mehr, mal weniger.
»Wir sollten eins jetzt gleich klären«, sagte sie. »Wenn der Stiefvater einen streichelt – ich glaube, so nennen Sie es –, ist das Inzest?«
»Meiner Meinung nach: ja. Ein Stiefvater ist eine nahe, erwachsene Respektsperson, der Sie vertrauen können müßten.«
Ohne auf die brennende Zigarette zwischen ihren Fingern zu achten, schlang die Frau auf den orangenen Kissen die Arme um sich und beugte sich vorwärts, bis ihre Stirn den Boden berührte.
»So viele Leute«, sagte sie, »so viele Auskünfte. Alle sagen etwas anderes. Wie soll man herausfinden, was

richtig und was falsch ist, ob man jemandem weh tut oder nicht. Manche sagen, Inzest sei nur, wenn dein eigener Vater, dein eigen Fleisch und Blut –«
»Um eins klarzustellen«, sagte er, »es gibt keinen harmlosen sexuellen Übergriff auf ein Kind, egal wie man es nennt. Und ich bin nicht mit ›den Leuten‹ beschäftigt, sondern mit Ihnen.«
Er sah die ersten Tränen.
»Vielleicht war es zu Anfang kein Inzest. Meine Mutter lebte schon lange mit ihm zusammen, bevor sie heirateten.«
»Tut mir leid«, sagte er, denn offensichtlich war Nachdruck notwendig, »es ist immer noch Inzest. Er war eine Autoritätsperson. Die Anerkennung durch Ihre Mutter hat ihn dazu gemacht, auch wenn die beiden nie geheiratet hätten.«
Damit hatte er ihr die Erlaubnis gegeben, den Mißbrauch beim Namen zu nennen. Er beobachtete, wie sie die Zigarette ausdrückte. Nichts deutete darauf hin, daß die deutlich sichtbaren Brandspuren ihr Schmerzen bereiteten.
»Der Psychoanalytiker vor acht Jahren hat nie genau definiert, worüber wir eigentlich diskutierten. Nach jeder Sitzung hatte ich Mühe, mich überhaupt zu erinnern. Das gleiche mit der Beraterin im Frauenzentrum, ich glaube allerdings, sie nannte es Inzest, aber es war alles so – verschwommen. Sagt Ihnen das etwas?«
Seine Bestätigung gab ihr noch einen Schub. Sich ständig verhaspelnd, erzählte sie ihm, daß sie sich an ihr eigenes Weinen erinnerte und an einen Rest von Entsetzen nach jeder Sitzung. Im Morgenlicht, das durch das einzige Fenster fiel, dessen Vorhänge nicht zugezogen waren, wurde ihr Gesicht ganz ruhig. Ihre Hände dagegen bewegten sich unruhig. Er bemerkte, daß sie eine merkwürdige Art hatte, von einem Gedanken zum nächsten zu springen.

»An einem Punkt in meiner Ehe«, sagte sie, und ihre Stimme klang immer verwunderter, »ging alles so schlecht, daß ich auf ein prämenstruelles Syndrom behandelt wurde. Derselbe Arzt, der Page entbunden hatte, verschrieb mir Valium und, als das nichts half, Librium. Die Untersuchungen nahmen kein Ende. Noch nie hatte ich so viele Ärzte und Spritzen und Tabletten gesehen. Gefunden wurde nichts. Zum Schluß wurde ich auf Epilepsie untersucht, und obwohl die Tests negativ waren, bekam ich Dilantin verschrieben. Es soll angeblich die Durchblutung des Gehirns verlangsamen. Es half nichts. Ich konnte einfach nicht aufhören, eklig zu Norman zu sein – das ist mein Ex-Mann. Ich konnte nicht aufhören, mich schwindelig zu fühlen oder ohnmächtig zu werden.«
Die erstaunte Stimme war fast nicht mehr zu verstehen. Sie begann zu lachen, ein hartes Lachen.
»Sie werden denken, ich mache mich lächerlich, wenn ich Ihnen das alles erzähle, aber mir sind gerade vier oder fünf Erinnerungen gekommen – hier.« Sie deutete auf ihren Kopf. »Das ist alles.«
Sie beugte sich vor und lag fast auf dem Couchtisch. Endlich holte sie tief Luft. Ihre Worte überschlugen sich. »Die acht Jahre sind dahin, ich kann sie nicht zurückkaufen. Aber wenn die Beraterin im Frauenzentrum recht hat – daß der Mißbrauch als Kind die Ursache für das ist, was ich durchgemacht habe – und wenn Inzest etwas weit Verbreitetes ist und nur wenige Therapeuten damit umgehen können, dann möchte ich einen Beitrag leisten.«
Ihre Bedingung für den Beginn einer Behandlung war, daß er darüber zu jedermann sprechen sollte und daß die Sitzungen gefilmt wurden, um als Material für die Ausbildung von Sozialarbeitern und -arbeiterinnen zu dienen. Er brauchte eine Minute, bis ihm klar war, was sie

da anbot, die Chance seines Lebens: die Therapie eines Opfers vom ersten Tag an aufzuzeichnen. Sie begründete auch, warum sie die Bedingung der meisten Opfer, anonym zu bleiben, durchbrechen wollte.
»Es ist mir eingefallen, als ich in der Bibliothek war. All die Kinder, die den Mund halten. Ich kann es nicht mehr. Ich habe es satt, mich zu verstecken und dennoch dreckig zu fühlen. Ich bade dreimal am Tag und fühle mich immer noch dreckig. Es geht nicht weg. Und seit kurzem habe ich das Gefühl, als kämen die Erinnerungen, die ich nicht parat habe, an die Oberfläche; als wären sie so nahe, daß ich sie berühren kann. Meine Mutter hat uns, meinen Halbbruder, meine Halbschwestern und mich, als Kinder immer davor gewarnt, über Familienangelegenheiten zu reden.«
»Verschwiegenheit«, sagte er, »ist der Bruder des Inzest. Aber ich möchte, daß Sie sich ganz sicher sind, bevor Sie irgend etwas beginnen.«
»Ich bin mir sicher.« Es klang bitter. »Ich habe geschwiegen, seit ich zwei Jahre alt war. Das ist eine Rechnung, für die ich keine Zeit brauche. Dies wird ein wichtiger Schritt für mich, einer, den ich tun muß, oder ich werde nirgendwohin mehr gehen. Das Maklergeschäft ist ein harter Beruf, man ist zwölf bis achtzehn Stunden am Tag mit Leuten zusammen. Kann sein, daß der Job immer schon ein Irrtum von mir gewesen ist, das weiß ich nicht – aber seit kurzem erwische ich mich ständig dabei, einfach diese Tür zumachen zu wollen und nie wieder rauszugehen.«
»Sie sagten, Sie hätten vier oder fünf Erinnerungen. Können Sie eine herausgreifen und mir erzählen?«
»Ich erinnere mich deutlich, wie ich zwei Jahre alt war. Meine Mutter, mein Vater und ich lebten in einer Wohnung in der Stadt. Ich kann Ihnen die Einrichtung der Zimmer beschreiben, die Aufstellung der Möbel, die

Blumen, die meine Mutter überall hinstellte – sogar die kleinen Karamelbonbons, die in Zellophankästchen aufbewahrt wurden. Die klapperten, wenn man die Bonbons auspackte. Kurz bevor meine Mutter meinen Vater verließ, kam ein Mann sie besuchen. Ich saß auf seinem Schoß mit zwei Karamelbonbons im Mund, und er lächelte viel. Er trug ein eingelaufenes hellrotes Hemd, das auf der Brust geöffnet war. Ich legte meine Hand auf seine Brust und fühlte das dunkle, flaumige Haar. Und er lächelte wieder und lehnte sich im Sessel zurück. Meine Hand war so klein, und je weiter er sich zurücklehnte, um so weiter glitt die Hand an seiner Brust herunter. Er zog sie unter seinen Gürtel. Warme Haut da unten und etwas, das sich wie die Stoppeln einer alten Haarbürste anfühlte. Es schien, als spielten wir ein Spiel, denn die ganze Zeit hörte er nicht auf zu lächeln. Das war der Mann, dessentwegen meine Mutter zwei Wochen später meinen Vater verließ.«
Er schrieb auf seinen Block: War der Mann hinter der Mutter her, oder sah er das Kind als leichte Beute an? Manche Männer ignorierten ganz instinktiv kinderlose Frauen und suchten nach Frauen mit kleinen Kindern.
Sie hat keine Schwierigkeiten mit Zeitfaktoren, dachte er, ganz sicher nicht. Die Worte kamen wie aus der Pistole geschossen. Die Details über die Wohnung und auch die Bonbons und wie der Mann angezogen war, das alles konnte ihre Mutter ihr erzählt haben. Aber niemand außer dem Kind selbst hätte sich erinnern können, was der Mann zuließ und dadurch also auch erst ermutigte.
»Das ist alles«, sagte die Frau, seine Gedanken unterbrechend. »Fragen Sie sich, ob es ungewöhnlich ist, sich so deutlich so weit zurückzuerinnern? Ich habe dafür keine Erklärung. Mehr ist nicht in meinem Kopf, bis auf zwei Monate später, als meine Mutter und ich schon mit ihm im ersten Farmhaus lebten. Ich weiß nicht, ob damals

schon alles klar war. Woher weiß man zum Beispiel, wenn man erst zwei Jahre alt ist, wo man jemanden finden kann, es sei denn, man hat ihn dort schon mehrmals gefunden? Aber ich wußte, ohne daß jemand es mir gesagt hatte, wo der Stiefvater an jenem Tag war. Seine Familie – Mutter, Vater und Schwester – hatten uns auf der Farm besucht. Es dämmerte, ihr Auto war vollgepackt, sie waren zur Heimfahrt bereit und wollten sich von ihrem Sohn verabschieden.
Ganz plötzlich war er verschwunden. Also ging ich geradewegs in das ein wenig abseits des Hauses liegende Maisfeld. Der Sommer ging zu Ende, der Mais stand dicht; man konnte nicht hineinsehen. Hoch war der Mais, wie ein grüner, raschelnder Wald über meinem Kopf. Ich erinnere mich an den milchigen Geruch der Kolben, den Geruch der Erde und wie es sich anfühlte, wenn sie zwischen meinen bloßen Zehen zerbröselte, als ich da entlangtrottete mit dem stolpernden Gang einer Zweijährigen.
Es war dunkler zwischen den Reihen mit Mais; die Hitze des Tages war noch in der Erde unter meinen Füßen und in den langen grünen Wedeln zu spüren. Er war da. Lag zwischen zwei Reihen, die Hände unter dem Kopf, und wartete. Er war unbekleidet. Er trug immer Arbeitshosen und ein Hemd – seine Hosen waren heruntergelassen.«
Ein nervöses, abgehacktes Lachen, sie zündete sich eine neue Zigarette an, stürzte den Kaffee hinunter. Die Worte waren nicht alle verständlich, denn sie weinte, als sie erzählte, wie ihr Stiefvater sie auf seinen nackten Körper gesetzt hatte, zuerst rittlings auf den Bauch und dann tiefer. Sie beschrieb etwas Fleischfarbenes, Gebogenes, mit dunklem drahtigem Haar drum herum. Sie sagte, da sei ein Gefühl von körperlicher Wärme gewesen. Die ganze Zeit über benutzte sie kein einziges Mal eine Bezeichnung für männliche oder weibliche Geschlechtsorgane.
Ohne sie zu fragen, konnte er nicht herausfinden, wie weit

diese erste oder zweite sexuelle Begegnung gegangen war. »Erinnern Sie sich an andere Gelegenheiten mit Ihrem Stiefvater?«
»Außer vielleicht bei zwei anderen Malen habe ich keine deutlichen Bilder, nur Schläge gegen mein Bewußtsein. Sie tun mir weh, und ich muß weinen. Ich kann damit nicht aufhören.«
»Was Sie mir erzählt haben, ist alles, woran Sie sich in dem Maisfeld erinnern?«
»Ja. Ich sah seinen . . .« Sie brach ab, unfähig, das Wort auszusprechen. »Nachdem er mich auf sich gesetzt hatte, habe ich weiter keine Erinnerung. Nichts.«
Er wartete. Ihre Bewegungen waren jetzt fahrig, ihre Stimme rauh.
»Warum hat diese Frau im Frauenzentrum gesagt, es sei Kindesmißbrauch gewesen? Ich hatte doch kaum etwas zu erzählen.«
»Vielleicht hat Ihr Verhalten ihr geholfen zu verstehen«, sagte er. »Ich sehe im Augenblick ja auch, wie entsetzt Sie sind. Ich vermute, mit gutem Grund, und ich möchte Ihnen helfen.«
»Sie meinen nicht, daß ich überreagiere oder verrückt bin? Ich würde beides akzeptieren. Manchmal halte ich mich selbst für verrückt.«
»Was Sie beschrieben haben, kann einen Menschen schon dazu bringen, sich für verrückt zu halten, besonders wenn es so lange nicht ausgesprochen wurde.«
»Sie glauben mir.« Wieder das nervöse, abgehackte Lachen. »Aber ich fürchte, mir ist nicht zu helfen. Irgend etwas ist falsch, und ich kann es nicht erklären.« Verwirrung, Verzweiflung, Furcht spiegelten sich in ihrem Verhalten. Sie sah ihn an, öffnete den Mund, wollte etwas sagen und ließ es dann.
»Vielleicht ist es das beste«, sagte er, »einfach weiterzumachen und das aufzunehmen, was ich eine psychoso-

ziale Anamnese nenne. Sie haben ein paar Daten aufgeschrieben, das ist schon eine Hilfe. Aber ich muß ein bißchen mehr über Ihr Leben wissen.«
Die Person, die in diesem Augenblick vor ihm kniete, sprach so deutlich sie nur konnte. »Ich habe es Ihnen doch gesagt. Ich habe vier oder fünf Erinnerungen und eine Menge Schläge gegen mein Gedächtnis. Ich bin im Immobiliengeschäft, weil mich das unabhängig macht. Ich muß mich nicht Bewerbungsformularen aussetzen, die voller Fragen sind, auf die ich keine Antwort habe. Vor einigen Monaten habe ich einen Volkszähler meine Vordertreppe hinuntergeworfen. Hinterher konnte ich es selbst nicht glauben, daß ich das getan habe. Er war sehr groß und stark. Aber er kam hierher, als wäre es sein Recht, mich auszufragen; er sagte, es würde mich hundert Dollar Bußgeld kosten, wenn ich sein Formular nicht ausfüllte. Ich befürchtete, wenn ich einen Fehler machte, würden sie glauben, ich hätte es mit Absicht getan.« Sie runzelte die Stirn, als habe sie sich nicht klar genug ausgedrückt. »Meine Erinnerung, verstehen Sie nicht? Es ist wie mit dem Ding – Sie erinnern sich an das Ding im Maisfeld, den –«
»Penis?«
»Ja. Das. Ich habe so etwas nie wieder gesehen, bis ich vierundzwanzig war. Ich glaube, ich war vierundzwanzig.«
»Waren Sie sexuell aktiv, bevor Sie vierundzwanzig waren?«
»Ich weiß es nicht«, sagte sie.
»Und nach vierundzwanzig?«
»Ich denke. Ich weiß es nicht.«
»Haben Sie Page adoptiert?«
»O nein. Norman wünschte sich so sehr ein Baby. Page ist wahrscheinlich von allem, was ich gemacht habe, das einzige, das ihn gefreut hat.«

Er sah sie an. Sie blickte mit ausdruckslosem Gesicht zurück. Sein Instinkt sagte ihm, daß diese Frau in ihren einander widersprechenden Aussagen nichts Ungewöhnliches sah.
Die Frau rieb die verbrannte Haut an ihren Fingern, spürte die heiße, weiche Oberfläche. Sie empfand keinen Schmerz. Der Mann ihr gegenüber sah so freundlich aus – und so verwirrt. Die Leute sahen häufiger so aus – als könnten sie dem, was sie sagte, nicht ganz folgen.
Seine Stimme drang aus großer Entfernung zu ihr, dazu streiften Gedanken wie wandernde Fremde ziellos durch ihren Kopf. Zu viele Gedanken. Sie ignorierte sie. Seine Stimme brauchte sie nicht zu ignorieren; sie war ganz einfach nicht mehr da und hörte sie schon gar nicht mehr.
Die Maßliebchen waren so hübsch. Sie berührte eines der Blütenblätter. Die Adern wirkten wie winzige, geheimnisvolle Straßen. Nach einer Weile schien das Licht im Zimmer sich verändert zu haben, als sei es jetzt sehr viel später. Sie sah, daß er vom Sofa aufstand.
»Also«, sagte er, »ich sehe Sie am nächsten Donnerstag. Haben Sie keine Angst. Im Erklären von Wegen bin ich nicht besonders gut. Ich habe es Ihnen aufgezeichnet. Wenn Sie der Karte folgen, werden Sie die Universität mühelos finden.«
Die Frau wirkte wie betäubt. Geistesabwesend nahm sie die Skizze entgegen. Am äußersten Ende des Zimmers bemerkte er eine Reihe von Bildern. Sie schien über sein Interesse nicht besonders begeistert.
»Sie sind schlecht.« Sie wirkte verlegen. »Ich wollte sie längst schon verbrannt haben, aber ich hatte nie die Zeit dafür. Zusätzlich zu allem anderen bin ich eine ziemlich lasche Hausfrau.«
Mit der Sauberkeit, die ihn umgab, stimmte das nicht überein, dachte er. Er ging von einem Bild zum nächsten,

bewunderte die Machart, die von sehr schweren bis zu ganz leichten Farben reichte und von wuchtiger bis zu zierlich femininer Linienführung.
»Irgendwie sind sie ohne mein Zutun in die Rahmen geraten. Was ich sagen will: wenn sie schlecht sind, und ich weiß, daß sie schlecht sind, bin ich dafür verantwortlich; aber sie zu malen scheint nicht besonders anstrengend zu sein.«
»Therapie legt oft die Kreativität eines Menschen frei. Sie rührt an das Innerste eines Menschen.«
»Wirklich? Das wäre schön. Aber ich werde eine Menge Geld und Zeit verschwenden müssen.«
Er starrte sie entgeistert an. Ihre Stimme schockierte ihn. Es war die eines kleinen Kindes.

2

Noch Tage nach dem Interview registrierte er eine merkwürdige Zunahme an Energie. Bei Dutzenden von Gelegenheiten, bei denen er normalerweise gegangen wäre, rannte er. Auch schien er keinen Schlaf zu brauchen. Er schob es auf die Herausforderung, die die Frau für ihn darstellte. Sie war nicht nur scharfsichtig und in der Lage, sich klar auszudrücken, sie war auch zäh genug, nicht aufzugeben.
Von Zeit zu Zeit hörte er sich das Tonband an. Er sagte sich, daß möglicherweise Druck und Angespanntheit verantwortlich waren für den vollständigen Gedächtnisausfall der Frau, sobald die Rede auf sexuelle Dinge kam. Sie hatte seiner Meinung nach einen großen »Reichtum« in Ausdruck und Verhalten, aber es gab keine vernünftige Erklärung für die Kinderstimme. Als er sie gehört hatte, hatte er das Tonbandgerät schon eingepackt. Also setzte ihm nur seine Erinnerung zu.
Am Donnerstag hatten sie in der Universität eine Videoaufzeichnung gemacht. Die Frau hatte wieder beschriebenes Papier mitgebracht, das sie aber nach einer Weile vergessen zu haben schien. Wie beim ersten Interview hatte sie sich wieder auf »die Leute« bezogen, mit dem Ausdruck von Besorgnis und Angst. Er war bemüht, sie nicht merken zu lassen, wie sehr ihn das verblüffte. Sie betrieb ein Maklerbüro mit sieben Angestellten und schloß mit großer Abgebrühtheit ihre Verträge ab, aber

sie hatte wenig Zutrauen in ihre Fähigkeiten, stellte ständig die eigenen Motive in Frage und malte die Konsequenzen in düstersten Farben. Alles jagte ihr Schrecken ein. Aber als Teenager hatte sie ihre Mutter verlassen ohne die leiseste Ahnung, woher die nächste Mahlzeit kommen würde – und Jahre später war sie mit genau so wenig Vorbereitung aus einer unglücklichen Ehe ausgestiegen.
Bei dieser ersten Videoaufnahme hatte er wieder die Veränderung der Stimme gehört, von erwachsen bis kindlich. Er hatte sie darauf aufmerksam gemacht. Die Frau hatte erwidert, sie habe keinen Unterschied wahrgenommen. Ihr schien auch nicht bewußt, daß sie manchmal »wir« sagte, wenn sie sich auf sich bezog. Als er darauf hinwies, sagte sie, ein Kunde habe sie vor kurzem das gleiche gefragt. Sie hatte ihm geantwortet, daß sie sich und ihre Angestellten gemeint hätte – was hätte es sonst sein können?
Nach der zweiten Videoaufnahme sah er genauer auf die Worte »distanziert« und »weit weg«, die er notiert hatte. Die Frau schien ihnen eine ganz neue Bedeutung zu geben. Es gab Zeiten, wo sie weinte, aber verwundert schien über die Tränen, die ihr übers Gesicht liefen. Sich von seinen Gefühlen zu »distanzieren«, bedeutete ja noch nicht, vergessen zu haben, was man einige Minuten zuvor gesagt hatte. Aber sie schien sehr oft zu vergessen. Er mußte sich selbst darauf besinnen, daß sie praktisch auf jede Krankheit unter der Sonne untersucht worden, daß ihr Problem also kein medizinisches war.
Jetzt, Wochen später, saß er in seinem Büro in der Universität und wartete auf sie. Sie hatten vor, zum drittenmal Videoaufnahmen zu machen. Die übliche psychosoziale Krankengeschichte aufzunehmen war unmöglich gewesen. Sie hatten mit der Anamnese zwar begonnen, aber er hatte noch nie einen Patienten mit so

wenig Grundlagen, auf denen man aufbauen konnte, getroffen.
Seit sie zwei Jahre alt war, hatte sie auf einer Farm gelebt, konnte sich aber an kein einziges Tier erinnern. Abgesehen von vagen Allgemeinplätzen erinnerte sie sich nicht an Themen aus der Schule, an die Kleider, die sie getragen hatte, oder an die Gesichter ihrer Mutter und ihrer Halbgeschwister. Wenn sie nur eine Mahlzeit zu Hause oder die mütterliche Stimme beschreiben sollte, beugte die Frau sich aus ihrer Yoga-Position vornüber und weinte vor Frustration.
Sie hatte eine unglaubliche Energie. Ungeachtet ihres Erinnerungsschwundes nach dem zweiten Lebensjahr und ihres Achtzehn-Stunden-Tages hatte sie es fertiggebracht, ihm mehr als sechzig Seiten maschinengeschriebene Aufzeichnungen zu geben, und gesagt, sie habe vor, ein Buch zu schreiben, wenn es so weiterginge. Er hatte ihre Bemühungen begrüßt. Etwas anderes war es allerdings, die Zeit zu finden, um das Geschriebene auch zu lesen. Mit einem Blick auf die Uhr beugte er sich über die Seiten. Sie schrieb:

Doktor Phillips, eine Entscheidung wurde getroffen. Mich hinzusetzen und etwas Privates aufzuschreiben, hat mich immer physisch krank gemacht. Ich meine, wir können uns auf diesen Seiten auf Sie nicht als »Doktor Phillips« oder gar mit Ihrem Vornamen beziehen. Irgendwie bringt das Sie und die Autorität, die Sie repräsentieren, zu nahe, es verstärkt das Gefühl von Krankheit. Wenn es Ihnen nichts ausmacht, haben wir einen anderen Namen gewählt – »Stanley«. Ich weiß, das klingt wie der Name eines langweiligen, leblosen Wesens. So ist es auch gemeint. Es wird ein Jahr oder länger dauern, dies Buch mit Hilfe der Tagebuchnotizen zu schreiben, und dafür brauchen wir das Gefühl

von Privatheit. »Stanley« wird Sie in angemessener Distanz halten.
Seit ich mich erinnern kann, hörte ich von meinem Stiefvater, ich sei eine Lügnerin. Meine Mutter sagte dasselbe. Konsequenterweise, nehme ich an, habe ich die Empfindung, als müßte jedes Wort auf diesen Seiten eine Lüge sein, vor allem, weil die Seiten mein Leben mit ihnen wiedergeben. Wer so oft Lügnerin genannt worden ist, neigt dazu, jedes Wort auf die Goldwaage zu legen, nicht nur, was die Wahrheit betrifft, sondern auch die Sicht der Dinge. Und natürlich frage ich mich nach meiner Perspektive und vor allem nach meiner Berechtigung, mich über meine Mutter negativ zu äußern. Möglicherweise im Zusammenhang damit, daß sie mich verlogen nannte, beschrieb meine Mutter sich selbst als Muster an Tugend. Ich habe lange geglaubt, sie sei es tatsächlich.
Die Leute sahen mich immer bestürzt an, wenn ich aus der Rolle fiel und, wenn auch ziemlich verschwommen, über das Leben in den beiden Farmhäusern, in denen ich aufwuchs, zu sprechen begann. Ich habe das vielleicht dreimal in meinem Leben getan, und immer nur ganz kurz. Einmal sagte ich zu einer Mitschülerin, mein Stiefvater sei ein Scheißkerl, dem verboten werden müßte, auf dem Angesicht dieser Erde zu wandeln. Sie sah mich an, sie sah weg, und keine von uns wußte etwas zu sagen. Ich erinnere mich, mir verzweifelt gewünscht zu haben, ich könnte weiterreden, ihr erzählen – und an dieser Stelle muß ich Ihnen, Stanley, sagen, daß meine Erinnerung genau an dieser Stelle aufhört. Das zweitemal geschah es bei einem Mann, den ich getroffen habe, lange nachdem ich das zweite Farmhaus verlassen hatte. Er

war ein warmherziger Mensch mit sehr guten Manieren und enorm intelligent. Wir verbrachten viel Zeit zusammen, er redete, und ich hörte zu und lernte, Bücher wie »Krieg und Frieden«, Schopenhauer und Nietzsche zu lesen. Nun gut, eines Tages fing ich an, ihm zu erklären, was von meinem Stiefvater zu halten sei. Ich erinnere mich nicht, wie erfolgreich ich damit war. Ich erinnere mich aber, daß er meine Hand hielt, und danach gingen wir im Regen spazieren und dann in eine Bar, und wir tranken, bis sie zumachten. Ich fühlte mich an diesem Tag sehr eigenartig. Ich weiß nicht, warum.
Das drittemal unterhielt ich mich mit meinem Mann, vor acht Jahren. Er sagte nur: »Halt die Schnauze.« Er fürchtete, daß es ihm geschäftlich schaden oder unsere Tochter Page, die gerade sechs war, durcheinander bringen könnte, wenn ich über das bißchen, das der Psychoanalytiker heraufgeholt hatte, reden würde.
Abgesehen davon, daß ich so wenig zu sagen hatte, fühlte ich mich einfach starr. In Wirklichkeit berührt mich eigentlich nichts. Ich habe Ihnen gesagt, daß ich nicht glaube, das zu besitzen, was die meisten Menschen Emotionen oder Gefühle nennen – nur eine schreckliche Furcht, eine Schuld, die ich nicht definieren kann, und die Vorahnung eines drohenden Verhängnisses.
Was ich tun werde, Stanley, ist, es einfach aufzuschreiben, ohne Rücksicht auf Ihre Meinung. Sie können sich selbst ein Bild machen, ob ich verrückt bin oder nicht. Meine Mutter und mein Stiefvater haben das auch gesagt: daß ich verrückt sei.
Diese Wohnung im zweiten Stock, in der ich mit meiner Mutter und meinem leiblichen Vater lebte

– es kommt mir vor, als sei es gestern gewesen. Fischhallen, Schuhmacherläden, Eisbuden und Schneiderwerkstätten – all das war zwischen die Wohnblocks an einer geschäftigen Hauptstraße gezwängt. Ich liebte es, aus dem Fenster auf die rückwärtige Straße zu schauen, überreife Melonen zu riechen und den Hausierern, Lumpensammlern und Verkäufern zuzuhören. Ihre Stimmen klangen jeden Morgen herauf, vermischt mit dem Klopf-Klopf der Pferdewagen. Autohupen hörte man selten. Autos waren etwas für Leute mit Geld, und davon gab's nicht viel in unserer Straße. Unbekümmert um unseren Geldmangel legte meine Mutter Wert auf gutes Essen. Eine Nachbarin machte sich darüber lustig, daß ich die Sahne von der Milchflasche abtrank. Meine Mutter sagte, das sei gesund für mich, und sie hatte recht. Denn da gab es ein Foto von mir, ungefähr mit einem Jahr, ich sitze auf dem Schoß meiner Großmutter väterlicherseits, dick, mit Grübchen, einer Menge dünner goldener Löckchen und schrägen, weit aufgerissenen Augen.
Dies aufzuschreiben, Stanley, ist, als spähe man in die Seele eines Kindes und erführe, wie ein Gehirn nur zwei Jahre nach der Geburt funktioniert. Mit zwei tust du nichts anderes als beobachten. Du weißt nicht, was die Wörter »Mutter« oder »Vater« bedeuten oder in welcher Beziehung sie zu dir stehen. Deshalb vermute ich, daß ich meinen Vater nicht vermißte, als wir ihn verließen. Was ich weiß, ist, daß wir auf eine Farm zogen, meine Mutter und ich, zusammen mit dem Mann, der mich an jenem Tag auf seinen Schoß gesetzt hatte. Das Farmhaus hatte dunkelbraune Dachschindeln und weißen Putz. Es lag abseits der Straße mit einer Reihe von

Steinen auf jeder Seite des Fahrwegs. Auf der rechten Seite des Hauses standen ein riesiger alter Apfelbaum mit einer Schaukel aus Stricken und ein niedriger, abgesplitterter Tisch. Wir waren kaum eingezogen, als meine Mutter schon Blumen pflanzte – den Fahrweg entlang und um das Haus herum, Sträucher über Sträucher. Ich sehe noch die Gesichter der Stiefmütterchen, samtene kleine Münzen in sanften Farben. Sie waren hübsch, und ich bin froh, daß ich mich jetzt an sie erinnere. Denn kurz nachdem wir in dies erste Farmhaus gezogen waren, begann mein Erinnerungsvermögen abzunehmen.

Ich erinnere mich, daß meine Mutter mir erzählte, wie gütig und liebevoll mein Stiefvater war, daß er weder rauchte noch trank und treu und brav seinen Gehaltsscheck nach Hause brachte. Wie er, ganz anders als mein eigener Vater, all seine Freizeit mit uns verbrachte, nicht zum Fischen oder Jagen oder zu anderen Frauen verschwand.

Irgendwie imponieren mir solche Qualitäten auch heute an niemandem, und ganz gewiß bewunderte ich sie als Kind nicht. Wenn meine Mutter seine guten Eigenschaften pries, hatte ich immer nur das dringende Bedürfnis, alles, was ich erreichen konnte, zu zerbrechen, zu zerschlagen, zu zerstören.

Als ich älter wurde, erzählte sie mir, wie gut mein Stiefvater zu mir als Baby gewesen sei, daß wir Stunden um Stunden gekämpft und gespielt und gelacht hätten. Ich erinnere mich nicht daran. Als ich vier war, wollte sie von mir wissen, warum ich ständig schrie und weinte, wenn er in meine Nähe kam. Ich erinnere mich nicht an meine Wutanfälle. Ich erinnere mich an einen kochenden Haß in mir.

Ein Schulbeamter kam auf die Farm und bestand darauf, daß ein Kind meines Alters in die Schule mußte. Der Kindergarten war ungewohnt und ganz und gar nicht angenehm. Ich stahl. Vor allem Scheren. Meine Mutter ließ sie mich zurückbringen, ich mußte mich entschuldigen. Ich haßte sie dafür, wie meinen Stiefvater. Jetzt haben wir eine Schere in jedem Zimmer und eine besonders große in jeder unserer Handtaschen. Ich weiß nicht, woher sie kommen, ich weiß nur, daß ich sie nicht *gekauft* habe.

Manchmal wollte ich einfach nicht in die Schule. Einmal, die Sonne hatte die Fußbodendielen im Wohnzimmer angewärmt, meine Puppen warteten darauf, daß mit ihnen gespielt würde (der Stiefvater war an diesem Tag in der Stadt, die Zeit zum Spielen würde nicht unterbrochen werden), warf ich mich auf den Fußboden, als der Schulbus draußen vorfuhr. Schluchzend und mit den Füßen tretend, wollte ich mich nicht von der Stelle rühren. Meine Mutter sagte, ich würde gehen, bei Gott, sie tobte, war schrecklich wütend und trat auf meinen hingestreckten Körper. Ich erinnere mich noch an den Schock in diesem Moment. Immerzu sagte sie, wie sehr sie mich liebte. Ich fühlte mich nicht geliebt. Ich fühlte nur ihre Absätze in meinem Rückgrat.

Ungefähr zu dieser Zeit hörte ich eines Abends spät die Stimmen meiner Mutter und des Stiefvaters und sah, daß in der Küche noch Licht brannte. Mein Bett stand im dunklen Wohnzimmer. Ich hörte eine Weile zu. Meine Mutter meinte, ich könnte noch wach sein, und mein Stiefvater lachte.

»Wahrscheinlich spielt sie mit sich«, sagte er. Meine Mutter darauf: »Wenn du nicht die ganze Zeit hin-

ter ihr her wärst, würde sie davon überhaupt nichts wissen.«
Stanley, irgend etwas ist nicht in Ordnung. Alle die Jahre – und obwohl ich nur eine undeutliche Vorstellung von dem Mißbrauch habe – hatte ich das Gefühl, ich müßte meine Mutter davor bewahren, zu wissen, was mein Stiefvater tat. Und trotzdem steht jetzt dieses Küchengespräch auf dem Papier. Ich habe offenbar immer gewußt, daß meine Mutter sich die ganze Zeit bewußt war, was geschah. Aber ich wußte es nicht, Stanley. Entweder ist meine Erinnerung lückenhaft, oder ich gehöre zu diesen langsamen, vielleicht auch nur ein bißchen »weggetretenen« Leuten, die nicht alles zusammenkriegen. Ich habe nur die Erinnerung an das verdammte Maisfeld und ein oder zwei unvollständige Bilder von meinem Stiefvater und mir. Was also habe ich meiner Mutter Jahre später gesagt, an dem Tag, an dem ich für immer fortging? Ich erinnere mich, daß wir zusammen in der Küche saßen, daß ich ihr etwas gesagt habe, aber ich weiß nicht, was. Nichts ist klar.
Ich rede von einem ganzen Leben. Gezwungen, genau hinzusehen, verstehe ich, worüber Sie neulich gesprochen haben: daß meine Erinnerungen irgendwo sein müßten.
Sie fragten mich nach meiner psychosozialen Geschichte, und ich versuche zu antworten, aber ich habe nichts zu sagen. Was besitzen Menschen in ihrer Geschichte, Stanley, was besitzen Menschen in ihrem Leben? Ich bin nicht dumm. Ich weiß, was hier stehen sollte, all die Dinge, die andere besitzen und auf einer alltäglichen Grundlage diskutieren, Dinge, die sie betreffen, ihre Beziehungen zu Freunden, zur Familie, zu völlig

Fremden. Das alles gehört ihnen. Wo also ist das, was mir gehört?
Diese Notizen werden immer mehr. Warum gibt es so viele vollgeschriebene Seiten, und warum sitze ich jeden Moment, den ich erübrigen kann, an der Schreibmaschine, *wenn hier doch gar nichts ist?*

Leise fluchend legte er die Papiere beiseite. Der Satz »wenn hier doch gar nichts ist« wiederholte, was sie ihm bei ihrem ersten Gespräch zu sagen versucht hatte. Er hatte Panik in ihrer Stimme gehört. Er las sie jetzt aus den Seiten heraus. Sollte er weiterhin Druck ausüben oder ihre Äußerungen für bare Münze nehmen? Sie war außerordentlich ausdrucksfähig. Wenn es also kein Kommunikationsproblem gab, dann hatte sie aus einem ganzen Leben buchstäblich keine Erinnerung, nur das, was sie selbst »Schläge«, »Fetzen« nannte. Die Einzelheiten, so bruchstückhaft sie auch sein mochten, mußten also von jemand anderem als der Frau kommen. War die Frau also eine multiple Persönlichkeit?
Es war lächerlich, eine solche These auf der schmalen Basis des bisher Gehörten aufzustellen. Schließlich war sie von Experten untersucht worden. Irgend jemand hätte es doch merken müssen.
Und dann erinnerte er sich daran, daß sie ihm in der letzten Woche erzählt hatte: »Ich habe mit niemandem das, was Sie ständigen Kontakt nennen. Hatte ich nie. Will ich auch nicht. Menschen langweilen mich. Small talk, Klatsch, Witze – es ist qualvoll. Niemand spricht über Ideen, Konzepte, das Entlegene, das Unmögliche, das so unmöglich nicht wäre, wenn sie nur für eine Weile das andere vergessen könnten. So laufe ich davon, begrenze jede Begegnung auf ein paar Stunden. Mit Norman war es einfach. Er war ständig in der Werkstatt und schliff irgend etwas zu Kleinholz. Und im Geschäfts-

leben ist Zeit Geld; die Leute verschwenden nicht allzu viel davon, bloß um einen kennenzulernen.«
Ihre vielfältigen Verhaltens- und Ausdrucksweisen mischten sich zu glatt. Abgesehen von der Frau, die – so sah er es – mit sich selbst im Krieg lag, auf der einen Seite zu Tode geängstigt, auf der anderen verschreckt genug, um davonzurennen, war nichts Genaues auszumachen. Mit Ausnahme der Stimme dieses kleinen Kindes.
Er packte das Manuskript in seine Aktentasche und machte sich auf den Weg zur Video-Sitzung. Hätte er die Seiten im handgeschriebenen Original und nicht frisch aus der Schreibmaschine vor sich gehabt, wäre sein Verdacht wahrscheinlich bestätigt worden. Die Aufzeichnungen waren ihm nicht von der Frau als einer einzelnen Person übergeben worden, sondern durch ihre »Leute« – die anderen, von denen sie lediglich ein »Teil« war. Sybil und Eve hatten wichtige Bücher über Multiplizität geschrieben. Die »Truppe« war dabei, Robert A. Phillips, alias »Stanley«, ein Evangelium zu diesem Thema zu überreichen.

3

Dr. Phillips war in den Aufzeichnungen der Frau der wiederholte Gebrauch des Wortes »wir« aufgefallen. Solange »wir« ein ungelöstes Rätsel war, sah er die Notwendigkeit seines neuen Namens ein. Er beschloß, damit einverstanden zu sein. Ein Kollege hatte kürzlich in einem Seminar berichtet, daß ein männlicher Patient, der von seiner ganzen Familie brutal mißbraucht worden war, ihn während einer dreijährigen Behandlung nie mit Namen angesprochen hatte. Der Mann hatte sich durch die Autorität, die hinter dem Namen stand, bedroht gefühlt. Dr. Phillips fand, daß »Stanley« immer noch besser war als gar kein Name.
Die Klimaanlage war nicht in Betrieb, es war noch zu früh im Jahr. Die Frau sah von der Bank vor seiner Bürotür hoch, sie war pünktlich wie immer. Sie schien verärgert, nicht wegen der Hitze, sondern weil ihr blauer Baumwollrock und die exakt gebügelte weiße Bluse zerknittert waren. Sie schraubte den Deckel auf eine Thermosflasche mit Kaffee und verstaute sie zusammen mit ihrem roten Notizbuch in einer großen Tasche. Die Tasche und zwei mit Bindfaden zusammengebundene orangene Kissen baumelten gegen ihre Oberschenkel, als sie mit ihm durch die Halle zum Aufnahmestudio ging.
»Ich habe die Kissen wieder mitgebracht.« Ihre Stimme klang, als wollte sie sich verteidigen. »Sie sagten beim letztenmal, Sie hätten nichts dagegen. Ich hasse Stühle.

Sie geben mir das schreckliche Gefühl, gewissermaßen eingesperrt zu sein. Sie haben die Tagebuchblätter gelesen, wie gefällt Ihnen Ihr neuer Name? Ich hoffe, wir sind Ihnen nicht zu nahe getreten.«
»Aber nicht doch«, sagte er und sah auf die schwere Tasche und die Kissen. »Lassen Sie mich Ihnen helfen.«
Die Frau umklammerte schützend ihre Sachen. »Nein. Das mach' ich schon. Ich wünschte nur, diese Kopfschmerzen verschwänden. Sie sind unangenehm. Nichts hilft dagegen. Ich nehme Tylanol, mehr zur Sicherheit als wegen der Erleichterung. So wie manche im Dunkeln pfeifen, nehme ich an.«
»Das klingt nach Migräne«, sagte er. »Sehr schmerzhaft.«
»Nein. Die Ärzte haben zwar Migräne festgestellt. Aber es tut nicht weh.«
Keine Schmerzen, dachte er. Wie konnte sie dann wissen, daß sie Kopfschmerzen hatte.
»Irgendwie spüre ich das Hämmern«, erzählte sie ihm, »aber es ist vierzig Meilen entfernt, und das macht mich nervös. Weil ich weiß, daß er kommt.«
»Wer kommt?«
»Der Schmerz.«
»Aber Sie spüren ihn nie?«
»Nein. Ich habe es Ihnen doch gesagt. Ich spüre nie etwas.« Sie grinste. »Vielleicht entgehe ich ihm, weil ich so beschäftigt bin. Kann das sein?«
Er überlegte, ob die Unmengen von Kaffee, die sie trank, etwas mit den Kopfschmerzen zu tun hatten. Sie sah ihn über das Bündel in ihren Armen hinweg an.
»Nee«, sagte sie immer noch grinsend. »Ich weiß, was Sie denken. Ich trinke etwa dreißig Tassen am Tag. Vielleicht auch mehr. Ich hab' es mal gelassen. Hat auch nichts gebracht.«
Der Vorraum des Studios war mit technischem Gerät vollgestellt. Bei ihrem Eintritt sahen einige Studenten

von ihrer Arbeit hoch, kehrten aber gleich zu Kopfhörern und Schreibblocks zurück. Nach dem Vorraum kam die Kontrollkabine und dann das eigentliche Studio, hell ausgeleuchtet und leer bis auf einen niedrigen Tisch, zwei grüne Plastiksessel und einen behelfsmäßigen Vorhang an der Rückwand.

Tony, der Bildingenieur, war seit fünfzehn Jahren an der Universität. Er war groß und dünn, hatte eine sanfte Stimme und Augen, die niemals einen Menschen mit dem gleichen Interesse ansahen, das er seinen Geräten entgegenbrachte. Während Tony mit Stanley sprach, blickte die Frau in den Spiegel ihrer kleinen Puderdose. Eitelkeit mochte eine Sünde sein, aber Häßlichkeit war unverzeihlich. Blitzartig tauchte in ihrem Kopf die langvergessene Überzeugung auf, daß sie als mongoloide Idiotin auf die Welt gekommen sein mußte. Als Kind war das für sie die einzig mögliche Erklärung für Schlitzaugen und ihr gräßliches Aussehen. Und auch ihre Dummheit schien es zu erklären. Mit den Jahren hatte sich die Vorstellung verloren, aber noch heute versuchte die Frau jeden Mangel zu vertuschen. Ein guter plastischer Chirurg hätte zwar das Aussehen verändern können, aber das hätte vorausgesetzt, sich die Eitelkeit einzugestehen, und irgendwie hätte es auch Strafe bedeutet.

Als das Wort »Strafe« ihr in den Sinn kam, überfiel sie ein Schwindel. Sie sah das Studio zum erstenmal und geriet in Panik. Nur einen Moment lang war ihr klar: nicht sie sah das Studio, sondern jemand anderes, und die Panik gehörte zu dieser anderen Person. Sie versuchte, diese Realität festzuhalten, aber sie verflog. Eine Sekunde später setzte ihr nur noch ein bitterer Satz zu, den ihre Mutter immerzu gesagt hatte: Für das, was du tust, bist du selbst verantwortlich.

Außerstande, das, was ihr gerade geschehen war, festzuhalten, starrte die Frau quer durch den Raum auf die

Videokamera. Sie wußte, daß die Vorstellung von Strafe gleichzeitig mit der Entscheidung aufgetaucht war, Videos für den Unterricht zu machen. Die Angst würde den Sieg davontragen, wenn sie ihr erlaubte zu eskalieren. Sie konnte sich nicht vorstellen, für den Rest ihres Lebens Angst zu haben, und nicht zum erstenmal sagte sie sich: die Mutter wußte nicht, wo sie war, und ihr Stiefvater auch nicht. Sie war eine erwachsene Frau. Was konnten sie ihr anhaben?
Viel, sagte jemand.
Tony stellte die Plastiksessel beiseite. Sie und Stanley arrangierten sich auf den orangenen Kissen. Stanley kam zu einem Thema, das sie bei den ersten beiden Aufnahmen vermieden hatte – ihre Mutter. Inzest-Familien waren kompliziert. Der Täter, gleichgültig ob männlich oder weiblich, handelte selten allein. Fast immer spielte der »stumme Partner« eine wenn auch sekundäre, so doch wichtige Rolle.
»Über meine Mutter gibt es nicht viel zu sagen.« Die Frau wirkte unbehaglich. »Sie hatte vor nichts Angst. Sie konnte praktisch alles. Sie war brillant und schön – und sagte mir, daß ich weder das eine noch das andere war. Ich sollte ihr Komplimente machen, aber offenbar wollte ich nicht. Sie schimpfte mich ein gemeines Gör – was sie meinte, begriff ich erst, als ich größer wurde. Sie war gut. Sie versuchte, aus mir einen anständigen Menschen zu machen. Ich nehme an, genau das wollte ich nicht sein.«
»Warum nicht?« In ihrem Manuskript hatte er vor einer knappen Stunde gelesen, daß ihre Mutter alles andere als ein Ausbund an Tugend gewesen sei.
»Ich weiß nicht. Ich war eben böse.«
»Wie hat Ihre Mutter auf Ihre Bosheit, wie Sie das nennen, reagiert?«
»Sie dachte, wenn ich vor Schmerzen schrie, hieße das, ich schenkte ihr Aufmerksamkeit. Wenn ich nicht schrie,

verlor sie die Beherrschung und schlug mich, bis ich schrie.«
Für einige Augenblicke war ihr Ausdruck spürbar härter gewesen als der verletzliche, zu dem sie nun zurückkehrte.
»Zuerst schlug die Mutter mich mit der Hand. Dann prügelte sie mich mit einem Riemen oder was immer ihr unter die Finger kam. Ich brüllte: ›Schlag mich nicht, ich will artig sein.‹ Es bremste sie nicht.«
Die Frau senkte den Kopf und blickte auf ihre Hände. Diese Hände, sie waren ihr nie vertraut gewesen. Die Mutter? Die plötzliche Fremdheit des Wortes riß sie auf eine andere Bewußtseinsebene. Warum hatte sie gesagt, »die« Mutter? Und warum hatte sie das Gefühl, das sei angemessen?

Tief im Innern des Tunnels drang diese wichtige Frage durch die Mauern, die die Truppen umgaben. Die Bedrohung entstand durch das Sprechen mit Stanley – dem ersten Menschen, dem sie jemals so viel von sich mitgeteilt hatten. Und sie hatten vor, noch mehr mitzuteilen. Ein haltbarer Mechanismus hatte seit der Geburt verhindert, daß sie sich der vielen anderen bewußt geworden waren. Aber nun spürten sie die Erschütterung. Die Erschütterung war so heftig, daß eine Handvoll Truppenmitglieder die eigene Existenz und die einiger anderer erkannte.
Anderen, stärker isolierten, jagte ohne jeden Hinweis auf das, was dem zugrundelag, nur die Frage durch den Kopf: Wer ist die Frau?
Ihre Stimmen hallten von einer Wand zur anderen, und es kam keine Antwort.
Nur *Gatekeeper* wagte aufzuschauen und den Tunnel in seiner ganzen Länge und Breite zu überblicken – bis in

die hintersten Schlupfwinkel. *Gatekeeper* hörte seine Stimme, bevor sie ihn sah, und in Wahrheit sah sie ihn auch gar nicht, sondern er kam in ihren Geist, ihre Seele, wie Wasser, das einen Schwamm durchtränkt. Seine Realität kam wie die Flut, und sein Wesen war bitter. Eine freundliche Bitterkeit, gewiß; sie umhüllte und entkleidete sie gleichzeitig; kühlte und wärmte und stieß sie ab. Wissen.
Gatekeeper weinte, Tränen so leicht wie die schnippenden Handbewegungen, mit denen die Person vor ihr den Tunnel beherrschte.
Alt, sagte *Gatekeeper* zu ihm. Du bist alt. Ich spüre dich, tausend Jahre alt, in jedem Blatt an jedem Baum.
Ja, sagte er.
Noch nie hatte sie ein solches Lächeln gesehen. Das Wort »sehen« war eigentlich zu kraftlos, um das Erlebnis zu beschreiben. Ich kenne dich, sagte *Gatekeeper*. Ich kenne deinen Namen: *Ean*. Sie hielt inne, blitzartig begreifend, daß seinen Namen auszusprechen gegen die Regeln verstieß. Wer ist die Frau?
Nicht wer, sagte er, sein irischer Akzent klang reich und voll, sondern was. Das mußt du fragen.
Er war verschwunden, als hätte er nie existiert, und ließ *Gatekeeper* zurück, die auf die anderen Truppenmitglieder blickte und auf die Gefahr, die Gestalt angenommen hatte.
Drei Personen waren aus der äußersten Tiefe ihrer Stellung innerhalb der Truppe herausgezerrt worden und warteten auf einen Befehl. Zwei von ihnen begriffen sehr schnell, daß sie nicht allein waren, wie sie bisher geglaubt hatten.
Im ersten Augenblick leugnete *Buffer* die Anwesenheit der Frau auf dem orangenen Kissen, leugnete auch die plötzliche Realität der anderen Ichs. Statt dadurch kleiner zu werden, nahm ihr Entsetzen zu, bis sie begriff:

Sie, *Buffer,* war nicht allein, sondern teilte sich mit der Frau den Platz auf dem Kissen. Und schlimmer noch: da waren noch andere. *Buffer* hatte bis jetzt die Stöße in sich aufgefangen, die immer dann entstanden waren, wenn andere Mitglieder der Truppe in Gegenwart der Frau gesprochen hatten; sie hatte angenommen, sie täte dies für sich und sei allein. Von der neuen Erkenntnis überrascht, taumelte sie. Aber nicht wie früher unter einer unspezifischen Serie von Schlägen. Die einzelnen Reaktionen der anderen waren jetzt deutlich voneinander zu unterscheiden, sie hackten wie tausend winzige Messer auf *Buffer* ein.
Interpreter registrierte die Anwesenheit der Frau und *Buffers* als voneinander und von ihr getrennt. Sie begriff auch, warum sie da waren. Ihre Aufgabe hatte bisher darin bestanden, die Wörter auseinanderzuhalten, deren Ursprung sie nicht kannte, Sätze zu entwirren, die sich überlagerten. Nun verstand *Interpreter,* daß die Wörter viele Quellen hatten, daß auch sie nur eine davon war. Sie stellte sich auf die Situation ein und sah noch etwas: die Frau auf dem orangenen Kissen hörte Stanley nicht. *Buffer* saß vor ihr, fing die Stöße ab und sprach. *Buffer* fing auf, was immer das Bewußtsein hinter den Worten der Frau an Schmerzen zufügte, und lenkte es auf sich.
Interpreter sah auch – und dies war vielleicht der komplizierteste, am schwersten zu begreifende Aspekt –, daß es Zeiten im Leben der Frau gab, in denen weder sie selbst noch *Buffer* anwesend waren. Dann konnten andere die Oberhand bekommen.
Sie fand das sinnvoll. Was sie nicht verstand, war die Frau selbst. Etwas an ihrer Verfassung, ihrem Wesen war sehr seltsam. *Interpreter* suchte nach Worten, um den Mechanismus dessen zu beschreiben, was sie beobachtete. Das war es: Die Frau »litt« nicht an bestimmten

Mechanismen; sie war mit Absicht so konstruiert worden, daß sie auch so funktionierte.
Näher an der Frau als *Buffer* oder *Interpreter* und dennoch aus großer Entfernung nahm *Frontrunner* die Individualität der ihrem Schutz Empfohlenen wahr, wie die anderen zum erstenmal. Ihrer eigenen Existenz, wenn auch nicht in allen Einzelheiten, bewußt, empfand *Frontrunner* die Anwesenheit der anderen nicht als bedrohend. Aber sie begriff heute zum erstenmal den Zweck der Frau auf dem orangenen Kissen.
Sie würde ihn Stanley nicht verraten. Weder durch ein gesprochenes Wort noch in den Aufzeichnungen, die täglich am laufenden Band produziert wurden. Weil sie an dem Redefluß keinen Anteil haben wollte, vermied *Frontrunner* auch, ihn anzusehen, und brachte ihre Gedanken zum Schweigen. Heute jedenfalls würde sie nicht, was eigentlich ihre Aufgabe war, ein paar Gesprächsbrocken hinwerfen, um Überlegungen in Gang zu bringen und saubere Schlüsse herbeizuführen. Auf diese Weise wurden sich vier aus den höheren Rängen der Truppe ihrer eigenen und der Existenz der Frau bewußt – alle als voneinander getrennte Wesen. *Irishman* in den hintersten Winkeln des Tunnels behielt seine Meinung für sich.
Die Frau würde in der Sitzung weitersprechen, und *Frontrunner* würde es zulassen, denn *Gatekeepers* Signal im Kopf der Frau war eindeutig: Mach weiter.

Die Frau, die von dem Tunnel und den Vorgängen dort nichts wußte, weinte. Sie beschrieb das zweite Farmhaus, in das sie, ihre zwei Jahre alte Halbschwester, ihre Mutter und ihr Stiefvater gezogen waren. Es war im Sommer, sie war sechs. Im Herbst sollte sie in die Schule kommen. Abgesehen vom Bestellen der Farm arbeitete

ihr Stiefvater in der dreißig Meilen entfernten Stadt. Sie sagte unbestimmt, er sei als eine Art Facharbeiter angestellt gewesen, vielleicht als Maschinist.
»Er war geschickt«, sagte sie. »Ich mochte mein neues Zimmer im ersten Stock; aber manchmal, wenn ich dachte, er sei nicht da, wartete er hinter der Treppentür. Wenn meine Mutter in der Nähe war, traute ich mich hinter ihm die Treppe runter, immer an der Wand lang. Er grinste dann, sah meine Mutter unschuldig an und fragte, warum ich so ein ängstliches Kätzchen sei. Wenn meine Mutter nicht im Haus war, knallte ich ihm die Tür vor die Nase und rannte in die Küche.«
»Was passierte dann?«
»Ich weiß nicht. Da ist ein Loch. Alles, woran ich mich erinnern kann, geschah, wenn meine Mutter da war. Er war sehr kräftig und flink. Wenn er mich einholte, stieß er sozusagen mit seinem Gesicht in meins und guckte, als wüßte er etwas ganz Schreckliches über mich, irgendein schmutziges Geheimnis, das wir beiden miteinander teilten. Aber ich redete doch nie mit ihm, wenn es sich vermeiden ließ, ich ertrug es nicht einmal, mit ihm im gleichen Zimmer zu sein, also konnte es gar kein Geheimnis geben, ich mußte mir das einbilden.«
Sie redete ununterbrochen weiter, ein Schwall von Worten, eine Erinnerung führte zur nächsten.
»Wir hatten einen großen schwarzen, mit Holz geheizten Herd in der Küche. Das Feuer darin ging nie aus, auch im Sommer nicht. Wenn mein Stiefvater mich erwischte und meine Mutter war in der Nähe, riß er mich in seine Arme und warf mich über dem Herd in die Luft. Er hatte so große Hände, die mich an Stellen berührten, an denen ich nicht berührt werden wollte. Ich wünschte mir die ganze Zeit, es gäbe diese Stellen nicht.«
»Sie waren sechs, und Ihre Stiefschwester war zwei«, sagte Stanley.

»Ja. Ich glaube. Den zeitlichen Ablauf habe ich mir nie merken können. Zeit bedeutet nichts für mich.«
Er fragte, ob sie meine, ihr gestörtes Verhältnis zur Zeit käme daher, daß sie die Abfolge vieler Ereignisse in ihrem Leben nicht ordnen könne. Ohne Erfolg versuchte sie zu beschreiben, was sie empfand. Seinen Versuchen, ihre Vorstellung von Zeit zu beschreiben, konnte sie nicht zustimmen. Sie war darüber sehr erregt. Ihn beeindruckte, wie sie mit den Händen ziellos durch die Luft fuhr, jeden Begriff von Zeit, soweit er sich auf sie beziehen könnte, zurückweisend.
In ihrem Gesicht traten die Backenknochen stärker hervor. »Wo bin ich stehengeblieben?«
»Im zweiten Farmhaus. Der Herd.«
»Richtig, der verdammte Herd. Er wurde nie kalt. Er kochte unser ganzes Essen, erhitzte das Wasser für Tee und Bäder und den Abwasch. Anstatt einer weiteren Kochstelle befand sich hinten ein Behälter, in dem immer heißes Wasser war. Ich sehe noch den Dampf vor mir, der daraus hochstieg. Wenn mein Stiefvater mich in die Höhe warf, schwebte ich in der Luft. Er würde mich auffangen. Bevor er das tat, sah ich nach unten in das sprudelnde Wasser und betete darum, irgendwo zu landen, bloß nicht in seinen Händen.
Als ich älter wurde, wurde es schlimmer. Er grinste blöd und schnappte mich, knallte mich gegen die Wand. ›Ich kriege dich schon‹, sagte er und hielt mich am Kleid fest. ›Es dauert nicht lang, du magst es doch auch, nicht wahr?‹ Irgend etwas schoß mir durch den Kopf. Da war nichts zum Mögen. Aber sein Gesichtsausdruck erinnerte mich an etwas. So wie das Eis gestern abend. Ich füllte Schokoladeneis in eine Schale, und etwas kam mir plötzlich in den Sinn. Stanley, für Sie ist Eisessen eine harmlose Angelegenheit, aber ist Ihnen schon mal aufgefallen, daß die Linien, die der Löffel im Eis macht, wie die

Haut eines Mannes aussehen, an einer ganz bestimmten Stelle?«
Er brauchte eine Minute, um zu begreifen, was sie meinte. Den Hodensack eines Mannes.
»Scheiße«, sagte sie abrupt. »Woher kommen diese Splitter, Stanley. Ich muß wissen, ob sie real sind. Scher dich zum Teufel, *Miss Wonderful*, ich habe Angst.«
Die Frau hörte sich selbst sprechen. Sie merkte, die Worte kamen zu schnell, sie schienen nicht zu ihr zu gehören. Stanley gefiel nicht, wie ihr Gesicht und ihre Stimme sich bei jedem Satz veränderten und daß sie die Veränderungen anscheinend gar nicht bemerkte.
»*Miss Wonderful*«, sagte Stanley. »Wer ist das?«
Die Frau hörte ihn aus großer Entfernung. Sie kämpfte, um wieder an die Oberfläche zu kommen. Sie wollte ihm nicht sagen, daß *Miß Wonderful* nur eine Stimme in ihrem Kopf war. Also murmelte sie etwas wie: ihre Freundin Sharon habe sie oft so genannt, weil sie sich manchmal so »professionell« benommen habe. »Stanley«, sagte sie, »wenn ich das alles nicht bald in den Griff kriege, kann ich genauso gut auch wieder auf der Farm sein. Was geschieht mit den Opfern, die nicht stark genug sind? Wohin kommen die Schwachen?«
»Stark sein ist viel wert, aber Sie müssen erst einmal lernen, um Hilfe zu bitten. Um Hilfe bitten ist ein Zeichen von Gesundheit.«
»Es ist ein Zeichen von Schwäche.«
Sie begann zu weinen und wollte nicht mehr weitermachen, wiegte sich auf dem Kissen vor und zurück, die Augen verstört und glasig. Mit beruhigender Stimme wiederholte Stanley, daß sie allen Grund hatte, verletzt zu sein. Sein leises Murmeln während der Sitzungen war ihr schon vertraut, und sie sprach einfach weiter – in dem Bewußtsein, daß nichts von dem, was er sagte, einer Antwort bedurfte, daß aber seine monotonen Botschaf-

ten in den Tagen nach den Sitzungen ihr Unterbewußtsein erreichten und sie in Augenblicken großer Anspannung sicher machten. Für den Fall, daß die Erinnerungen kamen, wenn sie allein war, boten sie ein wenig Schutz.
»Warum erinnere ich mich an diesen Augenblick nicht genauer?« rief sie plötzlich. »Als ich meiner Mutter sagte, ich ginge fort wegen des Stiefvaters, was habe ich ihr erzählt? Die Ereignisse waren so diffus, wie konnte ich sicher sein, daß sie wirklich passiert waren? Aber bis ich fünfzehn war, klang es in meinem Kopf: ›Erzähl's ihr.‹ Ich weiß nicht, was mein Darüberreden schließlich herbeigeführt hat oder besser gesagt unsere Unterhaltung. Sie zeigte sich keineswegs schockiert, nur ganz sicher, daß ich sie deswegen nicht verlassen müßte. Da hoffte ich nun auf ein neues Leben, und sie hatte ihres in dem gleichen Dreck verbracht wie ich meins, sie hatte meinen Stiefvater bezahlt für das Dach über meinem Kopf, für das Essen, das mich gesund hielt. Sie hatte mit sich bezahlt.«
Nein, dachte er. Deine Mutter hat ihre Rechnungen mit dir bezahlt. Mit deinem Körper und fast mit deinem Verstand. Er war wütend, aber sein Gesicht blieb ausdruckslos. Stanley konzentrierte sich auf seine Notizen.
»Meine Mutter tobte und schimpfte nicht, sie sagte nur, daß ich bleiben müßte. Die Dinge würden ins Lot kommen, sie würde ihm Einhalt gebieten. Ich kann nicht glauben, daß sie wußte, was vor sich ging.«
Stanley sah ihren Konflikt: die strengen Eigenschaften einer Mutter abzuwägen gegen die guten, der Wunsch, die guten zu betonen und für die strengen sich selbst die Schuld zu geben. Ihre Mutter, sagte sie, schaffte das ganze Jahr über Geld auf die Seite, weil sie einen geizigen Mann hatte, der seiner Frau und seinen Kindern nichts gönnte, seine Stieftochter hängenließ. Zu Weihnachten kaufte sie von dem Geld reiche Geschenke; voller Ein-

fälle, wunderschön verpackt, kunstvoll unter dem ebenfalls perfekten Weihnachtsbaum arrangiert.
Allmählich bekam Stanley ein Bild von der Mutter, grobknochig, rotes Haar, eine irische Schönheit, eine Köchin, Näherin und Wäscherin, die ihresgleichen suchte, die schuftete, bis das Farmhaus vor Sauberkeit glänzte. Eine Frau, die Auktionen besuchte, um das Haus hübsch einzurichten, mit einem Haushaltsgeld, das ein Geizhals ihr zuteilte. Eine Frau, die die Fähigkeit oder den Zwang hatte, Tag und Nacht zu arbeiten, nicht nur im Haus, sondern auch auf den Feldern, zu pflanzen und zu ernten. Wie schon in den vorangegangenen Sitzungen hatte er die Vorstellung von einer tief verletzten Frau, die möglicherweise von der eigenen Mutter mißhandelt worden war und dies nun an ihre Tochter weitergab.
Mehr noch. Es lief auf die Unfähigkeit seiner Patientin hinaus, sich selbst richtig zu sehen oder für sich selbst zu sprechen. Ihre Mutter war perfekt gewesen, sie war es nicht.
Stanley hatte zugehört. Jetzt legte er den Schreibblock beiseite. »Sie waren für das Glück oder Unglück Ihrer Mutter nicht verantwortlich. Ihre Mutter war erwachsen, sie mußte selbst mit ihren Gefühlen fertig werden. Sie reden davon, wie sie knauserte und sparte und ihre eigenen Wünsche verleugnete, um Sie zu ernähren, Ihnen schöne Ferien zu ermöglichen. Aber lange bevor Ihr Stiefvater fortging, unterstützten Sie Ihre Mutter, den Stiefbruder und die Stiefschwestern mit dem, was Sie in verschiedenen Jobs verdienten.«
»Ich konnte nach der Schule nicht wirklich viel verdienen, und außerdem habe ich ihr oft weh getan. Ich war kein einfaches Kind. Ich tobte und machte alles mögliche kaputt. Nichts war mir recht, ich gehörte zu den Leuten, die mit nichts und niemandem zufrieden sind.«
»So hat es Ihre Mutter Ihnen eingebleut. Sie arbeiteten

jeden Nachmittag«, erinnerte er sie, »als Kellnerin, manchmal bis Mitternacht und außerdem jedes Wochenende, während Ihrer ganzen Kindheit und Jugend. Und eigentlich hat umgekehrt Ihre Mutter Sie verletzt, stimmt's? Sie prügelte den Teufel aus Ihnen heraus. Sie hat Sie Ihrem Stiefvater gegeben; sie hat Sie ihm überreicht.«
Stanley hatte es ihr absichtlich direkt vor die Füße geworfen, es offenkundig und unwiderleglich gemacht.
»Meine Mutter wußte nichts davon.« Die Frau weinte.
»Sie haben mir selbst gesagt, daß sie es tat.«
»Wann?«
»Es steht in Ihren Aufzeichnungen«, sagte Stanley in bestimmtem Ton. »Sie wußte, was er tat.«
Die Frau sah ihn verwirrt an. Stanley erinnerte sich an das, was er heute morgen gelesen hatte: die lang zurückliegende Unterhaltung in der Küche, in der ihre Mutter ihrem Stiefvater gesagt hatte, daß das Kind nichts über Masturbation wissen würde, wenn er nicht die ganze Zeit hinter ihr her sei. Wie konnte die Frau das vergessen haben? Aber genau das mußte geschehen sein. Ihre leeren Augen im leeren Gesicht waren zu echt, und das aufkeimende Entsetzen, das sie zu unterdrücken suchte, konnte niemand künstlich erzeugen.
War er zu weit gegangen? Sehr viel war in dieser Sitzung ans Licht gekommen. Bis jetzt hielt sie sich wacker.
»Stanley? Mir fällt etwas ein.«
Ihr Gesicht hatte sich nur wenig verändert, es war weicher geworden, die Stimme sehr jung, die Aussprache sehr deutlich. Sie war älter als die Stimme, die er während des ersten Gesprächs im Eingangsflur ihres Hauses gehört hatte.
»Erzählen Sie«, sagte er.
»Als die alte Scheune abbrannte, haben wir die Garage umgewandelt. Wir nahmen das Auto heraus und stellten

die Kuh zusammen mit einem Haufen Heu hinein. Eines Tages ging ich an der offenen Tür vorbei. Mit aufgelöstem schwarzen Haar lag die Halbschwester im Heu. Der Stiefvater drehte mir den Rücken zu, er kniete zwischen ihren bloßen Beinen, seine Hosen hingen um seine Knöchel.«
»Wie alt waren Sie da?«
»Neun. Ich konnte nicht glauben, was ich gesehen hatte. Später habe ich sie danach gefragt und ihr gesagt, daß ich ihn für ein Schwein hielte. Und sie sagte, sie liebte ihn, er wäre ihr Vater, und sie liebte ihn. Sie war sieben Jahre alt.«
Stanley hatte einen Einfall, den er für glänzend hielt. Das sanfte Gesicht und die sehr junge Stimme sagten ihm, daß er glänzend war. »Und wie alt bist du jetzt?« fragte er.
»Zwölf. Ich bin zwölf Jahre alt.«
Die Stimme war kaum zu hören, und Stanley mußte sich vorbeugen, um die Worte zu erfassen.
»Seitdem wußte ich, daß mit mir etwas nicht stimmte. Seine eigene Tochter liebte ihn; alle Welt sagte, daß man seine Eltern lieben müßte. Und ich haßte ihn, leidenschaftlich.«
»Mit Ihnen ist alles in Ordnung. Und Sie haben sich an eines der Tiere auf der Farm erinnert.«
»Was für Tiere? Wir hatten keine Tiere.« Die Frau sah ihn starr an.
Tony winkte aus dem Kontrollraum, und Stanley streckte die Hand aus und berührte ihren Arm. »Zeit für eine Pause.« Er wußte nicht, was er sonst hätte sagen sollen. Die Frau steuerte auf den Waschraum am äußersten Ende der Halle zu, sie wollte ihrem Spiegelbild in den gläsernen Wänden des Kontrollraums entgehen. Ihren Augen im Spiegel des Waschraums konnte sie allerdings nicht entgehen. Nachdem sie die verschmierte Wimpern-

tusche abgewischt hatte, waren ihre Augen auf den ersten Blick hellgrün und schräg gestellt. Die Farbe wechselte dann in Grau, und statt geschlitzt wirkten sie nun oval. Sie schlossen sich nicht; ihre Augen blieben weit geöffnet und starrten sie an.

4

»O. K., du hast also ein enormes Verlangen nach Kaffee, sprich Koffein, festgestellt; du hast das ›wir‹ gefunden, Kopfschmerzen, die nicht schmerzen, eine lückenhafte Erinnerung und eine, die dir erzählt, sie sei zwölf Jahre alt. Was noch?«
Marshall Fieldings Stimme knisterte am anderen Ende der Leitung. Marshall war Forscher, jemand, der auf dem Gebiet seelischer Krankheiten einen Überblick wie kein zweiter hatte. Darüber hinaus war er ein guter Freund, auf dessen Rat Stanley große Stücke hielt.
»Ich hoffe, du lachst nicht, du Miststück.« Stanley sah auf die Uhr, die Sitzung ging gleich weiter. »Es gibt noch viel mehr. Neulich sah ich, was sie alles aus ihrer Handtasche hervorkramte. Sie lebt mit Listen – für jeden wachen Moment hat sie eine Liste. Einige davon doppelt und dreifach, für immer die gleiche Angelegenheit, durch Variationen vervollständigt. Sie hat eine unglaublich lebhafte Erinnerung an die Zeit vor ihrem zweiten Geburtstag. Danach – nichts. Außer daß dann und wann Einzelheiten auftauchen und ich nicht sicher bin, woran sie sich erinnert. Sie hat kein Gefühl für Zeit, kein Gefühl für Richtung ...«
Am anderen Ende der Leitung blieb es lange still.
Endlich fragte Marshall: »Ist sie sehr kreativ?«
»Jemand hat genug von ihrer Arbeit gehalten, um ihr eine eigene Ausstellung zu geben. Einmal hat sie eine

ganze Kunstabteilung eingerichtet, mit begrenztem Etat. Ihre jetzige Tätigkeit verlangt von ihr, daß sie Kosten-Nutzen-Rechnungen für Häuser – Häuser, die Geld abwerfen – aufstellt. Trotzdem hat sie Schwierigkeiten mit Zahlen.«

»Ich liege also richtig, daß wir über eine sehr produktive Frau sprechen.«

»Außerordentlich produktiv«, sagte Stanley. »Deswegen vermute ich ja, daß sie unmöglich ein Fall von multipler Persönlichkeit sein kann. Sie ist nie müde, nichts scheint sie aufhalten zu können. Und ich finde definitiv keinen ordentlichen Aufmarsch alternierender Egos, die auftreten und sagen: ›Hallo, ich bin die und die.‹«

»Geh wieder an die Arbeit«, sagte Marshall. »Ich besuche dich in ein paar Wochen.«

»Und bis dahin?«

»Sie hat ein Ziel«, sagte Marshall. »Du bist der erste Mensch, mit dem sie je einen kleinen Ausflug in den dunklen Wald gemacht hat. Und jetzt wird ihr langsam klar, daß es noch tiefer hineingeht.«

»Manchmal kommt es mir vor, als würde ihr gar nichts klar.«

»Wenn es multiple Personen sind, wird's schon irgendwem klar.«

Stanley legte auf und rannte zurück ins Studio. Er ließ sich der Frau gegenüber nieder und spürte, wie seine Knochen gegen diese Stellung rebellierten. Eines Tages würde er den Dreh herausgefunden haben.

Sie erzählte ihm, daß sie sich als Kind unter Tischen versteckt hätte, hinter Türen oder hinter dem Küchenherd.

»Ich haßte es, mit anderen zusammenzusein«, sagte die Frau, »aber ich wußte, daß ich nie allein sein durfte. Es war zu gefährlich. Immer wenn meine Mutter mich aus einem Versteck herausholte, ging ich ihr nicht mehr von

der Seite. Ich zeichnete viel mit den Buntstiften aus der Schule. Dann vergaß ich alles, auch die Panik. Wo war die Mutter geblieben? Und ich rannte wie der Wind, wenn es nicht schon zu spät war.«
»Zu spät?« Die Formulierung der Frau hatte ein Bild wachgerufen, von dem Stanley annahm, daß sie es nie genauer betrachtet hatte.
»Ja«, sagte sie. »Zu spät. Ich spürte Gefahr, aber ich weiß nicht mehr, was. Ich möchte auf die Wiese mit dem hohen Gras. Gehen wir. Ich bin bereit.«
In den ersten beiden Therapiesitzungen hatte er versucht, ihr eine Methode beizubringen, wie sie sich durch ruhiges Atmen und seine eintönig gedämpfte Stimme selbst in Hypnose, in die Erinnerung an ihre Kindheit versenken konnte. Bis jetzt hatte es nicht funktioniert. Die kurze Rückblende auf die Wiese beim ersten Farmhaus war während der psychoanalytischen Behandlung vor acht Jahren aufgetaucht. Damals hatte sie bei der Frau absolutes Entsetzen ausgelöst, das noch immer anhielt.
Er hätte es vorgezogen, nach einer anderen Erinnerung zu suchen, aber es war wichtig, daß sie Vertrauen in die eigenen Entscheidungen entwickelte.
»Sehr gut, gehen wir zurück«, sagte Stanley. »Wenn Sie sich nicht gut fühlen, können Sie jederzeit abbrechen.«
Sie fing an, rückwärts zu zählen, von zehn bis null; langsam entspannten sich ihre Muskeln. Das Absinken kam langsam, wie immer, es bemächtigte sich ihres Körpers und ließ ihren Verstand unberührt. Dann geschah etwas Überraschendes – langsam machte sich in ihrem Kopf eine ungewohnte Erschlaffung breit, als hätte sie ein Beruhigungsmittel genommen. Die letzte Zahl, null (Zero) sprach sie leicht lispelnd.
Die Frau befand sich nicht mehr in einem Videostudio, sondern auf einer Wiese mit hohem Gras. Sie lächelte.

»Die Sonne. Sie ist ganz hell. Aber sie kommt herein und heraus aus den Wolken. Das macht... etwas Lustiges mit dem Gras. Das Gras bewegt sich.« Ihre Stimme war belegt, als stünde sie unter Narkose, sie klang sehr jung. »Kleid. Ich habe ein Kleid an. Der Boden ist – er ist feucht heute. Das Gras ist so hoch.«
»Ist jemand bei dir?«
»Er ist da. Er ist über mir, auf mir.« Ein Schaudern überlief sie, ihre Lider preßten sich heftig aufeinander. »Er... ich kann es nicht sehen.«
»Wie alt bist du?«
»Zwei. Ich bin zwei.«
Wieder Stille, minutenlang, ein Ausdruck von Furcht auf ihrem Gesicht, und dann: »Mein Kleid. Es will nicht unten bleiben. Es bewegt sich über meinen Bauch, ich zieh' es immer wieder nach unten. Ich will nicht, daß mein Kleid nach oben geht.«
In der Stimme war ein Wimmern, wie das eines ganz kleinen Mädchens. »Er ist so groß. Ich mag das nicht.«
»Wir können abbrechen, wenn Sie wollen.«
»Nein.« Immer noch das kindliche Wimmern, aber die Worte waren nun erwachsener. »Ich schaffe es, es schwankt nur ständig hin und her, und die Wolken wandern... er ist so groß... kann man sich ekeln dabei?«
»Aber natürlich.«
»Es kommt über mich, von irgendwo her. Das Kleid will nicht unten bleiben, er zieht es immer wieder hoch, und ich kann es nicht aufhalten.«
Ein tiefer, schreiender Seufzer begann, durchsetzt von kleinen kindlichen Schluchzern, als ob sie auf zwei verschiedene Arten weinte. Stanley konnte nicht wissen, daß tatsächlich zwei Arten von Tränen flossen, und keine davon vergoß die Frau.
Auch in der Hypnose sah oder empfand die Frau nichts

außer der Sonne auf dem Gras und dem Gewicht des Körpers ihres Stiefvaters auf ihrem eigenen. *Rabbit*, ein sehr kleines, noch wenig entwickeltes Kind, ertrug den Schmerz stellvertretend für fast alle anderen. *Rabbit* erlebte jetzt noch einmal die Penetration, von ihr rührten die schreienden Schluchzer. Ein anderes kleines Kind, das die gleiche Penetration, wenn auch auf einem »abgehobenen« Niveau durchmachte, weinte leise. Im Verlauf der Therapie würde Stanley das Phänomen der gleichzeitigen Anwesenheit von zwei oder mehr Personen verstehen. Er würde auch verstehen, daß in solchen Momenten die Frau, obwohl präsent, sich ihrer selbst nicht bewußt und nur eine Hülle für andere Truppenmitglieder war.
Keine Worte begleiteten das entsetzte Schluchzen, keine verbale Erklärung, was in der Wiese mit dem hohen Gras geschah, was die Furcht und den Schmerz verursachte, die die Frau zeigte. Stanley glaubte es auch so zu wissen, mit oder ohne Erklärung. Nur einer der Täter, die er behandelte, hatte jemals zugegeben, ein so kleines Kind vergewaltigt zu haben, wie die Frau es bei dieser Rückerinnerung war. Der Mann hatte drei Jahre gebraucht, bis er seiner Schuld ins Auge sehen konnte. Sein Opfer, sein Kind war in eine Nervenklinik eingeliefert worden.
Die Kehlkopfmuskeln der Frau spannten sich unter den schreienden Schluchzern. Stanley hoffte, daß sie nicht zu schnell auf die Wiese zurückgekehrt waren. Denn dort, auf diesem Gelände lag das, wovon er annahm, daß es die ursprüngliche, die eigentliche Ursache des Traumas war. Danach waren die sexuellen Erinnerungen eines ganzen Lebens zu den Akten gelegt worden.
»So«, sagte Stanley, »das ist sehr gut. Es ist nicht einfach, aber haben Sie keine Angst, es ist gut so. Wir wollen für heute aufhören, wir zählen von null bis

zehn, und wenn Sie bei zehn angekommen sind, werden Sie wieder in diesem Raum sein und sich erfrischt fühlen. Sind Sie bereit?«
Stockend zählte sie. Bei zehn überfiel sie die Erkenntnis, Tränen strömten.
»Warum«, fragte sie, als sie die Augen öffnete, »ist es plötzlich so einfach, dahin zu gelangen?«
»Weil Sie jetzt dazu bereit sind«, lächelte Stanley.
Die Frau fühlte sich plötzlich von Unverständnis gepackt. In ihrem Kopf hatten sich bestimmte Worte gebildet, weigerten sich aber, sich aussprechen zu lassen. Ohne zu wissen, wie begrenzt ihre Sicht auf den Mißbrauch gerade eben gewesen war, wünschte sie sich verzweifelt, Stanley für den Durchbruch danken zu können. Vor acht Jahren hatte der Psychoanalytiker sie einen kurzen Blick auf jene Wiese werfen lassen. Sie war vor der Erinnerung davongelaufen, unter keinen Umständen wollte sie sie ausloten, und seitdem hatte sie vor der Wiese große Angst gehabt. Vor einigen Minuten war der Blick länger und die drohende Gefahr faßbar gewesen. Der Stiefvater war dort.
Aber statt Stanley zu danken, hörte sie sich nur das Wort »Feigling« wimmern.
»Sie sind kein Feigling.« Er versuchte ihren Blick aufzufangen, das blonde Haar verbarg ihre Augen. »Reales Geschehen noch einmal durchzumachen, würde jeden erschrecken. Sie machen Ihre Sache gut, Sie sind entschlossen, und das ist schon die halbe Schlacht.«
»Diese kleinen Schläge gegen meinen Verstand«, sagte die Frau, ohne auf seinen Eindruck, sie sei die ganze Zeit präsent gewesen, einzugehen, »sie kommen jetzt schneller, sie tun weh, sie sind so häßlich.«
»Das sind Erinnerungen, sie werden sich möglicherweise in den nächsten Wochen verstärken.«
»Wirklich?« Die Frau lachte und weinte gleichzeitig. Ihre

Nase war vom Weinen dick und geschwollen. Sie fühlte sich sehr merkwürdig – eigentlich empfand sie gar nichts, außer einer unheimlichen Verwandtschaft zu einem Tier, das in der Falle saß und auf seinen Tod wartete. Ohne jede Vorwarnung traten wieder diese einander widersprechenden Gefühle auf. Es ging ihr durch den Kopf, daß die Gefühle in Wirklichkeit nichts anderes als Spuren von Erinnerungen seien und der Schmerz, den sie hervorriefen, nur ein intellektueller Schmerz war. Warum aber tat ihr das Herz plötzlich so weh, ein scharfer, beißender, ziehender Schmerz. Und warum hörten diese verdammten Tränen nicht auf zu fließen?
»Übrigens werde ich diesen Film im Unterricht benutzen«, sagte Stanley. »Er zeigt große Fortschritte.« Er hörte auf zu sprechen, denn als er sie ansah, merkte er, daß sie ihn nicht hörte.
»Verdammt«, die Frau hörte das Knurren. »Verdammt, warum seh' ich nicht alles auf diesem blöden Feld? Was bin ich für ein Arschloch. Ich dachte, ich wäre alles los, als ich von der Farm wegging. Aber es hat nie aufgehört, ich renne immer noch weg.«
»Wovor, denken Sie, laufen Sie davon?« Stanleys Frage klang ganz unverbindlich.
»Ich kann mir das Schuldgefühl nur so erklären: Ich muß jemanden umgebracht haben.«
Diese Reaktion hatte Stanley nicht erwartet. Warum äußerte sie nicht ihren direkten Horror vor der Vergewaltigung? Die heulenden, von Schmerz gepeinigten Schluchzer – wie war es möglich, daß sie noch immer Schuld empfand, nachdem sie gerade eben die Vergewaltigung noch einmal erlebt hatte? Warum übertrug sie die Schuld nicht auf ihren Stiefvater, wohin sie gehörte?
Sein Blick heftete sich auf seine Aufzeichnungen. Da stand es: Gleich nach dem Auftauchen aus der Hypnose

hatte sie sich auf »Schläge«, »Fetzen« bezogen, nicht auf eine vollständige Erinnerung. Wieviel von dem Geschehen auf der Wiese hatte sie im Gedächtnis behalten? Möglicherweise war sie einfach noch nicht bereit, die Vergewaltigung zu akzeptieren; er bezweifelte, daß er selbst bereit war.
»Ganz nebenbei«, sagte er, »wen, glauben Sie, haben Sie umgebracht?«
Die junge, deutliche Stimme, die er direkt vor der Pause gehört hatte, zögerte keinen Augenblick.
»Den Stiefvater. Ich habe oft daran gedacht. Aber um jemanden umzubringen, muß man ihn berühren. Ich wollte ihn nicht berühren. Und wenn du ein Gewehr benutzt, kannst du danebenschießen und ihn nur wütend machen. Dann kriegt er dich ran. – Gott«, die Frau hörte sich mit erwachsener Stimme aufschreien, »warum kann ich mich nicht erinnern, wann ich dieses Schwein zum letztenmal gesehen habe? Mein Kopf ist ganz leer.«
Auch jetzt, als die erwachsene Stimme sprach, überschütteten sie explodierende Bruchstücke von Erinnerung und miteinander streitende Gefühle. Die Frau hielt ihren Kopf, als fürchtete sie, er könnte zerspringen, und aus ihrem Mund kam ein Kreischen. In diesem einen Augenblick sah sie die einzelnen Teile eines Puzzles durch die Luft fliegen. Die Teile bildeten eine Vergangenheit, die einer Fremden gehören mußte. Keins paßte zum anderen, keines vermochte sie mit irgend etwas Vertrautem in Verbindung zu bringen.
Und dennoch schien alles, wenn auch bruchstückhaft, auf beängstigende Weise bekannt. Auch die Stimme in ihrem Kopf. Sie hörte sie ganz plötzlich und wurde an ihre Mutter erinnert. Irgendwo hatte sie diese Stimme erst kürzlich vernommen, sie schien zu den anderen zu gehören, waren es Stimmen oder Gedanken? Was auch

immer, sie waren ohne Vorwarnung aufgetaucht, kurz vor ihrem Besuch im Frauenzentrum.
Daß Stanley ihr im Studio gegenübersaß, war ihr nicht bewußt. Die Stimme blieb, fordernd, grausam. Die Frau lauschte, starrte auf die Kissen und fühlte sich weit weg. Schreckliche Sachen wurden ihr gesagt, gemeine, verletzende Dinge, mit der Absicht, sie zu verwunden, ihr das Bewußtsein zu vermitteln, sie sei unvollkommen, schwachsinnig, wertlos.
»Es war schlimm auf der Farm«, sagte Stanley. »Alles war schlimm, und Sie haben allen Grund, sich zu fürchten.«
Aber die Frau hörte durch seine Worte hindurch eine andere Stimme, die eines weinenden Kindes:
»Nein! Nicht alles war böse, meine Buntstifte waren gut, sie waren der beste Teil der Kindheit. *Ich will meine Buntstifte haben, sofort.*«
Stanley beobachtete sie über seinen Schreibblock hinweg. Er ordnete, was er seit ihrem ersten Gespräch vor Wochen gesehen und gehört hatte. Kaum etwas davon war ihm bisher in seiner Praxis untergekommen. Die Frau kniete vor ihm, die Stirn auf den Knien, und umschlang sich weinend mit den Armen. Als sie schließlich den Kopf hob, sah er ihre schrägen Augen und dachte, daß sie auch ohne Make-up, das jetzt abgewischt war, merkwürdig schön waren. Außerdem dachte er, daß diese Patientin den Rahmen seiner Kenntnisse sprengen würde. Wenn er nicht von Marshall ein paar Hinweise bekam, hatte Stanley keine Ahnung, was er mit ihr machen, wohin er sie überweisen sollte.

5

Der Qualm von Zigaretten stand in der Eingangshalle der Universität, die Studenten aus Stanleys Abendseminar hielten sich damit wach. Er suchte in seinen Taschen nach Alberts Telefonnummer und balancierte den Apparat auf einem Stapel von Papieren, die dringend sortiert werden mußten. Ungeduldig hörte er auf das Läuten, als Jeannie Lawson, eine Studentin im zweiten Semester, ihm von seiner Bürotür aus zuwinkte. Er winkte zurück. Er würde später mit ihr sprechen. Jeannie mußte ihre psychosoziale Anamnese einreichen, und er wußte, sie wollte um einen Aufschub bitten. Das ging nicht, die Arbeit war Pflicht.
Endlich nahm Albert den Hörer ab.
»Albert«, sagte Stanley ohne jede Vorrede, »wie lange dauert es, bis ein Mord verjährt?«
»Mach keine Witze.« Captain Albert Johnson brüllte durch das Telefon. »Mord ist keine Kleinigkeit, sondern ein Verbrechen.«
Stanley seufzte. Jeder war des Mordes fähig. Man mußte nur ein bißchen zu weit getrieben worden sein, und die Frau war ohne Zweifel getrieben worden. Und trotzdem äußerte sie ausschließlich Schuldgefühle. Ihr Mangel an Selbstachtung saß viel tiefer, als er vermutet hatte. Fast alle Opfer hatten Angst davor, daß der »stumme Partner« des sexuellen Mißbrauchs (in diesem Fall die Mutter) es herausfinden und sie verachten würde, so wie sie

sich selbst verachteten. Weil die Erinnerung an den Mißbrauch so tief im Unterbewußtsein der Frau begraben war, hatte sich möglicherweise auch das Schuldgefühl dort festgesetzt. Bevor nicht aufgetaucht war, was ihr Verstand – noch – nicht akzeptieren wollte, traute sie sich zu, jemanden umgebracht zu haben – ihren Stiefvater.
»Bist du noch da, Stanley? Hier klingeln vier Telefone gleichzeitig, deinetwegen. Mein Revier ist kein geordneter Haufen mehr, es ist ein gottverdammtes Irrenhaus. Die Sozialfürsorge rückt mir auf die Pelle. Sie wollen erreichen, daß jemand von ihnen die auf diesem Gebiet ausgebildeten Beamten begleitet. Weißt du, was das heißt? Ich habe keine ›auf diesem Gebiet ausgebildeten‹ Beamten. Wenn ich einem meiner Leute einen Anruf wegen Inzest weitergebe, sehen sie mich an, als verlangte ich von ihnen, sich zum Mond schießen zu lassen.«
»Albert, ich habe ein paar Videos für dich.«
»Meine Beamten schlafen ein bei diesem Thema. Einer deiner Täter hat mir gesagt, solche Filme seien Zuckerwatte, verglichen mit dem, was er seinen Kindern angetan hat.«
»Ich habe diese Videos selbst gemacht, Albert, sie sind keineswegs Zuckerwatte. Du machst das mit deinen Leuten klar, und ich werde kommen. Ich geb' dir hinterher auch ein Bier aus.«
»Seit Monaten hast du mir kein solches Angebot gemacht. Wenn ich mich recht erinnere, hast du mich beim letztenmal überreden wollen, im ganzen Kreis die berichteten Fälle von Mißbrauch zu registrieren. Ganz schön aufgedreht heute abend, was? Unter Dampf oder was anderes?«
»Was anderes«, stimmte Stanley zu und legte auf. Albert hatte recht. Gestern hatte die Energie nachzulassen begonnen. Heute war sie zurückgekehrt während der

Sitzung mit der Frau. Er hatte es sogar aufgeschrieben, damit Marshall etwas zu lachen hatte, wenn er kam. Wo war Jeannie?

Er holte sie auf halbem Weg in der großen Halle ein. Jeannie war hochgewachsen und schlank, mit vollem hellbraunem Haar, das auf die schmalen Schultern fiel. Beim Gehen schlang sie die Arme um sich.

Stanley hatte seine Vermutungen. Aber nach diesen Dingen fragte man nicht einfach nur so, und Jeannie hatte, im Unterschied zu anderen seiner Studentinnen, freiwillig bisher nichts gesagt.

»Dr. Phillips, mein Supervisor ist eine Frau. Manchmal ist es für mich einfacher, mit Frauen zu reden. Sie wird Sie anrufen. Jetzt nur eine Frage: Sie sagten, Sie würden im Seminar Videos zeigen. Kann ich sie sehen?«

»Sie meinen, von einem Inzest-Opfer. Sicher. Ich habe die Videos für die nächste Woche eingeplant, aber wenn Sie bis nach dem Unterricht heute abend warten können –«

Stanley spürte, daß seine Studentin schon wieder fortstrebte. Im Unterricht hielt sie sich abseits, sprach mit fast niemandem, vermied sogar Augenkontakte, als wäre sie sehr zornig oder zu Tode verletzt.

»Ich habe gehört, daß sie von hier ist. Ich kann nicht glauben, daß sie etwas sagt.«

»Warum sollte sie nicht?«

»Opfer sprechen nicht«, sagte Jeannie, »mit ganz wenigen Ausnahmen, und wenn sie es tun, sagen sie nicht wirklich etwas. Sie sprechen nicht.«

»Dieses Opfer möchte das ändern.«

»Alles Gute für sie«, sagte Jeannie. »Ich sehe Sie nach dem Unterricht.«

Die Studenten kamen zur Ruhe, die Raucher machten ihre Zigaretten aus, Stanley ging zum Pult. Jeannie, tief verkrochen in eine für Mai viel zu dicke Marine-Jacke, war so still, als wäre sie gar nicht vorhanden.

Stanley referierte wie immer mit ruhiger Stimme, das Thema hatte Theatralik nicht nötig. Verstreut über die ganzen Vereinigten Staaten beschäftigten sich so wenig Fachbereiche mit dem sexuellen Mißbrauch von Kindern, daß sie durch ein Nadelöhr paßten. Wenn es so weiterging, würden frühestens im Jahr 2000 genügend Menschen ausgebildet sein, um seine Folgen zu behandeln.
Die Studenten schrieben eifrig mit, stellten direkte Fragen und äußerten Emotionen, die von Erschütterung bis zu gespielter Gleichgültigkeit reichten. Eine Studentin hob die Hand.
»Dr. Phillips, im nächsten Jahr will meine Schwester in diesen Kurs kommen. Werden Sie ihn wieder abhalten?«
»Nächstes Jahr«, sagte Stanley, »gibt es den Kurs wahrscheinlich gar nicht mehr. Das Geld ist gestrichen. Machen Sie Tonbandaufnahmen, schreiben Sie mit, geben Sie weiter, was Sie gelernt haben. In der nächsten Woche werde ich Ihnen Videoaufnahmen von einem Inzestopfer vorführen. Die Frau, die Sie sehen werden, hat mir eine Bedingung gestellt, als wir mit der Behandlung begannen. Sie verlangt, daß Sie reden, nachdem Sie sie gesehen haben. Wo immer und zu wem auch immer. Es ist ihr gleichgültig, ob ihr Name oder der ihrer Firma in Ihren Gesprächen vorkommt. Ich selbst habe auch eine Bedingung. Sie können ihr jederzeit hier begegnen. Grüßen Sie sie nicht, lassen Sie sie noch für einige Wochen in Ruhe.«
Die Studenten und Studentinnen verließen den Raum. Er setzte Jeannie vor einen kleinen Monitor und steuerte die Kopfhörer aus. Das Bild leuchtete auf, und die Worte der Frau waren nicht mißzuverstehen.
Inzest.
Es war eine Sache, gleiche Erinnerungen im Kopf zu haben, aber etwas anderes, zu sehen und zu hören, wie die Frau ihrem Zorn und ihrer Furcht freien Lauf ließ. Jeannie zog die Marine-Jacke enger um sich.

»Diese beiden Farmhäuser existieren irgendwo«, sagte Stanley gerade zu der Frau. »Sie haben sechzehn Jahre in ihnen gelebt. Ich schlage vor, daß Sie mir alles erzählen, woran Sie sich erinnern.«
»Auch wenn es blöd ist?«
»Gerade wenn es blöd ist.« Stanley lächelte. »Manchmal ist das der beste Ausgangspunkt.«
Die Frau nannte ihm das bißchen, an das sie sich ab ihrem zweiten Geburtstag erinnern konnte. Sie beharrte darauf, daß sie sonst nichts weiter wußte, bis sie sechs war und ins zweite Schuljahr in einer kleinen einklassigen Grundschule ging. Ihre Familie war gerade in das zweite Farmhaus umgezogen, sagte sie.
»Ich hatte solche Angst.«
»Wovor?« fragte Stanley.
»Die anderen Kinder und die Lehrerinnen machten uns Angst. Ich liebte das Buntpapier. Wir machten Ketten daraus und spielten Hochzeit. Die Ketten waren die Schleier für unsere Brautkleider. Wir verbrauchten so viel Papier, daß die Lehrerin es einschloß.« Sie machte eine Pause und sah auf, mit weichem, rundem Gesicht, die Augen noch schräger als gewöhnlich. Dann waren die Backenknochen, die in den letzten Minuten kaum aufgefallen waren, wieder deutlich sichtbar. »Manchmal habe ich das Gefühl, Stanley, daß dies gar nicht meine Haut ist; sie war auch damals nicht da. Zum Beispiel der Autounfall vor der kleinen Schule. Ich muß im dritten Schuljahr gewesen sein. Wir wohnten eine Meile von der Schule entfernt, ich kam gerade von zu Hause vom Mittagessen. Ein Auto fuhr mich an und schleuderte mich auf die Straße.«
»Waren Sie schwer verletzt?«
»Ich hab' überhaupt nichts gemerkt. Von dem Unfall weiß ich gar nichts mehr, nur daß ein Mann sich über mich beugte und sagte, es täte ihm leid, und sein Auto

stand mit offener Tür am Straßenrand. Er zitterte. Ich war ganz ruhig. Das ist alles, woran ich mich erinnern kann. Schmerzen hatte ich nicht.« Jeannie sah, wie Stanley auf dem Bildschirm und hier im Raum über diese Aussage nachdachte.
»Jetzt bin ich in der sechsten Klasse«, sagte die Frau, drei Jahre ihres Lebens einfach ausblendend.
Stanley hakte nach. »Sie hatten Halbschwestern und einen Halbbruder?«
»Ich erinnere mich nicht an sie, höchstens bruchstückhaft. Alles ist so verschwommen – wenn es überhaupt da ist. Nur die Alpträume. Ich erinnere mich nicht, was es war, nur an das Entsetzen, das sie hervorriefen.«
»Angst vor der Dunkelheit?« fragte er. »Zuviel Nachtisch beim Abendessen?«
»Ich fürchte mich nicht im Dunkeln, und ich werde auch nicht krank.«
»Sie haben einmal etwas von einem Keller unter dieser Schule erwähnt, und wir sind nie hineingelangt, es war keine Zeit.«
Sie biß auf auf ihrem Daumennagel, das Gesicht wurde wieder weich, die Backenknochen schienen zu verschwinden. »Mit der großen Schule später war sie überhaupt nicht zu vergleichen. Gerade drei ältere Schüler, ein paar mittlere, einige Anfänger und ich. Ich war in der dritten Klasse, muß also sieben gewesen sein. Im Sommer hatte die Lehrerin Blumen auf ihrem Tisch, von dem großen Fliederstrauch vor dem Fenster. Im Winter roch es nach unseren feuchten Gamaschen und Fausthandschuhen und das ganze Jahr nach Butterbrot und Wachspapier.
Eines der Mädchen hatte einen rosa Angorapullover und struppiges braunes Haar. Ich mußte sie immerzu anschauen, denn sie hatte einen Busen, was mich tief beeindruckte. Alle mochten sie, ich nahm an, daß das mit

dem Pullover oder dem Busen zu tun hatte. Während der Pause tobten die Kleinsten von uns im Schnee vor der Kellertür. Manchmal hielten wir auch unsere Handschuhe gegen die Tür, um sie zu wärmen. Der Heizkessel im Keller blies nämlich heiße Luft nach draußen. Eines Tages standen wir alle davor und warteten darauf, daß das Mädchen mit dem rosa Pullover zusammen mit einem der älteren Jungen herauskäme. Die Lehrerin durfte nichts merken. Die anderen kicherten, alle fanden es lustig; aber ich wußte, daß die beiden da drin etwas Böses taten, etwas Schmutziges und Gemeines und Schlechtes.«
Die Stimme, die in einfachen Sätzen ein Bewußtsein weit jenseits dessen formulierte, was ein Kind in der dritten Klasse wissen kann, war Jeannie fremd und vertraut zugleich. Sie sah auf dem Videoschirm, wie Stanley etwas notierte. Jeannie machte sich ebenfalls Notizen, eine Warnglocke schrillte in ihrem Kopf.
»Hatten Sie in der Schule jemals Freundinnen?«
»Eine. Später, in der großen Schule. Sie hieß Helen, war groß und kräftig, und ich versteckte mich immer hinter ihr. Eines Tages machte sie einen Scherz und streckte dabei ihre Hand nach mir aus. Es machte mir Angst, wie die Hand auf mich zukam. Das war das Ende unserer Freundschaft.« Ihre Augen sahen Stanley unter dem schweren, aschblonden Pony an, der blasse Mund verzog sich zu einem Lächeln. »Die Lehrer versuchten, uns wieder zusammenzubringen, sie befahlen es.«
»Und haben Sie sich vertragen?« fragte Stanley auf dem Bildschirm.
»Zum Teufel, nein. Um die Zeit wußten wir bereits, daß man nicht alles tun muß, was einem gesagt wird. Der Stiefvater befahl uns sehr viel.«
Jeannie Lawson saß senkrecht auf ihrem Stuhl. »Wir.« Die Frau hatte mehrmals »wir« gesagt. Jeannie spürte

instinktiv, daß damit nicht die Mitschüler der Frau oder ihre Familie gemeint waren, sondern Mitglieder einer noch »näheren« Familie. Jeannie hakte die Veränderungen ab, die ein anderer wahrscheinlich nur lebhaftes Verhalten genannt hätte: Hände, die weit ausholend gestikulierten, einen Augenblick ruhig im Schoß lagen, dann wieder durch die zerzausten Haare fuhren; die Stimme, nicht eine, sondern viele; der Tonfall, der von kindlich bis geschäftsmäßig und alle Schattierungen dazwischen reichte. Die Augen. So viele Augenpaare hatte keine einzelne Person. Stanley hatte mit einer Geschäftsfrau zu tun, einer Frau, die energisch und effizient sein mußte, die Anordnungen traf und Verträge aushandelte, die immer die Oberhand behielt. Aber Jeannie sah, wie diese Frau sich in eine andere verwandelte: eine, die geradezu hysterische Merkmale zeigte, da auf dem Fußboden, unter Stanleys aufmerksamem Blick. Jeannie hörte, was für die Frau von größter Wichtigkeit schien, die sich verkroch und den Kontakt zu anderen Menschen mied, weil sie sich häßlich und unzulänglich fühlte. Und weil jedesmal, wenn Menschen sich an sie heranmachten, deren Motive verdächtig waren.

Jeannie Lawson kannte die Gefühle und extremen Schwankungen der Frau nur zu gut. Bis vor einem Jahr waren es auch ihre gewesen.

Der Frau zuzusehen, wie sie ruhig atmete, ihr Gesicht und ihren Körper zu beobachten, die sich verzerrten bei der Erinnerung an die Wiese mit hohem Gras, bedeutete Höllenqualen. Als das kleine Kind nach den Buntstiften schrie, schrie Jeannie mit ihr; in ihrer verstörten Seele kämpften Schmerz und Starrheit miteinander. Was Jeannie sah und hörte, erinnerte sie an die wenigen maschinengeschriebenen Worte ihrer eigenen Geschichte, auf die Stanley wartete und die sie nicht zu Ende bringen konnte. Sie hatte ein Opfer sehen wollen, das sich freiwillig filmen ließ, ohne abgedunkeltes Gesicht und verzerrte Stimme.

Statt dessen war sie auf ihr eigenes Spiegelbild gestoßen
– dabei war ihr Fall in jedem gedruckten Wort, das sie zu
dem Thema gefunden hatte, als »Ausnahme« bezeichnet
worden.
Mit offenem Mund und aufgerissenen Augen wandte sie
sich vom Bildschirm ab.
»Sie arbeiten auf diesen Videos mit einer Multiplen. Wie
um alles in der Welt haben Sie sie gefunden?«
Stanley hatte dagesessen, auf den Bildschirm gestarrt
und sich mit dem Fingernagel gegen die Zähne getippt.
Plötzlich wußte Jeannie, was in ihm vorging: das gleiche
Schwanken zwischen Unterstellung, Überzeugung,
erneuter Ungewißheit, das auch ihre eigene Therapeutin
ins Schwimmen hatte kommen lassen.
»Erzählen Sie mir«, sagte er, »woher Sie das wissen.«

Zu Hause versuchte Stanley an diesem Abend mit
schwindligem Kopf, sich in die Aufzeichnungen seiner
Patientin zu vertiefen. Wieder waren sie mit der Schreibmaschine geschrieben

> Stanley, selbst unter Hypnose war es bei dem Psychoanalytiker nicht möglich, in die Vergangenheit zurückzugehen. Zum Schluß verbrachte ich die Zeit damit, ihm zu erzählen, wie meine Mutter mir vorgelesen hatte – *The Five Little Peppers and How They Grew, Ann of Green Gables* und *Little Women* – beim Schein einer Kerosinlampe, während draußen der Wind heulte und der Schnee in großen wirbelnden Schwaden gegen das erste Farmhaus trieb. In dieser Zeit war nicht sehr viel von mir vorhanden. Er erhöhte die Anzahl der wöchentlichen Sitzungen, aber das brachte nichts. Eines Tages wollte ich von ihm wissen, woher das alles kam – meine Panik, die Hysterie, das Gefühl von Schuld. Schuld weshalb? Die unbekannte schreckli-

che Handlung, an die ich mich nicht erinnern konnte, und die Schuld mußten irgendwo in der Kindheit begründet sein. Ich wollte es wissen, ich war bereit, mich dem zu stellen, was so viel Macht über mich hatte.
Er sagte, ich sollte nachdenken, einen Ort beschreiben, an dem ich gerne sein möchte, irgendeinen Ort auf dieser Welt. Ich konnte mir keinen vorstellen. Seine Stimme wurde weich und langsam. Ich versuchte es und konnte es nicht, und er ließ mir keine Ruhe.
Eine hübsche Vorstellung. Ein Ort, wo man wirklich sein will. Seine Stimme schläferte mich ein, und plötzlich, für den Bruchteil einer Sekunde, ließ ich los, und ich war da, sagte laut: »Oh, eine Wiese mit hohem Gras«, ich sah, wie die sanfte Brise das Gras bewegte, es erzittern ließ – auf der Wiese gab es gelbe Blumen – *ich konnte nicht dorthin gehen.*
Ich kämpfte, um zurückzukommen, um wieder in dem Behandlungszimmer des Analytikers zu sein, um aus dem Zimmer herauszukommen, ich erinnere mich, jemandem zugeschrieen zu haben: »Laß mich los!«
Norman, mein Ex-Ehemann, sagt, der Arzt habe ihn angerufen und gebeten, mich nach Hause zu holen, er wäre bisher noch mit allen fertig geworden, aber nicht mit mir. Ich erinnere mich an nichts davon. Allerdings muß ich mich ziemlich übel aufgeführt haben. Norman sagt, ich hätte auch im Auto nicht aufgehört zu schreien: »Nein, nein, dorthin kann ich niemals wieder gehen, laß mich in Ruhe.« Stanley? Eben jetzt geht es mir auf. Es gibt mehr als nur eine Wiese mit hohem Gras.

Stanley ließ das Manuskript sinken. Es war vermutlich

vor einer Woche geschrieben worden. Aber selbst nach der heutigen enthüllenden Sitzung schien seine Patientin noch genau so im dunkeln zu tappen wie beim ersten Gespräch. Blumen bedeuteten sowohl die Mutter als auch die Schuld. Stanley registrierte dies und noch etwas anderes: Jemand, der mit einem schreienden, sich wehrenden Kind wüste sexuelle Spiele über einem heißen Herd trieb, der fähig war, das gleiche Kind zu vergewaltigen, würde an einer Wiese nicht haltmachen.

In der Fachwelt galt im allgemeinen, daß derart brutale Täter, wie ihr Stiefvater einer war, die Ausnahme bildeten. Aber die Täter, ob brutal oder nicht, wurden selten angezeigt. Viele der Männer, die die Sozialfürsorge zu Stanley in Behandlung schickte, hatten sich selbst angezeigt. Sie hatten sexuelle Beziehungen zu ihren Kindern. Das war schlimm genug. Aber selbst wenn jeder sexuelle Mißbrauch von Kindern ein körperlicher Akt, eine Brutalität war – diese Männer hatten dem nicht auch noch körperliche Folter hinzugefügt.

Jeannie Lawson war eine Mehrfach-Persönlichkeit gewesen aufgrund von sexuellem Mißbrauch und brutaler körperlicher Mißhandlung durch die halberwachsenen Söhne ihres Stiefvaters. Jeannie und die Frau, deren Bedingung er zugestimmt hatte, galten ebenfalls als Ausnahmen. Waren sie das? Was war mit den brutalen Tätern? Männern und Frauen, die sich niemals selbst stellen würden? Gab es womöglich weit mehr brutale Täter – und also auch Multiple in größerer Zahl –, als man sich das bisher vorgestellt hatte?

Die morgendliche Sitzung hatte eine Furcht entstehen lassen, die den ganzen Tag über blieb. Sie war immer noch da, als es Zeit wurde, ins Bett zu gehen. Das in der letzten Zeit aufgetauchte bruchstückhafte Bewußtsein hatte sie an einer neuen Front getroffen. Sie wollte ihre

Freundin Sharon Barnes anrufen, stand aber verstört vor der Küchenuhr, weil sie nicht sagen konnte, wie spät es war. Zwanzig nach zehn oder zwanzig nach elf – und in letzterem Fall war es für einen Anruf zu spät.
Was sie wirklich wollte, war, einfach die zwei Meilen zu Sharons Haus zu fahren, eine Tasse Kaffee zu trinken und ein wenig von der aufgestauten Furcht abzuladen. Aber Sharon hatte ein Katze, eine geschmeidige, neugierige schwarze Katze mit sinnlichen betörenden Bewegungen.
Haß auf und Angst vor Tieren lagen einen Augenblick lang nackt und offen in ihrem Bewußtsein ... höchst real, als wenn ein Plastik-Monster zum Leben erwacht. Sie hatte keine Ahnung, warum sie sich fürchtete.

Gatekeeper wartete. Die Angst der Frau wurde immer größer. Nur ihr leises Atmen durchbrach die Stille. Je mehr ihre Vermutungen über die Ursache der Angst an Realität zunahmen, um so größer wurde auch die Angst. *Gatekeeper* gab das Zeichen. Und im Schatten der Tunnelmauern beugte sich *Weaver* mit flinken Fingern über seine Arbeit. Er nahm die Fäden des alles umhüllenden Schleiers auf und und ordnete jeden an seine Stelle. Was die Frau fürchtete, trieb davon. Weil sie die Angst nicht mehr spüren konnte, glaubte sie, die Angst existiere nicht, habe nie existiert.

Sie hatte immer verleugnet, was ihre anderen Ichs durch Gedankenübertragung mitteilten. Alles kam ihr wie Botschaften ihres eigenen Verstandes vor. Was es so verwirrend machte, war nur, daß sie für vieles keinen Hintergrund, keine Betroffenheit wußte und sich deshalb oft über die Fremdheit dessen, was sie erfuhr, wunderte.

Während sie auf die Uhr starrte, wurde es ihr bewußt: Zehn Uhr zwanzig. Sie wählte Sharons Nummer. Sie waren seit dreizehn Jahren miteinander befreundet. Sharon fällte keine Urteile; ihr Sinn für Humor würde das Gefühl eines drohenden Unheils hinwegfegen. Die Hände der Frau zitterten, ihre Worte klangen sehr weit entfernt, aber als Sharon sich meldete, kam sie direkt auf den Punkt.
»Stimmen?« Sharons tiefes Einatmen verbarg kaum ihren Ärger und Unglauben.
»Sie waren da, Sharon. Heute morgen in der Sitzung.«
Sie hatte nicht damit gerechnet, daß Sharon eine solche Möglichkeit so ganz und gar zurückweisen würde. Sie brauchte eine Minute, um sich zu beruhigen, sie hörte die ärgerlichen Gedanken in ihrem Kopf aufsteigen, Ärger über Sharons Ablehnung. Die Frau versuchte es noch einmal.
»Sharon, heute morgen in der Sitzung wußte ich, daß nur Stanley mit mir zusammen auf dem Fußboden saß, aber da waren andere Stimmen. Auf eine merkwürdige Weise waren sie gleichzeitig in meinem Kopf und außerhalb von mir.«
»Hör mir zu. Das glaubst du nicht im Ernst. Es all diese Jahre nicht ausgesprochen zu haben, war eine schreckliche Anstrengung, das ist alles.«
Buffer war außer Fassung geraten. *Nails*, ein Truppenmitglied, dessen Aufgabe es war, alles abzuwehren, übernahm die Stellung. *Nails* »saß jetzt vorn« im Verstand der Frau, die noch hören und reden konnte und deshalb glaubte, die Handlungen und Worte kämen von ihr. Auch wenn sie sich allem »entrückt« fühlte.
»Drei von meinen Leuten haben gekündigt«, sagte *Nails* zu Sharon und zündete sich eine Zigarette an.
Die Frau starrte auf die Zigarette zwischen ihren Fingern und auf die andere, die noch im Aschenbecher glimmte. Man sagte, sie rauchte zuviel.

»Sie haben gekündigt, einfach so?« In Sharons Stimme äußerte sich eine Panik, die die Frau selbst gar nicht empfunden hatte, als die Mitarbeiter vor drei Tagen aus ihrem Büro in der Hampton Road hinausmarschiert waren.
Die Frau hörte Sharons Erschrecken nicht. Sie hörte nur, was *Nails* zuließ.
»Sie kamen mit mir nicht klar«, sagte *Nails*, »und ich nicht mit ihnen. Aber in unserem Geschäft, wo sich jeder der nächste ist, macht das nichts.«
»Wie wäre es mit ein bißchen menschlicher Gesellschaft? Du solltest jetzt nicht so allein sein.«
Gesellschaft? Die Frau versuchte sich auf ein Gefühl der Unwirklichkeit zu konzentrieren, als sei sie irgendwohin abgedriftet. Trotz des Bedürfnisses, heute abend mit jemandem zu reden, gehörte »Gesellschaft« nicht zu ihrem Vokabular, hatte nie dazu gehört. In ihrem Kopf begann es zu hämmern. Regen peitschte gegen das Küchenfenster, als sie Nescafé und eine Tasse fand, im unklaren, wann sie das Gas angezündet hatte. Aber das Wasser kochte bereits.
Sharons Stimme murmelte aus weiter Ferne. Sie bat die Frau, sich alles noch einmal zu überlegen und Stanley zu veranlassen, mit niemandem über den Fortgang ihrer Therapie zu sprechen.
»Du bist nicht du selbst«, sagte Sharon. »Laß dir Zeit. Ärztliche Schweigepflicht hat ihren Sinn. Offenheit würde einer Menge Leute gerade recht kommen und dir mehr schaden, als du dir jetzt vorstellen kannst.«
»Vergiß es«, sagte *Nails*. »Daß so viele Leute, die Kinder mißbrauchen, davonkommen, liegt daran, daß niemand darüber spricht. Eine Bibliothekarin hat uns das gesagt.«
»Ich mache mir Sorgen um dich«, sagte Sharon. »Du bist es, die durch solche Offenheit Schaden nimmt.« Sharons Stimme klang in den Ohren der Frau hohl, als spräche sie

durch ein leeres Ölfaß. Es war nicht möglich, Sharon davon zu überzeugen, wie wichtig diese Filme für den Unterricht waren, was sie für andere Menschen bedeuten konnten. Sharon war nie mißbraucht worden. Die Frau hängte auf, sie fühlte sich ausgelaugt. Sie hatte Kaffee trinken wollen, hatte sie es getan? Abgesehen von der schmutzigen Kaffeetasse und dem Aschenbecher glänzte die Küche unberührt im Neonlicht. Irgendwie blieb das Haus sauber, obwohl sie, soweit sie wußte, nicht viel saubermachte.
Ihr wurde bewußt, daß sie sich, mühsam einen Fuß vor den anderen setzend, die Treppe hinauf ins Schlafzimmer schleppte. Die mechanischen Bewegungen ihres Körpers waren ihr lästig. Sie erinnerten sie an nicht erledigte, riesengroße Verpflichtungen. Rechnungen mußten bezahlt, das Konto ausgeglichen werden, Geschäftsbriefe waren zu schreiben und Listen für die kommende Woche aufzustellen. Warum konnte sie nicht tüchtig sein, die richtigen Dinge tun? Hatte sie Stanley gefragt, wie lange die Therapie dauern werde, damit ihr Leben wieder Sinn und Ordnung erhielt? Wenn sie mit ganzer Kraft arbeitete, konnte sie vielleicht mit der Hälfte der Zeit auskommen. Sie betete – nicht im Wortsinn, denn für Gebete hatte sie nichts übrig –, daß er sie in drei Monaten auf die Reihe bringen würde. Das würde für ihre geschäftliche Existenz das Überleben bedeuten.
Erschöpft schlüpfte sie in ein Nachthemd und kroch ins Bett. Sie war sehr müde, wahrscheinlich würde sie schlafen können. Da fiel ihr ohne jede Vorwarnung der Satz ihrer Mutter ein: »In dieser Welt kriegt jeder, was er verdient.«
Nails konterte diesen Ausspruch mit einem eigenen Gedanken: Egal, was das Gesetz und die Leute sagten, der Stiefvater hatte es verdient, umgebracht zu werden. Die Frau spürte das Lächeln auf ihrem Gesicht, als der

Schlaf sie endlich übermannte. Aber wie jedesmal vermittelte ein anderes Ich die Botschaft, sie sei schuldig, und überlagerte damit *Nails* Worte.
Woher dieser Gedanke kam, war der Frau nicht deutlich. Die ganze Nacht warf sie sich von einer Seite auf die andere und kämpfte mit den widersprüchlichen Aussagen. Am nächsten Morgen wachte sie um sieben Uhr auf, zutiefst erfüllt von einer unangenehmen, heftigen Angst. In zwei Stunden sollte sie über ein Grundstück verhandeln, und der Vertrag war noch nicht geschrieben. Sie flog die Treppe hinunter und spannte einen Bogen Papier in die Schreibmaschine. Auf dem Schreibtisch fand sie einen fertig getippten Vertrag. War sie denn in der letzten Nacht überhaupt in die Nähe der Schreibmaschine gekommen?
Buffer spürte, daß der emotionale Ansturm größer war, als sie verkraften konnte, und eilte herbei. Die Frau war verschwunden.
Catherine nahm die Tasche vom Tisch und schlüpfte aus dem Nachthemd, das sie noch nie hatte leiden können. Es hatte ein dichtes Gewebe, keinen Ausschnitt und lange Ärmel. Sie warf es hinter sich und ging gemächlich die Treppe hinauf. Catherine handelte nie überstürzt, nicht einmal, wenn die Dinge außer Kontrolle gerieten. Und sie waren außer Kontrolle.

6

In dem Moment, als er an diesem Morgen die Sozialbehörde betrat, rief ihn Martha Ryland an, Jeannie Lawsons Supervisorin. Am Telefon stellte sie sich mit freundlicher, professionell direkter Stimme vor.
»Jeannie wird Ihnen nicht viel erzählt haben«, sagte Martha Ryland. »Offen gesagt, sie hat immer noch eine Aversion gegen Männer.«
Stanley dachte an das wenige, das Jeannie ihm gesagt hatte. Sie hatte multiple Persönlichkeiten – drei, um genau zu sein, jede einzelne deutlich von den anderen unterschieden. Der Mißbrauch, der die Multiplizität verursacht hatte, dauerte von ihrem siebten bis zum vierzehnten Lebensjahr.
»Ich kann Ihnen nicht beschreiben, wie niederträchtig das Ganze war«, sagte Martha. »Oder genauer: wie sehr es Jeannies Leben beschädigt hat. Jetzt ist sie, was ihre Therapeutin integriert nennt; mit anderen Worten, aus den drei Personen ist eine geworden. Ihr Seminar hat Jeannie sehr gut getan, sie wirkt um vieles offener. Trotzdem ist sie sich bis gestern wie eine Mißgeburt vorgekommen. Da ist nur eins. Die Frau, die Sie im Augenblick behandeln, besteht darauf, daß Sie öffentlich über ihre Therapie reden. Jeannie kann sich die gleiche Offenheit nicht leisten. Ich glaube, daß sie eines Tages eine außerordentliche Ärztin sein wird. Aber ihre Vergangenheit jetzt offenzulegen... Sie und ich wissen, was

dabei herauskommen würde. Ihre Karriere wäre zu Ende, bevor sie angefangen hat.«
Stanley wußte Bescheid. In der Arbeitswelt wurden erwachsene Opfer von Kindesmißbrauch als »Risiko« angesehen, anfällig dafür, im Beruf zu versagen. Wahrscheinlich waren sie um keinen Deut anfälliger als andere, aber das Stigma war da. Wenn ein potentieller Arbeitgeber von der Diagnose »Mehrfach-Persönlichkeit« erfahren sollte, hatte Jeannie einen schweren Kampf vor sich.
Das bedeutete, daß er seine Patientin anrufen und ihr sagen mußte, daß es mit dem Gebrauch der Videobänder für Ausbildungszwecke vorbei war. Er war sich ziemlich sicher, daß sie multipel war, und wenn dem so war, dann konnte sie gar nicht wünschen, daß das allgemein bekannt wurde.
Martha unterbrach seinen Gedanken und fragte: »Haben Sie sich inzwischen mit dem Gedanken angefreundet, daß Ihre Patientin multipel ist?«
»Ich weiß es nicht, jedenfalls nicht sicher. Immer wieder habe ich mich das in den letzten Wochen gefragt, aber die Symptome der Frau schienen mir nicht klassisch. Jetzt hat Jeannie auf einiges hingewiesen, was ich übersehen hatte. Sie sagte, wenn es einem selbst geschehen ist, ist es bei anderen leicht herauszufinden.«
»Aber überzeugt sind Sie trotzdem noch nicht?« Ihr Tonfall hatte etwas von seiner professionellen Forschheit verloren. »Ich beneide Sie nicht. Ich kenne Jeannies Therapeutin. Zuerst hat sie auch alles angezweifelt, wie ein guter Arzt es eben macht. Aber als sie ernst nahm, was sie sah – und ich nehme an, das tun Sie jetzt auch –, war es zwecklos, es weiter zu leugnen. Jeannies Therapeutin wußte, daß sie nicht schizophren war und daß auch keines der anderen Etikette, die die Ärzte und Psychiater ihr aufgeklebt hatten, auf sie zutraf.«

»Auf diese Frau auch nicht«, sagte Stanley.
»Es war unheimlich, Jeannie bei der Beschreibung der Filme dieser Frau zuzuhören, als wenn sie eine Freundin gespürt hätte. Sie erzählte mir, daß keine ihrer Freundinnen während ihrer Therapie die Multiplizität verstanden und sie nach einer Weile nichts mehr gesagt hätte. Zum erstenmal hat Jeannie die Hand nach jemandem ausgestreckt. Ich denke, ihre Bereitschaft, hier weiterzumachen, ist ein Zeichen der Genesung, und ihre psychosoziale Anamnese wird, wenn sie sie abgibt, etwas sein, das man sich sehr genau ansehen sollte.«
Martha gab Stanley die Telefonnummer der Therapeutin. Jeannie hatte ihr Stanleys Anruf angekündigt, und sie war genauso freimütig wie Martha. Stanley verbrachte seine Frühstückspause damit, noch einmal durchzugehen, was Supervisorin und Therapeutin ihm gesagt hatten. Zusammen mit dem, was ihm sonst noch an Informationen zur Verfügung stand, ergaben sich allmählich bestimmte Grundstrukturen: Multiple funktionierten in einer eigenen Welt, in der ihre Gefühlsregungen »gedämpft« wurden durch ihre anderen Ichs (Egos). Die Ichs erledigten das, was das erstgeborene Kind nicht konnte, was wiederum abhing von ihrer Zahl und von der Stärke der Beschädigungen, die die Ursache für die Multiplizität waren. Infolgedessen konnte die »Lebendigkeit« des erstgeborenen Kindes einmal größer, ein andermal auch sehr gering sein.
Wenn seine Patientin multipel war, erklärte das ihre ständige Verwirrtheit und die zunehmende Panik. Ein Großteil davon war wahrscheinlich die Folge aufbrechender Emotionen. Wenn sie das nie vorher erfahren hatte – oder nur aus großer Distanz, eben durch ihre anderen Ichs –, würde sie über kurz oder lang nicht mehr ein noch aus wissen. Sie würde nach Isolation verlangen, weil sie sich in ihrer neuen Welt fremd vorkäme, und doch

würde sie zum erstenmal menschlichen Zuspruch nötig haben. Fand sie diesen Zuspruch bei ihren Freunden und Bekannten? Stanley wußte es nicht. Aber eins war klar: Er mußte sofort zu ihr und die Verabredung über die Veröffentlichung der Videos rückgängig machen.
Es war jetzt halb neun. Die Frau nahm beim ersten Klingeln den Hörer ab. Er sagte ihr, daß sie wohl doch übereilt gehandelt hätten und daß sie ihre Entscheidung noch einmal überdenken solle. Er sagte, auf den Videos würde vieles zu sehen sein, von dem sie nicht wünschen konnte, daß es öffentlich würde.
»Was zum Beispiel?« fragte sie. »Ich habe mich mein Leben lang versteckt, weil ich Angst vor dem hatte, was die Leute denken. Was sollen die Leute Ihrer Meinung nach nicht erfahren? Daß ich verrückt bin? Meine besten Freunde sagen das. Und meine Feinde kümmern mich nicht.«
»Sie verstehen mich falsch«, sagte er sanft. »Es gibt Menschen, die sich nicht vorstellen können, wie die menschliche Seele auf Mißbrauch reagiert. Sie sind alle nur allzu bereit, zu verurteilen. Schlimmer noch, sie würden sich nichts daraus machen, Ihnen bei Ihren Geschäften die Butter vom Brot zu nehmen.«
»Stanley, haben Sie jemals einen Makler oder einen Immobilienkäufer kennengelernt? Um so etwas zu werden, muß man verrückt sein. Gerade deswegen bin ich bisher so erfolgreich gewesen. Diese Leute sind mir ähnlich.«
»Sie sind nicht verrückt«, sagte er und wußte, daß er als nächstes das Wort »multipel« aussprechen müßte. Aber er war noch nicht bereit, das zu tun.
»Haben Sie Angst, daß Ihre Kollegen über Sie herfallen, weil Sie mich ausbeuten? Wenn das der Grund ist, werde ich eine Erklärung unterschreiben, die Videoaufzeichnungen seien meine Idee gewesen, was die Wahrheit ist,

und daß ich Ihnen uneingeschränktes Verfügungsrecht über alles einräume, was Sie für geeignet halten. Ich werde das notariell bestätigen lassen. Was immer Ihrer Meinung nach auf diesen Bändern auftauchen wird, es kann nicht wirklich schlimmer sein als – mein Gott, es gibt kein Wort, das zu beschreiben. Direkt hier sitzt die Angst und nagt an mir. Ich weiß nicht, warum sie immer da ist, egal, ob ich wache oder schlafe. Ich will, daß sie verschwindet. Vielleicht lassen die Aufzeichnungen sie auch für andere Menschen verschwinden. Einen Versuch ist es wert. Stanley, ich halte vierzig Jahre Angst gegen Ihr Argument, und Sie ziehen den kürzeren.
Stanley«, sagte sie leise, als er nicht antwortete, »ich werde ohne Rücksicht auf alles andere weitersprechen. Und der nächste Therapeut hat vielleicht nicht Ihre Erfahrung – oder Ihre Moral.«
»Gut, machen wir weiter«, sagte er, »aber ich möchte, daß Sie wissen, ich höre auf, sobald Sie es wollen.«
»Wir müssen jetzt Schluß machen, Stanley, sonst kommen wir zu spät zu unserer Verabredung. Sie müssen sich keine Sorgen machen. Es geht uns gut.«
Obwohl die für Mai typische hohe Luftfeuchtigkeit in den Räumen der Sozialbehörde hing, trank er in der Pause heißen, dampfenden Tee mit Zitrone. Die Tagebuchseiten, die die Frau ihm gestern gegeben hatte, rechtfertigten etwas Wärmendes.

Bruchstücke fallen mir wieder ein, dazu das altbekannte Gefühl »Fang dich auf, bevor du fällst«. Mein Verstand nimmt mich mit bis in diese kleinen Brocken von Erkenntnis, aber nie dahinter. Manchmal habe ich das Gefühl, mein Kopf geht ohne mich irgendwohin. Die Schatten heute nacht, die seltsamen Geräusche im Haus machen Angst.
Meine Tochter Page geht gern einkaufen, mit der ganzen Begeisterung ihrer vierzehn Jahre. Es ist

anstrengend, die Angst so weit zu unterdrücken, daß ich sie bei ihrem Vater abholen kann. Ich entschuldige mich, ich fühle mich schuldig, aber ich habe Angst, aus dem Haus zu gehen.
Ich möchte Ihnen etwas erzählen. Vielleicht bedeutet es ja nichts, aber vor kurzem habe ich in meinem Kopf mehr als einen Gedanken zur gleichen Zeit gehört. Kann sein, daß ich nur mit mir selber spreche, aber immer wieder taucht plötzlich der Name *Miss Wonderful* auf. Jetzt gibt es auch noch andere Namen.
Vielleicht bilde ich mir das alles nur ein. Oder die Götter geben ein paar Gedankenspiele auf, bevor sie einen in die Verrücktheit treiben. Ich hasse Spiele. Der Stiefvater rief mich oft zu sich, und bevor ich es besser wußte, gehorchte ich auch. »Komm spielen«, sagte er gewöhnlich, »schau, ein neues Spiel, Kleine.« Er spielte Spiele, der Stiefvater, lange bevor ich sah, wie er sich während der Jagdsaison auf den Weg über die Felder machte, das Gewehr im Arm, um wilde Tiere zu schießen, sie abzuhäuten und in der Scheune aufzuhängen. Die Tiere, die er nicht schoß, fing er in Fallen und quälte sie. Ich sehe nicht deutlich, was er tat, nur seinen Gesichtsausdruck dabei. Vorher wußte ich nicht, was für ein gefährlicher Mann er war, oder welch starkes Interesse er an den Spielen hatte. Wenn ich zurückblicke, schien er, als ich zwei war, ein gewöhnlicher Erwachsener zu sein, sehr groß, dunkel, Bürstenschnitt, stämmig; ein Mann, in dessen Augen kleine gelbe Lichter auftauchten, wenn ich böse wurde und ihm etwas abschlug. Ich erinnere mich nicht an seinen Zorn, als ich so klein war, nur an seine Fähigkeit, meine Neugier zu erregen. Bewegung. Tempo. Ich hasse Bewegung. Langsam.

Von einer Seite auf die andere, anhalten. Dann wieder von vorn beginnen. Dieses Ding. Neugier. Es berühren. Ich kann mich erinnern, wie sich das drahtige Haar drumherum anfühlte, mehr als an das Ding. Dann verschwindet das Bild, wird für einen Moment wieder deutlich, trübt sich wieder. Niemals wird klar, was geschieht.

Wenn ich meine wenigen Erinnerungen an die Kindheit zusammennehme, ergibt die extreme Panik keinen Sinn. Mit der Heirat, Stanley, war es das gleiche. Sie wollen Einzelheiten wissen. Was mir eingefallen ist, sind Launen, dunkle Ahnungen, daß ich eben niemals gut war, weder als Kind noch als Erwachsene.

Scheinbar habe ich alles geschafft, was ich wollte, sogar so diametral entgegengesetzte Sachen wie Kunst und Mathematik, für die ich mich immer noch für unbegabt halte. Aber ich hätte nie heiraten sollen. Normans Ehe mit mir war wie ein Musikstück, das mit einem Walzer beginnt, dann in einen Disco-Beat übergeht, von da in einen *Square Dance*, dann mit Ringo Starr am Schlagzeug aufschreit, um plötzlich in ein Konzert in E-Dur umzuschlagen; ein ständiger Schock für alle Beteiligten. Als ich versuchte, meine Gefühle in dieser Beziehung zu ordnen, entdeckte ich: es gab keine. Zu jeder Erklärung, die ich Ihnen hierfür oder für irgend etwas anderes gebe, kann ich ihnen zwanzig andere liefern, die einander alle widersprechen. Sie alle sind von mir, und keine ist von mir.

Schon wegen dieses Satzes hätte meine Mutter mich zur Hölle gewünscht. Sie sagte immer, jeder Mensch müsse für das, was er tut, die Verantwortung tragen.

Wie auch immer, da war ich nun, verheiratet, und

versuchte die ganze Zeit, freundlich zu sein, denn nachdem ich die Mutter und den Stiefvater all die Jahre beobachtet hatte, schien es klüger, das Gegenteil von dem zu sein, was sie gewesen waren und was sie glaubten, daß ich es sei. Nach so vielen Jahren des Alleinseins ertrug ich es trotzdem nicht, mit Norman eingesperrt zu sein. Je näher die Geburt unseres Kindes kam, um so unfreundlicher wurde ich. Während der Schwangerschaft fühlte ich mich schmutzig, als hätte ich eine Sünde begangen. Schon bei den ersten Anzeichen versteckte ich mich in einem weiten weißen Gewand in der Wohnung. Es war ein Teil der Aussteuer gewesen, erstanden, um mich davon zu überzeugen, daß ich halbwegs attraktiv sei, und nun trug ich es Tag und Nacht, um den größten aller Mängel zu verdecken. Die Angst kam in dem Moment, als ich den Ehering erhielt. Mich zu verstecken, nahm mich zunehmend in Anspruch. In Geschäften, auf der Straße sah ich starr geradedaus, blickte nicht nach rechts oder links, zitterte, wenn mich jemand mit meinem Namen ansprach. Was wollten sie von mir, was hatte ich falsch gemacht? In den ersten beiden Jahren zitterte ich immerzu. Schließlich bekam ich heraus, daß der Fehler bei mir lag. Norman war ein wunderbarer Mann, wir hatten ein reizendes Kind, hatten alles, was andere Leute sich wünschten. Ich war nicht glücklich, weil ich schlecht war.

Die Geburt unserer Tochter Page war unglaublich leicht, und als ich sie ansah, nistete sich etwas Unglaubliches in mir ein. Ich wollte an ihr keinen Anteil haben; sie machte leise Geräusche, meine Seele verschloß sich.

Ich war die zwei Jahre so beschäftigt mit meiner Verdorbenheit, daß ich meine Häßlichkeit ganz vergessen hatte. Nun fiel sie mir wieder ein, und die Wutanfälle begannen; ich durfte nicht in Normans Nähe kommen. Ich zerschmetterte Gegenstände und sagte gemeine und verletzende Dinge zu ihm, über meine Vorstellung von Ehe- und Familienleben, über mich und wie sehr ich alle haßte. Es gab Perioden, in denen alles ausgelöscht war – keine Träume, kein Zeitgefühl, Verwirrtheit – aber es schien alles so unreal, ich auch und auch die Ärzte, die nicht herausfinden konnten, wo das Problem lag. Ich schlief viel, Norman hörte auf, mit mir zu sprechen. Unmöglich herauszufinden, was mich im einzelnen so aus der Fassung brachte. Ich tobte, sobald ich wach war, eine unvollkommene Ehefrau zu sein, genügte mir nicht. In der einen Minute war ich davon überzeugt, mit der Welt fertigwerden zu können, wenn man mich nur ließe, in der nächsten verkroch ich mich hinter verschlossenen Türen in der Wohnung.

Page und ich gingen zu Picknicks und stahlen Blumen in einem nahegelegenen Park. Die Blumen erinnerten mich an meine Mutter; ich haßte sie, fand andererseits aber wichtig, daß Page Schönheit sah und berührte. Die ganze Zeit empfand ich etwas völlig Abwegiges, eine uralte Hoffnung. Ich hegte ihre Individualität, jenen Hauch von Unabhängigkeit, den kein Kind an die Einschränkungen und Zwänge des Lebens verlieren sollte. Ich handelte gegen Normans Wünsche. Ich konnte, wollte ihr nicht beibringen, sich der Disziplin zu unterwerfen, uns als Eltern zu respektieren, bloß weil wir die nun mal waren.

Norman wollte sie ordentlich. Ordentlich? Ich hoffte, sie würde sie selbst sein – schön, frei, sich ihres eigenen Wertes sicher. Bedenken in mir schob

ich beiseite. Ich mochte sie, na und? Andere Mütter redeten, als hätten sie die Gefühle erfunden, von denen ich nicht mal behaupten konnte, ich empfände sie. Ich wußte nur, daß mir die Augen übergingen, wenn ich sie ansah.
Die Blackouts wurden schlimmer. Direkt nach dem letzten, bei dem sie mir das Dilantin gegeben hatten, gerieten Norman und ich aneinander. Ich habe schon gesagt, daß er ein stiller, gütiger, nachdenklicher Mensch war; aber auch er hatte Grenzen, und eines Abends erreichte ich sie mit irgend etwas. Er erhob sich vom Küchentisch, kam auf mich zu, stieß mich gegen die Wand. Er stürzte sich auf mich, starrte mich wütend an, sein Gesicht kam meinem ganz nahe. Ich kann Ihnen nicht beschreiben, was in diesem Augenblick in meinem Kopf vorging. Es war, als hätte ihn jemand mir weggenommen, ihn beiseite gerückt. Ich war nicht mehr ich, ich war wie besessen. Ich schrie wie ein wahnsinniges Tier und wartete auf den Schlag; meine Kindheit stand vor mir. Ein Ton kam aus meiner Kehle. Der Ton wurde immer stärker, nicht so sehr an Umfang wie an Intensität, und erinnerte mich an ein Tier, ein kleines, in der Falle sitzendes, gequältes Tier. Ich konnte den Ton nicht aufhalten, er kam gar nicht von mir, und er hörte und hörte nicht auf. Norman redete auf mich ein, sagte, ich hätte Schaum vor dem Mund. Ohne mich zu berühren, setzte er sich wieder an den Tisch und schwieg. Die Stille seiner Reaktion holte mich zurück, als wäre nichts geschehen.
Soviel über die Ehe, Stanley. Nicht einmal jener Analytiker half, ich verließ Norman. Mit ihm verließ ich Page. Wissen Sie, ich war mir nicht sicher, ob ich klug genug sein würde, nach Norman einen

Mann zu wählen, der nicht mit Page das gleiche versuchen würde, das mein Stiefvater mit mir gemacht hatte. Diese eine Überlegung war für mich ausschlaggebend, aber natürlich gab es noch andere – mein Zorn und die Unfähigkeit, etwas richtig zu machen, eine ordentliche Mutter zu sein. Bevor die Ehe zerbrach, hatte ich mich vor Norman jahrelang nicht einmal ausziehen können; die Vorstellung, miteinander zu schlafen, machte mich krank. Mehr noch: ich fühlte mich zurückgestoßen, verängstigt, wütend. Es war keine Atmosphäre, um ein Kind großzuziehen, dieses Kind zu vergiften mit... Stanley, ich habe nicht einmal ein Wort dafür.
Nichts hat sich seitdem geändert, nichts ergibt einen Sinn. Ich sehe Page an und vermag nicht zu glauben, daß sie wirklich ist, und weiß nicht, was ich meine, wenn ich das sage. Ich sehe die Bilder an, die an den Wänden meines Hauses hängen und von denen die Leute sagen, ich hätte sie gemalt. Ich weiß nicht, wie sie entstanden sind. Wenn ich es ertragen kann, sehe ich mich an – Stanley, ich werde nie wirklich sein.
Manchmal sagen mir die Leute sehr schmeichelhafte Dinge über mich. Ich kann es alles nicht glauben. Ich habe zum Beispiel keine Ahnung, wie ich die vierstündige Zulassungsprüfung für das Maklergeschäft in vierzig Minuten geschafft habe. Ich bin nicht so schlagfertig.

Stanley legte das Manuskript beiseite und rief Jeannie Lawson an.
»Helfen Sie mir«, sagte er. »In meinem Kopf geht alles durcheinander angesichts all dieser Ungereimtheiten. Kurz bevor ich diese Tagebuchaufzeichnungen las, habe

ich mit der Frau gesprochen. Sie klang sehr selbstsicher und beendete das Gespräch, weil sie eine geschäftliche Verabredung hatte. In ihrer Stimme war nicht die Spur von Angst. Aber in ihren Aufzeichnungen fürchtet sie sich, aus dem Haus zu gehen. Sie erzählt mir auch, daß sie nur wenige sexuelle Erinnerungen hat, und die betreffen ihren Stiefvater. Andererseits erwähnt sie ein sexuelles Erlebnis mit ihrem Ex-Mann. Und in den Aufzeichnungen nennt sie Schwangerschaft etwas Schmutziges, eine Sünde, einen Makel.«
»Tagebuchnotizen.« Jeannie zögerte einen Moment. »Sind sie mit der Hand geschrieben?«
»Nein. Sie tippt alles ab, bevor sie es mir gibt.«
»Darum geht alles durcheinander«, sagte Jeannie. »Wenn Sie die Tagebücher im Original lesen würden, würden Sie wahrscheinlich die verschiedenen Handschriften sehen. Ich hatte drei.«
»Die Listen«, sagte Stanley. »Über die Handschriften auf den Listen, die sie aus ihrer Tasche holt, habe ich nie nachgedacht.«
Jeannie begann zu lachen. »Ich hätte meine nicht gezeigt. Ich hätte ein Kriegsschiff damit tapezieren können.«
»Wer spricht, wenn ›ich‹ benutzt wird? Und wer, wenn es ›wir‹ heißt?«
»Jedes einzelne Ich«, sagte Jeannie, »kann ›ich‹ benutzen, und jedes einzelne Ich kann sich durch ›wir‹ auf die Gruppe beziehen. Während der Phase des Sich-Bewußtwerdens gibt es einen ganz bestimmten Zeitpunkt, in dem ›wir‹ benutzt wird, obwohl nicht alle Ichs wirklich voneinander wissen oder jedenfalls nicht in allen Punkten. Sie müssen sich das so ähnlich wie eine Wolke am Himmel vorstellen. Man spürt die Feuchtigkeit auf der Haut und weiß, gleich wird es regnen. Ich vermute, es ist so etwas wie eine Vorwarnung. Leuchtet das ein?«
»Mehr als das, was ich selbst bisher herausgefunden

habe«, versicherte Stanley. »Ich habe einiges über Multiplizität gelesen, aber es fällt mir schwer, es zu verstehen.«
»Was Sie lesen, wurde von einem Redakteur gefiltert, Stanley. Ich habe auf diesem Video Sachen gesehen, die mir gezeigt haben, daß die Frau in manchem mir sehr ähnlich ist und in anderem überhaupt nicht. Vor einer Woche war ich endlich der Lektüre von ›Sybil‹ gewachsen, und ich sah die Unterschiede zwischen ihr und mir. Und die Ähnlichkeiten.«

Während Stanley in seinem Büro versuchte, seiner Verwirrung Herr zu werden, kam die Frau zu ihrer Verabredung am anderen Ende der Stadt. Sie war kurz davor, etwas durchzumachen, auf das keine Therapie sie vorher hätte vorbereiten können, selbst wenn Stanley solche Vorkommnisse hätte voraussagen können. Ab heute würde die Frau sich der Handlungen der Truppenmitglieder deutlicher bewußt sein.
Sie setzte sich zwischen den Käufer und den Verkäufer des Grundstücks, stellte fest, welcher Anwalt zu wem gehörte, und nickte dem Notar zu. Urplötzlich schien die Zeit irgendwie ohne sie weiterzugehen. Sie registrierte, daß in dem Aschbecher vor ihr zwei Zigaretten ihrer Sorte glimmten und daß sich eine große Ausgelassenheit in ihr ausbreitete. Und neben der Ausgelassenheit Spannung, Zorn, Kummer, ein Gefühl der Unangemessenheit und ein grenzenloses Selbstgefühl. Eine jede dieser Empfindungen schien auf die andere einzuschlagen. Sie spürte den Kampf, kannte die Gründe dafür nicht und wußte doch, daß etwas Schreckliches geschah. Denn ihr wurde bewußt, daß sich alles in ihrem Kopf abspielte, niemand sonst im Raum schien irgend etwas zu merken. Die achtzehn Seiten dicken Verträge, die sie über den Tisch gereicht hatte, verschwammen zu weißen Flecken,

ebenso die Gesichter der Männer, mit denen sie handelseinig werden sollte. Undeutlich wurde ihr bewußt, daß jemand in ihr alles genau beobachtete und das Treffen offenbar reibungslos verlief. Der Anwalt des Käufers, mit dem kein Makler in der Stadt auskam, sammelte die Verträge ein und deutete auf die Punkte, die er gestrichen haben wollte.
»Wenn Sie das tun«, sagte der Käufer zu ihm, »dann hafte doch ich für die Bereitstellung von Wasser und Kanalisation.«
Entsetzt hörte die Frau, daß die Ausgelassenheit in ihr Worte fand, Worte, die laut ausgesprochen wurden.
»Du lieber Gott«, sagte sie zu dem Käufer, »heut' abend werd' ich auf einem Esel in die Kirche reiten.«
»Was soll das heißen?« Der Anwalt starrte sie an.
»Das heißt«, hörte die Frau sich sagen, »daß Sie ein Esel sind und ich für Sie beten werde.«
Der Notar fragte, ob sie ohne verbale Beleidigungen fortfahren könnten, und der Anwalt sagte etwas über Maklerinnen, die wie Schlangenverkäuferinnen redeten. Als sie schließlich mit den Verträgen allseits einverstanden waren, lachten alle vergnügt. Daß die Spannung sich löste, die Siedlung tatsächlich gebaut werden würde, schien im Kopf der Frau den Widerstreit der Gefühle noch zu verstärken. Der Raum schwankte, und sie, erschreckt vom Verlust der Kontrolle über sich selbst, schwankte ebenfalls. Von weither glitt ein überaus breites und unschuldiges Lächeln auf ihr Gesicht. Sie hörte Gelächter, nicht das der Männer. Auf dem Gesicht des Verkäufers zu ihrer Rechten malte sich Überraschung. Er versuchte sich zu fassen und schaute auf den blonden Kopf herab, der es sich an seiner Schulter bequem gemacht hatte.
Buffer rückte ein wenig beiseite, als *Miss Wonderful* die Männer am Tisch großäugig anlächelte.

»Ist das nicht wundervoll?« fragte sie.
Knapp sechs Minuten später, als sie in ihrem Auto mit Klimaanlage saß, hatte die Frau noch immer ein rotes Gesicht. Der blonde Kopf an der Schulter des Verkäufers mußte ihrer gewesen sein. Wer sonst hätte es gewesen sein können?
Die Frau hatte gerade etwas erlebt und würde es weiterhin erleben, dem nur jahrelange Therapie am Ende einen Sinn geben würde. Während des Geschäftstreffens hatte *Miss Wonderful* die Frau »akut« über ihre Anwesenheit informiert. *Miss Wonderful* und ein anderes Mitglied der Truppe hatten von *Gatekeeper* ihr Signal erhalten und sich »gezeigt«.
Anders als andere Truppenmitglieder konnte *Outrider Gatekeeper* zwar um Rat fragen und mit ihr gegenseitige Vereinbarungen treffen, aber sie bedurfte keines Signals, um etwas zu tun. Zu ihrer Arbeit gehörte es, die Trauer zu vertreiben, und um das zu tun, mußte sie fast immer »anwesend« sein oder wenigstens verfügbar.
Als der Wagen in den dichten Feierabendverkehr kam, sagte *Outriders* Stimme, fest, aber eben nur eine Stimme im Bewußtsein der Frau:
Rutsch rüber, ich fahre.
Die Frau weigerte sich, die Stimme zur Kenntnis zu nehmen. Immer noch peinlich berührt und ziemlich verstört, zitterten ihre Hände auf dem Lenkrad. Auf halbem Weg zur ersten Kreuzung mußte sie zugeben, daß irgendwie nicht sie den Wagen fuhr. Diese Feststellung erschreckte sie zwar nicht übermäßig, aber trotzdem traute sie sich nicht, das Lenkrad loszulassen, um den Rückspiegel zu richten. Sie wollte es. Jedesmal, wenn sie ins Auto stieg, schien es nötig, alles neu einzustellen, als hätten sich ihre Größe und Haltung geändert...
Outrider schaltete das Autoradio ein. »Slow Hand« von den Pointer Sisters erklang. Als der Song in den härteren

Beat von »All Night Long« von Joe Walsh überblendete, lächelte sie und drehte lauter. Die Musik rauschte in das Bewußtsein der Frau, und sie stellte beängstigende Beobachtungen an: sorglose Hände am Steuerrad, die Zigarette, die zwischen den Rhythmus klopfenden Fingern hing; der Wagen, der trotz des Verkehrs von einer Spur auf die andere schoß, obwohl sie beim Fahren sonst nie die Spur wechselte. Die Handlungen kamen nicht von ihr.
Ihr Bewußtsein war noch nicht ausreichend geschärft, deshalb konnte die Frau nicht wissen, daß die Straßen- und Verkehrsschilder plötzlich unbekannt schienen, weil *Outrider* das Kommando übernommen hatte. Als der Wagen an einer Ampel hielt, sah die Frau aus dem Fenster. Sie fand sich nicht zurecht. Im Rückspiegel sah sie das Gesicht des Fahrers im Auto hinter ihr: Es war vertraut und häßlich.

Jetzt, sagte *Gatekeeper*, und *Outrider* ließ Konfetti in den dunklen Tunnel des Bewußtseins rieseln. Bruchstückhaft tauchte das Gesicht des Stiefvaters auf. Und selbst so war es zu viel.

Die Frau begann zu weinen, die Tränen trockneten sofort, als hätte eine unsichtbare Hand sie weggewischt. Nadeln, eine Betäubung – wie bei einer schweren Narkose brannten tausend Nadelstiche auf ihren Armen.
Outrider drehte die Lautstärke noch weiter auf. Auf seltsame Weise dehnte sich die Zeit. Die Uhr am Handgelenk der Frau half nicht weiter; sie war kurz zuvor stehen geblieben. Die Musik donnerte in ihren Ohren, und etwas drängte gegen die Mauern ihres Bewußtseins. Zuerst verstand sie nicht; als sie es tat, verstärkte sich die Panik. »*All Night Long*«, selbst die längste Fassung, die irgendeine Station spielte, hätte längst zu Ende sein müssen. In

diesem Augenblick begriff die Frau, daß das Zeitgefühl von irgend jemand anderem sich von ihrem unterschied. Lachen. *Outrider* schnippte mit den Fingern den Rhythmus, Schlangenspuren, Kriechgang, die Augen leuchteten, sie genoß das Gefühl von endloser Zeit.
Als sie *Outriders* Lachen fühlte, wagte die Frau es ebenfalls zu genießen. Sie hätte das Lachen gern für ihr eigenes gehalten.
Outrider verschwand, *Miss Wonderful* übernahm ihren Platz, und *Buffer* kehrte zurück und ergriff das Steuer. Eine fast unerträgliche Glückseligkeit überströmte sie, so daß die Frau sich fragte, ob sie übergeschnappt sei. Eine Woge von Lächeln ging über ihr Gesicht. Das Lächeln tilgte alle Sexualität, und mit dem Verschwinden der Sexualität verschwand auch die Furcht, die die Frau ihr ganzes Leben empfunden hatte.
Das war *Miss Wonderful*: die vollständige Abwesenheit alles »Schlechten«. Aber im Auto befand sich außer ihr und der Frau noch eine dritte Person. Wie bei *Miss Wonderful* erkannte die Frau seinen Namen und seine Gefühle, ohne zu wissen wie. Die beiden ergriffen die Existenz der Frau, sie waren beide in ihr, mehr »sie«, als sie selbst jemals gewesen war. Und dennoch waren sie voneinander und von ihr getrennt. *Miss Wonderfuls* Lachen verstärkte sich, übertönte die laute, aufdringliche Musik. Die männliche Existenz strömte nichts aus als eben dies: Männlichkeit.
»Nach Hause«, sagte die Frau ermattet.
Nein, sagte *Miss Wonderful*. Wir waren gut. Kaffee. Wir haben ihn verdient, meinst du nicht?
Die Frau nahm wahr, wie der Wagen ohne ihr Zutun über die nächste Kreuzung rutschte. *Miss Wonderful* hatte sie lächerlich gemacht. Aber die Frau verstand auch, daß *Miss Wonderful* nicht wußte, was sie getan hatte, daß sie keine Ahnung hatte. Sie war die vollständige Unschuld.

Mean Joe handelte. Riesenhaft und unheimlich stark, wirkte seine Anwesenheit ungemein beschützend. Er umschlang die Frau mit großer Sanftheit, sie fühlte sich sicher und vertraute ihm ohne weiteres Fragen.
Kaffee. *Miss Wonderful* bestand darauf. Das Auto bog auf den Parkplatz von Seven-Eleven ein. Unfähig, auch nur einen Finger zu rühren, um es zu verhindern, merkte die Frau, wie sie mit den anderen lachte und sah ihrer aller Spiegelbild in den gläsernen Scheiben der Ladenfront, als sie aus dem Wagen stieg.
(In der nächsten Sitzung würde sie Stanley erzählen, wie die drei sich spiegelnden »Personen« auf höchst ungewöhnliche Weise sich dem Laden näherten: mit schlurfenden flotten Schritten, mal schwerfällig, dann leichtfüßig. Erst sah sie ihr Spiegelbild, dann das von *Miss Wonderful*, schließlich *Mean-Joe*. Alle voneinander getrennt. Und doch gemeinsam. Sie würde Stanley berichten, daß die beiden sich ihr irgendwie sofort als Personen begreifbar gemacht hatten, auch wenn die Gründe für ihre Existenz vollkommen im dunkeln lagen.)
Das Seven-Eleven war überfüllt mit Feierabendgästen. Beim Eintreten mit *Mean Joe* und *Miss Wonderful* fühlte sie sich ungemütlich und zögerte und spürte doch ihr gemeinsames Lachen in sich. *Mean Joe* zögerte keinen Augenblick. Mit festen Schritten trat er mitten zwischen die Gäste. *Miss Wonderful* strebte in Richtung Kaffeemaschine. Als sie bezahlte, schenkte sie der Frau an der Kasse ein hinreißendes Lächeln. *Mean Joe* stand neben ihr, die Hände in den Taschen, mit hochgezogenen Schultern, vollkommen still. Er sah nicht auf, blickte nur von links nach rechts, mit schrägen, wissenden Augen. Die Frau spürte seinen kochenden Zorn und seinen Sinn für das Notwendige.
Soll uns nur jemand zu nahe kommen, dachte er. Soll uns nur jemand anfassen, sollen sie es nur versuchen.

Zum erstenmal hatte die Frau einen öffentlichen Ort betreten, ohne sich zu ducken, ohne sich schrecklich zu fürchten.
Das Erstaunlichste an *Mean Joe* hatte sie gar nicht registriert. Sie nahm wahr, wie leicht er und *Miss Wonderful* sich auf der kurzen Fahrt nach Hause anfreundeten. Sie lachte über ihre Unterhaltung, aber als sie den schlammigen Weg zum Haus hinaufgingen, tauschten *Mean Joe* und *Miss Wonderful* ihre eigenen Gedanken aus und schlossen sie aus.
Die Kaffeetasse von Seven-Eleven stand auf dem Tisch auf der Galerie, neben den Manuskriptseiten. Das Sonnenlicht fiel schräg durch die vom Boden bis zur Decke reichenden Fenster. Es warf die langen dünnen Schatten der hängenden Farne auf die Wände der Galerie, und wenn sich die Farne in der leichten Brise bewegten, bewegten sich auch die Schatten. Die Frau fröstelte und zog die Vorhänge zu. Als sie an der Reihe war, trank sie von dem schwarzen Kaffee und setzte sich an die Schreibmaschine. Sie spürte, wie aus vielen verschiedenen Quellen ihr die Worte in die Finger flossen, die über die Tasten eilten.
Miss Wonderful schien ein sehr zerbrechliches Wesen zu sein und *Mean Joe* ein distanzierter, ungeschlachter, bedrohlicher Mann mit schrägen Augen und einem Lächeln in den Mundwinkeln. Die Kraft, mit der sie die Frau hielten, war weniger stark als bestimmt.
Im Zimmer war es plötzlich dunkler geworden. Frühlingsregen schlug gegen die Fenster der Galerie. Woher waren sie gekommen, *Miss Wonderful* und *Mean Joe*, und wohin waren sie eben jetzt verschwunden? Sie zitterte, als der Zugriff der beiden nachließ, und überlegte, was zu tun wäre. Die nächste Sitzung mit Stanley stand kurz bevor, es wäre albern, ihn anzurufen, und Sharon würde kein Wort glauben. Jemand streckte die Hand aus und

umhüllte die Frau wie mit einer warmen Decke, denn sie hatte begonnen, sich auf eine sehr einsame Reise zu machen.

7

In dieser Nacht fand im Bewußtsein der Frau, aber unabhängig davon, eine Unterhaltung statt.

Jedes Mitglied der Truppe, das für eine gewisse Zeit an die Front wollte, mußte sich zuerst *Outrider* anschließen, um sich mit den Sicherheitsmechanismen vertraut zu machen. So saß auch jetzt, als *Outrider* durch *Buffer* und *Frontrunner* kontrollierte, was an die Frau herankam, ein kleineres Mitglied da, hörte aufmerksam zu und hoffte, eines Tages auserwählt zu werden. Sie war erst zwölf Jahre alt, also sprach eine Menge gegen sie. Allerdings hatte sie einen scharfen Verstand.
Warum, fragte *Twelve Outrider*, müssen wir so vorsichtig sein, warum können wir nicht jetzt alle hervorkommen und unsere Erinnerungen mitbringen?
Nicht alle unter uns können das, sagte *Outrider*. Einige von uns sind zu stark verletzt. Und außerdem gibt es immer noch dieses dumme, aber gerechtfertigte Wort: Vorsicht. Wenn wir einen Fehler machen, haben wir eine Menge zu verlieren.
Aha, sagte *Twelve* und begriff mit ihrem flinken Verstand, was hinter diesen Worten lag: Es gibt also einen Plan?
Natürlich, sagte *Outrider* und lächelte, weil ihr Tonfall plötzlich dem des einen glich, der im hintersten Teil des Tunnels lebte. *Outrider* wußte, er liebte Kinder. *Twelve*

war noch ein Kind und besaß das, was er am meisten schätzte – einen schnellen Verstand.

In jeder Schlacht, fuhr *Outrider* in dem einmal angenommenen Tonfall fort, muß immer wieder neu gelernt, Geschicklichkeit erworben werden. Dieser Kampf macht da keine Ausnahme. Die Soldaten zittern, aber sie ergreifen das Schwert und marschieren los. Auch die Frau.

Die Frau ist also ein Mitglied der Truppe, sagte *Twelve*, den Kern dieser Aussage begreifend.

So ist es, sagte *Outrider*, und ihre Konstruktion war dringend nötig, als sie unter uns geboren wurde. Diese Konstruktion, irreversibel wie sie ist, wird ihr in dieser Schlacht sehr zustatten kommen. Begreifst du jetzt?

Twelve fröstelte. Ich begreife, aber nicht nur ich. Jemand spricht zu mir. Mir ist kalt.

Ja, sagte *Outrider*. Wir wissen von zwei Orten der Kälte. Der eine ist der Brunnen, ein Ding von dieser Welt, dieser Zeit. *Olivia* lebt dort – wenn man das so nennen kann –, und wenn sie spricht, fröstelt man beim Zuhören. Der andere Ort ist nicht von dieser Welt oder dieser Zeit; seine Kälte kommt von dem, der am äußersten Ende des Tunnels lebt.

Ich weiß, und ich hab' Angst, sagte *Twelve*.

Das mußt du nicht. Immer noch schwang der fremde Tonfall mit riesigen schwarzen Flügeln in *Outrider*s Worten. Auch er ist Schutz, obwohl niemand sagen kann, wie.

Als der, der aus *Outrider* sprach, *Twelve*s Furcht wahrnahm, machte er sich auf, sie zu beruhigen. *Twelve* empfing seine Botschaft, einen Hagel von Botschaften aus der Tiefe des Tunnels. Ihr Kopf schwirrte bei dem Versuch, mitzukommen.

Du sagst tausend Sachen gleichzeitig, protestierte *Twelve*.

Ruhig, sagte *Outrider* und merkte, wie ihr die Zügel aus der Hand genommen wurden. Der im Tunnel hielt nun die Zügel mit festem Griff. *Twelve* vernahm seinen Namen und wußte, sie würde nie ein *Frontrunner* werden, wenn sie ihn vor der Zeit aussprechen würde. Seine Stimme hatte einen leichten Akzent, der – so empfand *Twelve* – keineswegs »geliehen« war.
Leg die Furcht ab und hör zu, sagte er zu ihr. Lern immer nur eins zur Zeit, sonst bist du verloren. Wenn du je ein *Frontrunner* werden willst, mußt du für diesen Augenblick begreifen, daß uns vielerlei zur gleichen Zeit geschieht, weil wir so viele sind. Geistige Gesundheit besteht darin, es auseinanderzuhalten, individuell damit umzugehen. Unter uns sind einige, die aufschreien, um gehört zu werden. Sie sind klein, hilflos, wie tot – jemand muß auf ihre Stimmen achten.
Die Frau? *Twelves* Augen waren weit aufgerissen vor Schreck. Kind, es gibt keine Unterschiede. Es gibt nur verschiedene Existenzen. Plötzlich, als hätte er alle Versuche der Maskierung aufgegeben, brach der irische Akzent in jedem seiner Worte durch. Die Frau fühlt jetzt keinen Schmerz. Das gehört zu dem Plan von lang her. Aber sie wird die Erinnerungen fühlen, die wir ihr bringen werden. Wenn die Zeit für unseren Kampf gekommen ist, werden die Erinnerungen die Waffen sein, und sie werden weh tun.
Twelve nahm es in sich auf. In ihren jungen Augen spiegelte sich die Erkenntnis, daß der, der da sprach, nicht *Outrider* war, sondern jener, der am Ende des Tunnels lebte.
Der da spricht, sagte *Twelve* mit ausgesuchter Höflichkeit, ist er das Haupt unserer Truppe?
Einige sagen, so sei es. Ein Lächeln lag in der Stimme. Aber hier gibt es keinen Wettbewerb. Wir sind alle gleich. Keiner von uns kann ohne die anderen sein, und

selbst wenn wir es könnten, wir würden es nicht wollen.
Etwas Entsetzliches kam *Twelve* in den Sinn. Sie mußte einfach fragen, denn was sie von dieser Person, die an *Outriders* Stelle getreten war, gehört hatte, war so seltsam, so allumfassend, so schrecklich ohne Ende, ohne Anfang.
Bist du, was sie ›Gott‹ nennen?
Nein, Darling. Die Stimme war voll und das Lächeln breit. Denk, was du willst, aber Gott, wenn's ihn denn gibt, ist kein einzigartiges, weit entferntes Wesen, das durch Furcht und Schrecken die belehrt, die geringer sind als er. Es gibt nichts zu belehren. Das Wissen ist in jedem Menschen auf Erden, es wartet nur auf einen Anstoß.
Bist du dieses Wissen?
Ja. Manche sagen, so sei es.
Mein Gott, sagte *Twelve*. Was hast du für ein Ego.
Das stimmt. Aber ich bin nicht mehr als andere auch. Ich gebe mit meinem Ego nicht an. Ich nutze es nur.

Anne Dun von der Sozialfürsorge, die Stanley begleitete, hatte ein freundliches, wenn auch abgespanntes Lächeln und sanfte braune Augen.
»Ich find' es toll, daß Sie das mitmachen«, sagte sie.
»Es macht mir nichts aus«, sagte die Frau zu ihr. Beim Anblick des Polizeireviers fühlte sie sich merkwürdig jung und gelassen. Captain Albert Johnsons Reich war blitzsauber, der Fußboden aus schwarzen und weißen Linoleumfliesen glänzte frischgebohnert.
»Wenn Stanleys Videofilm nicht so seltsam elektrisch aufgeladen wäre, könnten Sie jetzt schon zu Hause sein. Seien Sie nicht beleidigt, wenn die Polizeibeamten scheinbar nicht zuhören. Sie hören nie zu. Sie beantwor-

ten Anrufe, spucken auf den Fußboden und schlafen während solcher Vorführungen, aber sie hören selten zu.«
Stanley ging zur Rechten der Frau, Anne Dun zu ihrer Linken. Sie betraten einen großen Raum mit Reihen von Tischen, so sauber gehalten wie die Eingangshalle. Auch die uniformierten Männer und Frauen waren sauber. Die Frau fühlte wieder dieses jugendlich prahlerische Draufgängertum... den unwiderstehlichen Drang zu kichern. Stanleys Tonbandgerät wurde angeschlossen, er setzte sich neben sie. Die Frau haßte ihren Stuhl, aber sie hatte keine andere Wahl.
Anne Dun wartete nicht ab, daß Ruhe einkehrte, um sie vorzustellen. Praktisch jeder der Beamten kannte Stanley. Die Frau kannte keiner. Nach einigen kurzen Bemerkungen von Stanley begann sie zu sprechen. Das Gefühl überkam sie, zwölf Jahre alt zu sein. Und ein Gefühl großer Distanz. Ihre Stimme brach. Manchmal schienen die Worte übereinander zu purzeln. Ein Beamter hinten im Raum spürte, wie seine Nackenhaare sich sträubten. »Hast du jemals ein Kaninchen sterben hören?« fragte er seinen Nachbarn. »Das Geräusch, das sie macht. So hört es sich an.«
Für mehr als eine Stunde war kein Laut von einem der Beamten zu hören gewesen. Anne Dun hatte auch nicht gesehen, daß irgendeiner auf den Boden gespuckt hätte. Die Frau blickte auf und sah vor sich einen Polizisten. Sein Haar war schlohweiß, die knappsitzende Uniform spannte über der Brust. »Captain Albert Johnson«, sagte er. »Freund von Stanley. Ich habe mich oft gefragt, Lady, warum manche Menschen durch so viel Scheiße gehen müssen. Jetzt weiß ich's. Sie haben mir heute mehr gegeben, als ich je haben wollte, aber ich werd's nutzen. Sie haben wirklich Mumm in den Knochen.«
»Das war ein großes Kompliment«, sagte Anne Dun

leise. Stanley lächelte in sich hinein. Seit heute wußten Alberts Beamte nicht nur unwiderruflich, daß Zweijährige vergewaltigt werden konnten, sie wußten auch genau, was für eine Erfahrung das war.

An diesem Abend ging die Frau zum Essen aus. Was Anne Dun über das Videoband gesagt hatte, verwirrte sie. Sie durfte nicht vergessen, Stanley nach dem Zustand der Filme zu fragen. Wenn sie zu Hause etwas auf Band sprach, war das aufgeladen. Selbst brandneue Batterien und sogar ein neues Aufnahmegerät hatten gegen das Rauschen nichts geholfen.
Sie blieb in der Tür des Restaurants stehen, bis der Besitzer sie entdeckte und zu Morgans Tisch führte.
»Du hast meine Stimme am Telefon wirklich nicht erkannt.«
Morgan roch nach einem exotischen, männlichen Eau de Cologne. Die Geräusche im Restaurant waren gedämpft, die Beleuchtung auch, und die Frau antwortete nicht sofort. Sie beobachtete die verschwommenen, sich bewegenden Spiegelungen seiner Gestalt auf Bestecken und Gläsern – ihr Geist bewegte sich ebenfalls, nicht heftig, eher wie das Schalten beim Autofahren, sachte – nur daß sie es sehr stark spürte und sich fragte, warum es geschah.
Morgan wartete auf Antwort. Unter dem Tisch preßte er sein Knie gegen ihrs; *Outrider* lächelte und gab den Druck zurück.
»Wir reden den ganzen Tag mit so vielen Leuten am Telefon«, sagte sie, »daß ich dazu neige, sie zu verwechseln.«
»Hast du Sehnsucht nach mir?« fragte er.
»Schreckliche Sehnsucht. Deine Augen sind schön.«
Es war *Outrider*, die sprach. Die Frau hörte es und staunte über die Kühnheit. Ein Gefühl der Schwäche

stieg in ihr auf. Als Morgan heute abend angerufen hatte, hatte sie es auch gespürt. Sie hatte eilig gebadet, ungewöhnlich euphorisch gestimmt und erstaunt über die Veränderung in ihrem Gesicht. Das aufregende Gefühl, schön zu sein, erreichte nun seinen Höhepunkt.
Der Nachtisch kam. Orangenschalen wurden von einem ernsten Kellner mit Brandy beträufelt und angezündet. Löffel um Löffel glitt die unglaublich herb-scharfe, bittersüße Kühle durch *Catherines* Kehle. *Catherine* zeigte sich nie in den Kneipen, in denen *Outrider* verkehrte. Aber das elegante schwarz-weiße Dekor, die verspiegelten Wände und die prachtvolle Atmosphäre des »Churchill's« waren die richtige Umgebung für *Catherine*.
Aus großer Distanz registrierte die Frau, daß sowohl dies Gefühl von Schönheit als auch die Sätze zu ihr gehören mußten. Was hatte sie Morgan nicht alles zu sagen, und wie belesen war sie geworden!
Über Nacht, offenbar.
Outrider machte einen Witz, aber die Frau glaubte nun, auch sie habe Sinn für Humor.
Später, in Morgans Wohnung, erkannte sie sich in den tausend erschreckt wirkenden Spiegelbildern im Badezimmer nicht wieder. Eine kaum spürbare Verschiebung, als wenn von irgendwoher Wiedererkennen in ihr Gehirn strömte, und der Raum war ihr vertraut. Trotzdem begannen die Stimmen.
Zum Teufel damit, sagte *Nails*. Wir haben überlebt, bevor wir von Stanley abhängig wurden, und wir werden es auch in Zukunft tun.
Die Frau drehte den Heißwasserhahn auf und wusch sich die Hände – undeutlich hörte sie Gedanken, wußte aber nicht, woher sie kamen.
Ich will nicht mehr bloß »überleben«. Die Stimme eines zwölfjährigen Kindes hörte sich traurig an. Nebenbei, wieviel Zeit haben wir noch, bevor wir mit irgend etwas

nach Morgan werfen oder ihn möglicherweise rausschmeißen?
Lady Catherine Tissieu war entsetzt über die Vorstellung, jemand könnte etwas nach Morgan werfen. Ihre Nase ging in die Höhe. Wer würde es wagen?
Wir würden. *Outrider* grinste. Ihre Worte richteten sich an niemand bestimmtes. Jedesmal wenn wir eine neue Bekanntschaft machen, denkst du: Diesmal wird es nicht passieren. Diesmal will ich gut sein. Aber es braucht nur das richtige Wort, um eine von uns lostoben zu lassen: Familie, Kirche, Religion, Liebe – und jemanden, der diese Sachen uns aufzwingen will. Oder die Formulierungen »du wirst«, »du sollst«, »du mußt«. Das ist alles. Wirst du es nie begreifen?
Halt die Schnauze. Streitsüchtige, gelangweilte *Nails*.
Morgan hatte Brandy eingeschenkt und die Karten ausgeteilt, als sie, nach Seife duftend, aus dem Badezimmer kam. Nach einem hektischen Tag, den Verhandlungen mit seinen Kapitalanlegern und ihren Banken und jedermanns Empfindlichkeiten beruhigte ihn ein gelegentliches Spielchen. Sie war eine merkwürdige Kartenspielerin. Manchmal fragte er sich, ob sie überhaupt den Unterschied zwischen einer Kreuz-Drei und einem Pik-As kannte, denn sie erkundigte sich immer noch mit kindlicher Stimme. Er hatte acht Spiele gebraucht, um ihr die Regeln von Gin-Rommé beizubringen. Danach hatte sie seine Anleitungen zurückgewiesen und darauf bestanden, auf ihre Weise zu spielen. Seitdem hatte er regelmäßig verloren. Was er nicht wissen konnte, war, daß sie zwar nicht daran dachte, ihn zu betrügen, Gewinnen aber alles für sie bedeutete und sie deshalb eine ziemlich ruppige Methode anwendete.
Morgans Karten waren unwichtig – sie konzentrierte sich auf die eigenen und auf das, was sie zum Gewinnen brauchte. Wie ihre »Methode« funktionierte, wußte sie

nicht; sie glaubte auch nicht, daß ihre Methode und Gewinnen wirklich etwas miteinander zu tun hatten. Wäre sie dessen sicher gewesen, hätte sie im Gegenteil noch weniger ihr eigenes Dazutun gelten lassen. Was sie wußte, war, daß sie seine Hand von den abgeworfenen Karten weg- und hin zu den nicht aufgedeckten lenken konnte. Es überraschte sie immer wieder, aber sie konnte sich »vorstellen«, welche Karte er spielen mußte, konnte es sich so oft vorstellen, daß sie lachen mußte.
Er verlor jedesmal, aufgebracht und skeptisch über ihr »Glück« und angespornt von dem Lächeln, das sie ihm schenkte, während sie ihre Punkte zählte.
»Wie machst du das bloß?« fragte er und versuchte seiner Stimme die Schärfe zu nehmen.
»Ich weiß es nicht«, sagte sie. »Oder vielleicht doch, aber du würdest es nicht glauben.«
»Wieviel schulde ich dir?« Morgan ignorierte ihre Bemerkung, er fand sie schräg und wollte nicht weiter nachfragen.
»Können wir das nachher verrechnen?«
Morgan entdeckte, daß sie ihn mit dem gleichen Ausdruck ansah, der ihn schon beim Abendessen aus der Fassung gebracht hatte. Das hatte er nicht erwartet, jedenfalls nicht in einem öffentlichen Restaurant. Aber ohnehin war sie während des Essens eine Kette von Überraschungen gewesen. Es hatte mit der leicht verwirrten, unsicheren Frau angefangen, die sich mit ihm zu Tisch gesetzt hatte; dann die witzige Gesellschafterin, die zwischen einer zurückhaltenden, gar zugeknöpften Haltung einerseits und anspruchsvoller Kultiviertheit andererseits mühelos hin und her pendelte – und schließlich das, was er nur als »geil« bezeichnen konnte, so wie eben jetzt.
Er dachte, daß während des Essens und der Heimfahrt noch andere Veränderungen stattgefunden hatten, so

subtil allerdings, daß er sich nicht sicher war. Wie lange kannte er sie jetzt? Sie hatten nie längere Zeit zusammen verbracht. Das einzige, dessen er im Augenblick sicher war, war der schmale, schräge Blick, den sie ihm über die Schulter zuwarf, als sie ins Schlafzimmer ging. Er folgte ihr.
Viel später fiel der Frau auf, daß Morgan sich wie ein Luftballon anhörte, der ein kleines Loch hat. Sein Körper war allmählich immer mehr an ihren herangerückt. Sie rollte sich auf die Seite.
Sie konnte sich nicht erinnern, jemals den Hintern eines Mannes so zur Kenntnis genommen zu haben, voller Begeisterung über die Schönheit seiner Umrisse. Morgan selbst hatte ihr vom erstenmal an, als sie sich mit ihm im Bett fand, Angst eingejagt – ein blinder Fleck quälte sie, sie kam nicht dahinter. Sie begann ihre Beziehung zu untersuchen, als wollte sie einen Sinn darin finden, und auch sich selbst. Sie fand nur die Stille in der ruhigen, hochgelegenen Wohnung und das marineblaue Bettzeug unter sich. Sie begriff nicht, daß für sie nichts sonst gewesen war. Damals wie heute.
Buffer verschwand. Auf dem Bett lag *Ten-Four* und zählte ihren Gewinn. Morgan zu beobachten hatte ihre Verhandlungsmethoden bis zu einem Punkt verfeinert, der sie selbst erstaunte. *Ten-Four* fand Morgans Intelligenz faszinierend. Sie wünschte sich, ihm seinen Verstand zu entreißen und ihn sich einzuverleiben.
Catherine währenddessen seufzte befriedigt. Morgans Knochengerüst und die Art, wie das Fleisch auf diesen Knochen lag, beeindruckten ihren künstlerischen und ihren praktischen Sinn.
Catherine hatte schon vor Monaten entschieden, daß Morgan niemand war, der Macht beanspruchte. Von dem Moment an hatte sie sich zu ihm hingezogen gefühlt, denn etwas sagte ihr, daß sie sich ähnlich waren und er

deswegen so wenig bedrohlich war. Er hätte es sein können, wenn sie ihn hätte heiraten wollen. Aber *Catherine* war davon überzeugt, daß die Ehe eine Wüste sei, wo die Seele einer Frau zum Kochen gebracht wurde, bis sie ihren Verstand zusammennahm und sich endlich scheiden ließ. Was *Catherine* von Morgan gewollt hatte, war ein Mann, mit dem man sich in der Öffentlichkeit sehen lassen konnte, eine kleine Romanze, angenehme Gesellschaft – und zu lernen, wie man Menschen davon überzeugt, unbesiegbar zu sein.
Unbesiegbar. Macht. Die Worte kamen der Frau in den Sinn, als *Buffer* zurückkehrte. Vor langer Zeit hatte die Mutter Macht über sie gehabt. Stanley unterstellte, daß es immer noch so war.
Ja, sagte eine entfernte, jüngere Stimme – Mutter.
»Ich werde dir beibringen, was richtig und falsch ist. Also paß auf: Nette Mädchen tragen keine Shorts, drehen sich nicht nach Jungen um, denken nicht an Sex, lesen keine schlechten Bücher. Laß dich nie von einem Jungen anfassen, sie wollen alle bloß das eine. Hörst du mich?«
Ich hörte sie, fuhr die Stimme fort. »Ich bin deine Mutter, du gehörst zu mir, du verdankst mir das Leben, du verdankst mir alles.«
Quatsch, sagte *Nails*. Niemand hat irgendwas von dem Mist geglaubt.
Wenn niemand es geglaubt hat, sagte *Outrider* grinsend, warum wurde dann die Angst immer größer? Warum sind wir so voller Mißtrauen gegen die Menschen, und warum haben heute nacht einige von uns den Geschlechtsakt nicht wahrgenommen?
(Stanley sollte Monate später fragen, wie es möglich war, daß die Truppen all die Jahre nichts voneinander wußten, wenn sie doch offensichtlich manchmal miteinander sprechen konnten. *Interpreter* würde ihm erklären, daß

die Mitglieder der Truppe zwar gesprochen hatten, aber nicht miteinander. »Es hat etwas mit Gedankenübertragung zu tun, Stanley. Wir konnten manchmal die Gedanken der anderen hören und wußten nicht, woher sie kamen. Wenn die Frau sie hörte, glaubte sie ganz einfach, es wären die eigenen.«)
Ja, dies ist eine Beziehung. Morgan weiß nicht, wie absonderlich das in Wahrheit ist, und du auch nicht. Für dich gibt es sonst nichts.
Die Gedanken waren in ihr, sie mußte es sein, die sie dachte. Aber sie wußte auch, daß sie niemals wirklich in sie gelangen würden, daß sie einfach heute nacht nur sichtbar waren, einen gewissermaßen peripheren Blick nach außen vortäuschten, der ebenfalls nicht ihrer war.
He, denk darüber nach. Morgans Stärke liegt in ihm selbst, nicht darin, daß er stark genug ist, dir etwas wegzunehmen. Was tut er nicht, was macht dich bei ihm sicher? Es ist so naheliegend. Was unterscheidet Morgan vom Stiefvater?
Der Frau schnürte sich die Kehle zusammen. Das Zimmer schien zu schwanken. Morgan streckte den Arm aus und zog sie näher. Im Halbdunkel ihn anstarrend, spürte sie etwas Feuchtes auf ihren Wangen. Sie kostete es. Es schmeckte salzig.

8

In Howard Johnsons Restaurant setzte *Ten-Four* sich an einen Tisch, denn an der Theke war es voll, und sie saß gern allein. Sie bestellte ein angemessen umfangreiches Frühstück. In der letzten Stunde hatte sie »Ortsbesichtigung« gemacht – ein Ausdruck der Grundstücksmakler, der bedeutete: man zog sich Stiefel an, packte die Unterlagen zusammen und fuhr aufs Land. Dort traf man auf den Bauunternehmer oder den Architekten, der das Gelände von seinem Lastwagen aus musterte. Nachdem er sich überzeugt hatte, daß man Wochen damit zugebracht hatte, alles zusammenzubekommen, nahm er die Einzelheiten nicht zur Kenntnis. Entweder verliebte er sich auf den ersten Blick in die Gegend oder nie.
Ten-Four war diejenige gewesen, die entschieden hatte, nach den vorgeschriebenen drei Jahren als Angestellte eine eigene Maklerfirma für Grundstücke und Gewerberäume zu gründen. Sie genoß es, auf einem noch unberührten Gelände herumzuschlendern und den richtigen Käufer dafür zu finden.
Heute traf sie einen der härtesten Bauunternehmer der Gegend. Er war reizbar und verschroben, aber er verstand etwas von unbebautem Land, und er nannte sie »Landfalke«.
Die Frau saß da, die Gabel schwebte über dem Teller mit Spiegeleiern, als *Ten-Fours* Gedanken in sie einsickerten. Von sich aus, ohne *Ten-Fours* »Eingebungen«, hatte die

Frau vom Grundstücksgeschäft keine Ahnung. Einen seltsamen Augenblick lang verglich sie das eigene leere Gehirn mit dem, was wohl der mit Ideen vollgestopfte Kopf von jemand anderem sein mußte.
Sie legte die Gabel hin, denn ihre Hände zitterten, und holte vorsichtig das rote Notizbuch aus der Tasche. Rot war abscheulich, eine Erinnerung an etwas Unerfreuliches – sie wußte nicht, an was. Aber sie nahm an, daß ein rotes Notizbuch sich in dem durcheinandergewürfelten Inhalt der Handtasche leichter wiederfinden ließ. Es ging so viel verloren. Manchmal tauchte das Verlorene an Stellen auf, wo man es nicht vermutete, manchmal sah sie es nie wieder.
Sie überlegte, ob sie aufschreiben sollte, was sie gerade erlebt hatte, fühlte aber, daß noch jemand außer *Ten-Four* das Denken und Fühlen für sie übernahm – und das nicht zum erstenmal. War das möglich? Und fragte sie das oder eine andere? Einen kurzen Moment lang wußte die Frau, daß sie keine Maklerin war. Was war sie dann?
In ihrem Kopf summte es so stark, daß sie nur noch an die frische Luft wollte, schnell. Sie schlang ihr Essen herunter, denn die Mutter war immer zornig geworden, wenn etwas auf dem Teller blieb. Warum schmeckte nach gar nichts, was sie gerade in den Mund steckte?
»Für dich gibt es sonst nichts ...« der Satz, den sie in der letzten Nacht in Morgans Schlafzimmer gehört und den sie so schnell zurückgewiesen hatte, kam zurück, als sei er die Antwort auf ihre leise Frage. Sie untersuchte die Worte. Irgendwie gehörten sie zu dem Essen und noch vielem mehr – zu ihrem Leben, zu ihrer Beziehung zu Morgan, falls man das so nennen konnte. Andere Frauen wünschten sich Ehemänner und Kinder, jemanden zum Liebhaben in des Lebens guten und schlechten Tagen. Was wünschte sie sich? Nichts und

niemand. Und niemand konnte sie sich wünschen, mit ihrem leeren Gehirn und der dauernden Angst.
Wieder die Stimme, als sie die Rechnung bezahlte und ins Auto stieg: Für dich gibt es sonst nichts. Der Satz konnte alles mögliche bedeuten, aber Stimmen zu hören, bedeutete in jedem Fall, daß sie verrückt war. Irgendwann würde sie in Stücke zerfallen, wenn es nicht schon längst geschehen war.
Das Summen in ihrem Kopf schwoll an; sie fuhr, ein Hagel von Gedankenfetzen stürmte auf sie ein: vage Bilder von der Farm – Bäume, Gras, die Kühle einer Limonade an einem heißen Sommertag, ein Bruchstück von nacktem Fleisch, der Geruch des heißen, verschwitzten Körpers ihres Stiefvaters.
Sie mußte für das Treffen ruhig bleiben. Der Bauunternehmer stand wahrscheinlich schon auf dem Gelände, ungeduldig und ärgerlich. Das Autoradio plärrte Fleetwood Mac's »*Sarah*«, die Musik vertrieb die Gedanken. Die Musik und das Bewußtsein, sie sei nicht allein im Auto, hüllten sie ein.
Zwei unsichtbare Kinder vermittelten der Frau nicht ihr Alter oder ihr Aussehen, sondern ihre Gefühle. Die Frau spürte sie stärker, als der Wagen die Nebenstraße erreichte und die abgelegene Gegend ansteuerte. Sie verlor die Fassung, als von irgendwoher der ungewöhnliche Ausdruck »Plattformwagen« auftauchte. Die Präsenz neben ihr war so wirklich wie die Musik. Es weinte und wischte sich mit dem Handrücken die Nase. Ein anderes wischte sich mit ihrem Rocksaum die Augen.
Sie brachte es fertig zu entscheiden, daß die beiden nicht aus Fleisch und Blut sein konnten, sondern nur zwei unsichtbare Wesen. Die Gedankensplitter wirbelten nicht mehr wie Konfetti herum. Sie verschmolzen zu einem kleinen, aber vollständigen Bild von einem Plattformwagen mit rostigen Rädern und so altem, vom Wet-

ter gegerbtem Holz, daß er seit Jahren schon an der Hecke der Farm gestanden haben mußte. Die beiden kleinen Wesen neben ihr im Auto weinten lauter, als sie das Bild sahen. Sie schienen sich sehr vor der dunklen Stelle darunter zu fürchten. Das Bild verschwand. (Die Frau sollte sich für die nächsten Monate nicht mehr daran erinnern, geschweige denn es mit etwas in ihrer Vergangenheit in Verbindung bringen.)
Ein anderes Bild tauchte auf, ein Bild, an das sie sich erinnerte und das sie mit der Vergangenheit in Verbindung bringen konnte. Der Stiefvater stand vor der Scheunentür und beobachtete die ersten Regentropfen. Pechschwarze Gewitterwolken zogen am Nachmittagshimmel auf.
Was war das für ein Geräusch? Ein Reißverschluß, der sich öffnet. Das gleiche Geräusch, das sie jede Nacht hörte, wenn sie in ihren Alpträumen mit den Zähnen knirschte.
Der Stiefvater hatte etwas in der Hand. Ja, es war definitiv das Geräusch eines Reißverschlusses gewesen, der geöffnet wird.
Das Kleine, das sich die Nase mit dem Rocksaum der Frau abgewischt hatte, begann zu weinen und zu stöhnen. Aus dem Geräusch wurde ein Schrei, langgezogen, schrill und sehr verloren.
Ten-Four und *Nails* waren es, die an diesem Morgen dem Bauunternehmer das Gelände zeigten. Wenn eine von ihnen zu nervös oder zu schroff wurde, ging *Outrider* mit einem Scherz dazwischen. *Catherine* entwarf im Geist Häuser und Grundrisse mit versteckten Schlupfwinkeln, privaten Rückzugsmöglichkeiten. Ohne sich an Bauvorschriften zu halten, zeichnete sie nur unter dem Gesichtspunkt der Sicherheit vor räuberischen Menschen. Einige Entwürfe stammten von ihr, viele aber von den Truppenmitgliedern, die in ihrem Rücken lebten

und die noch nie das Tageslicht erblickt hatten, das durch die hohen Bäume über ihr fiel und das Gras und die Steine zu ihren Füßen sprenkelte.
Später an diesem Morgen stieg die Frau aus ihrem Auto, weil es schien, als sei der Motor abgestellt. Ihr war nicht bewußt, daß sie irgendwo gewesen war. Mechanisch einen Fuß vor den anderen setzend, ging sie auf ihr Haus zu. Die Füße schienen nicht zu ihr zu gehören – sie bewegten sich blind, zombiehaft, als käme es nur darauf an, heimzukommen.
Im Haus angelangt, verriegelte sie die Tür und ging ins Badezimmer gleich neben dem Eingang. Das Badezimmer, mit vier aus soliden Ziegeln gemauerten Wänden, ging durch zwei Etagen, oben stießen die Wände an eine stabile Ziegeldecke. Die Frau stand am Waschbecken, wusch sich die Hände und freute sich über die von der indirekt beleuchteten Decke herabhängenden Farne. Ihr ging es gut, hier war sie sicher. Auch die gerahmten Verse aus dem Lied »Night Moves«, die über der Toilette hingen, gefielen ihr, obwohl sie deren Sinn nicht einzusehen vermochte und nicht wußte, wie sie dahin gekommen waren.
Catherine, die diesen sicheren Raum entworfen hatte, lächelte in den Spiegel. Anders als im Waschraum auf der Farm gab es in diesem engen Badezimmer keinen einzigen Spalt in den Wänden. Sie wußte das, denn sie hatte persönlich den Maurer beim Setzen jedes einzelnen Ziegels überwacht.
Catherine betrachtete beifällig ihr Spiegelbild und warf das Haar zurück. Sehr hübsch. Wunderschön, wirklich. Aber man mußte weitermachen, damit es auch so blieb. Sie verließ das Badezimmer und verharrte einen Augenblick, um die Eingangshalle zu betrachten. Die meisten Möbel und Bilder im Haus hatte sie ausgesucht. Den Wandteppich, der an der durch das Badezimmer gebilde-

ten, über zwei Stockwerke gehenden Ziegelsäule hing, hatte sie nicht ausgesucht.
Es war eine lange, schmale Komposition, deren einzelne Bestandteile ins Auge fielen und alle Sinne aufmerksam werden ließen. Aufgeklebter Bindfaden, Tauenden, in Streifen gerissene Lumpen, Zweige, Kaffeesatz und Zahnseide bedeckten es von oben bis unten. Weißlakkiert, hob es sich eindrucksvoll von der rauhen Oberfläche der Ziegel ab. Jemand hatte die Collage wichtig genug gefunden, um einen Lichtstrahler zu installieren, der sie in voller Länge ausleuchtete.
Catherine schätzte den Wandschmuck als den guten Einfall eines Innenarchitekten für eine sonst kahle Wand. Nur die Künstlerin selbst konnte die Aussage oder die dahinter stehende Wahrheit richtig einschätzen (und dieses Mitglied der Truppe sollte sich noch auf Monate hinaus nicht zeigen).
Catherine wendete sich ab. Ihre Aufmerksamkeit galt nicht mehr der völlig weißen Collage, so daß die Frau wieder zum Vorschein kommen konnte. Jedesmal wenn sie an der Collage vorüberkam, tauchten vor ihrem Auge plötzlich mit einer dicklichen weißen Substanz überzogene Hände auf, die Bindfäden hinter sich herzogen und Bruchstücke von Zweigen und Ranken ordneten. Das war alles. Sie versuchte, nie hinzuschauen. Nur ein Haufen Abfall.
Irgend jemanden beunruhigte die Collage. Ein leises Schluchzen war zu hören, als wenn irgendwo ein kleines Kind in einer Ecke saß und auf Strafe wartete oder etwas Schreckliches beobachtete.
Versteck dich. Zieh die Decke über dich und versteck dich. Auf der einen Ebene ihres Bewußtseins existierten die kleine Stimme und die beiden unsichtbaren Wesen, die sie ohne Mühe hatte hinnehmen können. Auf einer anderen eine hysterische Furcht, was Stanley sagen

würde, wenn sie ihm davon erzählte. Merkwürdigerweise schien die Hysterie in der gleichen Mechanik stekkenzubleiben, der auch ihre Füße gehorchten. Sie schleppte sich auf die Galerie. An die Schreibmaschine, setz dich, einschalten. Ohne Gefühlsregung blätterte die Frau das Manuskript durch: Angst davor, zu Hause oder in der Schule aufs Klo zu gehen; als Ergebnis der Geruch ihres Körpers nach Urin; Blut auf dem gelben Trainingsanzug in einer gemischten Turnklasse. Nichts davon schien real. Sie starrte in die Dunkelheit jenseits der fest verschlossenen Fenster, und sacht legte sich das Entsetzen, das hinter jeder der hastig hingekritzelten Notizen lauerte, auf ihr Gemüt.
Jemand sehr Kleines duckte sich, und der Saum ihres Hemdes verrutschte. Der Wind hatte zugenommen; Äste schlugen gegen die Dachschindeln auf der Rückseite des Hauses. Wäre die Frau dagewesen, sie hätte sich gefürchtet.
Catherine nahm es nicht einmal zur Kenntnis. Das Manuskript lag über den Schreibtisch und auf dem Teppich verstreut. Bevor sie es aufhob, öffnete sie die Riegel der großen Fenster und stieß sie auf. Sie atmete tief ein. Frische Luft war gut für die Haut. Die hereinströmende Frühlingsluft roch nach Erde und aufziehendem Regen. Sorgfältig auf ihre polierten Fingernägel achtend, begann *Catherine* zu tippen.

> Das Außenklo auf der zweiten Farm lag direkt gegenüber dem Waschraum, durch den man in die Küche kam. Über Außenklos auf dem Land sind genügend Witze gemacht worden. Aber im Spielplan des Stiefvaters spielten sie eine wichtige Rolle. Schon sehr früh, vermute ich, hatte ich beschlossen, diese Spiele seien nichts für mich, und versuchte, ihm auszuweichen. Immer wenn er mich nicht berühren konnte, konzentrierte er sich aufs

Beobachten. Diese Vorstellung war für mich so gräßlich, daß ich lange Zeit nicht zugeben konnte, überhaupt beobachtet zu werden. Eines Tages aber stand ich im Klo und entdeckte die Spalten zwischen den Brettern. Ein großer dunkler Schatten verschwand. Neugierig und weil ich nicht glauben mochte, was ich längst wußte, preßte ich mein Gesicht an die Spalten und spähte hinaus. Auf dem Gartenweg stand der Stiefvater; er grinste, die Hände in den Hosentaschen.
Schnell. Ihm war ein neues Spiel eingefallen. Ich lernte schließlich, meinen Körper unter Kontrolle zu halten, wenn er zu Hause war. Ich versuchte, nicht ins Badezimmer zu gehen, wenn ich nicht genau wußte, wo er war. Unter dem Sitz gab es eine Öffnung, damit man den Eimer herausnehmen konnte, um ihn zu leeren. Einmal setzte ich mich ohne hinzuschauen. Etwas ließ mich hochfahren; als ich hinunterblickte, sah ich sein Gesicht. »Gewonnen«, sagte er.
Ich hasse ihn noch immer. Es geht nicht vorüber.

Während *Catherines* Finger über die Tasten flogen, hatten ihre Augen zu funkeln begonnen. Sie gehörte zu jenen Mitgliedern der Truppe, die nicht weinen konnten. Das Funkeln nahm zu, als sie das Familienleben beschrieb: den Lärm ständiger Streitereien, den Haß, die ausgesprochenen und die unausgesprochenen Todesdrohungen. Sie schrieb, daß die Wörter manchmal genau so schmerzten wie der körperliche Mißbrauch. Oder das Lächeln des Stiefvaters, wenn er den Gürtel löste, um sie damit zu prügeln. Jedes Lächeln, fügte sie hinzu, hatte seitdem den Anstrich von Unwirklichkeit, von Falschheit. Oft hatte sie an Messer und Gewehre und Mord gedacht und wie es wäre, ein Junge zu sein. Jungen saßen nicht

einfach so da, schrieb sie, die Beine übereinandergeschlagen, und warteten darauf, getötet zu werden.
Während sie das hinschrieb, ärgerte sich *Catherine*, daß sie sich an die Prügel selbst nicht erinnern konnte; nur an ihre Wut und daß sie nicht weinen konnte. Sie erinnerte sich an die Male auf ihrer Haut, wie sie sich in ein komisches tiefes Blau verfärbten, mit kleinen roten Flecken – die mit Blut gefüllten Poren.
Die Wut, gab sie zu, hatte sich jahrelang in ihr aufgestaut. Sie beschränkte sich nicht auf die beiden Farmhäuser, sondern erstreckte sich auf alles andere auch, die Schule eingeschlossen. Es gab auch nette Lehrerinnen. Sie hatte ihnen nicht getraut, sich entzogen, sie mißtrauisch aus der Entfernung beobachtet, denn sie war ganz sicher, daß die Nettigkeit verschwinden würde, wenn sie zu nahe kämen. Einige Lehrerinnen hatten sie ganz offen gehaßt. In der dritten Klasse hatte sie einmal eine gebissen. Wütend hatte die Lehrerin einen großen Stift genommen und alle ihre Matheaufgaben als falsch angestrichen. Lachend war einer der Großen aufgestanden und an die Tafel gegangen. Er löste die Aufgaben noch einmal, kam zu den gleichen Ergebnissen wie *Catherine* und fragte die Lehrerin, ob seine auch falsch seien. Verblüfft hörte *Catherine* zwei verschiedene Gedanken in ihrem Kopf: erstens hatte sie recht gehabt, und zweitens hatte ein anderer sie verteidigt.
Die Frau tauchte wieder auf, zwischen sich und den beschriebenen Seiten nur *Buffer*. Daß sie, was ihre Kindheit und einen großen Teil ihres erwachsenen Lebens betraf, unter vollständigem Gedächtnisverlust litt, war ihr nicht bewußt. Sie starrte auf die Worte, die offenbar die Schreibmaschine produzierte, und spürte die Leere in sich.
Warum nur konnte sie sich nicht an die Schule erinnern oder an Geburtstage oder an mehr als ein oder zwei

flüchtige Bilder von den Weihnachtsferien? Warum erinnerte sie sich nicht genauer an die Familie?
Mit Ausnahme des fahlen Lichts der Stehlampe war es auf der Galerie dunkel geworden. Jemand beugte sich vor und spuckte auf den Fußboden. Jemand anders bekreuzigte sich.

Komm morgen wieder, sagte *Outrider* zu *Twelve*. Die Schlacht beginnt.

9

Bei Tagesanbruch wurde die Frau durch das Trommeln des Regens gegen die Dachluke geweckt. Sie öffnete die Augen. Was sie zunächst für trüben, grauen Nebel gehalten hatte, der ins Schlafzimmer einsickerte, schien nun unmittelbar zum Zimmer zu gehören. Ihr Verstand schien ebenfalls aus trübem Grau zu bestehen, was auch nicht verschwand, als sie heftig den Kopf schüttelte.
Jetzt, sagte *Gatekeeper*.
Der Nebel im Zimmer und in ihrem Kopf blieb. Sie lag unter der Bettdecke, eine erwachsene Person, ängstlich und argwöhnisch.
Jetzt, sagte *Gatekeeper* noch einmal, und blitzartig wurde ihr bewußt: so hatte sie sich als Kind im zweiten Farmhaus gefühlt.
Zum drittenmal gab *Gatekeeper* das Zeichen. Einer nach dem anderen begannen sie sich zu sammeln. Die Frau versuchte aufzustehen, um ihnen auszuweichen, aber das Gefühl ihrer Anwesenheit verschwand nicht. Wie gelähmt und zitternd wich sie unter die Kissen zurück. Fünf von ihnen: *Rabbit, Ten-Four, Mean Joe, der Zombie, Miss Wonderful*, fünf verschiedene Individuen umgaben sie, hockten sich um das Bett, »krabbelten« irgendwie unter ihre Bettdecke. Sie tastete nach dem Schreibblock auf dem Nachttisch. Der Kugelschreiber war verschwunden; an seiner Stelle befand sich ein Kasten mit Buntstiften. Mit zitternder Hand schrieb sie eine Nachricht für

Stanley. «Bitte», flüsterte sie, »laß es ihm einleuchten. Mir leuchtet es vollkommen ein, und das bedeutet entweder, daß ich komplett verrückt bin, oder ich bin zum erstenmal in meinem Leben normal.«
Durch den feinen grauen Schleier beobachtete *Gatekeeper* die Frau. *Gatekeeper* wußte, wie viele Mitglieder der Truppe im Raum waren. Von den an diesem Morgen Anwesenden kannte die Frau einige noch nicht. *Gatekeeper* dachte über den Prozeß nach, der sie alle hatte entstehen lassen und jedes Individuum am Leben erhalten hatte. Obwohl so natürlich wie Atmen, war dieser Prozeß nicht einfach zu beschreiben.
Interpreter überlegte währenddessen, was *Gatekeeper* beunruhigte, und erklärte schließlich mit einem einfachen Gedanken die Diskrepanz: Einige der Truppenmitglieder hatten in den letzten Wochen der Frau nur die Tatsache ihrer Existenz »akut« vermittelt; sie waren noch nicht »ans Tageslicht getreten«, was viel wirksamer war. Und, fügte *Interpreter* hinzu, manche zeigten sich der Frau auch paarweise, obwohl sie selbst voneinander nichts wußten.

Nachdem er die Buntstiftnotiz gelesen hatte – mit ausdruckslosem Gesicht, obwohl es das Schwierigste war, dem er in seinem Beruf bisher begegnet war –, heftete er sie sorgfältig zu seinen Aufzeichnungen.
Die Frau blickte von der Bank vor seiner Bürotür zu ihm auf und wartete darauf, daß er ihr erklärte, was das bedeutete. Ihm war klar, daß der Inhalt der Notiz Halluzination genannt werden konnte – und sie hörte Stimmen. Für sich allein genommen und oberflächlich betrachtet, wiesen beide Symptome auf einen Realitätsverlust hin. Aber Stanley sah, daß die Frau fest in der Realität verankert war, egal wie ungewöhnlich sie sich manchmal anhörte. Die Schwierigkeit bei Multiplizität,

vermutete er, lag darin, daß für einen Außenstehenden sich alles »verrückt« anhörte. In manchen Fällen mochten Multiple aussehen und handeln wie andere Menschen auch, trotzdem war es etwas völlig anderes. Eine andere Form von Gesundheit. Allmählich konnte er sich vorstellen, wie verängstigt seine Patientin war. Was mußte es für Multiple bedeuten, die Welt, in der sie lebten, mit dem zu vergleichen, was die Gesellschaft als Norm gesetzt hatte? Vor allem, wenn alles, was die multiple Person erlebte, für sie völlig real und ganz und gar irreal für alle um sie herum war.
»Nun ja«, sagte er. Mehr fiel ihm nicht ein.
»Es ist passiert. Kann sein, daß es nicht auf die Videos gehört, aber Sie haben gesagt, Sie wollten alles wissen. Was hätte ich tun sollen?«
Es waren die Worte der Frau, die Stimme aber und Gesicht und Körper gehörten *Nails*. *Nails* saß »an der Spitze«, seit die Frau das Universitätsgelände betreten hatte. Von *Buffer* übernahm *Nails* die emotionalen Schocks, die die Frau durchmachte, wenn auch nur aus größtmöglicher Distanz. *Nails* mußte nicht wissen, daß sie und die Frau voneinander getrennt waren oder warum und wie der Mechanismus der Truppe funktionierte. Sie mußte ganz einfach mit einem Problem fertigwerden, das von der großen Besorgnis der ganzen Truppe zeugte.
Stanley hörte die Fragen. Durch die heutige und die nächste Sitzung in dieser Woche mußten sie ohne Hilfe steuern. Marshall würde erst am Wochenende kommen.
»Nun ja«, sagte er und schämte sich nicht, sich zu wiederholen. »Wir werden abwarten müssen.«
»Nein.« Wieder lieh *Nails* den Worten der Frau ihre Stimme. »Ich habe verstanden. Es war hinreichend real für mich. Die fünf waren heute morgen in meinem Bett. Sie waren die ganze Woche da, Stanley, nicht aus Fleisch und Blut, aber überwältigend da.«

Stanley nickte zum Zeichen, daß er verstanden hatte, aber er wußte, daß er gar nichts verstand. Die Verwunderung der Frau über das, was ihr in den letzten Tagen und heute morgen widerfahren war, spiegelte exakt seine eigene Verblüffung. Damit es auf der Videoaufzeichnung erschien, bat er sie, die Erfahrung im Schlafzimmer und ihre Empfindungen dabei noch einmal zu beschreiben. Danach kamen ihre Fragen so schnell, daß er kaum mitschreiben konnte. Nachdem er so viele wie möglich beantwortet hatte, kehrte für einen Moment Stille ein.
»Sie sagen immer noch, ich sei nicht übergeschnappt?« *Ten-Fours* Stimme klang scharf. *Ten-Four* gab nur etwas auf Tatsachen und wollte sicher sein, daß sie zweifelsfrei Tatsachen und nicht bloß Wunschvorstellungen waren.
»Nein. Sie sind nicht übergeschnappt. Inzest-Opfer leben manchmal in mehr als einer Welt gleichzeitig – nur so können sie die Erfahrungen der Kindheit überleben. Man nennt das Fragmentation, Spaltung.«
Stanley holte tief Luft und lehnte sich auf seinem Kissen zurück.
»Fragmentation?« Hinter *Nails* und *Ten-Four* staunte die Frau über das Wort, das Stanley als Behelf gewählt hatte. Aber was sie hörte – und auch ihre zögernde Zustimmung – kam von *Nails* und *Ten-Four*, gerade weil keine von den dreien außer von sich selbst von irgend jemand Kenntnis hatte.
Die Frau war sich ihrer selbst ohnehin immer nur zeitweise bewußt gewesen. Sehr oft schaltete sie ab, weil die Gedanken eines anderen Mitglieds der Truppe sich in den Vordergrund schoben oder weil jemand statt ihrer anwesend war ... und die Frau war fort, verschwunden.
Die drei riskierten einen verstohlenen Blick auf Stanley. *Nails* und *Ten-Four* hielten den Mund. Er war der Fachmann, von ihm erwarteten sie eine zufriedenstellende Erklärung. Er blickte auf die stille Gestalt vor sich und

wußte, daß der Ausdruck »fragmentiert« nur bedingt angekommen war. Unter dem Pony hervor fixierte ihn ein Augenpaar. Wenn seine Schlußfolgerungen stimmten, wenn die Fallstudien, die er gelesen hatte, sich übertragen ließen, dann konnte jede der vielen ihn hinter diesem Vorhang hervor ansehen.
»Sie empfinden Unterschiedliches«, sagte er. »Das muß keinen bestimmten Anlaß haben. Ihre Empfindungen sind voneinander und von Ihnen getrennt.«
Die Frau schüttelte den Kopf. »Nein. Es macht mich verrückt, das zu sagen, Stanley, aber ich wiederhole: Sie waren Menschen.«
Im Geist ging er die Liste der Namen durch, die sie ihm gegeben hatte: *Rabbit, Ten-Four, Zombie, Miss Wonderful* und *Mean Joe*. Sie hörten sich wie Personen an und, wenn die Namen ein Indiz waren, wie Personen mit unterschiedlichen, charakteristischen Merkmalen. Zögernd versuchte er, den Begriff »fragmentiert« zu definieren, wohl wissend, daß das eigentlich ein Wort für den »Mülleimer« war und daß er durch seinen Gebrauch nur Zeit gewinnen wollte.
»Gut«, sagte er, »vielleicht ist es Ihnen so vorgekommen. Wenn sie durch welche Erklärung auch immer Personen, wie Sie sie nennen, waren oder sind, ist das die eine Sache. Jede von ihnen kann all die Jahre in einer eigenen Kammer gelebt haben, eingemauert sozusagen, ohne Kenntnis von den anderen. Was erklären würde, warum Sie von ihnen nichts wußten.«
Stanley staunte: Hatte er bei dem Versuch, »Fragmentation« zu erklären, ihr eine teilweise Definition der multiplen Persönlichkeit geliefert? In seiner Ausbildung zum Therapeuten war das Krankheitsbild der Mehrfachpersönlichkeit nur am Rande vorgekommen. Es galt als etwas, das genauere Betrachtung nicht lohnte.
»Wenn niemand sich traute, über seine oder ihre indivi-

duelle Mauer zu schauen, wie kam dann *Mean Joe* neulich morgens zusammen mit *Miss Wonderful* in den Selbstbedienungsladen? Haben Sie jemals davon gehört, daß zwei auf diese Art zusammenarbeiten?«
Der Hinweis war berechtigt. Weder Stanley noch die Frau wußten genug über den Prozeß multipler Persönlichkeit, um begriffen zu haben, daß von einem bestimmten Punkt der Therapie an und in unterschiedlichem Ausmaß »Streuung« eintrat. Von allen Truppenmitgliedern hatte nur *Gatekeeper* mit Hilfe von *Interpreter* wahrgenommen, wie die »Mauern« gerade so weit abgetragen worden waren, daß *Miss Wonderful* und *Mean Joe* an jenem Tag hindurch und zueinander kommen konnten. *Mean Joe* war geboren zu dem einzigen Zweck, jene Mitglieder der Truppe zu beschützen, die besonders verwundbar waren. *Miss Wonderful* stand ganz oben auf seiner Liste, also war es nur natürlich, daß die beiden sich in dem Moment, in dem die Barrieren fielen, gegenseitig erkannten.
Wenn man von dem Begriff »Streuung« mal absah, dann war Stanleys bescheidener Vorrat an Informationen über die Krankheit Multiple Persönlichkeit, den er im Geist noch einmal durchging, unvereinbar mit der Vorstellung, wie drei voneinander getrennte Personen durch einen Seven-Eleven-Laden wanderten. Er kam wieder auf den Begriff »Halluzination« zurück, die Wahrnehmung von Bildern und Geräuschen, die in Wahrheit nicht existierten. War es denkbar, daß im Bereich der multiplen Persönlichkeit die Bilder und Geräusche wirklich vorhanden waren? Im Geist verwünschte er Marshall Fielding und was immer dessen versprochene Ankunft verzögerte.
»Wir wissen nicht genug, um weiterzumachen«, wich Stanley aus.
»Wenn Sie mit mir im Auto gesessen hätten, wenn Sie

heute morgen im Schlafzimmer gewesen wären – es war, als hätten sie diesen grauen Schleier speziell für ihr Coming-out geschaffen, etwas, in dem sie sich verbergen konnten, während – sie sich mit mir bekannt machten.«
Mit leiser, zögernder Stimme fuhr die Frau fort, die Wahrheit ihrer Realität darzulegen, ungeachtet ihrer Bestürzung und der Furcht, er könnte versucht sein, sie einzusperren. Stanley sah ein, daß es an der Zeit war, das Problem ein für allemal zu benennen. Sie war an einem Punkt angekommen, an dem es sich mit Antworten, selbst mit harten Antworten, leichter leben ließ als mit der Fortsetzung des Terrors. Wenn aber das Problem doch anderswo liegen sollte, konnte die vorschnelle Diagnose »Multiple Persönlichkeit« dem Fortschritt der Therapie auf unter Umständen nicht wiedergutzumachende Weise schaden. Im Augenblick bestand seine Aufgabe eher darin, sie zu ermutigen und ihr zu helfen, ihre Realität zu definieren.
»Kann sein, daß Sie recht haben«, sagte er. »Vielleicht sind es wirklich Personen.«
Abrupt tauchte die Szene auf, sie konnte sie allerdings zeitlich nicht einordnen: das Frühstück im Howard Johnsons und was ihr vorgekommen war wie das Erwachen in einem fremden Bewußtsein, mit dem verglichen ihr eigenes absolut leer war. Nach zwei vergeblichen Anläufen versuchte sie Stanley genau zu vermitteln, was sie empfunden hatte. Sein Gesicht zeigte keinen Unglauben, aber er begriff nicht. Sie sah seine Bereitschaft, zuzuhören und als für sie wichtig zu akzeptieren, was sie sagte, auch wenn er es nicht verstand.
Beunruhigt, weil ihr Kopf größer schien, als er sein sollte (als wäre sie ein Kind mit dem Kopf einer Erwachsenen), versuchte die Frau zu begreifen, was sie doch so sehr erstaunte: Stanley glaubte ihr, weil er ihr vertraute. Sie dachte nach und betrachtete am Ende sein Vertrauen mit

größtem Mißtrauen. So tief waren die Verhaltensmuster eingegraben.
Jedenfalls verhielten sich *Nails* und *Ten-Four* auf diese Weise, beide aus ihrer Isolation heraus und beide, ohne sich der jeweils anderen bewußt zu sein. Niemand von den im Augenblick Anwesenden, außer *Gatekeeper*, war sich klar darüber, wie richtig *Interpreter* den Vorfall heute morgen eingeschätzt hatte: Auch jetzt umgaben mehr als drei Personen die Frau, ohne von ihr oder voneinander zu wissen.
Mit Spaltung und Offenbarung hatte die Sitzung begonnen, und so ging es weiter; Erinnerungen wurden hervorgeholt und im Ton höchster Angst, Schuld und Wut ausgespieen. Zusammengefügt ergaben die Erinnerungen für Stanley eine Vorstellung von der Kindheit der Frau – und warum sie als Erwachsene den Kontakt mit Menschen mied. Er sah, wie ihr Körper, ihr Gesicht, ihre Stimme sich änderte, mit den gleichen fließenden Übergängen wie in den voraufgegangenen Sitzungen. Stärker als früher spürte er hinter den Übergängen getrennte und unterschiedliche Individualitäten.
Der Voyeurismus des Stiefvaters war offensichtlich nicht auf die Außentoilette begrenzt gewesen. Jahrelang hatte er es einzurichten gewußt, aus dem Hintergrund zuzusehen, wie das Kind in einer Blechwanne in der Küche gebadet wurde; wie sie am nahegelegenen Teich in einen Badeanzug schlüpfte; durch eine kleine Bodenklappe hatte er sie in ihrem Schlafzimmer beobachtet. Das Kind hatte auf den Einbruch in seine Privatsphäre heftig reagiert und war für die daraus entstehenden »unkontrollierten Wutanfälle« von der Mutter schwer bestraft worden. Stanley hakte nach, er wollte der Frau begreiflich machen, welche Gefühle die mütterliche Bestrafung verursacht hatten.
Die härtere Stimme *Ten-Fours* ersetzte die der Frau, und

beide merkten es nicht. »He«, sagte *Ten-Four*. »Ziemlich übel, gemeine Sachen über eine Mutter zu denken, die von deinen Schulbroten die Kruste abschneidet.«
Ten-Four erzählte Stanley noch etwas, das die Mutter getan hatte, wodurch sich Anklagen gegen sie für immer verboten: Um für die mageren Winter ein bißchen Geld auf die Seite zu bringen, hatte sie auf der benachbarten Farm Obst zum Einmachen vorbereitet. Die vom kalten Wasser und klebrigen Saft klammen Finger hatten kaum das Schälmesser halten können. Das bittere, abwehrende Achselzucken, das Stanley in diesem Augenblick sah, gehörte *Ten-Four*. »Ich kann eingemachte Pfirsiche und Apfelkompott nicht mehr essen. Ich seh' sie immer noch da sitzen... Die Sommerabende im Norden von New York State konnten sehr kalt sein, vor allem wenn es regnete. Der Boden des Schuppens war überflutet. Die Mutter saß mit den Füßen im Wasser, über die Kisten mit Früchten gebeugt, in dieser gräßlichen, gekrümmten Haltung. Sie tat es für uns, um uns zu ernähren, uns zu Weihnachten etwas schenken zu können.«
»Reizend von ihr«, sagte Stanley, »aber hat Ihre Mutter Sie vor Ihrem Stiefvater beschützt?«
»Manchmal. Zu Anfang hat sie ihn angebrüllt. Aber er wurde immer geschickter, er begann seine Schritte zu tarnen.« Als die Frau wieder zum Vorschein kam, entspannte sich das Gesicht. Die zuvor harte Stimme bekam etwas Gedankenverlorenes, die Sätze waren weicher als die von *Ten-Four*, die Worte kamen zögernder. »Mein Stiefvater tat so, als sei alles ganz unschuldig, während er in Wirklichkeit mir nachspionierte. Wenn er erwischt wurde, konnte er so auf seine Immunität pochen. Also blieb ich in meinem Zimmer und sah zu, daß ich mich möglichst fern vom Loch im Fußboden und den Fenstern aufhielt. Aber das machte nun wieder meine Mutter wütend, erstens weil es kalt war und ich leicht eine

Grippe und dauernd entzündete Mandeln hatte, und zweitens, weil sie mich nicht unter Kontrolle hatte. Mir machte die Kälte nichts. Ich zeichnete oder las unter einer schweren Bettdecke. ›Ich weiß schon, was du da oben machst‹, schrie sie. Wenn ich frech wurde und wissen wollte, was sie glaubte, daß ich täte, fing die Predigt an: ›Ich habe dir das Leben geschenkt... wenn ich nicht wäre, gäbe es dich nicht.‹«
Stanley hatte die Veränderung bemerkt, die ihr Gesicht und ihren Körper überflutet hatte. Sie knackte mit den Fingerknöcheln; im Studio hörte es sich wie Gewehrschüsse an.
»In mir war bei ihren Worten nur Haß«, teilte sie ihm mit. »Meine Mutter hatte nichts Außergewöhnliches für mich getan. Wieso war es etwas so Großartiges, ein Kind auf die Welt zu bringen? Als ich später herausfand, daß nicht alle Menschen so lebten wie meine ›Familie‹, war ich schockiert.«
»Konnten Sie nicht Ihren leiblichen Vater um Hilfe bitten?«
Ihre Nasenflügel bebten. »Dann hätte meine Mutter mich nur noch mehr gehaßt«, sagte sie.
Catherine, die diese Worte von der Frau hatte sprechen lassen, wurde nun sichtbar. *Catherine* hatte stellvertretend für ein schwer verletztes Truppenmitglied Gedanken und Gefühle eines Kindes ausgesprochen; eines Kindes, das bis jetzt in ihrem Schatten gelebt hatte.
Sie hatte ihr Gesicht verzogen, und Stanley erwartete, sie würde schreien. Sie schrie nicht; auf ihrem Gesicht malte sich ein wilder Kampf, dann entspannte es sich, und *Catherine*, in ihrer Rolle als Wortführerin, beschrieb die einsame Lage der Farm, mannshohe Schneeverwehungen, Tage und Wochen ohne Verbindung zur Außenwelt, die absolute Stille, wenn sich nichts in der Winterlandschaft rührte. Ihre einzige Kenntnis anderer Men-

schen stammte aus den Filmen, in die ihre Großmutter väterlicherseits sie jeden Sommer mitnahm, und aus der Schule, wo sie sich möglichst unsichtbar machte, leise von einer Klasse zur nächsten ging und vor engeren Kontakten zurückschreckte.
»Am schönsten war es, wenn ich ganz allein war, auf dem Felsen hinter dem letzten Feld des zweiten Farmhauses. Der Fels war groß und hatte eine tiefe Mulde in der Mitte, so tief, daß man kaum darüber hinaussehen konnte. Ich haßte die Schlangen. Sie lagen am Rande des Felsens und badeten in der Sonne. Wenn man auf den Felsen ging, mußte man ein Auge auf die Schlangen haben und eins auf alle, die sich vom Haus am anderen Ende der Farm an einen heranschlichen.«
»Sie haben schon einmal gesagt, daß Sie Schlangen nicht mögen. Was sonst macht Ihnen Angst?« Stanley schrieb eifrig mit, hatte aber den Wechsel in der Stimme, den rauheren, weniger gebildeten Tonfall registriert.
»Was noch? Wasser und Tiere und hochgelegene Plätze. Sie machen nicht nur Angst; sie wecken Entsetzen in mir. Die meisten Frauen fürchten sich vor Spinnen oder Blitzen oder sonstwas Blödem. Spinnen tun einem nichts und Blitze auch nicht, wenn man aufpaßt. Aber diese Sachen? Mann, lauf um dein Leben.«
Wie ihre Arme locker auf den gekreuzten Schenkeln lagen, wie sie sich vorbeugte: es war die Körpersprache einer Frau, die gut in Form war, die sich vor körperlichen Angriffen nicht fürchtete. Schroff und einigermaßen unweiblich. Aber in den Augen hinter den zerzausten Stirnfransen spiegelte sich blankes Entsetzen.
Kurz vor der Pause beschrieb sie ihm die Alpträume, die mehr als zwanzig Jahre gebraucht hatten, bis sie verschwanden. »Ich hätte vor Dankbarkeit auf die Knie fallen mögen«, sagte die Frau. »Ich hatte nicht geglaubt, daß sie je verschwinden würden. Alles, woran ich mich

heute noch erinnern kann, abgesehen von meinem Stiefvater nackt auf der Leiter, den Kopf in der Mansardenluke, ist, wie er mich stundenlang verfolgt, splitternackt, mir immer näher kommt, schließlich mir auf den Fersen ist, mich ansieht, stumm. Kein Wort. Jede Nacht das gleiche. Dunkelheit, das ganze Haus schlief, nur die Flurbeleuchtung brannte. Ich machte die Augen fest zu, um bis zum nächsten Morgen nichts mehr sehen zu müssen. Denn dann begannen die Geräusche, das Knacken einer Diele, leise Schritte. Totale Angst, Furcht, die mir die ganze Nacht das Herz zusammenpreßte, mir brach der Schweiß aus. Ich wachte schreiend auf. O Gott, wo war meine Mutter?«
Ihre Hände fuhren durch die Luft, auf und ab und seitwärts, schlugen ein verzweifeltes Kreuzzeichen. »Ich weiß nicht, wann und warum, aber meinem Stiefvater wurde verboten, in mein Zimmer zu kommen, etwas über Schreie ...«
»Wer schrie?« Stanley legte den Schreibblock weg.
»Ich weiß nicht, aber die Schritte hörten deswegen nicht auf und die flüsternde Gegenwart im dunklen Zimmer auch nicht, die Hand, die unter der Decke an meinem Körper entlangglitt, innehielt, blieb. Ich mußte mir das eingebildet haben. Ich wagte nicht die Augen zu öffnen, und so ging es jahrelang, bis ich fünfzehn war, glaub' ich. Jede Nacht drehte ich mich um, tat so, als würde ich schlafen.«
Stanley sah auf seine Notizen. Sie hatte gesagt, sie sei schreiend aufgewacht; dann wußte sie nicht, wer geschrien hatte. War es möglich, daß zwei Personen anwesend waren, die einander so ähnelten, daß er keinen Unterschied feststellen konnte? Einen Augenblick sah Stanley im Kontrollraum Tonys Gesicht, starr vor Frustration. Dann blickte er wieder auf die Frau, sah, wie sich ihr Gesicht verzerrte, die Muskeln sich unter der Haut spannten.

»Ich haßte es, zu Hause zu sein, haßte es, in der Schule zu sein. Ich hatte das Gefühl, daß jeder, der mich nur ansah, alles über mich und über die ›Familie‹ wissen mußte. Jedesmal, wenn der Schulbus sich unserem Haus näherte, betete ich, er möge explodieren und mich erlösen, oder das Haus solle abbrennen und alle mit ihm. Alle ohne Ausnahme.«
Irgend etwas im Kontrollraum stimmte nicht. Tony hantierte wild an den Reglern. Er hatte die besonders zerkratzten Filme ausbessern können und suchte immer noch nach dem Fehler im System, der nicht zu finden war. Stanley schrieb in fliegender Hast, notierte Stichworte, während er die Bewegungen der Frau verfolgte.
»Wenn ich mich zur Wehr setzte«, sagte sie, »leugnete der Stiefvater, und die Mutter schlug sich auf seine Seite, nannte mich einen Trottel. Beide sagten auf ihre Weise, daß ich zu nichts taugte. Und ich sah mich selbst genauso; nichts konnte ich recht machen! Nichts von dem, was ich sagte oder hörte oder sah, schien in Ordnung.«
Sie weinte. Stanley bat sie, ihm den Grundriß der zweiten Farm zu skizzieren. Es entstand eine grobe Zeichnung. Mit ausdruckslosem Gesicht, den Bleistift auf den Skizzenblock pressend, umriß sie die Grenzlinien der Farm. Der Briefkasten an der Straße, die zwei großen Pappeln zu beiden Seiten des Fahrwegs, das Haus selbst wurden eingezeichnet. Bei dem Walnußbaum auf dem vorderen Rasen stockte der Stift. Er begann in ihrer Hand zu zittern. Ihr Gesicht zeigte noch immer keine Regung. Das Zittern setzte sich fort, als sie die Garage einzeichnete, den Hühnerstall dahinter und einen schmalen Bach, der sich durch die Felder schlängelte. Sie zeichnete die Scheune und entschuldigte sich. Sie konnte sie »nicht sehen«, sagte sie. Stanley nahm wahr, wie außer ihrer Hand ihr ganzer Körper von dem Zittern erfaßt wurde,

als sie die Hecke zeichnete, die zu den Obstgärten führte. Nachdem die Maiskrippe und das Feld mit dem hohen Gras umrissen waren, schoß der Stift über den Block, um ein zweites offenes Feld anzudeuten, das sich direkt an den hinteren Obstgarten anschloß. Das Feld war auf allen Seiten von einer undurchdringlichen Hecke aus Büschen und hohen Bäumen umgeben. Der Stift machte eine Pause an der Öffnung der Hecke und begann dann, direkt an dieser Stelle, einen Kreis zu ziehen. Um den Kreis wurden Steine aufgehäuft.
»Was zeichnen Sie da?« fragte Stanley.
Die Augen waren weit aufgerissen und starr, und die Worte wurden zwischen klappernden Zähnen hervorgepreßt. Er konnte die Antwort kaum verstehen. Er zwang sie, sie zu wiederholen, unsicher, ob er in diesem Moment etwas erzwingen durfte.
»Ein Brunnen«, sagte *Sewer Mouth*, »ein mieser, scheißgammeliger Brunnen.«
Stanley fand, daß sie eine Pause brauchten, und ging, um mit Tony zu sprechen, der wartete, bis die Frau gegangen war. «Was soll das heißen: fragmentiert?«
Tony beugte sich mißbilligend über seine Skalen. »Ich möchte wissen, warum das verdammte Gerät nur dann durchdreht, wenn Ihr zwei da drin seid.«

10

Die Sitzung ging weiter. Nie zuvor hatte Stanley sich bei einer Patientin so unzulänglich gefühlt. Irgendwo hatte er gelesen, die Behandlung der meisten Multiplen (vorausgesetzt, es gab sie) sei eine Situation, in der nur Probieren half. Das veranlaßte ihn weiterzumachen.
Der Körper der Frau verkrampfte sich, so heftig und wiederholt, daß er sich fragte, warum es sie nicht erstickte. Die Verkrampfungen beunruhigten ihn, denn sie entsprangen ihrer ins Überdimensionale gewachsenen Furcht und Schuldgefühle. Ebenso beunruhigte ihn die Ausdruckslosigkeit ihres Gesichts, die widerspiegelte, was sie ihm über das Aufwachen in einer anderen Person erzählt hatte und über die absolute Leere im eigenen Kopf.
Im Augenblick war das Gesicht ihm gegenüber keineswegs ohne Ausdruck. Es war jener, der immer dann auftauchte, wenn es um das Thema Familie ging. Sie wirkte sehr arrogant. Er wollte nach ihrem Namen fragen. Mehr noch, er wollte, daß sie ihm freiwillig ihren Namen sagte. In den Fallgeschichten anderer Multipler kamen die Persönlichkeiten nicht einfach so daher, sie stellten sich vor.
»Er« – das bezog sich auf den Stiefvater – hatte bisher das Gespräch beherrscht. Stanley beschloß, in dieser Richtung weiterzumachen.
»Niemand wird verstehen, von wem Sie reden, wenn Sie

den Stiefvater nicht etwas genauer bezeichnen als nur mit ›er‹«, sagte er.
Vor der Pause und in den letzten Minuten hatte *Catherine* sich sporadisch geäußert. Zu ihrer Aufgabe gehörte, ihre eigene Wut und die etlicher anderer Mitglieder der Truppe auszuhalten. Was sie nicht schaffte, wurde aufgenommen von *Big Three*, den Großen Drei, unter denen *Black Catherine* offenbar die stärkste war. Solange sie nicht herausgefordert wurde, verbarg *Catherine* ihre Emotionen hinter einem kühlen und überlegenen Äußeren. Indem er sie zwang, den Mann zu identifizieren, den die Truppen verachteten, hatte Stanley, ohne es zu wissen, *Catherine* aus ihrem Versteck gelockt.
»Wie hätten Sie's denn gern, daß ich ihn nenne?«
»Wie wär's mit ›mein Stiefvater‹?« fragte Stanley.
»Ich bin mit niemandem verwandt.« Den Stiefvater als Verwandten bezeichnen zu sollen, obwohl sie wußte, daß er das nicht war, kam auf das gleiche hinaus wie öffentlich in der Nase bohren. Abgesehen von seiner Schäbigkeit war er böse gewesen. Man konnte das spüren, wann immer er einen Raum betrat. Ausgenommen natürlich, wenn Verwandte zu Besuch kamen (entweder seine eigenen oder die der Mutter und manchmal sogar der leibliche Vater des Kindes und die Großmutter väterlicherseits). Dann verschwand des Stiefvaters Bösartigkeit wie ein Mantel, den er nach Belieben ablegte.
Die Vorstellung, zu einer Familie zu gehören, war ihr in Kenntnis derjenigen, in der sie aufgewachsen war, ein Greuel. *Catherine* konnte trotz all ihrer Kultiviertheit ihren Zorn nicht zügeln – genauer: das Gefühl, daß jemand in ihr sich aufbäumte, wild um sich schlug, ihr die Zügel aus der Hand riß. Und Stanley hatte es um Haaresbreite zu weit getrieben...
»Aber die anderen Kinder waren doch mit Ihnen blutsverwandt«, – sagte er, »durch Ihre Mutter.«

Eine von den *Big Three* funkelte Stanley wütend an und sagte mit zusammengebissenen Zähnen: »Ich habe keine Mutter. Familie? Ich hätte gern zugesehen, wie sie vor meinen Augen zu Brei geschlagen werden. Wir sind mit niemandem verwandt. Das ist endgültig.« Der Wutausbruch versiegte so schnell wie er gekommen war, aber solange er anhielt, hätte Stanley schwören können, daß er sie noch nie vorher gesehen hatte. Eins war klar: Wenn es hier andere Persönlichkeiten gab, dann betrachteten die sich nicht als verwandt mit einer Familie aus Fleisch und Blut (was das erstgeborene Kind gewesen wäre). Und offensichtlich hielten mindestens zwei von ihnen »Familie« für eine widerwärtige Einrichtung.

Weil er nicht einschätzen konnte, was er tat, hatte sein Herumstochern Erfolg. »Aber Page ist Ihre Tochter. Sie sind mit Page verwandt.«

»Ich war nie verheiratet«, sagte *Catherine*. »Ich war nie schwanger. Halten Sie mich für bescheuert?«

Die Frau starrte auf ihre Tasse und murmelte, ihr Kaffee sei kalt geworden. Das Murmeln verstummte, und plötzlich schrie sie.

»Habe ich ihn umgebracht? O Gott, warum kann ich mich nicht erinnern? Neulich im Auto habe ich versucht mich zu erinnern, und ich hörte – Sie werden es nicht glauben.«

»Doch, ich werde es glauben.«

»Mord ist etwas Schreckliches, man sollte darüber nicht lachen. Aber während ich überlegte, ob ich meinen Stiefvater umgebracht habe, hörte ich mich selber lachen und W. C. Fields imitieren und dann Marilyn Monroe, Mae West und Scarlet O'Hara. Ich kann überhaupt niemanden imitieren, Stanley, also woher kam das? Da war Gelächter und die Vorstellung, daß Fields, Monroe, West und O'Hara alle die gleichen Stimmen haben. Dann wurde mein Kopf ganz leer. Ich konnte ihn zu nichts

gebrauchen, er war einfach leer. Ob ich mich daran erinnere oder nicht: Wenn ich meinen Stiefvater umgebracht habe, werde ich dafür bezahlen müssen.«
»Der Satz hätte von Ihrer Mutter stammen können.«
»Sie hatte recht.«
»Sie hatte unrecht. Ihre Mutter herrschte durch Furcht. Sie hat Ihnen beigebracht, Sie seien so böse, daß Sie nur an ihrer Seite überleben könnten – zu welchem Zweck auch immer sie Sie benutzen wollte.«
Für den Bruchteil einer Sekunde hämmerte jemand gegen den Verstand der Frau, beglückt darüber, wie genau Stanley die Mutter erkannte.
»Sie haben es fertiggebracht, Ihre Familie zu verlassen. Das war heilsam. Trotzdem fühlen Sie sich weiterhin schuldig, weil Sie Ihre Mutter sich selbst überlassen haben. Und Sie scheinen über Ihre Wut entsetzt. Aber die ist gerechtfertigt, und Sie müssen dabei bleiben, sie auszusprechen. Eben habe ich etwas davon gesehen; das fand ich gut.«
»Was haben Sie? War ich zornig?«
»Ja, das waren Sie.«
»Wann?«
Stanley sah auf seine Uhr. »Vor wenigen Sekunden.«
Die Frau sah ihn an, als verstünde sie nicht.
»Sie haben mir gesagt, daß Sie mit niemandem verwandt gewesen seien.«
»Es ist merkwürdig. Ich kann mich nicht erinnern, so etwas gesagt zu haben, aber ich habe es so empfunden. Gut, die meisten Kinder glauben von Zeit zu Zeit, daß sie nur adoptiert sind oder so. Aber ich bin erwachsen, warum also denke ich immer noch so?«
Ja, warum. Laut Jeannie Lawson hatten die verschiedenen Ichs ein bestimmtes Sprachmuster, das er bisher nur oberflächlich bemerkt hatte. Ziemlich sicher, daß im Augenblick die Frau sprach, beschloß Stanley, einem

Verdacht, der ihm plötzlich kam, auf einem Umweg nachzugehen.
»War Ihre Mutter zärtlich zu Ihnen?« fragte er.
»Die Mutter sagte, wenn sie zärtlich zu mir sei, würde der Stiefvater ihr vorwerfen, daß sie mich vorzöge und seine Kinder vernachlässigte. Ich glaube, daß ich Umarmungen nie für einen Teil der Mutter-Tochter-Beziehung gehalten habe – bis zu dem Tag, an dem sie mich das erstemal umarmte, vor einem völlig Fremden. Ich weiß noch, wie schockiert ich war. Ich war dreizehn, glaub' ich.«
Wer zum Teufel saß jetzt da? Stanley hatte angenommen, daß es die Frau und, wenn es mit rechten Dingen zuging, das erstgeborene Kind waren. Aber eben hatte sie »die Mutter« gesagt.
Er fragte sie danach.
»Sagte ich ›die Mutter‹? Ich weiß, das ist nicht richtig. Es müßte ›meine Mutter‹ heißen. Das wäre richtig.«
Wenn es denn wirklich richtig ist, dachte Stanley. »Habe ich Sie nicht manchmal sagen hören: ›Meine Mutter‹?«
»Ich glaub' schon. Ich glaub's, weil ich davon ausgehe, aber manchmal vertu' ich mich.«
Stanley sah in das ausdruckslose Gesicht vor ihm. Er dachte, daß Marshall keinen Augenblick zu früh kommen würde.
Er machte einen neuen Versuch.
»Haben Sie kurz vor der Pause für mich ein paar Zeichnungen in Ihrem Skizzenbuch gemacht?«
»Hab' ich das Skizzenbuch mitgebracht?« Die Frau strich ihren Rock glatt und blickte zu Boden. »Möchten Sie, daß ich etwas zeichne?«
»Erinnern Sie sich, daß Sie mir von dem zweiten Brunnen auf dem hinteren Feld erzählt haben?«
»Welcher zweite Brunnen? Wir hatten bloß einen, an der Küchentür.«

»Mein Irrtum«, sagte Stanley. Wenn er noch weiterging, würden sie mitten in der Geschichte mit dem Brunnen sein, und darauf waren sie beide nicht vorbereitet. Irgend etwas war auf diesem hinteren Feld geschehen. Die Frau, die ihm momentan gegenübersaß, erinnerte sich nicht daran, wahrscheinlich aus guten Gründen. Stanley beschäftigte im Augenblick mehr, daß sie, und eine andere, die Mutter nicht für die eigene hielt.
Die Frau wünschte, diese Benommenheit würde verschwinden. Kalter Schweiß war ihr ausgebrochen. Ihr Inneres schien vollkommen leer.

Tief im Tunnel hörte jemand die Stille im Geist der Frau. *Gatekeeper* **gab das Zeichen.** *Buffer* **stand bereit, die Gedanken eines anderen Truppenmitglieds konnten in die leere Hülle der Frau hineinströmen.**

»Habe ich etwas falsch gemacht«, hörte die Frau sich fragen. »Sie sehen mich so merkwürdig an, was habe ich falsch gemacht?«
»Gar nichts«, sagte Stanley.
»Es kommt mir vor, als wäre ich wieder zu Hause. Immer hatte ich Angst, etwas falsch gemacht zu haben. Sehr oft fürchtete ich, die Mutter könnte die ganz besondere Verdorbenheit entdecken, zu der wir fähig waren, was der Stiefvater zu verbergen suchte. War sie so groß, daß er nicht davon sprechen konnte? Warum konnte ich mich nicht daran erinnern? Warum war er ständig um mich, wohin ich auch sah, versuchte, mir etwas zu tun, mich zu berühren, zu befingern... Jetzt fällt mir wieder ein, was er tat.«
Die Stimme war eine eigenartige Mischung aus erwachsener Frau und kleinem Mädchen. Stanley gab es auf, die

Unterschiede zwischen »meine Mutter« und »die Mutter« zu verfolgen. Die beiden Formulierungen gingen durcheinander, während die Frau auf dem Kissen vor- und zurückschaukelte, in einem Augenblick die Kontrolle über sich wiederfindend, im nächsten sie wieder verlierend. Sie berichtete von dem Gerangel auf dem Fußboden, dem Stiefvater auf ihrem sich wehrenden, sechs Jahre alten Körper. Bei solchen Gelegenheiten schien die Mutter blind zu sein, sie arbeitete an dem großen schwarzen Herd einfach weiter.
»Wenn ihr weiter so herumtobt«, sagte die Mutter zu niemandem direkt, »wird sich jemand noch was tun.«
»An der Stelle spielte sich alles genau vor ihren Füßen ab. Ich versuchte, dem auf mir liegenden Körper meines Stiefvaters zu entkommen, während er mir den Mund zuhielt, um die Schreie zu ersticken. Meine Mutter sagte das immer wieder: ›Jemand wird sich noch was tun.‹«
Der empörte und gequälte Ausdruck blieb, aber das Gesicht rundete sich. Stimme und Verhalten waren unverkennbar die eines sehr kleinen Kindes.
»Wußte die Mutter nicht, daß das längst passiert war?« fragte sie Stanley.
Weder die Frau noch das aus ihr sprechende Truppenmitglied waren sich dessen bewußt, aber das Ausmaß unterdrückter Wut hätte eine Rakete in den Weltraum befördern können. Die Unmenschlichkeit des Stiefvaters, seine Entwürdigung des kleinen Mädchens waren nie vergessen oder vergeben worden. Sie waren nur in astronomische Höhen gewachsen, was sich jetzt, wie bei vielen vergangenen Gelegenheiten, als Energie zeigte. Tony stand im Kontrollraum, seine helle Aufregung ließ auf neue Schwierigkeiten schließen.
Die Frau kam zurück an die Oberfläche und strich sich über die Arme. Sie fror. Die Kälte schien mit einem kindlichen Gefühl in ihr zusammenzuhängen. Die Frau

beugte sich aus ihrer Yoga-Haltung vornüber und legte mit der Geschmeidigkeit einer vierzehnjährigen Turnerin die Stirn auf ihre Knie. Dann setzte sie sich kerzengerade auf, beide Hände bis zum Handgelenk im aschblonden Haar vergraben, das Gesicht rot vor emotionaler Anspannung. Zwischen den Wörtern gab es keine Pausen, sie sprudelten nur so aus ihr heraus. Sie spie Haß auf alles und jeden, sich selbst eingeschlossen; leugnete, daß irgend etwas von dem, was sie erreicht hatte oder jemals erreichen würde, von Bedeutung sei. Ihre Augen blieben die meiste Zeit hinter den Stirnfransen verborgen.
»Ich hab' versucht, wegzulaufen«, sagte sie. »Auf der Nachbarfarm waren Wanderarbeiter. Sie lachten viel, ich konnte sie hören, wenn der Wind richtig stand.«
Stanley hörte die zaghafte Kinderstimme. Beiläufig sagte er: »Wie weit war es bis zu den Wanderarbeitern?«
»Oh.« Sanfte Augen, größer und lebhafter, funkelten ihn unter aschblonden Haarsträhnen an. »Ich weiß nicht. Vielleicht so.« Ihre Hände deuteten eine vage Entfernung an. »Musik«, sagte die gleiche kindliche, auf einmal lispelnde Stimme, »sie sangen so schön, und weißt du was?«
»Was?«
»Er war mein Freund, der schwarze Junge. Er hat die Mutter zum Lächeln gebracht, ein richtiges Lächeln, als er mich an dem Tag, an dem ich mich hinter dem Apfelgarten verlaufen hatte, auf seinen Schultern nach Hause brachte. Sie lächelte und sagte, er sei ein netter Mensch. Können Sie sich das vorstellen?«
»Doch, das kann ich.«
»Ich nicht. Sie konnte niemanden ausstehen.« Ihre Mundwinkel gingen herunter. Sie starrte Stanley an und nagte an ihrer Unterlippe.
»Die lächelnde Frau, war das Ihre Mutter?«
»Ich nannte sie ›Mutter‹, aber sie war's nicht.«

»Wenn sie nicht Ihre Mutter war, wessen Mutter war sie dann?«
»Die Mutter von der Großen, denk' ich. Aber das war ein Geheimnis.«
Stanley hakte nach. »Was war das Geheimnis?«
»Wir«, sagte die kleine Stimme, und sie zeigte auf sich, »wir waren das Geheimnis.«
»Ich verstehe. Seid ihr viele?«
»Ich weiß nicht. Es gibt viele Stimmen. Sie würden einige davon nicht mögen. Einige mögen mich nicht. Warum, darf ich Ihnen nicht sagen. Wenn sie mich dabei erwischt, gibt es Ärger.«
»Und wer ist sie?«
»Die Große.« Geschickt wich sie dem Thema aus, richtete ihre Aufmerksamkeit auf die Lieder, die die Wanderarbeiter abends hinter ihrer Farm gesungen hatten, und sang ihm in holperigem, kindlichem Singsang die kurze Strophe eines nur halb noch erinnerten Wiegenliedes vor. »›*Lazy Mary, won't you come home* . . .‹, aber so haben wir's nicht gesungen. Wir sangen ›Crazy Mary‹. Das dachten sie nämlich von der Großen.«
Stanley rief sich die Namen ins Gedächtnis, die auf der Liste standen, die die Frau ihm heute morgen gegeben hatte. Fünf, dazu die Stimme eines sehr kleinen Kindes bei jenem ersten Gespräch und diese neue, die etwa drei bis vier Jahre alt sein mochte. Es mußten noch mehr sein, denn er hatte Veränderungen gesehen, die sich auf diese sieben nicht beziehen ließen.
»Erzähl mir«, sagte er, »über – *Mean Joe*.«
Ihr Gesicht leuchtete auf, und sie patschte in die Hände. »Er beschützt mich. *Mean Joe* ist nett. Ich höre, was er sagt, und dann kann ich . . .« sie suchte nach einem Wort, fand es nicht und sah aus, als wollte sie vor Enttäuschung weinen.
»Was passiert, wenn du *Mean Joes* Stimme hörst?«

»Ich kann ihn sehen, auch wenn er nicht da ist. Ich weiß nicht, wie ich das ausdrücken soll.«
»Du meinst, seine Stimme macht ihn für dich sichtbar? Ich weiß, das ist ein großes Wort.« Stanley versuchte es noch einmal. »Sie hilft dir, ihn zu sehen?«
»Ja.« Sie kicherte.
»Wie lange kennst du *Mean Joe* schon? Wie viele Jahre?«
»Ich kannte *Mean Joe* überhaupt nicht.« Die kleine Stimme klang gereizt. »Ich wußte nie, daß er da war, aber ich wußte, daß er da war.«
Stanley sah auf seine Notizen und dann auf sie. »Wer bist du?«
»Ich«, sagte sie, und als er verwirrt schien, zeigte sie mit dem Finger auf ihre Brust.
Er beugte sich vor und sah in die Augen, die sich so schnell verändert hatten, daß er nicht sicher war, ob er richtig gesehen hatte. Die Backenknochen zeichneten sich wieder deutlicher unter der Haut ab. Das war nicht mehr das Gesicht eines Kindes.
»Was für ein hübsches Kleid«, versuchte er abzulenken, sorgfältig auf die Reaktion achtend.
»Dies?« Sie sah an der langärmeligen dünnen Bluse, dem blaß malvenfarbenen Rock mit Weste herunter. »Eigentlich mag ich Jeans lieber, sie sind viel bequemer, wenn wir filmen. Aber heute hatte ich das Gefühl, ich müßte feminin wirken, ich weiß auch nicht, warum.« Sie war wie in Gedanken verloren.
»Das muß ein angenehmes Gefühl sein.«
»Nein. Es macht mir Angst. Sehen Sie diese Ohrringe?« Sie warf das Haar zurück und zeigte zwei goldene Reifen. »Meine Mutter sagte, Ohrringe, Make-up und Shorts signalisieren Verkommenheit. Ich weiß nicht, warum ich sie heute trage und die Kleider dazu. Sie bereiten mir Unbehagen. Als würde ich lasterhaft, weil ich sie trage.«

»Das ist das Dümmste, was ich je von Ihnen gehört habe.«
»Wirklich?«
»Dumm«, sagte Stanley.
Ihr gedankenverlorener Ausdruck verstärkte sich. Indem Stanley die Meinung der Mutter über Ohrringe »dumm« genannt hatte, hatte er *Twelve* ermutigt, sich bis zur Frau vorzudrängeln. *Twelves* Gesicht war frei von erwachsenen Gefühlen. »Ich habe immer gemeint, es sei dumm, aber die Mutter hat es so gesagt. Sie sehen den Lippenstift, den wir tragen? Ziemlich blaß, stimmt's? Leuchtender Lippenstift macht einigen von uns Angst. Einmal haben wir einen gekauft. Purpurrot. Geklaut. Und dick aufgetragen.«
»Ich kann mir vorstellen, wie gut das aussah. Purpur ist eine wundervolle Farbe.«
»Nein. Es war häßlich. Und die andere lächelte in den Spiegel, als wenn sie etwas Böses getan hätte und es ihr egal wäre. Wenn man was Böses tut, darf es einem nicht egal sein.«
»Sonst?«
»Kommt man in die Hölle. Sagte die Mutter.«
Eine kaum merkliche Veränderung und Stanley wußte, die Frau war wieder da.
»Stanley«, sagte sie, und ihre Worte hatten mit Lippenstiften und Ohrringen nichts zu tun. Offensichtlich war sie über etwas anderes sehr beunruhigt. »Ich war mir so sicher, daß ich an jenem Tag alles unter Kontrolle hatte, aber dann ging ich zu Verabredungen, kaufte Lebensmittel ein, alles mit einem dümmlichen, sechzehn Jahre alten Lächeln auf meinem Gesicht. Als ich mich im Spiegel sah, sah ich anders aus als sonst, irgendwie ausgelassener. Den ganzen Tag war ich herzlich und fürsorglich zu den Leuten, lächerlich. Gegen fünf Uhr am gleichen Nachmittag übernahm eine andere die Herr-

schaft, und wieder fühlte ich mich ganz anders. So passiert es, sie übernehmen einfach die Macht. Sie nehmen mich. Bin ich verrückt? Was mache ich jetzt?«
»Ich habe das Gefühl«, sagte Stanley und legte den Kugelschreiber beiseite, »daß sie demnächst mächtiger werden, aus eigenem Antrieb auftauchen werden. Sie werden wahrscheinlich nicht mehr sehr viel Kontrolle über sie haben.«
Er testete noch einmal, ob sie sich an Dinge erinnerte, die während dieser Sitzung zum Vorschein gekommen waren. Sie sah ihn mit leeren Augen und gequältem Stirnrunzeln an, unfähig, zwischen sich und dem, was er sagte, einen Zusammenhang herzustellen, und zu höflich, ihm zu widersprechen. Mit einer Ausnahme.
»Ich kontrolliere diese Leute?« wiederholte sie. »Wie kann ich sie kontrollieren, wenn ich von ihrer Existenz keine Ahnung hatte. Ich komme mir unzurechnungsfähig vor. Wie kann ich so in die Öffentlichkeit gehen?«
Er war ein Risiko eingegangen, als er in seine vorherigen Antworten den Hinweis auf multiple Persönlichkeiten hatte einfließen lassen. Jetzt hatte er den Eindruck, daß es sie weder beunruhigte noch daß etwas hängengeblieben war.
»Wie lang sind Sie denn schon in die Öffentlichkeit gegangen – bis heute?«
»Himmel«, sagte *Sewer Mouth*. »Sie meinen, ich hab' die ganze Zeit schon den Esel gespielt?«
Sie versprach, ihn anzurufen, wenn die Dinge sich überschlagen sollten.
Stanley ging in sein Büro, um sich auf die nächste Vorlesung vorzubereiten. Er hatte das Gefühl von grenzenloser Energie. Er überlegte, ob es falsch gewesen war, nicht auf eine Bestätigung der Diagnose gewartet, sich selbst vertraut zu haben. Mit der Zeit, so hoffte er, würde sie verstehen, daß es zu ihrem Besten geschehen war. »Ihr

Bestes.« Das hatte ihre Mutter ständig zu ihr gesagt, und er wußte, welchen Abscheu das hervorgerufen hatte. Es wäre besser, wenn er beizeiten nach anderen Worten suchte.

11

Der Korridor vor Stanleys Seminarraum glich einer Bushaltestelle. Studentinnen trugen Einkaufstaschen und in braunes Papier eingewickelte Lunchpakete, lehnten an den Wänden und hockten auf dem Fußboden. Eine dunkeläugige Frau mit Regentropfen im schwarzen Haar ordnete den Inhalt ihrer Tasche in durchsichtige Plastikmappen, alle ordentlich beschriftet. Der pensionierte Air Force Captain sah zu, wie sie mit ihren dünnen Fingern zwischen Einkaufsquittungen, erledigten Rechnungen, Make-up-Döschen herumkramte. Er wußte, sie hieß Pamela; sie sah aus wie Mitte zwanzig; aber von der Nase zum Mund zogen sich bereits kleine bissige Striche, und auf der Stirn bildete sich die erste Falte.
»Glauben Sie nicht«, sagte er – er nuschelte mehr als daß er sprach, aus Gewohnheit, denn alle Studenten Stanleys sprachen üblicherweise sehr undeutlich, meist mit sich selber –, »daß ein Mann, von dem nur erwartet wird, daß er in die Stadt geht, ein paar Sexshops besucht, sich Gott weiß wie viele Pornofilme ansieht, der den Überblick über die Funktionsweise von, sagen wir, dreihundert Hilfsmitteln zur Selbstbefriedigung hat...« Er stockte, weil er den gespannten Ausdruck in Pamelas Gesicht sah und die Art, wie der hohe Kragen ihrer weißen Bluse ihren dünnen Nacken einfaßte. Von den eigenen Worten überwältigt, rieb er sich die müden Augen. Sein Unterrichtsdress, gelbbrauner Kimono und ein Sweatshirt, war

durchnäßt vom Frühlingsregen, der auf den Campus prasselte.
»Daß er in der Lage sein sollte, daran vorbeizugehen?« Pamela neben ihm auf der Bank lachte trocken. »Natürlich nicht. Phillips ist mit den Sex-Mechanikern nicht einverstanden. Er möchte wissen, warum es so schwierig ist, über diese verdammten Ausflüge zu reden; wir sollen die ganze Lebensgeschichte aufschreiben, was wir über Zuhälter und Prostituierte denken, als wenn ich irgend etwas über die dächte. Wie könnte ich? Sie gehören nicht zu meinem Leben. Je mehr ich in diesem Seminar höre, um so mehr denke ich, daß Sex vom Angesicht der Erde verbannt werden sollte. Ich fürchte, dies Seminar macht mir Kopfschmerzen.«
»Aber Sie können nicht behaupten, es sei nicht spannend.«
Ihre Heftigkeit erschreckte ihn, er versuchte das zu verbergen und konzentrierte sich darauf, wie sie eine hellgrüne Plastikmappe verschloß.
»Spannend? Ich will Ihnen was sagen«, sie sprach die Wörter aus, als wären sie scharf gewürzt und ihre Zunge verbrannt. »Als ich mich für dies Seminar einschrieb, wollte ich Therapeutin werden, ich wollte es wirklich. Ich muß irre gewesen sein. Nach meiner Auffassung ist dem Tier im Menschen nicht zu helfen, und vierzig Stunden in der Woche damit zuzubringen, diese Aussichtslosigkeit behandeln zu wollen, ist absolut lächerlich.«
»Das Bordellviertel hat Ihnen was klar gemacht, stimmt's?« Der Captain lächelte. »Aber das ist nicht die ganze Welt.«
»Ich weiß nicht.« Ihre Augen brannten, sie schnappte ihre Tasche und die Bücher und marschierte vor ihm in den Unterrichtsraum, wo Stanley neben einem großen Videogerät schon wartete.
Der Raum hatte sich zu füllen begonnen – mit Menschen

und mit den Gerüchen von nasser Kleidung, libanesischer Mortadella und gekochten Eiern. Pamela plazierte ihren dünnen Körper auf einem hellblauen Plastikstuhl. Ihr Kollegheft mit den ordentlich durchnumerierten Seiten kontrastierte heftig mit einer Sammlung von auf Papierfetzen gekritzelten und durch ein Gummiband zusammengehaltenen Notizen.
»Er führt heute einen Film vor«, flüsterte der Captain.
In einen braunen Regenmantel gehüllt, versuchte Jeannie Lawson mit gesenktem Kopf, hinter den beiden vorbeizuhuschen. Der Captain grüßte. Zögernd lächelte sie zurück. Als geladener Gast und heute in Zivilkleidung kam Captain Albert Johnson herein und setzte sich weit nach hinten.
»Die Aufnahmen, die ich Ihnen heute vorführen möchte«, sagte Stanley, »verdeutlichen einen weiteren Aspekt sexueller Beziehungen. Die Frau, die Sie darin sehen werden, ist meine Patientin. Sie ist nicht außergewöhnlich, obwohl ich das zunächst auch dachte, als ich mit ihr zu arbeiten begann. Seitdem habe ich viel über Inzest gelernt, neben dem, was ich als Therapeut männlicher Täter bereits wußte, und sie auch. Sie werden ihre Situation vielleicht für bizarr und unwirklich halten. Ich versichere Ihnen, sie ist es nicht. Sie hat den größten Teil ihres Gedächtnisses verloren, sie leidet an etwas, das man Migräne nennen könnte, obwohl sie keinerlei Schmerz verspürt. Sie behauptet, keine Gefühle oder Empfindungen zu haben, dennoch drückt sie eine breite Skala von beiden aus.«
»Ja«, sagte er in die verwirrten Gesichter vor ihm, »die Frau ist eine Dichotomie, sie ist gespalten. Wahrscheinlich ist sie noch mehr als das.«
Jeanne Lawson, noch immer im Mantel, warf ihm einen fragenden Blick zu, und er nickte zurück. Sie setzte sich leise und zog den Mantel aus, behielt ihn aber über die

Schultern gelegt. Sie war selten ohne Mantel in der Öffentlichkeit.
»Die aktuellen Zahlen über Kindesmißbrauch«, fuhr Stanley fort, »liegen heute bei zwanzig Prozent der Bevölkerung oder 50 Millionen Menschen. In diesem Jahr werden mindestens viertausend Kinder an den Folgen sexuellen Mißbrauchs sterben, und drei Millionen neue Opfer werden in die Statistik eingehen. Denken Sie daran, daß das nur die Zahl der bekanntgewordenen Fälle ist, und daß Männer wie Frauen Kinder sexuell mißbrauchen, obwohl Frauen normalerweise nicht angezeigt werden. Normalerweise – und fälschlicherweise – wird angenommen, daß für einen Jungen sexueller Kontakt mit seiner Schwester oder sogar mit seiner Mutter etwas Männliches oder ein Scherz ist, jedenfalls nichts, was ein Trauma erzeugt. Viele der Täter, die ich behandle, hätten aber wahrscheinlich die eigenen Kinder nicht mißbraucht, wenn sie nicht selbst von ihren Eltern, Geschwistern oder ihnen nahestehenden Autoritätspersonen mißbraucht worden wären. Manche Opfer machen größere traumatische Erfahrungen durch als das Opfer, das Sie gleich sehen werden, andere weniger – man nimmt an, daß das von der Härte und der Dauer des Inzests abhängt. Jedenfalls«, Stanley blickte in die Runde, als er das Videogerät anstellte, »ist das alles, was wir wissen.«
Auf dem Bildschirm saß die Frau rechts von ihm. Anfangs war sie die sich perfekt beherrschende Geschäftsfrau, beschrieb, wie sie sich mit Mitte zwanzig gefragt habe, wie Babys aus dem menschlichen Körper herauskommen, bestand darauf, daß sie als Kind nicht gewußt hätte, wie ein Penis aussieht, und sich nicht erinnern konnte, damals Süßigkeiten oder Geld für Sex erhalten zu haben. Nachdem das vorbei war, geriet sie in einen Zustand, den sie »Schläge gegen meinen Kopf«

nannte, erklärte, daß die in den letzten Wochen zugenommen hatten, an Zahl und auch an Dauer und Stärke.
»Ich habe Angst, an die Hecke nahe beim Haus zu denken, an den Hühnerstall oder die Felder. Es gab keinen Tag ohne das, nichts war sicher. Ich war fünfzehn, als ich zum erstenmal wagte, mich bei meiner Mutter zu beklagen, ihr zu sagen, daß ich keinen Tag länger in diesem Haus bleiben wollte, daß ich fortginge. Das einzige, woran ich mich erinnern kann, als meine Mutter und ich meinen Stiefvater mit diesen Jahren der Hölle konfrontierten, war, daß er vor Wut einen Besen auf meinem Rücken zerschlug. Er warf mit einer Schüssel mit frischem Apfelkompott nach jemandem. An dem Tag kamen seine mörderischen Instinkte ungebremst zum Vorschein. Ich wußte, daß er uns schütteln würde, bis wir keine Luft mehr bekamen, wenn er an uns heran-käme. Meine Mutter hielt ihn mit dem Gewehr in Schach; in tödlich leisem Ton erklärte sie ihm, daß er zu verschwinden hätte.
Kurz darauf fand mein Halbbruder, der damals zwölf war, ein kleines Loch in der Tür des Klos, das mein Schlafzimmer von dem der Mutter und des Stiefvaters trennte. Auf dem Boden unter dem Loch war ein Häufchen alten Sägemehls; ich war schockiert, ich fühlte mich schmutzig und starr.«
Die Frau rang nach Atem, fand die Fassung wieder. »Ich schämte mich so. Ich war erschüttert, als ich mir klarmachte, daß in all den Jahren, in denen ich mich in meinem Zimmer versteckt und geglaubt hatte, ich sei allein, mein Stiefvater auf der anderen Seite der Wand gestanden und durch das Loch gestiert hatte. Kurz gesagt, das Schwein hatte mich keinen Augenblick allein gelassen.«
Sie zuckte die Achseln und zitterte gleichzeitig. »Was mich in diesem Augenblick am meisten beunruhigt, ist

das rosa Ding in den Bildern. Es ist da, mit all dem drahtigen Gestrüpp drumherum, es scheint zu mir zu gehören und auch wieder nicht. Die Bilder halten nicht lange genug still.«
»Was für ein rosa Ding?« Stanley fragte ganz harmlos, und mit dem Ausdruck äußerster Hilflosigkeit versuchte sie, das Geschlechtsorgan ihres Stiefvaters zu beschreiben. Sie ballte die Hände, mit den Fäusten hämmerte sie auf die Kniescheiben.
»Das gleiche mit den Tieren. Wir lebten auf einer Farm, wir hatten Tiere. Ich weiß es! Aber ich kann mich an keines der Biester erinnern, und ich weiß, sie waren da. Ich hasse Tiere, habe sie immer gehaßt, werde sie immer hassen. Da ist etwas mit den Tieren und meinem Stiefvater und mir, aber wenn ich neuerdings an sie oder ihn denke, laufe ich davon, werd' ich verrückt. Sie wollen, daß ich das Wort ausspreche, gut, ich versuch's, ich werd' Ihnen zeigen, daß ich es kann.«
Sie konnte es nicht.
Genau wie die Studenten wollte Captain Albert Johnson aufspringen und »Penis« rufen, aber wie die anderen blieb er sitzen und beobachtete ihr erwachsenes Gesicht, immer noch verstört durch den Hinweis auf die Tiere, und dann traf sie alle die Erkenntnis wie eine Druckwelle.
Albert staunte darüber, wie flüssig die Frau über »Mittagsschlaf auf einer Steppdecke« erzählen konnte, wie – angesichts ihres Unvermögens wenige Minuten zuvor, das Wort »Penis« auszusprechen – ausführlich sie den Zorn ihrer Mutter über ihre kindlichen, aber zielbewußten Masturbationspraktiken beschrieb.
»Meine Mutter legte mich jeden Mittag schlafen. Sie saß in einem Sessel und las ihre Zeitschriften. Ich glaube, ich war drei, ich weiß nicht genau. Was ich tat, schien normal, aber rückblickend ist mir klar, daß es eine ver-

zweifelte, alles verzehrende Sache für mich war. Und es machte sie rasend. Sie sagte, ich würde schwanger werden. Sie schrie, und sie schlug mich; aus irgendeinem Grund erschreckte sie diese eine Handlung ganz besonders, aber ich konnte nicht aufhören.« Die Frau senkte den Kopf, hob ihn gleich wieder. »Irgendein absolutes Arschloch«, sagte sie wütend zu Stanley, »hat eine Geschichte geschrieben und gesagt, kleine Kinder fühlten keine sexuelle Erregung. Liegt er falsch, oder bin ich anormal?«
»Er hat sich geirrt.« Stanley schrieb wie rasend mit. »Kinder sind von Geburt an zu sexueller Erregung fähig, und wenn jemand es ihnen zeigt und sie bestärkt, wie Ihr Stiefvater, kann der Drang, zu masturbieren, eine Obsession werden.«
Albert glaubte, bisher habe er ihr Gesicht sich zweimal drastisch verändern sehen. Jetzt war es ganz rot, eine wütende Maske. Sie schwang sich herum, um Stanley ins Gesicht zu sehen. Die Ponyfransen flogen zurück und gaben zwei Augen frei, so unversöhnlich, daß Albert förmlich zurückprallte.
»Ich werde versuchen«, zischte sie, »Ihnen das Obszöne zuerst zu erzählen. Ich denke, der Rest ist dann einfach. Wie bei dem Gemüse, das wir hassen. Erst die Scheiße essen, stimmt's?«
»Stimmt«, sagte Stanley, und seine Studenten lächelten beklommen. Mit rauher haßerfüllter Stimme fiel sie über das Außenklo her und das Gesicht ihres Stiefvaters in der Öffnung unter dem Sitz und wie sie danach in der Schule nicht mehr aufs Klo gehen konnte, lieber eines Tages in Kauf nahm, in einer gemischten Turnstunde plötzlich in einer Lache von Menstruationsblut zu sitzen.
Als sie das Gesicht ihres Stiefvaters zwischen einem Eimer mit Kot und ihrem nackten Hintern beschrieb, senkte sich absolute Stille über die Klasse.

»Ich habe das noch nie erzählt, können Sie sich das vorstellen?« Das Gesicht von Tränen überströmt, weinte sie und knirschte gleichzeitig mit den Zähnen. »Ich war verheiratet, um Himmels willen, und ich habe das keiner Menschenseele erzählen können, nicht mal meinem Mann.«

Sie ließ einen Strom von Flüchen los. Als sie bei »pferdemäuliger, pickliger, gottserbärmlicher, vollgepißter Scheißkerl« angekommen war, stieß die schwarze Frau links von Albert einen Laut tiefer Bewunderung aus.

»Mach weiter, Mädchen.«

Albert mußte zustimmen. Auf dem Revier hatte die Frau seine Beamten zwar bestürzt, aber verglichen mit dem hier war die Vorstellung harmlos gewesen.

»Als Teenager hatte ich Mandelentzündung, Grippe, einige wirklich beschissene Erkältungen. Ich ärgerte mich, so oft in der Schule fehlen zu müssen, mit Fieber auf dem Sofa im Wohnzimmer, nicht oben bei mir. Nach jeder Krankheit fragte ich mich, was er mit mir gemacht hatte, wenn meine Mutter auf dem Acker oder in der Stadt Einkaufen war. Meine Erinnerung ist null.«

»Er war so verdammt groß«, sagte die Frau etwas ruhiger, mit trotz der Wut beherrschtem Gesicht, »egal wie stark ich wurde oder wie groß, er war ein Berg und gemein wie eine Schlange.« Sie wandte sich jenem Tag zu, als sie allein im Matsch spielte und der auf einem Hügel im Gemüsegarten geparkte Sattelschlepper plötzlich ins Rutschen kam und direkt über ihr umkippte.

»Sie waren alle im Haus, meine Mutter sah es vom Küchenfenster. Mein Stiefvater kam heraus und stand über mir. Ich bekam den Mund nicht auf, um nach Hilfe zu rufen. Ich wußte...«

»Was?« half Stanley vorsichtig nach, und die wilden grünen Augen flackerten.

»Gefallen gegen Gefallen«, flüsterte sie. »Als wenn ich

seine Gedanken lesen konnte. Wenn ich sein Gesicht hätte malen können, ich hätte ein Stipendium an der Sorbonne bekommen. Er war wahnsinnig, ich sah's in seinen Augen. Er grinste und stand da und rührte keinen Finger. Woher wußte ich so genau, was er dachte, und warum kann ich mich nicht daran erinnern?«
»Erinnern Sie sich an irgend etwas, nachdem Sie sein Gesicht an dem Tag gesehen hatten?«
»Nein.« Sie schien sich ihrer Antwort zu schämen. »Es ist, als versuchte ich, mich an den Rest meines Lebens zu erinnern. Da ist gar nichts.«
Jeannie Lawson legte den Kopf auf den Tisch, und als sie ihn Sekunden später wieder hob, war ihr Gesicht leer und ausdruckslos.
Ein Gefühl der Angst ging von der aufgelösten Frau auf dem Bildschirm aus, während sie nach Fassung rang, eine Sekunde lang eine Hand vor den Mund hielt, verstummte und zu Boden starrte. Als sie aufblickte, war ein Lächeln an die Stelle der zerrissenen blassen Wunde ihres Mundes getreten. Sie erwähnte die Kopfschmerzen, wieviel schlimmer sie geworden waren, seit sie angefangen hatte, das Tagebuch zu schreiben, die Unmenge von extrastarkem Tylenol, die sie ohne jede Wirkung täglich einnahm.
»Seltsame Kopfschmerzen«, sagte sie. »Sie schmerzen, aber sie tun nicht weh.«
Albert wußte nicht, was er damit anfangen sollte, aber er schätzte, daß Tylenol in solchen Mengen ein Pferd umwerfen konnte. Las sie keine Gebrauchsanweisungen? Er erinnerte sich an ihr Gesicht an dem Tag, an dem sie auf dem Revier war, und daß er es hinterher nicht beschreiben konnte. Plötzlich hatte er den Wunsch zu weinen und sie von dem Bildschirm und der ganzen Quälerei zu befreien. Sie war keine erwachsene Geschäftsfrau, sondern etwas ganz anderes. Sein Polizi-

stengehirn wollte herausfinden, was. Er hörte zu, wie sie mit dieser seltsam kindlichen Stimme von dem Schwarzen erzählte, der sie von den Obstgärten nach Hause gebracht hatte. Albert hätte ihn gern aufgetrieben und ihm den Hals umgedreht. Aber wohin sonst hätte er sie bringen können? Wohin sonst gingen mißhandelte Kinder, wenn nicht zurück, um noch mehr hinzunehmen?
Eine Stunde war vergangen, der Videoapparat abgeschaltet. Pamela erhob ihre Stimme, um sich gegen den Tumult durchzusetzen.
»Diese Frau«, sagte sie, »spricht zu Beginn jeder Sitzung so bündig. Offensichtlich hat sie einen logischen Verstand. Zugegeben, es ist hart für sie. Aber irgendwie erwarte ich nach ihrem anfänglichen Auftreten eine geordnetere Schilderung der Fakten, jedenfalls bis sie nach zehn Minuten auseinanderfällt. Ich meine, ich brauche methodisches Sich-Erinnern, um zu begreifen, was in diesen beiden Farmhäusern geschah. Gibt es keine therapeutische Methode, mit deren Hilfe die Erinnerungen in chronologischer Reihenfolge kommen?«
»Wie die einzelnen Abläufe beim Kuchenbacken, Dr. Phillips.«
Es war das erstemal, daß Jeannie Lawson im Unterricht etwas sagte. Am kurzen Aufflackern eines Lächelns merkte Stanley, daß sie es zynisch meinte.
»Was ich meine, ist«, Pamela bemerkte durchaus Stanleys schnelles Lächeln und die überraschten Blicke der anderen, »der Therapeut hat genügend Probleme auch ohne daß er versucht, diese Scheußlichkeiten in die richtige Reihenfolge zu bringen. Warum springt sie so viel hin und her?«
»Weil«, sagte Stanley, »diese Patientin, um es vorsichtig zu formulieren, Verletzungen hat, über die sie bisher nie gesprochen hat. Außerdem ist der Zweck dieser Aufnahmen nicht irgendein logisches Vorgehen. Sie stehen für

sich, auch was ihre Verwendung im Unterricht betrifft, so wie das Manuskript, das sie schreibt, bei seiner Veröffentlichung einzigartig sein wird. Können Sie sich vorstellen, daß für eine Patientin, die derart unter Strom steht, eine Therapie, die geordnetes Denken voraussetzt, wenig sinnvoll ist? Erst die Intensität erzeugt eine Art freies Assoziieren. Auf diese Weise kommt viel mehr zum Vorschein, als wenn ich versuchen würde, das Denken bis zu einem gewissen Grad zu strukturieren. Die Psychotherapie ist kein ›ordentliches‹ Geschäft. Anders gesagt: sie hält dem Leben einen Spiegel vor. Als Therapeut werden Sie vermutlich herausfinden, daß das Leben ›unordentlich‹ ist.«
»Das ist kein Beruf für mich«, schnaubte Pamela. »Ich werde mich auf der Stelle für ein Seminar in Bibliothekswesen einschreiben.«
Allgemeines Gelächter brach aus.
»Dr. Phillips?« Eine junge Frau mit blaßblonder Kräuselfrisur berührte ungeduldig Stanleys Arm. »Als Ihre Patientin die verschiedenen Gebäude der zweiten Farm aufzeichnete, hat ihre Hand manchmal innegehalten. Ihre Stimme stockte, und dann hat sie weitergemacht, als wenn nichts gewesen wäre. Ich wüßte gern, ob an diesen bestimmten Plätzen der Stiefvater ihr etwas getan hat. Einer davon war der Brunnen, nicht der an der Hintertür, sondern der auf dem Feld. Was hat ein Brunnen mit dem sexuellen Mißbrauch von Kindern zu tun?«
»Ich weiß es nicht«, sagte Stanley. »Sie weiß es bis jetzt auch nicht. Wenn Sie kürzlich in der Zeitung den Artikel über den zweijährigen Jungen in Virginia gelesen haben, den seine Eltern zu Tode prügelten, dann wissen Sie, daß das Instrument seiner Zerstörung ein langstieliger Holzlöffel war, an und für sich ein unschuldiges Küchengerät. Auch der Brunnen scheint auf den ersten

Blick unschuldig. Aber etwas sagt mir, daß auf diesen beiden Farmen nichts wirklich unschuldig war.«
»Es heißt«, sagte ein kräftiger junger Mann, der die Universität bei Ringkämpfen vertrat, »daß solche Eltern mit vielleicht tausend Dollar als Strafe davonkommen und nicht ins Gefängnis müssen. Wie ist das möglich? Wann immer man einen Artikel über Kinder liest, die an Mißhandlungen sterben, kommt die dafür verantwortliche Person in der Mehrheit der Fälle straflos davon.«
»Unsere Gesetze haben noch nicht aufgeholt, was wir Ärzte von den Dingen wissen. Nach allgemeiner gesellschaftlicher Überzeugung sind Kinder Eigentum. Wenn du sie körperlich oder sexuell mißhandeln willst, bitte. Aber Ihre Frage berührt einen interessanten Punkt. Der zweijährige Junge ist gestorben. Die Frau hier hat wahrscheinlich viel mehr durchgemacht; sie ist mißbraucht worden, bis sie sechzehn war. Sie ist nicht gestorben und auch nicht psychotisch geworden. Kann mir jemand sagen, wie sie überlebt hat?«
»Offensichtlich ist sie stark wie der Teufel. Oder übergeschnappt.« Gegen die riesigen Hände des Ringkämpfers wirkten seine Notizbücher winzig. »Muß man nicht übergeschnappt sein, um zu überleben?«
»Nicht unbedingt.« Stanley hatte Jeannie Lawson beobachtet und entfernte sich jetzt von ihr, wie eine Glucke, die versucht ihre Küken zu schützen, indem sie den Feind ablenkt. »Der menschliche Geist ist ein seltsamer und wunderbarer Ort. Aber es gibt Menschen, deren Geist ich nur ›wundersam‹ nennen kann. Sie überleben die Greuel, ohne dem Wahnsinn zum Opfer zu fallen. Kann jemand mir sagen, wie?«
»Erklären Sie's uns«, sagte der Air Force Captain.
»Ich hoffe, daß Sie alle aus diesem Seminar eines mitnehmen werden, egal welchen Beruf Sie ergreifen: eine Ahnung davon, was Fragen bedeuten. Was es bedeutet,

für alle Möglichkeiten offen zu sein, gleichgültig, wie weit hergeholt sie scheinen. Tippt jemand unter Ihnen nach diesen Videos auf etwas anderes als Wahnsinn?«
Jeannie Lawson hob den Kopf und sah Stanley an. »Sie haben sie am Ende jeder Sitzung ausgefragt«, sagte sie. »Es schien, als wäre sie die meiste Zeit abwesend gewesen, denn sie konnte mit Ihren Fragen nichts anfangen. Ich hatte den Eindruck, daß sie sich Ihnen anzupassen versuchte, versuchte, ›gut‹ zu sein, indem sie so tat, als wüßte sie, wovon die Rede ist. Ihre Stimme, Bewegungen, Haltungen veränderten sich während des Filmens. Wenn sie, wie Sie sagen, kein Gedächtnis hat, woher kommen dann die Erinnerungen? Als Etikett kommt ›Multiple Persönlichkeit‹ ihrem Zustand sehr nahe.«
»Wirklich?« Stanley sah aus, als könnte er kein Wässerchen trüben. Der Unterricht war beendet. Er sah den Studentinnen zu, wie sie ihre Sachen zusammenpackten. »Multiple Persönlichkeit kommt selten vor«, sagte eine Studentin von der Tür her. »Ihre Patientin ist Geschäftsfrau, ihre Tüchtigkeit paßt nicht zu der Unfähigkeit zu arbeiten, die Eve und Sybil aufweisen.«
»Aha«, sagte Stanley. »Schachteln, Fächer, Nischen, Reinlichkeit, chronologische Ordnung.«
Die Studentin schnitt ihm ein Gesicht und lachte. Aber sie zögerte einen Augenblick, bevor sie ging. Aus einigen seiner Studenten würden ausgezeichnete Therapeuten werden. Sie hatten einen offenen, fragenden, aufnahmefähigen Verstand. Andere saßen nur hier, weil sie den Kurs für relativ bequem hielten. Ob sie es eingestanden oder unterdrückten, es aussprachen oder nicht, eines war ihnen allen nach diesem Film heute gemeinsam: »Tötet das Schwein.« Die Todesangst der Frau hatte diesen Wunsch heraufbeschworen, Stanleys Hinweis auf den kleinen Jungen, der sterben mußte, hatte ihn verstärkt; Berichte im Fernsehen kamen hinzu und bei eini-

gen die Erinnerung an die Gewalt, die sie selbst als Kinder erlitten hatten.
Niemand von ihnen wäre der Gedanke gekommen, daß sie bis heute nicht in der Lage waren, ihre eigene Wut über die Vergehen gegen sie zu äußern. Sie fragten sich auch nicht, warum sie erst sehen mußten, was anderen angetan worden war, damit sie die eigene Qual empfinden konnten.
»Töten«, schnappte eine Frau Ende Zwanzig, deren Gesicht normalerweise freundlich und ruhig war, »ist verdammt noch mal viel zu wenig für den.«
Stanley merkte sich ihre Bemerkung und die der anderen für den Zeitpunkt, an dem seine Patientin nahe genug an ihren eigenen Gefühlen sein und genügend Erinnerungen haben würde, um ihren berechtigten Zorn zu artikulieren. Was, fragte er sich, würde sie dann sagen und tun?
Eine Person im Raum grinste und genierte sich auch nicht dabei, als sie hörte, was die anderen an Kommentaren abgaben. In ihrem Regenmantel schien sie größer und aufrechter geworden zu sein. Ihr ganzes Leben hatte sie sich nicht vorstellen können, daß jemand von Dingen, wie sie ihr geschehen waren, betroffen genug sein könnte, um darüber zornig zu werden, so wütend wie ihre Kommilitoninnen jetzt. Vor ihrer Therapie hatte sie geglaubt, sie hätte das alles und noch viel mehr verdient, hätte kein Recht zu klagen, zu weinen oder zurückzuschlagen. Sie sah sich um und fühlte in sich eine ganz ungewohnte Emotion: Zuneigung zu anderen Menschen und weniger Angst vor ihnen. Einen Augenblick stand sie da, andere streiften und berührten sie bei dem Versuch, schnell aus der Tür und in die nächste Vorlesung zu kommen. Körperlicher Kontakt schien nichts Bedrohliches mehr, eigentlich fand sie ihn sogar angenehm.
Stanley merkte ihre Bewegung und legte eine Hand auf

ihren Arm. Er lächelte, und Jeannie zuckte bei seiner Berührung nicht zurück. Sie warf ihm einen verschwörerischen Blick zu und war schon verschwunden.
Beim anschließenden Mittagessen war Alberts Kopf so voll wie sein Teller. »Was schließt du aus dieser stillen, lockeren Yoga-Haltung, Stanley?«
»Daß ich jünger bin als sie und trotzdem Hilfe beim Aufstehen brauche. Ich habe sie für zwei volle Stunden so sitzen gesehen. Manchmal bringt sie es fertig, die Beine in völlig entgegengesetzte Richtungen auszustrecken, manchmal ist es gar keine richtige Yoga-Stellung. Wenn es schlimm kommt, kniet sie, die Stirn am Boden. Nach der ersten Woche haben wir die Stühle rausgeworfen.«
»Als ich sie heute sah, ist mir etwas eingefallen. Sie sitzt ganz locker am Boden, aber nicht wie jemand, die das schon immer gemacht hat, eher wie jemand, die lange Zeit dazu gezwungen wurde, so lange, bis die Haltung zur zweiten Natur wurde. Wenn du in die Stadt kommst, achte mal auf die Passanten. Die Vietnam-Veteranen halten sich so ähnlich, jedenfalls die, die durch die dickste Scheiße gegangen sind. Als müßten sie ihren ganzen Körper unter sich zusammenpressen, ihn vollkommen beherrschen.«
»Die Beherrschung ist das, was ich bei ihr aufbrechen muß. Die und noch mehr. Ich würde sie gerne dahin bringen, daß ihre Selbstachtung besser funktioniert. Bevor das alles vorbei ist, wird sie eine richtige Einsiedlerin werden.«
»Was meint sie«, fragte Albert, »mit den Kopfschmerzen, die nicht weh tun?«
»Offensichtlich ein hoch entwickelter Verteidigungsmechanismus. Sie glaubt, wenn es nicht weh tat, war auch nichts passiert.«
Stanley konnte nicht ahnen, wie grenzenlos vereinfa-

chend seine Antwort war und wie verzwickt die wirkliche Antwort und welche Konsequenzen sie für die Gesellschaft als Ganzes hatte. Albert akzeptierte Stanleys Erklärung, ohne sie ganz zu verstehen, und fragte weiter, was ihm gerade in den Sinn kam.
»Ihr Gesicht ändert sich, ihre Stimme, eine Gemütsbewegung nach der anderen, als wenn sie aus fünfzehn Personen gleichzeitig bestünde. Hat die Studentin das ernst gemeint mit der multiplen Persönlichkeit?«
»Ich bin dabei, es herauszufinden«, sagte Stanley.

Zur gleichen Zeit, zu der Stanleys Lunch mit Albert zu Ende ging, verließ seine Patientin eine geschäftliche Verabredung. Sie hatte keine Ahnung, wie sie sie hinter sich gebracht hatte – oder die morgendliche Sitzung. Wie war es möglich, daß Sitzungen und Arbeit so schnell vorbeigingen und sie mit so wenig Erinnerungen daraus hervorkam?
Der Regen hatte die Luft gereinigt. Einen Augenblick lang wirkte die Frische wie eine wohltuende Salbe auf ihrem Gesicht. Aber als sie tief einatmete, es genießen wollte, bewegte sich etwas in ihr, gerade als hätte ihr Gehirn Platz für etwas anderes gemacht. Und dann sah sie es auf dem Bürgersteig: eine klare Pfütze, in der sich spiegelte, was sie für ihr Gesicht hielt. Nur daß die Gesichtszüge, die sie anstarrten, wie in einem Eisblock eingefroren schienen, so daß sie nicht drei-, sondern eindimensional wirkten. Nur die Augen hatten Tiefe – sie waren ausgehöhlt, wirklich nur die Augenhöhlen, und ockerfarben, wie verwest. Das Gesicht anzusehen, machte ihr keine Angst. Was sie erzittern ließ und würgte und wie der Wind zu ihrem Auto rennen ließ, ohne auf das gellende Hupen und quietschende Reifen zu achten, war das Auftauchen einer gräßlichen Erinnerung.

Heute morgen durch die Erwähnung eines Brunnens aufgewühlt und nun tief in ihr wieder aufgegriffen von der, die das Geschehen durchlebt hatte und daran gestorben war, bekam die Erinnerung Konturen. Und ebenso schnell war sie wieder verschwunden.
Für dich gibt es sonst nichts. Laut schrie das Truppenmitglied, das neben der Frau herzurennen schien, diese Worte heraus; ein Mitglied, das nicht wirklich lebte, nur ein seit langem totes Gefäß, aufgerissene Narben hinter der Fassade aus Eis.

12

Die Sonne war hervorgekommen. Das in der Regenpfütze sich spiegelnde Gesicht war fast aus dem Gedächtnis verschwunden. Die Frau und Page gingen zum Abendessen in ein Restaurant. Der Duft von Meeresfrüchten und geröstetem Mais setzte Erinnerung in Gang. (Die Frau und Stanley sollten entdecken, daß selbst zur Unzeit auftretende Gerüche Erinnerungen auslösten.) Die kleinen Schläge tauchten auf, flüchtige Erinnerungsfetzen, tausend kleine messerscharfe Schmerzen. Keiner war so stark, daß man ihn wirklich hätte beschreiben können, und die Frau war dafür dankbar. Trotzdem war sie außerstande, eine Bestellung aufzugeben. Ihr Magen krampfte sich zusammen. Pages Essen kam; sie brach die gebratenen Garnelen auseinander und puhlte das fette rosa Fleisch heraus. Der Duft stieg ihr in die Nase. Zack.
Mal scharf, mal verschwommen sah sie Page auf der gegenüberliegenden Seite des Tisches. Ihre mandelförmigen blauen Augen und rotblonden Haare, ihr junges Kichern schienen unwirklich. Die Frau versuchte sich zu beruhigen und hörte ein Lachen, das wohl von ihr kommen mußte. Page lachte auch, wie zum Abschluß eines Gesprächs.
Die Frau fand zwischen den Kindheitsereignissen, von denen Page plauderte, und sich keinen Zusammenhang – eine Mutter hätte sich daran erinnern müssen. Page

redete weiter und lachte. Die Frau hörte nicht einmal mehr Teile des Gesprächs. Statt dessen stieg in ihr ein bitter-süßes Gefühl hoch. Als sie Norman und Page vor acht Jahren verlassen hatte, war jeder wache Augenblick von dem Zwang, davonlaufen zu müssen, bestimmt. Und jetzt? Geschäftliche Verabredungen hielt sie kurz; sie lebte allein. Es schien zu funktionieren. Sie besuchte ihre Tochter und ging mit ihr aus – wie jetzt. Abgesehen von einem Gefühl der Beklemmung war ihr nicht bewußt, daß zahlreiche Truppenmitglieder so spürbar in sie einfielen, ihre eigenen Emotionen mitbrachten und sie hinausdrängten. Sie wehrte sich, wollte sich der Vierzehnjährigen zuwenden, die ihr gegenübersaß und Pepsi trank. Je länger sie die jungen, den ihren so ähnlichen Gesichtszüge betrachtete, um so weniger hatte Page mit ihr zu tun.
Mutter. Was bedeutete das Wort?

Jemand in der Truppe schrie einen Gedanken heraus. Um die vorderste Stellung wurde heftig gekämpft. Die Gefühle der anderen Truppenmitglieder erhielten ihre Befehle direkt von *Gatekeeper;* die Wände des Tunnels schwankten. Pages Gesicht, Fleisch und Blut, dies Bild und alles, was es einer Mutter bedeuten sollte, drang ein.

Die Frau weinte leise, von den unsichtbaren Geistern in ihrem Innern in Traurigkeit versetzt: Warum habe ich dich verlassen?
Der Schmerz kam von weither, dazu Normans zorniger, dann niedergeschlagener Blick. Eine Spiegelung zitterte auf der schwarzen Oberfläche des Kaffees in ihrer Tasse. Regenpfützen. Der Schrecken von heute morgen war

wieder da. Die Stimmen in ihrem Kopf fingen wieder an, erzeugten Panik und das Bewußtsein von Gefahr. Zwei undeutlich schimmernde Gedanken rückten außer Reichweite. Zuerst neugierig, dann teils interessiert, teils erschreckt, versuchte die Frau den einen festzuhalten: Page war gar nicht ihr Kind, Page gehörte zu einer anderen in der Truppe. Sie griff nach dem anderen Gedanken: Die Erinnerung, die ihr heute morgen aufgezwungen worden war, das Gesicht, das sie vom Bürgersteig herauf angestarrt hatte, hatten nichts mit Pfützen zu tun, sondern mit Spiegelungen. Pfützen waren irgendwie nur Hinweise, ein indirekt benutztes Muster, um sie auf die mögliche Wirklichkeit vorzubereiten.
Die Frau hatte gerade zwei Steinchen eines riesengroßen Puzzles zusammengefügt. Aber wie alles Wissen, daß sie in ihrem Leben erworben hatte, war es flüchtig, sporadisch, gehörte es nicht wirklich ihr. Wie auch sonst alles kam es von den anderen. Für den Rest des Mahls hütete sich die Frau, noch einmal auf die Kaffeetasse zu blicken, und mied auch das Besteck und die Gläser. Die Lichter im Restaurant riefen Spiegelungen darauf hervor – wie auf den meisten Gegenständen, denen sie in den nächsten Monaten begegnen würde. Sie saß da und glaubte, die Macht, das, was sie soeben erlebt hatte, zu leugnen, läge bei ihr. Stanley hatte gesagt, daß sie beherrschte, was immer geschah. Sie hatte angenommen, er habe gemeint: »unbewußt«. Stimmte das? Eine kleine Stimme teilte ihr mit, so wäre es nicht, und Stanley und sie müßten noch viel lernen – Dinge, die nirgendwo aufgeschrieben waren und die zu begreifen nicht leicht sein würde.
Eine halbe Stunde später stellte die Frau fest, daß sie zu Hause war und der Vorfall im Restaurant sich verwischt hatte. Gleichgültig wie kurz die Zeit zwischen den Besuchen war, entdeckte Page jedesmal etwas Neues. In der

Regel war es auch für die Frau neu. An diesem Nachmittag, während sie wie immer die weiße Collage im Wohnzimmer eingehend betrachtet hatte, hatte Page die Würmerzucht im Aquarium gefunden. Der Anblick erzeugte bei der Frau brüllende Kopfschmerzen, gefolgt von einem Gefühl der Belästigung – dann Furcht.
Sie sahen sich einen Horrorfilm im Fernsehen an; alle Vorhänge waren zugezogen, so daß im Schlafzimmer unheimliche Schatten flackerten. Page zerrte lauter Kleider aus dem Schrank und stolzierte in ihnen vor dem Spiegel auf und ab. Die Frau zwang sich, auf den Bildschirm zu sehen, obwohl sie von dem Film nichts mitbekam. Sie fürchtete sich davor, nach den Kleidungsstücken zu blicken, die Page aufs Bett warf. Die farbenfrohen, gewagten Muster und Schnitte waren ihr fremd.
»Mami, du kannst wirklich alles tragen. Ich mag dies Kleid mit dem Schlitz, aber diese Blusen mit Schleifen kann ich nicht ausstehen. Du weißt doch alles, was mach' ich gegen Schwangerschaftsstreifen?«
Wie die meisten Mädchen ihres Alters hielt Page zuviel Diät, und durch die Gewichtsschwankungen entstand so etwas wie Schwangerschaftsstreifen. Die Frau lächelte, hörte aus der Ferne eine Stimme, die nicht wie ihre klang, ein ausgefallenes Mittel gegen Schwangerschaftsstreifen nennen und eine Übung, um sie »für immer« loszuwerden. Page lachte und stieß mit dem Ellbogen gegen den Spiegel. Er kippte, das Licht reflektierte...
Die Frau schrie auf. Die Erinnerung, die wie Schneeflocken in den Tunnel geweht war, ließ sie zurück mit der Vorstellung von Nässe, rohen kreisrunden Mauern und dem Geräusch anderer Schreie. Der Augenblick zog sich in die Länge.

__Gatekeepers Signal war zu hören. Frontrunner, Outri-__

der und *Buffer* rückten zusammen. Mit stiller Entschlossenheit schirmten sie den schwachen Lichtschimmer ab, der die Mauern des Tunnels zu durchdringen drohte. Und *Weaver* webte in fliegender Eile, wie er es schon seit dem Vorfall im Restaurant getan hatte, Strang für Strang das Loch wieder schließend, durch das die Frau zuviel gesehen haben mochte.
Es gab Widerspruch. *Gatekeeper,* voller Genugtuung, daß sie korrekt handelte wie immer, richtete gelassen die Augen auf *Buffer,* und eine gab der nächsten die Botschaft weiter: Keine Fraqen.
Gatekeeper fuhr in ihrer Arbeit fort.

Catherine, die spürte, wie *Gatekeeper* an ihrer Stelle die Truppen sondierte, antwortete. Mit verschleiertem Blick und schmerzlichem Lächeln stürmte sie ins Schlafzimmer, in der Hand eine Schere. Sie hielt nichts in oder an sich für vollkommen ohne Experimentieren, Wechsel, Veränderung. *Catherine* hatte nie jemanden geliebt. Aber sie verstand es zuzuhören, in Menschen einzudringen und Wahrheiten ans Licht zu bringen, die sie aus sich heraus nie entdeckt oder von sich geglaubt hätten. Entweder mochten sie die Menschen, weil sie sich für sie interessierte, oder sie haßten sie, weil sie ihnen ein Gefühl der Unvollkommenheit gab. Manche erschreckte sie, weil sie sich unter ihren Händen plötzlich groß und schön fühlten und dies die Aufmerksamkeit auf sie lenkte, die sie nicht wünschten und die sie nicht bewältigen konnten.
Die Leute hielten *Catherine* für: wunderbar, respektlos, verlogen, raffiniert, für von Zeit zu Zeit unglaublich begriffsstutzig und dann wieder außerordentlich brillant, für wahnsinnig komisch, langweilig, für egozentrisch und warmherzig und alles zur gleichen Zeit. Sie nahmen

nicht wahr, daß *Catherine* einerseits größere Menschenansammlungen mied, andererseits nie allein auftrat und nle lange blieb. Es ödete sie an.
Page spürte die Veränderung, die heitere Atmosphäre im Raum, die von *Catherines* schmalen Augen, ihrem breiten, gelassenen Mund ausging. Sie warf die Kleider aufs Bett und griff nach *Catherines* Hand.
»Mami, schneidest du mir die Haare?«
Das war für sie beide immer ein Spaß gewesen, und Page kicherte, als nun die Schere durch das rotblonde Haar ging. »Mami« genannt zu werden, war für *Catherine* kein Spaß. Sie haßte es: Mutterschaft? *Black Katherine* hinter ihr spuckte aus und verfluchte alle Mütter, die doch nur auf dem hohen Roß saßen. Es war ihr Lieblingsfluch.
Die Schere machte klick, klick. Rotblondes Haar fiel auf den weißen Teppich. Page quietschte und schüttelte den Kopf. Der eckige Schnitt betonte die neuerdings stärker hervortretenden Backenknochen.
»Schön bist du«, sagte *Catherine* und nahm das schmale Gesicht in ihre kühlen Hände.
»Das sagst du oft. Bin ich es wirklich?«
»Wirklich«, sagte *Catherine* und konzentrierte sich auf ein Bewußtsein weit hinten in der dunkelsten Ecke des Tunnels. »Für immer und immer.« Und ihre schmalen, kühlen Finger griffen in die Schmink- und Puderdosen und strichen vorsichtig über irische rosige Haut. Sie zeichneten geheimnisvolle Schatten über die kornblumenblauen Augen und verwandelten die Brauen in anmutig geschwungene Federn.
»Du bist auch schön, Mami. Seh' ich dir ähnlich?«
»Aber ja.« *Catherine* tat so, als hätte sie das Wort »Mami« nicht gehört, und verbrachte die nächste halbe Stunde damit, Page beizubringen, wie man sich bei Tisch benimmt. »Niemals die ganze Scheibe Brot mit Butter bestreichen, immer nur einen Bissen zur Zeit; das Messer

legt man so auf den Tellerrand, und mach kein Geräusch beim Kauen, das gehört sich nicht.« *Catherine* machte aus der Sache ein Spiel, und *Elvira* benutzte die Teenager-Ausdrücke »affengeil, total ätzend, spitzenmäßig«.
Page mußte am nächsten Tag in die Schule, und die Frau hatte Termine wie jeden Montag. Spät abends packten sie Pages Sachen zusammen und trugen sie ins Auto. Page fröstelte in der Stille und Dunkelheit, die das Haus umgaben. Die Frau liebte die einsame Lage am Ende der unbefestigten Straße und daß die Lichter anderer Häuser nicht zu sehen waren.
Manches verstand Page nicht, aber sie nahm es als »Mutters Art« hin. Dazu gehörte außer dem einsamen Haus auch *Nails* barsche Art. *Nails* war diejenige, die Page immer nach Hause fuhr.
»Warum fahren wir diese Strecke?« Page sah aus dem offenen Wagenfenster, das Radio voll aufgedreht. Sie hoffte auf einen Abstecher bei Seven-Eleven. Wenn sie auf diesem Weg weiterfuhren, würden sie dort nicht vorbeikommen.
»Fahr nie die gleiche Strecke zweimal, Schnuckelchen. Die beste Möglichkeit, daß niemand dich verfolgt.«
»Wie in einem Spionageroman, Mami?«
»Richtig, Schnuckelchen.«
»Mami, warum rauchst du dieses komische schwarze Zeugs?«
Nails gab keine Antwort. Sie waren fast am Ziel. Sie machte die Scheinwerfer aus und stellte, zu Pages großem Mißvergnügen, das Radio ab. Das Mondlicht übergoß die Bäume mit blauem Silber und ließ Pages Gesicht reifer erscheinen. Das Mädchen wurde erwachsen, dachte *Nails*. Nur den Mond als Beleuchtung, glitt der Wagen die Straße entlang, ein einsamer Kurier mit wertvoller Fracht. Einen Block vor Pages und Normans Haus hielt *Nails* an. Sie vergewisserte sich, daß keine Autos auf

der Straße waren, niemand, den sie nicht treffen wollte. Zufrieden, weil alles sicher war, fuhr *Nails* bis zur Auffahrt weiter und parkte fern von den Straßenlaternen im tiefen Schatten.
Die Frau beobachtete, wie *Nails* das Haus betrat, und wartete, bis die Lichter ausgingen. Wer hatte in all den Jahren Page die Haare gewaschen, ihr Schokoladenkuchen gebacken?
Jedenfalls nicht du, du liebloses Miststück.
Die Frau zuckte zusammen, als hätte die Bemerkung ihr gegolten. Ihr war immer noch nicht klar, daß einige Truppenmitglieder, bevor sie sich zu erkennen gaben, Trost und bissige Bemerkungen austauschten, wobei alle glaubten, die Gedanken gehörten auschließlich jeweils ihnen allein. Mit dem sicheren Gefühl, daß Page gut bei ihrem Vater angekommen war, fuhr sie im Mondlicht nach Hause. Sie hatte herausgefunden, daß nur ein Bruchteil der Gefühle ihr gehörte. Und jemand lachte und sagte, das sei doch zu dumm.
Weil es für dich sonst nichts gibt.
Jedesmal wenn sie das jetzt hörte, tat es ein bißchen weh und dauerte nie lange genug, um den Sinn des Satzes zu erfassen. Oder ging sie ihm aus dem Weg? Stanley sagte, daß sie vielem aus dem Weg ging. Stanley war ein kluger Mann, und allmählich vertraute sie ihm. Sie spürte die Wahrheit hinter den Worten: »Für dich gibt es sonst nichts«, auch wenn sie nicht definieren konnte, was sie mit Page im Restaurant erlebt hatte. Wegen dieser Wahrheit wußte sie, daß auch Stanley einiges übersah oder ihm auswich. Machte ihre Situation ihm ebenso Angst wie ihr? Sie wußte es nicht. Sie hielt am Straßenrand an und legte das Gesicht auf das kalte Lenkrad. Wollte sie dies Leben weiterführen, geängstigt durch sich und alle anderen?
Wenn sie ihm sagte, daß er sich irrte, was die Spaltung

anging, würde er sie nicht mehr mögen. Aber irgend etwas war falsch, schrecklich falsch. Page hatte ihr Haarband liegenlassen, ein Stück Silber im Mondlicht, vergessen auf dem Vordersitz. Das Gesicht der Frau veränderte sich, und die, die jetzt die Emotionen der Truppe aushielt, begann zu weinen.

Stanley stellte die Klimaanlage in seinem Reihenhaus höher und griff nach den Manuskriptseiten, die sie ihm zuletzt gegeben hatte. Er konnte nicht einschlafen; der Energieschub nach der Sitzung heute morgen hielt ihn wach. Die Worte seines ehemaligen Professors fielen ihm wieder ein: »Versuch nie, den Strom zu beschleunigen. Der menschliche Geist ist ein Strom mit eigenem Sog und heftigen Strömungen. Ein Wunder der Natur, stark, beschützend, beschützt. Treib es zu schnell zu weit über sich hinaus, und du wirst Ärger bekommen.«
Die Frau brauchte schnelle Antworten, sonst würden ihre Ängste sie ins Wanken bringen. Ließen sich diese Ängste lange genug anhalten, um die Reparaturarbeit, die er als Therapeut begonnen hatte, zu Ende zu bringen? Einige Kollegen, denen er vor kurzem den Fall geschildert hatte, hatten Zweifel geäußert, daß die Frau je geheilt werden würde. Auf jeden Fall nicht so weit, sagten sie, daß sie ein »normales« Leben führen konnte. Jedesmal, wenn jemand den Akzent auf das Wort »normal« legte, fragte sich Stanley, was es in bezug auf seine Patientin bedeutete. Abgesehen von dem Verlangen nach weniger Angst und Streß pfiffen sie und ihre Personen auf das Wort. Für die Wünsche, Sehnsüchte, Nöte und Begabungen, die in den Sitzungen sichtbar wurden, war es zu eng, zu begrenzt. Er mußte sie dahin bringen, daß sie gar nicht erst nach Normalität verlangte, sondern es wagte, darüber hinaus zu gehen.
»Was hast du vorgehabt?« Morgans Stimme klang

gepreßt, weil er seinen Mund zu Hilfe nahm, um kleine goldene Manschettenknöpfe an seinen Hemdsärmeln zu befestigen.
»Wir werden es dir erklären.« *Catherine* zog den Gürtel ihres grünen Kleides enger.
Im Wohnzimmer, ein Glas Kognak vor jedem von ihnen, lehnte *Catherine* sich im Sofa zurück. Ihr Blick wanderte über seinen tadellosen Maßanzug, sein männlich gutes Aussehen. Sie registrierte die Aura von Kraft, die ihn umgab, frei von Selbstzweifeln oder Mangel an Entschlußfreudigkeit.
Der Frau war nicht bewußt, daß Krieg herrschte. *Catherine* saß da und hoffte, daß Morgan ihr nicht die Frisur zerwühlte oder durch einen seiner langen, für sie unangenehm feuchten Küsse das Make-up verschmierte; *Sixteen* sehnte sich danach, berührt, umarmt zu werden; *Twelve*, die in ihm eine Vaterfigur sah, wollte nur zuhören, wenn er sprach und rauchte und sie an den Vater des Kindes erinnerte, es war lange her. Die Frau stand daneben, wünschte, dies Gefühl, aus dem Gleichgewicht geraten zu sein, würde verschwinden, und fragte sich, warum sie plötzlich das Bedürfnis empfand, ihm alles zu sagen und zu riskieren, abgewiesen zu werden.
Weil wir damit rechnen, abgewiesen zu werden, sagte *Outrider*, tun wir alles, damit das auch passiert, so läuft das. Morgan ist in diesen Tagen zu nahe, seine Augen sind wärmer, seine Berührungen sanfter. Das ist beängstigend. Los, sag ihm, wie kaputt wir sind, wie fremd. Mal ihm aus, was mit seinem Leben passiert, wenn er noch näher kommt. Sein Geschäft ist größer, als Norman es sich je geträumt hätte – Norman konnte die Wahrheit nicht ertragen, wie sollte es dieser Mann?
Der Frau ging nicht ein einzelner Gedanke durch den Kopf, es waren die von mehr als zwanzig Truppenmitgliedern. Die Gedanken vervielfältigten sich, denn Mor-

gan bedeutete für jedes Truppenmitglied Angst. Die Frau sah auf die durcheinander wirbelnden Bruchstücke ihres Lebens zurück. Eine auf der Fortsetzung des Schweigens aufgebaute Zukunft bedeutete, daß sich nichts änderte, daß sie nie sicher sein würde. Der Raum schien sich zu bewegen, ihr Kopf war angefüllt mit Stimmen und einem dröhnenden Brausen. Wieder empfand sie eine schreckliche Sicherheit, daß sie Morgan loswerden wollte, weil er etwas erwartete, das sie ihm nicht geben konnte.
Die Worte, die sie sich sagen hörte, waren verschwommen, nur das Wesentliche wurde klar. Sie sah Morgans fast widerwillige Zärtlichkeit und dann seinen kontrollierten Rückzug. Eigentlich unterschied sich die Situation nicht von der vor vielen Jahren, als sie versucht hatte, mit ihrer Mitschülerin zu reden.
Sie reichte ihm den Mantel, weil das jetzt an der Zeit war. Gute Gastgeberinnen, flüsterte *Twelve* in ihr, taten das, wenn sie den Eindruck hatten, daß ein Gast gehen wollte.
Sein Abschied würde endgültig sein; *Catherine* wußte das und fand es erheiternd. *Catherines* Sinn für Humor ließ sie über den Dingen stehen. Morgan war gut erzogen. In der Tür nahm er sie nicht in den Arm. Er hauchte nur einen sanften Kuß auf ihre Nasenspitze. Seine Augen waren warm wie immer, aber außer Endgültigkeit vermittelten sie nichts. »Bleib, wie du bist«, sagte er.
Die Frau stieg die Treppe hoch ins Obergeschoß, legte sich ins Bett und preßte das Gesicht in die Kissen. Eigentlich hätte sie irgend etwas empfinden müssen. Aber da war nichts außer dem Schmerz in den Ohren und dem schwachen Geräusch von Stimmen, die keine Namen hatten. Sie lauschte.
Solange es dauerte, war es sehr nett, sagte *Twelve*. Vielleicht. Das war *Catherines* Stimme. Sag, gibt es noch einen Mann, der gleichzeitig redet und streichelt?

Du würdest ihnen das Reden verbieten, sagte *Outrider*.
Nicht jeder ist ein Einstein, und du kannst Dummheit nicht ausstehen.
Wenigstens hat er uns mit seinem Pimmel nicht bedroht. *Twelve* hörte sich hoffnungsvoll an, als könnte sich das Ergebnis ändern, wenn sie seine Pluspunkte aufzählte. Natürlich gab es keine Hoffnung, nur einen kalten Luftzug im Zimmer, der nicht vom zunehmenden Wind draußen herrührte, sondern von Morgans Abwesenheit.
Nein, er hat uns mit seinem Pimmel nicht belästigt, sagte *Sixteen*, er war nicht das, was man bedrohlich nennt. Morgan war ein passiver Liebhaber.
Outrider, die wußte, daß für eine in der Truppe Morgan alles andere als ein passiver Liebhaber gewesen war, stieß einen fröhlichen Schrei aus und stellte das Radio an. »*Slow Hand*«, der Hit der Pointer Sisters, erklang laut und lang. »*I want a lover with an easy touch, I want a lover with a slow hand . . .*«
Der winzige Kern des Gefühls, das sie wenige Stunden zuvor als Traurigkeit erkannt hatte, pulsierte und stieß einen zweiten Kern aus. Die Frau, das Gesicht in den Kissen vergraben, wollte schreien. Sie stand auf. Sie goß sich ein Glas Weißwein ein und hoffte, ein bißchen Lesen würde sie müde machen. Es funktionierte nicht. Die Regale auf der Galerie liefen vor Büchern über, Kriminalromane, klassische Literatur, Lyrik, Okkultes. Sie hatte sie alle schon einmal in der Hand gehabt, und manche gab es doppelt und dreifach. Sie hätte die einzelnen Geschichten nicht nacherzählen können, aber ihre anderen Ichs konnten es und taten es auch von Zeit zu Zeit. Die Bücher waren nicht nach einem bestimmten Prinzip geordnet. Die Truppen mochten keine Kategorisierung.
Bei einem zweiten Glas Wein stellte die Frau eine Liste dessen zusammen, was in der nächsten Woche getan werden mußte: das Haus saubermachen, ihre Kleider in

Ordnung bringen, eine »dezente« persönliche Erscheinung beibehalten. Merkwürdig, daß sie soviel Reinigungsmaterial kaufte, das sie kaum brauchte, und daß sich auf ihrer Frisierkommode die Make-up-Utensilien häuften, die sie nie benutzte. In ihren Ohren war wieder dies Rauschen.
Wenn du weinst, sagte *Nails*, breche ich dir beide Arme. Gegen vier Uhr morgens war sie es leid, die Decke anzustarren. Sie stand auf, sah auf den Zettel und stolperte die Treppe hinunter ins Dunkel. Das Haus winkte ihr mit mondhellen Händen zu. Es roch ein wenig nach Mäusen und nach Keksen; sie konnte sich aber nicht erinnern, gebacken zu haben. Sie liebte dieses Haus. Wie lange würde es ihr noch gehören?
Eins nach dem anderen, sagte *Outrider*, und eine Woge von Energie hob die Frau geradezu körperlich in die Höhe und trug sie an die Schreibmaschine. In ein oder zwei Stunden würde es zu dämmern beginnen. Auf der Galerie hingen Schatten, die auch die 150 Watt der Schreibmaschinenlampe nicht zu durchdringen vermochten.
Ein Frösteln überfiel sie; die Finger verharrten auf den Tasten, jemand anderes erzwang, wozu sie sich selbst nicht antreiben konnte. Sie stellte den Plattenspieler an, ohne es zu wollen, und als die Dämmerung bis zu den Fenstern gekommen war, hatte sie den Vertrag für einen Grundstücksverkauf fertig, über den an diesem Nachmittag verhandelt werden sollte.
Krümel von einem Käsetoast lagen neben der Schreibmaschine; sie nahm sie so wenig zur Kenntnis wie die Anmerkungen, die eine neue kräftige Handschrift in das rote Tagebuch eingetragen hatte. Viel zu sehr hatte sie ein heftiges Verlangen nach Schokolade gepackt. Sie verzog sich in die Küche auf der Suche nach den Süßigkeiten, die Morgan mitgebracht hatte. Letzte Nacht

waren sie noch dagewesen, jetzt waren sie verschwunden. Ein säuberlich verschlossener grüner Müllsack stand neben der Hintertür.
Sie ging ins Badezimmer, und beim Anblick ihres geschwollenen Gesichts fiel sie fast in Ohnmacht.
Eine knappe Stunde später saß sie auf dem Zahnarztstuhl, und bevor er sie auch nur berührt hatte, brach sie in Tränen aus.
»Nicht schimpfen«, schluchzte sie, »wir wissen, Sie werden schimpfen.«
Seine zarte, väterliche Anteilnahme überraschte sie.
»Was um Himmels willen ist mit mir los?« fragte die Frau, unter Tränen lachend.
»Ein bißchen die Nerven und eine heftige Infektion, ich habe es Ihnen schon beim letzten Mal gesagt. Knochenzerfall, verursacht durch Druck, Überanstrengung, Spannung. Das geht bei Ihnen so seit mindestens fünfzehn Jahren. Es entzieht Ihrem Körper die Vitamine, erschöpft ihn. Leiden Sie öfter unter Müdigkeit?« Der Zahnarzt sah auf ihr Krankenblatt. »Sie haben das seit Ihrer Heirat. Haben Sie mit dem Wasserstoffsuperoxyd gespült? Sie gucken wie ein Eichhörnchen. Tut es weh?«
Den Mund voller Stahlsonden, versuchte sie ihm zu erklären, daß sie weder Müdigkeit noch Schmerz kannte. Der gleiche unwiderstehliche Zwang wie letzte Nacht bei Morgan brach sich Bahn. Die Worte waren diesmal auch nicht klarer.
Als sie geendet hatte, starrte der Zahnarzt sie an. »Ihr Therapeut sagt Fragmentation dazu?«
Ja, räumte sie ein, so hatte Stanley es genannt.
Sie verließ die Zahnarztpraxis, die Sonne strahlte auf ihr Gesicht. *Mean Joe* schlenderte dahin, blickte wachsam nach rechts und links. *Miss Wonderful* brauchte *Mean Joe* nicht zu »sehen«. Immer war er für sie dagewesen – aufmerksamer Beschützer, wortloser Krieger. Sie wußte,

daß sie in seinem Schatten sicher war. Ihr Lächeln leuchtete in der Junisonne.
Weil niemand darüber sprach, wußte auch niemand, daß Inzest Amputierte erzeugte. Stanley hatte sie es bereits mitgeteilt; jetzt hatte sie es Morgan und dem Zahnarzt, zwei Außenstehenden also, gesagt. *Miss Wonderful* konnte ohnehin nichts für sich behalten. Ihre Feststimmung war auf dem Höhepunkt, sie entdeckte einen Straßenverkäufer mit einem Karren voller Blumen. Aber während *MissWonderful* ihn als ungefährlich wahrnahm, weil er *Mean Joe* ähnlich war und die Blumen einfach nur goldfarben und schön, sah die Frau in ihm den Feind, einen Fremden, und die Blumen erinnerten an eine Wiese mit hohem Gras und darin verborgener Gefahr.
Miss Wonderfuls Gedanken erreichten die Frau, und allmählich überlagerte die Freude an der Schönheit das Gefühl von Gefahr. Sie fühlte sich sicher, wunderbarerweise sogar glücklich.
Der Verkäufer, ein jugendlicher großgewachsener Schwarzer mit roter Mütze, lächelte ihr zu. Mit einer Stimme wie ein Meer aus roher Seide nannte er einen Preis und hielt ihr einen Armvoll Blumen entgegen. Seine Gegenwart, die Schönheit seines Angebots beeindruckten sie stark. Drei sehr kleine Truppenmitglieder antworteten, und was sie dachten, sickerte in die Frau ein. Sie wunderte sich nicht einmal, warum sie sich so zu ihm hingezogen fühlte oder warum sie sich so klein vorkam, als sie das Geld in seine große rauhe Hand legte. Die Narzissen wippten mit gelben Köpfen. Als sie ihr Gesicht in ihnen vergrub und ins Auto stieg, zerrte ihr scharfer, erdiger Geruch an etwas sehr weit Entferntem.

Zwei Tage später, die Schwellung war fast verschwunden, machte sich die Frau, bekleidet mit einem hauchdünnen flaschengrünen Hemd, das feucht auf der heißen

Haut klebte, auf unsicheren Beinen auf den Weg zu ihrer Verabredung. An der offenen Eingangstür schwatzten lachende Gäste, wedelten sich mit Papiertaschentüchern Kühlung zu und zerquetschten Insekten.
»Das ist das zweite Mal in diesem Monat, daß ich dich sehe«, rief Sharon, »es geschehen noch Zeichen und Wunder.«
»Sharon, womit haben wir zu rechnen?«
»Krebs, Herzkrankheiten, was immer.« Auf Sharons Oberlippe standen Schweißperlen, ihr rotes Haar hing schlaff herab. »Ich wollte dich nur aus dem Haus locken. Deine Freunde rufen bei mir an und beklagen sich, daß du nie ausgehst, den Anrufbeantworter abgestellt hast, nicht zu erreichen bist.«
»Ich bin beschäftigt.«
»Du bist verängstigt. Wir haben alle vor irgend etwas Angst, du darfst dich davon nicht lähmen lassen.« Wie um das zu bekräftigen, reichte sie der Frau ein Glas Champagner. »Was hat Stanley mit dir vor?«
»Eventuell eine Gegenüberstellung mit meinem Stiefvater, mal sehen, was dabei herauskommt.«
»Warum nicht? Er hätte es verdient. Nimm ein Gewehr mit. Möchtest du Krebse oder Hummer?« Sharon betrachtete mit Kennermiene das Buffet.
»Deshalb.« Sie sah direkt auf ein riesiges Bowlengefäß, in dessen tausend geschliffenen Kristallen sich das Sonnenlicht spiegelte und sie blendete... in ihrem Kopf war wieder das tote Gesicht und die Vorstellung von Wasser. Sie sah über die Schulter und sagte etwas zu laut in Sharons Richtung: »Mein Stiefvater ist vier Meter groß.« Sharon kippte fast der volle Teller aus der Hand. Warum hatte die Frau plötzlich ein so weiches Gesicht, so rund, so babyhaft, und was machte sie mit ihren Zehen? »Sss«, zischte sie. «Nicht! Er macht mir Angst.«
»Norman hat mich angerufen«, sagte Sharon. Sie wollte

das Thema wechseln und wußte nicht, wie. »Er ist nun doch davon überzeugt, daß diese Therapie dir guttut. ›Unter diesen Umständen‹, was immer das heißen soll. Aber er hat die Vorstellung, daß dein Problem ein sexueller Gewaltakt ist, an den du dich nur erinnern mußt – ein einmaliges Ereignis.«
»Wenn es das nur wäre. Ich habe noch immer die Vorstellung von tagtäglichem Schrecken dort auf den beiden Farmen. Stanley sagt: nicht locker lassen. Ich sage dir, es bringt mich um.« Die Frau lächelte, böse und strahlend. Sharon fand einen Tisch in der Nähe der Band, deren Musik ihre Unterhaltung übertönte, und sie setzten sich. Sharon sprach in ihr Glas. »Es ist doch sonst nicht deine Art, dich so runterziehen zu lassen. Denk etwas Freundliches, und du wirst dich besser fühlen. Ganz bestimmt.«

«Ja, ich bin es. Wunder über Wunder, stimmt's?«
»Erstaunlich.« Stanley lachte. »Eine unruhige Nacht?«
»Die harten Tatsachen. Keiner, den wir kennen, scheint mit dem umgehen zu können, was wirklich zugrundeliegt. Gestern nachmittag haben wir es mit Sharon versucht.«
»Und?«
»Wir kamen nicht an sie heran. Sie mag es lieber, wenn wir lächeln. Wenn wir damit aufhören und versuchen, es auszusprechen, wird ihr ungemütlich. Und mir kommt es vor, als wollte ich mich beklagen; ich höre auf, bevor ich überhaupt angefangen habe.«
»Gehen Sie vorsichtig vor«, sagte Stanley. »Versuchen Sie, den anderen zu sagen, wie heftig Ihre Kopfschmerzen sind, und wenn sie das akzeptieren, dann gehen Sie zum nächsten über, zum Beispiel zu den Zahnschmerzen. Die beiden Dinge versteht jeder, aus eigener Erfahrung. Von da aus können Sie das benennen, was Sie wirklich quält. Die Leute sind gewöhnt, daß Sie stark

wirken. Wahrscheinlich sind sie schockiert, Sie in dieser Lage zu sehen. Aber wenn sie die Situation nicht akzeptieren können, ist das nicht Ihr Problem.«
»Meine Zähne tun aber nicht weh und mein Kopf auch nicht.« «Dann behaupten Sie es eben«, sagte Stanley.

Nachdem die Spiegelungen einmal angefangen hatten, tauchten sie immer wieder auf. Jedesmal, wenn die Frau ihnen begegnete, wuchs ihr Entsetzen. Und tief im Dunkel des Tunnels kauerte sich das Truppenmitglied, dessen Auftauchen von den Spiegelungen begleitet wurde, tropfnaß und durchgefroren zusammen. Zu viele Jahre ganz eingehüllt in Schmerz, spürte sie den anderen, der sie suchte und ihr eine Botschaft übermittelte, die noch einmal zu hören sie nicht mehr geglaubt hatte: Es ist sicher. Wir haben es sicher gemacht. Erinnerst du dich an die Blumen? Siehst du das Papier? Die Buntstifte? Es ist sicher. Du bist nun frei.
Olivia, **auf die andere Truppenmitglieder sich in Kürze als auf den »Brunnen der Kreativität« beziehen sollten, wurde lebendig; nicht wie das Lexikon »lebendig« definiert, sondern wie es im Mechanismus der Truppenformation definiert wurde. Und für einen Mann im dunklen Tunnel war da ein Eilen, ein Bereiten von Trost, ein Ebnen des Wegs. Denn** *Olivia* **sollte ungeahnte künstlerische Fähigkeiten mit sich bringen und eine grausige Wirklichkeit.**

13

Letzte Nacht hatte Marshall Fielding angerufen. Irgendwann heute würde er ankommen, leider nicht rechtzeitig zur Sitzung. Deshalb diente das, was Stanley an diesem Morgen in einer braunen Papiertüte in die Universität mitbrachte, einem doppelten Zweck: erstens sich selbst abzulenken und damit auch zu beruhigen und zweitens als Anreiz für die Kinder, deren Namen er erfahren wollte.

Seine Patientin erschien zur Sitzung mit einem neuen Haarschnitt, der in strengem Schwung von der Stirn zum Nacken verlief. Nur wenige Frauen konnten das tragen. Während sie sich auf den orangenen Kissen einrichtete, fragte sich Stanley, ob sie es tragen konnte, war sich aber nicht mehr sicher, ob sie diesen Haarschnitt nicht schon immer gehabt hatte. Stanley gab ihr die braune Papiertüte. »Das ist für Sie«, sagte er.

»Für mich?« Sie saß da, eine erwachsene Frau in smaragdgrüner Bluse und Hose, mit gehämmerten Silberohrringen und klirrenden Armreifen. Ihre ganze Blasiertheit fiel von ihr ab, als sie die Tüte öffnete, ihre Nase hineinsteckte und aufschrie: »Himmel. Woher wußten Sie? Wie wunderschön.«

Sie fischte die grün-gelbe Schachtel heraus und ließ den Deckel aufschnappen. An die Stelle der Begeisterung trat Verlegenheit, als die Buntstifte in ihren Schoß kollerten. Die Nase ging in die Höhe; sie wirkte sehr überheblich;

dann zog sie schutzsuchend die Schultern hoch. Die Veränderungen folgten einander sehr schnell; die nächste kam, als sie verwirrt fragte, ob sie verrückt oder ob es normal wäre, daß Opfer Gedächtnislücken hätten.
»Normal?« fragte Stanley. »Ob etwas geschieht oder anderen nicht geschieht, das hat nichts mit Verrücktheit zu tun. Lieben Sie etwa nicht die Einzigartigkeit Ihrer Tochter, ihre ganz besondere Individualität?«
Die grünen Augen waren eisig. »Liebe ist ein Trugschluß«, sagte eine der *Big Three*.
»Hier gibt es ein zehnjähriges Opfer«, sagte Stanley zu ihr, »die an inzestuöse Erfahrungen mit ihrem Vater keinerlei Erinnerung hat. Trotzdem wissen wir, daß es so war. Nach drei Jahren privater Therapie hatte die Fürsorge ihren Fall übernommen, sie sind mit ihrer Weisheit am Ende. Eine fünfundzwanzigjährige Frau aus einem meiner Seminare hat gerade eine Therapie erfolgreich beendet. Sie brauchte fünf Jahre, um sich zu erinnern. Wenn Sie wollen, können Sie sie kennenlernen.«
Stanley erläuterte nicht weiter, wie sehr sie und Jeannie einander ähnlich waren. Die Frau fing an zu weinen und fragte, ob es der anderen jetzt gutgehe, ob sie glücklich sei.
»Was immer das sein mag«, sagte Stanley. »Sie hat ihr Leben wieder im Griff. Sie läßt Ihnen sagen, daß es nur besser werden kann.«
»Jeannie«, sagte Stanley und versuchte, die Sache für sie realer zu machen, indem er den Vornamen seiner Studentin nannte, »Jeannie hat einige Ihrer Aufnahmen gesehen.«
Er sah, wie seine Worte wirkten. Sie hörte zu, aber er vermutete, daß gleichzeitig die Farbstifte die Aufmerksamkeit einer anderen erregten. Die Hand strich über den Zeichenblock, griff nach einem dunkelroten Stift. Er hatte schon vorher beobachtet, daß die Frau wie geistes-

abwesend vor sich hin gekritzelt hatte, aber heute entstanden Blumen, locker und fließend und mit phantasievolleren Umrissen als die steifen Gänseblümchen, mit denen sie für gewöhnlich das rote Tagebuch oder den Skizzenblock verzierte.
Natürlich konnte er nicht wissen, daß die Kreativität, die sich jetzt auf den Blättern des Zeichenblocks entfaltete, von einem anderen Truppenmitglied im Innern der Frau entfesselt wurde. Jemand hatte zu singen begonnen. Mach es hübsch, mal es grün, gelb, rot, purpur. Laß es eine Blume werden. Laß viele Blumen entstehen. Die Frau hörte den Gesang nicht, und Stanley sah nur ihr ausdrucksloses Gesicht.
»Sehr gut«, sagte Stanley. »Wir wollen entspannen.«
»Danke für die Farbstifte.«
Lamb Chops Stimme war sehr klein. Stanley grinste. Heimlich sog sie den Wachsgeruch der Farbstifte ein. Plötzlich machte die sanfte Stimme Platz, und ohne Vorwarnung ging es hin und her zwischen einem drei-, einem sechs- und einem zehnjährigen Mädchen, einer arroganten Fünfundzwanzigjährigen und wieder zurück zu den kindlichen Tönen vom Anfang. Nur daß nun ein flüchtiges, aber deutliches Lispeln hinzugekommen war. Während dieser Fluktuation von Stimmen änderte sich das Gesicht der Frau so rasch, daß Stanley es aufgab, die Winkel der Backenknochen, die Zuckungen des blassen Mundes, die Nasenflügel, die sich weiteten, zusammenzogen, sich wieder weiteten und aufs neue zusammenzogen, zu verfolgen.
Die unterschiedlichen Stimmen und Gesichter gehörten verschiedenen Truppenmitgliedern, die alle durch ein Klima der Sicherheit, das Stanley mit Hilfe einer Schachtel mit Buntstiften im Wert von drei Dollar hergestellt hatte, mutig geworden waren. Eines nach dem anderen lugten sie hinter dem blonden Haarschopf hervor und

waren genauso schnell auch wieder verschwunden. Obwohl er wiederholt nachfragte, nannte ihm keine einen Namen. Als allmählich wieder Ruhe einkehrte, hörte er eine einzelne gutgelaunte, unaufgeregte Stimme, die sich ebenfalls nicht vorstellte.
»Die Wörter *Daddy* oder Vater habe ich nie mit dem Stiefvater in Zusammenhang gebracht. Ich habe es total abgelehnt, das zu tun. Er belohnte sich schon selbst genug, zum Beispiel durch Grausamkeit. Gegen uns, gegen Tiere, Menschen, es kam nicht drauf an.«
»So etwas nennt man böse«, sagte Stanley.
Sein zustimmendes Verhalten hatte nach *Elvira* auch *Twelve* erreicht. In der Zukunft sollte Stanley sie erkennen an der Wärme ihres Auftretens, an der trällernden Stimme und den Augen, die funkelten wie Sonnenstrahlen auf einer Wasseroberfläche.
»Das hat noch niemand zu uns gesagt. Sie finden, daß wir den Stiefvater richtig beschrieben haben? Sie müssen, oder Sie werden nichts von dem glauben, was wir Ihnen heute oder ein andermal erzählen.«
»Ich glaube dir.«
Twelve erzählte ihm, daß der Stiefvater im Frühjahr beim Pflügen neugeborene wilde Kaninchen zu Tode trampelte. Einmal war es dem Halbbruder gelungen, eines zu retten. Er hatte es nach Hause getragen und das zitternde, zu Tode geängstigte Tierchen zusammen mit dem Liebling der Familie, einem großen weißen Hasen, in einen Käfig in der Waschküche gesetzt. Beim Abendessen hatte der Stiefvater lachend dagesessen. Dann war er aufgestanden, hatte allen ins Gesicht gesehen und die Tür zur Waschküche aufgemacht. Beide Tiere lagen tot im Käfig.
»Bei jedem Essen gab es Geschrei und Angst; man wußte nie, was als nächstes passieren würde. Wir schrien alle, aber an dem Tag mit dem Kaninchen der Stiefbruder am

meisten. Der Stiefvater schlug ihn, erbarmungslos. Er brüllte ihn an: ›Sei ein Mann!‹ Wollte er, daß sein Sohn genauso grausam und sadistisch wurde wie er? Der Stiefbruder war nicht feige. Er wußte bloß nicht, wie er seinem Vater ähnlich werden konnte.«
Jetzt sprach *Catherine*, für sich, für die Frau und für noch ein Truppenmitglied. Die Frau hörte die Worte und bemerkte, daß sie auszusprechen heute auf jemanden ausgesprochen beruhigend wirkte. Ihr selbst klang das, was die ganzen Jahre in ihr geschlummert hatte, vertraut. Es brachte die alten Schrecken zurück.
»Für den Stiefvater waren die Mahlzeiten ein Schlachtfeld. Auch seine eigenen Kinder betrachtete er voll Abscheu und Verachtung. Er kaute langsam und sabberte dabei, weil er wußte, daß ich das nicht ertragen konnte. Er saß da und lachte, während meine Mutter mich anfuhr: ›Iß, verdammt noch mal. Schließlich bin ich es gewesen, die alles angebaut, eingemacht, gekocht hat. Am Herd ist es heiß, aber das kümmert dich ja nicht. Alles tu ich für dich.‹ Wenn ich daran denke, möchte ich aufstehen und weglaufen, ich könnte schreien und irgendwas an die Wand werfen. Wut oder Tränen machten ihm Spaß. Er sah mich dann an und lächelte. Wenn meine Mutter nur eine Sekunde nicht hinhörte, sagte er mir, wie dumm ich sei, häßlich, verrückt, nutzlos. Er stichelte und rechnete mir vor, was es kostete, mich zu ernähren. Wenn ich heutzutage irgendwo eingeladen bin, kann ich immer noch nicht um eine zweite Portion, egal von was, bitten.«
Sie erzählte Stanley, wie sie gestohlen hatte, um draußen essen zu können. Bis sie dreizehn wurde, hatte sie ihren Hunger unterdrücken können. In dem Sommer mußten die Kellerwände erneuert werden. Sie und ihr Stiefvater hatten Steine von einem flachen Karren gewuchtet. Sie war kräftiger geworden und hatte von der Arbeit Appetit bekommen.

Bei der Erwähnung des flachen Karrens zitterte die Hand der Frau, ihre Augen irrten von einer Seite zur anderen. Ihr Gesicht nahm einen neugierigen, horchenden Ausdruck an, als ob sie auf Geräusche außerhalb des Studios lauschte. Sie zählte Stanley eine Liste auf von Speiseresten, die sie aus dem Küchenschrank geklaut hatte.
»Schränke, Schränke, Versteck«, mit singendem Lispeln kamen die Worte aus ihrem Mund. Sie zuckte zusammen und fuhr fort. »Einmal aß ich gezuckerte Krapfen, von dem zwei Wochen alten Gebäck, das wir für die Schweine kauften. Die Krapfen rochen nach den Rupfensäcken, in denen mein Stiefvater sie nach Hause brachte. Als er mich beim Klauen erwischte, schimpfte er mich eine Sau, ein fettes, gefräßiges Schwein.«
Das Gesicht, das Stanley sah, wirkte in diesem Augenblick wie »geschmolzen«, als lägen unter der Haut keine Knochen. Sie wiederholte wieder und wieder das Wort »Schrank«, hielt sich den Kopf mit den Händen und stöhnte laut. »Zur Hölle damit«, fluchte sie schluchzend, »woher kommt *das* nun wieder. Im zweiten Farmhaus gab es Schränke in der Speisekammer und in der Küche. Ich rieche Mäuse. Ich sehe eine Blechkanne. Wir nagelten Brettchen auf die Mäuselöcher. Im Schrank ist es dunkel.«
»Hat dich jemand in den Schrank gesperrt?« Stanley fragte betont unbefangen.
»Nein«, erzählte ihm die lispelnde kleine Stimme. »Ich hab' mich da versteckt hinter den Töpfen und Pfannen.« Diese Stimme und die aufs neue veränderten Gesichtszüge, die sie begleiteten, kannte er noch nicht. »Hast du in den Schränken gespielt?«
Eine rauhe erwachsene Stimme antwortete: »Zum Teufel, nein, Mann. Wir hatten Angst.«
»*Night and day*...« *Elvira*, deren Namen er nicht wußte, die er aber an ihrer Altstimme und wilden Körpersprache

215

erkannte, sang die Worte auf eine alte Kirchenmelodie aus dem Süden.

Während der Pause rief Stanley in Marshall Fieldings Hotel an. Sie hatten eine Nachricht für ihn. »Bleib ruhig. Wir sehen uns heute um drei auf einen Drink.« Den ganzen Weg zurück ins Studio ballte Stanley die Hände. Ständig die »Strom-Theorie« seines Lehrers vor Augen, setzte er der Frau härter zu. Er war der Meinung, daß, wer immer ihn anstarrte, zu diesem Zeitpunkt noch nicht genügend Erinnerungen hatte und daß sie weiterkommen würden, wenn jemand, irgend jemand erklären könnte, was gemeint war mit den »Schlägen gegen meinen Verstand«. An einem Punkt hörte er offensichtlich die Frau, die die Vernehmungstaktiken ihrer Mutter beschrieb – wie sie ihre Tochter bei den Haaren packte und Fragen schrie. Die Frau klang verwirrt, als sie zu benennen versuchte, womit sie den Zorn der Mutter erregt hatte.

Brat, acht Jahre alt, kochte vor Zorn. *Brat* trat selten in der Öffentlichkeit auf, sie war zu flatterig, unfähig, lange stillzuhalten, etwas anderes außer ihrer Wut wahrzunehmen. Ihr Zorn äußerte sich bei jeder Gelegenheit in plötzlichen und heftigen Wutanfällen. Für *Brat* bedeuteten die Welt und die Menschen nichts als Folter, Elend, Erniedrigung. Sie dachte an die Todesangst, die sie durchmachte, wenn die Mutter sie, die vollkommen unschuldig war, beschuldigte und bestrafte. Weder sie noch die Frau hatten die maßlosen »Verbrechen« begangen, deretwegen die Mutter tobte. Sie waren gar nicht dagewesen.

Ohne Stanleys Wissen waren die Verwirrung dieses jungen Truppenmitglieds, ihr Gefühl, entwürdigt worden zu sein, ihr lang unterdrückter Zorn aufgestiegen. Die gleichen Gefühle empfand der Rest der Truppe, und wie

ein Zuschauer beim Hockey verbrachte er die nächsten fünfzehn Minuten damit, der Zusammensetzung eines Bildes zuzuschauen, wie ein Kind nicht aufwachsen sollte.
Stanley beschloß, *Mean Joe* ins Spiel zu bringen.
»Weil seine Größe und Stärke unbestritten sind, kann *Mean Joe* Leuten, die ihn nicht verstehen, Angst machen. Wir haben über *Mean Joe* im Manuskript geschrieben.«
»Tut mir leid«, sagte Stanley und wünschte sich, er könnte die Stimme mit Namen ansprechen. »Ich fürchte, ich habe das noch nicht gelesen. Erzählen Sie es mir.«
»Sie lesen nicht besonders schnell, was?«
»Jedenfalls nicht so schnell, wie Sie schreiben«, sagte Stanley und dachte an den wachsenden Papierberg in seinem Büro.
»Sie werden sich zusammenreißen müssen.« Diesmal lachte *Elvira* nicht. Sie sagte Stanley, daß *Mean Joe* die Mutter in Erstaunen versetzt hatte.
Stanley kam der Gedanke, daß die Konfrontation mit dem aggressiven Verhalten eines männlichen Wesens – und *Mean Joe* war ein Mann – die Mutter überrascht haben mußte, um es vorsichtig auszudrücken.
»Normalerweise«, sagte *Elvira*, »hagelte es Schläge und Schlimmeres, wenn wir der Mutter über den Weg liefen. Aber eines Tages war *Mean Joe* da, er war einfach nur da. Danach änderten sich die Dinge. Natürlich konnte *Mean Joe* nicht immer da sein, aber wenn er's war: Achtung! Die Mutter traute sich nicht, ihm eine zu knallen. Wenn die Leute heutzutage *Mean Joe* sehen, fürchten sie sich vor seiner Stimme, seiner Größe. Aber *Mean Joe* würde niemandem etwas tun, es sei denn, sie trampeln auf einer von uns herum. Außerdem ist *Peacemaker* immer bei ihm, wenn er draußen ist, mehr um die zu beruhigen, mit denen er redet, als um sie vor seinem Zorn zu beschützen. *Mean Joe* ist kein zorniger Mensch.«

Peacemaker, dachte Stanley, eine, die auf *Mean Joes* Spuren für Frieden sorgte, noch jemand von denen, die zu dem komplizierten System von Kontrolle und Ausgleich in einem inneren Prozeß gehörten? Er beschloß, den Hinweis zu ignorieren und etwas anderes zu fragen.
»Irgendwie habe ich den Eindruck, daß das Unbehagen der Mutter Ihnen Spaß gemacht hat. Sie lächeln. Hat es Ihnen Spaß gemacht?«
Elvira warf ihm einen verstohlen prüfenden Blick zu und lauschte nach innen, wo die Talking Heads eine lange Fassung von »*Take me to the River*« sangen. So konnte sie einfach in der Musik verschwinden für den Fall, daß Stanley falsch reagierte, sie für ihre Freude am Elend der Mutter tadelte. Wenn sie ihn nicht hörte, konnte er sie auch nicht verletzen. Allerdings würde sie ihm dann nie wieder etwas erzählen. Die Musik in ihrem Kopf endete. Sie riskierte einen Versuch.
»Doch«, sagte sie. »Es hat mir Spaß gemacht. Keine Entschuldigungen, Mann, ich klammerte mich geradezu an das Gekläff aus ihrem Mund. Wie an ein Stück Musik, verstehen Sie? Etwas, das ohne Umwege einem in die Knochen fährt.« Ihr Gesicht spiegelte reines Vergnügen. Stanley lachte, und weil er das tat, wurde er weniger bedrohlich, eher einer, dessen Gutwilligkeit noch zu testen wäre. Sie dachte noch nicht daran, ihm ihren Namen zu sagen, aber während der Sitzung würde sie ihm die Namen, die Tätigkeiten und die Ängste einiger anderer Truppenmitglieder mitteilen. Soll er doch raten, dachte sie, mehr kann er sowieso nicht tun. Was er nicht identifizieren kann, kann er auch nicht umbringen.
»Lesen war eine sichere Sache«, sagte sie in ihrer forschen Art, die Musik in sich auf voller Lautstärke. Sie rezitierte einige Gedichtzeilen, die von Mondlicht handelten. Eins der Gedichte war »*The Highwayman*«, sie konnte es auswendig. Die Metapher vom abtrünnigen

Straßenräuber erinnerte Stanley an seine Gedichte-und-Prosa-Sammlung während der Schulzeit. Abgesehen von einem ständig präsenten drohenden Unterton klang ihre Stimme wehmütig und nachdenklich. Stanley war sich sicher, daß sich außer Wehmut und Nachdenklichkeit noch mehr dahinter verbarg.

»Die Mutter haßte diesen romantischen Zug an uns. Eines Nachts, als *Sixteen* dreizehn war – verwirrt Sie das, Stanley? –, stand sie am Schlafzimmerfenster. Es war Vollmond, ein blasses Blau, das niemand malen kann, wie sehr wir's auch versuchen. Die ganze Gegend war von diesem Licht überflutet; Stille; nichts rührte sich. Wir lächelten in uns hinein. Und am nächsten Morgen zeterte die Mutter: ›Hast du letzte Nacht ohne Hemd geschlafen? Du weißt, daß sich das nicht gehört, du hast im Nachthemd zu schlafen, du hast immer bekleidet zu sein.‹ Und die Mutter sah uns nicht an, sondern schlug die Augen nieder und wurde sehr still und nervös und sagte, daß wir uns nicht beherrschen könnten, es noch nie gekonnt hätten.«

»Uns?« Stanley konnte es nicht zurückhalten. Er wußte, daß die Person vor ihm nicht ihren Halbbruder oder die Halbschwestern meinte, sondern sich und die anderen, die bei ihr waren. Es war, als fragte man den Regen, warum er naß war. Sie sah ihn an, als wäre er schwer von Begriff, und sagte, das sei nur so ein »Ausdruck«. Aber ihre Augen signalisierten Vorsicht; in den Bewegungen ihres Körpers bemerkte er Distanz, Achtsamkeit hinter der guten Laune. Und sofort änderte sich wieder alles. Das Gelächter kam in großen, hemmungslosen Schüben und schüttelte den Körper der Frau, lange bevor es ihre Kehle erreicht hatte.

»Warum lache ich? Was habe ich damals falsch gemacht? Ich würde es gern wissen.« Sie schlug die Hände vors Gesicht, versuchte trotz des Gelächters zu fragen, warum

die Mutter sie so sehr gehaßt hatte. Ihr Kiefer fiel herunter, die Stimme wurde schleppend, die Worte kamen dumpf und gezwungen.
»Möchten Sie abbrechen?« Er unterdrückte seine Betroffenheit.
»Nein. Aber etwas ist nicht in Ordnung. Meine Arme sind voller Nadeln, der Raum schwankt, und mein Kopf dröhnt. Und meine Hände fühlen sich an, als rührte ich in Sirup.«
Das einzige, was er daraus schließen konnte, war, daß in ihrem Körper irgendein chemisches Ungleichgewicht entstanden war – zu viele Personen kamen und gingen gleichzeitig und zerstörten dadurch die empfindliche Balance. Er beobachtete, wie sie sich bemühte, wieder Boden unter die Füße zu bekommen und ihm trotz des fortwährenden Lachens zu erklären, daß ihre Mutter nie versäumt hatte, sie ins »Loch« zurückzutreiben und sie nach jedem Ausbruch gezwungen hatte, sich aufs neue zu unterwerfen.
»Manchmal hat sie mich behandelt«, sagte die Frau mit dumpfer Stimme, »als sei ich ein wildes Tier in einem Käfig.«
»Kann sein, daß es ihr wirklich so vorkam.« *Elvira* lächelte. »*Mean Joe* brauchte die Mutter nur anzusehen, und schon bekam sie Angst. Sie dachte, *Mean Joe* wäre gefährlich, dabei war er nur anders. Das Schlagzeug, das seinen Rhythmus bestimmte, ließ sich von niemandem anmachen.«
Hinter den Worten wurde unbezwingbar gute Laune sichtbar, die Fähigkeit, gelassen über allem zu stehen. Ein schneller Verstand produzierte die Sätze; kein Wort mehr, als sie wollte. Stanley wußte, daß er mit den wenigen Sätzen über *Mean Joe* getestet werden sollte, und setzte sie nicht weiter unter Druck; er fürchtete, das bißchen Fortschritt, das bis jetzt erreicht worden war, zu

gefährden. Durch seine Zurückhaltung angestachelt, beugte sie sich vor und fragte ihn, ob er in Whisky getunkte Schokoladenkekse, die Bilder von Francis Bacon und Rockmusik mochte. Stanley, der spürte, hier ergab sich die Gelegenheit, eine Verbindung herzustellen, holte tief Luft und sagte ja.
Unter der Haarmähne, die ihre Augen verdeckte, lächelte *Elvira* in sich hinein; Stanley war wirklich nicht übel. Trotzdem konnte es falsch sein, ihm oder sonst jemandem zu vertrauen. Gut, was zum Teufel machte es aus. Mit den Fingern schnippte sie einen leisen Beat, bewegte ihren Körper aus der Taille heraus in einem kurzen Anfall von verblüffender Hemmungslosigkeit und erzählte ihm von der Kritik »dieser Frau«, womit die Mutter gemeint war, an Elvis Presleys »gräßlichen Verrenkungen«. Die Mutter, sagte sie, sei entsetzt gewesen und hätte damit gedroht, den Fernseher abzustellen, um ihm das Maul zu stopfen.
»Sprechen Sie von Ihrer Mutter?« fragte Stanley.
»Das Spielchen können Sie mit mir nicht machen«, sagte *Elvira*. »Das war nie und nimmer meine Mutter.«
Was sie dann sagte, erinnerte Stanley an die weiße Collage, die im Wohnzimmer der Frau hing. Ihre und viele andere Stimmen berichteten ihm von einer landesweiten Kunstausstellung, an der ihre Schule teilgenommen hatte. Augenscheinlich hatten sie hundertfünfzig Bilder eingeschickt und für alle Preise bekommen. Ein bestimmtes Aquarell, ihr erster Versuch auf diesem Gebiet, hatte ihnen einen begehrten goldenen Schlüssel eingebracht. Das Bild zeigte einen Baum, bei dessen Beschreibung ihn ein Schauer überlief – unheimlich, kalt, knorrig, gelbes Mondlicht über einem kahlen Moor. Die Wurzeln, wurde ihm gesagt, waren von den Ästen nicht zu unterscheiden, so verschlungen waren sie miteinander. Irgendwie symbolisierte der Baum seine Patientin. Hatte, wer das

gemalt hatte, das verstanden? Hatten sie es absichtlich getan? »Hat irgend jemand noch mehr gemalt?« fragte er. »Achtunddreißig Bilder in zwei Monaten, letztes Jahr, für eine Einzelausstellung. In Acryl. Während eines vollen Arbeitstages im Immobiliengeschäft.«
Stille. Das ausdruckslose Gesicht der Frau bereitete ihm Unbehagen. Er fragte, wer gemalt hatte.
»Wir wissen es nicht«, sagte *Twelve*. »Wenn eine von uns anfängt, gestaltet sie manchmal alleine. Aber manchmal scheint es auch, als machte dann jemand weiter, den wir nicht kennen. Was dann am Ende auf der Leinwand erscheint, stammt von dieser Person. *Catherine* malt alles selbst, und sie schreibt auch, immer sehr sarkastisch, sehr arrogant und unverständlich. Sie würde niemanden dranlassen, außer...«
»Wer hilft *Catherine*?«
»Das darf ich Ihnen nicht sagen. Wenn die Zeit gekommen ist, wird *Catherine* es Ihnen selbst sagen.«
Stille und wieder der Rückzug.
»Ich merke, die Mutter hatte, was man eine böse Zunge nennen könnte«, hakte Stanley nach. »Stimmt das?«
Elvira machte sich daran, aus der Erinnerung die Mutter nachzuahmen.
»Ich hätte dich nicht auf die Welt bringen müssen; ich habe es freiwillig getan, und das wirst du nicht vergessen, dafür mußt du bezahlen, hörst du? Ich verlange, daß du dich wie eine Dame benimmst, spring nicht herum, sprich leise und deutlich, benimm dich anständig. Worüber lächelst du, warum schaust du so finster, was machst du den ganzen Tag in deinem Zimmer, warum kannst du nicht artig sein, warum hast du so schlechte Zensuren? Du meinst, das Leben hier ist hart? Warte, bis du aus dem Haus bist, dann weißt du, was hart ist. Die Welt ist kalt. Weshalb heulst du, mach nur so weiter, und ich werde dir einen Grund zum Heulen geben.«

Elvira beschrieb, wie sie sich zum erstenmal mit einem Jungen verabredet hatte. Bei einem College-Ball. Ein langes weißes Kleid, und das mütterliche Gezeter vorher ging über in eine Verteufelung dessen, was gute Mädchen böse Jungen nicht tun lassen. Für die Mutter waren alle Jungen schlecht und die Mädchen, die mit ihnen ausgingen, ebenfalls. Die Lektion vermochte *Sixteens* Freude darüber, daß ein Junge sie tatsächlich um eine Verabredung gebeten hatte, nicht zu dämpfen. Aber der Stiefvater bekam die Sache mit und griff sie sich eines Abends in der Küche. Wütend sagte er, wenn sie es wagte, zum Ball zu gehen, würde er dem Jungen erzählen, daß sie eine Hure sei.

Bei *Elvira*s letzten Worten tauchte die Frau wieder auf. Sie sah aus, wie sie sich fühlte: aus dem Gleichgewicht geraten. »Wochenlang vor dem Fest«, sagte sie, »wünschte ich mir zu sterben, weil ich nicht verstand, warum mein Stiefvater das tat.«

»Sie konnten sich nicht vorstellen, was er in bezug auf Sie mit ›Hure‹ meinte? Sie verstanden nicht, was er gegen Ihre Verabredung mit einem Jungen hatte?«

Sie wußte es nicht. Stanley notierte das, drückte den Kugelschreiber aufs Papier. Wenn seine Vermutungen zutrafen, lag hier der Kern der Krankheit »Multiple Persönlichkeit«. Ihre Augen, unabhängig davon, welche Informationen verschiedene andere Stimmen ihm heute oder sonst hatten zukommen lassen, waren bar solchen Wissens. Sie gaben nur den Schock wieder, den er in der letzten Stunde hatte wachsen sehen, spiegelten Unglauben über die Bedeutung dessen, was bisher nur ein Verdacht war.

Es hatte den Anschein, als hörte er im einen Moment »sie« die Absichten des Stiefvaters auf den Punkt bringen, als hätte »sie« eine Erinnerung an den Inzest und die Ereignisse drum herum. Im nächsten Augenblick platzte »sie« in ihre Unterhaltung, wußte nichts vom Stiefvater oder von sonst jemandem aus der Familie. In solchen Augenblicken rannte er gegen ein leeres Gesicht, zweifelnde Blicke, absolute Unkenntnis von Dingen, die in vergangenen Sitzungen oder vor wenigen Minuten diskutiert worden waren.

Herauszufinden, welche Person die Frau war und wer ein anderes Ich, zu entziffern, wann die Frau verschwand, während eine ganze Abfolge von Gedanken oder manchmal auch nur ein Satz ausgesprochen wurden, war eine schwierige Aufgabe. Er nahm nicht an, daß er sie bis jetzt gemeistert hatte. Wie konnte er herausfinden, wieviel sie wußte, wenn er nicht einmal immer definieren konnte, wer sie war. Das Gesicht vor ihm sah verwirrt aus, sie wußte offenbar nicht, wo sie war. Für einen Augenblick zweifelte er, ob sie überhaupt wußte, wie sie hieß, oder verstand, was er sie fragte. Er war still, wollte die Verwundbarkeit und Furcht nicht stören, die er spürte.

»Stanley«, sie schien die Tränen auf ihrem Gesicht nicht zu merken, »noch nie ist mir das Gesicht meines Stiefvaters und wie er an jenem Tag in der Küche aussah, so deutlich gewesen wie heute. Warum hat er das getan?«

»Hure.« Eine kleine Stimme wiederholte das Wort. Aber dann veränderte sich die Stimme, und feuchte grüne Augen sahen zu ihm auf. Die Stimme fragte voller Verzweiflung und Selbstzweifel, ob er jemals ein Opfer behandelt hätte, das nicht weinte.

»Nein, kein einziges«, sagte er und erklärte ihr, daß ihre Kindheit bizarr, ihr Stiefvater und wahrscheinlich auch ihre Mutter »krank« gewesen waren. Er konnte nur hoffen, daß die Frau ihn hörte; es war schwierig geworden, sie in der Menge wiederzufinden.

Zitternd vor Erschöpfung, die Augen von Wimperntu-

sche verschmiert, fuhr die Frau nach der Sitzung nach Hause. Sie haßte den Verkehr und fuhr mit geschlossenen Augen zwischen Campingwagen und Bussen. Jedesmal, wenn wieder ein Zusammenstoß vermieden war, seufzte sie vor Erleichterung. Sie fuhr seit vielen Jahren und begriff nicht, wie ihr Strafregister gleich Null sein konnte, obwohl sie eine so unsichere und ängstliche Autofahrerin war. Sie hatte Stanley davon erzählt. Er hatte keine Erklärung dafür.
Die heutige Sitzung war – wie alle anderen – ziemlich enervierend gewesen, was auch von der unbewußten Anstrengung herrührte, »anwesend« zu sein und die Kontrolle zu behalten. Um diese Kontrolle kämpfte die Frau jeden Tag aufs neue und wußte nicht, wogegen sie kämpfte. Die Sitzungen beliefen sich auf drei Stunden in der Woche, die danach notwendige Erholungspause riß ein Loch in den Kalender, der ohnehin keinen Raum mehr aufwies. Manchmal staunte sie über die vielen Termine und Verpflichtungen, von denen sie nur eine vage Vorstellung hatte. Dann lachte sie über die naheliegende Antwort. Im Augenblick lachte sie nicht. Sämtliche Knochen taten ihr weh, der Kopf dröhnte, und dazu die ganze Zeit dieses schreckliche Gefühl von gestörtem Gleichgewicht, von drohender Gefahr, die Furcht vor etwas, das keinen Namen hatte. Und außerdem die Gewißheit, daß sie jede Sekunde abstürzen konnte.
Es war Hochsommer; feuchte Hitze lag über dem Land, brannte auf ihren Rasen und drohte das Gras zu verbrennen, das dort zu wachsen versuchte. Auf der Veranda hantierte sie mit dem Hausschlüssel. Sie wollte hinein, wo alles vertrauter war und sie die Wirkung der Sitzung abschütteln konnte. Da, eine Bewegung zu ihren Füßen, aus den Augenwinkeln sah sie es. Der Schlüssel war vergessen.
Lamb Chop bückte sich, rutschte auf Händen und Füßen,

fasziniert von dem Regenwurm, der seinen Weg über die Veranda suchte. Sanft dirigierte sie den Wurm in ihre Handfläche. Sie hatte sie immer schon gemocht. Im großen Aquarium im Wohnzimmer hielt *Twelve* einen ganzen Haufen davon. *Lamb Chop* hätte den Wurm ins Haus getragen und ihn *Twelve*s Sammlung hinzugefügt, aber der Befehl hieß: keine fremden Würmer; du würdest das chemische Gleichgewicht zerstören.
Eine halbe Stunde verging, irgendwie; die Zeit schien fortzutreiben wie Rauch, der verging. Eine Sekunde lang hing die Vorstellung von Rauch in der Luft – dann kam der Geruch von brennendem Laub. Sie sah den Stiefvater, den flachen Karren, das Versteck darunter, begriff zum erstenmal, daß der Karren ein offener Anhänger war, mit dem die Kreissäge in den Obstgarten befördert wurde, um die Bäume zu beschneiden. Worauf wartete der Stiefvater, als sie aus dem Schulbus stieg; warum ging sie mit zum Obstgarten statt ins Haus, wo die Mutter einen Imbiß vorbereitet hatte?
Die Sekunde war zu lang gewesen; die Finger von *Weaver* im Tunnel flogen, holten die Frau und die Schreie, die aus ihrem Mund kamen, glücklicherweise ein. Kurz darauf fand sie sich wieder, wie sie die Störung im Radio hörte und nach einer Lampe suchte, die funktionierte. Die Glühbirnen gingen oft kaputt, vielleicht waren die Leitungen defekt. Aber sie hatte schon an vielen Orten gelebt, und immer hatten die Glühbirnen nur eine kurze Lebensdauer. Tief in ihr entstand eine Erklärung und wurde gleich wieder weggewischt.
Geh fort, laß mich allein, ich hasse dich. Warum kam ihr dieser Satz so oft in den Sinn, gemeinsam mit geradezu kindischem Zorn und dem Gefühl, schmutzig zu sein? Sie stand in der Küche, in der Hand zwei brandneue 75-Watt-Birnen, und traute sich nicht, sie einzuschrauben. Die Worte wurden wiederholt. Wenn sie sie früher

gehört hatte, hatte sie wie bei allem anderen angenommen, sie hätte sie gesagt. Was sie bedeuteten, wußte sie nicht. Sie hatte einfach mit ihnen gelebt und stellte jetzt, nach zwei Monaten zermürbender Therapie, vage fest, daß sie jedesmal mit bestimmten Ereignissen zusammentrafen. Manchmal war es eine plötzliche Erinnerung oder daß sie sich in Gesellschaft danebenbenahm, wirklich oder vermeintlich, oder daß jemand sie bei diesem oder jenem Fehler ertappte – und nie kam ihr zu Bewußtsein, daß jedesmal, wenn sie die Worte hörte, sie nicht auf einem Stuhl sitzenbleiben konnte, sondern auf dem Boden knien mußte, egal was sie zu tun hatte. Dann zitterte sie und weinte hysterisch.
Wie immer versuchte sie auch diesmal, das Weinen, das Klagen der Todesfee zu überhören, versuchte, mit dem weiterzumachen, was sie gerade tat. Die kleinen Finger, die gegen die Wände des Tunnels pochten, verschwanden unbemerkt.
Geh weg, laß mich allein, ich hasse dich. Die Worte hallten wider, eine kleine, ängstliche, weinende Stimme. Und wieder empfand sie die unbekannte Gefahr. Sie war sich ihrer Feigheit bewußt, die sie daran hinderte zu fragen, was die kleine Stimme so erschreckte. Die Frau zitterte, als sie von Zimmer zu Zimmer ging und die Lampen einsammelte. Sie stellte sie alle in der Küche auf den Boden und kniete nieder. Mit Tränen in den Augen und bebenden Händen schraubte sie in jede eine neue Glühbirne. Einen Moment lang dachte sie an die enormen Summen, die sie für Glühbirnen und Batterien ausgab.

14

»Kein Zweifel. Sie ist multipel. In dreißig Minuten habe ich mindestens sieben gezählt. Wo also liegt das Problem?«
Marshall Fielding wandte sich vom Videoschirm ab. Stanley hatte absichtlich während der Drinks am Flughafen und während der Fahrt zur Universität die Frau nicht erwähnt. Marshall sollte selbst sehen. Es war gut, daß er auf diesem komplizierten Gebiet seit Jahren forschte. Bis jetzt, es war sechs Uhr abends, hatte keiner von ihnen ans Essen gedacht.
»Das Problem besteht darin«, sagte Stanley, »daß sie nicht immer mit dem übereinstimmt, was ich gelesen habe.«
»Das wird sie auch in Zukunft nicht. Wir haben bisher nur oberflächlich begriffen, wie unterschiedlich Multiplizität auftreten kann. Diese Menschen sind einzigartig, Stanley; sie haben ihre eigenen Strukturen, und selbst wenn die doppelte oder dreifache Anzahl von Fällen bekannt wäre, gäbe es Gebiete, auf denen sie alle nicht miteinander vergleichbar sind. Wir wissen sehr wenig darüber.«
»Psychische Gesundheit«, seufzte Stanley. »Eine nicht exakte Wissenschaft.«
»Deshalb beneide ich dich nicht um deinen Posten. Ich kann Schmerz nicht zu nahe an mich herankommen lassen.« Hinter dem freundlichen Lächeln blickten seine

Augen aufrichtig und ernst. Marshall war ein Mann von mittlerer Größe; er reichte Stanley gerade bis zur Nase. Sein drahtiger, gedrungener Körper im beigefarbenen Sommeranzug wirkte durchtrainiert; er machte keine unnützen Bewegungen.
»Ich würde den Forschern ins Stammbuch schreiben: Beobachtet eure Patienten aus der Distanz. Beobachtung ist nicht das, was uns das Kino suggeriert. Andererseits kennen diese Personen dich erst seit zwei Monaten; ihre Zurückhaltung ist verständlich, als wollten sie dir auf den Zahn fühlen. In den Filmen wird der gleitende Übergang von einer Person zur anderen sichtbar; manchmal sehe ich überhaupt keinen Übergang, ich höre nur, daß mehr als eine zur gleichen Zeit spricht.«
»Die heutige Sitzung war in dieser Hinsicht die stärkste. Du kannst dir nicht vorstellen, wie sehr ich eine zweite Meinung brauche.«
»Gut. Es handelt sich also um eine voll entwickelte Multiplizität. Was immer du gelesen hast, vergiß es. Multiple Persönlichkeit äußert sich nicht immer als Materialisation nach heftigem Kampf. Damit meine ich, nicht alle Multiplen bekommen vor den Veränderungen notwendigerweise einen roten Kopf oder lösen sich scheinbar auf. Im Fall dieser Frau kann das zwar passieren, aber nach den Filmen zu urteilen, sind sie alle ziemlich gelassen geblieben. Vielleicht ist das der Grund, warum ihre Freunde von all dem bisher so wenig bemerkt haben. Einigen wird sie möglicherweise nur nervös und launenhaft vorkommen.«
Marshall hatte bereits einen flüchtigen Blick auf das Manuskript geworfen und erbat sich eine Fotokopie, um es sorgfältiger prüfen zu können. »Wenn der Titel einen Sinn hat, Stanley, wirst du es nicht leicht haben. Ich weiß, du gehst nicht zur Jagd, aber der Schrei eines

verwundeten Kaninchens ist exakt jenes Geräusch, das du nie wieder hören möchtest.«
Stanley erzählte ihm, daß auch die Beamten auf Alberts Polizeirevier es nicht noch einmal hören wollten. Er umriß die Merkwürdigkeiten und die besonders schwer zu handhabenden Probleme, auf die er bei seiner Patientin gestoßen war.
»Sie ist so durcheinander, wie du es jetzt bist«, sagte Marshall zu ihm. »Unabhängig davon, wie stark sie ist, wird dieser Wechsel der Persönlichkeiten sie um so mehr erschrecken, je weiter die Therapie fortschreitet. Bei einigen Übergängen ist sie vielleicht schon am Ende angekommen oder meinetwegen auf halber Strecke. Wenn dem so ist, hört sie aus der Ferne Bruchstücke einer Unterhaltung. Das kann von Außenstehenden wie dir kommen oder von ihren anderen Ichs. Sie weiß wahrscheinlich, daß sie regelmäßig hier ist, oder daß sie hier war, aber es braucht einen oder mehrere Auslöser, um sich auch nur dunkel an das zu erinnern, was gesagt worden ist. Und wenn eine dieser Personen an bestimmten Stellen besonders empfindlich ist, wird sie sich an das Gesagte überhaupt nicht erinnern. Es muß auch gar nicht eine Frage der Erinnerung sein; sie ist dann nicht dabeigewesen.«
Stanley berichtete ihm, daß die Frau ein Tagebuch führte und zu Hause Tonbänder besprach.
»Dir ist klar, daß die anderen dabei mitwirken? Du kennst dich in ihrer Welt nicht aus; du tendierst zu der Annahme, daß alles nur einen Ursprung hat. In Wirklichkeit sind es viele.«
»Es ist eine Angewohnheit, von der ich mich gerade zu trennen versuche«, sagte Stanley. »Aber mir wird jetzt deutlich, wie gering die Erinnerung meiner Patientin ist. Und daß ich nicht einmal weiß, welche von ihnen meine Patientin ist.«

»Vielleicht bist du ihr auch noch gar nicht begegnet.«
Marshall sah Stanleys Gesichtsausdruck und zeigte auf den Videoapparat. »Ich sage ja nicht, daß du's nicht bist; ich weiß es einfach nicht. Aber denk an den ganzen Vorgang der Multiplizität. Sein Zweck ist der Schutz des inneren Kerns, des originalen, erstgeborenen Seins. Das wäre gar nicht zu leisten, wenn das Innerste ständig draußen herumspazierte.«
Der Videofilm ging weiter. Marshall versuchte Stanley klarzumachen, daß er bisher einen Prozeß vereinfacht hatte, der verzwickt und nur mit sich selbst identisch war. Alle, auch die Fachleute, waren sich bewußt, daß sie bisher nur an der Oberfläche des Mechanismus gekratzt hatten. Die Frau, oder wer immer sonst, saß vor ihnen, in Farbe, ihr Gesicht und ihr Körper gaben eine Abfolge von Emotionen wieder, die sich alles andere unterwarfen. Schließlich, mitten in einem Schock und Wutanfall, machte »sie« eine Bemerkung zu Stanley, die sie beide zum Lachen brachte.
»Jemand«, sagte Marshall, »hat ein untrügliches Gespür für Komik. Einen scharfen Verstand. Was ich höre, reicht von Galgenhumor bis zum Studentenwitz, aber das meiste, schätze ich, stammt von einem einzigen anderen Ich. Eine von ihnen spielt mit dir, testet deine Auffassungsgabe.« Marshall schüttelte den Kopf. »Die Filme zeigen eine große Vielfalt. Du kannst froh sein, daß sie sich hat filmen lassen, aber es wird seine Zeit brauchen, bis alle Personen beschrieben sind.«
Er sah wieder hin: »Eben hast du sie etwas gefragt, und sie konnte sich nicht erinnern. Da, schon wieder! Sie kann sich an das, was du drei Sekunden vorher gesagt hast, nicht erinnern. Offensichtlich war sie drei Sekunden vorher nicht da.« Marshalls volle Aufmerksamkeit galt dem Video. Die Frau redete gerade, als sich Gesicht und Körper deutlicher noch als sonst bewegten und

änderten. Sie saß in Yoga-Haltung auf dem Boden; ihr Gesicht verlor den vor einer Minute noch maskenhaften Ausdruck und wurde ruhig. Die Augen blickten weich, groß und unschuldig, ihr Mund formte sich wie der eines kleinen Mädchens zu einem runden »O«. Die Stimme flüsterte nur noch, und sie lächelte zutraulich. Nach all der Zeit wurde es Stanley bei dieser Stimme noch immer eiskalt.
»O«, vom Bildschirm kam ein Juchzen. »Sie kommt, ich spür' sie. Sie ist hier, jetzt.«
»Ein Kind«, sagte Marshall. »Du hast sozusagen die Quelle angezapft. Hinter diesem Mädchen gibt es noch mehr, genauso kleine und wahrscheinlich noch stärker verletzt. Sie ist für sie eine Fassade. Ich kann es fast körperlich spüren. Schau, wie sie dasitzt.«
Stanley sah hin, obwohl er es doch wußte. Entweder war Marshall in den zwei Jahren, in denen sie sich nicht gesehen hatten, zum Romantiker geworden, oder seine Sinne waren durch die Auslieferung an eine multiple Persönlichkeit überreizt. Stanley blickte auf den Bildschirm und versuchte, die Aktion mit Marshalls Augen zu sehen. Das Mädchen gab sich selbst einen letzten Schubs und schien dahinzuschmelzen. Eine ältere, ebenso unschuldige und fröhliche Stimme trat auf, mit glücklich staunenden Augen.
»Wer ist das?« fragte Marshall heftig. »Über wen hat das Mädchen gesprochen?«
Stanley schluckte. »*Miss Wonderful.*«
Marshall grinste. »Manchmal sind die Namen ein Programm. Ich wette, du hattest angenommen, sie würden sich Martha, Jane oder Henry nennen.«
Marshall öffnete eine Cola-Büchse und erklärte Stanley, seine übliche Routine: sechs Monate und dann raus auf die Straße, könne er vergessen. »Keine Ahnung, bei wie vielen Personen diese Frau am Ende landen wird.

Komisch. Ein guter Psychiater würde seinen Augapfel für eine multiple Persönlichkeit geben, denn statistisch gesehen können wir von Glück reden, wenn wir in unserem Berufsleben auf zwei echte treffen. Statistisch gesehen, sage ich. Aber wenn man sie dann vor sich hat, in einer realen, lebendigen Patientin...«
Stanley nickte. »Die Traurigkeit«, murmelte er vor sich hin, »ist unglaublich. Für mich wiegt sie stärker als der wissenschaftliche Stolz auf die Entdeckung.«
»He.« Marshall zog eine Augenbraue hoch. »Ich bin Optimist. Ich denke mir, es ist besser, dem Problem ins Gesicht zu sehen, egal wie alt die Patientin ist, es zu besiegen und ihnen noch ein paar gute Jahre zu verschaffen. Und, Stanley, du wirst vierzig oder mehr Personen in ihr ein paar gute Jahre verschaffen.«
»Mehr als vierzig?« Stanley dachte an Jeannie Lawson und ihre drei voneinander getrennten Ichs.
»Der Videofilm und das Manuskript deuten darauf hin, daß deine Patientin eine Anwärterin auf die höheren Zahlen ist. Wir haben herausgefunden, daß der Durchschnitt zwischen fünfzehn und siebenunddreißig liegt; jenseits davon kennt sich niemand aus. In Los Angeles gibt es im Augenblick einen Mann mit zweihundert, und an einer prestigereichen Ivy-League-Universität* studiert eine junge Frau Jura, die einhundertfünfundzwanzig verschiedene Personen in sich hat. Was deine Patientin angeht: Wenn der Inzest so früh einsetzt, bereits mit zwei Jahren, und sich die ganzen Jahre fortsetzt, noch dazu mit einer nahen Autoritätsperson und nicht mit dem Mann von der Straße, spricht man von einer Brutstätte für multiple Persönlichkeiten. Natürlich setzt das ein hochbegabtes Kind voraus, wenigstens haben wir das

---

* Ivy-League: Efeu-Liga, Bezeichnung für die traditionsreichen Universitäten der Ostküste.

in den meisten Fällen herausgefunden. Die Mehrheit aller Multiplen ist von Geburt an enorm kreativ. Aber bei denen, die durch den Mißbrauch als Kind bis auf die Haut entblößt wurden, ist die Kreativität zerbrochen, unserem Blick entzogen. Im Fall dieser Frau wirf noch eine sehr eigenartige Mutter hinein und gib eine irische Großmutter hinzu, die bis über die Ohren im Katholizismus steckt. Für eine übermäßig restriktive Erziehung reichte das.«

»Ihre Mutter hatte mit der Kirche gebrochen. Die Kinder gingen nie in die Kirche.« Stanley runzelte die Stirn.

»Das ändert nichts. Der katholische Einfluß war und ist da. Ich habe gesehen, daß im Manuskript nichts, das auch nur im entferntesten mit Religion zu tun hat, mit Großbuchstaben geschrieben ist. (Vergleiche Vorwort der Autorinnen und Autoren auf Seite 34.)

Da gibt es eine Menge begründeten Haß auf autoritäre Systeme im allgemeinen und auf die Kirche im besonderen. Aber auch das ist ein Konflikt. In diesen Filmen hat jemand wieder und wieder das Kreuzzeichen geschlagen.«

»Nach der zweiten Therapiewoche habe ich ihr erzählt, daß ich Geistlicher war, bevor ich Therapeut wurde. Wenn ich daran denke, war die Antwort ein bißchen seltsam. Sie überlegte ungefähr dreißig Sekunden, und dann sagte sie: ›Wir vergeben Ihnen, Stanley.‹«

»Wer immer das gesagt hat, hat es ernst gemeint. Aber wenigstens bist du dadurch aus dem Dunstkreis dieser Gruppe heraus. Wenn mich nicht alles täuscht, war diese gute alte irische Großmutter so bissig wie die des Teufels, in jeder Hand einen Rosenkranz und eine Zunge wie die einer Kreuzotter. Sie haben sie oft besucht; an so einem Wochenende hat sie Sünde und Teufel literweise in das Kind pumpen können. Dann sind sie alle nach Hause auf die Farm marschiert, und die Mutter hat da weiterge-

macht, wo die Großmutter aufgehört hatte. Das katholische Training wird man so leicht nicht los. Auf die Weise konnte Mami, von der Kirche abgefallen oder nicht, noch mehr über Sünde und Vergeltung in ein ohnehin schon gequältes kleines Gehirn pflanzen, und, Simsalabim, das Kind wußte nicht mehr ein noch aus.«
»Also ging sie nach innen. Sie zerbrach«, sagte Stanley.
»Sie zerbrach nicht nur, sie machte sich davon. Man kann den menschlichen Geist nur bis zu einem bestimmten Punkt treiben, dann verweigert er die Beschäftigung mit dem Müll. Einige der Personen entstanden vermutlich, als sie zwei oder drei war, und wenn dem Stiefvater die Situation gefiel – und ich bin sicher, daß sie das tat, der Typ hat sie ja wie seinen Privatbesitz eingesperrt –, sind viele der anderen bald darauf geboren worden. Wir sollten uns nach etwas zum Essen umsehen, Stanley. Du mußt bei Kräften bleiben. Du hast jetzt nämlich das, was ich eine zunehmende Fallmenge nennen würde.«
»Mußt du dich unbedingt lustig machen?«
»Ich bin ein angepaßter Typ. Ich schwimme mit dem Strom.« Hinter dem Grinsen lag in Marshalls Stimme tiefer Sarkasmus.
»Wie ich schon sagte: Einige sind auf dem Weg beschädigt worden; sie haben sich nicht weiterentwickelt. Andere wurden geschaffen, um die Fäden wieder aufzunehmen. Die Verletzten sind immer noch da, aber ihr Ersatz kennt die Welt besser, kennt sie begründet. Hat, wenn du willst, eine Art vorausschauender Erfahrung.«
»Während die Patientin in seliger Unwissenheit verharrt.«
»Klar. Nur daß sie sich dreißig Jahre später in einem vermauerten Badezimmer wiederfindet. Die zwei Anhaltspunkte, die du brauchst, sind der Gedächtnisverlust und die einer Migräne ähnelnden Kopfschmerzen. Vergiß die Art, wie die Personen auftreten, und die

allgemein gültigen Muster. Die Regel heißt: Multiple Persönlichkeiten haben ihre individuellen Muster, und Überleben ist für sie das wichtigste. Stanley, diese Personen sind die Überlebenden. Wenn die Welt morgen zusammenbräche, rate, wer aus den Trümmern hervorkröche. Es sei denn, sie begehen vorher Selbstmord, und die Statistik kennt niemand.«

»Ist es geklärt?« fragte Jeannie am Telefon.
»Multiple Persönlichkeit«, antwortete Stanley. »Ihre Diagnose und meine.«
»Stanley, haben Sie wirklich recht? Sind Inzest und sexueller Mißbrauch von Kindern wirklich so weit verbreitet und multiple Persönlichkeiten infolgedessen auch?«

Jeannie, ein Mathematikprofessor und dessen Frau aßen mit Marshall und Stanley in einem Restaurant zu Abend. Jeannie war seit mehr als zwei Jahren nicht mehr ausgegangen; sie wirkte ernst und still. Glücklicherweise war das Lokal nicht überfüllt. Sie fühlte sich nicht allzu sehr beobachtet, aber sie hätte gern den Mantel anbehalten. In seine weiten Falten gehüllt fühlte sie sich sicherer. Gern hätte sie ihre Supervisorin dabei gehabt, aber so wichtig war das auch wieder nicht. Jeannie hatte immer noch das gute Gedächtnis eines ihrer früheren Ichs. Sie würde später eine Zusammenfassung schreiben und sie zu ihren Unterlagen tun.
Marshall sagte gerade, daß nach Frank Putnam vom NIMH (National Institute of Mental Health) Stanley seine Patientin mit professionellem Aplomb behandelt hatte: Er hatte sie ermutigt, sie nie zurückgewiesen, egal wie fremd das, was sie sagte, für ihn war. Durch posthypnotische Suggestion hatte er ihr ihren Wert bestätigt, und anstatt ihre Ängste herunterzuspielen, hatte er ihr versichert, daß sie allen Grund dafür hatte. Marshall

beschrieb die Therapie, die Multiple normalerweise erwarten konnten, und die Frau des Mathematikprofessors stieß einen ärgerlichen und ungläubigen Laut aus.

»Sie tun so, als gäbe es für Multiple praktisch keine richtige Behandlung. Wollen Sie damit sagen, daß meine Überlebenschancen, wenn ich an Multiplizität erkrankte, sagen wir zu neunzig Prozent negativ wären?«

»Erstens ›erkrankt‹ man nicht daran, aber genau das sind Ihre Chancen. Vorausgesetzt natürlich, daß jemand Sie rechtzeitig und richtig diagnostiziert.«

»Gibt es etwas, auf das ich besonders achten sollte?« fragte Stanley.

»Paß auf, daß du sie nicht umbringst.« Marshalls Tonfall war sarkastisch. Alle am Tisch verstummten. »Ich habe einmal erlebt, wie eine Multiple getötet wurde. Nicht wörtlich gemeint natürlich. Ihr Therapeut war es. Sie hatte, was ich nur einen ›fliegenden‹ Geist nennen kann. Der hob ab und flog weit über den Müll hinaus, in dem die meisten von uns in dieser Welt versinken; abgesehen von ihrer Situation traf ihr messerscharfer Verstand geradewegs ins Herz eines jeden Problems. Natürlich war es nicht sie, die traf, nicht ihr Verstand hob ab. Eine der Personen in ihr war ein echtes Genie, wie man es nur einmal im Leben trifft. Ihr Psychiater tat sein Bestes, um sie – die vielen, ihre anderen Ichs – zur Integration zu zwingen. Er wollte eine runde, ausgewogene, ›ganze‹ Person. Ich vermute, der Aspekt der Fragmentation bei multiplen Persönlichkeiten hat ihn schrecklich bedroht, vor allem als er Sachen zu sehen bekam, die er nicht begreifen konnte, von Ideen hörte, auf die er in einer Million Jahren nicht gekommen wäre. Die Frau entwickelte soviel Schönheit – und sie hätte einen langen Weg vor sich gehabt, wenn ihre Personen sich wirklich gegenseitig erkannt, sich und sie erforscht hätten. Wenn du so willst: wenn sie hätten zeigen können, was in ihnen steckte. Sie hatten keine Chance.«

»Wie ging es weiter?« Stanley legte die Gabel hin.
»Niemand weiß es. Als ich sie das letzte Mal sah, hatte der Psychiater es fertiggebracht, sich erfolgreich davon zu überzeugen, er habe zwei von ihren Ichs miteinander verschmolzen. Und das gleiche hatte er mit den restlichen hundertfünfzig Ichs vor. Ich behaupte nicht, daß Integration nicht für viele Multiple etwas sehr Gutes sein kann. Aber für sie war es eben nicht gut, und er bestand darauf, sie in eine bestimmte Form pressen zu wollen. Bisher hat noch niemand für Multiplizität eine für alle geltende Form gefunden. Ich habe sie mehr als ein Jahr lang beobachtet: Ihre Verwirrung wuchs, ihre Produktivität nahm ab. Es schien, als wäre sie wieder mitten in den Erlebnissen, die die Multiplizität zu allererst verursacht hatten. Er hat für sie eine sie einschränkende Umgebung wiedererschaffen. Eines Tages verschwand sie einfach. Ging. Multiple sind dafür bekannt. Einige sind in der Lage, mitten auf einer belebten Hauptstraße zu verschwinden. Selbst wenn sie ein Schildchen um den Hals hätten, würde niemand sie finden.«
Jeannie hatte den ganzen Abend versucht, die Maske einer Studentin, die Material für ihre Examensarbeit sammelt, aufrechtzuerhalten. Sie hoffte, die Anspannung, die sie bei der folgenden Frage empfand, würde sie nicht verraten.
»Glauben die Menschen Ihnen, wenn Sie so etwas äußern?« fragte Jeannie. »Glauben Sie, daß es Multiplizität und die Kompliziertheit dieses Prozesses wirklich gibt?«
»Fragen Sie das Frank Putnam. Der hat für das Verständnis für dies Gebiet mehr getan als ich in den nächsten fünf Jahren lernen kann, und in eingeweihten Kreisen spucken sie immer noch auf ihn. Als Putnam über Schizophrenie arbeitete, fand er heraus, daß der Begriff nicht auf alle Patienten, denen er begegnete, zutraf. Deshalb

stellte er Nachforschungen über die seit Beginn des neunzehnten Jahrhunderts gesammelten Fälle von multipler Persönlichkeit an. Seine schließlich veröffentlichte Schlußfolgerung zeigte, daß achtundneunzig Prozent der nachgewiesenen Multiplen mit schwerem und wiederholtem sexuellem und körperlichen Mißbrauch als Kinder zusammenhingen. Was die Schuldzuweisung betrifft, scheint Inzest absolut an der Spitze zu liegen. Ob es uns gefällt oder nicht, Multiplizität kommt häufiger vor, als wir glauben – sie wird nur meist falsch diagnostiziert. Ich kann nur hoffen, daß Stanley weitermacht. Wenigstens wird er sie nicht verletzen. Sie oder die anderen.«

»Putnam.« Der Mathematikprofessor blickte stirnrunzelnd auf seinen Teller. »Den Namen hab' ich irgendwo schon mal gehört. Wahrscheinlich im Fernsehen. Ein Dokumentarfilm über einen Mann mit fünf Persönlichkeiten. Der Schauspieler, David Birney, war hervorragend, und ich bin sicher, zum Schluß wurde auf Frank Putnams Arbeiten hingewiesen. Ich weiß noch, daß ich gedacht habe, wie sehr die Symptome der Schizophrenie gleichen und wie stark sie das Leben des Opfers beeinflussen. Aber – korrigieren Sie mich, wenn ich falsch liege – Sie scheinen multiple Persönlichkeit nicht für etwas zu halten, das man ›Geisteskrankheit‹ nennen könnte.«

»Es hängt von der Person ab«, sagte Marshall. »Im Fall von Stanleys Patientin und der jungen Jura-Studentin, doch, die gehen durch die Hölle, und ihr Leben ist verwüstet. Aber gleichzeitig ist die Multiplizität für sie ein hochentwickelter Schutzmechanismus. Ihre Personen haben sie von einer Leistung zur nächsten gebracht, ihnen ermöglicht, in einer Welt zu leben, die deprimiert und manchmal auch für die ›Gesunden‹ unerträglich ist. Denken Sie darüber nach. Wie auch immer, Stanleys

Patientin hat mit ihrer Wut zu leben vermocht und sie nie gegen die Gesellschaft gerichtet. Weder braucht sie Sozialhilfe noch ist sie im Irrenhaus.«

Die Frau starrte Stanley an und dann gegen die Wand. Schließlich streckte sie die Hände aus und betrachtete sie lange, als hätte sie sie nie zuvor gesehen.
»Multipel«, sagte sie mit bebender Stimme. »Eve, Sybil. Ich wollte diese Bücher nie lesen, die Filme nicht sehen. Was ich darüber gehört habe, schien so weit hergeholt.«
Was sie nicht aussprach: daß die Erwähnung von Eve oder Sybil die Vorstellung von Science Fiction auslöste und für sie irgendwie abstoßend war.
Stimme und Gesichtsausdruck änderten sich abrupt; Stanley hatte den Eindruck, daß wer auch immer hervorkommen wollte, sie verzweifelt im Griff hatte. Er sah das Gelächter, lange bevor es aus ihr herausbrach.
»Worüber lache ich?« Sie hob die Hände und preßte sie gegen die Wangen. »Ich wußte, daß alles sehr schlimm war; aber ich kann nicht glauben, daß es so schlimm war, wie man von Sybils Situation sagt. War es so schlimm? Wollen Sie das damit sagen?«
»Was glauben Sie?«
»Die Reaktionen Ihrer Studentinnen, manchmal Sharons Blick – und sogar der von Norman – sagen mir, daß es denkbar ist. Aber sie müssen sich irren. Was auch geschah, es war nie – Penetration.« Sie sprach das Wort aus, als würgte es sie. »Nie. Ich war erwachsen und weit weg vom letzten Farmhaus, bevor ich wußte, wie ein...«
»Penis«, sagte Stanley.
»... wie der aussah. Häßliches Wort. Sehr häßlich.«
Bei der ständig variierenden Mimik und Körpersprache fand er es schwierig, ein einzelnes Bild von ihr festzuhalten. Unter Seufzern, unterbrochen von unbeherrschtem nervösem Lachen, versuchte sie über das von drahtigen

Büscheln umgebene rosa Ding zu reden. Wie üblich war sie nicht in der Lage, Wörter auszusprechen, die sie in einen Zusammenhang mit menschlichen Geschlechtsorganen gebracht hätten.

Stanley hatte auch ohne seine Aufzeichnungen im Gedächtnis, daß irgend jemand sich an die Penetration im Alter von zwei Jahren, damals im Maisfeld, erinnerte und daß einige bei der Erinnerung an den Schmerz geheult hatten. Daß sie dies leugnete, war nicht das Thema. Das Thema war, daß die Frau sich nicht erinnerte, während andere das sehr wohl taten.

»Ob Penetration oder nicht – die Sybil übrigens nie erlitten hat –, woran Sie sich bis jetzt erinnern können, reicht aus, um multiple Persönlichkeiten hervorzurufen.« Stanley reichte ihr eine Tasse mit heißem Kaffee. Sie hörte auf zu weinen und trank. Er stürzte sich in den Versuch, ihr die Watte aus den Ohren zu pusten, und beschrieb äußerst drastisch den Geschlechtsakt, die Wörter »Penis« und »Vagina« betonend. Sie blickte zu Boden. Offensichtlich verstand sie, was er sagte, konnte es aber nicht wiederholen.

Doch es tat seine Wirkung. In ihrem Innern schoß etwas hoch, wie Quecksilber am Fuß eines Thermometers, das erhitzt wird, schoß in eine Höhe weit jenseits ihres Blickfelds. »Sie behaupten also«, schnauzte eine barsche Stimme, »daß der Inzest multiple Persönlichkeit verursacht und daß ich deshalb hier nicht allein bin, sondern Teil einer gottverdammten Gruppe. Der Stiefvater war es? Das Schwein. Wenn ich ihn vor mir hätte, er wäre ein toter Mann.«

Die Person, die da redete, wurde während der nächsten zehn Minuten über die Entdeckung der »Nachbarn« immer wütender. Stanley hatte nicht die Zeit, sich zu fragen, wie er sich unter solchen Umständen fühlen würde. Er hatte schon genug Schwierigkeiten, sich ein

Bild von der Frau zu machen. Als der Zorn sich allmählich legte, brachte er das Gespräch auf imaginäre Spielkameradinnen.
»Ich hatte nie imaginäre Spielkameradinnen.« Die barsche Stimme wirkte störrisch. »Ich wollte allein sein, kapieren Sie? Total, hundertprozentig allein.« Ein Schauder lief über ihren zusammengekrümmten Körper. »Ich habe mich nie etwas tun ›sehen‹ – egal ob böse oder gut. An was ich mich bei den zwei Farmhäusern auch erinnere – eine imaginäre Freundin ist nicht dabei.«
»Sie fragen, ob ich als Kind Stimmen gehört habe.« Die Stimme war weicher geworden, schlanke Finger nestelten am Kragen der weißen Bluse. »Nein. Ich habe nie Stimmen gehört. Erst seit ich die Tagebuchnotizen für das Manuskript zu ordnen begonnen habe. Einmal ging ich nachts mit einer Tasse Kaffee von der Küche zur Galerie. Jemand flüsterte meinen Namen. Die Stimme existierte wirklich, Stanley, obwohl ich ganz allein im Haus war. Ist das ›multiple Persönlichkeit‹?«

»Wie hat sie es aufgenommen?« Marshall stand mit Stanley auf dem Vorplatz der Universität, unter dem Arm die Kopien des Manuskripts. Studenten schlenderten vorbei, lachten. In der Luft lag der Geruch von frisch gemähtem Gras. Alles schien sehr normal.
»Sie glaubt, sie ist verrückt. Ich wünschte, du könntest hierbleiben«, sagte Stanley.
»Das werde ich nicht. Schon gar nicht in diesem Fall. Letzte Nacht habe ich in ihrem Manuskript gelesen. Die Ähnlichkeiten mit meiner Freundin sind erschreckend.«
»Ich habe bisher nur die Hälfte gelesen. Mein Stundenplan ist voll wie immer, und außer in den Sitzungen und die ersten Tage danach bin ich ziemlich erschöpft.«
»Mach keine Witze.« Marshall tat überrascht. »Schluck Vitamine. Du weißt, das Manuskript ist gefährlich für

eine Multiple, weil es über Verbrechen und Strafe schwarz auf weiß berichtet. Wenn ich du wäre, ich wäre hinter jeder Seite her. Jemand schreibt darin mit einer sehr altertümlichen Handschrift, und die Symbole, besonders gegen Ende...« Marshalls Gesicht verdunkelte sich, schließlich lächelte er wieder. «Ruf bei Gelegenheit Putnam an. Und laß mich wissen, wie es weitergeht. Noch eins, Stanley. Manchmal dreht eine Multiple während einer besonders produktiven Phase scheinbar ohne Grund durch. Es läßt sich nicht voraussehen. Sie wehren sich dagegen, sie laufen davon.«
»Ich werde auf sie achtgeben, Marshall.«
»Tu das. Und paß auf dich auf.«
Marshall wartete, bis Stanley im Fakultätsgebäude verschwunden war. Angesichts dessen, was er auf den Videos gesehen hatte, fragte er sich, wann Stanley bei dem absonderlichsten Aspekt der Sache angelangt sein würde – einem Aspekt, über den selbst Fachleute nicht oft zu sprechen wagten, auch nicht untereinander.

15

Die nächste Sitzung kam schneller in Schwung, als Stanley angenommen hatte. Von Anfang an hatte sie den Zeichenblock auf dem Schoß. Zwischen einem ihrer leeren Blicke und einem Strauß Löwenmäulchen, die mit Hilfe eines rosa Farbstifts entstanden, stieß er auf ein kleines Ego, das ihm mitteilte, es sei klüger gewesen, »das Schreiben und Zeichnen zu lassen. Die Mutter kriegte dich sonst ran.«
Dabei brach sie in Tränen aus. Er konnte die Kinder noch nicht unterscheiden. Aber wann immer an diesem Tag Kreativität sich in Malen, Zeichnen oder Schreiben äußerte, weinte ein sehr kleines sich die Augen aus, barg die rechte Hand schützend in der linken und schluchzte etwas von einer heißen Herdplatte.
Stanley erinnerte sich an den großen schwarzen Herd in der Küche des Farmhauses und bewegte sich, als wollte er ihren Arm berühren. Er war zu schnell gewesen; sie fuhr zurück, als habe er sie geschlagen.
»Keine Haut«, weinte sie und beugte sich über die Hand in ihrem Schoß.
»Wer bist du?« fragte er und sah, daß sie sich schon wieder veränderte. Die locker zurückgelehnte, die Situation beherrschende Haltung der Person vor ihm ließ auf einen Teenager schließen. Stanley war auf *Sixteen* gestoßen; die außer in romantischen Situationen keineswegs schüchtern war.

»Das sollten Sie lassen«, sagte sie. »Das Mädchen verkraftet es nicht, wenn man es anfaßt, und niemand hier wird Ihnen seinen Namen verraten.«
Stanley wollte den Grund wissen; sie antwortete, ihre Aufgabe sei nur, dazusein, wenn die Kleine hervorkäme. Plötzlich wirkten ihre Gesichtszüge härter, die Augenbrauen buschiger, die Lippen und Backenknochen voller. Die Stimme klang heiser.
Stanley erfuhr, daß in alten Zeiten die Soldaten im Angesicht des Feindes die Deckung verließen und einer nach dem anderen niedergeschossen wurden. Namen zu nennen, sagte die heisere Stimme, laufe darauf hinaus, jemandem die Kontrolle über sich zu erlauben.
»Die Kleine wollte Ihnen erzählen«, fuhr die heisere Stimme fort, »daß die Mutter ihre Zeichnungen und alles, was sie geschrieben hatte, in dem großen Küchenherd verbrannte. Die Kleine machte den Fehler, sich mit ihrer Arbeit zu identifizieren, und eines Tages nahm die Mutter ihre Hand und hielt sie auf die heiße Herdplatte. Das war uns eine Lehre. Identifizier dich nicht.«
»Warum hat die Mutter das getan?« fragte Stanley.
»Die Mutter sah hinter allem, was man aufs Papier malte, eine verbotene sexuelle Bedeutung. Die Kleine wuchs danach nicht weiter, sie hatte zuviel Angst. Einige andere machten weiter, aber immer in Furcht vor Strafe. Wir versteckten alles vor der Mutter. Nur einmal, als eine Zeichenlehrerin sah, was wir im Unterricht malten, und darauf bestand, daß wir an einem Wettbewerb teilnahmen, kramten wir hervor, was wir versteckt hatten.«
»Sie haben mehr als hundertfünfzig Preise gewonnen«, sagte Stanley. »Hat Sie das nicht von Ihrer Begabung überzeugt?«
»Nein«, sagte die heisere Stimme, und Stanley hörte den leichten irischen Akzent. »Seltsamerweise ging die Mutter mit, als wir die Urkunde abholten. Sie schien stolz auf

uns zu sein, aber wir trauten ihr nicht. Nicht nach dem, was sie der Kleinen angetan hatte. Wir waren wegen der vielen Preise überrascht, vor allem, weil in der ganzen Schule sonst niemand einen bekam. Aber als die Überraschung sich gelegt hatte, sagten wir uns, daß die Preisrichter wahrscheinlich nur gutgelaunt gewesen waren und die wirklich guten Künstler vermutlich gar nicht mitgemacht hatten. Kurz gesagt: daß die Preise das Papier nicht wert waren, auf dem sie geschrieben waren.«
Die Bewegungen wirkten maskulin. Die Kleinen wischten sich die Tränen oft mit dem Rocksaum ab, eine der erwachseneren Frauen fing sie mit der Zunge auf – dieser hier streifte sie mit dem Handrücken ab.
»Sehen Sie mich nicht an, hören Sie nur zu. Einer spricht durch mich, einer ganz hinten im Tunnel. Meine Aufgabe ist nur, ihn durchzulassen.«
»Er ist ein Mann«, sagte Stanley. »Ich höre es. Sind Sie auch ein Mann?«
»Sind Sie einer?« Über das schwere Gesicht huschte ein schwaches Lächeln.
»Irgend etwas ist seit der letzten Sitzung passiert«, sagte Stanley, »und hat die Kleine, die sich an den Herd erinnert, auftauchen lassen. Was ist es?«
»Neulich sah die Frau *Wells* Bild in einer Pfütze. Jetzt steigen *Wells* Erinnerungen auf und die der anderen um sie her ebenfalls. Gewissermaßen ist der Brunnen der Kreativität erwacht. Vor ihrem Tod haben einige andere von ihr gelernt, ihre Talente eingesogen. Als *Well* starb, hörten sie auf, sich weiterzuentwickeln.«
Stanley fragte, ob *Well* einen Vornamen hatte. Keine Antwort. »Das Mädchen, das mir eben von ihrer verbrannten Hand erzählt hat – ist sie der Brunnen oder das, was manchmal der ›Kern‹ genannt wird?«
»Niemals. Ihre Suche nach den beiden wird nie enden.«

Die Truppen hatten bereits mehr Vertrauen zu Stanley gefaßt, als ihm bewußt war. Die meisten waren so mißtrauisch, daß sie bei einer individuellen Gegenüberstellung nie ihren Namen gesagt hätten. Aber Stanley sollte jetzt einen Namen erfahren, der sie alle gemeinsam umfaßte. Der deutlich irische Akzent, der das ankündigte, rief in ihm Assoziationen an dieses grünste Land der Erde wach.
»Sie können uns«, sagte die heisere Stimme, »die Truppe nennen, denn das sind wir – eine Truppenformation.«
Frontrunner spürte, daß für den einen in der Tiefe des Tunnels die Unterhaltung beendet war. Sie machte sich bereit, hervorzukommen. *Frontrunner* schlief nie. Verschiedene andere Truppenmitglieder, die sich unter ihrer Führung mit dem Dienst an der Front ausreichend auskannten, mochten schlafen, *Frontrunner* nie. Ihre Pflichten waren von Natur aus umfassender, sie war ständig im Dienst, Auge in Auge, endgültig.
Die Verwandlung des heiser sprechenden männlichen Wesens hin zu *Frontrunner* geschah fließend, anscheinend ohne Anstrengung. Wie die im Sonnenlicht bebenden Flanken eines Pferdes. *Frontrunner* sah, daß Stanley lächelte, zum Zeichen, daß er sie erkannt hatte, mit oder ohne Namen.
Frontrunner fragte Stanley: »Wie entsteht Ihrer Meinung nach die Persönlichkeit?«
»Das weiß niemand genau«, sagte er, »auch nicht, in welchem Alter das beginnt. Einige behaupten, die Persönlichkeit sei bereits im Mutterleib festgelegt, durch die Erbanlagen; andere halten sie für etwas, das wir im Lauf unseres Lebens erlernen. Ich vermute, daß es keine endgültige und schon gar nicht nur eine Antwort gibt.«
»Lassen Sie uns – rein theoretisch – annehmen, daß es in jedem Menschen einen kleinen, unendlich kostbaren Kern gibt, der das Wesen eines jeden enthält, seine

Persönlichkeit, sein eigentliches Ich. Und nehmen wir weiter an, daß in den prägenden Jahren von der Geburt bis zum siebten Lebensjahr dieser Kern bloßliegt und leicht zu verletzen ist.«
»Schon geschehen«, sagte Stanley, in einen Dialog einsteigend, den *Frontrunner* offensichtlich genoß.
»Obwohl die Folter, die mit zwei Jahren einsetzte und sich Tag für Tag wiederholte, diesen Kern in zwei Hälften zerriß, sind Sie bestürzt über das Ausmaß gegenwärtiger Spaltung. Was verstehen Sie darunter?«
»Ich vermute, die Notwendigkeit so vieler Personen. Für die Frau ist da kein Platz mehr. Wo ist sie bei all dem?«
»Wir sind füreinander notwendig, das hat mit Luxus oder Marotten nichts zu tun. Jede von uns hat ihre besonderen Erinnerungen. Und einige sind jetzt dabei, die obersten Schichten ihrer Erinnerungen zu vergleichen, deren Bedeutung abzuschätzen. Daraus entsteht ein bestimmtes allen gemeinsames Wissen. Meine Aufgabe als *Frontrunner* ist, Sie darüber zu informieren. Unser Kern, der eine Person sein sollte, ist gespalten. Die eine Hälfte ist ein ›Kind‹, die andere eine ›Frau‹. Die zwei Hälften sind so beschädigt, daß das Kind kaum mehr ist als ein Schatten und die Frau in einer Verfassung, die Sie uns kaum glauben werden. Und keine der beiden Kernhälften, weder ›Kind‹ noch ›Frau‹, existiert in der Außenwelt.«
Stanley war einerseits freudig überrascht, denn *Frontrunner* hatte ihm ihren Namen genannt. Die Höflichkeit gebot in diesem Fall allerdings, daß er das nicht zur Kenntnis nahm. Auf der anderen Seite war er tief erschreckt. In keiner der Untersuchungen über Multiplizität war von mehr als einem Kern die Rede gewesen. Welche Art elterlicher »Erziehung« – unter welchem Deckmantel, aus welchem Winkel der Hölle heraus – erzeugte ein solches Ausmaß an Zerstörung?

Und in welchem Verhältnis stand die Information, die er gerade erhalten hatte, zu der Frau, die anfänglich nach einer Therapie verlangt hatte?
Frontrunner warf ihm einen vorsichtigen, wachsamen Blick zu. Trotz seines gelassenen Gesichts war ihr klar, daß die Nachricht ihn erschüttert hatte. Aber nicht ihm galt ihre Hauptsorge. Ihre Aufgabe war die Truppe, die Frau. Auch unabhängig von den Grenzen sprachlicher Kommunikation hatte sie ihre Probleme, ihm die Aufgabe der Truppe und ihren Mechanismus zu übersetzen. Manchmal war es möglich, Stanley Informationen zukommen zu lassen, indem sie einfach ein anderes Truppenmitglied überrumpelte und deren Gedanken benutzte. Mit minimalem Aufwand hatte sie so Meinungen weitergeben können und in seinen Augen, seinen Gedanken gesehen, ob er schnell genug begriff. Aber das war nur die eine Seite des Problems. War Stanley dem gewachsen, was noch kommen würde? Wäre er willens, wirklich alles aufzunehmen, was die innere Struktur der Truppenformation und ihr Arbeitssystem betraf? Hinter *Catherine* und *Outrider* lebten Truppenmitglieder, deren Identität vielleicht nie aufgedeckt werden würde; Truppenmitglieder, deren Wesen nie erforscht worden war, weil ihre Gedanken sich auf einer Ebene bewegten, die sie von anderen isolierte. Es war denkbar, daß auch sie eines Tages ihre Sicht der Dinge benannten, aber bisher hatte niemand darauf zu antworten gewußt. War Stanley so flexibel, wie *Frontrunner* es für nötig hielt; wußte er genug, um die richtigen Fragen zu stellen, auch wenn er nichts verstand? Oder würde er umgekehrt zu viel fragen und zu schnell?
Trotz ihrer Stärke, was sie und ihre Aufgabe betraf, hatte *Frontrunner* leise Zweifel, ob die Therapie wirklich hilfreich war.
Hi hi, lachte *Outrider*, die sich ihre eigenen Gedanken machte. Wer A sagt, muß auch B sagen.

Einen Moment fragte sich *Frontrunner*, warum *Outrider* für eine so diffizile Aufgabe ausgewählt worden war. Vielleicht weil sie mehr war, als sie schien.
»Hinter wem leben diese Truppenmitglieder?« fragte Stanley und sah auf seine Notizen. Die Frage war ihm gerade wieder eingefallen. Wahrscheinlich hatte er sie irgendwo aufgeschrieben.
Frontrunner war so höflich, nicht zu lächeln. »Sie leben im Schatten, wo es sicher ist«, sagte sie. »Zum Beispiel leben sie hinter *Catherine*.»
Sie hatte alles gesagt, was sie für diesmal sagen wollte, und entfernte sich. Sie hinterließ eine »ausgesprochen gesprächige Stimmung«, wie die Truppenmitglieder das später einmal nennen sollten.
»Stanley«, sagte die Frau, die abrupt wieder auftauchte, »ich fürchte, mein Verstand arbeitet anders als Ihrer.«
»Ganz sicher.« Stanley lachte trotz der Bestürzung, die ihn befiel. »Ihr Verstand ist einzigartig – wie jeder andere auch.«
»Das meine ich nicht. In meinem Kopf sind Gedanken wie bei anderen Menschen auch. Aber deren Gedanken hängen mit Empfindungen zusammen. Was ich erfahre, sind nur die Gedanken und Empfindungen von anderen.«
»Schon gut«, sagte er. »Wer gibt Ihnen im Augenblick Gedanken und Empfindungen?«
»Sie sind's. Meine anderen Ichs. Die Stimmen, die ich höre – die Gedankenübertragung –, kommen von ihnen zu mir. Nicht von mir zu ihnen.«
Zum erstenmal begriff er, wie weit entfernt sie sogar von dem Schrecken war, den sie zeigte. Eine erwachsene Frau, die – wenn es stimmte, was sie sagte – keinen Augenblick lang ihr eigenes Leben gelebt hatte. Andererseits: vielleicht hatte er sie nicht richtig verstanden.
»Ein unheimlicher Ort.« Abwechselnd fuhr sie sich

durch die blonden Haare und schlug sich gegen den Schädel. »Es ist schwer zu erklären, was in einem vorgeht.«
»Versuchen Sie es«, drängte Stanley.
»Ich hab' es Ihnen gesagt, wenigstens habe ich mich es oft sagen hören, daß ich im Geist verschwinde, wenn jemand mich anschreit wie meine Mutter oder wenn ich nur erwarte, daß jemand das tut.«
»Aber wie? Können Sie mir erklären, wie Sie das machen?«
»Nein. Ich tu's ja nicht. Es geschieht einfach.«
»Wohin gehen Sie?« fragte er. »Wenn es geschieht, was tut sich dann in Ihrem Kopf?«
»Was sich tut?« Die Frau sah ihn scharf an. »Stanley, wenn es passiert, dann bin ich nicht da. In meinem Kopf ist nichts, es sei denn, es kommt von ihnen. In diesem Augenblick geben sie mir ein, was ich Ihnen sage.«
Der Frau war die tiefere Bedeutung dessen, was sie sagte, nicht bewußt. Sie hatte es ausgesprochen, weil ein Truppenmitglied es ihr »gegeben« hatte – und ein anderes Truppenmitglied saß da, völlig verstört, weil die Bedeutung auf sie paßte. Die Frau auf dem orangenen Kissen war still und wurde zunehmend unruhig, als sie Stanleys ungläubiges Gesicht sah. Die Unruhe verging. Sie hätte schreien können in der tödlichen Stille, so schnell und heftig zuckte es in ihrem Gesicht. Ihr Körper drohte die Nähte ihres Kleides zu sprengen, die Muskeln zogen sich zusammen und entspannten sich.
So heftig wie diese war bisher noch keine Verwandlung gewesen, keiner der Kämpfe unter ihren Leuten so grimmig. Nachdem die Gesichtszüge sich dem Angriff unterworfen hatten, sah eine neue Person ihn an. Stanley fragte, wie sie hieße. Keine Antwort.
»Haben Sie einen Namen?«
»Sie können mich *Interpreter* nennen. Zwischen *Buffer*

und mir gibt es große und komplizierte Unterschiede. *Buffer* steht zwischen der Frau und der Außenwelt, fängt emotionale und körperliche Stöße auf. Außerdem sammelt sie die abschweifenden Gedanken, die *Weaver* nicht mehr einweben kann. *Buffer* denkt weniger logisch als ich. Sie denkt emotional auch über die Vergangenheit, denn sie arbeitet auf der Ebene der Gefühle und ich auf der kognitiven. Ich bemühe mich, es so einfach wie möglich zu sagen.«
Interpreters Stimme war kalt, nicht zu vergleichen mit *Buffers* sprunghaftem, rauhen Tonfall. *Buffer* sollte in späteren Sitzungen dabeisein. *Interpreters* Augen flackerten nicht vor Zorn und weiteten sich auch nicht vor Angst, sie waren ruhig, mit einem Anflug von Humor. Ihre Haltung drückte Selbstvertrauen und Furchtlosigkeit aus.
»Sie wollen wissen, was in Ihrer Patientin vor sich geht? Ihr Geist ist ein Tunnel, eine Straße, die wir betreten oder ›überschwemmen‹, wenn es nötig ist. Den Tunnel – oder die Straße – freizugeben, ist eine ernste Entscheidung, und Sie dürfen davon ausgehen, daß sie immer mit Bedacht getroffen wird. Von *Gatekeeper*. Wenn der Weg von einer oder mehreren unserer Seelen zu Ihrer Patientin von *Gatekeeper* freigegeben wird, entsteht Erinnerung. Sie wissen, wie Konfetti aussieht: kleine Fetzen bunten Papiers. Wir lassen Ihrer Patientin selten ganze Erinnerungssegmente zukommen, sondern meist solche Fetzen; manchmal in ganzen Schauern, die durch ihren Verstand rieseln. Es wäre zu gefährlich, ihr oder den meisten von uns das ganze Bild auf einmal zuzumuten, es läßt sich nicht verkraften. Unser Schmerz wäre zu groß.«
»Wie können Sie das wissen?« fragte Stanley. »Vielleicht sind Sie stärker, als Sie glauben«
»Sie haben keine Ahnung, was hier los ist. Nur ein

Beispiel: Wenn ein Kind gequält wird, wie wir von unserem Stiefvater, dann weint es. Die Mutter konnte Weinen nicht ausstehen; sie hielt es für ein Zeichen von Schwäche. ›Reiß dich zusammen‹, pflegte sie zu sagen, ›und wenn du nicht weißt, wie das geht, zeig' ich's dir, sonst kommst du in der Welt nicht zurecht.‹ Die Mutter sah, mit welchen alptraumhaften Mitteln der Stiefvater uns quälte, und quälte uns auf ihre Weise. Um uns stark zu machen, sagte sie. Es funktionierte. Einige von uns sind sehr stark und ohne jedes menschliche Gefühl. Andere haben kein Gefühl und sind schwach. Die Frau ist wieder etwas anderes. Mehr kann ich Ihnen nicht sagen. Ich kann Sie nur bitten, das Gesagte zu akzeptieren, und hoffen, daß Sie vorsichtig damit umgehen.«
Interpreter sah, daß Stanley sich Mühe gab und begreifen wollte, was sie ihm vermittelt hatte. Eines Tages würde sie ihm den Rest klarmachen. Der war noch komplizierter und betraf die Anstrengungen der ganzen Truppenformation und den Zustand der Kerne. Was würde er sagen, wenn er die riesige Zahl der Truppenmitglieder herausfand, die diesen doppelten Kern umringten. Mehr noch: Konnte er, konnte überhaupt jemand den verschlungenen, aber lebenswichtigen Mechanismus verstehen, der den doppelten Kern beschützte?
»Wer«, murmelte Stanley, über seine Aufzeichnungen gebeugt, »ist die eine, deren Verstand nichts enthält? Die, auf die Sie alle sich im Manuskript als ›die Frau‹ oder ›die Patientin‹ beziehen?«
Interpreters Gesicht zeigte die Andeutung eines Lächelns. »Sie hat keinen anderen Namen. Jemand mußte nach außen funktionieren, die sich an den Mißbrauch nicht erinnert. Die Frau ist sozusagen das Instrument des Truppenmitglieds, das sie – neben anderen – als Fassade anleitet.«
Interpreter spürte den Widerhall von Stanleys Verärge-

rung und wie er sie beiseiteschob und sich in die Sache stürzte.
»In allen Fallgeschichten, die ich über Multiplizität gelesen habe«, sagte Stanley, »gibt es unter all den Ichs eines, das alles weiß. Könnte das im Fall der Truppen *Buffer* sein?«
»Nein«, sagte *Interpreter* vorsichtig. Sie erhielt von mehreren Mitgliedern der Truppe Botschaften und verglich sie für Stanley miteinander. »*Buffer* sitzt nur die meiste Zeit vor der Frau. Wenn eine von uns kommt, verschwinden *Buffer* und die Frau. Jedenfalls meistens. Also kann *Buffer* gar nicht alles wissen.«
»Wer dann?«
»Das weiß ich bis jetzt nicht.« Stanleys Gesicht hinter dem kurzgeschnittenen dunkelbraunen Bart, den bereits graue Strähnen durchzogen, machte auf sie einen gütigen Eindruck. Seine Augen zeigten Lebendigkeit, Intelligenz, Humor und – Ärger über ihre Vielzahl. Er wirkte wie jemand, der alles spielend schaffte. Jedenfalls am Ende. Es gab so viel, was sie ihm sagen mußte, sagen wollte, wäre da nicht dieses Warnsignal gewesen, das in eben diesem Moment aus der Mitte der Truppe kam.

Im Gehirn der Frau leuchtete plötzlich ein winziger Lichtpunkt auf, hervorgerufen durch diese Unterhaltung und *Interpreters* heftige innere Überlegungen. Das Licht wurde sofort blockiert, aber die Warnglocke schrillte weiter.
Noch nicht, sagte *Gatekeeper*.
***Interpreter* stimmte zu und signalisierte stumm, wie es der Brauch war, sie habe verstanden. Von weit her, zugedeckt durch den schützenden Mechanismus, hallte ein leises Weinen und verstummte.**
Das Weinen kam wieder, und wieder wurde es zum Schweigen gebracht.

Schlaf jetzt. Die Worte kamen ebenfalls von weit her. Sie galten nicht ihr, sondern den Kernen. Sie kamen diesmal nicht von *Mean Joe,* sondern von dem, der seinen Kampf in den dunkelsten Winkeln des Tunnels austrug.

Später am Abend dachte Stanley über die Sitzung nach. Eine Bemerkung von Marshall fiel ihm wieder ein. »Betrachte dich«, hatte er gesagt, »als Gast in einem fremden Land. Die Sitten und Gebräuche sind nicht deine; sie entsprechen mit Sicherheit nicht deiner Realität. Aber wir wissen nichts über den menschlichen Geist, und wer kann wirklich sagen, was die Bedingungen für eine menschliche Existenz sind? Wenn du auf ihrem Gebiet bist, wirst du wahrscheinlich mehr lernen, wenn du dich ihren Sitten anpaßt.«
Das einzige, was Stanley beim Betrachten des teils gelesenen, teils ungelesenen Manuskriptberges klar wurde, war, daß er seinen Blickwinkel ändern mußte, wenn er je vollständig begreifen wollte – oder auch nur genau bestimmen, wer innerhalb des Rahmens der Truppe »die Frau« war. Er hatte nicht vor, die Beschreibung, die er heute erhalten hatte, wörtlich zu nehmen. Dennoch: Je länger er diese Beschreibung betrachtete, sie überprüfte, um so sinnvoller erschien sie ihm.

16

Mit sehr viel weniger Stoff zum Nachdenken als Stanley überdachte an diesem Abend die Frau die Sitzung und grübelte. Sie konnte sich nicht erinnern, viel gesagt zu haben. Sie schob die Seiten des Manuskripts hin und her, konzentrierte sich auf diesen oder jenen Satz und mißtraute dem, was da stand. Stimmte irgend etwas davon? Alles und mehr, sagte jemand.
Einige Minuten später war die Frau wieder da. Sie hatte immer noch den Stapel Papier in der Hand, aber zwanzig Seiten fehlten jetzt. Sie wußte nicht, was sie damit gemacht hatte, und weinte. Nur dumme Leute verloren wichtige Sachen. Die Seiten waren unersetzlich und nirgendwo zu finden, obwohl sie die nächste halbe Stunde mit Suchen verbrachte.
Die Frau wußte nicht, daß das Manuskript Mitteilungen von mehr als neunzig Egos enthielt, die alle wollten, daß die Geschichte ans Licht kam. Viele davon waren zu jung oder zu verletzt, als daß sie laut hätten reden können. Für eines waren die zwanzig verlorenen Seiten ihre einzige Hoffnung auf Vergeltung gewesen.
Die Frau wußte nur, daß sie etwas falsch gemacht hatte. Je länger sie auf das Manuskript starrte, um so deutlicher wurde, daß die Seiten verschwunden waren. Über den Inhalt wußte sie nichts. Als sie die Schreibtischschubladen aufriß und weitere Seiten zutage kamen, fiel ein Hagelschauer von Konfetti in den Tunnel. Das Konfetti

erzeugte nur Fetzen von Erinnerung. Trotzdem genügte es. Sie weinte.

Aus der Tiefe des Tunnels oder besser: vom Grund, denn die Mauern standen diesmal senkrecht, kalt und feucht, bewegte sich jemand und schrie in äußerster Todesangst. Die Schultern hochgezogen, kam *Mean Joe* sofort mit leisen, großen Schritten herbei. *Catherine* kam ebenfalls, bedacht darauf, ihr Geheimnis zu hüten. Zu spät. Sie fühlte *Mean Joes* suchenden Blick, als er den Schreien bis zu ihrem Ursprung folgte. Ein zitterndes Kind, eiskaltes, nasses Fleisch; es hätte ein Fisch aus arktischen Gewässern sein können. *Mean Joe* kniete in der Strömung des Tunnels und zog es an sich. Er erkannte sie in dem Augenblick, in dem ihre grünen Augen sich öffneten und wieder schlossen. In seinen Augen glimmte der Zorn – nicht wegen dieses durchnäßten, bebenden Etwas, sondern wegen ihrer mutmaßlichen Peiniger.
Die grünen Augen nahmen ihn wahr und verschlossen sich vor einer flüchtigen Erkenntnis. Wie bei einer Mumie, die für tausend Jahre vor dem grellen Licht des Tages geschützt war, verblaßte das Grün. Was übrig blieb, waren zwei leere Höhlen aus stumpfem, gebranntem Ocker.
Catherine mit all ihrer Haltung, ihrem sarkastischen Humor, *Catherine,* die nichts je berührte oder quälte, stieß unwillkürlich einen erstickten Schrei aus, halb gefühlt, halb erinnert. Der Schrei kam aus ihr und doch wieder nicht, gehörte zu dem zu Tode geängstigten nassen Bündel, das *Mean Joe* an seine Brust preßte, und doch wieder nicht. *Catherines* Geist konzentrierte sich auf ihn und sandte ihm einen stetigen Strom von Botschaften. Eine davon: Dankbarkeit – ihre Augen spie-

gelten die der Kreatur, die *Mean Joe* an sich genommen hatte. Die Schreie in der Dunkelheit des Tunnels wurden lauter; die Qual nahm zu, bedrohte alle. *Mean Joe* riß den Lärm an sich, erstickte ihn mit seinem gewaltigen Körper, brachte das Echo zum Schweigen. Seine Hände, wie riesige Schmetterlingsflügel, streichelten zärtlich die Gesichter seiner kleinen Schützlinge. Eiskalt vor Wut rief *Mean Joe* nach einem anderen Truppenmitglied und erhielt Antwort.

Recorder erschien und setzte sich locker unter die Stehlampe. Sie kräuselte die Lippen, zog die Brauen hoch, ihr Körper straffte sich beim tiefen Einatmen, dann entspannte sie sich. Die Wörter formten sich und flossen, eins nach dem anderen, aus *Recorders* Verstand in die Hände der Frau, die an der Schreibmaschine saß. Buchstabe um Buchstabe, Gedanke nach Gedanke wurden die zwanzig Seiten wiederhergestellt. Die Schreie im Tunnel legten sich.
Der Brunnen der Kreativität schlief. Ihr Name war *Olivia*.

»Sogar die Post macht mir Angst, schon immer. Ich weiß nicht, warum. Ich bin mir nicht sicher, ob ich je Post geöffnet habe. Ist das nicht komisch? Ich habe es satt, von allem geängstigt zu sein. Aufs Ganze gesehen bedeutet das doch, daß ich nicht gewinnen kann.«
»Richtig«, sagte Stanley. In den Augen seiner Patientin lag eine Art wissendes Staunen. Was meinte sie damit: keine Briefe zu öffnen? Das tat doch jeder. So selbstverständlich wie Steuern zahlen.
»Immer mehr habe ich das Gefühl«, sagte sie, »alles falsch zu machen. Das betrifft nicht bloß die Post. Ich bin anders als andere Leute. Ich bin nicht fähig, mich wie sie zu verhalten. Ich habe keine eigenen Gefühle und Emp-

findungen; wenn eine Situation Verständnis erfordert, bin ich verloren.«
»Man hat Ihnen bloß nicht beigebracht, die Gefühle zu gebrauchen, mit denen Sie geboren wurden. Aber sie sind da, in Ihnen verborgen.«
»Ich habe sie nie empfunden. Einmal, in der Oberstufe, brach sich der Junge, in den ich verknallt war, den Arm. Ich habe lange in mir gesucht, aber ich fühlte wirklich nichts. Ich erinnere mich gut daran; ich war ziemlich durcheinander.«
»Aber Sie waren ›verknallt‹ in ihn; war das kein Gefühl?«
»Auf komische Weise war nicht ich verliebt. Irgendwie war das Gefühl nur geliehen.«
Stanley wußte, daß die Frau wieder verschwunden war und jemand anderes über sie redete, als wäre sie eine vollkommen Fremde. Viele Truppenmitglieder taten das, es war eine Möglichkeit, sich zu verstecken. Eine rosa Zunge fuhr langsam über die Lippen, bewegte sich im gleichen Rhythmus wie die Finger, die mit einer Haarsträhne spielten. Es war nicht der richtige Zeitpunkt, ihr zu erklären, daß die Abwesenheit von Gefühlen genauso gefährlich war wie, keinen Schmerz zu empfinden. Ohne Schmerzen erhielt der Körper keine warnenden Hinweise auf physische Erkrankungen. Ohne Gefühle neigte man dazu, ohne Rücksicht auf die Gefühle anderer zu handeln – und das Verlangen nach Liebe entfiel. Würde irgend jemand hier je wirklich den Wunsch nach Liebe und Zuneigung zulassen? Soweit er begriffen hatte, drückte sich das nur indirekt aus, in geschraubten Begriffen, als wären sie ängstlich und unsicher, was die Worte bedeuteten. Er fragte, ob sie sich jemals geliebt gefühlt hatte. Die Antwort war nein. Er nahm an, daß die Frau das gesagt hatte.
»Aber einige Menschen waren Ihnen eng verbunden«, sagte Stanley. »Norman, Sharon, Ihre Tochter...«

»Nein, nicht eng. In allen Beziehungen habe ich einen schrecklichen Mangel an Liebe empfunden, es sei denn, ich war verträglich, nachgiebig, makellos. Ich habe nichts für sie gefühlt, nicht wirklich. Es hätte mir nichts ausgemacht, wenn sie am nächsten Tag gestorben wären, so wenig haben sie mich berührt. Das ist die Wahrheit, Stanley. Ich will Sie nicht auf die Palme bringen, nur erklären, was in mir vorgeht.«
Stanley war bekannt, daß mißbrauchte Kinder als Erwachsene für jede Art von Liebeserklärung oft nur taube Ohren hatten. Und daß sie selbst Liebe nicht zeigen konnten.
»Manchmal«, sagte er behutsam, »können wir weder geben noch nehmen, weil wir uns für nichts wert halten. Für jemanden mit wenig Selbstachtung ist Liebe schwer zu erkennen und infolgedessen unerreichbar.«
»Bitte, versuchen Sie zu verstehen«, sagte sie. »Ich will sie gar nicht, selbst wenn ich mich manchmal sagen oder denken höre, es sei anders. Ich bin leer. Wenn ich Ihnen das alles sage, ist das verwirrend, weil ich mich so weit weg fühle und weil so viele verschiedene Gedanken mir gleichzeitig durch den Kopf gehen. Wenn das so ist, kann ich mir keiner Sache sicher sein, außer der, daß ich Angst habe.«
»Wenn Sie eines Tages aufgenommen und akzeptiert haben werden, was Ihre Leute Ihnen zu sagen versuchen, wird die Zeit der Verweigerung vorbei sein«, sagte Stanley. »Ich kann nicht voraussagen, wie lange das dauern wird, ob Monate oder Jahre. Sie werden viele Dinge empfinden, alle möglichen Gefühle haben. Liebe, Leidenschaft, Glück...«
»Das Wort ›empfinden‹ trifft es nicht.«
»Kann sein, daß Sie im Augenblick alles nur auf einer intellektuellen Ebene aufnehmen.« Stanley wollte, daß sie aus eigener Kraft die verschiedenen Schichten abtrug,

aber es konnte nicht schaden, wenn er dabei half. Am Ende würde sie ihren Weg gehen und ihre Entscheidungen selber treffen. »Gefühle sind für uns nicht schädlich, sie dienen einem guten Zweck. Wenn Sie sie erleben – die guten, die großen, auch die schlimmsten –, werden Sie auch entspannen können. Und dann werden Sie auch sich selbst in einem neuen Licht sehen, liebenswert, liebenswürdig. Ihre Mutter und Ihr Stiefvater haben Ihnen diese Eigenschaften so früh abgesprochen, daß es unmöglich war, ein anderes Selbstbild aufzubauen. Wenn Sie Ihre Einstellung zu sich selbst geändert und deren Bild von Ihnen überwunden haben, wird ein neues entstehen. Sie werden eigenständig handeln können, ohne den Zwang, eine Person konstruieren zu müssen, die ständig nachgibt, sich dauernd ändert, nur um sich den Wünschen anderer anzupassen. Einiges von all dem Ärger wird sich ändern.«
Stanley rechnete damit, daß außer der Frau auch noch andere zuhörten und ebenfalls Nutzen daraus zogen. Die Frau konnte ihm nicht sagen, daß sie niemals etwas »konstruiert« hatte und daß der Ärger, den sie manchmal in sich feststellte, nicht zu ihr gehörte. Er hätte sonst angenommen, daß sie nur keine Verantwortung tragen wollte.
Grüne Augen schimmerten, die Frau fröstelte. »Ich muß Ihnen etwas sagen, das sich mir gerade aufdrängt. Abgesehen von diesen anderen ›Ichs‹, wie Sie sie nennen, werde ich für den Rest meines Lebens allein sein. Das Beste daran ist, daß es mich nicht stört.«
Der Übergang dauerte diesmal nur kurze Zeit. Vor wenigen Sekunden war er in Gang gekommen. Ihre Haltung, eigenartig – die eines Kindes, das in Gedanken verloren war, und dabei diese sinnlichen Bewegungen, die langen Finger, die zärtlich durch ihr Haar fuhren, der volle, nicht mehr verkniffene Mund. Aber bevor er sich auf die

sichtbaren Unterschiede eingestellt hatte, verschwanden das Kindliche und das Frauliche schon wieder.
»Ach du große, heilige Scheiße«, sagte eine wie versteinert klingende Stimme. »Wie kommen wir aus diesem schwarzen Loch bloß wieder raus?«
»Scheiße ist nicht heilig«, lächelte *Elvira*. »Kot ist heilig.«
Stanley nahm weder von diesem Kommentar noch von der neuen Stimme Notiz. Sie konnten sich selbst einführen, wenn sie reden wollten. »Sie kommen heraus, wenn Sie Ihre Leute herauslassen«, sagte er, »wenn Sie sich so weit entspannen, daß wir hören können, was sie zu sagen haben. Ihre Leute halten den Schlüssel in der Hand. Sie verwalten die Erinnerungen, die Ihnen fehlen.«

Jede Person, die aus dem Schutz der Truppenformation auftauchte, brachte auf ihre Weise etwas Besonderes in das Bewußtsein der Frau (oder wenigstens in das, was *Weaver* an Bewußtsein gestaltete, und solange er es erlaubte). Im Fall von *Olivia*, dem Brunnen der Kreativität, wurde aus ihrer Phantasie etwas Erregtes, Erstaunliches. Nacht für Nacht und manchmal auch am Tag sollte die Frau von nun an in fast allem das Muster von etwas anderem sehen und *Olivia* ihr dazu das vollständige Gemälde liefern; einzigartig, originell – und manchmal bestürzend. *Olivia* brachte außer einer bestimmten Individualität auch Erinnerungen mit, nicht in Bruchstücken, sondern in »Schüben«. Der Brunnen der Kreativität schlief in diesen Tagen, aber nicht mehr an dem naßkalten Ort, den sie seit ihrem Tod mit sechs Jahren bewohnt hatte. Auf seltsame Weise hatte sie nun einen anderen Schlafplatz besetzt, eingekuschelt in die Beuge von *Mean Joes* Schulter, wo es sicher genug und nahe genug für sie war, um zur Erinnerungsarbeit beizutragen. Schub um Schub ließ *Olivia* jede Nacht in den todmüden Geist der

Frau das Bild von kreisenden Steinmauern einfließen, den Geruch von abgestandenem Wasser. Ein modriger Geruch, der ihr auch am Tage noch in der Nase hing. Sie konnte ihn nicht loswerden.
Olivia ließ auch noch anderes in den Geist der Frau gleiten. Die Vorstellung zum Beispiel, auf dem Feld hinter dem zweiten Farmhaus habe sich ein Brunnen befunden. Als Stanley in einer der Sitzungen den Skizzenblock hervorholte und ihr die Zeichnung zeigte, die sie einige Monate früher gemacht hatte, wollte die Frau es nicht glauben. Der Brunnen war sehr sorgfältig in der Ecke der Hecke eingezeichnet worden.
Die Frau schrie, alles sei eine Lüge, außer dem an der Küchentür habe es keinen weiteren Brunnen gegeben. Aber die Zeichnung blieb ihr im Gedächtnis, zusammen mit wachsender Furcht und hochgradigem Widerwillen gegen alles, was auch nur von fern an eine Schlange erinnerte. Zu trinken vermochte sie nur, wenn sie den Blick in das Glas oder die Tasse vermied. Die Spiegelungen erschreckten sie.
Olivia, der Brunnen der Kreativität, schlief weiter. Aber ihr »Wesen«, ihre »Substanz« waren trotzdem nicht untätig.
Voll Furcht und neuer Hoffnung gleichzeitig ging die Frau in den Sommer. Verschiedene Truppenmitglieder waren unterdessen stolz darauf, gegenüber Fremden laut die Worte »Inzestopfer« und »Multiple Persönlichkeit« sagen zu können. Sie wußten, was der Frau nur klar war, wenn *Weaver* es zuließ: daß diese Etiketten zu ihnen gehörten wie die Kleider im Schrank, der Führerschein oder die Nummer der Sozialversicherung. *Twelve*, die sich erstaunlich erwachsen vorkam, wählte sich ihre Zuhörer sorgfältig aus und testete den Ausdruck »Multiple Persönlichkeit« zuerst an Norman.
Einen Moment sagte er gar nichts. Dann stieß er eine

lange Reihe obszöner Flüche aus, die gleichen, die ihn immer rasend gemacht hatten, wenn *Sewer Mouth* damit anfing. *Twelve* lauschte hingerissen und war enttäuscht, als er schwieg, um Luft zu holen.
»Ich kann es nicht glauben«, sagte er. »Doch, ich glaube es. Es scheint mir eine bessere Erklärung als alles, was ich bisher gehört habe. Als Marke. Du haßt das, ich weiß, aber es verschafft mir einen Standpunkt. Ich habe nie gewußt, was mit dir los war. Unser Leben war einfach chaotisch. Jetzt weiß ich wenigstens, warum.«
Twelve war immer freundlich gewesen, höflich und manchmal zu nachgiebig. Sie senkte den Kopf, weil sie dachte, das würde ihn besänftigen, dann sah sie ihm direkt in die Augen. »Hör zu, Norman. Ich habe es satt, mich zu verteidigen. Mir ging es schlecht, deshalb habe ich dich verlassen. Mehr kann ich dir nicht sagen.«
Twelve hörte, was sie sagte. Die Worte stammten nicht von ihr, aber im stillen dankte sie dem oder der, die sie ihr eingegeben hatten; sie steigerten ihr Gefühl, erwachsen zu sein. Norman andererseits fragte sich, warum ihre Stimme so jung klang, ihre Haltung so unschuldig wirkte. Offenbar konnte sie im einen Augenblick eine Erwachsene, im nächsten ein Kind sein. Es machte ihn nervös. Dann fiel ihm ein: Gerade heute hatte sie ihm erklärt, wie das möglich war. Der Schweiß brach ihm aus.
»Jedem geht es mal schlecht«, sagte er und wischte sich die Handflächen mit dem Taschentuch ab. »Alle werden damit fertig. Nur du nicht. Du hast mich gehaßt.«
Während Norman noch redete, war die Frau wieder aufgetaucht. »Daran kann ich mich nicht erinnern«, sagte sie. »Page will mich an diesem Wochenende besuchen. Du hast doch nichts dagegen?«
»Das hast du mich heute schon einmal gefragt, und ich frage dich noch mal: Bist du gefährlich?«

Die Frau konnte nicht mehr antworten als: »Ich weiß es nicht.«

Die Freunde, die die Neuigkeit hörten, weil jemand in der Truppe beschlossen hatte, sie müßten es erfahren, kehrten sich nicht einfach ab; sie schlichen sich davon. Multiple Persönlichkeit war für sie eine Krankheit. Sie konnten sie nicht akzeptieren und auch nicht in Verbindung bringen mit dieser klugen, ausdrucksfähigen Geschäftsfrau. Sie rieten ihr, Vitamine zu schlucken und, vor allem, den Inzest zu vergessen. Sie rieten ihr nicht, darüber nachzudenken, daß sie weiterleben mußte. Sie begriffen nicht, daß sie mit vielen Menschen sprachen, nicht mit einem; sie hätten es auch nicht geglaubt.
Den Brief der Frau in der einen Hand, in der anderen einen doppelten Gin, rief Morgan aus dem sonnigen Spanien an, um zu fragen, ob er sie glücklich gemacht hätte. Er fragte sie nicht, welcher Art die Erfahrung war, die sie gerade durchmachte, ob es ihr schlecht ging oder wie sich das alles auf ihr Liebesleben auswirkte. Er wollte wissen, ob es mit ihm nicht hinreißend gewesen war, ob es nicht wieder so sein könnte. Sie legte auf. Es lohnte sich nicht, darauf einzugehen. Drei Tage später lernte sie eine neue, nicht im Telefonbuch eingetragene Nummer auswendig und fragte sich, wann sie die Zeit gefunden hatte, sie zu beantragen. Sharon nahm es nur widerwillig zur Kenntnis und sagte, der Frau würde es noch leid tun. Junggesellen wie Morgan seien schwer zu finden. »Unmöglich« war das Wort, das sie benutzte.
»Was tust du? Wenn du ihn nicht willst und sonst niemanden sonst, was willst du dann? Du siehst schlecht aus. Das Leben ist zu kurz, um es so zu verschleudern. Einige Zeit ohne Arbeit und weg von deinem Haus würde dir guttun. Ehrlich. Ich möchte dir wirklich helfen, aber ich weiß nicht wie.«

In Sharons bedrücktem Gesicht malte sich Angst.
»Es kommt alles wieder in Ordnung, Sharon. Stanley sagt, es braucht bloß Zeit. Wieviel, hat er nicht gesagt.«

In dieser Nacht wachte die Frau aus einem Alptraum auf, in dem ein erstarrtes Gesicht in einem mit Reif überzogenen Eisblock vorkam; ein so glattes und faltenloses Gesicht, wie auf einem Gemälde. Der Name »Olivia« hallte ständig in ihr wider, und gleichzeitig schickte ihr ein anderes Truppenmitglied eine Botschaft. Sie lauschte und verstand schließlich, daß ihre Qualen nun, da sie gelernt hatte, darüber zu sprechen, für ihre Freunde zu offenkundig geworden waren. Wie die meisten Menschen wurden ihre Freunde hilflos, wenn sie es mit jemandem zu tun hatten, der Schmerzen zugab. Sie beschloß, die Beziehungen zu ihnen abkühlen zu lassen und sich auf das Nächstliegende zu konzentrieren. Auf den Sieg.

In der Mitte der Woche setzte Stanley eine Extra-Sitzung an. Sie hatte abgenommen und sah müde und gereizt aus. Er packte sie buchstäblich im Nacken und zwang sie, die Augen zu öffnen. Sie mußte ihrem Haß ins Gesicht sehen und den Ursachen dahinter. Trotz allem Schrecklichen, das inzwischen aufgetaucht war, beharrte sie nämlich immer noch darauf, es nicht glauben zu können.
»Ich kann mich nur an einmal erinnern, wo ich es geglaubt habe«, sagte sie. »Und selbst da erinnere ich mich nur, daß ich wußte: Du mußt weg von der Farm. Weil sonst, wenn ich bliebe, das Böse immer weitergehen würde.«
»Welches Böse?«
»Ich weiß es nicht.« Die Frau rang die Hände, ihre Stimme war ein unterdrücktes Schreien und endete in

einem Ton der Verwirrung und Verzweiflung. »In meinem Kopf war nur ein Gedanke: Fort, du mußt fort von hier. Nun, die Gelegenheit ergab sich, und ich weiß, daß ich sie unbedingt ergreifen wollte. Ich war dreizehn. Mein Vater war im Krieg bei der Luftwaffe gewesen und bildete danach Piloten aus. An dem Tag, an dem er zurückkam, erlaubte meine Mutter mir, allein zur Bushaltestelle zu gehen, um ihn zu treffen. Der Unterschied zwischen ihm und meinem Stiefvater war an dem Morgen besonders deutlich. Beide waren kräftig, aber mein Vater war größer, breitschultriger, mit lockigem dunkelbraunem Haar und warmen braunen Augen. Er schlenderte die Straße entlang, die Uniform stand ihm gut. Als er mich umarmte und küßte, konnte ich die Tränen nicht zurückhalten. Er fragte: ›Was hast du, sag's mir. Ich bring' es in Ordnung. Ich nehme dich mit.‹«
»Haben Sie's ihm gesagt?«
»Sind Sie verrückt? Ich konnte nicht. Er sah zu sauber aus. Ich war zu schmutzig. Ich wußte, er würde mich nicht mehr liebhaben, wenn ich's ihm sagte, es war zu unanständig. Als ich vier war, versteckte meine Mutter mich unter dem Bett, wenn er uns besuchte, und sagte ihm, ich sei nicht da. Ich lag da, die Nase im Staub, und wußte, daß sie log. Lügen ist böse. Ich hatte das Gefühl, ich sei es, die ihn anlog. Wie konnte ich ihn angesichts dieses Betrugs um etwas bitten. Und können Sie sich vorstellen, daß er mir geglaubt hätte? Ich jedenfalls konnte das nicht. Wenn er mir geglaubt und mich mitgenommen hätte, wäre etwas anderes ebenso Böses passiert.«
Nichts war zu hören außer ihrem Weinen. Stanley war aufgefallen, daß Stimme und Worte die eines Kindes waren und eine Erwachsene sich eingemischt hatte. Jemand sehr Kleines hielt daran fest, daß sie an allem schuld war, die Lügen der Mutter eingeschlossen, die nicht wollte, daß ihr Kind fortging.

»Wenn ich gegangen wäre, hätte ich meine Mutter gekränkt, mein Versprechen gebrochen, auch wenn es keinen Ort gab, an den ich hätte gehen können. Sie sagte, mein Vater wäre böse, faul, ein Weiberheld; ich würde sein wahres Gesicht schon kennenlernen, wenn er mich mitnähme. Sie sagte, daß ich dann auch noch seine Mutter am Hals hätte, ihre Regeln und Gesetze und keinerlei Freiheit. Und selbstverständlich würde meine Mutter sterben, wenn ich ginge. Als ich meinen Kopf an Vaters Schulter legte, ging mir noch etwas anderes durch den Sinn. Sie und mein Stiefvater hatten immer wieder gesagt, ich wäre blöd; wenn ich eine eigene Meinung äußerte, ginge das immer daneben. Ich traute mir selbst nicht zu, mich meinem Vater anzuvertrauen. Wahrscheinlich müssen Inzestopfer das erst einmal überwinden, bevor sie sich öffnen können. Sich blöd zu fühlen, meine ich. Ich mußte das bei Ihnen überwinden, Stanley, und ich bin mir nicht sicher, ob ich es wirklich geschafft habe.«
Ihre Nase lief. Er gab ihr ein Papiertaschentuch. Rotz und Tränen vermischten sich und liefen ihr in den Mund und übers Kinn.
»Sie machen Ihre Sache gut«, sagte Stanley. »Und Sie sind keineswegs blöd.«
»Das hört sich gut an, aber eines Tages wird man Sie wegschaffen, weil Ihr Wahrnehmungsvermögen nicht in Ordnung ist.«
Er hörte sie tatsächlich lachen, und dann weinte sie wieder.
»Es ist gut«, sagte sie, »daß ich meinen Vater nicht vermisse und es mir egal ist, ob ich ihn wiedersehe. In der Schulzeit habe ich etwas getan, daß er mir nie verzeihen wird. Ich habe ihn nicht zur Abschlußfeier eingeladen. Meine Mutter wollte es nicht. Sie machte mir klar, daß nur sie mich unterstützt hatte und daß mein

Abschluß ihr Verdienst war, nicht seiner. Man kann den Leuten nicht einfach etwas antun und denken, man käme ungeschoren davon. Mein Vater würde heute keinen Finger für mich rühren, geschweige denn mich willkommen heißen.«
Sie weigerte sich, Stanley abzunehmen, daß ihr Vater keinen Groll hegte, daß es nichts zu verzeihen gab, daß ihre Mutter scheußlich manipuliert hatte. Sie sprang auf und stand schon an der Tür, die große Tasche in der Hand.
»Pause«, sagte sie.

17

Aus dem Kontrollraum gab Tony das Zeichen, daß er bereit sei. Die Frau wirkte verlegen.
»Bevor wir weitermachen«, sagte sie, »muß ich Sie etwas fragen. Diese Daten und Berechnungen, die mir eingefallen sind – woher soll ich wissen, ob sie stimmen?«
»Machen Sie sich darüber keine Gedanken. Die meisten von uns sind höchstens achtzigprozentig, will sagen: Perfektion ist nicht unsere Sache. Sie oder jemand in der Truppe bemühen sich um hundert Prozent, und Sie machen sich verrückt, um das zu erreichen.«
»Stanley, es ist die einzige Möglichkeit. Die Mutter ...«
»Zum Teufel mit der Mutter«, sagte Stanley.
Der Frau stockte der Atem vor Schreck und widerwilliger Bewunderung. Sie lachte. »Dafür kommen Sie in die Hölle.« Grimmig und distanziert zugleich redete sie weiter, in der ersten Person Singular, denn so wollte es jemand in ihr. »Ich weiß nicht, wie mein Vater meiner Mutter die Erlaubnis abgerungen hat, aber zwischen sechs und dreizehn habe ich jeden Sommer zwei Wochen lang die Freiheit geschnuppert, in den Ferien bei ihm und seiner Mutter, meiner Großmutter. Sie bewohnten gemeinsam eine Wohnung mit zwei Schlafzimmern über einem jüdischen Feinkostladen.
Meine Mutter ermahnte mich jedesmal vorher, mich anständig zu benehmen, weil Großmutter es angeblich mit Betragen und Sauberkeit sehr genau nahm und sich

keinen Unfug gefallen ließ; eine falsche Bewegung, und sie würde mich sofort nach Hause schicken. Die Sauberkeit war bei meinem ersten Besuch unübersehbar. Die Küche wurde täglich geschrubbt; die Fußböden, Fenster und alle Haushaltsgeräte blitzten. Samstags stand sie vor Sonnenaufgang auf, um die Wäsche zu waschen; Einweichen, Vorwaschen, Auswringen, meines Vaters Hemden und die weißen Handtücher und die Bettwäsche zweimal spülen, dann alles auf die Leine hängen, die auf Rollen von der Wohnung zum nächsten Haus lief. Aber ich durfte lange schlafen und wachte auf, weil es nach frisch gebrühtem Kaffee und gebratenem Speck roch.«
Die Frau sah Stanley nicht an, sie redete sozusagen mit dem Fußboden. »Jeden Sommer habe ich diese zwei Wochen bei meinem Vater geschlafen. Es war schön. Er hatte ein Doppelbett, und ich schmiegte mich unter der Bettdecke an seinen Rücken, zählte die Höhepunkte des vergangenen Tages auf und freute mich auf den nächsten. Egal, was meine Mutter über ihn sagte, ich liebte meinen Vater; er gehörte mir. Ein wundervoller Mann mit einem herzlichen Lachen und großen Händen, die meine kleinen umschlossen. Ich mochte das. Mein Vater gab mir das Gefühl, ich sei ein liebes Kind.
Es steht so deutlich vor mir, als sei es gestern gewesen. Und ich weiß, daß ich mich Jahre danach noch geschämt habe. Mein Vater lag neben mir, warm und beschützend. Er, meine Großmutter und ich waren gerade von einem phantastischen Abendessen in einem Restaurant zurückgekommen. Wir hatten Pläne für den nächsten Tag gemacht: den Zoo besuchen und die Seelöwen und dann in dem Laden für Zeichenbedarf einkaufen. Ich erinnere mich noch genau, was ich vor dem Einschlafen dachte – es hat sich in mein Gedächtnis eingebrannt. ›Was für ein wundervoller Mann, mein Vater. Er liebt mich, und ich liebe ihn so sehr.‹ Meine Hand bewegte sich unter der

Decke, fand meines Vaters Rücken. Ich streichelte ihn. Komischerweise gab es in dem Alter keinen Gefühlskonflikt, nur ein klar definiertes, geradeaus gerichtetes Wollen. Wie ich da lag, wußte ich, daß ich ihn anbetete, ihm meine Dankbarkeit für all die Güte zeigen wollte, die er mir an diesem Tag erwiesen hatte. Ich wußte auch, wie. Mein Stiefvater verlangte und genoß das gleiche.
Ich sagte mir, daß ich es für meinen Stiefvater nicht freiwillig tun würde, einfach die Hand ausstrecken und dies anbieten – weil er gemein und widerlich ist und ich ihn hasse. Meine Hand fand meinen Vater. Genau da. Ich preßte. Mein Vater reagierte überhaupt nicht positiv. Er nahm meine Hand weg, rückte beiseite, drehte sich auf den Bauch und schlief ein. Ich weiß nicht, ob ich mich abwandte, irgendwie schlief ich schon. Wie ich mich am nächsten Tag gefühlt habe und wie er mich behandelt hat, weiß ich auch nicht mehr.
Für den Rest der Ferien kam ich zu meiner Großmutter ins Bett. Ich habe nie wieder bei meinem Vater geschlafen. In der nächsten Nacht lag ich bei ihr, wir lasen und aßen Kekse. Überall Krümel auf den straff gespannten Laken, die nach Talkumpuder und Flieder dufteten. Ich habe ihre Güte nie vergessen, aber die Erinnerung an das, was ich getan hatte, brannte lichterloh. Ich war schlecht, Stanley. Sie können nicht behaupten, daß ich es nicht war. Wie war es möglich, daß ich so schlecht war, obwohl ich doch gut sein wollte?«
»Quatsch«, sagte Stanley und hoffte, er könne sie durch seine Gleichgültigkeit von dem Schmerz befreien, den er auf ihrem Gesicht sah. »Die meisten Männer haben gelernt, Liebe nur mit dem Penis auszudrücken. Das gleiche haben Sie gelernt.«
»Meinen Sie das im Ernst?«
»Natürlich«, sagte Stanley. »Und weil das so ist, haben Männer es schwer, Frauen gegenüber auszudrücken, sie

wollten mehr als nur eine Nacht. Aber wir können das in der Kindheit Gelernte nicht austreiben, wenn wir es nicht zuerst begriffen haben. Sie beginnen zu begreifen. Die meisten Leute tun nicht mal das.«
»Warum bloß lachen Sie nicht über mich oder sagen einfach, ich sei verrückt? Was ich Ihnen erzähle, kann doch nicht stimmen.«
»Weil Sie nicht verrückt sind und ich fürchte, alles stimmt.«
»Das hat mir noch niemand gesagt. Sie meinen, ich könnte manchmal recht haben? Ist das wahr?« Sie schlang die Arme um sich und grinste, wandte sich aber gleich wieder, wie ertappt, dem Thema zu. »Mein Großvater sagte oft, ich sei in Ordnung. Ich liebte ihn, habe ich das schon erzählt?«
Stanley hatte bereits eine lange Liste von Dingen und Menschen, die die Truppe haßte. Im Geist kramte er die kurze Liste geliebter Dinge und Menschen hervor und fügte den Großvater mütterlicherseits hinzu.
»Meine Mutter und ihre Mutter, seine andere Tochter und seine zwei Söhne redeten über ihn nur im Flüsterton, damit er es nicht hörte. Sie mochten den grauhaarigen Durchschnittsmann nicht, der seine Enkelkinder auf den Schoß nahm und sich an klebrigen Fingern nicht störte. Er war groß, hatte früher flammend rote Haare gehabt und immer noch kornblumenblaue Augen, eine rötliche Gesichtsfarbe, die von viel frischer Luft, Kneipen und Raufereien zeugte. Er war zu allem fähig, einschließlich dem Stehlen von wertvollem, sehr teurem Holz, mit dem er gerne arbeitete. Wenn er gut drauf war, baute er an Großmutters Haus herum und tischlerte Möbel, schnitzte neue Treppengeländer und polierte alles mit der Hand. Ein andermal verschwand er, tobte seine irische Lust am Streiten in einer Kneipe aus und geriet mit der Familie über Kreuz. Einmal war er für Tage

vollkommen besoffen, weil er die ganzen zweitausend Dollar vertrunken hatte, mit denen die Großmutter die Hypothek auf dem Haus tilgen wollte. Irgendwie liebte ich ihn noch mehr wegen des Muts, mit dem er meiner Großmutter die Zähne zeigte.
Großvater sah die guten Seiten in mir und daß ich dem Rhythmus in meinem Kopf folgte. Er mochte, daß ich ihm gerade in die Augen sah und ja oder nein sagte, wie es mir gefiel. Ich war damals noch klein; seit ich zehn war, habe ich ihn nicht mehr gesehen. Ich weiß nicht, wohin er gegangen ist. Einfach auf und davon.
Es wurde erzählt, daß in der Familie meiner Mutter alle Frauen Dienstboten waren – Hausmädchen auf einem alten irischen Schloß –, bevor sie während der großen Hungersnot in die Staaten auswanderten. Großvater war Tischler gewesen. Wenn ich oben auf ihrer Treppe hockte und zuhörte, wie sie mit ihrem Dialekt, der im Dunkeln zu mir nach oben drang, davon erzählten, war das schön. Aber noch schöner war es, mit ihm zusammen zu sein. Ihre Geschichten und ihren Dialekt verstand ich nicht immer, aber ihn werde ich nie vergessen.
Für gewöhnlich saßen wir auf der Veranda, im Dunkeln, alles war still, und es ging ein sanfter Wind. Als er mitbekam, daß das Rascheln seiner Zeitung mich wütend machte, wiederholte er es unter großem Gelächter. Aber hinter dem Lachen waren seine Augen freundlich und voller Güte, und ich wußte das. Und wenn ich mit meinen kleinen Fäusten auf ihn eintrommelte, um ihm zu zeigen, daß ich so kräftig war wie er, gab er mir einen Schluck von seinem Bier. Aber nur, wenn niemand zusah.
Wir waren sehr zufrieden da draußen. Aus dem Haus trug der Wind uns die Gespräche der Erwachsenen zu; Klatsch und Bemerkungen über Familienmitglieder, die als Nichtsnutze, Luder und Trunkenbolde verschrien

waren; daß Onkel Tom noch mal in Sing-Sing landen würde, so sicher wie das Amen in der Kirche; und wie um alles in der Welt Onkel Billy dieses Weibsstück hatte heiraten können, das sich die Haare blond färbte. Wo doch alle sehen konnten, daß sie schwarzhaarig und Italienerin war. Und wenn Tante Katherine sich nicht zusammenreißen würde, würde sie in die Familiengeschichte mit einem scharlachroten A auf dem Busen eingehen.* Wen hatte sie jetzt wieder aufgegabelt?
Großvater und ich sahen uns manchmal wissend an. Wir würden jetzt aufstehen, einen Spaziergang entlang der Eisenbahnschienen machen, ein Eis kaufen. Es war das letzte Mal, daß ich mich bei jemandem wirklich aufgehoben fühlte. Großvater ahnte nicht, wie schlecht ich war; und ich mußte von ihm nichts befürchten. Großvater konnte den Stiefvater nicht ausstehen; auf der Farm hat er uns fast nie besucht.«
Wer hatte eben gesprochen? Stanley nahm nicht an, daß es die Frau gewesen war. Er sagte, wie schön es sei', daß die Truppen einmal ein angemessenes männliches Rollenbild kennengelernt hatten.
»Angemessen?« Die Stimme grollte. »Ich kann das Wort nicht hören; es ist was für Anfänger, Mann. Angemessen. Es geht mir auf die Nerven, eine Beleidigung für meine Intelligenz. Wer sagt denn, was angemessen ist? Wenn alle Welt herumlaufen und feststellen würde, um wieviel ›angemessener‹ doch früher alles war, steckten wir immer noch im Mittelalter.«
Auch ohne Namensnennung erkannte er *Ten-Four*. »Sind Sie ein Mann«, fragte er.
»Zum Teufel, nein. Ich reiß' mich um kein Geschlecht, verstanden? Sex ist Zeitverschwendung. Erst mußt du rausfinden, wen du willst; dann mußt du rausfinden, ob

* A = Adultery: Ehebruch.

sie dich wollen und ob das Ganze ›angemessen‹ ist. Du regst dich nur auf, in jeder Beziehung, vertust deine Zeit damit, zu fragen, was du falsch gemacht hast und wie du da reingeraten bist. Scheiß drauf. Vergiß es. Zeig mir einen ganzen Konferenzsaal voller Männer, ich will das Weiße in ihren Augen sehen, während ich die Karten austeile. Männer kannst du nur treffen, wenn du sie geschäftlich austrickst, auf dem Gebiet sind sie absolut dumm.«

Stanley versuchte, ein Lächeln zu unterdrücken, und blätterte in seinen Notizen. Namen oder keine – *Ten-Four* hatte diesmal nicht allein gesprochen. Er hatte *Nails* herausgehört und eine Spur von *Sewer Mouth* und wußte, daß noch jemand, vielleicht diejenige, die im Manuskript *Outrider* genannt wurde, sich bemerkbar gemacht hatte. Was hatte sie so empört? Offenbar der Vorfall mit dem leiblichen Vater. Über *Outriders* Herkunft war er sich nicht im klaren; aber etwas sagte ihm, daß das von diesem Ereignis herrührende Trauma Egos wie *Ten-Four*, *Nails* und *Sewer Mouth* hatte »gebären«können; ein Trio, das sexuelle Beziehungen, egal ob mit Männern oder Frauen, verabscheute und fortan seine ganzen Energien in die Arbeit steckte. Stanley ignorierte den kalten Blick, der ihn traf, und das Gespräch ging weiter. Die Stimme voll mühsam unterdrücktem Ärger gehörte *Nails*.

»Als Großvater fortging, zog ich die Mauer des Schweigens noch enger um mich. Die Leute sagen, ich könne mich unglaublich gut konzentrieren. Stimmt nicht. Ich habe bloß die Fähigkeit, Unangenehmes nicht zur Kenntnis zu nehmen, aufs äußerste verfeinert. Los, schreien Sie mich an. Niemals werde ich Ihnen zeigen, daß das, was Sie sagen, mich trifft. Vorausgesetzt, das Spiel hat korrekt angefangen. Wenn es allerdings gegen die Regeln anfängt, ist alles gelaufen. Mein Adrenalinspiegel geht in die Höhe, daß ich das Empire State Building mit

einem Schwung in die Luft heben könnte. Dann bin ich wie *Mean Joe;* wir beide wissen, wozu wir fähig sind, die im Zaum gehaltene Wut inbegriffen. Und deswegen gehen wir es behutsam an. Rücksichtsvoll.«
Der Schmerz in ihrem Gesicht war verschwunden. An seine Stelle trat erst Trauer über den Verlust des Großvaters, dann Wut. Wer immer dies war, sie konnte oder wollte nicht weinen. Das Wort »Spiel« spuckte sie aus, als schmeckte es widerlich.
»Die Fähigkeit, Dinge auszuschließen, hat mich in große Schwierigkeiten gebracht, als ich noch klein war. Die simple Aufforderung meiner Mutter, in den Keller zu gehen und einen Eimer Kohlen heraufzubringen, führte dazu, daß ich zwanzig Minuten später immer noch im Keller stand und voller Schreck und Frustration verzweifelt überlegte, wollte sie nun Kohlen haben oder Eier? Egal, wofür ich mich entschied, es war das falsche.
Oder jener Morgen, an dem mein Stiefvater mich nicht in Ruhe lassen konnte, als ich mich für die Schule fertig machte. Ich wollte ihn nicht sehen. Also schloß ich ihn aus meinem Sinn aus und die Stimme meiner Mutter gleich mit. Als ich verschlafen und noch nicht ganz da in die Küche kam, sagte sie: ›Nimm zum Waschen bitte den linken Eimer.‹ Im Eimer auf der linken Seite war Wasser, im rechten die Sahne vom morgendlichen Melken. Mein Stiefvater stand in der Tür und beobachtete mich. Er machte mir Angst. Sekunden später konnte ich nicht mehr erkennen, wer von beiden mich schlug, weil ich blind versuchte, mir die Sahne aus Augen und Nase zu wischen. Sagen Sie nicht wieder, ich sei ein braves Kind gewesen, Stanley. Die ganze Zeit habe ich alles falsch gemacht. Sahne bedeutete Geld. Meine Mutter mußte hart arbeiten; meine Fehler kosteten sie eine Menge.«
»Und was haben sie Sie gekostet?« fragte Stanley.
»Ich kann Ihnen nicht folgen. Die Art, wie wir lebten,

schien mir ganz normal. Sie hatten recht, und ich hatte unrecht. Sie sagten das. Außer wenn ich im Sommer bei meinem Vater war. Meine Mutter riet mir, keine hochfliegenden Ideen zu haben; aber das war, als mein Leben schon sehr seltsam war. In den zwei Wochen sah alles anders aus. Jeden Sommer am Ende dieser Zeit platzte ich vor Mut, Courage, Zielstrebigkeit – dazu jede Menge Süßigkeiten, neue Kleider, Bücher, Malutensilien – und zu viele neue Schulden. Glauben Sie mir: Für alles, was Sie auf dieser Welt erhalten, müssen Sie zahlen.«
Schneller als er sie ordnen konnte, wurde Stanley mit neuen Informationen überschütet. Wieder einmal stellte er fest, daß die Person, die gerade sprach, keine Ähnlichkeit mit der Patientin hatte, die er zu kennen glaubte, auch wenn sie in der ersten Person Singular redete.
»Schlimme Schulden«, sagte sie grimmig. »Und auch Schuldgefühle, weil der Halbbruder und die Halbschwestern sich nicht mitfreuen konnten. Sobald wir nach Hause kamen, war es nicht mehr möglich, die Schätze zu genießen, weil wir uns wie Straßenräuber vorkamen. Außerdem machte alles, was wir heimbrachten, den Stiefvater wütend. Was er konnte, machte er kaputt, und den Rest warf er weg.«
Die Frau schien wieder da zu sein. Stanley wußte, daß sie von der ganzen Unterhaltung kein Wort mitbekommen hatte. Sie sprach von ihrem Vater und daß sie ihn so sehr geliebt hatte, daß sie stets alles aufgegessen und so getan hatte, als sei sie verrückt nach Blumenkohl, den sie zu Hause nicht anrührte. »Einmal sagte er, ich würde auch noch in einem Mehlsack gut aussehen, es sei ganz egal, was ich anhätte. Ich war schockiert und wollte es nicht glauben. Bei diesen Besuchen lernte ich, daß Großmutter und Vater mich hassen würden, wenn ich mich nicht wie das perfekte Kind aufführte. Wenn ich traurig wäre oder ihnen auch nur ein Wort von dem erzählte, was zu

Hause los war, würde ich nie wieder zu ihnen kommen dürfen.«
»Wie haben Sie das herausgefunden?« fragte Stanley.
»Meine Mutter hat es mir gesagt.«
»Ich verstehe.« Stanley verstand nur zu gut.
Über eines waren sie sich einig: Einige der Tonbandaufnahmen, die sie zu Hause gemacht hatte, rauschten und waren kaum zu verstehen, und seine aus den Sitzungen waren nicht viel besser. Tony hatte immer noch Schwierigkeiten mit Bild und Ton der Videoaufzeichnungen. Die Frau war verwirrt, schließlich skeptisch. Ein Lächeln glitt über ihr Gesicht, und die Augen änderten ihre Farbe. Stanley wartete darauf, daß jemand etwas sagte, irgend etwas. Sie taten ihm den Gefallen nicht.

Daheim trottete die Frau in die Küche. Unter ihrer Schädeldecke begann es zu hämmern. Sie schloß die Augen unter einem Schmerz von unbeschreiblichem Ausmaß. Wenn sie je etwas gefühlt hatte, das von fern an Schmerzen erinnerte, dann war es all die Jahre dieses Kopfweh gewesen, wie eine Drohung von weit her. Aus dem Fenster sah sie in einen Hof voller smaragdgrünem Efeu über einem Meer von weißem Kies. Dinge, die leicht in Ordnung zu halten waren. Man brauchte nicht aus dem Haus, um sich um sie zu kümmern. Keine Veranlassung, beim Unkrautjäten und Versprühen von Insektengift zu schwitzen und sich fremden Blicken auszusetzen.
Sie toastete zwei Weißbrotscheiben und bestrich sie mit Butter und Brombeermarmelade. Sie stand am Fenster, in der Hand eine Tasse mit dampfendem Tee; ein Farn, der von einem der Dachbalken herabhing, streifte ihren Nacken. Schatten bewegten sich an der Wand, tanzten in Richtung ihres verkrampften Körpers. Aus einer Tasse, die klirrend auf eine Untertasse gesetzt wurde, schwappte heißer Tee über ihre Hand. Sie spürte nichts.

Im Tunnel gab *Gatekeeper* das verabredete Zeichen.

Das Signal war laut gewesen; das Truppenmitglied, dem es gegolten hatte, stürzte mit seinem ganzen Wesen herbei. Die Frau wehrte sich, hob die Tasse an die Lippen und versuchte ein Lächeln. Es nahm keine Gestalt an.
Draußen im Garten raschelte Efeu, die ledernen Blätter streiften gegeneinander. Das durch die Scheiben gedämpfte Geräusch drang nicht bis in die Gelöstheit, die sie zuließ, aber nicht empfand.
Im Garten schoß ein Eichhörnchen unter einen Haufen toter Blätter, die über seinem bebenden Körper zitterten. Die Frau im Haus stand stockstill und sah nichts. Sie war ganz leer. Keine Erinnerung, nichts. Sie hatte keine Vorstellung, womit sie diesen Mangel vergleichen sollte; kein eigenes Gefühl, das sie erschrecken oder auch nur beunruhigen konnte. Einen winzigen Augenblick lang vermochte sie aus ihrem Gefängnis nach draußen zu blicken und zu erfassen, daß sie ohne die anderen nicht vorhanden war.

Während der ganzen zweiten Junihälfte schnürte beim Anblick von Spiegelungen in Flüssigkeiten Panik ihr den Hals zu wie der Strick den eines Verbrechers. Ein sich näherndes Tier, es konnte noch so klein und harmlos sein, und sogar dessen Abbildung in einer Zeitschrift erzeugten wilden Abscheu, sexuellen Widerwillen. Sie hatte keinen Hinweis darauf, daß diese Episoden mit dem Mißbrauch als Kind zusammenhingen. Ihre Instinkte reichten nicht aus, die Bedeutung dahinter zu entziffern: erstens, weil sie keine eigenen Instinkte besaß, und zweitens, weil die dem Entsetzen zugrunde liegenden Ereignisse nicht ihr, sondern den anderen Ichs zugestoßen waren. Ichs, die sich bereit machten, vom

Leben auf den beiden Farmen ein genaueres Bild zu malen. *Olivia II.*, der Brunnen der Kreativität, sollte den Anfang machen und dabei, neben anderem, *Catherines* tiefes, lange verborgenes Geheimnis enthüllen.
Die Truppen schrieben aus ihr und um sie herum. Sie schrieben ohne Rücksicht darauf, ob sie nun »präsent« war oder nicht. Sie hatten beschlossen, ihre Arbeit drucken zu lassen, das Geheimnis, den Mythos zu enträtseln, die Inzest und multiple Persönlichkeit gleichermaßen umgaben. Das Manuskript wuchs, ausgehend von Notizen und Szenen, die bei Nacht oder beim Mittagessen geschrieben wurden oder während sie auf Bauherren und Notare wartete. Sie wuchsen wie Pilze, auch beim Friseur, während *Catherine* ein helles Aschblond haben wollte und *Ten-Four* die Sache durcheinanderbrachte, weil sie auf messingfarbenem, herbstlichem Gold bestand.
Die Frau ärgerte sich weniger über die Zeit, die dabei draufging, als über ihre Unfähigkeit, wach zu bleiben und daran teilzuhaben. Aber selbst wenn sie sich mitten unter ihnen abmühte, ängstlich darauf bedacht, Schritt zu halten, hörte sie Nacht für Nacht die Worte in ihrem Kopf. Für dich gibt es sonst nichts.
Eines Tages würde die Frau feststellen, daß sie nicht einmal mehr selbst ins Badezimmer ging. Ihre Leute aßen; sie gingen ins Badezimmer. Zum jetzigen Zeitpunkt der Therapie hätte solches Wissen sie hilflos taumeln lassen. Die, die die Wahrheit kannten, warteten klugerweise damit, sie ihr zu sagen.
Im Augenblick sah die Frau sich die Werbung im Fernsehen an und fragte sich, warum sie nichts davon benötigte. Den Funktionen ihres Körpers war sie am nächsten gekommen, als sie während einer Autofahrt ein seltsames Mißbehagen empfand und in sich einen Tampon fand, der noch in seiner Papphülse steckte.

Da spürte die Frau die leise Vorahnung einer Katastrophe. Sie berichtete Stanley davon und hörte ihm aufmerksam zu. Hinterher wußte sie nicht mehr, was er gesagt hatte; aber in den nächsten Tagen wich der Schrecken manchmal für Augenblicke zurück, und dann vermochte sie fast zu glauben, daß alles gut werden würde.

Das wenige, das die Frau von den sich häufenden Manuskriptseiten begriff, wehte aus ihrem irgendwie durcheinandergeratenen Geist davon wie der Rauch eines Holzfeuers auf offenem Feld.

Die winzige, aber doch vorhandene Zusammenarbeit, die sich zwischen ihr und jenen Truppenmitgliedern, die sich bis jetzt gezeigt hatten, entwickelt hatte, war zweischneidig. Das tägliche gegenseitige Bombardement und der Wunsch aller, möglichst keine Aufmerksamkeit auf sich zu ziehen, überwältigte sie gelegentlich. Alle glaubten, nur ihr Verhalten sei tadellos – und nur die anderen müßten sich dämpfen, den Mund halten oder ganz verschwinden.

Der Aufwand an Energie, den die Sitzungen und das Zusammenleben mit den anderen Ichs erforderten, war enorm. Aber gleichzeitig entstand auch eine stärkere, zwingende Energie. Wenn sie nicht gerade die Rockmusik im Autoradio mitsang, tanzte die Frau zu den Klängen der Stereoanlage im Wohnzimmer, wild und mit einem so heftigen Gefühl von Hingerissensein, daß sie eingeschüchtert sich noch mehr als sonst entzog. Der Gedanke, daß eine von ihnen in der Öffentlichkeit auftauchen könnte, entsetzte sie. Sie stritt einfach ab, daß das möglich sei, und jemand lachte. Es klang unangenehm.

Outrider wertete aus, was *Buffer* und *Frontrunner* ihr täglich zutrugen, und ihr war klar, daß die Frau noch immer in sicherer Entfernung von der Wahrheit funktionierte.

Diese Entfernung führte geradewegs zu jenen Truppenmitgliedern, die niemand aufschrecken wollte.
Als eines Morgens das Telefon nicht mehr ging, wurde der Frau schlagartig bewußt, wie sehr sie alle zeitlichen Bezüge aus den Augen verloren hatte. Seit wann hatte sie keine Rechnungen mehr bezahlt, weil sie ihre Post weder zu öffnen noch zu lesen vermochte? Sie schaute ins Scheckbuch; es war nicht zu lesen. Der Kalender in der Küche starrte sie an, unentzifferbar.
Sie benachrichtigte die Telefongesellschaft mit einem Brief, den sie um Mitternacht in den Nachtbriefkasten warf. Die Operation im Schutz der Dunkelheit war ganz nach *Nails* Geschmack. Die Frau eilte nach Hause. Weil sie nicht schlafen konnte, saß sie bis drei Uhr früh an der Schreibmaschine und sah zu, wie der Manuskripthaufen wuchs. Schließlich kroch sie ins Bett. Seit Mittag hatte sie gefroren, sich zitternd mit ungezählten Tassen heißen Kaffees aufzuwärmen versucht. Im Schlafzimmer herrschten 22 Grad, dennoch brauchte sie außer der Steppdecke noch drei Wolldecken, ihre Haut war eiskalt. Und die Vorahnung war wieder da.
Beim dünnen Licht einer Taschenlampe begann sie unter dem Zelt aus Bettdecken einen Haufen nachlässig hingekritzelter Notizen zu ordnen. Die Handschrift hatte ein dutzendmal und häufiger gewechselt: Saubere Auf- und Abstriche wandelten sich zu Buchstaben, die mal über, mal unter der Linie schlenkerten, oder zu Hühnerkrakeln, die in einem Wirbel von Schnörkeln tanzten. Entsetzt über das Durcheinander schaute die Frau auf die verschiedenen Schriften.
Eine Stimme erklang in ihr. Die Ahnung eines drohenden Verderbens, stärker als je zuvor, erzeugte eine Gänsehaut. Aus dem, was die Mutter immer wieder gesagt hatte, wurde eine warnende Litanei. Sie war schlampig, fett, dumm, unfähig, hochmütig, selbstsüchtig und

feige. Die Litanei wurde immer länger, enthielt das ganze Chaos ihres Lebens und bewies beides: die Richtigkeit der mütterlichen Ermahnungen und ihr gegenwärtiges chaotisches Empfinden. Alles, was Stanley zum Schutz ihres Egos um sie herum aufgebaut hatte, brach zusammen. Die Mutter gewann, der Stiefvater gewann, sie verlor. Sie war wertlos und verdammt. Kalte Tränen strömten ihr über das Gesicht.
Outrider sah sie an. Die Ironie war, daß ausgerechnet diese Person, die so wenig Eigenes hatte, deren Konstruktion nicht einmal zuließ, daß sie ihre Nahrung selbst verzehrte, so wichtig sein sollte für das, was mit den Kernen geschah oder nicht geschah. *Outrider* kam es immer wie ein Drahtseilakt vor, wenn sie versuchte, der Frau zu helfen, und sicher sein mußte, daß die Kerne noch schliefen.
Outrider nahm eine Handvoll Konfetti, knetete sie mit der Faust zusammen und machte sich bereit, sie mit einem einzigen Wurf fallen zu lassen. Der kalte Atem der Frau stand unter der Bettdecke. Ohne eigenes Zutun glitten ihre leblosen, kalten Finger, den Kugelschreiber umklammernd, über das Papier. *Outrider* warf das Konfetti und zog den Schleier weg. Im Namen derjenigen, die erlebt hatte, wofür die Konfettistückchen standen, entschuldigte sich *Outrider* wortlos bei dem Kind und der Frau.
Halbwach nahm die Frau ein Bild von kreisrunden rauhen Steinmauern wahr und die Spiegelung, die auf dem Wasser zitterte. Sie hatte den Eindruck, sich zu bewegen, ihr wurde schwindelig. Lange, dünne, lebendige Formen stürzten an der Grenze ihres Halbschlafs in eine Ecke ganz unten.
Sie fröstelte. In den Tunnelmauern gab es nichts als die Stille und das schwarze Wasser unter ihrem baumelnden Fuß. Sie blickte über ihre Schulter, und in der Spiegelung

da oben erschien das Gesicht des Stiefvaters, zusammen mit noch einem Gesicht, das wie ihres aussah, es aber nicht war.
Ein anderes Bild, ein besonders deutliches. Die Frau fuhr in die Höhe, die Decken fielen zur Seite. Sie schrie laut und schrill, zitternd wie Espenlaub. Das Schreien hörte nicht auf, und vor ihr auf dem Bett lag die Schlange, in Lebensgröße, mit schuppigem Leib, braun mit schwarzer Zeichnung. Es gab noch mehr Schlangen, viele, sie lagen nicht auf dem Bett, sie strömten in Richtung des kleinen Wesens, das im Brunnen hing – das Kind, das hin und her schwang mittels einer Vorrichtung, die von Menschen gemacht war, die sich aber nur der Teufel selbst ausgedacht haben konnte.

18

Die Morgendämmerung drang ins Schlafzimmer. Die Frau befreite sich aus den durchnäßten, zerwühlten Laken. Feuchte Steinmauern und eine schwingende Bewegung. Sie hielt sich an der Tür zum Badezimmer fest. Sie putzte sich die Zähne mit zwei verschiedenen Zahnpasten, aber der Geschmack nach fauligem Brunnenwasser blieb.
Benommen zog sie an, was am Fuß des Bettes lag, aber die hellblaue Bluse und der weiße geschlitzte Rock waren nicht das, was sie am Abend zuvor herausgelegt hatte. Erschöpft und immer noch im Bann der rasenden Angst der letzten Nacht und der Kälte, die sich in ihren Knochen eingenistet hatte, fuhr sie zur Universität.
Eine halbe Stunde der Sitzung an diesem Morgen verbrachte sie damit, Stanley klarzumachen, daß es den zweiten Brunnen nicht gab. Stanley beobachtete sie; er konnte sich nicht vorstellen, was sie im Zusammenhang mit einem Brunnen derart aus der Fassung zu bringen vermochte. Er zwang sie, weiterzusprechen, denn wenn sie es nicht herausließ und bearbeitete, würde die Angst nur größer werden und möglicherweise sich außerhalb einer Sitzung entladen. Sie war nicht zu erschüttern, ihr Gesicht kalt und leer. Als sie das vierte oder fünfte Mal alles abstritt, wurde die erwachsene Stimme dünn, die Backenknochen verschwanden, und Tränen rollten über ein rundes, sanftes Kindergesicht.

In der sechs Jahre alten toten Seele von *Olivia II.* die auftauchte und zu sprechen begann, war alles noch so wie am Tag ihres »Sterbens«. Sie spielte draußen beim zweiten Farmhaus und hörte von weit her einen Vogel rufen, sein Lied schwer von sommerlicher Trägheit. Die Sonne brannte auf die Hecke, die sie von allen Seiten umschloß wie hohe grüne Festungswälle. Kein Blatt bewegte sich in der windstillen Hitze, die blaßblonden Locken, die ihr Gesicht umrahmten, waren schweißverklebt. Ein riesiger Weberknecht krabbelte nahe ihren Füßen einen Grashalm empor. Sie beobachtete, wie seine langen dünnen Beine sich in geordneten, zeitlupenartigen Bewegungen krümmten und ihn genau dahin brachten, wohin er wollte. Er nahm ihre ganze Aufmerksamkeit in Anspruch, die vorher den Glasscherben in ihrem Schoß gegolten hatte. Eine war tief dunkelblau, früher hatte sie zu einem Trinkgefäß gehört. Eine andere, rubinrote, war ein Stück von einer schweren Servierschale. Sie besaß noch mehr, hatte sie alle da gefunden, wo der Stiefvater die Hausabfälle verbrannte.
Sie achtete nicht mehr auf die liebevoll gesammelten Schätze, sondern nur noch auf die Spinne. Für einen Moment schweiften ihre Gedanken ab, konzentrierten sich dann wieder. Ohne sich bewußt zu sein, was sie tat, welche Bedeutung es zukünftig haben würde, prägte sie sich die Bewegungen der Spinne ein, verinnerlichte sie. In Wahrheit »gebar« sie den Samen, der eines Tages *Grace, Zombie* werden sollte. Nicht das Mädchen, sondern *Zombie* würde an diesem Tag vom Feld nach Hause kommen.
Das Mädchen wußte nichts davon, und doch war sie plötzlich doppelt ängstlich, als sei ein kalter Wind aufgekommen. Die Bewegungen des Weberknechts hatten ihn auf die Spitze des Grashalms gebracht, dort, wo sie zartgrün gegen den steinernen Rand des alten Brunnens

stieß. Das Mädchen stand von der heißen Erde auf, zog sich zum Brunnenrand hoch und spürte die kalten, harten Steine an ihren Beinen. Ihre bloßen Füße stießen baumelnd gegen rauhe Steinmauern, weit unten sah sie die Spiegelung ihres Gesichts im schwarzen Wasser.
Ihre Gedanken wanderten von den glitzernden blauen und roten Glasscherben in ihrer Hand zu der Spinne und wieder zurück. Irgendwie bildeten die auf den Glasscherben funkelnde Sonne und die trägen Bewegungen der Spinne eine gemeinsame Quelle von Energie, bezwingend und einhüllend, aber unabhängig und jenseits davon hatte sie immer noch Angst.
Der Schatten, den sie schon seit einiger Zeit bemerkt hatte, bewegte sich, lag direkt über ihr und der Spinne. Der Stiefvater, nun nicht länger ein Schatten, kam in ihren Gesichtskreis. Er schleppte die Planken, mit denen er den Brunnen wieder abdecken wollte, nachdem er seine Arbeit getan hatte. Außer den Brettern hatte er noch etwas bei sich, sie konnte nicht sehen, was es war, er hielt es hinter dem Rücken verborgen.
»Komm, laß uns spielen«, sagte der Stiefvater, aber *Olivia II.* hatte von dem, was ihrer Vorgängerin *Olivia I.* zugestoßen war, gelernt. Sie wollte fliehen. Bevor ihre Füße den Boden erreicht hatten, packte der Stiefvater zu, und sie sah, was er hinter dem Rücken versteckt hatte: einen Weidenkorb wie die, in denen Möhren oder Salat transportiert wurden, aus dünnen, mit Draht zusammengehaltenen Rippen und ohne Boden, so daß er eine Art Schaukel bildete. Daran war ein Seil befestigt.
Die »tote« *Olivia II.* schrie von weit her, daß es Stanley kalt den Rücken hinunterlief.
Die Frau tauchte auf und schüttelte so heftig den Kopf, daß die Tränen flogen. »Ich kann es nicht glauben; niemand wird mich überzeugen. Es gab nur den einen Brunnen an der Küchentür.«

Sie wurde beiseite gedrängt. *Olivia II.* schien aus der Tiefe einer nicht wiedergutzumachenden Verletzung heraus gesprochen zu haben. Das Kind, das jetzt an die Stelle der Frau trat, wies Zeichen der gleichen Verletzung auf, nur daß ihre Stimme weitaus hysterischer klang.

»Doch«, schluchzte das Mädchen, »es gab einen Brunnen auf dem Feld. Der Stiefvater setzte *Olivia II.* in den Korb und ließ sie hinunter.«

»Weißt du, warum er ihr das antat?« Stanley mußte würgen. Sie ballte die Fäuste im Schoß; die Schluchzer wurden heftiger, und sie redete in lispelnder Babysprache. Sie schien sich über das, was der Stiefvater getan hatte, zu schämen; sie sprach mit versteinerter Stimme. Das Leugnen der Frau hatte sie wütend gemacht; so wütend, dachte Stanley, daß es dieses Kind, das er noch nie gesehen hatte, geradezu herauszwang.

Unter wildem Schluchzen erwiderte das Mädchen, der Stiefvater sei über die Weigerung, »dies blöde Spiel« mitzuspielen, zornig gewesen. Wie lang die Qual gedauert hatte, davon hatte sie keine Vorstellung. Es ging ihr darum, ihm noch etwas anderes zu berichten.

Sie schrie: »Er wußte genau, daß wir Schlangen haßten. Er fand ganz viele und warf sie in den Brunnen auf *Olivia II.*«

Das Mädchen krümmte sich bei jedem Wort, das es hervorbrachte, und preßte beide Hände zwischen die Knie.

»*Olivia II.* ist in dem Brunnen gestorben«, schluchzte das Mädchen. »Sie war noch nicht lange genug da und hatte keine, die an ihre Stelle treten konnte. Also übernahm *Catherine* das. *Catherine* ist ihr erwachsenes Spiegelbild.«

Catherine, überlegte Stanley, die den bloßen Gedanken an Mutterschaft verabscheute, war die erwachsene Vertreterin für ein sechs Jahre altes, totes Ich geworden.

»Wer bist du?« fragte Stanley.

»*Olivia I.* ist auch gestorben, wegen des Stiefvaters und was er ihr mit dem rosa Ding getan hat und weil die Mutter über ihren Körper gegangen ist. Sie war vier Jahre alt. Von *Olivia I.* bin nur ich noch da. Ich bin ihr kindliches Spiegelbild.«
Stanley fragte nach ihrem Namen; sie heulte, sie habe keinen, wolle auch keinen haben.
Mit trockener Kehle fragte Stanley: »Wer trat als Erwachsene an *Olivia I.* Stelle?«
»*Outrider*.«
Tonys Gesichtsausdruck hinter der Glasscheibe war nicht zu deuten; er hantierte aufgeregt und empört an den Reglern.
Stanley wußte nicht, wohin mit der eigenen Empörung. Er gab das Zeichen für eine Pause.
In der Eingangshalle der Universität herrschte Ruhe. Aus den Seminarräumen war nur ein schwaches Murmeln zu hören, und seine Schritte klangen einsam und hohl. Die Putzfrauen hatten den Geruch nach Lysol zurückgelassen, der über den Linoleumböden hing; seine Augen tränten. Erfolglos versuchte er sich vorzustellen, was in dem Mädchen vorgegangen sein mochte, als sie in dem Brunnen hing. Die Schreie heute im Studio und das wilde Schluchzen...
»Tötet ihn«, hatten die Studentinnen gesagt. Stanley fragte sich, wozu sich die Frau entscheiden würde, wenn sie ihr Gedächtnis wiedergefunden hatte. Sie glaubte nicht an die Existenz des Brunnens, aber vor einigen Monaten hatte jemand ihn in das Skizzenbuch gezeichnet. Marshall hatte recht gehabt. Hinter dem ersten Mädchen, das sich an jenem Tag auf dem Bildschirm gezeigt hatte, gab es noch andere, kleinere, stärker verwundete Ichs.
Bis zum Brechreiz schockiert nahm Stanley im Videostudio seinen Platz ihr gegenüber wieder ein, nicht

ahnend, daß noch weitere Teile des Puzzles an die Oberfläche kommen würden. Die Frau saß mit leerem Gesicht und erstarrten Zügen da und zeigte keinerlei Regung über die Erinnerungen der Kinder. Nur auf nachhaltiges Drängen gab sie den »Alptraum« zu. Sie beharrte darauf, daß es nur ein schlechter Traum gewesen sei.
Stanley hörte sich ihr Dementi an. Er bezweifelte, daß sie je etwas davon völlig begreifen würde, jedenfalls nicht in absehbarer Zeit.
Nach der Pause bestritt sie nicht die Tatsache multipler Persönlichkeit, wohl aber deren Aktualität.
»Ich kann mir nicht einmal mehr Nylonstrümpfe kaufen«, schluchzte sie. »Jemand mag sie nicht. Wenn ich aus dem Geschäft nach Hause komme, sind die Nylons, die ich gekauft habe, verschwunden. Vielleicht ist es *Mean Joe*, und der wird nichts sagen.«
»Oder eine, die noch sehr jung ist«, sagte Stanley, »zu jung für Nylons. Hier. Eine Freundin schickt Ihnen das.«
Er überreichte ihr ein in rot-weiß-geblümtes Papier gewickeltes, mit rotem Kräuselband verschnürtes Päckchen. Sie entfernte das Papier und enthüllte eine grüngoldene Schachtel mit Buntstiften und einen Zeichenblock. Nach der Freude auf ihrem Gesicht zu schließen, hätte Stanley mindestens einen Pelzmantel erwartet.
Unter Lachen und Weinen las die Frau, was Jeannie Lawson geschrieben hatte: »Verwechseln Sie nicht kindlich mit kindisch. Jemand in Ihnen ist sehr jung und möchte spielen. Bitte versuchen Sie daran zu glauben, daß es besser werden wird.«
»Ist sie wirklich eine Multiple, gibt es noch jemanden wie mich hier? Macht sie das gleiche durch wie ich? Ist es für sie auch die Hölle? Bitte. Gibt es sie wirklich?«
Stanley versicherte es ihr und wünschte sich, es glauben zu können. Vom ersten Moment an, als sie sich heute morgen hingesetzt hatten, hatte er es gespürt: den Ener-

gieschub, den Schwung, das Gefühl, »high« zu sein. Das passierte jedesmal, wenn er mit ihr zusammen war, aber heute war es besonders auffällig. Manchmal brauchte er mehrere Tage, um wieder auf die Erde zu kommen. Und es schien mit Tonys Klagen über die Bild- und Tonqualität zusammenzuhängen.
Seit dem Auspacken des Geschenks war die Energie im Raum noch größer geworden. Während Stanley noch darüber grübelte und seinen Vermutungen nicht recht trauen mochte, ging weiterhin von verschiedenen Quellen Energie aus: von *Mean Joe*, der der Frau über die Schulter spähte, um die Ungefährlichkeit des Geschenks zu überprüfen; von *Catherine*, die alle Arten von Geschenken liebte und die Verpackung bewunderte; von einer Gruppe kleiner Kinder, die die Buntstifte mit den Augen verschlangen.
Die Frage der Frau, ob Jeannie Lawson wirklich existierte, war nicht verwunderlich. Alle die Truppenmitglieder, die wegen der Buntstifte auftauchten und wieder verschwanden, ließen sie sich selbst unwirklich fühlen, losgelöst von allem und allen.
Stanley erläuterte Jeannies schließliche Integration.
»Integriert. Das heißt, alle sind ›eins‹? Hörte sie sich vorher so verrückt an wie ich? Ist sie mir wirklich ähnlich?«
»Jeannie war nicht verrückt. Sie war auch nicht geisteskrank oder besessen oder was die Leute sonst noch für Ausdrücke haben. Ihre anderen Ichs haben sie beschützt. Ich vermute, die Art, wie sie das gemacht haben, würde einem Außenstehenden ungewöhnlich vorkommen.«
Nicht verrückt? In der Frau brachen Kräfte auf, für die sie keinen Namen hatte, und brachten neue Tränen. Jemand steckte ihre Nase in die Buntstifte, spähte nach Stanley und summte leise. Wie ein Kind, das glücklich ist über ein altes bekanntes Spielzeug.

»Ist es so etwas wie eine Untergrundbewegung?« Die Frau redete, ohne auf das Summen zu achten. »Ich kenne Jeannie Lawson nicht, aber sie ist für mich realer, als ich es mir bin.«
Säuberlich faltete sie das Einwickelpapier zusammen und steckte es in die Tasche. Sie versuchte, sich dem Fortgang der Sitzung anzupassen. Sie interessierte sich scheinbar für jeden weiteren Schritt, tatsächlich aber zeigte sie Stanley eine erwachsene Frau, die weder sich noch ihrer Fähigkeit, irgend etwas zu meistern, traute. Die Buntstifte purzelten in ihrem Schoß hin und her. *Mean Joe* erschien für einen Moment, wortkarg und mit schrägen Augen. Die Augen waren haselnußbraun, seine Bewegungen eckig und maskulin. Er kündigte sich nicht an; die Frau sagte nur, sie »fühlte« ihn, so wie damals zusammen mit *Miss Wonderful* in dem Geschäft, in dem sie Kaffee geholt hatten. Bei diesen Worten erhellte sich ihr Gesicht. Die Backenknochen verschwanden.
Nach der starken emotionalen Belastung, die die ersten zwei Kinder in dieser Sitzung hervorgerufen hatten, war es geradezu eine Erleichterung, das dritte zu erleben. Nicht die »tote Substanz« jenes Mädchens, die das Feld und den Brunnen beschrieben hatte, auch nicht die, die danach erschienen war, kaum weniger verletzt, aber zornig und mitteilsam. Aber auch diese Stimme lispelte ein wenig.
Das Gesicht der Frau zeigte wieder Entsetzen und Schmerz. Wie eine kleine Verschwörerin rief das dritte Mädchen den Namen ihres Beschützers an.
»*Mean Joe*«, sagte *Lambchop*, »ist wie ein Berg. Wir nennen ihn jetzt *Mean Joe Green*. Wußten Sie das? Wir nennen ihn *Mean Joe Green*, weil wir eines Tages herausgefunden haben, daß er schwarz ist.«
Von einer Spur zur nächsten stolpernd, hatte Stanley sich seit Wochen nach *Mean Joes* genauen Charakteristi-

ken gefragt. Die Mutter billigte nicht leicht jemanden. Die Truppen wußten das. Dennoch hatte sie einen jungen Schwarzen von der benachbarten Farm angelächelt, als er ihr Kind, das sich verlaufen hatte, zurückbrachte. Hatte die Mutter damit unbewußt wenn schon nicht für die Geburt eines anderen, alternativen Ichs, so doch wenigstens für seine Farbe die »Erlaubnis« gegeben?
Es gab noch eine andere Überlegung. Der Stiefvater war ein Weißer. Folgte daraus, daß jeder weiße Mann einige Truppenmitglieder aufs äußerste erschreckte und deshalb dieser ungeschlachte Beschützer, den die Kinder *Mean Joe* nannten, schwarz sein mußte? Oder hatte *Mean Joe* selbst diese Entscheidung getroffen? Die Frage galt dem Prozeß der Multiplizität, und Stanley rief sich ins Gedächtnis zurück, daß niemand Genaueres über dessen Funktionieren wußte.
Lambchop plapperte auf dem Kissen, nahm einen Stift nach dem anderen auf und ordnete sie säuberlich auf dem weißen Rock.
»*Mean Joe Green*«, sagte Stanley lächelnd, »ist ein starker Mann. Stark genug, um alle zu beschützen, vermute ich.« »Irgendwann werde ich Ihnen aufmalen, wie er aussieht.« Sie schaute traurig. »Wenn ich mal spielen darf.«
»Lassen sie dich nicht spielen?« Aus irgendeinem Grund fühlte dieses Kind sich bei ihm sicher genug, um eine Weile zu bleiben. Dann sah er es: Ihre Körperhaltung verwandelte sich langsam von der eines sich ungezwungen bewegenden Kindes in die eines anderen, das sich in sich zusammenkauerte und voller Entsetzen um sich blickte.
»Ich darf nicht.« Ausgeprägtes Lispeln.
»Also was für Spiele haben Sie gespielt, als Sie klein waren.«
Stanley hätte sich am liebsten die Zunge ausgerissen.

Dieses Truppenmitglied war noch klein. »Ich meine, zu Hause«, verbesserte er sich.
Schweigen.
Ein Beben schüttelte sie. Sie versuchte ihm zu sagen, wie alt sie war, und zählte die Jahre an ihren dicken Kinderfingern ab. Sie weinte frustriert, als sie bei sechs angekommen war und es nicht weiterging.
»Aber du hörst dich jünger an als sechs«, wandte Stanley ein.
»Zeit«, sagte sie weinend und schlug die kleinen dicken Hände zusammen, »Zeit...«
Ihre Augen funkelten, sie schien Schmerzen zu haben, hielt sich, als ob sie Schläge, nicht Zärtlichkeit erwartete. Stanley unterdrückte seine Reaktionen und klammerte sich an den alten Satz: Wer sich auf die Gefühle seiner Patientin einläßt, sitzt in der Falle. Er schluckte und rief sich die Erinnerung an eine der vergangenen Sitzungen zurück. »Die Zeit blieb stehen? Wollen Sie das sagen: daß die Zeit für Sie stehen geblieben ist?«
Ihre Antwort konnte er nicht verstehen. Etwas sagte ihm, daß ihre Entwicklung, obwohl sie nichts mit dem Vorfall im Brunnen zu tun hatte, aus anderen Gründen vollständig abgebrochen war. Wo war dieses Kind die ganzen Jahre gewesen?
Er fragte sie das. Aus ihren Bewegungen auf dem Kissen konnte er nicht ablesen, was geschah.

Im Tunnel explodierte die Panik. Einige herbeigerufene Truppenmitglieder drängten nach vorn, konzentriert auf ein einziges Ziel: die, die in Lebensgefahr war, zu schützen. Das Mädchen quälte sich mit Stanleys Frage; ihr kindliches Gemüt war dem, was damit zusammenhing, nicht gewachsen. Aber sogar während sie kämpfte und entsetzt war von der Antwort, spürte sie die Trup-

pen, die sich zusammenzogen und die Mauern eng um sie schlossen.
Niemand innerhalb der Truppenformation begriff, wie es geschehen war. Sie wußten nur, daß dieses eine Mädchen, das Stanley gegenübersaß, das innerste Wesen des Kindes spiegelte. Sie hatte sich in Gefahr begeben und sie alle mit hineingezogen.
Catherine, die Augen flehentlich aufgerissen, blickte auf *Mean Joe*. *Frontrunner* und *Buffer* suchten sich eine gute Ausgangsposition, um sich rasch über das in die Irre gegangene Kind werfen zu können. *Gatekeeper* gab das Zeichen. *Mean Joe* kam herbei.

Stanley hockte erstarrt auf dem Kissen. Er sah, wie die Augen des Mädchens dunkler wurden, haselnußbraun und schräg über den hohen Backenknochen saßen und wie plötzlich die ganze Gestalt sehr männlich wirkte.

Im Augenblick äußerster Panik hüllte *Mean Joe* sie ein und nahm sie fort. An jenen Ort, für dessen Entdeckung Stanley alles gegeben hätte.

»Wo sind Sie?« Stanley fragte, aber das Gesicht blieb leer.
»Ich bin hier, um Ihnen zu helfen. Wenn Sie nicht sprechen, kann ich Ihnen nicht helfen.«

Während der Pause fragte Tony, ob die Kleine Stanley mit *Mean Joe* angelogen hätte.
»Alles ist möglich«, sagte Stanley.
Als sie während der zweiten Hälfte der Sitzung wieder auf dem Boden hockten, fielen Stanley der ruhige Tonfall, die in sich gekehrte Haltung, die leeren Augen der Frau auf.

»Ich bin gesegnet«, sagte sie. »Egal wie schlimm das alles war, das Kind erlebte doch immer den nächsten Tag, das nächste Jahr. Warum sage ich das, wenn ich nicht weiß, was geschah, nur daß ich die Farm gehaßt habe?«
»Eines Tages werden Sie sich erinnern«, sagte Stanley. »An alles.«
»Scheiße«, sagte die Frau. »Hölle, Tod und Teufel.«
Wenigstens hörte sie sich das sagen. Sie entschuldigte sich zerknirscht und lachte nervös. »Ich glaube, nur wenige Opfer haben soviel Glück wie ich. Immer hat mich irgend etwas gerettet. Ich bin auf Sie gestoßen, gerade als ich dachte, ich sei übergeschnappt. Doch«, fügte sie hinzu, als sie seinen nachdenklichen Ausdruck sah. »Ich bin gesegnet, aber das hat weder mit Gott noch mit dem Teufel zu tun. Falls es die gibt, woran ich zweifle.«
»Für manche Menschen gibt es sie«, sagte Stanley, einen Versuch startend.
Die Augen funkelten, der Mund verhärtete sich. Der ruhige Tonfall verschwand.
»Auf so was spucke ich«, sagte *Sewer Mouth* und spuckte über die Schulter.
»Angenommen«, Stanley suchte nach einem Ansatzpunkt in Kenntnis der Tatsache, daß sie von einer tief im Katholizismus verwurzelten Mutter und Großmutter aufgezogen worden war, »wenn alles andere weiterging und Ihnen die Religion reingewürgt worden ist...«
Sewer Mouth verschaffte ihrem Zorn durch Fluchen Luft. Sie stieß oft mit Leuten zusammen, die ihre Wut nicht verstanden und für ihre unflätige Sprache keinen Grund sehen konnten. Ihr kam es so vor, als wäre deren Unverständnis für ein Benehmen, das ihr ganz natürlich war, nur die Verleugnung der Gründe, die dahinter standen – Gründe, von denen sie mit Ausnahme einiger schnell wieder abgebrochener Versuche niemandem je erzählt hatte.

Familiäres Zusammenleben in Ruhe und Frieden oder auch nur halbwegs Waffenstillstand war das eine. Eine sechsköpfige Familie, in der jeder jeden haßte und mit den täglich drohenden Wutausbrüchen leben mußte, war etwas anderes. *Sewer Mouth* hatte eine Lösung gefunden, wie sie mit dem Schreien und Streiten der Stiefgeschwister fertigwerden konnte, wenn die Mutter aufs Feld ging oder mit Hausarbeit beschäftigt war.
Unfähig, die anderen zum Schweigen zu bringen – einmal weil sie von Mutter und Stiefvater gezwungen wurde, immer klein beizugeben, aber auch weil ihr Zorn sie selbst erschreckte –, hatte *Sewer Mouth* gelernt, ihre Zunge zu benutzen. Dabei floß kein Blut, das Mittel konnte freizügig angewendet werden, ohne daß jemand sich körperlich bedroht fühlen mußte. Auch sie selbst nicht. Ihr furchterregender Zorn machte sich durch Fluchen Luft.
Weil sie auf Stanleys Gesicht sah, daß er ihren Zorn verstand, beschloß *Sewer Mouth*, ihre Abwehr fallenzulassen.
»Gott«, sagte Stanley gerade, »bedeutet nicht viel für jemanden, der gelebt hat wie Sie. Der Gedanke an eine Erlösung von außen muß lachhaft erschienen sein. Man hat Ihnen schließlich beigebracht, niemandem zu vertrauen.«
»Warum halten Sie mich nicht für aussätzig?« Ihre Stimme war ein heiseres Flüstern. »Können Sie auch noch akzeptieren, daß ich alle Eltern für Stinktiere halte? Daß sie rachsüchtig sind, sogar die besten von ihnen, und daß kein Lächeln, das sie Ihnen schenken, ehrlich gemeint ist? Bedeutet das, daß Sie auch meinen Haß auf Kinder verstehen und daß ich nach dem Verlassen der Farm nie wieder Windeln oder Babyflaschen sehen oder einen schreienden Säugling hören wollte?«
»Es leuchtet mir ein«, sagte Stanley.

»Ich wollte allein sein. Aber wo man auch hinsah, war ein anderes Kind – der Halbbruder, die Halbschwestern – und schrie sich die Lunge aus dem Hals. Ich wollte Ruhe. Sie schrien und störten mich. Niemals wieder will ich irgend jemanden sehen, hören oder riechen. Irgendwann werde ich wissen, wie ich den anderen entkomme. Ich denke Tag und Nacht darüber nach. Es muß doch eine Insel geben oder meinetwegen einen Berg, wo es keine Menschen gibt.«
»Ich fürchte, das gibt es nicht«, sagte Stanley.
»Das nehm' ich nicht hin«, sagte *Sewer Mouth* grimmig.
»Ich hasse dieses Leben. Ich hasse alles. Fragen Sie danach, was ich nicht hasse.« Ihre Stimme war ein tiefes Grollen. »Es wird einfacher sein, Ihnen aufzuzählen, was ich nicht hasse.«

In dieser Nacht blickte die Frau auf die Trümmer. Das Manuskript, ein Meer von weißem Papier, drei rohe Entwürfe, zerknüllt, gestapelt, sortiert, an die Wand gepinnt, starrte zurück.
Beeil dich, Miststück. Du vergeudest unsere Zeit.
»Ich beeil' mich ja«, schrie sie, überzeugt davon, daß die Stimme verschwinden würde, wenn sie so antwortete, wie ihre Mutter es immer verlangt hatte. Sie verschwand nicht. Und auch nicht der plötzliche Geruch nach dem Körper ihrer Mutter. Den Geruch hatte sie schon als Kind nicht ausstehen können. Seit den Tagen im zweiten Farmhaus war er ihr von Zeit zu Zeit immer wieder in die Nase gestiegen. Jedesmal wenn er auftauchte, empfand die Frau genau wie jetzt äußersten Widerwillen und den Wunsch, einfach tot zu sein.
»Ich beeil' mich ja«, schrie sie noch einmal.
Wenn du's nicht schaffst, dann verschwinde, aber schnell. Soviel war klar: Das war nicht die Stimme ihrer Mutter. Es war eines ihrer Ichs mit einer ähnlichen

Stimme. Wie konnte eines ihrer Ichs diese Stimme haben, womöglich der Mutter ähnlich sein... der Gedanke entsetzte sie.
Sprachlos blickte sie auf das Glas Milch, das sie zum Munde führte. Sie hatte den Eindruck, daß jemand anderes die Milch trank und sich an eine Blechtasse auf den Farmen erinnerte. Diese Person wollte jetzt eine Blechtasse mit Milch haben; Milch nicht aus der Tüte, sondern frisch von der Kuh. Als hätte diese Person gerade ihre Hand berührt, stellte die Frau das leere Glas vorsichtig auf den Tisch.

19

Von ihrer erhobenen rechten Hand baumelte ein hauchdünnes Etwas aus Nylon und hautfarbener Spitze. Eng gepackt wie Sardinen schoben sich die Happy-Hour-Gäste durch den langen, schmalen Barraum, mehr auf ihre Bestellungen achtend als auf die Unterwäsche der Frau. Links von ihr, mit voller Sicht auf den baumelnden BH, machte Ben Purceval, ein Architekt, den sie seit Jahren kannte, eine Pause und blickte beiseite. Er war ein netter Mann, im Augenblick ein bißchen irritiert, aber sichtlich entschlossen, seine Erörterungen abzuschließen. Die Frau hatte keine Ahnung, worüber sie geredet hatten. Er wollte wissen, ob sie beabsichtigte, mit jemand namens Thornton fortzugehen, sobald der von der Toilette zurückkam.
»Wer?« fragte die Frau und versuchte, die leeren Gläser vor sich auf der Theke zu zählen. Offensichtlich war sie schon länger hier und hatte eine ganze Schiffsladung Scotch getrunken, ohne daß sie eine Wirkung spürte. Die saubere Bluse, die sie am Morgen angezogen hatte, war immer noch teilweise zugeknöpft, und in ihrem Kopf saß die Erinnerung an ein unerhörtes Gelächter. An einem bestimmten Punkt mußte sie den BH unter der Bluse ausgezogen haben, indem sie die Träger durch die Ärmel gezogen hatte. Aber warum? Und wer war Thornton?
Was für schreckliche Dinge hatte sie in Gegenwart von Ben und dem gesichtslosen Thornton getan, während sie

einen Viertelliter Scotch gekippt hatte? Mehr als drei ihrer Ichs versuchten, sich verständlich zu machen, als Zeugen aufzutreten. Jemand in ihr amüsierte sich königlich; jemand anderes war überhaupt nicht belustigt. Einer sagte gar nichts; es war, als säße er in der dunkelsten Ecke des längsten und schwärzesten Tunnels, der je gebaut worden war. Mit zitternden Händen, die gar nicht schnell genug alles außer Sichtweite schaffen konnten, sammelte die Frau ihre Handtasche, Feuerzeug und Zigaretten ein.
»Ich brauch' Zigaretten«, sagte sie zu Ben, drängte sich durch die Menge und verschwand nach draußen.
Dem Stand der Sonne nach mußte es später Nachmittag oder früher Abend sein. Schließlich fand sie auch ihr Auto am anderen Ende des Parkplatzes. Eine Tüte mit Lebensmitteln, durchnäßt von aufgetauter Gefrierkost, stand auf dem Vordersitz. Sie hatte wegen des zum Fenster hinausgeworfenen Geldes ein schlechtes Gewissen, war sich aber nicht bewußt, überhaupt vor dem Lunch eingekauft zu haben. Heftig setzte sie die Tasche auf die Kühlerhaube, hörte das Klappern der Schlüssel und holte tief Luft. Sich wegen der Ruhe bewundernd, die nichts mit ihr zu tun hatte, vermied sie, sich im Rückspiegel anzusehen, und fuhr mit hoher Geschwindigkeit davon.
Elvira lächelte den ganzen Weg nach Hause und drehte wie besessen am Radio.
Erst als sie die Bluse auszog und im Spiegel ihre nackten Brüste sah, packten sie Furcht und kalte Panik. Erst da wurde ihr klar, daß sie sich in einer öffentlichen Bar wie eine Hure aufgeführt, sich ausgezogen und zur Schau gestellt hatte. Was hatte sie noch getan? Was für eine Frau war sie, daß sie so etwas tat? Warum konnte sie sich nicht daran erinnern, den BH ausgezogen zu haben?
Ihr fielen andere Kleidungsstücke ein, die scheinbar

grundlos an merkwürdigen, öffentlich zugänglichen Orten aufgetaucht waren. Plötzlich erfaßte sie, daß sie sich hinterher zwar immer an das Kleidungsstück erinnern konnte, aber nicht daran, es ausgezogen zu haben. Daß sie überhaupt dort gewesen war, war ihr nur undeutlich bewußt. Und irgendwie kam es ihr so vor, als sei sie an mehr Plätzen dieser Art gewesen, als sie wußte. Stanley würde wahrscheinlich nur lachen, wenn sie ihm das erzählte. Er würde erklären, daß einen BH unter der Bluse hervorzuziehen, noch nicht dasselbe sei, wie sich in der Öffentlichkeit auszuziehen. Stanley war zu nachsichtig. Ihre Mutter hätte Stunden, Tage, Wochen gezetert, der Wortschwall hätte überhaupt kein Ende gefunden.
Im Badezimmer roch es plötzlich wieder nach ihrer Mutter. Die Frau zitterte, als sie auf dem Grund ihrer Tasche den BH entdeckte. Ohne hinzusehen, warf sie ihn in den Wäschekorb und knallte die Tür zu. Der Geruch ihrer Mutter blieb.
Die Frau flog die Treppe hinunter und scheuerte sich in der Toilette Gesicht und Hände mit heißem Wasser und einer kräftig riechenden Seife. Immer sauber, fleckenlos und frisch gebügelt, egal wie lange und schwer sie im Haus oder auf dem Acker gearbeitet hatte, hatte ihre Mutter auf Hygiene geachtet – also woher stammte der Geruch? Am Rand ihres Bewußtseins nahm sie Zorn, Furcht und Ekel vor sich selbst wahr. Diesmal wollte sie all das selbst spüren und nicht aus zweiter Hand, was, wie sie zu vermuten begann, der Fall war. Sie bemühte sich. Vergeblich.
Sie versuchte, Stanley zu erreichen, und bat um Rückruf. Sie zündete sich eine Zigarette an, vergaß sie und griff nach der nächsten. Sie stellte die Stereoanlage an, und als die Störungen begannen, trat sie mit dem Fuß dagegen und legte trotz der Knackgeräusche »*Smoke on the*

Water« auf. Noch nie hatte sie so sehr auf einen Anruf gewartet.
»Ich kann nicht nach draußen gehen«, sagte sie zu Stanley, als das Telefon zwanzig Minuten später klingelte. »Ich wußte nie, warum das so ist. Wenn ich eingeladen wurde, hatte ich nie Zeit, war zu beschäftigt. Mein ganzes Leben habe ich so zugebracht. Seit heute weiß ich es.«
Sehr bestimmt wies Stanley darauf hin, daß sie ihr Versteck von Zeit zu Zeit verlassen müßte.
»Sie sind nicht die Person, die sich mit dem BH in der Hand in der Öffentlichkeit wiederfindet«, kreischte sie.
»Dann tragen Sie keinen«, sagte Stanley.
Eine Stunde später auf der Galerie, das Licht der Stehlampe auf das Manuskript gerichtet, wurde der Schmerz in ihren Ohren unerträglich. In den letzten zwei Tagen hatte sie drei Viertel einer großen Flasche Tylenol Extra verbraucht. Das Mittel betäubte nicht den Schmerz; statt dessen hinterließ es ein merkwürdiges Knirschen im Gehirn und verlangsamte ihre Reaktionen. Ungeachtet dessen hämmerten zehn scheinbar körperlose Finger auf die Schreibmaschine ein. Keinen Augenblick sah sie auf den Berg von Notizen. Ein Blick auf die Uhr sagte ihr, daß sie bis zum Treffen mit Page noch zwei Stunden hatte; Zeit genug, um die Erinnerungen der letzten fünf Tage festzuhalten. Sie drückte auf den Aufnahmeknopf des Tonbandgerätes. Als sie begriff, was geschah, konnte sie es nicht mehr aufhalten. Gerüche. In turmhohen Wellen fielen sie sie an: der Duft von Blumen, all die Sorten, die ihre Mutter gepflanzt hatte, der berauschende Geruch von wilden rosa Schlüsselblumen, dann der volle, dumpfe Gestank des Düngers aus der Ecke, wo früher die Scheune des zweiten Farmhauses gestanden hatte.
Plötzlich, als hätte sie einen brandneuen Gaumen, über-

fiel ihre Zunge der Geschmack der mütterlichen Küche, ihrer irischen Mutter, die eine glückliche Hand mit Gewürzen gehabt hatte. Mehr als dreißig Jahre danach saß nun die Frau auf ihrer eigenen Galerie und schmeckte ein Stück gepökeltes Rindfleisch, das lange gekocht hatte, geschmorte Zwiebeln, neue Kartoffeln frisch vom Feld, süßen Mais mit wildem Fasan, gebratene Kaninchen und Eichhörnchen. Jawohl, Eichhörnchen. Ihr Großvater hatte eines Tages ein Eichhörnchen als Festschmaus für sie zubereitet, und sie hatte den Wildgeschmack sehr gemocht und auch, daß er es auf sich genommen hatte, ein Extragericht nur für sie zu braten. Wie alt war sie da gewesen? Kleine dicke Finger kamen ihr in den Sinn. Die Frau lächelte. Aber nicht lange.

Zack. Das Bild der alten Scheune; warum war sie abgebrannt? Warum konnte sie sich die Außenansicht nicht vorstellen und auch nicht sich selbst im Inneren des verwitterten Baus, der doch dagewesen sein mußte, als sie auf die zweite Farm gezogen waren? Wie alt war sie gewesen, als das Gebäude abbrannte? Sie wußte es nicht. Das Konfetti wurde zum Hagelschauer, und jedes kleine Stück erzeugte dies schmerzende Gefühl in ihrem Innern. Die Schläge dauerten nicht lange genug, um sie zu identifizieren, und plötzlich war da die modrig riechende Speisekammer des ersten Farmhauses. Das erste Farmhaus hatte keine Elektrizität und keinen Kühlschrank. In der Speisekammer machten Mäuse es sich gemütlich, fielen über das Brot und die Haferflocken her, die in der Küche aufbewahrt wurden, und die Lebensmittel, die im kühlen Keller lagerten. Von der Speisekammer ging es direkt in den Keller, der gemauerte Wände hatte und gestampfte Erde als Fußboden.

Die Frau erinnerte sich daran, wie kühl es dort sogar während des heißesten Sommers gewesen war. Wie sich die dunkle Erde zwischen ihren bloßen Zehen angefühlt

hatte, wenn sie fasziniert die grauen Fäden der Spinnweben betrachtete. Manchmal blieb die Tür nach draußen auch bei Regen offen. Wenn gelegentlich ein Regentropfen auf die Spinnweben fiel, faszinierte sie auch das. Die vielen Farben in einem einzigen Tropfen, der für einen Augenblick hängenblieb. Dann fragte sie sich, ob man in einem Regentropfen verschwinden könnte – abgesehen davon, daß man, eingeschlossen in einen winzigen Regentropfen, jedem Räuber ausgeliefert war. So wie die kleinen Fliegen, die den Spinnen in die Falle gingen.
Gleich nach jedem Regen sammelten sich die Entenmutter und ihre vier Jungen schnatternd hinter der Tür an der Hauswand und tranken aus den Pfützen. Von allen Haustieren ängstigten die Enten sie am wenigsten. Außer wenn sie ihre ausgestreckten Hälse sah, die sie an Schlangen erinnerten. Dann haßte sie auch die Enten.
Wie auch immer: Jetzt, dreißig Jahre später, haßte sie am meisten die Tür, die von der Speisekammer in den Keller führte. Das Konfetti wirbelte nicht länger durcheinander, es verharrte und ebenso die Kellertür. Zack! Das Bild blieb stehen, und mit kindlicher Neugier, derer sie sich gerade bewußt geworden war, wagte sie, weiterzugehen, die dunkle, knarrende Holztreppe hinunterzusteigen. In den Ecken des niedrigen, ummauerten Raums schwangen Spinnweben. Staub bedeckte die Steine und Deckenbalken. Unten angekommen, fühlte sie die festgestampfte Erde unter den Füßen und wartete.
Der graue Riese zeichnete sich undeutlich gegen das trübe Licht eines kleinen schmutzigen Fensters ab, das hoch in der Steinmauer hinter ihm lag. Seine Hände lagen riesig auf ihren winzigen Schenkeln, schlüpften in ihre Baumwollhose, streichelten ihre Haut.
Drei. Sie war drei Jahre alt.
»Pscht«, sagte er. »Sie muß uns nicht sehen. Ist es nicht schön?«

Seine Hände ergriffen ihre und führten sie über das rosa Ding, das aus seinem Nest schwarzer drahtiger Haare ragte. In der Dunkelheit des Kellers, bei dem Gefühl der über sie gleitenden Hände, gefangen in den alten Erinnerungen, fluchte und schimpfte die Frau. Aber die Rückerinnerung, einmal begonnen, wollte nicht aufhören. Sexuell erregt, schmerzhaft erotisch stimuliert, fühlte sie hier auf ihrer eigenen Galerie mit der Stehlampe, die häßliche undeutliche Schatten auf die Wände warf, wieder und wieder die Hände des Stiefvaters.
Der Zorn über die sexuelle Erregung ließ sie all die Flüche ausspeien, die *Sewer Mouth* ihr eingab. Sie füllten die geheimsten Nischen ihres Inneren aus und waren so schmutzig und gemein, wie sie es immer von sich angenommen hatte.
Die Frau saß da, kaum älter als ein Baby. Sie wagte nicht, sich noch länger mit dieser Erinnerung zu beschäftigen. Als sie ihren Stuhl zurückstieß, schwankte der Tisch, Stehlampe und Papiere fielen zu Boden. Sie stolperte, als sie auf winzigen, feingliedrigen Füßen rannte, die Augen von Kindertränen verschleiert. Sie riß die Kleiderschränke auf und suchte nach einem Pullover, entschlossen, davonzulaufen – diesmal für immer. Sie flog aus der Haustür und wußte: Das war es, weshalb Inzestopfer stumm blieben, warum sie sich in ihrem Entsetzen verkrochen und warum, wenn sie sich ausnahmsweise doch offenbarten, sie aus tiefen Schatten auftauchten, dunkel wie das Wissen, das sie verfolgte.
Irgendwo ganz tief im Innern mußte sie die ganze Zeit gewußt haben, daß es neben dem Schmerz auch Vergnügen bereitet hatte. Natürlich, Dummkopf.
Mit der Stimme in ihrem Kopf war ein Gedanke unlösbar verbunden; beides war in ihr und war doch nicht ihres. Dann wurde sie ein Teil von beiden, Stimme und Gedanke vereinten sich: Töte ihn, töte das Schwein. Die

sexuelle Erregung war anscheinend nicht nur eine Sache vergangener Kindheit, sondern auch der Gegenwart. Die Erregung überfiel sie in diesem Moment – hervorgerufen durch das, was sie schon zu lange vergessen hatte, oder durch das, was eine ihrer Personen an ihrer Statt erlebt hatte? Egal. Sie war, wie der Stiefvater sie eines Tages in der Küche genannt hatte: eine Hure. Deswegen hatte er all die Jahre so dreckig gegrinst.
Die Frau wünschte, mit ihren Händen das anstößige Fleisch zwischen ihren Schenkeln herausreißen zu können. Töte auch das.
Der Impuls, einmal da, wollte nicht mehr weichen. Eine Stunde später hatte er nichts von seiner Stärke verloren. Töte ihn. Er ließ die Frau nicht los, als sie versuchte, von der Uhr am Armaturenbrett die Zeit abzulesen. Dann erinnerte sie sich an den kleinen Reisewecker, der sie in ihrer Handtasche begleitete, wohin sie auch ging. Die Uhr im Auto stand, wie die Armbanduhren, von Timex bis Piaget. Nach jeder Reparatur gingen sie prompt wieder kaputt und lagen nun nutzlos in einer Schublade, so nutzlos wie das elektrische System dieses Autos. Ständig brannten die Sicherungen durch, obwohl kein Mechaniker einen Grund dafür finden konnte. Seit einiger Zeit hatte sie sich nicht mehr darum gekümmert, die Sicherungen zu erneuern, und nun waren der Zigarettenanzünder, die Innenbeleuchtung, der Warnsummer für die Sitzgurte, die Verriegelung der Türschlösser und die Uhr nicht mehr zu reparieren. Außerdem war der Motor mehrere Male nicht wieder angesprungen, als sie auf dem Weg zur Sitzung bei Seven-Eleven gehalten hatte. Um zu Stanley zu kommen, war sie gezwungen gewesen, quer über das ganze Universitätsgelände zu Fuß zu gehen. Auch da war kein Defekt zu finden gewesen, und nach einigen Stunden lief die Maschine jedesmal wieder einwandfrei.

Immer wenn sie darüber nachdachte, was das alles bedeutete, kam auch sofort die Frage, was mit der Stereoanlage, den diversen Radios, dem Fernseher und den Glühbirnen zu Hause los war. Und schließlich mußte sie sich auch fragen, warum bei Leuten, bei denen sie sich zu lange aufhielt, das Licht zu flackern und der Plattenspieler zu kratzen begannen.

Jemand in ihr sagte: neun Uhr abends. Gegen Mitternacht würde Page von einem Schulausflug zurück sein und gestiefelt und gespornt an der Haustür ihres Vaters auf sie warten. Auf das bevorstehende Wochenende, an dem sie nur herumtrödeln wollten, ohne Verabredungen und Anrufe, hatte sie wenig Lust. Sie fühlte sich nicht in der Lage, sich auf Pages jugendliche* Ausgelassenheit einzulassen, auf den langen Einkaufsbummel und, was noch unangenehmer war, auf das anschließende Essen im Restaurant, während sie noch versuchte, die Erinnerung an den Keller und das Pulsieren zwischen ihren Schenkeln zu verdrängen. Wie sollte sie sich auf Page freuen, wenn sich dieser ganze Müll dazwischendrängte. Zu der Flut von Gedanken gesellte sich noch einer: Die Frau fühlte sich betrogen.

Sewer Mouths Zorn explodierte, sie hieb mit der Faust auf das Lenkrad. Die Hupe gab keinen Laut von sich; sie war ebenfalls kaputt. *Elvira* langte hinüber und stellte das Radio an.

Würde sie jemals genügend Zeit für Page haben? Eines Tages – die Entscheidung kam von nirgendwoher, ihre Finger trommelten einen harten Rhythmus auf das Armaturenbrett – würde die Therapie beendet und das Leben wieder im Lot sein. So sehr sie sich wünschte, niemanden zu sehen, sich zu verkriechen und am Manuskript weiterzuarbeiten: die Vorstellung, daß Page mit niedergeschlagenem Gesicht auf sie wartete, ließ den Drang, sich zu verstecken, verschwinden. Das Gefühl,

betrogen worden zu sein, kam wieder hoch – *Sewer Mouth* knüppelte es sofort nieder. *Sewer Mouth* verscheuchte Menschen, als wären sie Fliegen, und konzentrierte sich auf das Nützliche. *Sewer Mouth* unterdrückte alle anderen Empfindungen und Gefühle, wenn sie sich auf etwas konzentrierte. Die Frau hatte Schuldgefühle, weil ein Arbeitstag von achtzehn Stunden für anderes keine Zeit übrig ließ. Auch nicht für Page.
Die Frau bog auf den Parkplatz von Seven-Eleven. Wenn sie schon nicht ein ganzes einsames Wochenende für sich haben konnte, war sie damit zufrieden, sich einen Kaffee zu holen und ihn allein zu Hause zu trinken, bevor sie Page abholte. Jemand lachte über das Wort »allein«, aber das Lachen war sehr weit weg. Straßenlaternen warfen lange Schatten durch die Wagenfenster, und sie fügte der Liste zu erledigender Dinge »Autowaschen« hinzu. Die Fenster waren voller Fingerabdrücke und von Nikotin verfärbt; sie ließen nur graues diffuses Licht durch.
Dann sieht man uns wenigstens nicht. Diesmal waren Lachen und Stimme schon näher, aber die Frau hörte trotzdem nichts. Sie versuchte, genügend Energie aufzubringen, um aus dem Auto zu steigen. »*Junkyard Dog*« spielte im Radio. Mit *Elviras* Hilfe lächelte die Frau. Was konnte schäbiger und bedauernswerter sein als ein Hund auf einem Schrottplatz? Die Worte klangen beschützend, sie vertrieben die bösen Jungen. Einmal hatte sie zu Norman gesagt, das sei ihr Lieblingslied wegen seiner wunderschönen Stimmung. Norman hatte erwidert, sie sei verdreht. Danach hatte sie das Radio immer leise gestellt und ihm gegenüber nie wieder etwas über Musik gesagt. Er hatte es ernst gemeint, sogar ärgerlich, und sie hatte keinen Erfolg. Die Lautstärke war offenbar immer noch zu groß, und die Schlagworte, egal ob zu Tom Waites Gedudel oder zu Beethovens Fünfter, kamen ihr über die Lippen, ohne daß sie es wollte. Norman hatte

sich in eine Stille zurückgezogen, die mit den Jahren immer giftiger geworden war.
Während sie sich über den Parkplatz und in den Laden schleppte, bemerkte die Frau, daß ihre Füße leicht dahinschritten, obgleich sie sich lethargisch fühlte und versuchte, sich unsichtbar zu machen, wenn jemand sie ansah. Auch als sie den Kaffee in einen Pappbecher laufen ließ, bewegte sie sich fest und schnell. Geradezu tollkühn.
Die erst zwanzig Minuten alte Erinnerung an den Stiefvater und den Keller hatte sich noch nicht gelegt. Sie kam wieder hoch, als sie beim hastigen Starten des Wagens heißen schwarzen Kaffee über das Armaturenbrett kippte. Ein Radfahrer, der eine Tüte und eine riesige Pepsi-Flasche balancierte, pfiff anerkennend. Die Frau fröstelte. Was meinte er? Das galt auch für Norman und Morgan. Was fanden sie an ihr? Was stimmte nicht mit ihnen, daß sie ihr Zeit und Aufmerksamkeit schenkten. Trotz des heißen Kaffees wurde ihr auf dem Weg nach Hause nicht warm. Der Stiefvater ging ihr nicht aus dem Sinn: Durch die Erinnerung an den Keller war er wieder ganz real. Bis *Weaver* ihr die Erinnerung buchstäblich aus dem Kopf webte.
Zu Hause war sie plötzlich so müde, daß es eine Anstrengung bedeutete, auch nur einen Fuß vor den anderen zu setzen; sie stolperte an der Küchentür und begann zu weinen. Der Pullover widersetzte sich allen Bemühungen, ihn auszuziehen; er war vollkommen elektrisiert und klebte an ihr wie eine weiße Hülle.
Wir sind noch nicht über den Berg.
Der Geruch ihrer Mutter war wieder da und ein überwältigendes Verlangen nach Tee. Heißer Tee mit frischer Sahne und zwei Löffeln Zucker, eine Schale mit Tomatensuppe und ein Brot, dick mit Butter, Mettwurst und Mayonnaise bestrichen, die Kruste abgeschnitten. Heißer Tee. Kochender, dampfender, heißer, heißer Tee.

Die Frau schrie. Beim ersten Ton versuchte sie zu rennen, stolperte die Treppe hinauf, sich am Geländer festhaltend, wenn ihre Füße den Halt verloren. Sie raffte den baumelnden Rock und die zu weite Bluse um einen Körper, der so abgemagert war, daß die dünnen Arme und Beine wie Stöcke wirkten. Fremde Stöcke, die nicht schnell genug rennen und nicht fest genug greifen konnten, um sie gegen irgend etwas zu beschützen.
Während das heiße Wasser in die Badewanne lief, schrie sie immer weiter. Auf dem Rand der Wanne stand eine Tasse mit heißem Tee; sie hatte keine Ahnung, wie sie dahin gekommen war. Auf den kalten weißen Kacheln kniend, schluckte sie den Tee hinunter, immer noch weinend und schluchzend.
Jemand fing an zu fluchen. Eine andere lachte und wollte sie veranlassen, gleichzeitig auf den Knien liegen zu bleiben und in die Wanne zu steigen. Irgendwie bezog die lachende Stimme die Worte »erzwungene Anmut« auf die zombiehaften Bewegungen, die sie machte. Nichts von all dem ergab einen Sinn, außer in blendenden Bildern des Wiedererkennens. Sie vermochte mit dem Schreien nicht aufzuhören.
Ohne zu fragen gehorchte sie der lachenden Stimme, mußte es, denn die Bewegungen, die nicht ihre waren, trugen sie ohnehin vorwärts. Sie legte sich ins heiße Wasser, spürte, wie ihre Füße unter ihren Körper glitten. Zusammengekauert saß sie da; Seifenschaum, Tränen und Rotz liefen in den süßen, heißen Tee. Die Kraft, Tränen und Rotz fortzuwischen, hatte sie nicht – sie fühlte sich wie eine Sechsjährige, die gerade am ganzen Körper geschlagen worden war, als sollte sie bestraft werden. Bestraft wofür?
Auf die Knie mit dir.
Noch eine andere Stimme war in ihrem Kopf, eine ernste Stimme mit einem fremdländischen Akzent, den sie

sofort zurückwies. Die Stimme fragte sie freundlich, warum sie beim Sitzen so oft die Knie unter den Körper zog.
»Ich weiß es nicht«, schrie die Frau.
Und dann glitt etwas in ihre Erinnerung, eine Platte mit feinem Gebäck, wie ihre Mutter es gebacken hatte, und sie sah das Bild aus einer Entfernung, die, solange sie lebte, nicht groß genug sein würde.
Das zweite Farmhaus, sie war sechs Jahre alt. Der Stiefvater, der aus Decken ein Zelt baute, sie zwischen seinen Beinen; »Toben«, wie ihre Mutter das nannte. Das Schlafzimmer im ersten Stock, das weißlackierte Bettgestell, dessen Farbe abblätterte; eine winterliche Sonne schien durch die hohen Fenster und ließ das kastanienbraune Haar ihrer Mutter aufleuchten, die am Fuß des Bettes an der Nähmaschine saß. Das Lachen des Stiefvaters und sein wissender Blick, die zusammengepreßten Lippen der Mutter.
Decken, die durch das Gerangel herunterglitten, nicht länger ein Zelt vor den Augen der Mutter bildeten. Der Zorn in diesen Augen, die das Kind ansahen, nicht den Stiefvater. Das rosa Ding in dem gekräuselten Haar, das auf- und abschnellte.
Die Teetasse fiel auf den weißen Fliesenboden; die dunkle Flüssigkeit spritzte auf die gelbe Bademätte. Eine zweite Platte kam ihr in den Sinn, das Gebäck darauf war so fein wie das erste, nur schwieriger zu verschlingen, denn das Bild war zu deutlich. Süßer heißer Tee stieg in der Kehle der Frau hoch. Immer noch sechs Jahre alt, diesmal auf dem Boden im Eßzimmer direkt vor dem Stiefvater sitzend, wieder ein Wintertag. Eine weitere Runde »Toben«, seine Beine in den alten grünen Arbeitshosen weit gespreizt. Sie zwischen seinen Beinen gefangen, ihre Füße an der Stelle, wo die Beine wie beim »V« zusammentreffen. Das Geräusch eines Reißverschlusses,

der geöffnet wird, verstohlene, geräuschlose Bewegungen. Ihre kleinen Füße jetzt zwischen seinen Händen, die sie zu dem »V« führen; ihr Kopf von oben gepackt, Schläge ins Gesicht. Der Geruch des Körpers ihrer Mutter, das Bleichmittel, das sie für die Kleider benutzte, gemischt mit dem Geruch nach Frau, irgendeinem Puder und einem Deodorant, aber vor allem der Duft ihres Körpers, den nur ein Liebhaber oder das eigene Kind erkennen.
Die Platte drehte sich, die Zeit rückte ein wenig vor. Ihre Mutter in der gleichen Nacht, die Augen schmale Spalten, das Kind in einer Ecke der Küche. Alles merkwürdig regungslos. Die Stimme der Mutter, die Stille durchbrechend, einen Befehl ausstoßend: »Auf die Knie. Bleib da. Rühr dich nicht. Du rührst dich erst, wenn ich es sage.«
Zeit, die vergeht, Beine, die sich verkrampfen.
»Halt die Füße unter dir.«
Die Haut über den Knöcheln beginnt zu schwellen, wird dunkellila, weil das Blut nicht mehr kreist.
Der Schmerz.

Die Frau wußte nicht, wie sie zu Pages Haus und wieder zurück gekommen war und wie sie es fertigbrachte zu lächeln. Page ging zu Bett. Die Frau packte Pages Koffer aus und hängte ihre Kleider in den Schrank. Zwischen ihren Schenkeln pulsierte es. Ihr war übel. Töte ihn. Der Satz stand zwischen all den Stimmen, die in ihrem Kopf lärmten. Jedesmal, wenn »Töte ihn« auftauchte, verstärkte sich das Gefühl, das Gleichgewicht zu verlieren, abzustürzen. Die Vorstellung gefiel ihr immer mehr. Als sie Pages Unterwäsche und die mitgebrachten Bücher verstaut hatte, war das Bild vom unmittelbar bevorstehenden Tod des Stiefvaters voll entwickelt. Das Blut aus der klaffenden Stichwunde und das Loch in seinem von einer Kugel zerstörten Gesicht standen ihr deutlich vor Augen. Page sah sie vom Bett aus an.

Page, im Schlafanzug, erzählte aufgeregt vom Schulausflug und kuschelte sich in die Kissen. Blondes Haar fiel über das weiße durchbrochene Leinen; ihre Augen blitzten, als sie fragte, ob sie diesen Sommer zusammen verreisen würden. Die Frau wußte es nicht. Auf die Dinge, die um sie her geschahen, hatte sie keinen Einfluß. Sie machte Pläne, jedenfalls kam es ihr so vor, und dann änderte sich alles, als wenn jemand anderes die Zügel, die die Ereignisse steuerten, in der Hand hielt.
Die Frau hoffte, daß ihr Gesicht die Gedanken, die sich in ihr überstürzten, nicht verriet. Beim Aufräumen sah sie Page nicht an. Die Gedanken waren zu köstlich (»köstlich« war ein Wort von *Catherine*, so wie die mörderischen Gedanken zu *Catherine* gehörten, nur wußte die Frau das nicht), als daß sie hätte warten können, bis sie allein war. In ihrer Nase der Geruch von Blut, von dem Kot aus den aufgeplatzten Därmen des Stiefvaters, haftend unter abgebrochenen Fingernägeln, die von einem heftigen und am Ende siegreichen Kampf zeugten. Sie legte die Därme auf die Seite, weil sie noch Pages Jeans und T-Shirt vom Boden aufsammeln und die Turnschuhe unter einen Stuhl stellen mußte.
Wo waren Pages gekräuselte rosa Lätzchen und die lavendelfarbenen Haarschleifen geblieben? Verschwunden, zusammen mit der Kleinmädchenstimme und den staunenden Augen. Zu viele Versprechungen aus all den Jahren, seit sie Norman verlassen hatte, lagen zwischen ihr und Page zerschmettert am Boden, alle zerbrochen. Nicht gnädig vergessen, zerbrochen.
Das Stimmengewirr im Kopf der Frau ließ des Stiefvaters Gedärm bläulich-rot erglühen. Eine liebliche, höllische Farbe. Sie verstärkte sich immer mehr, bis sie im Geist von *Black Katherine* entflammte und aufbrach. Nun gab es nicht nur Stimmen im Kopf der Frau, sondern dazu *Black Katherines* Schrei, der Schrei der Todesfee, der zunächst,

auf seinem tiefsten Punkt, sich mit all den anderen Stimmen vermischte. Er schwoll an und steigerte sich in fiebernde Höhe. *Black Katherine* befand sich neben und in der Frau, ihre Existenz zeigte sich in knirschenden Zähnen und blitzenden, haßerfüllten Augen.
Begreifst du jetzt, warum du dich beeilen mußt, Luder? Aus einem Grund, den sie später nie mehr würde nennen können, begriff die Frau, daß die Stimme sich auf die Erinnerung bezog, die ihr in der Badewanne gekommen war. Nein, was sie dazu tun konnte, daß nie wieder ein Kind das durchmachen mußte, das wollte sie tun. Glaubten ihre anderen auch, daß das Manuskript das leisten würde? Daß es, zum Beispiel, Mütter daran hindern würde, anstelle des Täters das Kind zu bestrafen?
»Ich habe es immer begriffen«, sagte die Frau leise. »Irgendwo in mir habe ich es immer begriffen, auch wenn ich nicht wußte, daß du es sagtest.«
Kennst du mich? Magst du mich? Viele Truppenmitglieder sollten bei ihrem Auftauchen das gleiche wie *Black Katherine* fragen. Sich zu offenbaren, bereitete Schmerz. Die wenigsten glaubten, sie seien liebenswert. *Black Katherine* war sich des Empfangs sicher gewesen, sie fragte trotzdem.
Die Frau versuchte, sich zu vieler marodierender Gedanken zu erwehren, von denen keiner ihr gehörte, aber der verschlafenen Page kam sie ziemlich normal vor. Als die Frau allen Mut zusammennahm, um das Ganze abzustreifen, blockierte *Black Katherine*. Einen kurzen Augenblick sah die Frau alles, sah, was es bedeutete, was es bedeuten würde, dann verschwand *Black Katherine*, als hätte es sie nie gegeben.
Page hatte die Nachttischlampe gelöscht. Die Stimmen im Kopf der Frau legten sich, und als sie sich auf ihre Seite des Bettes fallen ließ und die Decke bis zum Hals zog, verschwand auch das Gefühl, aus dem Gleichge-

wicht geraten zu sein, ein wenig. Die Frau glaubte, für diese Nacht sei der Erinnerungsvorgang vorbei, und reagierte nicht zu heftig, als das Gefühl zurückkehrte, das *Black Katherines* Worte in ihr erzeugt hatten: in der Falle zu sitzen, erstickt zu werden. Als Page sich herüberbeugte und sie auf beide Wangen küßte, konnte sie der Furcht nicht ausweichen.
Zuneigung ist gefährlich. Auf Liebe folgt notwendigerweise Schmerz. Wir haben das schon immer gewußt. Jetzt weißt auch du es.
In dieser Nacht – Page schlief friedlich neben ihr – vermittelten die anderen Ichs der Frau noch etwas, etwas, worüber sie in den kommenden Monaten mit Stanley zu kämpfen haben würde. Sie ließen in ihrem Inneren ein weiteres Bild auftauchen: ihre Mutter mit einer glänzenden silbernen Haarschneidemaschine in der rechten Hand. Mit der anderen griff sie ins Haar des Halbbruders. Die Mutter schnitt ihm nicht die Haare, sie setzte die Maschine direkt auf seiner Kopfhaut an und schor ihn so, daß sich vom Nacken über den Kopf bis zur Stirn ein breites kahles Band zog.
»Hat Ihre Mutter den Kindern die Haare geschnitten«, fragte Stanley, als sie es ihm erzählte.
»Ja«, mußte die Frau zugeben. »Aber in jener Nacht muß ich halluziniert haben. Warum sollte meine Mutter so etwas tun?«
»Gab es denn für den Mißbrauch einen Grund?«
Darauf hatte die Frau keine Antwort. Ihr war klar, daß Stanley ihr ständiges »weil wir böse waren« nicht mehr akzeptierte.
»Der Halbbruder war nicht böse«, sagte eine kleine Stimme laut und deutlich. »Die Mutter war den ganzen Tag schon mit allen böse. Der Halbbruder fing an, nach den Mädchen zu sehen, und wollte ein neues Hemd. Er wuchs schnell und hatte bloß noch zwei, die ihm paßten.

Die Mutter war sein Betteln leid, sie wollte es ihm zeigen. So wie sie es uns allen zeigen wollte.«
Stanley erinnerte sich, daß die Frau schon einige Male erwähnt hatte, der Anblick von glänzenden silbernen Scheren bereite ihr Übelkeit. Endlich war aufgetaucht, was sie daran krank gemacht hatte. Sie machte Fortschritte.
Da niemand ihm etwas von der Erinnerung an den Keller gesagt hatte, konnte er nicht wissen, wie groß der Fortschritt war.

In der Dunkelheit des Schlafzimmers weinte *Lamb Chop* in dieser Nacht, in der die Wolken vor dem blassen, glanzlosen Mond dahinjagten. *Mean Joe* ließ sie weinen. Manchmal mußten Menschen weinen dürfen, ohne daß man sie unterbrach, sie zum Schweigen brachte, ihnen sagte, es wäre doch alles in Ordnung oder es würde alles in Ordnung kommen.
Lamb Chop hatte es seit der letzten Sitzung geschüttelt. Erst das »tote Sein« von *Olivia II.* im Brunnen, dann der Anblick des kindlichen Spiegelbilds von *Olivia I.* und schließlich das »tote Sein« des anderen Kindes, das direkt neben ihr hervorkam – es war ziemlich viel gewesen.
»Sie waren so anders als ich«, schluchzte *Lambchop* trotz des gelben Bonbons, den *Mean Joe* ihr geschenkt hatte.
»Was ist mit ihnen nicht in Ordnung?«
»Sie sind tot«, erklärte *Mean Joe*.
»Ich hatte Angst. Bin ich auch tot?«
»Nein, du bist nicht tot, und alle haben Angst.«
»Du auch, *Mean Joe*?«
»Ich ganz besonders, und von mir glauben alle, ich sei der Stärkste. Du könntest uns einen Gefallen tun.«
»Was denn?«
»Entscheide dich, wie du deinen Namen buchstabieren

möchtest. Mal schreibst du *Lamb Chop,* mal *Lamchop* und mal *Lambchop*. Immer was anderes. Du bringst alle durcheinander, die das Manuskript tippen.«
»Zu ärgerlich«, sagte *Lambchop*. »So hab' ich's gern.«
Mean Joe langte hinüber und steckte einen weiteren Bonbon, diesmal einen roten, in ihren aufgesperrten Mund. Das Mädchen faltete die Hände über der Brust. Der Bonbon rutschte von einem Mundwinkel in den anderen. »Deine Haut fühlt sich gut an, *Mean Joe*. Ich wollte, es wäre meine.«
Lambchop schloß die Augen. Ihr regelmäßiges Atmen zeigte, daß sie im Begriff war, einzuschlafen. *Mean Joes* Lächeln verschwand. Aus dem Kopfkissen stieg der Duft eines Parfüms auf. Er lag da im Dunkeln und dachte über *Olivia II.* nach, die im Brunnen gestorben war. Neulich, an dem Tag, an dem die Frau zum erstenmal das Gesicht, das sich in der Pfütze spiegelte, gesehen und begonnen hatte, sich an den Brunnen zu erinnern, war *Olivia II.* wiedergeboren worden. Aber wie ließ sich dies Leben beschreiben? *Mean Joe* schüttelte den Kopf. Konnten tote Menschen weinen? *Olivia II.* war verlöscht und mehr als dreißig Jahre im Brunnen des zweiten Farmhauses gewesen. Als er in den Tunnel gegangen war und sie aus dessen dunkler, feuchter Tiefe hochgehoben hatte, hatte sie als ein triefendes Bündel aus längst gestorbenem Fleisch und Knochen in seinen Armen gelegen.
Aber heute war in der Sitzung diese dünne Stimme aufgetaucht. Am Ende hatte sie gewonnen. Sie hatte gesagt, was sie wollte, bis ihre Kräfte versagten, und das kindliche Spiegelbild von *Olivia I.* hatte es für sie zu Ende gebracht, wenn auch entsetzt und verängstigt.
Mean Joe lachte auf seine leise Art, seine Augen im Mondlicht waren kalt. Brachten alle toten Seelen, vor allem die, denen Unrecht geschehen war, es doch irgendwie fertig, mit Stimmen, die lange nach ihrem

Hinscheiden zu hören waren, ihre Botschaften mitzuteilen? Oder wurden die Sünden ihrer Peiniger einfach mit ihnen begraben, also nie offenbar?
Gab es da irgendeinen erhabenen, klugen Plan, der ein solches Phänomen möglich machte? Wenn er darüber nachgedacht hätte, hätte *Mean Joe* tausend erhabene Pläne nennen können. Aber von seiner Erschaffung auf der zweiten Farm an bis heute war seine Aufgabe die gleiche geblieben: zu beschützen. Im Augenblick überließ er intellektuelle Konzeptionen Leuten wie *Catherine*, die, wenn sie nicht gerade hinter hochgezogenen Augenbrauen und einem trügerischen Lächeln vor Wut kochte, sich mit Wonne auf die eigenen Schwachstellen und die der anderen stürzte. Sie sprang sozusagen mit beiden Beinen hinein, mit wilder Entschlossenheit, als wären Schwachstellen etwas Minderwertiges, und nur Perfektion, mindestens aber Änderung könnte ihre Welt sicher machen.
Er tadelte sie nicht wegen ihrer Wut. Als Kind hatte sie ihre Welt nicht mit der physischen oder geistigen Bewegungsfreiheit erkunden können, die ihre Kreativität gebraucht hätte. Sie hatte nicht einmal am Stiefvater vorbei die Treppe hinaufgehen können, ohne daß der Mann sie angefaßt hätte. Einmal, als sie fünf Jahre alt war, hatte der Stiefvater sie hochgerissen, weil sie von ihm fort wollte. Eine Hand hatte ihren Kopf gepackt, die andere hatte er gegen ihre Vagina gepreßt. Lachend und sie in die Höhe haltend, daß ihre Füße gerade die Stufen streiften, hatte er sie vor sich her die Treppe hinaufgetragen – wie ein menschliches »Eis am Stiel« mit seinem Arm als Stab.
Kein Wunder, daß *Catherine* nach Bewegungsfreiheit verlangte, nach überlebensgroßer Vollkommenheit und Macht. Neben ihm seufzte *Lambchop* im Schlaf. *Mean Joe* streckte die Hand aus und wischte ihr die Spuren des

Bonbons aus den Mundwinkeln. Wie ein umherstreifender Krieger, der nach einem Schlachtfeld sucht, ging ihm der Gedanke an *Olivia II.* durch den Kopf. *Mean Joe* dachte an die Spiegelbilder von *Olivia I.:* das eine, das Kind, das heute in der Sitzung aufgetaucht war, Lispeln inbegriffen – und das andere, erwachsene, *Catherine*. Das kindliche Spiegelbild war nicht größer geworden mit der Zeit, würde es auch nicht mehr werden. Was *Catherine* betraf, so hatte sie ihn während der Sitzung mit mehr Menschlichkeit, mehr Gefühl angesprochen, als er bisher von ihr erfahren hatte. *Catherine* war keine Heuchlerin. In ihren flehenden Augen hatte er eine nicht ausschließlich altruistische Botschaft gesehen. Sie dachte genauso an ihre eigene Haut wie an die der schlafenden Kerne, die direkt hinter dem Kind, direkt auf seinem Weg lagen. Das zweite, umherschweifende, geisterartige Spiegelbild der Seele dieses Kindes war am Ende doch noch, stark lispelnd, aufgetaucht.

Die Frau würde nie aufwachen, sie war dafür nicht konstruiert. Aber sie würde vollkommene Klarheit über ihren Zustand erhalten, sich selbst ins Gesicht sehen und womöglich schreien. Vielleicht, dachte *Mean Joe*, benutzte er ja das falsche Wort. Vielleicht war es gar nicht ihre Sache, Klarheit zu bekommen. Schließlich hatte sie hundertmal gehört: »Für dich gibt es sonst nichts.« An dem Tag, als sie die Eichhörnchen anstarrte und ihr bewußt wurde, daß es sie nicht gab, hatte er neben ihr gestanden. Auf ihren Geisteszustand traf in dem Augenblick nur ein Wort zu: Es gab ihn nicht. Als sie diesen einen kurzen Moment da stand, hatte er dafür gesorgt, daß kein Truppenmitglied ihr etwas vermittelte, das ihre Aufmerksamkeit von dem, was er sie wissen lassen wollte, hätte ablenken können: Keine Probleme, keine Emotionen, keine Gefühle, gar nichts wurde von irgend jemand auf sie übertragen. Und sie hatte begriffen, was die Realität ihres Seins war; er hatte es gespürt. Nur daß sie wie eine Lampe war, deren Schnur man aus der Steckdose gezogen hatte. So ungefähr hatte es sie berührt.

Aber auf die Frau war in diesen Tagen vieles eingestürmt, und das würde so weitergehen. Die Schlacht hatte begonnen. Der, der am Ende des Tunnels lebte, hatte gesagt, Weihnachten werde das Fest sein, das alle Feste übertreffen sollte. *Mean Joe* schauderte es, denn er wußte, daß die Pläne, die entworfen, überprüft und neu konstruiert worden waren, mit Rauschgold und Weihnachtsbaumschmuck nichts zu tun hatten.

Lambchop neben ihm bewegte sich. Die Kerne weinten leise, und aus weiter Entfernung kam das Schreien der einen, die im Brunnen schlief.

20

Die Truppenformation teilte sich jetzt in vier Gruppen: die, die sich bewußt dazu entschieden hatten, direkter miteinander und mit der Frau durch Gedankenübertragung und laut mit Stanley und anderen Außenstehenden zu reden; solche, die dazu gegen ihren Willen durch die auftauchende Erinnerung veranlaßt wurden; einige, die nur miteinander, aber nicht mit der Frau oder Stanley sprachen; und einige wenige Verstockte, die im Hintergrund blieben und deren Existenz niemand außer ihnen selbst bekannt war.
Viele Truppenmitglieder hatten ihr Leben lang auf einer verbalen und physischen Ebene funktioniert, die der Frau immer noch nicht bewußt war.
Diejenigen, die sich gegenseitig wahrnahmen, empfanden, nachdem der anfängliche Schock und Ärger verschwunden waren, freudige Bejahung der neuen Erfahrung genauso wie Unbehagen über die Unzulänglichkeiten der anderen, aber auch Wut und Abscheu. Manchmal wunderte sich die Frau, wenn sie einige Truppenmitglieder entweder durch Übertragung oder durch Sichtbarwerden wahrnahm, und hätte dann gern ihre Finger und Zehen gezählt, wie eine Mutter, der man ihr Neugeborenes zeigt.
Diese Mütterlichkeit gehörte nicht zu ihr. Die Truppenmitglieder übertrugen auf sie ihr Gedächtnis, ihre Gefühle und Reaktionen, wie sie es immer getan hatten.

Ohne sie empfand sie nichts. Sie übertrugen ihr nur so viel, wie sie glaubten, daß sie verkraften konnte. Regelmäßig dröhnte es im Tunnel von den Vorbereitungen, ihr mehr zuzumuten.
Ende Juni kamen die Vorbereitungen zum Abschluß – gerade als die Frau an einer Straßenecke stand, unschlüssig, ob sie die Kreuzung sicher überqueren konnte. Ampeln gehörten für sie in die gleiche Kategorie wie Mathematik, Uhren und Kalender. Es hatte ein bißchen geregnet, in der feuchten Luft klebte ihr die Bluse am Körper. Der Mann neben ihr roch nach Zigarrenrauch; sie entschloß sich, über die Straße zu gehen, wenn er ging. Das war das letzte, was sie von ihm sah.
Ohne Vorwarnung drangen zwei verschiedene Personen in sie ein. Die eine war eine stille, geistesabwesende Erscheinung, das »tote Sein« einer Person, deren Geburt und Tod gleichzeitig und vor langer Zeit geschehen waren. Erwachsener Kern. Diese Worte, die ihr nichts sagten, kamen ihr in den Sinn. Das »Sein« des erwachsenen Kerns verharrte einen Moment, und es schien der Frau, als vereinigten sich ihre beiden Seelen, als würde sie selbst in den weiten leeren Raum geschwemmt, der ihnen beiden gehörte.
Die andere war nichts als ein Weinen – von einer, die gelegentlich und für lange Zeiträume von den Erfahrungen der Truppe ausgeschlossen war. Dieses Wesen war fast so leer wie das erste. Und dann »empfing« die niedergeschlagene, ängstliche, staunende Frau – und die Leere füllte sich mit nicht mehr als fünf Erinnerungen an ein ganzes Leben und Konfettischnipseln vom Rest. Die Frau hatte diese fünf Erinnerungen und die Bruchstücke als ihre eigenen betrachtet. Wenn nicht, was blieb ihr dann noch?

Er wartete im Tunnel und hinderte *Gatekeeper* daran, das dritte Signal zu geben.
Liebes, sagte er zu der Frau, du hast jetzt das Innerste der beiden empfangen, die dir am nächsten sind. Bist du bereit für die dritte?
Seine Stimme war so sonderbar, so kühl, als hätte er sie, bevor sie ihr Ohr erreichte, irgendwie aus der Zeit selbst gefiltert. Die Stimme gab keinen Hinweis auf die Person, der sie gehörte. Die Frau zitterte, und mit dieser Stimme sagte er ihr unbegreifliche Sachen; aber der Schmerz, die beiden Wesen zu spüren – den stillen, geistesabwesenden erwachsenen Kern und das, was so lange eingeschlossen gewesen war –, hielt ihren Geist in einer gewaltigen Faust wie in einem Schraubstock. Dieser emotionale Schmerz wurde stärker und überflutete sie völlig.
Das zweite Wesen ist der Ursprung all deiner Gefühle und Gedanken. Das zweite Wesen deckt das erste. Du bist leerer als beide.
Die Frau, verbunden mit dem Sein des zweiten Wesens, spürte, wie sie es ihr ganzes Leben lang empfunden hatte, dessen Verwirrung und Leere, und sie wußte, daß die Stimme die Wahrheit sprach. Die anderen Truppenmitglieder hielten den Atem an. Aber diese Wahrheit fiel senkrecht durch sie hindurch und war schon verschwunden, nichts als Unglauben und Ablehnung zurücklassend. Als er die Frage wiederholte, ob sie bereit sei für das Erscheinen der dritten, wurde die Klarheit seines Denkens zu einem Aufschrei des Entsetzens, den die ganze Truppe hörte.
Er begriff, daß es diesmal nicht gelingen würde; sie mußte frei sein von allem, was andere Truppenmitglieder ihr übertrugen, deren Abscheu seine Bemühungen blockierte. Aber er zwang die Frau, in sich hineinzuhorchen; zwang sie, die tödliche Stille zu hören. Und dann

wußte sie, wer die Dritte war, und rannte wie der Teufel, und *Weaver* rannte mit ihr, alles fortreißend, was aus der Dunkelheit des Tunnels ihr übermittelt worden war.
Mean Joe stand in diesem langen, einsamen Augenblick bereit, aufzufangen und wegzuwischen, womit *Buffer* nicht fertig werden würde. Seine großen Hände, die keinerlei Furcht einflößten, streckten sich nach der Frau aus.
Wir alle müssen uns von Zeit zu Zeit zeigen, sagte *Mean Joe*. »*Paideia*« nannten es die Griechen. Übertragung, Weitergabe des Wissens. Wenn jemand von uns dir erscheint, wirst du gewahr, was wir sind, und gleichzeitig sehen und begreifen wir auch uns selbst. Sogar die Kleinsten unter uns können auftauchen und sich zeigen. Es gibt keine Worte, um einige von uns zu beschreiben, außer daß sich sagen läßt: Auch nichts ist etwas. Du mußt das im Kopf haben, dich daran festhalten, denn bald ist die Reihe an dir.

Ohne die leiseste Ahnung, wie sie das geschafft hatte, sah die Frau, daß sie nicht nur die Kreuzung überquert hatte, sondern auch noch einen großen Parkplatz und nun in ihrem Wagen saß. Das Radio spielte auf vollen Touren. Anstatt es leiser zu stellen, drehte sie hastig die Fenster hoch. *Outrider* lachte, und die Frau freute sich darüber. Die grelle Nachmittagssonne fiel schräg über das Armaturenbrett und blendete sie, daß ihr die Tränen in die Augen schossen. Oder gehörten die Tränen jemand anderem? Sie war wie betäubt.
Im vollen Bewußtsein, daß er sich mit der Vorstellung, die er gleich geben würde, in ein schlechtes Licht setzte, nahm *Mean Joe* die Gelegenheit wahr.
Er machte ein Zeichen, und das längst tote Bild *Olivia I*.

setzte ein Stück Erinnerung in Gang. Sie war etwa drei Jahre alt und befand sich in der Küche des ersten Farmhauses. Wände – und Dielen bebten unter den Stößen eines eisigen Windes. Unwirtliches, von den Schneehaufen draußen widergespiegeltes Winterlicht erfüllte den Raum. Sie saß auf einem hohen Stuhl aus poliertem Ahorn, auf den eine gelbe Ente gemalt war. Vor ihr ein Tablett, auf dem ein Teller mit Cornflakes und ein Glas Milch standen. Die mit kleinen schwarzen Haaren bedeckte Hand, die auf sie zukam, wirkte riesengroß. Die Hand hielt einen silbernen Kinderlöffel mit gebogenem Griff, ein Geschenk von der Mutter ihrer Mutter; auf dem Löffel Cornflakes mit Sirup, goldfarben, hübsch, häßlich. Warum saß sie auf diesem hohen Stuhl und frühstückte, wenn sie sich doch plötzlich daran erinnern konnte, daß sie normalerweise auch in diesem Alter beim Essen am Tisch gesessen hatte?
Dann wurde das Tablett weggenommen, und die Frau wußte auch, warum. Kleine Hände wurden an den Armlehnen des Stuhls festgebunden. Sirup. Sirupgeschmack in ihrem Mund – der Sirup tropfte nicht von einem Löffel, sondern von dem langen rosa Ding, das sich in den drahtigen Haarbusch kuschelte. Eine kleine Stimme weinte in ihrem Kopf: Geh weg, laß mich allein.
Das lange rosa Ding wippte auf und ab; die Hand mit den schwarzen Haaren griff danach, stieß es gegen das Gesicht des Kindes, richtete es auf seinen Mund. Die kleine Stimme wimmerte. Es war die gleiche, die sie neulich in der Badewanne gehört hatte, während der Erinnerung an die Spiele, die der Stiefvater im Angesicht der Mutter gespielt hatte und für die das Kind anschließend bestraft worden war. Doch die Mutter war nicht in der Küche, diesmal nicht. Etwas sagte der Frau, daß die Mutter irgendwo gerade die erste Halbschwester zur Welt brachte.

Weil der Geist der Frau weit offen war und *Mean Joe* wußte, daß *Olivia I.* sie bei dieser Rückerinnerung zappeln ließ wie einen Fisch an der Angel, ließ er *Olivia* weitermachen, auch wenn die Frau protestierte und sich wand. Er ließ es zu, daß in den hilflosen Verstand der Frau ein weiteres Bild eingefügt wurde. Sonnenlicht fiel durch die Ritzen der Scheune, obwohl die Scheune selbst nur verschwommen zu sehen war. Die in der Sonne tanzenden Staubkörnchen waren viel deutlicher. Eine Kiste, die aussah, als ob sie viel benutzt würde, fesselte ihre Aufmerksamkeit. Aus Holz, mit Stahlbändern als Verstärkung – eine Kiste, die etwas aushielt, zum Beispiel einen Mann, der sich auf sie stellte. Kein Laut in der Scheune, und dann hörte sie die Kuh muhen, hörte den Stiefvater stöhnen.

Das war alles, denn *Mean Joe* ließ das Bild verschwinden und nahm auch den Ton weg. Deshalb wußte sie auch nicht, warum ihre Schreie das Radio übertönten und jemand sie davon zu überzeugen versuchte, es sei gar nicht sie, die schrie, es gäbe einen einleuchtenden Grund für die Annahme, alle Erinnerung sei ein Film über das Leben einer anderen.

Mean Joe bewegte sich, und so weit glaubte er gehen zu dürfen, daß er ihr versicherte, die Holzkiste und die Kuh erfüllten in den Spielen des Stiefvaters einen wichtigen Zweck. Die Frau rührte sich bei seinen Worten nicht. Sie war wie versteinert, Grausen stieg in ihr auf und bildete einen eiskalten Knoten in ihrer Kehle.

Plötzlich war der Juni vorbei. Mitte Juli empfand die Frau nichts außer dem dringenden Bedürfnis, allein zu sein, mit Hilfe der Uhr die Minuten zu zählen, um sich zu vergewissern, daß niemand sonst ihr die Zeit stahl. Sie hatte keine Ahnung, was das sollte. Stanley hatte sich den Kopf zerbrochen, um ihr beim Überwinden der Lethargie zu helfen.

Nachdem noch mehr zum Vorschein gekommen waren, vermochte sie sich vor der Gegenwart ihrer Leute nicht mehr zu retten. Die Frau geriet immer mehr durcheinander. Je mehr sie sich fragte, was sie wollte oder brauchte oder war, desto bestimmter sagten sie ihr, was sie wünschten. Die Frau fragte sich, wozu sie da war.
Wir werden es dich wissen lassen, sagten sie.
Außer wenn sie tippte, arbeitete sie meistens auf den Knien. Die kleine Stimme weinte dabei: Geh weg, laß mich allein. Ohne daß es einen ersichtlichen Grund dafür gab, und ohne jede Vorwarnung, fand die Frau sich manchmal auf dem Boden kniend, dabei hin- und herschaukelnd und schluchzend. Depression lähmte ihre müden Glieder, so daß sie sich zu Zeiten nur rührte, um sich in die Sitzungen zu schleppen.
Jemand flößte ihr eines Tages ein, daß es angesichts des nicht zu widerlegenden Vorhandenseins der Truppenmitglieder dümmlich klänge, sie weiterhin abzustreiten. Der Frau kamen die Truppen und die damit verbundenen Folgen manchmal noch sehr unwirklich vor. In den Medien war von Kindesmißbrauch und all den damit verbundenen Schrecken noch wenig die Rede. Die Frau konnte sich also durchaus sehr einsam vorkommen, auch wenn sie mit unzähligen anderen Opfern in einer mitleidsvollen Allianz verbunden war.
Aber andere Opfer, machte Norman ihr schnell klar, hielten wenigstens den Mund; sie ließen sich während der Therapie nicht filmen und auch nicht an einer großen Universität den Studenten vorführen, die Stanley Fragen stellten wie zum Beispiel: »Freud sagt, daß Kinder sich insgeheim wünschen, Sex mit ihren Eltern zu haben. Könnte es sein, daß sie nur phantasiert?« Oder: »Sie reagiert sehr hysterisch. Ist sie vielleicht in den Wechseljahren?« Oder: »Sie gehört zu den Leuten, die

alles dramatisieren. Richtet Kindesmißbrauch tatsächlich solche Zerstörungen an?«
Wenn Stanley solche Kommentare an die Frau weitergab, achtete er sehr auf ihre Reaktionen. Er wollte, daß sie Bescheid wußte und vorbereitet war für den Fall, daß jemand ihr so etwas ins Gesicht sagte. Er berichtete ihr auch von den Studentinnen, die durch die Filme den Mut fanden, ihm von ihrer Situation als mißbrauchte Kinder zu erzählen.
Als sie hörte, daß diese Studentinnen jetzt therapeutisch behandelt wurden, weinte die Frau vor Erleichterung. Die anderen Ichs drängten auf eine schnellere Fertigstellung des Manuskripts.
»Wie können die Idioten bloß so vernagelt sein«, wetterte *Sewer Mouth*. »Glauben die wirklich, daß zwölfjährige Mädchen in den Wechseljahren sind? Und was männliche Opfer angeht: Sind die auch in den Wechseljahren? Zum Teufel mit Freud und den ganzen anderen Angebern.«
Die Frau hörte von fern Bruchstücke der Unterhaltung zwischen Stanley und *Sewer Mouth*. Die Sprache, die Wut erschreckten sie und machten ihr deutlich, daß zumindest *Sewer Mouth* wirklich existierte. Die Frau wußte, daß sie kein einziges Wort, das fiel, hätte ändern oder verhindern können.
Wenn sie gerade nicht vom Entsetzen übermannt war, bekam so die Frau hin und wieder Kenntnis von den anderen Ichs und ließ sie ohne besondere Teilnahme durch ihre Wahrnehmung gleiten. Gleichzeitig wurde ihr die Absonderlichkeit dieser Erscheinungen bewußt und damit schob sie sie wieder von sich – wie man verdorbene Lebensmittel ausrangiert.
Der Juli bedeutete für die Frau weder Sandstrand noch träge in der Sonne liegen. Daß sie auf ein laufendes Darlehen 25 Prozent Zinsen zahlen mußte, hatte ihre

Ersparnisse aufgezehrt, und drei Projekte, deren Erlös ihr gut und gern die nächsten vier Jahre finanziert hätte, waren auf unabsehbare Zeit verschoben worden. Die Käufer auf dem Immobilienmarkt verhielten sich zurückhaltend, weil sie fürchteten, die gestiegenen Häuserpreise würden nicht stabil bleiben. Die Banken gaben keine Kredite an Bauherren, die nicht ohnehin flüssig waren, und das waren seit längerer Zeit nur noch die wenigsten. Maklerbüros wurden geschlossen. Mit der Karriere, um die *Ten-Four* so hart gekämpft hatte, ging es abwärts.
Die Frau hatte nicht die Kraft, über notwendige berufliche Veränderungen nachzudenken. Verliererin, sagte eine rauhe Stimme. So war es. Am Horizont zeichnete sich die Drohung ab, das Haus und alles, was ihr ans Herz gewachsen war, verlassen zu müssen, wenn die Rechnungen nur noch durch seine Vermietung bezahlt werden konnten. Sie war unfähig, mit diesem Gedanken umzugehen; auch die Nachrichten im Fernsehen sah sie sich nicht mehr an, aus Angst, ihr übersensibler Gesundheitszustand könnte dadurch aus dem Gleichgewicht geraten. Eines Freitagmorgens sagte das Horoskop – neben Comics wie »Hägar der Schreckliche« das einzige, was sie noch las –: »Achten Sie heute auf Ihre geistige Gesundheit.« Sie bestellte das Abonnement der *Washington Post* ab und kappte so ihre letzte Medienverbindung. Kurz darauf war auch die Post, die sich in mehr als zwanzig Plastiktüten angesammelt hatte, verschwunden.
Feigling.
Dlie Frau zuckte zusammen, denn die Stimme klang wie die ihrer Mutter. Sie vermißte die Post nicht, aber mit ihr waren auch die Aufzeichnungen, Platten und Noten, das fremde Gepäck eines Lebens, das sie nicht gelebt hatte, verschwunden. Jeder hob solche Sachen auf; die Leute sagten, das müsse sein. *Elvira*, die in diesen Tagen gemeinsam mit einem früher sehr zurückhaltenden Ich

auftauchte, sagte: Na und? Die Frau zuckte die Achseln. Was immer sie tun sollte oder mußte, schien seinen Zusammenhang mit ihr verloren zu haben. Die meisten Menschen wären schockiert gewesen, wie gleichgültig sie sich verhielt. Die Frau, die in ihrem Leben außer Furcht und einem übermäßigen Zwang, das »Richtige« zu tun, wenig erfahren hatte, empfand nur eine vorsichtige Erleichterung.
»Danke«, sagte sie – wer auch immer gerade zuhören mochte.
Gern geschehen, sagten sie freundlich. Siehst du, wir arbeiten alle zusammen. Das hattest du von uns nicht erwartet.
Die Vorstellung, umsorgt zu sein, und die seit kurzem entspannte Gangart schienen verdächtig und verloren schnell ihren Reiz. *Sewer Mouth* beschwerte sich bei Stanley.
»Langsam fange ich an, mich unterdrückt zu fühlen. Ich kann mein eigenes Leben leben. Ich habe es immer gekonnt und werde es immer können.«
»Sie sind schon lange bei Ihnen«, sagte er. »Sie wollen nur Ihr Bestes.«
Sewer Mouth konnte das nicht ertragen. Sie ignorierte, daß die Frau halb wieder aufgetaucht war, und stieß wütend hervor: »Was für eine ausgelutschte Erklärung. Eine saublöde Plattheit. Immer wenn mir jemand solchen Dreck erzählt, werde ich mißtrauisch. Was diesen Kram mit den ›anderen Ichs‹ angeht, diesen ›Prozeß‹, wie Sie das nennen: Ich hasse die ganze Angelegenheit. Sie macht mir Angst.«
»Warum macht sie Ihnen Angst?« Stanley unterdrückte ein Lächeln, denn *Sewer Mouth*, die sich eisern weigerte, ihren Namen zu nennen, gehörte zu den Truppenmitgliedern, die am leichtesten zu erkennen waren.
»Weil das heißt«, knurrte sie, »daß in den einzigen Ort,

den ich je für mich besaß, Fremde einmarschiert sind und ich nicht mehr allein bin.«
»Warum mögen Sie das nicht?«
Die Frau nahm nur Bruchstücke der Unterhaltung wahr und staunte über Stanleys sorgfältig verborgenes Lächeln und sein andauerndes »Warum?«. Verstand er nicht, was sie sagte? Oder war er abgelenkt, oder reagierte er nur arrogant auf irgendeine Dummheit von ihr? In ihrem erschöpften Zustand vermochte sie nur sorgfältig auf seinen Mund zu achten und sich daran festzuhalten, während sie den Gedanken beobachtete, der sich in ihrem Kopf bewegte. Sie sprach ihn aus, ohne sich anstrengen zu müssen, und war entzückt, wie klar er war.
»Menschen, die nahe kommen«, sagte sie, »können einen umbringen.«
Endlich, dachte Stanley, kamen sie der Sache näher. Gleichgültig wie erfolgreich sie im Beruf war, ihr persönliches Leben würde nichts wert sein, solange sie nicht verstand. Bei dem Gedanken, daß jemand sie berührte, würde sie immer davonlaufen.
»Menschen können Sie umbringen?« wiederholte er. »Wie machen sie das?«
Sie wollte antworten, aber ihre Stimme brach, und die Veränderungen kamen so schnell, daß Stanley nicht folgen konnte. Im einen Augenblick sah er die Frau, und im nächsten wußte er nicht mehr, wer vor ihm saß. Er wußte nur, daß in dem Moment, in dem die Stimme brach, seine Patientin verschwunden war.
An ihrer Stelle saß eine Frau mit apfelgrünen Augen unter der Ponyfrisur. Die Augen waren mit einem dünnen Strich umrandet, die Pupille hatte eine kleine, ganz schwarze Iris. Stanley sollte Jahre brauchen, um herauszufinden, daß dies das Spiegelbild von *Black Katherine* war, geschaffen für das, was *Black Katherine* nicht konnte;

teilzuhaben, wie *Black Katherine* es nie konnte, weil ihre Wut zu übermächtig war. *Black Katherine* gehörte zu den Ichs, die für immer in den dunkelsten Schatten des Tunnels verharrten, einsam und auf der Hut. Eines Tages würde *Elvira* Stanley erzählen, daß der Rauschgifthund aus dem Song »*Bad, Bad, Leroy Brown*« nichts sei gegen *Black Kather rine*.
»Ist Ihnen eigentlich bewußt«, ohne zu zwinkern bohrten sich die apfelgrünen Augen in seine, »daß eine Nonne unter uns ist? Sie heißt *Sister Mary Catherine*, die ganze Nacht sitzt sie da, klappert mit dem Rosenkranz und ruft: ›Hure!‹ Sie betet. Wir hören sie. Haben Sie eine Ahnung, womit *Sister Mary Catherine* fertigzuwerden versucht?«
»Eine Nonne«, sagte Stanley. Mehr fiel ihm nicht ein.
»*Sister Mary* ist auf der Kippe.« Die Stimme war vollkommen emotionslos. »Wir wissen nicht, wie wir sie da zurückholen sollen; es wird ihr so viel Sexuelles entgegengeschleudert.«
Die Person vor ihm sprach zwar von Besorgnis wegen des Truppenmitglieds, das sie »Sister Mary Catherine« nannte, aber ihr Tonfall war keineswegs besorgt. Ihre Augen auch nicht. Irgend etwas war mit ihr nicht in Ordnung.
»*Sister Mary*«, fuhr die Stimme fort, und die Augen starrten ihn unverwandt an, »empfindet die sexuelle Rückerinnerung als schwierig. Ich vermute, daß Sie als ehemaliger Geistlicher ihr Problem verstehen können, aber mit ihrem Geplärre macht sie einige andere Truppenmitglieder verrückt.«
»Und Sie«, sagte Stanley, »was halten Sie von *Sister Marys* Reaktion?« Er hatte herausgefunden, was mit ihren Augen nicht stimmte, abgesehen von der ungewöhnlichen Farbe und dem feinen schwarzen Strich in den Augenwinkeln, der an einen Eskimoschlittenhund erinnerte: Sie enthielten nicht die Spur eines menschli-

chen Gefühls. Sie sah aus, als könnte sie ohne jede Gewissensbisse töten und als würde der Verlust des eigenen Lebens sie noch weniger berühren. In ihrer ganzen Haltung gab es keine Menschlichkeit. Stanley war erschrocken.
Auf seine Fragen antwortete sie nicht. Ausdruckslos gab sie ihre Erklärungen ab, als kümmerte es sie tatsächlich nicht, was er so oder so davon hielt.
»Sie mögen mich nicht«, sagte sie rundheraus.« Ich bin nicht hier, damit man mich mag. Manche von uns mögen sich gegenseitig auch nicht. Aber eines ist uns allen gemeinsam – unsere Individualität. Obwohl kein Truppenmitglied akzeptiert, woran *Sister Mary* glaubt – an einen Mann –, sind wir der Meinung, daß sie genau wie alle anderen Anspruch auf einen eigenen Raum hat. Gleichgültig, wofür sie steht.«
»Ich nehme an, Sie meinen die Kirche.«
»Wir wissen, daß hinter jeder Nonne, jedem Priester, jedem Pfaffen Einschränkung steckt. Die Kirche läßt uns kalt; sie enthält nur Dogmen, die den Verstand in Ketten legen und jedes Wachstum verhindern.«
»Wenn *Sister Mary* Sie so stört, wie kann sie unter Ihnen einen Platz finden?«
»*Sister Mary* wird lernen müssen, ihren Rosenkranz woanders zu beten. Die Frau verliert den Verstand, wenn sie das Gesinge hört.«
»Vielleicht erfreut es *Sister Mary*.»
»Nichts vermag *Sister Mary* zu erfreuen. Die sexuellen Erinnerungen sind für sie verflucht. Nur gibt es daraus jetzt kein Entkommen. Sie würde gern aufhören, zurückgehen. Aber so läuft es nicht.«
Sie sah zu, wie Stanleys Kugelschreiber entschieden über den Schreibblock fuhr.
»Ja«, sagte sie tonlos, »schreiben Sie es auf. Der Unfug mußte ein Ende haben. *Sister Mary* hat ihren Platz unter

uns. Sie hat ihn verdient, weil sie die sexuellen Forderungen des Stiefvaters zurückgewiesen hat. Wegen ihrer religiösen Neigungen ist *Sister Mary* von uns mit tief empfundener Verachtung begrüßt worden. Trotzdem ist sie diejenige, die zum Stiefvater ›nein‹ gesagt hat. Natürlich war sie nicht die, die bezahlen mußte. Den Schmerz, wenn der Stiefvater um sich schlug, hat *Rabbit* auf sich genommen.«
Das Wort »Schmerz« führte zu einer Reaktion. Entweder war es der Auslöser für das, was nun geschah, oder die Truppenmitglieder, die aufzutauchen versuchten, hatten es gehört und reagierten darauf. Bisher hatte sie bloß dagesessen, ohne einen Lidschlag, und ihre Sätze wie aus der Pistole abgeschossen. Sie fuhr sich nicht durchs Haar wie manche anderen Truppenmitglieder, spielte nicht mit einem Armband, verzog keine Miene. Bei dem Wort »Schmerz« aber fuhr eine hastige Reaktion durch Augen und Körper, als wollte sie jemanden oder etwas abwehren.
Er sah die Anstrengung, die es sie kostete, die Fassung wiederzuerlangen.
»Sie wollen wissen, wie ich heiße«, sagte sie dann, als wenn nichts geschehen wäre. »Auf Ihrem Block haben Sie Stellen freigelassen, weil Sie glauben, ich würde Ihnen vielleicht doch meinen Namen sagen. Das werde ich nicht.«
Diesmal war die Veränderung nicht vollständig, und hinter ihr sah er nur die Andeutung eines anderen Truppenmitglieds. Er hatte schon früher darüber nachgedacht, ob zwei oder mehr Personen der Truppenformation zur gleichen Zeit den gleichen Raum besetzen konnten. Jetzt war es bewiesen.
»Passen Sie auf.« Sie beugte sich vor und tippte auf seinen Schreibblock. »Jemand sitzt auf mir. Sie wissen das, Sie können es spüren.«

»Ja«, sagte er, »ich spüre es.« Er fand es immer wieder unheimlich, wenn Truppenmitglieder auf Gedanken eingingen, die er gar nicht ausgesprochen hatte. Wenn Marshall nicht auf Forschungsergebnisse hingewiesen hätte, die bewiesen, daß hochbegabte Kinder mit dem Paranormalen vertraut waren, mit Vorhersagen, hätte er solche Zwischenfälle wahrscheinlich auch nur begrenzt wahrgenommen.
»Ich muß mich beeilen«, sagte sie, »wir haben nicht mehr viel Zeit. Die, die in vorderster Front stehen, müssen das Wohl der Gesamtheit bedenken. Ich werde nie voranreiten. Es liegt mir nicht, mich um jemanden zu kümmern. Ich habe keine Skrupel, keine Moral oder andere Störungen, deshalb bin ich auf manchen Gebieten fähiger als jedes andere Truppenmitglied.«
Stanley unterbrach nicht; sie gab ihm dazu auch keine Gelegenheit. Er fragte sich, ob er sich je an ihre Augen gewöhnen würde.
»Ich bin nur hier«, sagte sie, »um sicherzustellen, daß unsere Truppenformation intakt bleibt. Der Stiefvater sagte immer: ›Wenn du was sagst, bring' ich dich um.‹ Bei jeder Verletzung der Gebote sagte die Mutter: ›Wenn du das noch mal machst, bring' ich dich um.‹ Die Kleinen glaubten den beiden, denn die Eltern bekräftigten ihre Worte durch Taten. Die Kinder sind jetzt versteinert, denn die Regeln zu verletzen – durch das Schreiben des Manuskripts, durch das Sprechen mit Ihnen –, bedeutet Tod. Ihre und unsere Ängste werden auf die Frau übertragen. Sie glaubt, die Angst sei ihre. Aber sie wird nur erfahren müssen, was wir durchgemacht haben.«
Ihr Wortschwall brachte Stanley dazu, rasch zu fragen, was sie selbst nach all diesen Jahren beim Sprechen, noch dazu bei so öffentlichem Sprechen, empfand.
»Wenn die ganze Geschichte in Stein gehauen und an der Außenwand des Gebäudes der Vereinten Nationen

ausgestellt wird, wäre es mir auch egal. Die Mutter legte Wert auf einen guten Ruf. ›Das ist alles, was du hast‹, pflegte sie zu sagen. ›Achte drauf. Ist dein guter Ruf erst einmal hin, bist du für den Rest des Lebens dreckig.‹ Nun, unser guter Ruf wird sich auf sich selbst verlassen müssen. Auf den beiden Farmen folgten wir dem Rat der Mutter und sagten kein Wort, denn das hätte uns ›dreckig‹ gemacht. Unser Schweigen hat nur dem Stiefvater genutzt. – Sie fragen sich«, sagte sie, »wozu jemand wie ich sonst noch gut ist. Ich bin auch der Sicherheitsmechanismus zwischen *Catherine* und *Big Three,* das Mittel, mit dessen Hilfe *Catherine* ihren Zorn ableitet, so daß sie in der Welt handeln kann, ohne jemanden umzubringen. Wenn Wünsche Taten wären, Stanley, dann gäbe es um *Catherine* im Umkreis von hundert Meilen keine lebende Seele mehr.«
Sie erzählte ihm, wie das Ableiten des Zorns funktionierte. Sie schleuderte die Worte nur so heraus, denn die nächste Veränderung bereitete sich schon vor.
»Ich bin ein Filtrierprozeß«, sagte sie. »*Catherine* spürt die Wut, rotglühend. Wenn sie durch mich hindurchgegangen ist, ist sie zwar immer noch da, aber der Drang zu töten ist gedämpft. Verstehen Sie? Sehen Sie mir in die Augen, Stanley. Es gibt auf dieser Welt mehr als nur eine Art des Todes.«
Er sagte, daß die Truppen überlebt hätten, daß sie nun in vielen Dingen eine Chance hatten. Er zählte sie auf. Aber der feine schwarze Ring um ihre Augen war verschwunden, und die Mittelpunkte der Pupillen hatten sich geweitet.
»Überleben? Zu welchem Zweck?« Die Frage kam steif. Als laste auf ihr ein schweres Gewicht, hatte die vor ihm sitzende Person die Schultern hochgezogen. »Das Leben beginnt mit der Geburt und dauert, bis der Tod uns hinwegnimmt. Glück und Freude gibt es nicht, wir bilden uns das nur ein.«

»Das ist eine ziemlich trostlose Vorstellung vom Leben«, sagte er. »Was ist mit der Freude, die Kinder ihren Eltern machen oder Liebende einander bereiten?«
»Nichts davon hat eine Bedeutung. Leben beginnt und endet. Dazwischen belügen sich die Menschen und erzeugen Unglück.«
»Lieben Sie Page nicht?«
»Ich liebe niemanden. Einmal, an Weihnachten, saßen wir am Fenster und wünschten uns, der Vater solle kommen und uns holen. Er hat es nie getan.«
Die Augen vorher hatten Stanley beunruhigt, weil ihnen jedes menschliche Gefühl fehlte. Diese beunruhigten ihn wegen des Fehlens jeder Hoffnung. Sie waren leer, als sei ihnen das Leben ausgetrieben.
»Menschen verlassen einen«, sagte die steife Stimme, »und kehren nie zurück.«
Die Truppen verachteten familiäre Bindungen zu Recht. Aber hinter diesen Augen verbargen sich die Sehnsucht nach Liebe und zugleich der Tod aller Hoffnung darauf. Es bedurfte nur der richtigen Gelegenheit, und dieses Truppenmitglied war zum Selbstmord prädestiniert. Nur daß sie nicht einmal die Energie aufbrachte, einen Finger zu rühren, konnte sie davon abhalten. War die Aufspaltung ausgeprägt genug, die Selbstmordkandidatin einzuschließen und vom Handeln abzuhalten?

Die Bemerkungen und die Haltung ihrer leblosen Kameradin verwirrten die Truppenmitglieder, die bei dieser Sitzung zuhörten. Kein Gefühl, keine Anteilnahme. Wer war sie? Niemand schien es zu wissen. Jemand, der es wußte, streckte die Hand nach ihr aus und brachte *Suicidal Warrior* an einen wärmeren und sicheren Ort zurück. Er legte seine kräftigen Hände auf ihre Schultern, die so starr waren, als hätte der letzte

Schlaf bereits begonnen. Und das Lied, das die Frau in dieser Nacht ganz tief in sich hörte, war ein irisches Wiegenlied, eines, das ältere Krieger für ihre jüngeren Kameraden sangen, die in der Schlacht gefallen waren, gestorben an so schweren Wunden, daß sie das Bewußtsein nicht wiedererlangten.

21

Von der Lethargie befreit, die die lange Anwesenheit von *Suicidal Warrior* hervorgerufen hatte, spürte die Frau aufs Neue die Energie der anderen Truppenmitglieder.
Stanley hatte in den letzten Wochen eifrig Fragen über zwei Kerne und eine Frau, die nicht selbst dachte und nicht selbst aß, notiert.
Schließlich rief er Marshall an.
»Die Belastung der Frau ist ungeheuer«, sagte Stanley. »Manchmal zittert sie nur noch. Ich versuche herauszufinden, wer sie ist.«
»Ich weiß es auch nicht«, sagte Marshall. »Aber eins ist sicher. Das erstgeborene Kind ist sie nicht.«
»Ich hoffe immer noch, daß sie es doch ist und ich bloß alles zu wörtlich nehme.«
»Aber das ist ihre Welt, Stanley. Was die Kerne angeht und ihren genauen Platz in diesem Menschengewimmel, bist du nahe dran. Du wirst es herausfinden. Ist dir aufgefallen, daß der Frühling den Truppen viel bedeutet? Ich vermute, daß das erstgeborene Kind im Frühling starb und möglicherweise zur gleichen Zeit die beiden Kerne geboren wurden. Wer mich irritiert, ist der Ire. Von Haus aus ist er einer, der großherzig gibt. Ich denke, daß er in absehbarer Zeit eine gewaltige Bewegung veranstalten wird. Die Bombe tickt. Ich würde sagen, du hast noch vier Monate, bis sie hochgeht. Wumm. Ein Geschenk von den Truppen, ein Fest.«

Wie Marshall spürte auch Stanley, daß ein Umbruch bevorstand, und beschloß, daß ein Quentchen Logik der Sache der Truppen nützlich sein könnte. Vor einiger Zeit hatte die Frau ihm gesagt, Stolz, Schuld, Furcht und Feigheit seien ihre größten Probleme.
»Sie sind nicht zu stolz, um Hilfe zu bitten«, erklärte er ihr in der darauffolgenden Sitzung. »Sie sind zu ängstlich. Stolz auf seine Begabung zu sein, ist kein Grund, sich deswegen zu schämen. Stolz auf die eigene Erscheinung ist keineswegs lächerlich – aber Sie können sich in Gegenwart anderer nicht einmal die Haare kämmen oder sich ein neues Kleid kaufen, aus lauter Angst, man könnte Sie für eitel halten. Sie sind weder eitel noch stolz, Sie haben bloß Angst, häßlich zu sein, und jemand könnte das bemerken.«
Er hatte gewußt, daß er an diesem Tag mit seinen Bemerkungen nicht alle erreichen konnte. Er mußte lächeln, als über das Gesicht vor ihm ein Anflug von Arroganz schoß. *Catherine* hielt sich zwar nicht für häßlich, aber sie hatte andere Fehler.
Catherine, die bis zur totalen Erschöpfung Boutiquen durchkämmen konnte, weswegen sie immer wie aus dem Ei gepellt aussah, war auf der Hut. Bei Stanleys Worten erinnerte sie sich daran, wie sie im zweiten Farmhaus in völliger Dunkelheit auf die geblümte Tapete gekritzelt hatte, so daß niemand ihre literarischen Bemühungen entziffern konnte.
Du solltest stolz auf uns sein, rief *Elvira* der Frau zu, die auftauchte und durch *Catherine* hörte und verstand, du hängst da mit drin, und wir helfen dir. Los, mach weiter, Luder.
»Luder« war nicht abschätzig gemeint, sondern eher bewundernd, Straßenjargon eben, jene Art von Beleidigung, die nicht verletzen oder lähmen will, sondern weiterbringen.

Stolz. Weil sie jetzt durch *Elvira* sah, auch wenn die Frau sich dessen nicht bewußt war, denn *Elvira* mußte erst noch hervortreten, hatte das Wort einiges von seiner furchterregenden Macht verloren. Sie überprüfte das Maß an Vertrauen, das sie zwischen *Mean Joe* und *Miss Wonderful* gespürt hatte; zwischen *Mean Joe* und den Kindern; ihr gegenüber und sogar Stanley, dem sie manchmal vertrauten. Wann immer Stanley auf den Fortschritt hingewiesen hatte, war sie blind dafür gewesen. Sie hatte nur gesehen, wie viele Schritte noch zu tun waren, und sie haderte mit sich wegen dieser Kleingläubigkeit.
»Was die Schuld betrifft, die auf allem lastet, was Sie tun«, sagte Stanley, »wird Ihnen eines Tages klarwerden, daß es nicht Ihre Schuld ist. Und der wirkliche Feigling in der ganzen Sache ist Ihre Mutter.«

Die Frau schlief in der folgenden Nacht sehr unruhig. Im Geist wiederholte sie, was Stanley gesagt hatte, und spürte den schrecklichen Vorgang des Erwachens um sich her, an dem sie nicht beteiligt war.

Twelve **merkte, daß** *Irishman* **etwas vorhatte. Sie saß neben ihm und sah zu, wie** *Outrider* **die Truppen umkreiste. Beide,** *Irishman* **und** *Outrider,* **schienen sich auf eine stille, entfernte Erscheinung zu konzentrieren.**
Habe ich richtig verstanden? fragte *Twelve Irishman* **und konnte kaum glauben, was sie von ihm empfing. Diese stille Erscheinung ist der erwachsene Kern, sagte er. Sollte sie je erwachen und sich in der Welt bewegen müssen, würde sie die Frau als ihre neue Haut benutzen.**
Twelve **grübelte darüber nach und fragte sich, warum**

Irishman die Frau auf etwas vorbereitete, das nie geschehen würde.
Nicht in dieser Welt, sagte *Irishman* zu ihr, sondern in der nächsten.
Twelve hörte nicht auf ihn. Es war makaber. Gewiß, die zu eigenen Gedanken und Gefühlen unfähige Frau war tatsächlich nur eine Hülle für die aller anderen. *Buffer* saß vor ihr, für den Fall, daß irgend etwas bis zu den schlafenden Kernen vordringen sollte.
Und dann, gerade bevor er zu sprechen begann, erkannte sie den Grund für seinen Plan. Der potentielle Kern eines Kindes und der ebenso latente Kern einer Erwachsenen hatten seit ihrer Geburt geschlafen und wußten von nichts. Ihre Spiegelbilder waren nicht in der Lage, den Gedanken des Geschlechtsaktes über das Streicheln hinaus zu verbalisieren oder zu verstehen. Auch das erstgeborene Kind konnte das nicht. Und ob dessen Spiegelbild etwas wußte oder verstand, war *Twelve* auch nicht deutlich. Was ihre Gedanken wieder auf die Frau brachte.
Sei vorsichtig, *Twelve,* sagte *Irishman.* Laß andere niemals deine Gedanken sehen. Wenn jemand von uns seine Gefühle zu offen zeigt, bleibt etwas zurück, das *Weaver* dann entfernen muß, weil sonst die Kerne oder ihre Spiegelbilder Schaden nehmen.
Du spielst mit wirklichen Menschen, flüsterte *Twelve.*
Nichts auf Erden wird die Struktur der Frau ändern. Eben jetzt webt *Weaver* aus all dem, was er entfernt hat, eine zweite Haut der Erinnerung. Wenn das Signal ertönt, wird die Haut fertig sein. Der Augenblick wird schrecklich, aber wenn er da ist, wird *Weaver* nur noch für die Kerne und ihre Spiegelbilder weben müssen.
Es gibt, sagte *Twelve,* mehr als einen Hinweis auf das Skrupelose in dir.
Das stimmt, aber wie *Frontrunner* muß ich dein Inneres

mit beiden Fäusten ergreifen und mit dem Teufel um die Wette fliegen. Diese Spannung erzeugt für alle Kämpfer das Gefühl für Zeit. Fiegst du mit mir, oder bleibst du lieber unten?
Ich glaube, sagte *Twelve*, ich bin noch zu jung, um mit dir zu kommen.
Nein, Kind. Du hast den Verstand einer Hexe und das Rückgrat eines irischen Kriegers.
Wozu, sagte *Twelve,* dienen all diese Vorbereitungen?
Für Weihnachten, Schatz. Das heilige Fest.

Das Mondlicht fiel durch die Zweige und Blätter eines alten Baumes in das Schlafzimmer unter dem Dach. Der eine in der Tiefe des Tunnels schickte einen Schauer vorbereitender Freundlichkeit und den Eindruck großzügiger, natürlicher Gastfreundschaft. Fast als wäre die Frau eine Besucherin seiner Ländereien.
Während die Frau sich mit ihrem weißen Flanellnachthemd abmühte, begann ihr Verstand zu wandern, als wenn jemand ihn jäh angestoßen hätte. *Rabbits* Wimmern erzeugte neues Konfetti.
Als der Hagelschauer vorüber war, erhielt die Frau einen Schlag, der länger anhielt als jeder zuvor. Der Schlag war auf komplizierte Weise verdunkelt und enthüllte, daß es seit der Kindheit und bis in die Jugendjahre sexuellen Kontakt mit dem Stiefvater gegeben hatte.
Die Frau war von der Vorstellung schockiert. Zweimal mußte sie auf das Bett blicken, bevor die offenbar unwilligen Muskeln ihren Beinen gestatteten, sich vorwärts zu bewegen, und sie auf die Matratze warfen. Ein in umherschweifenden Gedanken anderer Truppenmitglieder verborgener Verdacht hatte ihr seit Jahren gesagt, daß der Mißbrauch erst ein Ende fand, als der Stiefvater für immer das Haus verlassen hatte. Aber jedesmal, wenn

dieser Verdacht aufgetaucht war, hatte *Weaver* ihn fortgenommen. Das einzige, was er jedesmal zurückließ, war die Vorstellung, sexuelle Kontakte bestünden aus Auflauern, Ausspionieren und Streicheln. Keine Penetration. Und nicht nachdem die Kindheit vorbei war.
Nun damit konfrontiert zu sein, daß sie noch als Teenager sexuellen Kontakt mit dem Stiefvater hatte, enervierte die Frau mehr als alles, was sie vorher erfahren hatte. Sie wühlte sich in die Bettdecke, hin- und hergerissen zwischen dem Wunsch, sich in der Dunkelheit darunter zu verkriechen, und dem, sich damit zu erhängen. Ein Kind war zu klein, um einen Erwachsenen abzuwehren, der sexuelle Forderungen stellte (und wieder verstand sie darunter nur Spionieren und Streicheln), und womöglich zu verängstigt, um jemanden zurückzuweisen, der im nächsten Augenblick bösartig werden konnte. Aber ein junges Mädchen?
Elvira kam an die Oberfläche, summte die Melodie eines Liedes vor sich hin, das ihr hinreichend schlüpfrig erschien, und nutzte so ihren Humor als eine Form synthetischen Adrenalins gegen die dahinschwindende Kraft der Frau. Die Frau vernahm es, war aber, erdrückt von ihrer Unzulänglichkeit, zu keiner Bewegung fähig.
Elvira blies die Unzulänglichkeit aus dem Kopf der Frau, verwies auf Stärke und, noch einmal, darauf, daß es voranging. Die Erinnerung an den Keller war tatsächlich ein Fortschritt, aber es hatte ein zweites Farmhaus gegeben. *Rabbits* Wimmern nahm zu. *Elviras* grimmiger Humor langte nach der Frau, spornte sie an. Sich entspannend, wie Stanley es ihr gezeigt hatte, bekam sie ihren Atem unter Kontrolle und begann rückwärts zu zählen. *Rabbit* war nicht länger nur eine Stimme, sondern zeigte sich ganz. Die Frau rief sie mit ihrem Namen. Und *Rabbit* befand sich auf dem Rasen vor dem zweiten Farmhaus und führte sie zu dem verschmutzten Kellerfenster.

Sie waren drinnen, gingen die Reihen mit Eingemachtem entlang: Mais und Karotten, Pfirsiche und Erdbeeren, Kirschen und Pflaumen und auch das Fleisch, das die Mutter in jenem Jahr zu stark gepökelt hatte. Die Ausbeute in den sauberen Gläsern mit Metallverschlüssen zeugte von den zahllosen Stunden, die die Mutter am schwarzen Küchenherd verbracht hatte, von abermals Stunden auf dem Feld und im Garten, von Säen und Ernten. Sogar in dem dämmrigen Licht wirkte es, als folgten die flinken Augen der Mutter *Rabbit* und ihr bei ihrem Gang durch den Keller.
Feuchte, modrige Gerüche, der alte Sicherungskasten hoch an der Steinmauer zu ihrer Rechten und ein Fenster direkt vor ihr – aber der Umriß einer großen Person vor dem Fenster nahm das Licht weg. In tödlicher Stille, mit verstohlenen Bewegungen, streckte sich die Hand des Stiefvaters aus und packte sie. Große schwielige Finger zerrten an ihrer Baumwollhose, trennten Stoff von Fleisch, von der Stelle, wo Schenkel und Becken sich trafen. Und sie ritt auf dem rosa Ding vor und zurück, nicht mehr als fünf, noch keine sechs Jahre alt jetzt. Sie hätte es besser wissen müssen und nicht versuchen sollen, die Erinnerung auf eigene Faust zurückzurufen.
Denn unmittelbar danach, so schnell, daß sie nicht ausweichen konnte, kam ein zweiter Schlag. Diesmal war es kein Kind, sondern ein Teenager, und da war der Stiefvater, und der Schlag ließ nicht locker. Er zeigte ihr die beiden, verflochten in einer sonderbaren Haltung, und den Ausdruck auf seinem Gesicht, und, schlimmer, er ließ sie fühlen, was mit ihrem Körper in diesem Augenblick geschah und die Erregung, die sie überflutete.
Die Schreie und Tränen vermischten sich mit nicht wegzuleugnender sexueller Erregung, und die zerbrochenen

Teller überall – wie war sie von oben in die Küche gelangt, wo der Teekessel auf dem Gasherd wie wild pfiff und Zigaretten im Aschenbecher qualmten?
Am nächsten Nachmittag erzählte die Frau Stanley von der Erinnerung an den Keller. Mit schmerzerfüllter Stimme berichtete sie ihm von der physischen Reaktion. Jemand anderes redete von Penetration. Stanley hörte zu, wie die Frau sich beschimpfte, weil sie sich nicht erinnern konnte, sich jemals gegen den Stiefvater gewehrt zu haben, und ihm mitteilte, irgendwie sei ihr die Erkenntnis gekommen, daß es sexuellen Mißbrauch bis ins Jugendalter gegeben habe.
Stanley wollte, daß sie es aussprach. Die Frau hielt inne, sah zu Boden und rang die Hände. Sie schien den Mund nicht öffnen zu können. Endlich sagte sie, der Stiefvater habe sich mit ihr »sexuell verbunden«.
Sie war außerstande, es ihm zu sagen, weil sie keinen Mechanismus hatte, es zu verstehen oder auszudrücken; weil sie außer Streicheln sich nichts weiter vorstellen konnte. Für sie stammte die Erniedrigung daher, daß der Stiefvater sie »gestreichelt« hatte.
»Ein Teenager«, sagte sie. »Und ich ließ es zu. Wie ist das möglich?«
»Manipulation. Beeinflussung. Das macht es möglich. Sonst nichts.«
Relief, linke Hand von *Sewer Mouth*, nahm Platz. Die Frau hörte sich fluchen, der Kaffee schwappte aus der Tasse. Sie verwünschte, fluchte und tobte. Stanley setzte posthypnotische Sätze dagegen, in Eile und Wut und mit einem so tiefen Stolz auf ihren Fortschritt, daß er ganz verlegen wurde.
»Hundsfott«, schrie sie. »Ich hasse ihn! Ich kann nicht behaupten, ich hätte mir das nur eingebildet. Ich *war* erregt, ein Tier von fünf Jahren. Was sage ich. Ich war ein Tier, lange bevor ich fünf war.«

»Er hat Sie manipuliert. Er war der Erwachsene. Sie sind nicht verantwortlich dafür.«
»Ich verstehe«, schrie sie, »verstandesmäßig verstehe ich Sie und stimme Ihnen zu, aber ein Teil von mir versteht überhaupt nichts, und ich will ihn umbringen.«
»Etwas mit dem Verstand begreifen ist einfach, aber Sie müssen es auch emotional ausfechten. Sie müssen es langsam angehen.«
Stanley wußte, daß sie in hohem Maß sensibilisiert war und endlich auch bereit für die nächsten Schritte. Die Worte »auf dem rosa Ding vor- und zurückreiten« konnten nur eins bedeuten. Aber er hatte den Wechsel der Stimme gehört, als von Penetration die Rede war. Hatte die Frau begriffen, daß sie stattgefunden hatte? Sie hatte geschrien: »Ich will ihn umbringen.« Wußte sie, was das hieß?
Sewer Mouth saß da und benutzte Ausdrücke, die Stanley noch nie gehört hatte, selbst wenn er Täter behandelte, die im Gefängnis saßen. Sie hatte im Fluchen eine Variationsbreite, die ihn in Erstaunen versetzte. Im Kontrollraum schrieb Tony, statt auf die Tonqualität zu achten, eifrig mit.
Nach allem, was er in vergangenen Sitzungen gehört hatte, schlug Stanley vor, daß sie sich an den Dachboden zu erinnern versuchten.
Die Frau sträubte sich. Das erste Farmhaus besaß keinen Dachboden, und um auf den im zweiten Farmhaus zu kommen, hätte man eine Leiter gebraucht. In ihrer Erinnerung gab es keine Leiter, nur die Angst davor und vor Dachböden im allgemeinen. Aber Stanley blieb hart.
»*Rabbit*«, wiederholte er, »hat wahrscheinlich den Schlüssel für vieles. Würde *Rabbit* uns helfen wollen?«
»Wie wollen Sie *Rabbit* dazu bringen, sich zu zeigen?« Der Gedanke schien absurd. »Ich kann keine von ihnen rufen. Ich wüßte nicht, wie.«

»Ich möchte, daß Sie sich darauf konzentrieren, sich zu entspannen. Entspannen Sie, atmen Sie tief ein und wieder aus.« Stanley sprach eintönig, beharrte darauf, daß sie tief atmete und sich entspannte.
Kontrolle, zischte *Sister Mary*. Behalt die Kontrolle. Dies wird nur eklig, schmutzig und widerwärtig.
Stanley rief *Rabbit*. Die Frau war schon zu weit in Trance, als daß sie zurückgekonnt hätte. Sie fing bei zehn an und zählte rückwärts, eine Zahl nach der anderen. In ihrem Kopf hörte sie Stimmen, die nach Kontrolle verlangten. Zwischen den Stimmen in ihrem Kopf und der von Stanley zerrte eine Spannung, die ihren Geist mehr beanspruchte als je zuvor. Sie zählte eins und verschwand, verloren und unfähig mitzuarbeiten. Hilflos blieb sie zurück.

Hör zu und paß auf, sagte er. Flucht sucht sich ihre eigenen Orte, genau wie Verleugnen. Aber die Frau weiß das nicht. Sie glaubt, keine andere Wahl zu haben als entweder mit uns oder mit Stanley zu gehen.
Aber sie gehören zusammen, sagte *Twelve* langsam. Warum also sich abmühen, um ihr eine dritte Möglichkeit zu schaffen?
Die Frau muß selbst wissen, auf welche Seite sie gehört. Und du, sagte er, fängst an, die Sprache zu lernen.

Ohne jede Warnung befand die Frau sich in einem Teil ihres Innern, in dem sie all die Jahre existiert hatte – weit weg von ihren anderen Ichs – und es nicht gewußt hatte.

Er gehört dir nicht wirklich, Liebling, abgesehen davon, daß alles dir gehört, so wie es uns gehört. Gefällt dir das Rätsel? Es ist kein Rätsel, sondern eine Tatsache; jeder

Mann unter uns hat sein Eigenes, und nur wenn der Geist den Mann dazu bewegt, nicht wenn er gegen seinen Willen veranlaßt wird, hat das Teilen etwas Gutes, wird daraus eine Erhöhung, wenn du so willst.

Der Raum, groß und geräumig, schloß Stanley aus. Er schloß überhaupt alles aus. Das Licht. Etwas Wunderbares füllte ihre Adern, sie spürte jeden Teil von sich, und doch spürte sie gar nichts. Von der Art war der Raum. Ruhe, ein ruhiger Hafen schimmerte endlos, leuchtend weiß. Nicht ein schwacher Schein, weit weg und leicht zu übersehen, oder grell wie ein Leuchtfeuer, oder Licht, das aus einem freundlichen Fenster in die dunkle Nacht leuchtet.
Dies Licht strömte immerfort, und es verschlang den Raum vor ihr – alles ohne Ende. Ohne Anfang.

Du mußt nicht zurückkehren. Du hast die Wahl.

Die Frau lächelte und nickte. Zeit hatte alle Bedeutung verloren; es gab nichts außer dem Wunderbaren in ihr, getränkt von quälendem, grellem Licht. Ihre Ichs könnten auf einem anderen Planeten sein; hier jedenfalls konnten sie ihr nichts anhaben. Stanley könnte auf einem anderen Planeten sein. Jedenfalls war er nicht hier, konnte nicht ins Licht langen, Erinnerungsbruchstücke aufheben und anpieksen, sie durchschneiden, um die Fäulnis freizulegen.
In schwachen, kraftlosen Fingern hielt sie ihr eigenes Geschwätz.

Auf dem Weg zur Toilette ging sie durch den Kontrollraum und staunte darüber, wie schnell die erste Hälfte

dieser Sitzung vergangen war. Wie lange war sie da oben in diesem gleißenden Licht gewesen? Sie dachte nicht, daß das jenseits des Gewohnten, sogar des Ungewöhnlichen liegen könnte. Nun, nachdem es geschehen war, fand sie es ganz natürlich.
Tonys Stimme, voller Verdruß und Frustration, weil schon wieder der Ton weggeblieben war und diesmal gründlich, erreichte kaum ihr Ohr. Tony beschwerte sich, denn die gesamte Anlage war nach den letzten Aufnahmen überholt worden und hatte sich in bestem Zustand befunden. Warum also, fragte er Stanley, hatte es diesmal wieder nicht funktioniert?

Twelve im Tunnel fröstelte. Das weiße Licht, sagte sie. Wie hast du das gemacht?
Die Frau war es, sagte er. Ich habe ihr nur gesagt, daß sie es kann.
Du hast es ihr erlaubt?
Ich habe sie nur ermutigt. Das ist manchmal besser, als sie mit Waffen auszurüsten. Und jetzt hat sie etwas, das nur ihr gehört, eine Stütze für die bevorstehende Reise.
Elvira **konnte sich nicht zurückhalten. »All god's chilluns«, sang sie, »got somethin', and somethin' ain't plenty for me...«, und sie machte sich auf in die Dunkelheit des Tunnels. Die Perlen von** *Sister Marys* **Rosenkranz klickten gegen ihre Fersen.**

Unter leichter Hypnose lächelte die Frau. Diesmal war sie zusammen mit *Rabbit* auf dem Dachboden des zweiten Farmhauses, den sie durch die dunkle Luke in der Decke des oberen Flurs erreicht hatten. Plötzlich spürte sie die Arme des Stiefvaters, spürte den Druck dieser

Arme; ein Teil von ihr rebellierte, der andere fegte die Rebellion beiseite.
Er würde ihr helfen, sagte er mit tiefer, rauher Stimme. »Leise. Berühr es. Berühr es«, sagte er. Als sie sich hinhockte, hörte sie deutlich, wie er das rosa Ding herausholte. Es bewegte sich und schwoll an.
Stille. Zur schmerzlich empfundenen Realität gehörte der nur zu vertraute Geruch des Dachbodens, die dünnen Lichtstrahlen, die durch die Ritzen im Dach fielen. Realität war auch das rosa Ding direkt vor ihr. Der Stiefvater bewegte es hin und her, seine Stimme klang auffordernd. Er setzte sie so hin, daß das rosa Ding ihren Körper genau an der Stelle traf, die zu berühren ihre Mutter ihr verboten hatte.
Die Frau wollte um Hilfe rufen, aber kein Wort kam über ihre Lippen. Die Hypnose lastete auf ihr. Oder war es nur die Schuld, die sie sich selbst als so schwer empfinden ließ? Ein unheimliches, jammerndes Geräusch kam immer näher, wurde zum Stöhnen, dann zur Klage eines Tieres, das in der Falle sitzt. Unter der Anspannung ihrer Muskeln drohten die Nähte der Bluse zu reißen.
Sie faßte sich an die Kehle, versuchte die Laute zurückzuhalten, die nicht aus ihr kommen konnten.
»Ruhig, ruhig, *Rabbit*.« Stanleys Stimme klang beschwörend, aber weder *Rabbit* noch die Frau vermochten darauf in Ruhe zu antworten. Stanley leitete das Erwachen ein, von null bis zehn, einige Zahlen fielen *Rabbit* schwer. Die Frau wollte inständig um Hilfe rufen, und sie kam. Eine nach der anderen, wenn auch die ganze Strecke stolpernd und stotternd, sagte *Rabbit* die Ziffern auf.
Allmählich legte sich das Wimmern. Die Frau zitterte immer noch. Stanley blickte auf seine Notizen. Es war nicht zweckmäßig, wenn eine Patientin aus dieser Art von Hypnose erwachte und als erstes die Reaktionen des Therapeuten wahrnahm.

Stanley kam es so vor, als sei *Rabbit* das einzige Truppenmitglied, das sich an Schmerz erinnern und dies auch ausdrücken konnte. Vor allem den Schmerz, den die offensichtliche Penetration während der Erinnerung an den Dachboden gerade eben hervorgerufen hatte.
Die Frau sackte auf dem Kissen zusammen. Auf ihrem Gesicht zeigten sich rasch nacheinander Furcht, Ungläubigkeit, Entsetzen, Wut und Verwirrung. Stanley sah, daß sie erschöpft war. Auch ihn hatte die Sitzung angestrengt. Ihre lange Abwesenheit während der ersten Hälfte hatte ihn gezwungen, endlos zu warten. Er hatte keine Ahnung, warum sie das getan hatte und warum es ihr nach der Pause so gutgegangen war.
Nachdem sie einen der Filme gesehen hatte, hatte eine Studentin ihn gefragt, ob die Verwirrung der Frau etwas zu tun haben könnte mit der Zeit, in der sie aufgewachsen war. Stanley hatte geantwortet, daß heutzutage junge Inzestopfer bei der Erinnerung an den Mißbrauch die gleiche Todesangst durchmachten. Die Opfer, auch die männlichen, hatte er gesagt, würgten bei dem Versuch, die Erniedrigung zu formulieren, die sie als Kinder von Erwachsenen erfahren hatten, denen sie trauen zu können glaubten. Er hatte hinzugefügt, daß erwachsene Opfer einer Vergewaltigung das gleiche durchmachten. Manchmal fand er es unglaublich, wie alle versuchten, die Reaktionen eines Opfers auf alles Mögliche zurückzuführen, nur nicht auf den sexuellen Mißbrauch.
Erinnerungen zurückzurufen, auch damit umzugehen, fiel der Frau zunehmend leichter. Aber jede neue Erinnerung, die an die Oberfläche kam, zerstörte das bißchen Selbstachtung, das er mühsam aufgebaut hatte. Er war sich nicht sicher, wessen sie und die Truppenmitglieder fähig waren. Alles, was er zu diesem Zeitpunkt tun konnte, war, zu »flicken« und zu hoffen, daß er die richtige Stelle erwischt hatte.

Er wies sie auf ihre zahllosen Begabungen hin, auf das große Ausmaß an Energie, auf ihre Fähigkeit, sich zu konzentrieren. Er hatte das schon oft getan und wußte, daß es noch vieler Wiederholungen bedurfte, damit es sie erreichte.
»Ich weiß, was Sie mir sagen wollen«, sagte die Frau. »Aber das Gefühl, nichts wert zu sein, hat sich in meinem Kopf festgesetzt. Es blockiert alles andere. Ich habe Angst, in Stücke zu zerfallen, wenn ich die Kontrolle über die Erinnerungen verliere. Angst, als Nutte zu enden.«
»Die Gefahr besteht nicht.« Stanley mußte das sagen; es gehörte zur »Flick«-Arbeit.
»Ich kann nicht mitarbeiten, wie ich sollte, wenn die Erinnerung weh tut«, flüsterte sie. »Ich bin müde.«
»Natürlich sind Sie müde. Andere sind es nicht.« Stanley sagte das in der Hoffnung, die anderen würden tatsächlich nicht müde werden.
Heute schien alle zu beschäftigen, wie sie ihre Finanzen in Ordnung brachten und einen neuen Job fanden. *Ten-Four* stellte sich nicht vor, sie stürzte einfach in die Unterhaltung und begann zu reden, die Augen hinter den Haaren verborgen. Sie zählte die verschiedenen Tätigkeiten auf, die sie über die Jahre ausgeübt hatte, ohne eine anständige Ausbildung vorweisen zu können. »Bis wir ins Immobiliengeschäft einstiegen, waren wir eine billige Arbeitskraft. Jetzt können wir die Büromiete nicht mehr aufbringen; wir schaffen es nicht einmal, die Gebühren für die Erneuerung der Maklerlizenz zu bezahlen. Aber irgend etwas wird sich schon finden, und wenn wir jemand den Haushalt führen müssen.«
Ten-Four biß auf ihren Daumennagel und runzelte die Stirn. Stanley beobachtete sie. Sie machte den Eindruck, als könnte sie jeden finanziellen Zusammenbruch überstehen. Er vermutete, daß – abgesehen von einem tiefen Mißtrauen – sie nicht in Zusammenbrüche verwickelt werden

würde. Als die Frau wieder auftauchte, war das Mißtrauen verschwunden. Stanley bekam eine Vorstellung davon, wie ihre Welt aussah. Für sie gab es *Ten-Fours* Unterhaltung gar nicht; sie war immer noch beim Thema Müdigkeit.
»In der Schule habe ich viel geschlafen«, sagte sie. »Ich hatte große Angst, den Abschluß nicht zu schaffen. Ich träume heute noch davon.«
»Wir könnten auch«, sagte *Ten-Four*, »putzen gehen. Nur daß die Leute, die uns als Maklerin kennengelernt haben, ganz schön blöd gucken würden.«
An einem Problem führte kein Weg vorbei. Stanley war nicht der einzige, der das erkannte. Einige seiner Kollegen erzählten ihm anläßlich eines Abschiedsessens für einen scheidenden Dozenten, was er bereits wußte: Die Truppen hatten überlebt, weil sie sich die Erinnerungen aufgeteilt hatten, so daß niemand das ganze Bild aushalten mußte. Die Kollegen fragten sich, welches Chaos entstehen würde, wenn die Erinnerung zu einem Ganzen zusammengefügt wurde.
Einige empfahlen eine Reihe von Medikamenten, um die Reaktionen der Frau zu dämpfen; andere die Einweisung in ein Krankenhaus.
Zwei Tage später sagte Captain Albert Johnson es etwas knapper und barscher.
»So schnell kannst du sie nicht durch die Therapie jagen, daß sie den Konsequenzen all dieser Erinnerung entgehen könnte. Bevor sie geheilt ist, wird etwas passieren. Das ist doch normal. Erst wird einer verwundet, dann kommt die Heilung. Während er gesund wird, denkt er an den Schuß und an das Schwein hinter dem Gewehr. Deine Patientin ist kein Polizist, sie hat ihre Verwundung nicht im Dienst erhalten. Sie wird auf Wiedergutmachung bestehen.«

22

Alberts Kommentar blieb haften; jedesmal, wenn eine neue Stufe erreicht worden war, mußte Stanley daran denken. Die Stufen ergaben sich aus der Therapie. Aber mit jeder kamen Erinnerungen, die den Zorn der Truppenmitglieder steigerten und Alberts Theorie bestätigten.
»Ich höre, wie ich ›ich‹ sage, Stanley«, berichtete die Frau eines Nachts am Telefon. »Aber es gibt keine Möglichkeit zu erklären, daß nicht ich spreche. Alles entsteht hinter mir, durch mich hindurch. Ich kann mich von ihnen nicht absetzen, außer wenn ich sage: Ich bin es nicht, sie sind es.«
Er glaubte ihr, versuchte zu verstehen. Er hörte sie weinen und eine neue Stimme.
»Vor Gewalt jeder Art sind wir im letzten Moment immer zurückgeschreckt«, sagte *Sewer Mouth*. »Aber ich sage Ihnen, die Dinge ändern sich. Ich habe herausgefunden, daß in der Erinnerung ein Quantum schiere Traurigkeit liegt, die weh tut. Denn in jedem Stück Erinnerung liegt auch eine Ahnung davon, wie schön die beiden Farmen waren und wie es hätte sein können, wenn die Mutter und der Stiefvater nicht gewesen wären. Manchmal überwältigt einen die Schönheit: Sommergras, die Hekken mit süßen wilden Kirschen und die Erdbeeren an den Wegen, nackte Erde und der Geruch von Sellerie. Winter wie ein weißes, mit Diamanten besetztes Laken,

und wir liefen auf dem Teich Schlittschuh. Im Herbst roch es nach Äpfeln und Holzrauch, man konnte zusehen, wie all die kleinen Tiere sich auf den Winterschlaf vorbereiteten, und wünschte sich, sich ihnen anzuschließen. Am *Thanksgiving Day* gingen wir in den Wald und sammelten Moos und hübsche Blätter, rote Beeren und Tannenzapfen, um den Tisch damit zu schmücken. Und erst der Frühling! Man mußte den Atem anhalten. Über Nacht standen die Apfelbäume in voller Blüte. Eines Morgens wehte dich der Duft an – du lehntest dich aus dem Fenster und sahst sie: Apfelbäume wie rosa Kugeln und Tausende summender Bienen.«
Stanley hörte, wie *Sewer Mouth* tief einatmete vor Erstaunen, was sich da in ihr gelockert hatte.
»Beim ersten Farmhaus gibt es einen Apfelbaum«, sagte sie am anderen Ende der Leitung. »Nie wieder in meinem Leben möchte ich einen Apfelbaum sehen. Ich glaube, ich will Blut sehen, Stanley. Ich will sehen, wie es fließt. Ich will das Schwein so tot sehen, wie einige von uns es sind.«

»Verdammte Scheiße«, sagte *Sewer Mouth* zu *Elvira*. »Jetzt stehen unsere Namen auf dem Papier. Scheiße.«
»Traurig, aber wahr«, sagte *Elvira*. Sie fing an, auf ein Thema aus einem alten Hitchcock-Film neue Worte zu summen: »Die Würmer kriechen ein und aus, aus des Esels Maul herein und heraus.«
Ärger, Furcht und Traurigkeit über den Verlust ihrer Anonymität gingen nicht weg. Also sang *Elvira* ein anderes Lieblingslied auf die Melodie von »*London Bridge is Falling Down*«: »Lizzie Borden nahm die Axt...«
»Scheiße«, sagte *Sewer Mouth*.
Und so ging es weiter. Ihre Welt war in der Mitte entzweigebrochen. Aus Sorge um die Frau mahnten einige Truppenmitglieder zu Vorsicht und einem langsameren

Tempo. *Mean Joe* hatte die ganze Zeit gewußt, wo das Bedürfnis nach Schutz wirklich lag. Er zog in diesen Tagen die Schultern hoch wie ein Baseballspieler, und seine Augen waren härter als je zuvor.
Aber wer unter ihnen auch zu Behutsamkeit aufforderte, andere Truppenmitglieder ließen sich nicht zurückhalten. Mittels Gedankenübertragung kamen der Frau die Erinnerungen, und mit *Weavers* Hilfe verschwanden sie auch wieder. Bis eines Tages etwas haftenblieb und den Ichs, die diese bestimmte Erinnerung hatten, erlaubte, hervorzukommen und sie deutlich auszusprechen. Die Frau kam in die Sitzung und redete über hennagefärbtes Haar und Korkenzieherlocken. Zum erstenmal sah sie mit den Augen eines Truppenmitglieds deutlich die Mutter des Stiefvaters. Als die Einzelheiten sichtbar wurden, war Stanley klar, daß sie einige Hinweise auf die Vorgeschichte des Stiefvaters entdeckt hatten, auf seine Behandlung als Kind und möglicherweise auch auf seine Neigung zum Kindesmißbrauch als Erwachsener.
»Alma, die Mutter meines Stiefvaters, steht so deutlich vor mir, als säße sie hier. Eine schwere, schlaffe Frau, deren Masse aus dünnen, geblümten Kleidern wabbelte. Sie trug hochhackige schwarze Schuhe mit Schnallen und glitzernden falschen Schmuck. Ihr Mund war ein großer Fleck aus purpurrotem oder orangefarbenem Lippenstift.«
Die Frau beschrieb die gegenseitige kokette Vernarrtheit zwischen Alma und ihrem Sohn. Ihre Tochter Velma, eine jüngere, mürrische Ausgabe von ihr, schien Alma überhaupt nicht zu bemerken. Almas Mann hielt die meiste Zeit den Mund. Alle drei, Mann, Sohn und Tochter, bedienten sie hingebungsvoll.
Beim ersten Gespräch hatte die Frau den Namen des Stiefvaters auf ein Stück Papier geschrieben, als wäre es so etwas wie Selbstbeschmutzung, ihn auszusprechen.

In der Zwischenzeit hatten nur zwei Truppenmitglieder den Namen laut genannt, und beide in vernichtendem Tonfall. Die Frau benutzte auch jetzt seinen Namen nicht. Die Beziehung zwischen dem Stiefvater und Alma beschrieb sie als eine von Liebenden, nicht von Mutter und Sohn. Es war eine Beziehung, die Almas Mann und Tochter ausschloß.

Die Frau schien nicht zu sehen, was sich hinter den Worten verbarg, mit denen sie das schmeichelnde Benehmen des Stiefvaters gegenüber seiner Mutter beschrieb. Als Stanley weitere Einzelheiten wissen wollte, konnte sie sich nur daran erinnern, daß der Stiefvater und seine Familie zur Sekte der Pfingstler* gehört hatten. Sie erzählte von einer Gebetsversammlung, bei der sie kniend ihre Gesichter in die Sitze der Stühle gepreßt hatten.

»Es machte mich krank, es war so scheinheilig. Mein Stiefvater und Beten«, sagte sie. »Er war ein Schwein.«

Also, dachte Stanley, war wahrscheinlich für die Frau und die Truppen jeder, der betete, ein Schwein, ein Heuchler und zu all dem fähig, was der Stiefvater getan hatte. Die Frau sah krank aus, als wenn ihr übel wäre. Ihre Haut hatte sich ins Grünliche verfärbt. Sie fuhr fort, erzählte von Familientreffen in den Weihnachts-, Oster- und Herbstferien.

»Lächeln«, sagte die Frau und legte den Kopf schräg, als lauschte sie. »Die Verwandten konnten sich gegenseitig nicht ausstehen, aber in den Ferien kreuzten sie auf, weil meine Mutter gut kochte, und sie lächelten immerzu.«

Ihr Vater, sagte sie, brachte seine Mutter mit. Die Familie

---

* Pfingstler: in den Vereinigten Staaten verbreitete christliche Sekte, deren Mitglieder bei ihren Gottesdiensten in sprachliche und körperliche Ekstase fallen; vgl. den Bericht des Neuen Testaments über die Ausgießung des Hl. Geistes zu Pfingsten: Sie redeten in vielen Zungen.

des Stiefvaters kam vollständig, dazu die irische Großmutter mütterlicherseits und manchmal eine Tante, wenn sie nicht gerade mit einer neuen Liebesgeschichte beschäftigt war. Wenn er nicht gerade im Gefängnis saß, kam auch noch ein Onkel mütterlicherseits. Die Verwandten flüsterten miteinander, hinter dem Rücken der anderen, und lächelten und lächelten.
»Die irische Verwandtschaft quatschte einem die Hucke voll. Munter beschimpften sie sich gegenseitig, der Rest war ›Jesus, Maria und Joseph‹. Alma und Velma lobten das Essen meiner Mutter, aber hinterher quengelten sie meinem Stiefvater die Ohren voll, daß es ihnen nicht bekommen sei. Alma neigte zu Ohnmachtsanfällen, und der Stiefvater war den ganzen Tag damit beschäftigt, alles so zu richten, wie sie es gern hatte – als ob er in sie verliebt war. Ich kann mir nicht vorstellen, daß er jemals jemanden liebte. Wenn in seinem und meiner Mutter Schlafzimmer die Bettpfosten quietschten, fragte ich mich immer, wie meine Mutter mit ihm das Zimmer teilen konnte. Allein bei der Vorstellung wurde mir schlecht.«
Stanley wußte, daß sie von ihm erwartete, diese Art der Beschreibung ihrer Familie zu mißbilligen. Aber im stillen frohlockte er über ein solches Ausmaß an Zorn. Er bestätigte sie in ihrem Zorn und in ihrer Feindseligkeit.
Es schien sich auszuzahlen. Die Frau verbreitete sich über Almas Verhalten gegenüber ihrem erwachsenen Sohn; was für ein reizendes Kind er gewesen sei, wie er seine Mutter bei Gewitter getröstet hatte, wenn »Daddy« – so nannte Alma ihren Mann – auf der Arbeit war, beim Straßenbau. Alma lobte ihn, ein Kind, das sich nie dreckig machte. Mit Korkenzieherlocken, wie ein Mädchen, hatte Alma stolz gesagt, ihm in die Backen gekniffen und seine Hände geküßt.
Der Frau fiel ein, daß die irische Großmutter dann etwas über Spinner und Geisteskranke gesagt hatte.

Die klagende Stimme eines Kindes beschrieb Ostereier und Schokoladenhasen und das Eierfärben. Ob jemand traurig sei, fragte Stanley. Er kannte *Lamchop* bisher nur von ihrer Stimme her; ihren Namen hatte sie noch nicht verraten.
»Feiertage«, sagte sie, »sind was Besonderes. Was für Familien. Wir feiern sie nicht mehr.«
Bei der Erwähnung der Familien veränderte sich das Gesicht. Aus dem Kind wurde eine wütende Erwachsene, *Sewer Mouth* spuckte über die Schulter.
»Irgendwann«, sagte sie, »werden wir irgendwo ein ganzes Zimmer voller Spucke haben. Wir werden sie mit zur Hölle nehmen.«
Sewer Mouth tobte, verstrickt in ihren Haß auf Familien und auf Feiertage, ganz besonders auf Weihnachten. Stanley versuchte, das Gespräch in Richtung auf ein deutlicheres Bild von der Mutter der Frau zu lenken. Schließlich tauchte die Frau wieder auf. Sie hörte dem zu, was nur scheinbar sie sagte.
»Es ist so schwer, sich zu erinnern. Ich weiß immer noch nicht warum, aber ich erinnere mich, daß ich sie sehr geliebt habe, als ich klein war, und sie immer mehr haßte, je größer ich wurde. Zu irgendeinem Zeitpunkt habe ich sie endgültig abgeschrieben. Heute ist nur Ambivalenz zurückgeblieben. Sie war schön, mit kastanienbraunem Haar, verschleierten grünen Augen und einem wunderbaren Körper. Sie hatte hohe Backenknochen und eine feingeschnittene, zierliche Nase.
Ich habe es nie verstanden. Als ich zwei war, war sie höchstens einundzwanzig und hinreißend. Trotzdem setzte sie sich mit dem Stiefvater ab. Ich habe Gedichte von ihr gelesen und was sie sonst noch geschrieben hat, und ich wußte, sie paßte nicht zu ihm. Eines der schlimmsten Male, wo mein Stiefvater sich von seiner wahren Seite zeigte, war ein Weihnachten, an dem ich

mich nicht erinnern kann, auch nur ein Päckchen aufgemacht zu haben. Die Vorbereitungen dafür waren gewaltig. Besuch hatte sich angesagt – ein Außenstehender, ein Stückeschreiber, mit dem meine Mutter im Briefwechsel stand. Er hatte einiges von ihr in einer Zeitschrift gelesen. Bis heute frage ich mich, ob er die leiseste Ahnung hatte, was vor sich ging, als er da im Wohnzimmer unter dem Weihnachtsbaum saß. Ich frage mich, ob er mit all seiner literarischen Feinsinnigkeit die Schreie, den Wahnsinn, die Perversität hätte beschreiben können.«
Stanley merkte, daß sie seine Anwesenheit vergessen hatte. Da saß sie und beschrieb Wahnsinn und Perversität. Und er fragte sich, ob ihr bewußt war, was sie damit sagte.
»Es war das erste Mal, daß ich meinen Stiefvater im Umgang mit einem anderen Mann als meinem Vater beobachten konnte, bei dem er nur vor sich hin brütete und nichts sagte. Woher meine Mutter die Nerven hatte, einen Fremden einzuladen, weiß ich nicht. Vielleicht brauchte sie nur dringend Gesellschaft. Mein Stiefvater war sichtlich aufgebracht. Als die Rede auf Mutters Schreiben kam, fing er an, durchs Zimmer zu tigern. Aber immerhin hatte der Schriftsteller ihre Gedichte entdeckt, sie aufgespürt und den Weg zu uns gefunden. Er war die anderthalb Kilometer von der Bushaltestelle bis zum Haus in heftigem Schneetreiben zu Fuß gegangen, nur um mit ihr zu reden. Das war schon aufregend. Ich saß in einer Ecke und sah zu, versuchte ganz still zu sein, nur um zu lauschen. Aber Schriftsteller beobachten gut, und nach einer Weile bemerkte er, wie mein Stiefvater um sie herumschlich. Er war bullig und mürrisch, und der brutale Ausdruck in seinem Gesicht war an diesem Abend noch stärker als sonst. Der Schriftsteller versuchte, ihn in die Unterhaltung mit einzubeziehen; das einzige, was er erntete, war ein höhnisches Grinsen.
Mein Stiefvater konnte lesen; aber was er las, hatte nichts

mit dem zu tun, was meine Mutter schrieb. Überall im Haus versteckte er seine Zeitschriften: ›Das wahre Verbrechen‹, ›Wahre Kriminalgeschichten‹ – solche Sachen. Lauter grausige, blutige, erniedrigende Geschichten, die in keiner Zeitung stehen. Frauen, die mit hochgezogenem Rock im Graben liegen, das Blut spritzt aus tiefen Wunden; in die Büsche geschleuderte, in Stücke gehauene Kinder; zerhackte und niedergeknüppelte Menschen.
Er besaß auch eine Menge Taschenbücher. Ich habe immer viel gelesen, aber nach dem ersten verging mir der Appetit. Ich schwärme für Vampire, aber davon handelten sie nicht. Sie gingen sogar noch über Massenmord hinaus. Die Sex-Szenen beschrieben eine Welt, in der Männer und Frauen wie Tiere behandelt wurden.
An diesem Abend standen mir die Nackenhaare zu Berge. Das Haus war so still. Als der Schriftsteller aufstand und sich von meiner Mutter verabschiedete, sagte er, sie sei begabt und er habe den Abend sehr genossen. Es war beruhigend und schreckliche Wirklichkeit zugleich: Der erste Fremde, der je unser Haus betreten hatte, war gegangen.
Als er weg war, bekam mein Stiefvater einen Tobsuchtsanfall. Er beschimpfte meine Mutter und schlug sie wie noch nie zuvor. Er raste und tobte und zerschmetterte, was ihm in die Finger kam. Lange nachdem ihre Schreie verstummt waren, hörten wir immer noch, wie er sie hernahm.
Meine Mutter verließ danach tagelang ihr Zimmer nicht; als sie herauskam, sprach sie mit niemandem. Tag für Tag saß sie stumm da, aß nichts, bewegte sich nicht. Ich vermute, sie war dazu auch gar nicht in der Lage. Sie wusch nicht, kochte nicht, machte nicht sauber, ging nicht aufs Feld und erteilte keine Befehle. Mein Stiefvater kommandierte, wir gehorchten.

An sehr viel mehr erinnere ich mich nicht, alles war und ist gewissermaßen ohne Zusammenhang. Meine Mutter sah merkwürdig aus. Ich weiß noch, wie sie ohne jede Regung in ihrem Morgenrock dasaß. Schließlich, nach mehreren Wochen, machte sich mein Stiefvater an uns heran. Er bekam Angst. Wir seien schuld, sagte er, daß Mutter krank sei. Seht, was ihr ihr angetan habt. Ihr müßt jetzt besonders lieb sein, verstanden? Ich hätte ihn umbringen können.
Mein Stiefvater kochte. Wir aßen, gingen zur Schule, kamen nach Hause. Meine Mutter saß da in ihrem Morgenrock, meine unbesiegbare Mutter, die in ihrem Leben noch keinen Tag krank gewesen war. Sie wurde immer dünner, der Morgenrock hing nur noch an ihr. Ich haßte sie, weil ich ihren Augen ansah, daß sie allmählich zu glauben begann, was er über unsere Schuld sagte. Er fütterte sie mit einem Löffel; man hätte glauben können, er habe ihr nie etwas getan. Er umsorgte sie wie ein Baby, so wie er seine Mutter umsorgte, und sie ließ ihn gewähren. Ich hätte kotzen können.«
Stanley jubelte im stillen. Er wußte, es war schmerzhaft, aber es würde der Frau helfen, ihren heimlichen Zorn loszuwerden. Seine Freude legte sich, als hinter den Stirnfransen junge sanfte Augen hervorlugten.
»Glauben Sie auch«, fragte die kindliche Stimme, »daß wir die Mutter krank gemacht haben?«
»Sie haben niemandem etwas getan. Als die Frau gerade sprach, hat sie sich auf die Eltern als auf ›ihre‹ bezogen. Waren sie ihre Eltern?«
»Nein«, sagte die kleine Stimme. »Die Person, die ihr die Worte eingegeben hat, glaubt, wir sollten es auf diese Weise sagen, auch wenn sie nicht unsere Eltern waren.«
»Wer hat dann gesprochen?«
»Ich weiß es nicht«, sagte das Mädchen. »Wir kennen noch nicht alle unsere Ichs. Aber ich weiß ein Geheimnis,

das nicht alle hier wissen. Die Frau kann sprechen, aber sie kann nicht denken. Alles, wovon sie von ihrer Konstruktion her glaubt, sie habe es gedacht, kommt von einer von uns. Sie sagt es Ihnen nicht jedesmal, wenn ihr das auffällt, weil das zu blöde aussehen würde.«
»Es gibt keine blöden Gefühle«, sagte Stanley. »Sie glauben, schuld an der Krankheit der Mutter zu sein. Das ist ein Gefühl, und es ist schon deshalb nicht blöd, weil es Sie quält. Aber Sie haben nichts getan. Ich vermute, daß Ihr Stiefvater Ihre Mutter so behandelt hat, wie er es gern mit seiner eigenen gemacht hätte. Er hat seinem Haß auf Frauen freien Lauf gelassen. Auf alle Frauen.« Stanley schauderte es.
Nach der Pause wollte er, daß die Truppen über etwas Positives nachdachten.
»Könnten Sie nicht eine Zusatzprüfung machen«, sagte er, »und ein paar Collegekurse belegen?«
»Das kann nicht wahr sein.« Die Frau wirkte erfreut, aber auch schockiert. »Das Buch hat auf jeden Fall Vorrang.«
»Warum sollten Sie nicht beides tun?« fragte Stanley.
Sie antwortete, daß sie Geld verdienen müsse und daß sie ihre Dummheit nur ausgleichen könne, indem sie doppelt so viel arbeite wie andere. Er erwiderte, sie solle es langsam angehen lassen, nicht alles so schwer nehmen, »Workaholics« bekämen schon von sehr viel weniger einen Herzinfarkt. *Ten-Four* nahm ihm das nicht ab.
»Quatsch«, sagte sie. »Die Leute benutzen nur ein Zehntel ihres Gehirns. Und die meisten sind so faul, daß sie mit drei Prozent ihrer körperlichen Energie auskommen. Wir haben sieben Jahre lang jeden Tag zwölf Stunden gearbeitet, ohne Urlaub und ohne einen Tag krank zu sein. Gedrückt haben wir uns nur, wenn uns etwas tödlich gelangweilt hat.«
»Keine ist je krank geworden«, fragte Stanley.
»Soweit ich weiß, nein«, antwortete *Ten-Four*. »Jemand,

wir wissen nicht wer, hat eine Allergie. Aber wenn es unangenehm wird, tritt jemand ohne Allergien an ihren Platz. Wenn wir zum Arzt gingen, stellte der dies und das fest, und beim nächsten Mal wollte er nicht glauben, daß es verschwunden war. Wir haben es gelassen, weil es Geldverschwendung war.«
Stanley sagte, daß im Fall multipler Persönlichkeit eine Person sehr wohl unpäßlich sein konnte, während alle anderen keinerlei Symptome aufwiesen.
»So was wie Schnupfen oder Ausschlag?« fragte *Ten-Four*.
»Manchmal auch mehr als Schnupfen oder Ausschlag. Die Kopfschmerzen zum Beispiel ähneln sehr stark einer Migräne, aber sie sprechen auf Medikamente nicht an. Multiple sprechen überhaupt wenig auf Medikamente an. Sie zeigen keine Wirkung, fast als könnten Multiple auf andere Weise mit den Symptomen fertigwerden.«
»Den letzten Rest haben uns Beruhigungsmittel gegeben«, sagte *Ten-Four*. »Ich hab' sie weggeworfen.«
»Ich will Sie nicht erschrecken«, sagte er. »Ich weiß, daß Sie versucht haben, die Erinnerung auf eigene Faust in Gang zu setzen. Das ist im Prinzip sehr gut. Aber es wäre besser, wenn Sie damit bis zu den Sitzungen warten würden, wo ich Ihnen helfen kann. Haben Sie eine Freundin, die Sie zwischendurch im Notfall anrufen könnten?«
»Sharon«, sagte die Frau, »aber ich belästige sie nicht gern. Was mit mir passiert und wie es passiert, erschreckt sie. Es hört sich für sie zu abwegig an. Ich bin nicht beunruhigt. Im Beruf scheine ich mich seither über Wasser zu halten und im Privatleben, soweit davon noch etwas übrig geblieben ist, auch. Selbst wenn die anderen manchmal in mir toben, habe ich doch die Kontrolle behalten. Oder etwa nicht?«
Stanley beharrte darauf, daß die Selbstkontrolle, der

eiserne Wille, verschwinden müsse. Gleichgültig wie stolz sie darauf war. Er sagte, daß sie damit wichtige Gefühle abblockte, auf die sie einen Anspruch hatte.
»Kontrolle ist alles, was mir geblieben ist. Sich gehenlassen hieße, daß Menschen, die den Wechsel von einer Person zur nächsten mitbekommen, mich verabscheuen würden. Wenn ich stark bleibe, wird das nicht passieren. Außerdem weiß ich, daß eine Person in mir hundsgemein ist. Ich kann sie unmöglich nach draußen lassen.«
»Oder ihn.« Die Frau hatte sich nie dazu geäußert, daß *Mean Joe*, ein Mann, ihren Frauenkörper bewohnte. Stanley wußte, daß einige Multiple diesen Aspekt sehr erschreckend fanden.
»Noch ein Mann?« Die Frau sah ihn still an. »Sie meinen, da könnte es noch einen Mann wie *Mean Joe Green* geben?«
»Wir bestehen alle aus Männlichem und Weiblichem.«
»Das ist mir bekannt. Androgynität, die Kombination von männlichen und weiblichen Merkmalen. Aber *Mean Joe* ist so stark, er ist der einzige, der jemanden in Stücke reißen könnte, wenn er es wollte. Angenommen, ich lasse locker, und er wäre derjenige hier, der bösartig ist? Was, wenn er jemandem, der es nicht verdient hat, etwas Schreckliches antut?«
»Verlassen Sie sich auf Ihre Leute«, sagte Stanley sanft. »Sie haben Sie all die Jahre beschützt, und Zorn kann etwas Gutes haben.«
»Sie haben mich nicht verstanden, Stanley«, sagte die Frau. »Norman verabscheut meine Wut, alle verabscheuen sie. Meine Mutter hat mich verprügelt, wenn ich wütend war.«
Die Frau verließ die Sitzung, und Stanley sah ihr nach, wie sie durch die Halle ging Selbst wenn sie nicht das erstgeborene Kind war, wie, fragte er sich, mußte es

sein, zu handeln und dabei zu wissen, daß sie etwas tun könnte, von dem sie nichts wußte.

Die Vorstellung, sich nicht länger für alles die Schuld geben zu können, war erschreckend. Es war schon lustig, wie klar neuerdings alles wurde und wie das alles noch mehr verwirrte, als seien die Dinge auf den Kopf gestellt. Wer war bösartig? Daß Stanley häufiger über ihre Definition von schlecht und gemein lachte, ärgerte sie.
Die Frau setzte sich an diesem Abend an die Schreibmaschine und übertrug die tagsüber entstandenen Notizen ins Manuskript. Seit sie während der Sitzung das weiße Licht gesehen hatte, mußte sie immer wieder daran denken. Sie wußte nicht, was es bedeutete oder ob es überhaupt etwas bedeutete, und hatte mit niemandem darüber gesprochen, auch nicht mit Stanley. Die Frau wußte nur, daß es eine beglückende Aussicht war. Wenn sie nur genügend danach verlangte, konnte sie jederzeit dahin zurückkehren. Bei dem Gedanken lächelte sie, und ihre Finger flogen schnell über die Tasten.

Frontrunner blickte finster. Sie sandte *Mean Joe,* der bereits gewartet hatte, die Botschaft. Er antwortete prompt, die schlafenden Kerne seien in Sicherheit. *Frontrunner* sandte weitere Botschaften aus, und *Outrider* hielt für einen Augenblick inne und lauschte jeder Erwiderung.
Jetzt, sagte *Frontrunner,* und in ihrer Stimme schwang Traurigkeit und noch etwas anderes. Aus der Tiefe des Tunnels kam ein stiller Schlachtruf, nur ein Gedanke, den jemand äußerte, der stolz und sich der Truppen um ihn herum sicher war. *Elvira* hörte seinen Schlachtruf und grinste. Nimm lieber was zu essen mit, brüllte sie.

Die Frau ließ die Hände sinken. Definitiv, unleugbar nicht allein auf der Galerie, fühlte sie sich besetzt, bedroht, als sei ihr der Krieg erklärt worden. In ihrem Kopf begann es zu hämmern, und Tränen fielen auf das weiße Papier.
Zack! Der Geruch von Stroh und Dung – die Kuh in der alten Scheune. Sie verdrehte die braunen Glotzaugen, daß das Weiße darin zu sehen war. Der Stiefvater hatte keine Hosen an, er stand auf einer Holzkiste hinter der Kuh. Abwechselnd, im Rhythmus seines sich vor- und zurückbewegenden Körpers, lächelte er und verzog das Gesicht. Warum? Die Frau sah ihn mit den Augen eines Kindes und verstand nicht, was er tat. Aber sie verstand sehr wohl den Ausdruck in seinem Gesicht, als er sie am Scheunentor entdeckte. Sie drehte sich um und rannte davon, aber ihre Füße waren nicht schnell genug. Sie schlug auf dem Weg, der zum Farmhaus führte, lang hin. Des Stiefvaters Zorn, als er über sie fiel, und etwas an ihm, das ihr noch mehr Angst einjagte, verbanden sich zu Worten, die ihr wie ein Schrei direkt aus der Hölle schienen. Der Stiefvater war nicht nur zornig, er war außer sich. Ein stechender Schmerz in den Armen, als er sie zurück in die Scheune schleppte. Er riß ihre weiße Baumwollhose herunter, kein noch so lautes Schreien konnte ihn aufhalten. Die Kuh drehte sich um und sah sie beide an – ihre Zunge rollte sich aus wie eine riesige rosa Raupe. Der Stiefvater hatte sie im Arm, seine Finger entblößten ihr Geschlecht für die rosa Raupenzunge.
Die Frau schrie und wollte Stanley anrufen, und die Stimmen in ihrem Kopf hörten nicht auf. Eine Stimme verdammte sie vor allen anderen, und der menschliche Verstand schien plötzlich etwas sehr Zerbrechliches.

23

»Die Kopfschmerzen letzte Nacht waren scheußlich«, heulte sie. »Stimmen waren da, redeten durcheinander, undeutlich und weit weg. Sie zeigten mir eine Holzkiste, auf der der Stiefvater hinter der Kuh stand.«
Noch bevor sie zu Ende gesprochen hatte, wußte Stanley, was sie sagen wollte. Er hatte seit einiger Zeit damit gerechnet, aber jetzt schockierte es ihn doch. Mit feuerrotem Gesicht und so heftig an den Fingern reißend, daß er die Knöchel knacken hörte, erzählte die Frau ihm den Rest.
»Ist es wahr? War der Stiefvater wirklich dazu imstande?«
»Ja«, sagte Stanley. »Man nennt es Sodomie.« Unglücklicherweise, dachte er bei sich, war der Stiefvater zu noch sehr viel mehr in der Lage, deswegen hast du das Gedächtnis verloren.
»Dann war da eine einzelne Stimme, eine einsame einzelne Stimme, die ich mein Leben lang nicht vergessen werde.« Die Frau konnte das Schütteln, das sie überfallen hatte, kaum beherrschen. »Sie hat sich mir eingeprägt, aber ich bin mir nicht sicher, wie lange ich sie halten kann, bevor sie wieder verschwindet. Sehen Sie mich an! Ich höre Personen, die Erinnerungen kommen lassen und wieder fortnehmen. Im einen Augenblick kommt es mir vor, als sei ich diejenige, die all das erlebt hat, wovon sie mir erzählen, und im nächsten weiß ich,

daß ich nie etwas erlebt habe, weder damals noch heute, und wenn Sie mir nicht sofort sagen, daß es das ist, was mich verrückt macht, werde ich Ihnen kein Wort mehr glauben.«
»Sie sind nicht verrückt. Erzählen Sie mir von der Stimme.«
»Sie zitierte die ganze Zeit etwas in meinem Kopf: ›In den Schlund der Hölle, in das Tal des Todes ritten die sechshundert.‹ Und sagen Sie jetzt nicht, das ergäbe einen Sinn, denn das tut es nicht.«
»Es ist zwar nicht der genaue Wortlaut, aber für die anderen ergibt es möglicherweise schon einen Sinn. Irgendwie muß ›Der Angriff der leichten Brigade‹ für eine von ihnen eine besondere Bedeutung haben.«
»Die Stimme sprach von Gefahr, und dann sagte sie etwas über ›Sister Mary Catherine‹.«
»Hatte die Stimme einen Namen?« fragte Stanley hoffnungsvoll.
»›Ich bin Seventh Horseman‹, hat die Stimme gesagt.« Die Frau wirkte fassungslos. »Es tut mir leid«, sagte sie. »Es hört sich lächerlich an.«
»Jemand von Ihnen«, sagte Stanley und dämpfte seine Stimme zu dem Singsang, den er vor allem benutzte, um sie in leichte Trance zu versetzen, »weiß alles, erinnert sich an alles. Würde diese Person hervorkommen?«
Niemand sagte etwas. Die Frau lag auf den Knien und sah aus wie ein geprügelter Hund. Stanley fragte noch einmal nach dem, der alles wußte, und das Gesicht der Frau veränderte sich. *Seventh Horseman* kam – mit blitzenden graugrünen Augen im mageren Gesicht und vibrierenden Bewegungen, als wäre sie besetzt mit Hunderten von kleinen, die Gefahr erspürenden Antennen. Ihre sorgfältig formulierten, abgezirkelten Sätze unterstrich sie mit peitschenden Handbewegungen. Sie erklärte, ein anderes Truppenmitglied habe ihr den Weg geebnet, so

wie sie manchmal für andere den Weg bereite, sicher mache.
»Ich fragte«, sagte Stanley, denn dieser Vorgang war ein Muster, das bei vielen Multiplen auftauchte, »nach der Person, die alles weiß. Sind Sie hervorgetreten, weil Sie diese Person sind?«
»Sie haben noch einen weiten Weg vor sich, bis Sie dieses Truppenmitglied erreichen.«
Stanley erinnerte sich, daß er diese Antwort schon einmal erhalten hatte, in bezug auf die Kerne. *Seventh Horseman* teilte ihm mit, daß sie nie in der Öffentlichkeit auftrat. Ihre Gedanken, sagte sie, könnten die Frau oder auch ein anderes Truppenmitglied, das gerade »draußen« war, »überschwemmen«. Nachdem sie erledigt hatte, was sie ihre »Pflichttour« auf der zweiten Farm nannte, mußte *Seventh Horseman* entweder abgesetzt worden sein oder sich aus eigenem Entschluß zurückgezogen haben. Es kam aufs gleiche hinaus, dachte Stanley. Ihre Gesprächsthemen eigneten sich nicht für die Öffentlichkeit.
Sie erzählte ihm von der Ausbalancierung der Erinnerung der letzten Nacht. Nachdem sie der Frau das Bild der Kuh zurückgegeben hätten, sagte sie, hätte diese nicht noch mehr aufnehmen können und hätte »die Schläge weggesteckt«.
»Sie konnte nichts mehr sehen«, sagte *Seventh Horseman*. »Der Stiefvater hatte im Lauf der Jahre viele Hunde. Wenn er sie satt hatte, wurden sie getötet und verscharrt. Bei dem, was er ihnen beibrachte, mußte er sie töten, sonst hätte die Mutter Verdacht geschöpft und sich gefragt, warum sie uns und den Stiefvater so ausdauernd beschnüffelten.«
»Er hat Sie mit den Hunden sexuell zusammengebracht?«
»Ja. Einer von ihnen war eine Dänische Dogge, ein

prachtvolles Tier, aber nicht so leicht zu beherrschen wie die anderen. Als der Stiefvater mit der Abrichtung anfing – bei uns und bei der Dogge –, band er sie an den Zaun, der zwischen den hinteren Obstgärten und der Farm verlief, wo die Wanderarbeiter waren. Das war ein Fluchtweg gewesen, der einzige, der zur Verfügung stand, denn das Feld daneben war im Frühling sumpfig wie Moor, und im Sommer stand das Gras hoch. Der Stiefvater überragte es; er konnte sehen, wenn wir hindurchrannten und uns verstecken wollten, und wir konnten ihn nicht sehen. Wir hatten Angst, daß ›nein‹ zu sagen für *Sister Mary* genau so gefährlich war wie für die anderen vor ihr. Einige von uns waren gestorben, weil sie ›nein‹ gesagt hatten. In mindestens drei Entwürfen des Manuskripts haben wir versucht, Ihnen, ohne daß sich jemand hier aufregen muß, zu erklären, was solch ein Tod bedeutet.«

Weil er keine anderen Worte fand, fragte er, ob ein solcher Tod von Dauer sei. Sie sagte, ja, das Leben sei abgeschnitten. Wenn die Toten heute handelten, falls sie es denn überhaupt taten, war das nur ein »Rest«, eine gespensterhafte automatische Reaktion.

Stanleys Verstand war in Aufruhr: Erst hatte er ein schwer verletztes Mädchen getroffen, die beschrieb, wie der Stiefvater sie in einen Brunnen gehängt hatte, und dann – nach dem Antlitz, von dem er gedacht hatte, so blickte die Frau von Zeit zu Zeit – die leeren Augen und gefrorenen Gesichtszüge einer, die mehr als tot war, ein Gesicht, mit dem er sich bisher nicht auseinandergesetzt hatte.

»Wir hatten keine andere Chance«, sagte *Seventh Horseman.* »Ich wurde im zweiten Farmhaus gebraucht als eine, die vor der Gefahr warnen konnte. Die Mutter war keine Hilfe; sie sah absichtlich weg. Sie sagte: ›Ich will von dir kein Weinen hören.‹ Das nutzte der Stiefvater. Er wiegte uns in trügerischer Sicherheit und lächelte, und dann fiel er über uns her. Später dann, wenn wir versuchten, ihm auszuweichen, reizte er uns solange, bis wir schrien, fluchten und nach ihm schlugen. *Sister Mary* saß in der Falle, lange bevor sie zehn Jahre alt war. Wir konnten es niemandem sagen, wir fanden dafür keine Worte. Die Erinnerungen waren so sehr zwischen uns aufgesplittert, daß wir immer alle gleichzeitig reden wollten; das brachte die Leute durcheinander. Sie dachten, wir würden nur angeben, übertreiben.

Ohne daß ich handelte, war ich schon lange vor meiner Geburt da. Als die Dänische Dogge auf der Farm erschien, ›erschien‹ auch ich. Meine Aufgabe war nicht, einen Ausweg zu finden, denn den gab es nicht, sondern die Gefahr im voraus anzuzeigen. Die Hecke, die den Obstgarten abgrenzte, war für *Sister Mary* das größte Hindernis. Sie traute sich nicht, ihre Angst vor dem Hund zu zeigen, denn er witterte das und bellte noch lauter und schnappte nach ihr. Er hörte sich wild an und hatte lange Zähne. Wie oft habe ich *Sister Mary* gesagt: ›Hör zu, Närrin, versuch nicht, durch die Hecke zu entkommen. Der Hund wird dich töten. Geh drumherum‹, schrie ich. ›Kriech durchs Feld.‹«

Seventh Horsemans Gesicht und angespannter Körper zeigten die Spuren der Anstrengung. Hinter ihrer Stimme, die sich wie Sandpapier anhörte, vernahm er gelegentlich Laute eines Kindes.

»Nachdem der Stiefvater die Dogge trainiert hatte, fürchtete sich nicht nur *Sister Mary* vor ihr, sondern auch andere Truppenmitglieder. Der Hund war so groß. Der Stiefvater beschloß, ihn verhungern zu lassen, um ihn loszuwerden. Die Grausamkeit gefiel ihm.«

Seventh Horsemans Gesicht spannte sich immer mehr. Sie schien sich selbst zuzuhören und gleichzeitig angestrengt auf das zu horchen, was in einem anderen Raum gesprochen wurde. Stanley hatte sich mehr Erinnerung gewünscht, er sollte sie bekommen. Vom Umklammern des Stifts und des Schreibblocks schmerzten seine Hände. Zu Tony in den Kontrollraum zu blicken, wagte er gar nicht erst. Er dachte an die Tonbandkassette, die die Frau ihm das letztemal gegeben hatte. Sie hatte sie ihm einfach hingereicht und gesagt, die Schläge seien schlimmer denn je. Als er die Kassette am Abend abgespielt hatte, war die Aufnahme durch elektrische Störungen verstümmelt. Trotzdem war die Erregung in ihrer Stimme deutlich zu hören: Die Dinge eskalierten. Er hatte sie angerufen und gebeten, nicht zu rasch weiterzumachen.

»*Sister Mary* weist die Schläge zurück, auch wenn sie sie erkennt – was die Frau nicht tut –, denn die Erinnerung gemahnt sie an ihr Versagen. Hätte sie damals auf mich gehört, müßte sie jetzt nicht so leiden. Wir machen hier alle unsere Arbeit, da ist kein Platz für Fehleinschätzungen. Unsere Bestandteile funktionieren; die Maschinerie läuft wie geschmiert, wenn Sie so wollen. Aber wenn eine von uns einen Fehler macht, gehen wir alle für eine Zeitlang zu Boden. In solchen Fällen hält *Frontrunner* uns am Laufen, und die Infanteristen sammeln die Verwundeten.«

Während sie weitersprach, konnte Stanley sich mühelos vorstellen, wie sie mit ihrer dramatischen Sandpapierstimme den »Angriff der leichten Brigade« rezitierte.

»Die Frau, oder zumindest ihr Keim, war bei uns, seit das erstgeborene Kind zwei Jahre alt war. Ihre wirkliche Geburt fand viel später statt. Ihre Konstruktion erlaubte ihr, in der Welt zu handeln – sowohl vor ihrer Geburt als danach. Sie war damals so leer wie heute. Wir benutzen sie, wenn es nötig ist, sonst handeln wir selbst. Bitte versuchen Sie zu verstehen«, fuhr sie fort, »daß außer für die Frau und ein paar andere die Zeit zwischen unserem

›Beginn‹ und der Geburt eine Zeit des Lernens ist. Aber selbst nach jahrelangem Zusehen ist es keine einfache Aufgabe, uns nach unserer Geburt mit den Dingen, die um uns her geschehen, vertraut zu machen.«

»Ich vermute, vor allem auf der zweiten Farm ist eine Menge geschehen«, sagte Stanley. »Es muß für die Truppen sehr schmerzhaft gewesen sein.«

»Für die meisten schon.« *Sewer Mouth* sah vor sich hin. »Sie kennen *Zombie*? Eigentlich heißt sie *Grace*, wie in ›*Grace under Pressure*‹, aber *Zombie* paßt besser zu ihr. Wenn die Kraft der Frau zu sehr geschwächt ist, kommt *Zombie* und setzt an ihrer Stelle einen Fuß vor den anderen. Sie ist eine von denen, die immun waren, unempfindlich, abgestumpft, weit weg von allem.«

»Aber in dieser abgetöteten Art macht *Zombie* weiter, für sich und für andere?«

»Noch einige von uns sind ›abgetötet‹, nicht ›tot‹. Das ist ein Unterschied. *Zombie* schafft ihre Aufgabe, sie ist wach genug, Signale zu empfangen und zu erwidern. Manchmal hört sie sogar wie alle anderen zu. Bis vor kurzem konnten wir einander nicht zuhören. Jetzt tun wir es manchmal, jedenfalls die unter uns, die sich gegenseitig wahrnehmen. Wir tun es, wenn wir selbst es wollen und es uns gestattet wird.«

»Woran erkennen Sie«, fragte Stanley, »wann, wie Sie es nennen, die Frau ›mithört‹?«

»Wir lassen es zu oder auch nicht«, sagte *Seventh Horseman*. «Es ist kompliziert für Sie, stimmt's?«

Stanley sagte, er sei dabei, zu lernen. Er fragte, was ihr Name bedeutete.

»Er gefällt mir«, sagte sie. »So wie *Collector* der seine gefällt. Oder *Recorder* oder *Renegade*. Einige unter uns haben sich ihre Namen ausgesucht, ich auch; andere haben ihren zugesprochen bekommen; und einige Namen kommen einfach, ganz ungefragt.«

»Es stört Sie nicht, daß ich Ihren Namen jetzt kenne?«
»Ich habe ihn Ihnen nicht gesagt. Ich nannte *Collector;* mit ihm bin ich für alle Zeiten unlösbar verbunden. *Collector* wird niemals mit Ihnen sprechen. Er hat auf den Farmen zuviel gesehen und nun seine Augen vor allem verschlossen. Er verbringt seine Zeit damit, Wörter und andere kostbare Dinge, die ihm gefallen, aufzuspüren und zu sammeln. Ich bin für ihn, was für einen Blinden sein Hund ist. Ich gehe dorthin, wohin *Collector* nicht gehen kann; ich rezitiere ihm seine Lieblingsgedichte und was er sonst in all den Jahren an literarischen Brocken aufgeschnappt hat. Damit unterstütze ich die Moral der Truppe, so wie *Elvira,* die alles Unangenehme in ein Lied verwandelt, oder eine andere, die unser aller Traurigkeit wegwischt.«
Stanley wollte fragen, ob *Sewer Mouth* in der letzten Nacht die Moral der Truppe durch das Rezitieren des »Angriffs der leichten Brigade« aufgerichtet hatte. Womöglich wäre ohne diese Ablenkung die Erinnerung für seine Patientin noch grauenhafter gewesen.
»Nichts«, sagte *Seventh Horseman* gerade, »erreicht die Frau, es sei denn durch uns. Den Sinn einiger unserer Gespräche zu erfassen oder auch nur die Stimmen richtig zuzuordnen, fällt ihr schwer, besonders wenn sie nur Bruchstücke mitbekommt. Oft denkt die Frau, sie höre ihre eigene Stimme. Dann wieder hört sie gar nichts, weil sie nicht da ist. Momentan veranlaßt *Sister Mary,* bedingt durch die letzte Erinnerung und ihre Rolle darin, den größten Teil der Übertragung. Die Frau hörte *Sister Mary* in der letzten Nacht klar und deutlich, und doch kann sie es nicht glauben, nicht akzeptieren.«
»Sodomie«, sagte Stanley, »ist weder für Kinder noch für Erwachsene einfach zu akzeptieren.«
»Akzeptiert oder nicht, jedenfalls ist es das, worauf der Stiefvater die Hunde dressierte. Bei der Kuh stand der

Stiefvater auf einer Kiste, damit sich sein Penis auf gleicher Höhe wie ihre Vulva befand. Als das Kind das sah, wollte es davonlaufen. Er beschloß, sie in die Sache einzubeziehen. Er verlangte, daß sie ihn streichelte, während er mit der Kuh kopulierte.«
Während der Pause wußte Tony nicht, was er sagen sollte. Stanley erklärte ihm, daß sie heute nur die Spitze des Eisbergs zu Gesicht bekommen hatten. Tony murmelte, er habe Mühe, der Frau ins Gesicht zu sehen.
»Keine Angst«, sagte Stanley, »sie hat nichts mitbekommen.«
»Mein Gott«, sagte Tony, »es ist schließlich ihr Leben, das auseinandergenommen wird.«
»Nein. Ich denke, es ist ihrer aller Leben. Vierzig habe ich bisher gezählt. Damit muß man sich auseinandersetzen.«
Nach der Pause versetzte Stanley die Frau wieder mit Hilfe der Hypnose in eine leichte Trance. Er wollte ihr ermöglichen, zu sehen, was hinter *Seventh Horseman* war, die sie so sehr erschreckt hatte. Er ließ sie sich auf die Hecke konzentrieren. Nichts geschah. Nach mehreren Minuten absoluter Stille erschien wieder der rauhe Tonfall von *Seventh Horseman*.
»Ich sehe vor mir etwas, das ich nicht kenne«, sagte *Seventh Horseman* matt. »Was ist es?« Ihre Hände tasteten suchend umher, wie die eines Blinden, der sich zu orientieren versucht. »Es ist groß und rostig. Ein alter Eisenpfosten. Es ist der Pfosten, an den der Stiefvater den Hund gebunden hat. Ich begreife nicht, was das hier zu suchen hat, und noch etwas anderes ist nicht in Ordnung.«
Stanley wußte, warum *Seventh Horseman* so verwirrt war. Er hatte die Frau in Trance versetzt, und *Seventh Horseman* war in dem Augenblick ihrer Geburt als ein selbständiges Ich an die Oberfläche gekommen. Auf der Farm

hatte sie bis zu ihrer Geburt als Beobachterin im Hintergrund existiert. Jetzt beschrieb sie den Schock der Geburt, die Unvertrautheit mit den Dingen, die sie umgaben.
Deshalb war ihre Gelassenheit zerbrochen, die Erregung groß, beim Sprechen ließ sie ganze Silben aus. Sie raufte sich die Haare und war aus der Yogahaltung herausgefallen. Sie kämpfte um ihr Gleichgewicht, sprach immer leiser.
»Warte«, flüsterte sie, »da ist etwas. Ich bin sehr alt, aber es ist wie eine Knospe, eine frische grüne Knospe an einem alten Baum.«
Stanley begriff, daß sie auf ein Kind hinwies. Er spürte eine plötzliche Kälte und merkte, daß sie jedesmal auftrat, wenn bestimmte junge Truppenmitglieder sich zeigten.
Seventh Horsemans Haltung brach endgültig zusammen, als sie dreimal rasch hintereinander nach rechts blickte und aufschrie, sie sei verloren und andere Ichs drängten in sie ein. Stanley sah wieder die Backenknochen und die schrägen Augen. Irgendwie hatte die Frau *Seventh Horseman* getroffen. Sie waren zusammen, teilten die gleiche Vision; die Frau lächelte verwundert, und *Seventh Horseman* wies mit leiser Stimme auf das Auftauchen einer lang erwarteten Erscheinung zu ihrer Rechten hin.
Es war die Substanz eines Kindes, das dem erstgeborenen Kind näher war als irgend jemand sonst, eingehüllt in etwas, das einige Truppenmitglieder mit Furcht erfüllte. Die gleiche Furcht durchströmte auch die Frau. Immer noch unter Hypnose, starrte die Frau auf das kleine Mädchen neben sich. Sie beschrieb eine winzige, sehr stille Person, den Kopf voller hellblonder Locken und in einem braunen Kleid .
»Klebrig«, sagte die Frau. »Die Kleine ist klebrig.«
Die gereizte Stimme von *Seventh Horseman* fuhr dazwi-

schen; voller Abscheu sah sie auf etwas, das Gefahr für die Frau bedeutete, und ohne Stanleys Wissen beschloß sie, ihre eigene Kraft zu gebrauchen. In dieser Sitzung und in den kommenden Wochen würde die Frau immer, wenn sie das Wort »Kind« hörte und manchmal sogar dies bestimmte Kind sah, sofort auch das Wort »Puppe« auffangen und ein entsprechendes Bild, das das andere überlagerte.
Seventh Horsemans Sandpapierstimme knirschte in Stanleys Ohr, als sie statt eines Kindes eine Puppe beschrieb, das Gesicht ihr zugewandt, mit goldenen Locken und nackt. Sie beschrieb, wie der Stiefvater davorstand, wie er die Hand ausstreckte und die Beine der Puppe spreizte. Sie hielt inne, als die Frau laut zu weinen begann.
»Aber das durfte er doch nicht.«
Seventh Horseman näherte sich, so schnell sie konnte, der Frau, die schrie, sie könne sie sehen. Die Frau beschrieb eine Erscheinung, die »weit entfernt ein Bataillon Reiter anführte«. Graue Uniformen, und an den Mützen ein rotes Abzeichen. Sie sagte, sie führten lange Lanzen oder Stäbe mit sich, und es regnete. Die Regentropfen, sagte die Frau zu Stanley, schlugen auf die Straße, auf der sie entlangritten, und spritzten wie Geysire in die Höhe.
»Lieber Jesus«, rief sie, als würde sie Zeugin des Zuges durchs Rote Meer, »was ist das?«
Stanley konnte nur vermuten, daß die Frau in dieser Sitzung das »Wesen« von *Seventh Horseman* erfuhr, so wie sie ohne Hypnose damals in ihrem Auto das Wesen von *Mean Joe* und *Miss Wonderful* erfahren hatte.
Die Frau schluchzte vor Anstrengung, das zu erkennen, was *Seventh Horseman* verdrängt hatte. Weil die Gefahr vorüber war und ein kurzer Blick nicht schmerzen würde, lenkte *Seventh Horseman* ein.
»Ich sehe das Kind«, sagte die Frau und rieb sich

erschauernd vor Kälte die Arme. Auch Stanley fror plötzlich. »Ich sehe es ganz deutlich, aber ich weiß nicht, wie es heißt.«
Das Bild verschwand, und plötzlich tauchte vor der Frau und *Seventh Horseman* der verrostete Karren auf. Ganz unschuldig stand er da an der Hecke zwischen den Obstgärten. Die Panik in ihrer beider Stimmen eskalierte. Die Stimmen wurden mehr und waren deutlich voneinander zu unterscheiden. Die Panik erreichte ihren Höhepunkt. Stanley versuchte, sie alle aus der Hypnose zu befreien, aber sie kamen und gingen zu schnell.
Seventh Horseman, die mehr als die Frau begriff, fragte: »Wie bekommst du die Haut und das Fell von *Rabbit* zurück?« Die Frau fuhr fort zu klagen, daß das Kind neben ihr von einer unbekannten Substanz verklebt sei.

24

Irgendwann zwischen zehn und sechzehn Jahren hatte sie ihren Stiefvater getötet. Für diesen Verdacht sprach nichts außer einem täglich größer werdenden Schuldgefühl, das allen anderen Erklärungen widerstand.
»Dafür muß ich bezahlen«, sagte sie am Telefon zu Stanley. »Glauben Sie mir: Ob man es getan hat oder nicht, man hat zu zahlen.«
Die Frau war sich nicht wirklich sicher, ob sie nicht doch eine Mörderin war und eines Tages die Polizei gegen ihre Tür hämmern würde. Sie fragte sich, ob das der Grund dafür war, daß sie die Tür nicht mehr aufmachte, sich weigerte, ans Telefon zu gehen, und ihre Post nicht mehr öffnete. Sie mußte es herausbekommen. Auf die Wochenliste schrieb sie: den Stiefvater anrufen. Sich vergewissern, daß er noch lebte. Und die ganze Zeit hoffte sie inbrünstig, daß er mausetot war und in der Hölle schmorte.

Der langstielige Holzlöffel, mit dem seine Eltern ihn totgeprügelt hatten, hätte für den zweijährigen Jungen aus Virginia zum Trauma werden können, wenn er lange genug gelebt hätte, um erwachsen zu werden. Es gab vermeintlich unschuldige Gegenstände, die die Truppenmitglieder und die Frau, alle zusammen oder einzeln, zu Stein werden ließen: die offenstehende Motorhaube eines Autos (Stanley vermutete, daß ein großer Teil des sexuellen Mißbrauchs hinter den Motorhauben der vielen Fahrzeuge stattgefunden hatte, die wieder in Gang zu bringen des Stiefvaters Hobby war); Weidenkörbe (in denen, so die Andeutung eines Truppenmitglieds, der Stiefvater Schlangen gesammelt hatte); schlammige Wege (die an die Hecke erinnerten); Tiere (darüber erhoffte sich Stanley weitere Einzelheiten); die Vorstellung von hochgelegenen Plätzen; auf Stühlen oder Sesseln sitzen müssen; die Bettdecke zu nahe an ihren Gesichtern; jeder, der ihnen körperlich zu nahe kam oder auch nur bei der Begrüßung die Hand zu schnell ausstreckte; und natürlich das Geräusch von »Sabbern beim Essen«, wie ein Truppenmitglied sagte. Von anderen Opfern und auch von erwachsenen Tätern, die als Kinder oralen Sex erlitten hatten, hatte Stanley erfahren, daß Kaugeräusche sie sehr verstörten und ihren Zorn offen ausbrechen ließen.

Wenn sie nicht von außen erschreckt wurden, brachten sich die Truppenmitglieder gegenseitig in Rage und schüchterten die Frau ein. Die Reise, wie *Seventh Horseman* es genannt hatte, hatte tatsächlich begonnen.

»Ich halte es nicht aus«, schrie die Frau eines Tages. »Ich will wissen, ob es normal ist, was mit mir geschieht. Bin ich normal?«

»Ja«, sagte er, »in Ihrem Rahmen sind Sie normal.«

Im Unterschied zur Frau vermutete Stanley, daß ein wesentlicher Teil der Reise das Erscheinen von Truppenmitgliedern sein würde, die bisher still oder doch wenigstens zurückhaltend gewesen waren.

Er hatte recht.

In dieser Nacht fand die Frau im Schlafzimmer ihr schwarzes Kleid über einen Schaukelstuhl geworfen. Angst beschlich sie. Warum war das Kleid nicht im Schrank, wo es hingehörte? Sie hatte es nur einmal bei einer Beerdigung getragen. Der Schmuck, der obendrauf

lag, sah nicht nach Beerdigung aus, sondern geschmacklos.
Wieder hatte sie das Gefühl, aus dem Gleichgewicht geraten zu sein. Sie warf sich gegen den Türpfosten und bemühte sich, das Pochen zwischen ihren Beinen, ein Klopfen, ein Hämmern, auszuschalten.
Klick. Klick. Klick. Das Geräusch von aneinanderklickenden Rosenkranzperlen zerschlug die Stille, als wenn der Himmel über ihr zerbrochen wäre.
Zur Hölle, sagte die Stimme. Du gehst zur Hölle.
Arme *Sister Mary*, sagte eine andere Stimme, und *Sister Mary* antwortete: Klick. Klick.
Die Frau merkte, daß sie nicht angesprochen war. Sie rührte das Kleid nicht an, und am Morgen war es verschwunden.
Jedesmal, wenn sie einen neuen Schlag oder ein Klicken auffing, verschwand aller Gleichmut. In den heißen und feuchten Augusttagen wuchs ihre Verzweiflung, die Kontrolle entglitt ihr. Die winzige Person, die sie und *Seventh Horseman* gesehen hatten, schien näher zu kommen. Außer der Erinnerung an das stille blonde Kind, an das die Frau, ohne zu wissen warum, wie an eine Puppe dachte, war von der Sitzung wenig geblieben.
Sie nahm die Buntstifte, die Stanley und Jeannie Lawson ihr geschenkt hatten, und versteckte sie im Küchenschrank. Für eine Nicht-Multiple wäre das eine irrationale Handlung gewesen.
Schwieriger war es, die Stimmen zu entwirren. In ihrem Kopf waren sie alle da, individuelle Gedanken, deutlich unterschieden und zu je verschiedenen individuellen Personen gehörig. In ihrer Verwirrung verschmolz sie sie, statt sie auseinanderzuhalten, immer häufiger. Sie beschloß, Sharon um Hilfe beim Sortieren zu bitten. Therapie war eines, aber es mußte ihr jemand anderes zuhören und ihr versichern, daß alles in Ordnung war.

An einem Spätnachmittag begann die Frau Sharon zu erklären, was eine multiple Persönlichkeit ist. Sharon holte tief Luft, sagte, sie habe es ihr schon einmal erklärt und nach wie vor klänge es unglaubwürdig. »Du redest«, sagte Sharon, »als ob es alle diese Leute wirklich gibt, als ob du sie sehen und hören kannst.« Die Frau antwortete, daß sie ohne Zweifel »wirklich« seien, daß sie sie tatsächlich »hören und sehen«, sich aber nicht erinnern könne, Sharon jemals etwas über Multiplizität erzählt zu haben. Das gleichmütige Lachen ihrer dreizehnjährigen Freundschaft ging verloren. Zum erstenmal, seit die Frau sie kannte, hatte Sharon keine Zeit für einen gemeinsamen Kaffee.

Es traf sie erst am nächsten Morgen wirklich, als sie auf dem Weg zu einer geschäftlichen Verabredung war. Sie hielt auf einem Parkplatz, etwas Schreckliches stieg auf, und die, die es gebracht hatte, weinte. Die Kluft zwischen dem, was sie als ihre Person wahrnahm, und der Außenwelt war unüberbrückbar. Da sie Einsamkeit nie als etwas Schreckliches empfunden hatte, begriff sie nicht, was sie in diesem Moment so überwältigte.

Sie ging zu ihrem Termin, versuchte, die Stimmen in ihrem Kopf zu übertölpeln, aber ihr Inneres war fixiert auf Schuld und Stanleys Beharren darauf, daß sie nicht schuldig sei. Ihr fiel wieder ein, was er gesagt hatte: »Kinder sind von Natur aus sexuelle Wesen. Jungen haben bei der Geburt häufig eine Erektion und können, wie Mädchen auch, durch die Berührung eines Erwachsenen oder eines anderen Kindes, durch ein Streicheln der Haut sexuell erregt werden. Kein Erwachsener hat das Recht, aus dieser frühen Sexualität Vorteile zu ziehen oder ein Kind in Bereiche zu führen, auf die es nicht vorbereitet, für die es nicht gerüstet ist.«

Die Schuld dem Stiefvater zuzuschieben statt sich selbst, war zu einfach. Sie sah sich mit den Augen der Mutter:

Die Schuldgefühle wogen immer schwerer. Mit den Worten der Mutter kämpften die Worte Stanleys, und überraschend hob sich die Last von den Schultern der Frau. Den Scheck, den sie bei dem Geschäft erhalten hatte, hielt sie in der Hand, ohne ihn zu beachten.
War es wirklich so, wie Stanley sagte: daß die Mutter ihre Tochter um Zuneigung betteln ließ und sie zur Zielscheibe für den Stiefvater gemacht hatte? Sie suchte nach dem Kind, das sie gewesen war. Vergeblich.
Als Kind hatte sie sich übel behandelt gefühlt, auf gemeine Weise eingeschüchtert. Auch daß sie deswegen voller Zorn gewesen war, fiel ihr wieder ein. Aber so vage, so von weit her, als hätten diese Erinnerungsfetzen, die in diesem Augenblick ihr Denken hemmten, sie nie berührt.
Sie ging durch den leichten Sommerregen zu ihrem Wagen und achtete ernst und konzentriert auf die Menschen, die sich auf ihrem Weg zum Mittagessen auf der Straße drängten und sich wohl und selbstsicher zu fühlen schienen. Ein Mann sah sie an. Sich an den Ausspruch der Mutter erinnernd: »Du wirst nie hübsch und adrett aussehen«, sah sie weg und tat so, als sei sie mit ihrer Handtasche beschäftigt. Hielt irgend jemand von diesen Leuten sein Haus sauber bis zur Sterilität? Badeten sie zwei- bis dreimal am Tag, widmeten sie Stunden der sorgfältigen Vorbereitung auf eine Verabredung oder auch nur auf das Sitzen an der Schreibmaschine? Fürchteten sie sich vor einem Klopfen an der Tür oder vor jemand Ungepflegtem und Häßlichem, der nach ihnen griff?
Zack! Schnipp! Bilder vom Stiefvater und der Geruch seines Schweißes stürzten auf sie ein. Wütend rannte sie den Rest des Wegs zu ihrem Wagen, knallte die Tür zu und stellte sich vor, sein Kopf steckte dazwischen.

In seinem Seminar erläuterte Stanley die Angst, die einige Inzestopfer durchgemacht hatten.
»Diese Frau«, sagte er, »hat sich kurz vor der Therapie von jemandem, den sie für ihren Freund gehalten hatte, um mehr als 60 000 Dollar erpressen lassen. Sie hielt Erpressung für erträglicher, als daß eine unerhebliche Liebesgeschichte öffentlich bekanntgeworden wäre.«
»Lesbisch?« forschte eine Studentin.
»Ganz gewöhnlich heterosexuell«, sagte Stanley. »Aber für jemanden in der Truppenformation ist der Geschlechtsakt so schmutzig, daß er verborgen bleiben muß.«
Die Studentin fing wieder an: »Aber sie läßt es zu, daß diese Videos in der ganzen Universität herumgezeigt werden.«
»Ja. Was das betrifft, hat sie ihr Versteck verlassen. Schließlich hoffen wir beide, daß die Filme bei der Ausbildung anderer Therapeuten nützlich sein werden. Allerdings hatten wir, sie und ich, als wir anfingen, keine Ahnung davon, daß wir es mit multipler Persönlichkeit zu tun hatten.«
»Doktor Phillips«, eine Sozialarbeiterin meldete sich. »Läßt sich diese Sache mit einem Test erfassen? Ich habe gerade mit einem Inzestopfer zu tun, das dieser Frau sehr ähnlich ist. Ich frage mich, wenn wir nicht weiterkommen, ob es daran liegt, daß wir immer noch nicht das wirkliche Problem sehen.«
»Schon möglich«, sagte Stanley. »Es gibt ein kurzes Frage- und Antwortschema, mit dem Sie beginnen können: Hat die Patientin Gedächtnisausfälle, schwere Kopfschmerzen, Schwindelanfälle? Schreibt sie viele Listen? Erkennt sie Leute, die sie auf der Straße grüßen, nicht wieder? Und so weiter. Sie können nachher eine Kopie von mir haben.«
Es klang alles so einfach.

Für Stanley und die Wissenschaftler, die auf diesem Gebiet forschten, war die multiple Persönlichkeit ebenso Neuland wie für die Frau, die sie erlebte. Bei jedem neuen Ereignis hatte sie bisher wissen wollen, ob andere Multiple das auch erlebt hatten. Stanley konnte das weder bestätigen noch verneinen. Eines Tages sah sie sich zu Hause ihre Hände an, die ihr so fremd waren. Sie ging ins Badezimmer und betrachtete sich im Spiegel. Die Augen veränderten sich rasch in Farbe und Ausdruck. Der Mund wurde voller und schlaffer, die Backenknochen traten stärker hervor. Sie kannte das. Aber wie geschah es?
Jemand lächelte sie im Spiegel an.
Das wird nur dann klarwerden, wenn du die Angst vergißt und richtig hinsiehst. Wir versuchen, dir eine einzige Tatsache beizubringen: Du kannst nichts tun, solange wir es nicht durch dich tun. Hast du das begriffen?
Die Frau hatte es längst begriffen, aber diesmal ließen sie sie ein wenig länger darüber nachdenken.
Jemand fing an, »*Secondhand Rose*« zu singen, und bestätigte ihr so, daß sie, wenn überhaupt, nur aus zweiter Hand existierte, durch ihre anderen Ichs. Sie sah in den Spiegel, und während die Stimme sang, dachte sie gar nichts. Das Singen hörte auf.
Das Innere der Frau war vollständig leer, frei von allem, was noch Sekunden vorher hindurchgegangen war.
Wir geben, und wir nehmen auch wieder, sagte die Stimme.
Die Frau begann zu weinen, mit den Gedanken eines anderen erfassend, daß ihr etwas entzogen worden war, noch bevor sie es sich zu eigen hatte machen können. Was sie ihr heute antaten, war schlimmer, als auf der Schnellstraße bei Tempo hundert aufzuwachen, sich über unbekannte Hinweisschilder zu wundern oder mit

Page beim Abendessen zu sitzen und einer Unterhaltung folgen zu wollen, an der sie keinen Anteil hatte.
»Ich hasse euch«, weinte sie. »Ich hasse euch, weil ihr mich wie ein Kind behandelt. Es gibt hier ein Geheimnis, das ihr mir nicht verraten wollt.« Weil *Brat* in ihr handelte, empfand die Frau einen kindlichen Zorn. Sie stampfte mit den Füßen auf den Fliesenboden und schlug mit der Faust auf den Rand des Waschbeckens; der schwere Duft von verschüttetem Parfüm stieg ihr in die Nase.
Es gibt ein Geheimnis. Wir haben es nur nicht mit dir geteilt.
»Warum werde ich ausgeschlossen?«
Du bist das Geheimnis.

»Zum Teufel mit ihnen und ihren Rätseln, sie können mich nicht erschrecken, Stanley!« Trotz der heftigen Worte wirkte die Frau unsicher. »Warum«, fragte sie, »habe ich das Gefühl, daß das, was ich gerade gesagt habe, nicht meine Entscheidung war? Als wenn jemand mir die Worte in den Mund gelegt und sie für mich ausgesprochen hätte?«
Stanley legte den Block beiseite. »Wer hat es getan?« fragte er. »Wer von Ihnen?«
»Wer von uns?« Die Stimme klang höhnisch, und der glasige Blick der Frau sagte ihm, daß sie sich dessen, was über ihre Lippen kam, nicht bewußt war. Auch nicht der Tränen, die ihr über das Gesicht liefen.
»Sie geben ihr nicht einmal die Chance, zu reden«, sagte Stanley.
»Sie kann nicht sprechen.«
»Was heißt das: Sie kann nicht? Sie ist ein Mensch mit eigenem Willen. Oder etwa nicht?« fragte Stanley verbindlich.
Also erklärten sie es ihm.

»Um unseren ›Prozeß‹, wie Sie das nennen, zu verstehen, könnten Sie ›sie‹ mit einer leeren Papiertüte im Sturm vergleichen. Die Tüte ist für sich genommen nichts wert; nur eine dünne Schale ohne eigene Festigkeit, ohne Erfahrung und deshalb ohne bewußtes Eigenleben. Damit die Papiertüte den Stürmen des Lebens widerstehen kann, müssen wir sozusagen hineinspringen und sie ›füllen‹. Verstehen Sie?«
Zum wiederholten Mal erklärten ihm die Truppen, daß die Person, die er für seine Patientin hielt, nicht denken konnte. Sie dachten an ihrer Stelle. Stanley schüttelte den Kopf, wie um diese Vorstellung loszuwerden, und nahm sich zusammen, wenn auch nicht rechtzeitig genug.
»Schnauze«, sagte *Elvira*. »Es ist uns egal, ob Sie Ihre Meinung sagen oder was Sie dabei empfinden. Das kümmert uns einen Dreck. Erinnern Sie sich an Descartes' Faustregel ›Ich denke, also bin ich‹? Die Frau nicht, Stanley. Sie rennt nur herum und wundert sich«, und *Elvira* fing tonlos an zu singen. *»Oh, god, how come you do me like you do, do, do?«*
»Ich vermute, daß sie das nicht sagen würde.« Stanley hatte *Elviras* Humor mißverstanden.
»He. Nicht so ernst. Oder möchten Sie, daß wir alle seufzen und schluchzen?«

»Days of freedom, days of grace, amen«, sang *Elvira* respektlos. Stanley war über das Wochenende zu einem Seminar über Multiplizität verreist. Ein ganzer Sonnabendvormittag ohne Sitzung, ohne Termin. Die Angst verschwand lange genug, um Speck und zwei Eier zu braten. Sie stippte warmen gebutterten Toast in das Eigelb, kaute fröhlich vor sich hin und wußte nicht, daß gar nicht sie es war, die aß. Sie hatte immer angenommen, auch andere hätten dieses Summen in den Adern. Daß es in den

letzten Minuten zugenommen hatte, war ihr nicht aufgefallen.
Während sie Wasser für ein ausgedehntes Bad einlaufen ließ, lief dies kitzelnde Gefühl schneller durch ihre Glieder. Als sie regungslos im Wasser lag, sah die Frau in großer Entfernung ein kleines Kind das Stück Seife aufnehmen. Träumerisch spielte das Kind damit, pustete regenbogenfarbene Seifenblasen in die Luft. Mit leisem Plop zerplatzten sie auf den Fliesen und Wasserhähnen. Sonst war im Badezimmer nichts zu hören. Die Zeit verstrich. Die Frau fühlte sich gelöst und faul.
Sie stieg aus der Badewanne und vermied es, in den Spiegel zu sehen, denn plötzlich wurde ihr bewußt, daß sie sich seit Monaten nicht angesehen hatte. Das Summen in ihr war zum Brausen geworden – wie tausend kleine elektrische Schocks.
Die Truppen waren im Anmarsch.
Der alte weiße Bademantel wollte sich nicht schließen lassen, egal wie straff sie den Gürtel zusammenzog. Ohne ihr Zutun glitt er zu Boden, und die Frau stand nackt und frierend vor dem Spiegel. Zwei Hände schienen über ihren Körper zu streichen, ihn zu untersuchen. Sie fühlte sie unabhängig von ihren eigenen.
»Nein«, flüsterte sie. »Heute bin ich dran.« Es half nichts, daß sie wußte, eines ihrer anderen Ichs wollte hervorkommen. Wissen und Glauben waren zwei verschiedene Dinge.
»*Catherine*«, sagte die Erscheinung belustigt und sarkastisch, als wolle sie sich vorstellen. In der Hand hielt sie etwas, das die Frau nicht erkennen konnte. »Rot«, murmelte *Catherine*, »ich bin ganz verrückt danach; du wirst dich daran gewöhnen.«
Die Frau sah in den Spiegel. Ihre Lippen waren beschmiert mit dem Blutrot eines billig wirkenden Lippenstifts, den sie nie vorher gesehen hatte.

»Hier muß sich noch einiges ändern.« *Catherines* Hände streiften erneut über die Haut der Frau, zupften an ihren Haaren herum und legten sie mal so, mal so. »Schau dich an«, stichelte *Catherine*, »ein blasser Kloß. Du brauchst Farbe, viel Farbe.«
Zu sehen, wie hübsch das Rot auf ihren Lippen wirkte, schockierte und empörte die Frau. Sie schnappte ihre Kleider, streifte Nylonstrümpfe über die noch feuchte Haut. Kaltes Wasser schien jetzt zusammen mit dem Summen durch ihre Adern zu schießen. Von nirgendwoher (oder vielleicht doch mit fremder Hilfe, denn die Frau spürte, daß jetzt mehr als nur eine weitere Person anwesend war) glitt ein Paar weißer Söckchen über die Nylonstrümpfe.
Trotz des Erschreckens war es lustig. Jedenfalls sagte das eine Stimme. In scheußlichem Südstaatendialekt erzählte sie ihr noch viel mehr. Die Kleider in der Hand stand die Frau da und hörte im Radio »*Proud Mary*«, während zwei verschiedene Personen, die eine *Catherine*, die andere glücklicherweise noch unbekannt, auf sie eindrangen, sie mit Mitteln, die sie nicht beschreiben konnte, zwangen, sie zu akzeptieren, ihre Haltungen und ihre Art anzuerkennen.
Verwirrt und unfähig, ihre Stimmen auseinanderzuhalten, hörte die Frau, wie sie sich unterschieden und wieder verschmolzen. Beide verlangten ihre Mitarbeit, ihre Bereitschaft, »unsere Sicht der Dinge zu sehen«. Das einzige, was die Frau sehen konnte, war ein blutroter lüsterner Mund im Spiegel und ihr Körper, der sich nach der wüstesten Fassung von »*Suzie Q.*«, die sie je gehört hatte, rhythmisch bewegte.
Zwischen ihnen und ihr wurden Kampflinien gezogen, und eine neue, ungehaltene und verärgerte Stimme verlangte in einem Ton, der einer Fürstin angemessen gewesen wäre, nach Anstand und Schicklichkeit.

Die Frau rannte ins Schlafzimmer. Sie zog ihre Kleider an und erinnerte sich an Stanleys wiederholte Anweisung, »sie herauszulassen«. So sehr sie auch rieb, das Rot auf ihren Lippen wollte nicht verschwinden, auch nicht, als sie sie mit Scheuersand schrubbte.

Sie sah, wie sie auf andere Menschen wirken mußte, wenn es nur diese drei gegeben hätte: geil, dumm, heiser, anmaßend. Wenn, wie Stanley sagte, sie schon immer dagewesen waren, dann hatten die Leute sie bereits so erlebt und lachten jetzt möglicherweise hinter ihrem Rücken.

Sie stolperte zum Bett, wollte in den Schlaf fliehen. Es war der letzte halbwegs sichere Ort. Etwas stimmte nicht mit dem Bett, ein Grund, ihm nicht näher zu kommen; sie drehte sich um, als wolle sie aus dem Raum flüchten. Eine sanfte Stimme rief klagend ihren Namen. Die Frau wirbelte herum und sah auf das Bett. Ganz allein saß da eine kleine Erscheinung im braunen Kleid, winzige Hände mit dicken Fingerchen friedlich im Schoß gefaltet. Mit ernsten Augen folgte das Mädchen auf kleinen tappenden Füßen der Frau hinunter auf die Galerie. Die Frau schaltete das Tonbandgerät ein. In jeder Bewegung spürte sie etwas Hochmütiges, leicht Beleidigtes, eine Haltung, die exakt einer der Stimmen von eben glich. Sie stellte sich Außenstehende vor, die diese Haltung wahrnahmen, und war kaum imstande, die Tasten des Aufnahmegeräts zu bedienen. Sie erinnerte sich an die Sitzung mit *Seventh Horseman* und dem Kind im braunen Kleid – das gleiche Kind, das jetzt neben ihr saß.

Puppe.

Kind.

Der Sturm in ihrem Inneren wuchs ins Ungeheuere. Wer immer heute erschienen war, ihnen würden andere folgen – Ichs, die zu den vielen miteinander streitenden Stimmen gehörten.

Jemand schrie: »Du bist das Geheimnis.« Und es kam ihr vor, als hätte jemand ganze Hände voll aus ihrem Gehirn herausgerissen und sie brutal an anderer Stelle wieder hineingestoßen. Sie machte das durch, was Frank Putnam in seiner Arbeit »Blockieren« nannte, wenn nämlich ein Ich sich anstrengte, die zu gefährlichen Gedanken von denen fernzuhalten, die den schlafenden Kernen am nächsten waren.

Sie schrie laut, aber die kleine Erscheinung an ihrer Seite benahm sich, als wäre nichts geschehen. Ihre stillen Augen und der winzige, fest verschlossene Mund spiegelten große Traurigkeit. Die Kleine war von allen die freundlichste, sagte die Frau zu sich, die Kleine sagte kein Wort.

Sie wollte sie hochheben, auf dem Arm halten und sagen: »Es ist alles gut. Ich bring' es in Ordnung.«

Sie konnte es nicht. Der klebrige kleine Mund und die klebrigen Hände hielten sie ab.

Die Frau stand da, erkannte *Catherines* Stimme und sah mit *Catherines* Augen andere, bis jetzt nicht identifizierte Truppenmitglieder, die sich hinter ihr in ihrem Schatten verbargen.

»Mach dich bereit«, sagte *Catherine* freundlich, »bald sind sie an der Reihe.«

25

Die Kleine hockte sich in den Sessel am Fenster. Sie fürchtete sich in der Dunkelheit und dachte an ein anderes kleines Mädchen, das sich gewünscht hatte, sein Vater möge kommen und es von der Farm fortholen. Ein starker Wind war aufgekommen; die Äste der Bäume schlugen gegen die Mauern. Schatten ragten drohend. Wenn es regnete, und das würde es gleich, wurde dieser Raum als erster von allen im Haus finster. Den ganzen Tag über hatten die Dinge sich irgendwo gerade außerhalb des Blickfelds der Frau bewegt oder scheinbar bewegt. Sie hatte immer noch den Wunsch, das Kind hochzunehmen und an sich zu drücken, aber das verging beim Anblick der kleinen Hände und ihres Mundes. Die Frau dachte an Gummibärchen oder glasierten Kuchen, aber beides hinterließ nicht solche Spuren.
Das Kind auf seinem Sitz am Fenster sah die Unschlüssigkeit der Frau, ihre Qual, und schickte ihr eine leise, kindliche Botschaft. *Catherine* übersetzte: Eine Substanz, die in direktem Zusammenhang mit dem Mißbrauch als Kind stand, hatte die Klebrigkeit verursacht.
Ohne es zu verstehen, nahm die Frau das hin und weinte die Tränen einer anderen.
Geduld, sagte jemand. Das Kind ist nur ein Teil des ganzen Bildes, und es ist langsam. Hab Geduld mit ihm. Sein Inneres und deins – und das einiger anderer hier – sind sich sehr ähnlich: unentwickelt.

Die Frau richtete sich auf, und als sie Tränen auf ihre Hand tropfen sah, fragte sie sich, ob das je wieder aufhören würde. Ihre Hände zitterten, als sie ein neues Farbband in die Schreibmaschine spannte. Das schwarze Kohleband färbte Finger und Tasten. Obwohl sie Papiertücher anfeuchtete und jeden Finger einzeln abrieb, ging es nicht weg. Langsam dämmerte ihr, daß jemand es vorzog, die Kohle als Ursache der Klebrigkeit zu betrachten. Es war nicht das Kind, das jetzt den Platz am Fenster verließ und eine Puppe hinter sich herziehend die Galerie entlangkam.
Es ging auf winzigen Füßen, sein Wesen war verschlossen im Innern jener in der Truppenformation, die wußten, wer es war. Sie hatten seine kindliche Wut an seiner Stelle zu lange ertragen. Die Wut brach aus und berührte es. Das Spiegelbild des erstgeborenen Kindes, das endlich seinen Platz in der Truppe einnahm, wurde von der Wut überrannt. Die Wut erfüllte es ganz und gar, verlieh ihm für den Augenblick eine Stärke, die über seine normale Bewegungsfähigkeit hinausging. Es trug die Puppe wie ein Schwert vor sich her, und als es bei der Frau angekommen war, spürte es die Ablehnung der anderen Truppenmitglieder, was es nur noch wütender machte. Bis es aus dem Tunnel, während es ihm mit seinen kleinen Schritten immer näher kam, die alte gälische Weise hörte, eine bittersüße Botschaft, Worte aus so ferner Zeit, daß sie verwehten im Augenblick des Hörens. Woran es sich später als einziges erinnern konnte, waren die Melodie und die Wärme eines, der so alt war wie die Worte selbst. Kind, sagte er. Dein Ort wird gut sein, und wenn du groß bist, wirst du ihn hüten, wie wir dich gehütet haben. Geh vorsichtig, Kleine, nutz deinen Verstand und sieh hinter den Schmerz. Dein Schmerz soll die Waffe sein. Gib sie der Frau. Sie wird sie brauchen.
Angeweht von der kalten Luft, die von dem Kind auszu-

gehen schien, fühlte die Frau sich von starken Händen ergriffen, die sie in eine Yoga-Haltung auf den Teppich zwangen. Die Kälte und die Nähe des Kindes wurden unerträglich, unerträglich auch die klebrige Substanz auf seinem Kleid und seinen Händen und um seinen Mund. Die Frau versuchte die Tränen zurückzuhalten und wußte nicht, warum sie weinte.

Einen Augenblick später saß das Kind auf dem Teppich und spielte mit der Puppe. Die alte Melodie besänftigte seine Wut, und vorsichtig legte es die Puppe der Frau in den Schoß. Mit feierlichem Ernst erklärte es Punkt für Punkt, daß das, was *Seventh Horseman* in der Sitzung gezeigt hatte, tatsächlich ein kleines Mädchen gewesen war, ein Kind aus Fleisch und Blut, weniger als drei Jahre alt, dessen Beine der Stiefvater ergriffen und auseinandergespreizt hatte.

Angesichts ihrer Versuche, die Absichten des Stiefvaters zu bestreiten, sah das Kind die Frau nur an. Das Mädchen bestand darauf, daß der Ausdruck, den die Frau im Gesicht des Stiefvaters gesehen hatte, das war, was er schien: Schadenfroh, aufgegeilt, hatte er den Akt und den Schmerz, den er verursachte, genossen.

Das Teppichmuster verschwamm vor den Augen der Frau. In den letzten Wochen hatte sie ohne Grund und auch ohne Erfolg versucht, sich selbst als ein kleines Mädchen ohne Schamhaar vorzustellen. Ihre Leute, erkannte sie, waren vorsichtig mit den Bildern, die sie übermittelten. Durch ihre Fürsorge beruhigt und an Stanleys Anweisung denkend, »mitzugehen«, erlaubte die Frau dem kleinen Mädchen, sie noch weiterzuführen. Miteinander innerlich verbunden, hielt das Kind die Schläge ab, und die Frau sah, was sorgsam verborgen worden war.

Zack. Ein Mädchen von sechs Jahren. Angekettet an der Hecke bellte die verhungernde Dogge. Der Hund tau-

melte. Seine Zähne waren lang und scharf und die Muskeln trotz des fehlenden Futters immer noch kräftig. Der Hund verschwand, das Bellen auch, die Hecke selbst aber nicht. Auf einem Stein unterhalb der Hecke standen blaue Puppenteller aus Blech. Die Frau kroch unter die Hecke, roch ihren zarten Duft und sah auf die kleinen Teller und das Miniaturbesteck. In ihrem eingeschränkten Blickfeld erschienen zwei große, geschnürte schwarze Schuhe und blieben stehen. Was der Stiefvater sagte, war nicht zu verstehen, aber sie spürte seinen Ärger und sah, wie die Schuhe sich bewegten. Krachend traten sie auf die kleinen Messer und Gabeln und das blaue Blechgeschirr. Sie am Arm hochzerrend, schleuderte er sie wie einen Sack Lumpen durch die Luft.
Zack. Jemand schlüpfte in die Frau; ein Kleid aus blauem Schottenstoff mit Puffärmeln und zartem Spitzenkragen, ein goldenes Medaillon an einer Kette. Das Mädchen hatte sich herausgeputzt, denn ihr Vater wurde zu Besuch erwartet; er mußte jeden Augenblick da sein. Sie hatte in der alten Blechwanne gebadet, ihr Haar duftete. Die Felder und Wege ringsum versanken im Frühjahrsschlamm. Die Frau sah, wie die Kleine sich beeilte, um dem Zorn des Stiefvaters zu entgehen.
»Versuch's nicht. Du bleibst im Schlamm stecken.«
Seventh Horseman rief das, rasend vor Wut über den Stiefvater, und die Frau sah über sich das weiße, im Morgentau glänzende Pferd. *Seventh Horseman* auf dem tänzelnden Tier rief: »Auf! Ich halte dich!«
Ihr Ruf wurde nicht gehört, denn *Seventh Horseman* schlief noch; ihre Geburt stand kurz bevor. Die Frau bekam einen Eindruck davon und wich, mit dem Vorgang nicht vertraut, ungläubig zurück.
Zack. Der Stiefvater war schneller gewesen und fürchtete sich auch nicht vor dem Morast. Die Kleine zeigte der Frau die Grausamkeit des sexuellen Übergriffs, der sich

bei der Hecke ereignete. Die Frau konnte nicht hinsehen und weinte und lachte hysterisch. Denn unabhängig von der Brutalität des Stiefvaters fühlte sie sich eingehüllt und beschützt, umgeben von dem warmen Tuch, das ihre Leute offenbar so mochten.
Im Dämmerlicht sah sie nicht den massigen *Mean Joe* kommen, mit harten Augen, ein Bollwerk an Stärke, von dem das Kind die Kraft bezog. Sie merkte auch nicht, wie er einer seiner Untergebenen einen Befehl gab. Der Wechsel von diesem Kind zu einem anderen würde bald stattfinden, denn das erste war sehr matt. Noch strengte es sich an, und *Catherine* übersetzte seine Gedanken in die Sprache der Erwachsenen.
»Der Stiefvater«, sagte sie, »haßte es, wenn der Vater zu Besuch kam. Er ließ es uns büßen. Damit nicht genug. Auf dem Weg ins Haus brachte er uns ins Stolpern, und als wir hinfielen, stellte er seinen Fuß auf unseren Rücken und drückte uns tief in den Schlamm. Über unsere verschmutzten Kleider war dann die Mutter sehr wütend.«
Die Frau hämmerte sich gegen den Kopf, versuchte, sich auf den Stiefvater und auf das, was er damals getan hatte, zu konzentrieren. Diese Erinnerung so aufzuschreiben, daß die Leser sie ertrugen, würde eine furchtbare Aufgabe sein. Würde überhaupt jemand aushalten, wie ihre Leute die Erinnerung zurückgerufen hatten?
Stanley hatte über diese Frage gelacht und gesagt, daß andere Opfer die Videos gesehen und es sehr wohl ausgehalten hatten.
Die Kleine legte ihre winzige Hand in die der Frau, und während sie deren Klebrigkeit spürte, erlebte sie die schockierende Erkenntnis. Sie versuchte, ihre Hand freizubekommen, aber der Griff des Mädchens war zu kräftig.
»Immerzu«, sagte die Kleine, »suchten wir nach stillen,

verborgenen Plätzen. Sie wechselten je nach der Tageszeit, den Umständen und der Nähe anderer.«
Die Frau weigerte sich, das zu denken.
»Du wirst es schon noch glauben«, sagte das kleine Mädchen. »Das und noch viel mehr. Du wirst die Wärme spüren, das Vergnügen.«
Zwei andere Ichs sprachen, und das Tuch wurde enger um die Frau geschlungen. Mehr als zwei kleine Hände streichelten die ihren, fest und angenehm. Die Frau lächelte über ihre Besorgnis, aber eine von ihnen sagte durch *Catherine:* »Los, gib es zu. Hör auf, darüber nachzudenken, wie sehr du das Wort ›Vergnügen‹ haßt, oder wie sehr *Sister Mary* es haßt. Der Stiefvater fand dauernd neue Plätze. Es war wie ein Spiel, das er gewinnen wollte. Der Karren an der Hecke gehörte auch zum Spiel. Vom Haus aus konnte man ihn nicht sehen. Im Sommer überwucherte ihn das Unkraut, das im Winter braun und welk wurde. Der Stiefvater lag unter dem Karren auf einem Stück Stoff. Siehst du das Sackleinen da in der hintersten, dunkelsten Ecke?«
Die Kleine hielt inne, sie war während der ganzen Erinnerung sehr ruhig geblieben. *Catherine* konnte sie nicht mehr länger halten, mit leisem Weinen brach sie zusammen.
Mean Joe kam rasch herbei. Er packte das heimatlose Kind in dem mattbraunen Kleid. Seine großen Hände wirkten auf der blassen Haut fast schwarz. Ihr Kopf mit den goldenen Locken sank auf seine Schulter. Derjenigen, die unsichtbar wartete, gab er ein Zeichen.
Jetzt, sagte er.
Eine kleine Stimme machte weiter, die für die Frau anders klang. Es mußte an dem Lispeln liegen, das dasselbe war – oder doch nicht?
»Der Stiefvater«, sagte *Lamb Chop,* die ohne die Hilfe von *Catherine* einsprang, »fing unseren Blick auf, und wenn

die Mutter nicht hinsah, erschien dieses rosa Ding. Das war das Zeichen. Dann ging er aus dem Zimmer und an den Platz, den er vorher ausgesucht hatte. Immer wenn der Stiefvater das Zeichen gab, folgte ihm eine von uns. Wie immer es auch endete – ob er uns mit einem Hund oder selbst nahm –, eine von uns folgte.«
Catherines Stimme erhob sich über das Fluchen, das ausgebrochen war. »Laß dich nicht von *Sewer Mouth* durcheinanderbringen«, sagte *Catherine* zu der Frau. »*Sewer Mouth* ist eine extrem wütende Lady. Man kann es ihr nicht übelnehmen. Dir wird schlecht. Beeil dich. Wenn du zurückkommst, werden wir da sein.«
Sie waren da. Zehn Minuten später kam die Frau aus dem Badezimmer, sie verstand nicht, warum sie nicht erbrechen konnte.
Der fast unerträgliche Drang brachte nichts außer einer wässerigen Substanz. Eines der Kinder erbrach sich, aber das konnte die Frau nicht sehen.
Wie ein Eisblock setzte sich *Zombie* mit dem Tonband im Schlafzimmer auf den Boden. Die anderen Ichs zögerten. Wieder die kleine Hand in der größeren der Frau. Wieder ein Schlag, der eine Plane unter dem Karren zeigte. Sie war schwarz und roch nach Öl. In der Mitte hatte sich Regenwasser gesammelt. Unter einer Ecke sah man kleine Käfer und Larven, und die Kleine staunte bei ihrem Anblick.
Beim nächsten Schlag fluchte *Sewer Mouth*. Die Frau spürte die kleinen schmuddeligen Finger des Kindes, die sich in ihre Hand schmiegten. Wo war die Klebrigkeit geblieben?
»Sag es«, befahl eine rauhe Stimme.
Stumpf gehorchte die Frau. »Ich spüre die Wärme, die Berührung des Stiefvaters, und selbst wenn es mich umbringt, das zu sagen: Ich habe das Gefühl, da ist – Bereitschaft.«

Bei dem Wort »Bereitschaft« zerriß die Rückblende, dann kam sie wieder, voll ausgeleuchtet. Die Frau beugte sich aus dem Yogasitz tief zu Boden. Das Kind blickte stumm und abwartend. Das Gesicht des Stiefvaters war klar zu erkennen, von Befriedigung triefend, als das rosa Ding, das aus dem offenen Reißverschluß herausragte, sich bewegte und aufwärts bog. Seine Hände griffen die kleinen, festen Schenkel. Seine Hände fuhren in die weiße Unterhose, das Kleid wurde hochgezogen, und eine pochende, hämmernde Hitze stieg auf. Auf ihm sitzend, spürte das Mädchen, wie sich das rosa Ding zwischen ihre kleinen, nackten Beine zwängte, die Wärme seines Körpers an ihrem, den schweren Geruch seiner verschwitzten Arbeitskleidung. Die Erregung des Kindes. Die Frau war verstört. Die erste kleine Erinnerung heute hatte erwiesen, wie brutal die sexuelle Attacke dort unter der Hecke gewesen war. Dieser Ausschnitt zeigte Erregung, Lust, Bereitschaft. Als sie die Verstörtheit der Frau sah, ergriff *Seventh Horseman* das Wort. »Wir geben dir unsere Erinnerungen«, sagte sie. »Eine von uns wurde erschaffen, um mit der Erregung fertigzuwerden, die ganz normal zu jeder Sexualität gehört. Nur unter diesen Umständen ist die Vorstellung gräßlich. Wir haben jede unsere Aufgabe; die, die die Erregung verarbeitet, hat sich das nicht ausgesucht. Aber das Leben erlaubt meist keine Wahl.«

Seventh Horsemans Botschaft wurde von anderen, kräftigeren Impulsen unterstützt, die der Frau einen Eindruck von ihrer gemeinsamen Sitzung vermittelten. *Seventh Horseman* kam auch auf den Zeitpunkt, an dem verschiedene Truppenmitglieder geboren worden waren. Auch auf den der Frau.

»Du lügst!« schrie die Frau. »Ich war immer da!«
Das Dunkel des Tunnels wurde noch dunkler.
»Nein«, korrigierte *Seventh Horseman* sie ohne nähere Erklärung. »Und ich lüge nicht. Nie.«

Seventh Horseman wartete ab, ob die Frau das verstanden und akzeptiert hatte. Aber die Frau hatte bloß ein vor Zorn blutübergossenes Gesicht, und ansonsten wirkte sie verstört.

Im Tunnel wendete *Twelve* sich zu *Gatekeeper*. Die, die hinter der Frau saß, konnte nicht rechnen. Man mußte einen anderen Weg finden.
Nein, sagte *Gatekeeper*. Die zweite Haut der Erinnerung ist noch nicht fertig. Aber du kannst dir vorstellen, was das angesichts dessen, was wir wissen und was *Weaver* webt, bedeuten muß: ins Gesicht gesagt zu bekommen, daß du keine Eltern hast.

Die Ichs erlaubten an diesem Tag kaum ein Entkommen. Kurz vor dem Abendessen rief die Frau Sharon an. Kaffee, den gekocht zu haben sie sich nicht entsinnen konnte, stand duftend und verlockend auf dem Herd. Aber mehr als Kaffee brauchte sie eine menschliche Stimme, die sie beruhigte und sie ihrer selbst versicherte.
»Wie lange«, flüsterte sie ins Telefon, »kann ich das noch aushalten?«
Sharon platzte. »Ich kenne dich. Ich kenne dich von allen Seiten. Das sind nur Stimmungsschwankungen. Phillips ist so daran gewöhnt, mit kranken Menschen umzugehen, mit Leuten, die wirklich krank sind, daß er so ziemlich alles in das, was du sagst, hineinlegen kann.«
Die Frau verschwand. Auf ihrem Stuhl am Küchentisch saß *Zombie* und nickte zustimmend zu dem, was Sharon am anderen Ende der Leitung von sich gab. Systematisch gab sie fünf Löffel Zucker und reichlich Milch in

ihren Kaffee. Sharon erklärte ihr, wie wichtig Entspannung für das Bewußtsein sei und daß Gesprächsgruppen hilfreich wären. *Zombie* schloß die Augen.
»Du bist, was du glaubst, daß du bist.« Darauf bestand Sharon. «Du hast das System die ganze Zeit auf alle mögliche Art geschlagen, du schaffst das auch jetzt, wenn du bloß diesen ganzen multiplen Kram vergißt.«
Zombie hörte zu und trank mit abgezirkelten Bewegungen ihren Kaffee. Sie mußte nicht aufpassen, daß sie den heißen Kaffee vergoß. *Zombie* geriet nie außer Fassung, machte keinen Fehler. Die Frau hörte Sharons verzweifelten Tonfall nur von weitem. Daß ihre Freundin so erschrocken, so empört war, ergab keinen Sinn. Die Frau hängte ein und trank einen Schluck Kaffee. Er war scheußlich süß, sie spuckte ihn aus, kippte den Rest in den Ausguß und hielt die Tasser unter Wasser.
»Sharon«, sagte *Zombie*, »glaubt dir nicht. Sie hat Angst um dich und hätte am liebsten, wenn wir alle verschwänden. Die meisten Medikamente, die sie dir empfohlen hat, hast du ausprobiert. Sie haben nicht geholfen. Wir können nicht fortgehen, es ist unmöglich.«
Draußen trommelte der Regen gegen das Küchenfenster, in den Schläfen der Frau pochte es.
»Soll ich dir was sagen«, sagte *Zombie,* und zum erstenmal bemerkte die Frau, daß sie mit deutlichen Pausen vor jedem Wort sprach. »Diese Tasse Kaffee gehört mir.« Sie goß Kaffee ein und gab Milch und Zucker dazu.
Also, sagte die Frau zu sich, da sind wir nun. Mein ganzes Leben gab es diesen unstillbaren Wunsch, allein zu sein. Jetzt bin ich es wirklich. Nur ich und sie.

26

Sonntagsbummler, die Einkaufswagen mit allen möglichen Sonderangeboten beladen, schoben sich vor und hinter der Frau durch das Kaufhaus. Sie nahm deutlich wahr, wenn ein Ich das andere ablöste. Niemand nannte seinen oder ihren Namen. In diesem Augenblick etwa spürte, hörte und »sah« sie ein Kind. Mit einwärts gekehrten Zehen hopste *Lambchop* zwischen den Ladentischen dahin und besah sich die Angebote. Ohne sich um die 32 Grad im Schatten draußen zu scheren, summte sie »*Deck the Halls*« vor sich hin.
Lambchop stolperte über einige der Wörter. Die Frau erkannte eine zweite Stimme, die sie gestern schon gehört hatte. Die Stimme half dem Mädchen und schmückte das Lied dabei erheblich aus. »*'Tis the season*«, sang *Elvira* lauthals, »*to be greedy... Deck the halls with boughs of money, tralalalala ... lalala.*«
Das Kind starrte auf eine der Auslagen. Zwischen zwei Welten stehend – sie versuchte sich daran zu gewöhnen –, streckte die Frau die Hand aus und packte zwei Schachteln mit Buntstiften in den Einkaufswagen. Ein kleiner glücklicher Seufzer war zu hören.
Im Hauptgang saß ein Teddybär auf einem Regal ganz oben. *Lambchop* lächelte das Stofftier an. Sie sah anders aus als heute morgen. Bevor die Frau noch überlegen konnte, worin der Unterschied bestand, hatte *Mean Joe* ihre Wahrnehmung blockiert. Er schnappte den Teddy-

bär vom Regal. Die Frau schloß die Augen und hoffte, daß ihn niemand sah, daß niemand in dem Laden ihn so wie sie wahrnahm oder hörte oder fühlte. Und auch nicht eine von den anderen.
An der Kasse blieb *Lambchop* zurück, weil sie nicht in der Schlange stehen wollte. Eine gelangweilte, schlecht gelaunte Angestellte hatte keine Lust zu langen Rechnereien und schien von allem, das kein Preisschild trug, nie zu wissen, was es kostete. Mehrere Leute ließen ihre Einkäufe an der Kasse stehen und gingen schimpfend davon. Gleich war die Frau an der Reihe. Sie zitterte, wie immer, wenn sie in der Öffentlichkeit war. Nur merkte es normalerweise niemand, weil für gewöhnlich *Buffer* da war und oft auch noch *Frontrunner* vor ihr stand.
Lambchop hatte keine Angst. Sie lächelte *Mean Joe* zu, weil ein älterer Schwarzer die Einkäufe, die seine Frau ihm zureichte, zusammenpackte. Der Schwarze ging zu der gelangweilten Kassiererin – ein Meter neunzig geballte Entschlossenheit, Höflichkeit und Stärke – und legte die Einkäufe seiner Frau auf das Laufband. Die Kassiererin beeilte sich, sie einzutippen und auf einen sehr hohen Betrag herauszugeben. Als die Frau das sah, hörte sie auf zu zittern. Sie hatte immerhin *Mean Joe*, der mindestens so beeindruckend war. *Lambchop* beobachtete den großen schwarzen Mann, der in der Lage war, eine Kassiererin zur Aufmerksamkeit zu veranlassen. Die Frau, die sich *Mean Joes* dunkler Hautfarbe noch nicht bewußt war, begriff, daß das Mädchen ihn aus irgendeinem Grund mit dem Schwarzen in Verbindung brachte und deswegen den Fremden für vertrauenswürdig hielt. Sie vermutete, das Vertrauen des Kindes rühre so wie ihres daher, daß beide groß und stark waren.
Unter *Mean Joes* wachsamen Augen spielte das Kind ein Spiel. Sie stellte sich vor, sie sei ein winziges Fädchen.

Im Geist heftete sich das winzige Fädchen in die Achselhöhle des schwarzen Mannes.
»Hier werde ich bleiben«, flüsterte sie, »und nie wieder kann mich jemand berühren.«
Währenddessen fand sich die Frau, die ihre einzelnen Handlungen nicht kontrollieren konnte, durch *Lambchops* Spiel so nahe an den Schwarzen herangetrieben, als es irgend ging. Niemand in dem Laden, auch er nicht, schien etwas Außergewöhnliches zu bemerken.
Mean Joe beobachtete die Interaktion zwischen dem Schwarzen, der Frau und dem Mädchen, das sie für das gleiche Kind hielt, das gestern in ihrem Schlafzimmer aufgetaucht war. Mit seinen schönen schrägen Augen blickte *Mean Joe* um sich und registrierte alle Bewegungen im Laden. *Lambchop*, die das Fädchenspiel beendet hatte, lächelte zu ihm auf. Die kleine, an seiner Schulter schlafende Person, stieß, gestört durch die Anwesenheit so vieler fremder Leute, ein leises Weinen aus. *Mean Joe* summte leise und sanft. Das Weinen verging.

Die Frau bezahlte ihre Rechnung, fühlte *Lambchops* Hand in der ihren und fragte sich wieder, warum diese kleinen Hände nicht klebten. Auf dem Parkplatz, hinter anderen Kunden hergehend, wünschte sie sich verzweifelt, unsichtbar zu sein, damit niemand bemerkte, wie ihre Leute sich ins Auto drängelten. Bevor sie wußte, was passierte, begann ein Aufstand: wie ungerecht ihr Platz in der Welt sei, daß sie eigentlich gar keinen hätten und so weiter. *Sewer Mouth* tobte. *Catherine* konnte nicht schnell genug dazwischengehen, um den Zorn auf *Black Katherine* umzuleiten. Die Frau rammte den Schlüssel in die Zündung, während das Brausen in ihren Adern zunahm. Sie drehte den Zündschlüssel nach rechts und nach links. Der Wagen sprang nicht an.

Sie rief einen Mechaniker von der nächsten Tankstelle, der die Sache in die Hand nahm.
»Lady, mit dem Wagen ist alles in Ordnung.« Seine großen, ölverschmierten Hände mit einem großen, ölverschmierten Lappen abwischend, starrte der Mechaniker angestrengt in den Motorblock. »So ein Schlitten hält eigentlich alles aus. Ist das schon mal passiert?«
Sag ihm ja nichts, warnte *Catherine*. Sag ihm ja nicht, daß er nicht anspringt, wenn diese aufgeladene, tödlich weiße Wut zu lange kocht. Der Mann muß dich für verrückt halten, und sie werden dich einsperren. Diesmal tun sie's wirklich. Mehr als fünfzehn Minuten waren vergangen.
Catherine, die wußte, daß der Wagen in Kürze aus eigener Kraft starten würde, legte ein Lächeln auf das Gesicht der Frau und fing an ihrer Stelle zu sprechen an.
»Tatsächlich ist es schon ein paarmal passiert«, sagte *Catherine* zu dem Tankwart. »Es lag immer daran, daß wir den Schlüssel nicht richtig hineingesteckt haben. Es gibt nämlich einen Trick.«
Zu Hause angekommen, sah die Frau sich in der blitzsauberen Küche um, registrierte, daß die Farne gediehen, auch wenn sie sich nicht erinnern konnte, sich um sie gekümmert zu haben. Sie sah die, die sie für »die Kleine« hielt, wie sie ihren neuen Teddybär fest umklammerte und in den unteren Regalen nach Kakao suchte. Die Frau hätte schwören können, daß sie mehr als ein kleines Kind gespürt hatte – eines, das »klebte«, und eines, das »sauber« war; eines, das sprach, und eines, das nur Gedanken übermittelte.
Catherine verlangte nach Diät-Cola. Die Frau kaufte nie süße Getränke ein; sie verabscheute sie. Sie öffnete den Schrank. Da standen sie: Diät-Cola, Diät-Pepsi.
In einem heftigen Anfall von Zärtlichkeit pflanzte *Lamb Chop* einen Kuß und einen Klumpen Butter auf die Nase

des Teddybären. Die Butter stammte von dem Toast, den sie unbedingt haben mußte, auch wenn das Abendbrot fast fertig war. *Lamb Chop* erinnerte sich an Nachmittage auf der zweiten Farm, an heißen Tee mit viel Milch und Zucker und Marmelade auf dem Brot oder dünne Scheiben von dem wundervollen Schokoladenkuchen nach dem Rezept auf der Rückseite der Kakaobüchse.

Die mit der Stimme einer Fürstin lehnte sich schlechtgelaunt in einem Sessel am Küchentisch zurück und sah die anderen beleidigt und ohne jedes Lächeln an. Sie gab an, ihr voller und richtiger Name sei *Lady Catherine Tissieu*, und unter Protestgeschrei belud sie sich den Teller mit Blumenkohl, Rosenkohl und grünen Bohnen.

Die anderen weigerten sich zu essen. Sie konnten Gemüse nicht ausstehen. Jetzt verstand die Frau, warum sie Familien nicht leiden konnte. Sie war zu müde, um zu entscheiden, was sie zum Abendessen haben wollte. Im Mund den Nachgeschmack von etwas, das verdächtig einem Gummibärchen glich, dachte sie nach und glaubte, ihre »Familie« sei nun vollzählig. Die anderen hörten es. In der Küche war die Stille mit Händen zu greifen. Und als die Frau in den Spiegel über dem Ausguß blickte, sahen sie zwei fremde Augen an: apfelgrün, umrandet von einem schwarzen Strich und in der Mitte der Augäpfel je eine kleine tiefschwarze Iris.

Als Antwort auf die Frage der Frau nach der Normalität des Vorfalls im Kaufhaus und des Abendessens erklärte ihr Stanley, daß es »kein Immer und kein Niemals« gäbe. »Wir haben es mit dem menschlichen Bewußtsein zu tun, und es gibt keine Tabellen oder Kurven oder Maßstäbe, mit denen sich die Normalität

Ihrer«, vorsichtig suchte er nach dem Wort, »Erfahrung messen ließe.«

»Ein nettes Wort, Stanley.« Die Frau veränderte ihre Stellung auf dem Kissen. »Es ist nicht ganz so nett, wenn ich mich als potentielle Mörderin ansehen muß.«

Wieder redete sie über ihre Angst, sie könnte in der Vergangenheit etwas Schreckliches getan haben. Mehr denn je glaubte sie, sie hätte im zweiten Farmhaus ihren Stiefvater umgebracht.

Stanley wußte, daß er sich auf einem schmalen Grad bewegte. Er war für sie verantwortlich – er mußte sie dahin bringen, daß sie die anderen Personen in sich akzeptierte. Aber er durfte sie nicht zu unsozialen Verhaltensweisen ermutigen, bloß weil sie oder die anderen Ichs das womöglich wünschten.

Trotz allem hatte er bereits entschieden, was zuerst angegangen werden sollte. Also konzentrierte er sich auf ihre Ängste, *Mean Joe* könnte den Stiefvater umgebracht haben. »Jedes menschliche Bewußtsein«, sagte er, »hat eine Grenze, bis zu der es getrieben werden kann. Die beiden Farmhäuser hätten ein Durchschnittsbewußtsein himmelhoch überfordert. Sie haben schon eine Menge zurückgerufen; aber ich habe das Gefühl, Ihr Unterbewußtsein weiß, daß die noch freizulegenden Schichten noch mehr Schrecken erregen werden. Daher die teilweise extreme Panik jetzt und, als Sie ein Kind waren, das Bedürfnis nach *Mean Joe*. Wenn *Mean Joe* auf Gewalt mit Gewalt geantwortet hätte, hätte er das eingeschlagen, was ich einen letzten Ausweg nennen würde. Manchmal läßt sich das endgültige Nein so zusammenfassen: letzter Ausweg.«

Stanley zögerte, als der leere Ausdruck aus ihrem Gesicht wich. Einen Augenblick lang sah sie ihn groß an. Dann begann sie schallend zu lachen und sich auf die Schenkel zu schlagen.

»Stanley, ich liebe solche Wörter! Letzte Auswege! Sie klingen so vorbehaltslos, so wundervoll blutig! Ich sammle solche Wörter. Ich verstecke sie in mir, und wenn ich allein bin, hole ich sie hervor und genieße sie.«
Die Frau konnte nicht aufhören zu lachen. Auch Stanley versteckte ein Lächeln hinter seiner Kaffeetasse, sogar Tony im Kontrollraum verzog das Gesicht.
»*Mean Joe* ist sehr nett«, sagte sie. »Ich weiß, er bewacht die Kleinen und *Miss Wonderful*. Manchmal ahne ich, wie ihre Welt aussieht. Ich sehe nie sehr viel, nur Bruchstücke, und manchmal höre ich Fetzen von dem, was sie sagen.«
So gut sie konnte, beschrieb die Frau *Mean Joe*. Sie wußte offensichtlich nicht, daß *Mean Joe* »schwarz wie das Pik-As« war, wie ein anderes Ich ihn bewundernd beschrieben hatte. Stanley gab sich große Mühe, ihr so viel wie möglich zu vermitteln, ohne an die Frage zu rühren, wer sie innerhalb der Truppenformation war.
»An vieles in Ihrem Leben können Sie sich deswegen nicht erinnern«, sagte er zu ihr, »weil Sie nicht da waren. Die anderen waren es. Sie erinnern sich. Denken Sie an *Rabbit*, ohne Haut und Fell, wie eine Ihrer Personen sie beschrieb. *Rabbit* hat in ihrem Leben nichts als Schmerz erlebt. Denken Sie an die Namenlose, die laute Musik über alles liebt und sich weigert, an etwas Trauriges zu denken.«

Stanley hat dich gemeint, flüsterte *Twelve Outrider* zu. Warum singst du ihm nicht etwas vor? Gib ihm einen Fingerzeig für deinen Namen.
Nur zum Spaß tat *Outrider*, was *Twelve* vorschlug.
Ernst und höflich hörte *Twelve* zu. Du solltest Gesangsunterricht nehmen, sagte sie. Wir würden alle dazu beisteuern.

Die Frau schien leise zu summen, Stanley erkannte die Melodie: »*Elvira*« von den Oak Ridge Boys.
»Psychotisch« flüsterte die Frau, »bedeutet, daß jemand von einer Psychose heimgesucht ist, und Psychose bedeutet eine schwere Bewußtseins- oder Gemütsstörung; den teilweisen oder vollständigen Verlust des Bezugs zur Wirklichkeit. Das trifft auf mich zu. Und Sie wollen mir erzählen, daß ich gesund bin.«
»Sie sind es. Sie haben den Bezug zum Alltag nicht verloren. Sie sind ganz einfach gleichzeitig Teil einer anderen Welt.« Stanley erklärte ihr, wie er seine Studentinnen und Studenten auf ihre Videos vorbereitete: indem er sie aufforderte, für einen Moment ihren Begriff von Realität zu vergessen. »Ich sage ihnen, daß für einige Inzestopfer, einige sexuell und/oder körperlich mißhandelte Kinder dies die Realität ist.« Sie fragte, ob die Videoaufzeichnungen irgend jemandem nützten.
»Ja«, sagte er. »Sie geben den Studenten und den Menschen, mit denen sie sprechen, einen bildhaften Eindruck von der wirklichen Situation. Die Polizeibeamten waren verblüfft und haben eingesehen, wie wichtig es ist, zu begreifen, was Kindesmißbrauch den Opfern wirklich antut. – Eine Menge Leute wird Ihnen nicht zuhören wollen, weil Ihre Qual für sie zu real ist. Damit werden Sie fürs erste leben müssen.«
»Das macht nichts«, sagte sie. »Über manche Sachen kann ich sowieso nicht mit allen sprechen. Die sexuellen Empfindungen zum Beispiel.«
Stanley legte den Schreibblock beiseite. Die Frau schien unendlich beschämt. Er reichte ihr ein Papiertaschentuch, eines der Ichs schlug ein Kreuz. Die Frau fiel in die eigentümlich horchende Haltung, die er schon kannte: Augen rechts, Augen links.
»Sexuell«, sagte sie. »Es ekelt mich an!« Mit den Fäusten schlug sie sich an den Kopf – und wieder das Kreuzzei-

chen. »Ich höre Perlen aneinanderklicken, als ob jemand...«
»Betet?« wagte Stanley sich vor. »Ich denke, jemand betet sehr viel. Sexualität hat für sie«, Stanley dachte an *Sister Mary*, »nur einen Sinn: Fortpflanzung in der Ehe. Sexuelles Vergnügen ist für sie außerhalb jeder Diskussion. Deshalb mißbilligt sie sexuelle Handlungen mit dem Stiefvater genauso wie die von heute.«
»Heute?« Die Frau wirkte geistesabwesend. »Ich bin mit niemandem zusammengewesen.«
»Soweit Sie das wissen«, sagte Stanley und tat, als bemerkte er nicht, wie die Finger ihrer linken Hand eine Haarsträhne zu drehen begannen, ganz langsam, und ihr Mund sinnlich, träge, prall sich entspannte.
Die Frau fing an, ihm von ihren Autos zu erzählen, drei in den letzten Jahren, die alle wegen irgendwelcher Schwierigkeiten mit der Zündung wieder verkauft werden mußten – und daß ihre anderen Ichs ihr neulich die Lösung dafür geliefert hätten: Wenn der Wagen nicht anspringt, mußt du dich eine Weile von ihm entfernen.
»Aber die Sicherungen für die Innenbeleuchtung, den Zigarettenanzünder und die Uhr werde ich nicht mehr ersetzen, wenn sie durchknallen. Die elektrischen Birnen im Haus flackern und brennen auch zu schnell durch. Der Fernseher, der Plattenspieler, mein kleines Tonbandgerät, das Autoradio – alles ist gestört.«
»Gut«, sagte Stanley schließlich, »wollten Sie nicht wissen, ob Sie verrückt sind?«
»Stanley, es ist ein mechanisches Problem. Nur daß auch die Angestellten mit meinem Wagen gefahren sind und es bei ihnen nicht vorkommt. Nur wenn ich in dem verdammten Ding sitze, knallt alles durch.«
Sie drehte sich um und sah ihm direkt ins Gesicht. »Es hat etwas mit Energie zu tun, mit der Energie des Bewußtseins, stimmt's?«

»Ja«, sagte er. »So ist es.«
Stanleys ruhige Antwort auf ihre Frage begleitete sie den ganzen Morgen, zusammen mit Hunderten von rasch aufeinanderfolgenden Schlägen. Sie fühlte jemandes Zorn. Und dann die Wut aller. Selbst wenn es keine weiteren Erinnerungen mehr gab, hatte der Stiefvater den Tod verdient. Hatte sie ihn umgebracht oder nicht? Etwas sagte ihr, sie müsse sich beeilen. Ohne zu überlegen, rief sie die Vermittlung an.
Ja, sang das Fräulein vom Amt. Der Herr stehe im Telefonbuch. Ohne nachzufragen und ganz gegen die Anweisungen der Telefongesellschaft stellte sie durch.
»Hallo?« sagte die Frau.

Im Seminarraum meldete sich eine Sozialarbeiterin zu Wort.
»Die Frau, von der ich Ihnen das letzte Mal erzählt habe«, sagte sie, »hat achtzig Prozent des Fragebogens mit ja beanwortet.«
»Auch wenn sie nur fünfundzwanzig Prozent erfüllt hätte, könnte sie immer noch multipel sein«, erklärte ihr Stanley. »In diesem Prozeß gibt es keine absoluten Größen. Das beste Instrument ist die Beobachtung. Achten Sie darauf, wie sich ihr Gesicht und ihr Körper bewegen, wie sie spricht, was sie von allgemein akzeptierten sozialen und moralischen Normen hält, wie sie sich benimmt. Es gilt zwar vor allem für meine Patientin, aber achten Sie auf eine, die verwirrt und erregt ist, die sich leicht verläuft, Anweisungen nicht folgen kann. Und achten Sie auf das Gegenteil und alle Varianten dazwischen.«
Stanley wollte fortfahren: War Ihre Patientin ein begabtes Kind, vielleicht ohne daß es jemand erkannt hat? Denn Multiple verbergen oder zersplittern ihre extreme Kreativität. Ist Ihre Patientin, wie die meisten hochbegabten Kinder, vertraut mit einer Welt jenseits des Normalen,

und erschwert das Ihnen möglicherweise den professionellen Zugang? Aber das waren zugleich seine eigenen, noch nicht zu Ende gedachten Fragen; er schob sie beiseite und packte seine Sachen.

»Haben Sie früher in einer kleinen Stadt namens Far Crossing im Staat New York gelebt?« Die Frau zitterte heftig. Sogar *Buffer* konnte die Angst nicht auffangen.
»Ja, hab' ich«, sagte er.
Das war's. Genau die gleiche Stimme, mit der er ihr als Kind zu verstehen gab, daß er im Recht war, egal worum es ging, dachte *Ten-Four*.
»Wer sind Sie? Was wollen Sie?« fragte er mindestens dreimal, bevor die Frau überrascht und erschüttert auflegte.
Das blöde Schwein lebte immer noch. Die Frau biß sich auf die Lippen, daß das Blut auf den Küchentisch tropfte. Er mußte jetzt Anfang sechzig sein. Sie hatte ihm den Tod gewünscht, aber sie hatte ihn nicht getötet. Warum verschwand das Schuldgefühl trotzdem nicht? Wenn sie ihn nicht umgebracht hatte, was hatte sie getan?
Sewer Mouth wußte es. Ihre Flüche hallten in dieser Nacht in der hölzernen Festung wider. So nannte die Frau ihr Schlafzimmer. Um sie herum, maßgefertigt, waren Schränke eingebaut, bis zum Rand voll mit Kleidern und Büchern; einzelne alte Möbelstücke und Wandteppiche und Farne. Persönliche und dennoch unpersönliche Besitztümer, angesammelt in vielen Leben, aber mit Sicherheit nicht ihre.
»Macht nichts«, sagte *Catherine*. »Einiges gehört mir, einiges ihnen. Zum Beispiel das Terrarium mit den Würmern im Wohnzimmer.«
Kinderstimmen meldeten ihren Anspruch auf das an, was im Haus ihnen gehörte. Die Frau spürte fremde Tränen auf ihrem Gesicht und sah ein kleines Mädchen,

das den Teddybär packte und ihn mit gequälten, anklagenden Augen festhielt.
Die Frage, was die Frau sah, ihre Realität, wie Stanley es heute genannt hatte, seine Hoffnung, sie würde es akzeptieren, damit sie auch die Erinnerung annehmen konnte – das alles war bis zu diesem Moment weit weg gewesen. Aber dies Kind existierte.
Die Frau ging mit, wohin das Mädchen sie führte, sah mit ihren Augen; alles war größer als sie selbst, wie das bei Achtjährigen so ist. Schnell, die Hecke am Obstgarten entlang. Hinter dem alten Birnbaum, wo jede Nacht die alte Eule mit den bernsteinfarbenen verschleierten Augen schrie, in Richtung Farmhaus abbiegen, dann den Weg zur alten Garage. Am grauen Rahmen des Schuppens war auf der einen Seite Hühnerdraht aufgenagelt. Kletterrosen rankten sich am Drahtgestell in purpurnem Überfluß empor, berauschender Duft. Zwei Menschen standen auf dem Weg; einer war der Stiefvater, dessen Miene sich bei einer lauten Zurückweisung verfinsterte. Er packte das Mädchen, das vor ihm stand, am Arm. Mit den Augen des Kindes sah die Frau die Zementmauer, die die Schwelle der hinteren Tür bildete, sah, wie der Stiefvater das schreiende Mädchen herumwirbelte – die Zementmauer kam in rasender Geschwindigkeit auf ihr Gesicht zu, sie warf die Arme nach vorn, Blut spritzte auf die Schwelle...
Klick. Plötzlich das Bild eines langen mattschwarzen Kleides, etwas Weißes um den Hals, etwas Schwarzes bedeckt den Kopf. *Sister Mary* war aufgetaucht.

27

Eingehüllt in eine dichte Decke schwüler Augusthitze kam der Montag. Direkt hinter dem Bewußtsein der Frau kochte ein zweites vor Unruhe und Todesangst. Die feuchte Hitze überfiel die Frau und die andere, drückte sie nieder, schmolz sie zusammen in Verwirrung und Schweiß. Die Temperatur stieg im Lauf des Tages auf fast vierzig Grad, und im gleichen Maß wuchs ihre gemeinsame Wut. Der Stiefvater lebte.
Hinter *Catherine*, die ihre Fingernägel mit einer kühlen Pfirsichfarbe lackierte, starrten die Augen eines kleinen Mädchens die Frau ernst und klagend an.
Hilf mir. Warum hilfst du mir nicht?
Die Frau sandte die Botschaft zurück: »Weil ich schuldig bin.«
Was hast du getan?
»Ich weiß es nicht.«

Währenddessen hob in der Universität eine Studentin die Hand. »Wie lange wird es dauern, bis der Frau klar ist, daß ihr Schuldgefühl vom Geschlechtsakt mit dem Stiefvater kommt und nicht von seiner Ermordung, die sie nie verübt hat?«
»Zuerst«, sagte Stanley, »wird sie akzeptieren müssen, daß der Geschlechtsakt überhaupt stattgefunden hat. Seit gestern weiß sie, daß er lebt. Ich habe keine Ahnung, was das in ihr hervorruft.«

»Wie kann sie an dem Mißbrauch zweifeln?« protestierte die Studentin und schwenkte ihre Notizen. »Diese Videos, all das, worüber Sie zwei reden.«
»Wir zwei?«
»Entschuldigung«, sagte sie unter allgemeinem Gelächter.
»Ein Grund für ihre Ungläubigkeit ist vielleicht, daß nicht sie mißbraucht worden ist, sondern die anderen.«
»Wie viele dieser ›anderen‹ haben Sie bisher gefunden?«
»Bis heute ungefähr fünfzig Personen. Was für sie eine Menge Arbeit ist; sie kommt gut voran, zum Teil dank des Manuskripts, zum Teil aus innerem Antrieb, ihrem und dem der anderen. Nebenbei ist eine Frage aufgetaucht, wenigstens bei mir, nämlich: wer die Frau innerhalb der Truppe wirklich ist.«
Die Studentin schrieb eifrig mit. Sie sah auf. »Ich versuche Ihnen zu folgen, Dr. Phillips«, sagte sie. »Aber irgendwo muß doch auch noch das erstgeborene Kind sein.«
»Schon möglich«, sagte Stanley. »Aber wenn Sie sich ansehen, was so früh in ihrer Entwicklung geschehen ist, wird ihr Zustand nicht das sein, was wir ›leben‹ nennen.«
»Wie unterscheiden Sie ›Personen‹ von emotionalen Empfindungen? Und wie sind Sie auf die Zahl fünfzig gekommen?«
»Verschiedene Emotionen erzeugen bei einem Menschen noch nicht verschiedene Handschriften, Augenfarben, Gehirnströme, Intelligenzquotienten oder Erinnerungen. *Catherine* zum Beispiel hatte nie ein Kind und verbindet nichts mit der Vorstellung, je verheiratet gewesen zu sein. *Catherine* hatte an diesen Erfahrungen keinen Anteil.«
»Warum«, fragte die Studentin, »ist die Struktur der Truppenformation um so vieles komplizierter als die einer Eve oder einer Sybil?«
»Mehrere Male habe ich versucht, die Truppen davon zu überzeugen, daß, gemessen an einer Skala von eins bis zehn, die für die meisten bisher bekannten Fälle gelten

dürfte, das Ausmaß ihres Mißbrauchs gut und gern bei fünfzehn oder zwanzig liegt. Aber da sie nicht alle die gleichen Erinnerungen haben, haben sie meinen Vorschlag nicht angenommen.«
»Wollen Sie sagen, daß die große Zahl von Personen das Ausmaß an Mißbrauch und Verletzung spiegelt?«
»Das weiß bis jetzt niemand. Fünfzig ist keine besonders große Zahl, aber damit haben wir kaum an der Oberfläche der Kindheit der Truppe gekratzt. Das Ausmaß des Mißbrauchs, die Intelligenz des originalen Kindes, das Ausmaß des Schweigens in der Familie – vielleicht kommen alle diese Faktoren zusammen, und vielleicht läßt sich, wenigstens in einigen Fällen, keiner davon anwenden. Jedenfalls gibt es nur einen verschwindend kleinen Prozentsatz von Multiplen, die als Kinder nicht mißbraucht worden sind.«
»Diese posthypnotischen Vorschläge, die ich Sie auf den Videos machen höre.« Captain Albert Johnson schob seine Notizen wie jeder andere Student hin und her. »Sie ähneln verdammt einer Gehirnwäsche. Korrekt?«
»Umgedrehte Gehirnwäsche, Albert. Die Frau empfindet sich als so schlecht, so dumm und machtlos, ein manipulierender Kinderschänder und eine ihn unterstützende Mutter haben ihr das eingebleut. Zwanzig Jahre positiven Entgegenkommens könnten das nicht auslöschen.«

Zu Hause und in der Öffentlichkeit lösten Gerüche Erinnerungen aus. Die Erschütterungen gingen weiter, aber wenigstens schrie keines der Truppenmitglieder vor fremden Leuten oder brach in Tränen aus. Die Frau wußte jetzt, was die Abweichungen von der realen Zeit bedeuteten. Was sie nun wissen wollte, war: Was geschah, wenn sie nicht »da« war?
Stanley riet ihr, den anderen zu vertrauen. Die Frau erklärte, das könne sie nicht. Sie würde einfach nicht

nach draußen gehen und mit niemandem sprechen. Vertrauen. Er hatte das falsche Wort gebraucht.
»Norman und Page«, sagte die Frau, »wissen einiges über die Jahre, die ich mit ihnen zusammen war. Ich höre, was sie über unser Zusammenleben sagen, ich nicke und lächle, und gleichzeitig fürchte ich mich. Weil ich nicht begreife, wovon sie im einzelnen reden, und ich weiß, sie lügen nicht.«
»Ebensowenig lügen Ihre Leute, was den Mißbrauch angeht«, sagte Stanley.
»Sie raten mir, ich soll etwas glauben, was ich weder sehen noch anfassen kann. Wenn ich nicht anwesend bin, merke ich nicht, was geschieht.«
»Sie können auch die Rückseite des Mondes nicht sehen«, sagte Stanley. »Aber glauben Sie mir, es gibt sie.«
Noch nie hatte er mit jemandem gearbeitet, der so verängstigt war. Sie setzte sich in der Außenwelt durch, aber manchmal fragte er sich, wie sie das geschafft hatte. Wenn es nicht die anderen Ichs waren, sie konnte es nicht sein. Zum Beispiel war ihm aufgefallen, daß in dem Moment, in dem seine Patientin das Studio verließ, um durch die Halle zum Parkplatz zu gehen, sie normalerweise in eine von zwei verschiedenen Haltungen fiel. Entweder äußerste Zerstreutheit, in der sie unfähig schien, auch nur aus dem Gebäude heraus und mit ihrem Wagen vom Universitätsgelände auf die Schnellstraße zu finden; oder eine Neigung zu beiläufiger, aber schneidender Witzelei, die auf einen Verstand schließen ließ, der ausgereicht hätte, ohne Hilfe aus einem unbekannten Dschungel zu entkommen. Er bezweifelte, daß das eine oder das andere wirklich die Frau war. Er hatte sie viele Male beobachtet, wie sie zerstreut und verloren in den Fluren der Universität umherirrte oder verzweifelt das Telefon oberhalb der Treppe suchte, um irgendwelche

Termine festzuklopfen. Einmal war er dabeigewesen, als sie im Seven-Eleven darauf bestand, ihren Kaffee und seine Cola zu bezahlen und 18 Dollar Wechselgeld liegen ließ. Die Cola in der vereisten Kühltruhe zu finden und den Kaffee in einen Pappbecher zu gießen, hatte keine Schwierigkeiten gemacht. Sie war erst unsicher geworden, als sie sich der Kasse genähert hatten. Ohne einen Blick ins Portemonnaie zu werfen, hatte sie einfach einen Schein herausgezerrt und der Kassiererin hingehalten. Dann zögerte sie, mit puterrotem Gesicht. Und Stanley hörte eine kindliche Stimme unschuldig nach einer Papiertüte fragen.

Er hatte von der Schwierigkeit, die es offenbar machte, eine Papiertüte zu verlangen, nichts mitbekommen. Als er es schließlich begriffen hatte, packte ihn der Zorn. »Hilfe« war ein Wort, mit dem seine Patientin nicht umgehen konnte. Die Bitte, beim Abendessen ein zweites Mal etwas gereicht zu bekommen; darf ich das Salz haben; haben Sie dies Kleid in einer anderen Farbe; ist der Platz besetzt; können Sie mir helfen? Der Vorfall mit dem Traktor, bei dem der Stiefvater Hilfe verweigert hatte, hatte die Truppen als Kinder in Schrecken versetzt; unbewußt tat er das noch immer.

An dem Tag im Seven-Eleven hätte er nicht sagen können, wer das Wechselgeld ins Portemonnaie stopfte, nachdem Stanley sie angestoßen hatte.

Stanleys ruhiger Unterrichtsstil und seine gelassene Führung in den Sitzungen halfen den Studenten und der Frau, anzunehmen und bis zu einem gewissen Grad sogar zu begreifen, was geschah. Oft allerdings fragte er sich, ob er selbst überhaupt irgend etwas verstand. Teile des Puzzles waren immer noch ungeklärt, würden vielleicht nie eine Antwort erhalten. Er meldete ein Gespräch mit Marshall an.

»Marshall«, sagte er, »meine Patientin klagt darüber, daß alles, was mit Elektrizität zu tun hat – Licht, Plattenspieler, Radio, Fernseher, sogar der Automotor –, ständig gestört ist.«
»Interferenzen?« Marshall lachte. »Stanley, nachdem ich die Videos gesehen habe, hätte ich mich gewundert, wenn es keine Störungen gäbe. Niemand, der sich auf dem Gebiet auskennt, redet gern öffentlich darüber – bis auf die bekannten akademischen Angeber. Aber es gibt Versuche, ich weiß nicht, ob auch mit Multiplen. Unsere Körper, unser Bewußtsein bestehen aus Energie. Deine Patientin ist mehr als eine Person.« »Aber sie hat nur ein Gehirn, Marshall.«
»Dies Gehirn arbeitet unabhängig für jedes der Ichs. Sie erzeugen verschiedene Grade an Energie, manche ziemlich hohe. Wenn mehr als eines zur Zeit draußen ist oder wenn viele von ihnen zur gleichen Zeit kommen und gehen, steigt die Gesamtenergie. Wenn eins von ihnen versucht, ein Gefühl zu unterdrücken, zum Beispiel Ärger oder Wut, erhöht das die Energiemenge, wie Elektrizität, die nicht abfließt.«
Was Marshall da sagte, war einleuchtend. Stanley erzählte ihm von dem Traum, den die Frau vor einigen Jahren geträumt hatte. Sie hatte ihm den Zustand beschrieben, den er als Alpha-Zustand kannte: jenen Moment zwischen Wachen und Schlafen, in dem man alles übergenau wahrnimmt. Auf einer Packung Zigaretten von der Sorte, die sie gerade rauchte, hatte sie den Namen einer kleinen Stadt in einem anderen Bundesstaat gelesen. Als sie den Traum einem Freund erzählte, der soeben von einer Reise zurückgekommen war, hatte der amüsiert gelacht und gesagt, das sei ja lustig; gerade habe er sich in dieser Stadt ein Haus gekauft.
»Ich will ja kein Getue machen, Marshall, aber außer daß er amüsiert war, hat er ihr auch noch gesagt, daß ihm das

Blut in den Adern gefror. Er hatte es nämlich geheimgehalten, nicht einmal seine Frau wußte von dem Hauskauf, aus Gründen, die ich nicht kenne.«
»Gibt es irgendeine Möglichkeit, daß sie es doch wissen konnte?«
»Nein. Ich habe sie mehrfach danach gefragt. Sie saß bloß da, verwirrt, aber gleichgültig, als sei es nicht so wichtig. Es gibt noch anderes in dieser Richtung; neuerdings wird es mehr – zum Beispiel können die Truppen meine Gedanken lesen.«
»Sie hat die beiden Farmhäuser überlebt«, sagte Marshall.
»Große Intelligenz und das Paranormale – das eine ist für gewöhnlich die Ursache des anderen. Schwer zu sagen, was im Beobachter den meisten Widerstand erzeugt. Einige Psychoklempner zum Beispiel trauen ihrer enormen Energiesteigerung nicht über den Weg, die sie erwischt, wenn sie mit solchen Patienten arbeiten.«
»Über Energieschübe«, sagte Stanley, »kann ich dir auch einiges erzählen.«
»Nicht nötig. Du wirst in den Sitzungen durch Übertragung mit ihrer Energie aufgeladen und später wieder entladen. Absolut normal. Wenn die Truppen elektrische Geräte stören können, dann können sie auch deine Gehirnströme unterbrechen.«
Hinterher dachte Stanley darüber nach, daß Marshall nur bestätigt hatte, was Jeannie Lawson ihm schon geschildert hatte. Zu Jeannies größten Problemen gehörten immer noch – außer daß sie versuchte, ihre große Begabung geheimzuhalten – ihr übersensibles Wahrnehmungsvermögen und die Schwierigkeiten mit den elektrischen Strömen, die auch die Frau hatte. Vor der Multiplizität, hatte Jeannie bitter gesagt, liefen die meisten Menschen davon, aber alle rissen geradezu aus bei der

Vorstellung, daß irgend etwas Übersinnliches im Spiel sein könnte.

Die Worte, die sie gerade sagte, kamen ihr wie die eigenen und doch nur ausgeliehen vor. Sie fühlte sich wunderbar, entspannt, frei – und sie fühlte überhaupt nichts. Auf einer Welle der Begeisterung näherte sie sich Page; sie mußte dem Kind lächerlich vorkommen.
»Page«, sagte sie, »bevor das so weitergeht, muß ich mit dir sprechen.«
»O.K.«
Die Kellnerin brachte eine große Platte Schokoladenpfannkuchen, mit süßer Butter übergossen. Page zückte die Gabel; in ihrem beigefarbenen Strickkleid mit den hohen Absätzen sah sie erwachsen aus. Sie warf die blonden Haare zurück und zwinkerte dem Kellnerlehrling mit einem Auge zu. Er reagierte. Page war vierzehn. Der Junge sah wie achtzehn aus.
»Zu alt«, informierte Page die Frau flüsternd.
Die beiden erhoben ihre Gläser und prosteten sich mit Wasser zu. Sie hatten eine Nische hinten im Lokal gefunden, und die anderen Gäste konzentrierten sich auf ihr Frühstück. Die Frau hatte die Hoffnung, daß all die Stimmen in ihr sich an diesem Morgen ruhig verhalten würden.
»Ich weiß, was du mir sagen willst, Mutter. Ich habe Daddy gefragt, warum er eine Familie hat und du nicht. Er sagte: ›Ich habe gewußt, daß du mich das eines Tages fragen würdest. Ich weiß nicht, was ich dir antworten soll.‹ Dann sagte er, du hättest multiple Persönlichkeiten, und erzählte mir was von dem Inzest.«
»Page, verstehst du das? Ich meine, ob du es wirklich begreifst. Habt ihr je in der Schule über Kindesmißbrauch gesprochen?«
»Meine Freundinnen reden schon darüber. Was ich nicht

verstehe, ist die Sache mit dem Multiplen. Ich meine, irgendwie verstehe ich es schon, aber nicht so ganz.«
Die Frau bemerkte das Summen in ihren Adern und ein Gefühl, als zöge sie sich zurück, als redete nicht mehr sie, sondern eine andere läse durch sie hindurch etwas laut vor. »Hast du viele Freundinnen?«
Page bejahte.
»Dann stell dir vor, sie alle teilten sich deinen Körper und wären trotzdem alle sie selbst.«
Page dachte darüber nach. Sie lachte.
»O je«, sagte sie. »Anne in meinem Körper; ich könnte alles tun, was sie tut: spät nach Hause kommen, ihre Kleider tragen.«
»Nein, das würdest du nicht. Weil Anne spät nach Hause kommen würde, nicht du, und weil du vielleicht ihre Kleider nicht magst. Wenn dir bewußt würde, daß Anne und du den gleichen Platz einnehmen, dann könntest du dich verspäten, auch wenn du es gar nicht willst. Aber du würdest nicht immer da sein und wählen können.«
»Das hört sich nicht besonders spaßig an«, sagte Page.
»Spaßig? Manchmal könnte es spaßig erscheinen, aber Spaß ist es nie, Page, egal was passiert.« Die Frau knirschte mit den Zähnen, sie fühlte sich leer. Was hatte sie sagen wollen? Sie wartete darauf, daß jemand ihr half. Die Hilfe kam von einer Stimme, die in freundlichem Ton Dinge sagte, die sie anderswo gelesen oder gehört hatte. Sie lauschte der Stimme. Was sie sagte, klang angenehm; es hob sie über sich selbst hinaus.
»Du weißt, ich liebe dich, Page. Ich habe dich immer geliebt und werde es immer tun. Daß ich deinen Vater verließ, war nicht zu umgehen. Meine Wut auf alles war so groß geworden, daß ich fürchtete, du könntest Schaden nehmen an meinem schlechten Vorbild. Aber das ändert nichts daran, daß du meine Tochter bist und ich alles für dich täte.«

Page grinste. »Ich weiß«, sagte sie. »Meinst du, du könntest mir eine deiner Persönlichkeiten zeigen? Wir könnten zusammen frühstücken. Mag eine von ihnen Schokoladenpfannkuchen?«
Nails fuhr Page nach Hause, ihre Haut kribbelte die ganze Zeit. Es war, als wenn jemand eine Kraft freigesetzt hätte, mit der umzugehen nicht möglich war. Die Frau hatte in der Nische gesessen und Page mit den Augen derjenigen betrachtet, die hinter ihr saß. Diese Augen waren nachdenklich und traurig und spiegelten das heftige Verlangen, näher mit Page verbunden zu sein. Die hinter der Frau war so wenig Pages Mutter wie die Frau selbst. Das Verlangen würde nie Erfüllung finden.
Nails wußte, warum ihre Haut kribbelte. Sie spürte den, der sich im Tunnel bemühte, alles in Ordnung zu bringen. Auf das, was nur noch wenige Stunden entfernt war, freute sie sich nicht.

»Ich werde dich umbringen.« Die Frau, im Mund noch den Geschmack von Pfannkuchen, sprach laut. Drohend und spottend lag die Telefonnummer des Stiefvaters auf dem Adreßbuch. Sie wußte nicht, wie lange sie schon da gelegen hatte. Gab es keine Möglichkeit, mit ihm fertigzuwerden? Er war noch immer so groß wie ein Berg, und sie war immer noch schuldig.
Ich werde dich töten. Von diesem Gedanken abgesehen, war sie so leer und still wie das Haus um sie her. Nur das regelmäßige Ticken der Großvateruhr im Flur unterbrach die Stille.
Page wurde über Nacht erwachsen. Wenn sie daran noch teilhaben wollte, durfte sie keine Zeit verlieren. Eines der Ichs protestierte angesichts der Bedrohung, die die Nähe zu einem anderen Menschen darstellte. Jemand anderes schlug um sich und spuckte auf den Boden. Die Frau gab es auf, die Stimmen zu entwirren.

Wie eine Schülerin, die ihren Lehrer nicht sehen kann, lauschte sie dem, was durch ihren Kopf sprang. Die Stimme war freundlich und unbeteiligt.
Stanley hätte häufig genug darauf hingewiesen, sagte die Stimme, daß sie sich mit einer Menge Leute abgefunden, sich fast umgebracht hatte, um in ihren Augen zu bestehen. Nur damit sie sie akzeptierten. Und die ganze Zeit hätte sie die eigenen Wünsche und Bedürfnisse nicht geäußert und deshalb von denen, denen sie nichts gesagt hatte, auch nichts erhalten können. Also hätte sie sich noch mehr bemüht und noch weniger verlangt. Ein Teufelskreis.
Die liebenswürdige Stimme sagte, sie sei eine Kriecherin. Aus einer anderen Richtung ein neuer Gedanke: Von heute an würde alles anders werden. Sie würde eine selbständige Person werden. Die Frau griff nach diesem Gedanken und hielt ihn fest, als sollte er nie wieder verschwinden. Das Verlangen war groß, und als ihr bewußt wurde, daß weder der Gedanke noch das Verlangen ihr gehörten, suchte sie nach den ihren. Es gab sie nicht.

In der Nacht des zwölften August bewegte *Irishman* sich durch den Tunnel. Wie ruhig fließendes Wasser ging er geradewegs ins schlafende Bewußtsein der Frau – bis die Strömung an den Rand des Erwachens schlug und sie sich rührte und darum kämpfte, im Dunkeln zu bleiben.
Liebste, sagte er, als brächte er alles und nichts und mehr darüber hinaus, es ist Zeit. Die dritte muß erscheinen.
Es gab kein Entkommen. Bevor sie es auch nur versuchen konnte, stellte sich *Weaver* in den Weg. *Irishman* beugte sich herab und legte sie in die tote

Mitte ihres Seins. Er hielt sie, so daß sie in dem Raum, der ihr gehörte, schwebte – und weil der Raum so weit und leer war, erlaubte er, daß sie die Ganzheit derer erfuhr, die sie wie eine Armee umringten, und ihre Schreie waren die Hölle selbst.
In diesem Moment war die Frau sichtbar geworden.
Siehst du nun, was du bist, und siehst du nun, warum?
Sie sah es.
In deinem Fall hat Dasein nichts zu tun mit deiner Anwesenheit. Er lachte, aber es klang nicht unfreundlich. Du bist, weil du nicht bist.
Sie nahm auf, was er nicht aussprach. Getrennt von allen anderen in der Truppe schwebten die stille, entfernte Erscheinung des erwachsenen Kerns und dessen Spiegelbild in das Innere der Frau. Was hinter ihnen lag, erweckte in ihr den Wunsch, davonzurennen, aber wieder versperrte *Weaver* den Weg.
Die Frau sah aus sich heraus und in sich hinein. Außer einem schwachen Windzug, der sie bis ins Mark erschauern ließ, war kein Laut zu hören. *Weaver* schien sie festgenagelt zu haben, also stand sie da, hörte den Wind und spürte nichts außer der Kälte.
Dann zeigte *Irishman* ihr den zweiten, den nur aus Zeit bestehenden Ort. In einem Raum, der kein Raum war, denn sie waren von nichts umschlossen, hingen der kindliche Kern und sein Spiegelbild. Das erstgeborene Kind und sein Spiegelbild befanden sich ebenfalls an diesem Ort, und sie hatten nichts gemeinsam, denn da war nichts. Aber wie eine Mauer umgab endlose und ewige Stille die vier kleinen Erscheinungen.
Die zweite Haut der Erinnerung wurde zusammengefaltet, die alles enthielt, was im Leben der Truppen, soweit sie sich erinnert hatten, bisher geschehen war. Nichts zeigte sich. Die Haut lag geborgen in *Weavers* Händen.
Wenn du mir das überläßt, die Frau schien sich ganz in

sich zurückzuziehen, werde ich es alle Tage tragen müssen?
Nein, Liebste. Nur wenn die Verleugnung sich breitmacht.
Wer streitet ab und verleugnet?
Wir alle. Es gehört dazu. Die Sache ist zu furchtbar. Verleugnung ist nur ein falscher Trost. Viel dringender brauchen wir etwas anderes. Wir müssen, ohne den Schlaf der Kerne zu stören, alles noch einmal sehen.
Wann wird das sein?
In der Heiligen Nacht, Liebste.
Und wieder las sie die Gedanken hinter seinem Schweigen.
Das Gesicht dieser Erde wurde geschaffen für die, die mehr nicht sehen können. Heute nacht bist du jenseits der Dinge gewesen, die die meisten Menschen kennen. Aber dahinter liegt noch mehr, und dort geht diese Reise zu Ende. Wenn die Zeit gekommen ist, werde ich dich dorthin mitnehmen.
Bei diesem Gedanken hinter dem Schweigen *Irishmans* ging sie mit ihm, sah, was er sah, fühlte, was er empfand, und war dankbar für die große Leere in sich. Denn der Anblick überflutete und füllte ihren Raum und seinen und alles darüber hinaus.
Weaver webte in dieser Nacht nur das Wissen, daß *Irishman* dagewesen war, fort.
An *Mean Joes* Schulter schlief die Frau bis zum Morgengrauen. Er hielt sie wie ein Brandopfer, in dessen gemartertem Gehirn kein Gedanke sich zu entzünden wagte.

28

Die Tage gingen vorüber. Einmal sah die Frau, daß *Catherine* sich die Haare gewaschen und locker frisiert hatte. Sie trug alte Jeans und ein vom Packen staubiges T-Shirt. *Catherine* war still und gar nicht wie sonst; sie machte keine beißenden Anmerkungen und plante keine Änderungen für die Zukunft. Keines der Truppenmitglieder sagte etwas. Es war, als hielten sie Totenwache. Die großen schwarzen Buchstaben des Kalenders in der Küche signalisierten: September. Neben dem Kalender hing eine Liste, die offensichtlich den Inhalt der Umzugskartons angab, die sich auf dem Boden ausbreiteten. Die Frau merkte nicht, wie sie jeden Abend die Treppe zum Schlafzimmer hinaufstieg. Manchmal erwachte sie, spürte das Tranchiermesser in ihrer Hand und des Stiefvaters Geschlechtsorgan neben sich auf dem blutbefleckten Bett. Dann übermannte sie die Traurigkeit, denn sie wußte, so war es nicht. Nur das Messer war wirklich, es machte *Rabbit* Angst, so daß sie sich unter der Bettdecke versteckte.

Als sie endlich auftauchte, geschah das ohne jede Aufregung. Als einziges fühlte sie die Tausende von Nadelstichen auf Armen und Beinen. Während des Umzugs war sie nicht dabei. Eines Tages bemerkte sie die neue Umgebung. Kaum mehr als vier schäbige Wände, ein Fußboden voller Taubenkot und graues Licht aus kleinen Fen-

stern. Sie befand sich in einer Fabriketage, und ganz kurz hatte sie die Vorstellung, hier schon einmal gewesen zu sein.
Die Atmosphäre einer Totenwache hatte nur langsam abgenommen. Zusammen mit den Kopfschmerzen zeigte sich ein neues Truppenmitglied. Bei seiner Ankunft »sah« die Frau einen riesigen Abfallhaufen: Metall und Papier, Draht und Holz, umgeben von einem hohen Zaun aus Maschendraht. Bei seinen Ausflügen, auf denen er sich nach Ersatzteilen für die Autos, die er reparierte, umsah, pflegte der Stiefvater an vielen Schrottplätzen zu halten. Das neu aufgetauchte Truppenmitglied schien sich nur langsam aus dem Durcheinander herauszulösen, sein gekrümmter Körper aus den Brocken, die ihn zudeckten, nicht auftauchen zu wollen. *Junkman*. Ungenau verstand sie den Namen als das Wesen allen Versteckens, allen »Sich-Entfernens« von der Welt. Sie lächelte und nahm ihn und was er darstellte an. Er wollte nichts als das Recht, verborgen zu bleiben. In gewisser Weise schien *Mean Joe* dieses Recht zu beschützen.
Mean Joe hatte etwas aus dem Auto und in den Lastenaufzug geladen. Schwungvoll trug er seine Last in die heruntergekommene, verdreckte Etage. Nie war die Wucht und Schönheit der weißen Collage so augenfällig gewesen wie in dem Moment, als *Mean Joe* sie an der Wand nahe der Ausgangstür anbrachte. *Junkman* schien glücklich. Der Frau ging auf, daß er die Collage geschaffen hatte, und als sie die Kinder sah, die bei ihm waren, wußte sie auch, für wen er sie gemacht hatte.
»Ich muß dir etwas mitteilen«, sagte *Elvira*.
Die Frau wandte sich ab. Die Frage, wieviel Zeit sie schon in dieser schäbigen Unterkunft verbracht hatte, machte ihr Angst. »Nur eine Frage der Zeit. Es dauert nicht lange. Ich kriege dich doch.« Die Worte stammten vom

Stiefvater. Zeit. Ihr war klar: Es ging nicht darum, daß sie ihre Zeit irgendwo verschwendet hatte. Ihre Zeit hatte es nie gegeben. Jedermann sonst auf der Welt wußte, wo seine Zeit geblieben war. Sie konnten es mit verschiedenen Dingen beweisen: Schulzeugnisse; Einkerbungen in einem Türrahmen, die das Größerwerden eines Kindes mit dem Zollstock festhielten; Erinnerungen.
Elvira kam näher und wollte nicht verschwinden. Dafür ging die Frau. Die anderen diskutierten miteinander. Dies Lagerhaus, erst vor fünf Jahren gebaut, war offensichtlich unbewohnbar.
»Ihr spinnt«, sagte *Sewer Mouth*. »Wir haben schon schlechter gelebt.«
Elvira saß auf den unausgepackten Koffern und schätzte die Fläche der Etage. 400 Quadratmeter etwa. Platz genug. Und da sie keine Miete zahlen mußten, konnten sie ein Bett kaufen, einen Kühlschrank, eine Kochplatte, ein paar Farne für *Catherine* und vielleicht eine Schaufel für den Vogelmist.

Hundert Meter hinter dem Lagerhaus verlief die Eisenbahn. Ein Zug rumpelte vorbei. Die Frau hörte nichts. Die Dunkelheit war hereingebrochen, hatte sie geschlafen? Ihre Zähne rochen unangenehm. Sie zu putzen, hatte keinen Zweck; der Gestank kündigte die nächste Zahnfleischentzündung an. Natron und Peroxyd auszupacken war viel zu anstrengend. Etwas später überlegte sie, wieviel Anstrengung es kosten würde, einen Telefonanschluß zu bekommen und Stanley die Nummer wissen zu lassen. Selbstverständlich sollte sie nirgendwo eingetragen sein. Es gab keinen Grund, ausgerechnet jetzt alte Gewohnheiten zu ändern. Die Frau lachte, fühlte sich gar nicht wie sie selbst und hörte jemanden fragen, wie es denn wäre, sie selbst zu sein. Das verstärkte noch ihre Heiterkeit. Beide Hände vor dem Mund

konnten das Geräusch nicht dämpfen. Aufmerksam sah sie sich ihre Hände an und erhielt von irgendwoher die Schlußfolgerung: Wenn der Ring und das Armband ihr gehörten, dann waren womöglich auch die Hände ein Teil von ihr. Sie trug keine Uhr; dunkel erinnerte sie sich, eine aus dem Auto geworfen zu haben. Wie viele Uhren hatte es gegeben? Viele. Aber trotzdem keine Zeit.
Zusammengerollt auf den Koffern schlief sie wie ein Stein bis zum nächsten Morgen.
»Du mußt dableiben«, sagte *Elvira,* »bis der Fußboden sauber ist.«
»Ich hasse dich«, sagte die Frau. »Verschwinde.«
»Dir geht es wie uns allen, wenn wir uns zum erstenmal selbst erkennen«, sagte *Elvira.*
Einen langen Moment saß die Frau völlig ausdruckslos da. Dann fing sie an zu lachen, denn *Elvira* übermittelte ihr Gelächter.
»Siehst du.« *Elvira* stellte das Radio an. »Das Leben ist ein Witz. Du mußt lernen, darüber zu lachen. Du hast immerzu gesagt: ›Meine Mutter, mein Stiefvater, mein Vater.‹ Aber die, deren Eltern das sind, ist tot. Niemand von uns ist mit irgend jemandem außer sich selbst verwandt.«
Zwei Tage später erreichte *Ten-Four* den Hausverwalter.
»George«, sagte sie zu ihm, »wir brauchen da oben einen Wasseranschluß.«
»Dafür bin ich nicht zuständig«, erklärte George. »Außerdem fürchte ich, die Leitungen sind undicht.«
»Lassen Sie sich etwas einfallen, George.«
Warum, fragte sich die Frau, kam es ihr so vor, als habe sie etwas Unverschämtes und Aggressives gesagt? Sie starrte auf den Hörer in ihrer Hand und wußte nicht mehr, wen sie anzurufen versucht hatte. Den Kopf eingezogen, kaufte sie in großer Eile ein und floh zurück in den Wagen. Zurück im Lagerhaus holperte sie mit dem

klapprigen Lastenaufzug nach oben. Sie nahm die Tüten und packte sie in die düsteren, höhlenartigen vier Wände. Morgen sollte das Bett geliefert werden.

»Sie ist aus dem Haus ausgezogen. Seit mehr als vier Wochen gibt es keine Spur von ihr.«
Captain Albert Johnson versprach, sich darum zu kümmern, und klappte sein Notizbuch zu.
»Noch eins, Albert. Sollte einer von deinen Beamten sie finden, wäre es besser, wenn er keine Uniform trüge.«
Albert grinste. »Zu blöde, daß ich nicht schwarz bin und vier Meter groß. Stimmt's?«
»Du bist ein Hellseher«, sagte Stanley.
»Schon mal was von einer weißen, multiplen Frau gehört, die vorher ein männlicher Schwarzer war?«
»Ich habe eine ganze Menge Dinge noch nie gehört«, sagte Stanley. »Das heißt noch lange nicht, daß es sie nicht gibt.«
»Wenn sie sich selbst gefährdet, werden sie sie einsperren. Erst recht, wenn sie andere gefährdet. Daran kann ich nichts ändern.« Alberts Gesicht war verschlossen, er studierte aufmerksam den Boden.
»Wenn sie noch lebt.«
»Richtig«, sagte Albert. »Das kommt noch hinzu.«

An einem der Tage, an denen sie bei Bewußtsein war, ging die Frau Zigaretten kaufen. Nach der Dunkelheit des Lagerhauses wirkte das helle Sonnenlicht überwältigend. *Elvira* konnte es nicht lassen, etwas auszuprobieren, und als sie an einem Apartmenthaus vorbeikamen, erkannte die Frau das Gebäude, in dem sie vor acht Jahren, nachdem sie Norman verlassen hatte, eine Weile gewohnt hatte. Scheinbar aus eigenem launenhaften Willen bog der Wagen in die Auffahrt ein und fuhr langsam an den Gebäuden und einem öffentlich zugänglichen

Swimmingpool entlang. Der Abschnitt zu ihrer Linken kam ihr bekannt vor; das mußte es sein. Ihr fiel auf, daß sie sich zwar an den Schnitt und die Einrichtung der Wohnung erinnern konnte, aber nicht daran, sie jemals betreten oder verlassen zu haben.
Etwas fiel ihr wieder ein, das sie vor Monaten Stanley erklärt hatte. »Manchmal«, hatte sie gesagt, »kann ich mich daran erinnern, im Schulbus gesessen zu haben. Manchmal auch, wie ich mich morgens für die Schule fertiggemacht oder daß ich in einem Klassenzimmer gesessen habe. Aber ich finde in mir keine Erinnerung daran, jemals in den Bus ein- oder ausgestiegen zu sein.«
»Jemand anderes erinnert sich daran«, hatte Stanley geantwortet. »Sie quälen sich mit einer der erschreckendsten Seiten der Multiplizität ab. Ganz genau werden Sie nie wissen – und ich auch nicht –, wohin Sie gehen, wenn jemand anderes hervorkommt, oder wie es möglich ist, daß sie völlig unabhängig von Ihnen agieren. Aber Sie werden lernen, daß es so ist. Das kommt nicht wie ein Blitz. Sie werden einfach auf verschiedene Beweisstücke stoßen, je mehr Sie sich dessen bewußt werden.«
Die Frau blickte auf das Apartmenthaus. Der Terror, den sie in diesem Augenblick empfand, war etwas, das *Weaver*, solange sie lebte, nicht würde fortnehmen können. Sie schrie und weinte und umklammerte das Steuerrad so heftig, daß ihre Fingerknöchel weiß wurden.
Zurück im Lagerhaus verkroch sie sich ins Bett und lag da, ohne sich zu rühren. Jemand schien in den Winkeln ihres Bewußtseins hin- und herzurasen, zornig wie die Todesfee.
»Wir verlieren den Kampf, das Schwein gewinnt. Der Stiefvater lebt, und wir krepieren hier in diesem erbärmlichen Loch.« Die Kinderstimmen waren weit entfernt, als würden sie von ihr abgestoßen. Sie zögerten, wichen

immer wieder vor ihr zurück. Die erwachsenen Stimmen waren näher, begründeten mit ihrer und der Wut der Frau die herannahende Kriegsgefahr.
Bring ihn um. Es begann als Kirchenlied und wurde zur Hymne. Sie konnte nicht länger zuhören. Ihr Bewußtsein verweigerte sich der eigenen Realität und der der anderen. Sie schlief ein.
An manchen Tagen kam die Furcht von ganz unten, als begänne sie in den Zehen. Sie begann beim ersten Morgengrauen und blieb, bis es ihr gelang, wieder einzuschlafen. Sie schlief viel. Sie hatte viel Angst. Aber sie war sicher. Sie brauchte sich um keine Post zu kümmern, und niemand wußte, daß sie jetzt ein Telefon hatte. Sie hatte nicht die leiseste Ahnung, wann sie Stanley zum letztenmal angerufen hatte.
Jemand sagte: »Du mußt in Form bleiben. Zieh dich anständig an. Vor allem, wasch dich.«
Als sie über einen plötzlich aufflammenden Zorn nachdachte, der sich auf die Kochplatte auf dem behelfsmäßigen Regal neben der Spüle bezog, wurde ihr endlich klar, daß jemand wünschte, es wäre ein Gasherd. Wie steckte man seinen Kopf in eine Kochplatte?

Die Frau schüttelte das Fieberthermometer, sah noch einmal hin und ließ es auf den Boden fallen: 40 Grad. Daß das Thermometer ihre Krankheit bestätigte, ermüdete sie. Alle Muskeln und Knochen taten ihr weh. Sie kroch tiefer unter die Bettdecke und dämmerte weiter. Später blickte eine Fremde sie aus dem Spiegel an, mit dem Gesicht eines überfütterten Eichhörnchens, blutunterlaufenen Augen, ungewaschenen, stumpfen Haaren und aufgesprungenen Lippen. Ihr Körper war völlig ausgetrocknet. Sie schlief wieder ein.
»Wenn du nicht aus dem Bett kommst, wird er gewinnen.«

»Leck mich am Arsch«, sagte *Sewer Mouth*.
Die Frau hatte an der Flucherei Gefallen gefunden. Sie schlief durch bis zum nächsten Morgen und wachte nur auf, weil eine auf die Toilette mußte und sie zwang, auf schwachen Beinen ins Badezimmer zu wanken.

»Sie scheint in einem Lagerhaus zu leben«, sagte Albert. »Ein Sammler von alten Autos aus den dreißiger Jahren lagert seine Schätze in den ersten beiden Etagen. Sie wohnt in der dritten. Die amtlichen Unterlagen sagen, daß das Gebäude ihr gehört, und als ich es überprüft habe, hab' ich sie gesehen, wie sie Lebensmittel auspackte. Sie kroch da herum wie eine kleine Maus.«
»Hat sie ein Telefon?«
»Nicht eingetragen. Soll ich sie herbringen?«
»Nein.« Stanley überlegte einen Moment. »Das übernehme ich. Danke, Albert.«

Das Bild des Schwarz-Weiß-Fernsehers flimmerte. Die Stimme der Ansagerin hallte in dem großen Raum. Sie lag auf dem Bett, konnte sich vor Erschöpfung kaum bewegen. Ihr Geist konzentrierte sich nur mühsam auf den Bildschirm. Wie in Zeitlupe bewegten sich die menschenähnlichen Gliedmaßen einer riesigen weißen Seeschildkröte, erzeugten einen hypnotisierenden Effekt.
Nach einigen Augenblicken vermochte die Frau die Augen nicht mehr von der Schildkröte zu wenden. Deren tranceartige, träumerische Bewegungen wurden wiederholt, bis der durchscheinende Panzer zu zerspringen drohte. Endlich war diese Folge der Serie »Unsere Freunde, die Reptilien« zu Ende.
Fröstelnd zog sie das Flanellnachthemd an. Sie wußte nicht, daß das Fieber gefallen war, nur daß nicht mehr alles weh tat. Sie knipste die Nachttischlampe aus, froh

über Dunkelheit und Schlaf. Als es geschah, waren ihre Augen fest geschlossen. Wie auf einem Negativ war die Schildkröte nun nicht mehr ein helles, sondern ein dunkelgraues Bild. Sie bewegte ihre langen dicken Gliedmaßen auf und ab und hob und senkte sich dabei langsam. Kerzengerade saß sie im Bett, aus ihrem Mund kamen Tiergeräusche. Denn das war nicht das Umkehrbild einer Schildkröte, sondern der Stiefvater. Sie roch ihn – es waren seine Brust, seine Arme, die sich über ihrem Gesicht hoben und senkten.

Für die meisten sexuell mißbrauchten Multiplen gehörte es zur Grundstruktur, wann immer andere Ichs die Erinnerung präsentierten, diese zu leugnen. In der Zukunft mochte die Frau viele andere Vergegenwärtigungen abstreiten, diese würde sie nie vergessen.

Elvira machte das Licht an und wartete geduldig, bis die Frau alles aufgenommen hatte. Es war wichtig, daß der Raum hell und die Musik laut waren. Sie drehte das Radio auf, und in voller Stärke erklang der Song »*Bad, Bad, Leroy Brown*«.

Die Frau verbarg ihr Gesicht in dem weichen Samtkörper des Teddybären. Sie hatte nicht die Kraft, etwas abzuweisen. Mehrere Ichs gleichzeitig brachten ihre Bilder von dem Geschlechtsakt und ließen sie da liegen. *Sister Mary Catherines* Reaktion darauf war heftig, sie schrie laut auf. Die Frau vermochte sich nicht zu rühren. Wann hatte er zum erstenmal die Penetration bis zum Ende vollzogen? Wie alt war sie da gewesen?

Die Stille explodierte. Die Frau sprang vom Bett auf und warf sich in eine Ecke. Sie kroch in sich zusammen, zog das Nachthemd eng um sich.

Niemand sprach.

»Also«, schrie die Frau, bis zum Ersticken angefüllt mit einem fremden Bewußtsein, »wie alt war die, der es geschah?«

»Such's dir aus«, sagte jemand. »Such dir irgendein Alter aus.«
Der Spitzensaum ihres langen Nachthemdes streifte ihre Knöchel, sie schrie gellend auf, nichts und niemand sollte sie berühren. Die Nacht über schlief sie, immer wieder aufschreckend, zusammengerollt und zitternd in der hintersten Ecke des großen Raums, die Decke über den Kopf gezogen.
»Wir sind beinahe da«, sagten sie.
Eines Nachmittags wachte sie auf und fand wieder eine Schlange im Bett. Stumpf sah sie darauf nieder; es war gleichgültig, ob sie real war oder nicht. Die Schlange schwamm zwischen herbstlichen Blättern in einem Teich mit klarem Wasser. Totale, entkräftende Müdigkeit verhinderte diesmal die Angst.
In der gleichen Woche zwangen die Empfindungen in ihrem Mund sie zu einer ersten Begutachtung vor den Spiegel. Der Anblick des purpurroten Zahnfleisches, aus dem eine gelbe Flüssigkeit sickerte, brachte sie dazu, Natron und Peroxyd auszupacken. Sie machte daraus eine Paste, die sie mit einer alten weichen Zahnbürste auftrug.
Catherine lachte über das angeschlagene Gesicht der Frau.
»Zum Teufel mit den Zahnärzten«, sagte *Catherine*. »Sieh nur, wie diese wunderbare Schwellung die Krähenfüße um deine Augen verschwinden läßt.«
»Du bist ziemlich widerlich«, erklärte *Lady Catherine Tissieu*.
»Laßt mich allein«, sagte die Frau.
Sie dachten nicht daran.
Sie ließen sie einen Blick auf die Mutter werfen – zu einem Zeitpunkt, als sie den Stiefvater aus dem Haus geworfen und ihr angeboten hatten fortzugehen. Wie verlockend das schien, bis sie vom Vordersitz des Autos die seltsamen Geräusche gehört hatte. Ihre Mutter tat

offensichtlich gerade das, wovon sie ihrer Tochter abgeraten hatte, weil es übel und Sünde war. Vom Rücksitz aus konnte die Frau, zu der Zeit ein Teenager, die Mutter nicht sehen. Was sie schließlich sah, war, daß die Mutter schwanger war. Eines Tages war es nicht mehr zu übersehen gewesen. Eine schreckliche, durch nichts zu bezähmende Abneigung hatte sie ergriffen; also hatte sie das Farmhaus verlassen, war fortgegangen und hatte die Schuld mit sich genommen.
»Nur«, sagte *Twelve*, »daß du die Schuld auf uns übertragen hast. Du gibst dir und uns die Schuld.«
Die kleinen Stimmen der Kinder klangen zornig. Sie begannen zu weinen, sprachen von einem Teetopf und von kochend heißem Tee. Sie zitterten und duckten sich und schienen starke Schmerzen zu haben. Ihr Schmerz berührte die Frau nicht; sie verstand nicht, wovon sie redeten. Sie legte den Kopf auf das Kissen und schlief wieder ein.
In dieser Nacht las jemand den Kindern laut eine Geschichte vor.

29

»Kenne ich Sie?« Stanley war höflich.
»Aber sicher doch, Charlie.« Zum erstenmal, seit sie das Lagerhaus betreten hatten, sah *Elvira* ihn direkt an. Sie nannte die Leute selten bei ihren richtigen Namen, denn es machte ihr Angst, sich nach den geltenden Regeln zu verhalten. Regeln zu gehorchen, empfand sie als Einengung, sie fühlte sich dann einer fremden Autorität und Gnade ausgeliefert. Bei Edgar Allan Poe hatte sie gelesen, daß »Charlie« immer die Vorstellung eines gütigen Mannes hervorrief, daß alle Besorgnis verschwand, wenn einer das hörte. Sie wußte nicht, ob das richtig oder falsch war; aber sie hatte beschlossen, mit Stanley gemeinsame Sache zu machen und »Charlie« als eine Art Schutzschild für sich zu benutzen.
»Haben Sie einen Namen?« fragte Stanley.
Spätnachmittägliches Sonnenlicht fiel schräg durch die Fenster des Lagerhauses. *Elvira* zog an ihrer Zigarette, inhalierte den Rauch und blies ihn hastig aus. Seine Frage machte sie rasend. Wie oft hatten die Truppen als Kinder, wenn sie sich vor dem Stiefvater versteckt hatten, den Namen des erstgeborenen Kindes rufen hören. Wie oft hatte die Mutter diesen Namen wütend herausgeschrien.
»Hören Sie«, sagte sie, »ich habe Ihnen die Nachricht geschickt.«
Noch vor einer Stunde hätte Stanley an fünf Plätzen

gleichzeitig sein sollen. Während die Truppen verschwunden waren, hatte sich sein Stundenplan immer mehr gefüllt. In diesem Augenblick hätte er sich völlig erschöpft fühlen müssen, statt dessen aber durchströmte ihn eine vertraute Energie.
»Zum Teufel mit dem ganzen Dreck.« *Elvira* redete auch für andere Truppenmitglieder. »Wir mußten einfach ausziehen. Die Frau ist verdammt unfähig.«
»Die Frau hat Angst«, sagte Stanley. Sie hörte sich zwar an wie *Sewer Mouth*, aber Körperhaltung und Sprache waren doch anders. Es kam ihm sonderbar vor, über seine Patientin zu reden, als sei sie abwesend. »Hören Sie Musik?« Stanley hatte beobachtet, daß ihr Körper und ihre Hände sich einem unhörbaren Rhythmus hingaben.
»Klar doch«, sagte *Elvira* und meinte sich und *Sewer Mouth*. »Ich höre meine eigene Musik. Sie übertönt die Scheiße. Eine Menge Scheiße hier in diesen Tagen, wenn Sie wissen, was ich meine.«
»Wo«, er räusperte sich, »treiben Sie sich herum, wenn jemand anderes auftaucht?«
Von ihrem herausgehobenen Standort aus spürte *Elvira* die innere Leere der Frau und die Spiegelbilder all der toten Kinder, die sie umgaben.
»Ich hab' genügend Plätze, wohin ich gehen kann – und genug zu tun.« Beiläufig fügte sie hinzu: »Wir werden den Stiefvater killen, Charlie.«
»Meinen Sie nicht«, fragte er, »daß das Buch und die Videos genügen werden als Rache?«
»He.« *Elvira* nahm einen letzten Zug und drückte die Zigarette aus. »Machen Sie sich nicht lustig. Sie wissen verdammt so gut wie ich, daß nichts genügt, wenn es um den Stiefvater oder die Mutter geht. Sie haben uns überfallen, Charlie, sind auf uns herumgetrampelt.«
Sie umklammerte sich mit ihren Armen, daß die Knöchel an ihren Händen hervortraten. Ihm schien es, als tauchte

die Frau auf. Sie weinte und redete über Dinge, die mit dem Thema von eben nichts zu tun hatten.
»Sie haben die Wahl gehabt«, sagte Stanley zu ihr. »Entweder Sie akzeptieren die Tatsache der Multiplizität und damit auch die auftauchenden Erinnerungen. Oder Sie verkriechen sich wieder und leben so weiter wie bisher. Ist Ihnen klar, daß seit unserer letzten Sitzung zwei Monate vergangen sind?«
»Es können nicht mehr als zwei Wochen sein.«
Jemand bemühte sich heftig, aufzutauchen. Die Frau hatte ihr Gleichgewicht verloren; benommen schüttelte sie den Kopf. Von fern hörte sie, daß jemand sehr deutlich etwas sagte.
»Ich höre, was Sie sagen, aber ich verstehe es nicht, ich verstehe es einfach nicht. Wir haben Oktober? Wo ist Weihnachten? Habe ich Weihnachten verpaßt?«
Dann verstummte für die Frau jedes Geräusch im Raum. Zu sehr aus der Bahn geworfen, um Stanley noch weiter zu fragen, starrte sie auf ihre Hände. Ihr Bewußtsein begann sich mit dem des Bildes, das den erwachsenen Kern spiegelte, zu verschmelzen. Sie erkannten einander aufgrund der Stille und der Leere, die beide erfüllte. Aus ihrer eigenen Leere heraus nahm die Frau auf, was sie nicht zurückgeben konnte: ein schreckliches Einfühlungsvermögen und eine alles verdunkelnde Betäubung. Furcht – Entsetzen – panikartige Erschütterung. »Wo ist die Zeit?« schrie sie. »Wo ist die Zeit? Nie gab es auf den Farmen eine Uhr, nie sah ich eine Uhr! Hatten wir keine Uhren? Wir hatten bestimmt eine, aber ich hab' sie nie gesehen. Wo ist die Zeit geblieben?«
Stanley spulte die zweite Kassette zurück und legte sie ins Aufnahmegerät. Was war für einen solchen Zeitverlust verantwortlich? Hatte er sich so daran gewöhnt, die Truppen zwar für einen außergewöhnlichen Fall von Multiplizität zu halten, aber zu unterstellen, daß die

Veränderungen sich einfach ankündigten, die Auftritte der Ichs nacheinander und ohne bemerkenswerte Unstimmigkeiten untereinander ablaufen konnten?
Er sah sich die Person, die vor ihm saß, genauer an. Eine der letzten Sitzungen fiel ihm ein, in der er ein Ich entdeckt hatte, das ihm neu war und das viel seltener an die Oberfläche kam als die Frau. Eines, das sie auf eine Art widerspiegelte, die er nicht erklären konnte. Die Unterschiede zwischen den beiden waren so gering, daß er sie zwar bemerkte, aber nicht zu beschreiben vermochte.
Marshall kennt das bereits, dachte Stanley. Das ist es, was ich schließlich noch herausfinden würde, wie er sagte.
Zu diesem besonderen Ich vorzustoßen, schien unmöglich. Er versuchte es, aber ohne Erfolg. Diese eine fühlte sich vergessen oder aus der Unterhaltung ausgesperrt. Vielleicht aus dem ganzen Leben ausgesperrt. Schließlich verschwand sie einfach.
Vorwurfsvoll sah die Frau auf die beiden weißen Umschläge, die Stanley in der Hand hielt. Sie erkannte eine der vielen Handschriften, die sie Tag für Tag in ihren Aufzeichnungen sah.
»Ich habe sie vor drei Tagen bekommen«, sagte er. »In einem stand Ihre Telefonnummer. Der andere enthielt ein Tonband. Ich habe es abgespielt. Außer Rauschen ist fast nichts zu hören.« Er beeilte sich mit dem Aufnahmegerät und versuchte, das, was sie nicht hören wollte, möglichst unaggressiv zu sagen. »Wenn ich Sie wäre, ich hätte bei all dem Todesängste ausgestanden. Die ganze Sache ist seltsam, absonderlich. Und niemand, mit dem Sie reden, versteht genug davon, um es mit Ihnen zu besprechen. Und außerdem: Was würden Sie denken, wenn jemand zu Ihnen sagte: ›Wir sind fünfzig. Ich bestehe aus fünfzig verschiedenen Leuten. Ich mache

Sachen, derer ich mir nicht bewußt bin. In meinem Leben gibt es leere Stellen, für die ich nichts kann.‹«
Stanley fuhr fort: »Unglücklicherweise verschwinden diese Leute nicht, wenn man sie nicht beachtet. Denn wir haben es hier weder mit einer Grippe noch mit Krebs zu tun. Multiple Persönlichkeit ist kaum dokumentiert. Ebenso der Nachweis, daß andere das auch durchgemacht haben, wie sie damit fertiggeworden sind, oder auch nur, wie ihre verschiedenen Personen sich dargestellt haben, wenn sie erschienen... Natürlich wäre es angenehmer, wenn Sie zum nächsten Zeitungsstand gehen oder mit anderen Multiplen sprechen könnten, um sich zu vergewissern, daß es normal ist, was Sie erleben.«
Die Person vor ihm war nicht taub, aber sie gab auch kein Zeichen der Zustimmung.
»Der Sache ins Gesicht zu sehen ist hart«, sagte er. »Sie haben die Wahl.«
Wer hörte ihm jetzt zu? Ihre Wirklichkeit konnte von der seinen meilenweit entfernt sein. Wenn es ihn verwirrte, was tat es dann mit ihr?
An der Tür blieb er stehen und fragte sich, wie viele therapeutische Regeln er noch verletzen mußte, bis dies ausgestanden war.
»Die meisten Inzestopfer«, sagte er leise, »die meisten Multiplen finden Halt bei Freunden und ihrer Familie. Sie nicht. Ich möchte, daß Sie wissen: Von nun an bin ich Ihr Halt. Ist das klar?«
So nahe wie mit diesem Vorschlag, elterliche und erzieherische Autorität zu übernehmen, war er ihr noch nie gekommen. Er erwartete wütenden Protest. Statt dessen sah er in ihren Augen so etwas wie Dankbarkeit. Sie auszusprechen war die Frau außerstande.
Sie nickte.

Von zu Hause rief Stanley an diesem Abend Marshall an.

Er wollte wissen, ob sie in der Beurteilung der Situation übereinstimmten.

Als Marshall sich meldete, sagte Stanley: »Nach zwei Monaten hatten wir heute nachmittag zum erstenmal wieder eine Sitzung, und ich habe eine Art Spiegelbild der Frau gesehen, eine Person, die so selten und so flüchtig auftaucht, daß ich bisher dachte, die beiden seien identisch. Sie sind es nicht. Die, die heute nachmittag auftauchte, sagt immer noch: ›Ich verstehe es nicht‹, als wüßte sie nichts. Mir kam folgender Gedanke: Wäre es möglich, die Frau wurde als Fassade geschaffen, als eine, die in der Öffentlichkeit besteht, weil sie von dem Mißbrauch nichts weiß?«

»Ich wollte deine Schlußfolgerungen nicht beeinflussen, Stanley, aber ich stimme mit dir überein.«

Gemeinsam sichteten sie, was Marshall im Manuskript gefunden hatte – Stanley hatte es bisher aus Zeitmangel nicht vollständig gelesen – und was bisher in den Sitzungen herausgekommen war: Die Frau war entstanden, um an die Stelle des erstgeborenen Kindes zu treten. Die anderen Ichs betrachteten die Frau als ein unbeseeltes Objekt, ein Wesen ohne die Fähigkeit zu denken und überhaupt zu allem unfähig, das ihr nicht vorher von den anderen eingegeben worden war.

»Die Truppen«, sagte Marshall, »haben sich die perfekte Doppelgängerin geschaffen; ohne Erinnerung an den Mißbrauch, nur ein vages Gefühl von Entsetzen – das buchstäblich Unbewußte. Nur durch ihre ›Nichtexistenz‹, wie sie das nennen, konnte die Frau funktionieren. Hätte sie die ganze Zeit gewußt, was die Truppen tun, sie hätte in den Augen der Gesellschaft nicht als normal gelten können.«

»Jetzt, da ich es glaube, oder genauer gesagt: verstehe, wie sage ich der Frau, daß sie nicht das erstgeborene, das ursprüngliche Kind ist?«

»Das brauchst du nicht zu tun«, sagte Marshall. »Die Truppen waren zwei Monate lang verschwunden. Ich denke, sie haben es sie bereits wissen lassen.«
Der Kalender sagte: November. Es war kalt geworden. Im Lagerhaus pfiff der Wind durch die undichten Fenster. Drinnen saß die Frau mit sechs Pfund schweren Gewichten an Armen und Beinen und hörte auf *Catherine*, die die Übungen dirigierte.
»Nicht lockerlassen, Schatz«, sagte Catherine. »Nichts ist schlimmer als ein Muskel, der nicht ständig belastet wird. Dreißigmal mit jedem Bein und dann dreißigmal mit den Armen und dann ein hübscher Lauf immer im Kreis, weil du doch solche Angst vor der Straße hast.«
Viele verschiedene Ebenen ihres Bewußtseins waren heute angesprochen, und die Frau wurde immer verwirrter. »*Smoke on the Water*« plärrte es im Radio, als sie die Gewichte mit den Armen von der Decke zum Boden und wieder zurück schwang. Sie hatte den Eindruck, als bewegte sie Federn. Und plötzlich, als wären zwei ihrer Leute ohne Absprache aufgetaucht und gleich wieder verschwunden, zuckte ein Muskel in ihrer Schulter. Sie fühlte einen kurzen, heftigen Schmerz – dann war es auch schon wieder vorbei.
Sie hatte noch nie zuvor Schmerz empfunden.
Wie der Blitz war sie aufgesprungen und ging zur Eingangstür. Die war aus schwerer, massiver Eiche. Sie öffnete die Tür und rammte sie sich mit voller Wucht gegen den Kopf. Sie wartete. Der Schmerz blieb aus.

Die reichliche Anwendung von Natron und Peroxyd hatte die Zahnfleischentzündung endlich besiegt; das Fieber stieg im Schnitt nur noch auf 37 Grad. Diese Besserung erhöhte natürlich ihre Energie. Sie lief in der Etage auf und ab, bis der Wunsch, Stanley anzurufen, unerträglich wurde.

»Was ist mit Page?« flüsterte die Frau. »Manchmal wage ich es, ihr Bild anzusehen. Ich denke daran, etwas zu kaufen, um auszugleichen, was ich ihr nicht geben kann. Immer habe ich Gefühle mit Sachen, Geschenken ausgedrückt. Aber sie braucht eine Mutter, keine Geschenke. In zwei Jahren ist sie erwachsen. Stanley, ich sollte Ihnen etwas sagen, ich möchte es... wenn es nicht so... Stanley, wo ist Pages Mutter?«
»Ich weiß es nicht«, sagte er. »Viele von Ihnen haben die Entwicklung abgekürzt. Pages Mutter könnte eine von denen sein, die das nicht getan haben. Sie mußte mit einer Menge Dinge fertigwerden: einer Schwangerschaft, die für sie das Schmutzigste war, das sie sich vorstellen konnte. Sie machen es gut«, sagte er in den Hörer, sonst vermochte er nichts zu sagen. »Sie machen fabelhafte Fortschritte.«
»So ist es. Nur daß ich immerfort so heftig zittere. Und wenn jemand mir sagen würde, ich hätte drei Beine, müßte ich erst nachsehen, bevor ich ihm antworten könnte, daß er sich irrt.«
Ihre Stimme war gefährlich ruhig, als hätte sie über irgend etwas eine Entscheidung getroffen.
»Hier liegt ein Zettel herum«, fuhr sie mit dieser zu ruhigen Stimme fort, »Informationen über eine Flugverbindung nach Rochester, New York.«
»Woher kommt er?«
»Ich weiß es nicht«, sagte sie.
»Was haben Sie damit vor?«
»Das wird gemeinsam entschieden werden müssen. Im Augenblick weiß ich es noch nicht.«

Die Sachbearbeiterin in der Personalabteilung musterte die Frau und schüttelte den Kopf. »Das ist Ihr Lebenslauf? Sie haben eine unglaublich abwechslungsreiche Vergangenheit. Also, Sie wollten in den Schreibdienst.

Wir haben Sie dreimal getestet. Sie haben 37, 85 und 120 Wörter pro Minute geschafft. Haben Sie eine Erklärung dafür?«
»Ich brauche Arbeit«, sagte die Frau.
»Meine Liebe.« Die Sachbearbeiterin stand auf, schob ihren Stuhl zurück und strich sich den Rock glatt. »Sie könnten fast jede Position hier einnehmen, aber dies ist eine Behörde. Für die Arbeit, die Ihnen zustünde, haben Sie keinen Ausbildungsnachweis. Ich kann Sie nicht unterbringen. Wir haben Eingangspositionen, aber da würden Sie sich zu Tode langweilen. Sie würden nicht lange bleiben. Und wir hätten das Geld rausgeworfen.«
Es war bereits die dritte Stellenvermittlung, die die Frau an diesem Vormittag aufgesucht hatte. Alle sagten das gleiche. Draußen auf der Straße fuhr der Novemberwind in ihren Mantel. Ein Blatt segelte ihr ins Gesicht. *Ten-Four* ergriff es und zerdrückte es mit brutaler Kraft. Nachdem sie über einen Monat lang eine Arbeit gesucht hatte, war es offensichtlich, daß Arbeitgeber Zeugnisse haben wollten. Ohne die betrug der Stundenlohn für eine Frau sieben Dollar.
»Ich kann einen Lastwagen fahren«, sagte *Ten-Four*.
»Halt die Schnauze«, knurrte die Frau. »Ich muß nachdenken.«

30

»Ich habe dir doch gesagt, Norman, daß das kein einmaliges Ereignis ist, das Stanley wie einen faulen Zahn herausreißen kann. Es braucht seine Zeit.«
»Soviel zum Fortschritt«, sagte Norman durch das Telefon. »Magst du heute mit mir zu Abend essen?«
»Abendessen? Außerhalb? Ich könnte uns hier etwas zu essen machen.«
»Verkriechst du dich noch immer? Wenn du die Dinge doch nur im richtigen Verhältnis sehen würdest. Wie oft habe ich dir das schon gesagt. Der Psychoklempner vor acht Jahren war ein Idiot, und jetzt vergräbst du dich schon wieder mit so einem.«
»Verdammt noch mal, ich geh' mit dir essen.« Der Hörer krachte gegen die Wand. Sekunden später stand die Frau in der Kochecke neben sich und sah sich zu, wie sie die Teller einen nach dem anderen an die Wand schmetterte, einen Farn in tausend Stücke zerriß, den Müll in der Gegend verstreute. Wenn Norman dagewesen wäre.
Ich hätte ihn an der Kehle gepackt, sagte jemand, und nicht wieder losgelassen.

»Warum haben Sie Norman nicht gesagt, wie Sie sich gefühlt haben?« fragte Stanley.
»Sind Sie verrückt?« flüsterte sie. »Es hätte ihn verletzt.«
»Verletzen Sie?« Stanley fragte, ohne zu wissen, wer gerade zuhörte. Für gewöhnlich verbarg sich Schmerz

hinter Wut; bevor nicht beide an die Oberfläche gekommen waren, waren beide giftig. Er beschloß, eine alte Methode anzuwenden, mit deren Hilfe ein Patient das Ausmaß der Wut erkennen konnte, die er normalerweise nicht zuließ.
»Nehmen Sie das Kissen«, sagte er. »Los, nehmen Sie es.«
Die Frau rührte sich nicht. Es gab kein Anzeichen dafür, daß ein anderes Ich, das er nur spürte, ohne den Namen nennen zu können, sich rühren würde. Ohne sich so weit bücken zu wollen, daß sie ganz erschienen wäre, flackerte *Black Katherines* Gegenwart hinter der der Frau. Er schob das Kissen vor sie hin. »Zeigen Sie mir die Wut«, sagte er. »Sie wissen, weshalb sie da ist. Im Gefängnis hatte ich einmal einen Berufskiller zu behandeln. Wer Sie auch sind, Sie haben genau dieselben Augen.«
»Ein Killer? Wie sah er aus?«
»So ähnlich wie Sie«, sagte Stanley. »Er konnte mit einem Lächeln töten, ohne eine Spur von Gewissensbissen. Er war ein Profi.«
Die Stimme war heiser vor Vergnügen. »Auf den Farmen war ich noch nicht soweit, und als ich wirklich geboren wurde, lebte der Stiefvater zu weit weg. Aber die Gelegenheit kommt noch.«
»Schlagen Sie zu.« Stanley zeigte auf das Kissen. »Los, lassen Sie mich sehen, wie groß die Wut ist. Tun Sie so, als sei es der Stiefvater.«
Weder die Frau noch *Black Katherine* dachten auch nur daran, einen Arm zu heben. Also mußte er es tun. Er hob den Arm und ließ ihn fünfmal fallen. Die Frau legte den Kopf auf das Kissen und begann zu schluchzen.
»Ich hasse mich«, weinte sie. »Ich hasse mich.«
Die meisten Inzestopfer sagten das. Haß, der sich gegen ihre Peiniger hätte richten sollen, war nach innen geleitet worden.
»Ich weiß nicht, wo Ihre zornige Freundin jetzt ist, aber

Sie haben gelernt, dies Gefühl rauszulassen. Es hat Sie in den beiden Farmhäusern am Leben erhalten. Es ist der gesündeste Teil an Ihnen. Wenn Sie es nicht tun, dann läßt es eines Ihrer Ichs heraus und Sie haben keine Gelegenheit, die Richtung zu bestimmen. Die Leute mögen erschreckt sein, sie mögen versuchen, Ihre Wut zu negieren, sie als momentanes Unwohlsein, als eine Laune abzutun. Aber Sie sind nicht krank, und Sie haben Anspruch noch auf das letzte Quentchen Wut.«
»Ich habe keine«, sagte sie müde.
»Doch. Sie ist da. Glauben Sie mir.«

Während die Kellner leise im Hintergrund des schummrig beleuchteten Restaurants hin und her eilten, wischte die Frau ihre feuchten Hände am Tischtuch ab. Bevor sie die Bestellung aufgaben, hatte Norman seine Pläne für Page und wie er aus ihr einen »wohlerzogenen« Menschen machen wollte, ausgebreitet. Er war auf die Religion gekommen, die er für eine gute Sache hielt, weil sie die Leute auf den richtigen Weg brachte, besonders Teenager, sagte er, die keinen Respekt vor ihren Eltern hatten.
Seine selbstgefällige Miene dabei und seine selbstsichere Überzeugung, er habe das Recht, Regeln für andere aufzustellen – für ein Kind! Ganz ruhig, dachten zu viele Truppenmitglieder, laß dir nichts anmerken, widersprich nicht.
Die Frau hörte Zustimmung, daß Page zu mehr Fleiß zu ermutigen und ihr Übermut zu dämpfen sei. Ihre Hand krampfte sich um das Weinglas.
»Norman, Pages intensiver Wunsch nach Freundschaften und die Tatsache, daß sie keine Minute allein sein kann, deuten darauf hin, daß sie sich zurückgestoßen fühlt.«
»Das stammt von Phillips, was? Ich habe sie nie zurück-

gewiesen. Sie soll sich mit ihren Büchern beschäftigen. Das Leben ist nun mal kein Zuckerschlecken, und ich will sie nicht verzärteln, wenn es um die Wurst geht.«
»Ich habe sie zurückgewiesen, Norman, und das ist meine Schuld, aber ich möchte dich auf den Knien anflehen, nicht dasselbe zu tun.«
»Achtung«, warnte er. »Du wirst laut und ärgerlich. Kannst du nicht stillsitzen und das Essen genießen?«
»Es war einmal, da saß ich in einem Farmhaus, ganz still, wie du sagst, obwohl ich eigentlich hätte aufspringen und meinem Stiefvater den Schädel einschlagen sollen. Du möchtest, daß ich mich wie eine Dame benehme und meine Stimme dämpfe. Kannst du dir vorstellen, wie es mich in den Fingern juckt, dir eine zu scheuern?«
Sie gab ihm ein in braunes Packpapier gewickeltes Päckchen und stand auf.
»Du warst den ganzen Abend wütend«, sagte er kalt. »Du kannst dich nicht beherrschen, deshalb mußt du dich jetzt zurückziehen wie ein verwöhntes Kind.«
»Das sind wir beide. Wütend und verwöhnt. Und das stört deine Vorstellung von Anstand.«
»Was mich stört, ist, wie du dein Leben vergeudest, indem du dich bloß auf den Haß auf deinen Stiefvater konzentrierst. Es ist schon verrückt.«
Im Einklang mit einem Ich, das mit den Zähnen knirschte, beugte die Frau sich vor und sah Norman direkt in die Augen. »In dem Päckchen ist das Manuskript«, sagte sie. »Lies es, und dann erzähl uns noch mal, unser Zorn sei nicht gerechtfertigt, maßlos.«

Norman würde über das Manuskript lachen. *Twelve* wäre es lieber gewesen, er hätte es nicht, und die Frau wünschte, sie könnte sich erinnern, was genau drinstand.
Nach Mitternacht rief er an.

»Lieber Himmel«, sagte er. »Dein Stiefvater verdient mehr als den Tod. Dein Manuskript hat auch mich wütend gemacht. Nicht bloß deinetwegen, sondern auch wegen Page und mir. Aber du solltest versuchen, das Auftauchen dieser anderen Ichs etwas realistischer zu beschreiben. Man kann es sich nicht besonders gut vorstellen.«
»Tut mir leid«, sagte sie, denn wenn nichts sonst in dem Text ihr klar oder real erschien, das Auftreten der anderen Ichs war es. »Es ist genau so, wie es da steht.«
Norman fragte, ob Phillips jemals vorgeschlagen habe, daß sie für eine Zeit verreisen solle. Die Frau verstand ihn falsch und antwortete, sie fühle sich sehr gut. Norman fragte, ob es *Rabbit* gewesen sei, die damals, kurz bevor sie ihn verlassen hatte, mit Schaum vor dem Mund geheult habe.
»Ja. Wir glauben es jedenfalls.«
»Ihr glaubt es? Willst du sagen, du hast diese Leute noch nicht katalogisiert?«
»Es braucht Zeit. Einige von ihnen haben große Angst. Und es sind so viele.«
»Wie viele?« wollte er wissen.
»Bis jetzt mehr als fünfzig.« Die neueste Zahl nannte sie ihm nicht. Norman würde sie nie glauben.
Er gab einen erstickten Laut von sich. Die Frau merkte, wie ihre Wut kleiner wurde. Norman, ein Laie ohne Stanleys Ausbildung, verstand, bloß weil er es gelesen hatte. Es gab noch Hoffnung.

»Entschuldigung«, sagte der Mann, die Arme vollbeladen mit Paketen.
»Deine Reflexe sind super, Mutter.«
Page grinste, sie durchstöberten die Auslagen auf der Suche nach einem Wintermantel. Die Frau blieb still; jemand anderes dachte an den Mann, der sie gerade,

ohne es zu wollen, angerempelt hatte – und wie ihr Arm ausgeholt hatte, bereit zuzuschlagen. Manchmal merkte sie genau, wozu einige in ihrem Zorn fähig waren – zu einem tödlichen Schlag fehlte nicht viel. Manchmal empfand sie die ungeheure Genugtuung, die ein solcher, gegen einen Feind gerichteter Schlag verschaffen würde. Würde Page jemals als Feind angesehen werden?
Sie wartete nicht, bis sie mit dem Einkaufen fertig waren. Während Page die Schaufenster ihres Lieblingsgeschäftes betrachtete, rief sie von einer Telefonzelle aus an.
»Nein«, sagte Stanley, »Page droht keine Gefahr. Weder von Ihnen noch von den anderen.«
Sie nahm Page mit nach Hause und sah ihr zu, wie sie mit im Sonnenlicht fliegenden Haaren durch den großen Raum rannte. Als sie die Würmer inspizierte und feststellte, sie hätten sich vermehrt, zuckte die Frau mit den Achseln. Sie hoffte nur, Page würde nicht auf die anderen Dinge stoßen, die plötzlich aus den fernsten Ecken auftauchten. Einige waren nur sonderbar, andere geradezu furchterregend. Aber jedesmal, wenn sie sie wegwerfen wollte, hielten kleine Stimmen sie davon ab.

Gleich nach der Frau rief Marshall bei Stanley an.
»Jemand hat kürzlich einen Ausdruck für das gefunden, was deine Patientin gerade durchmacht«, sagte er. »Man nennt es das ›Drehtür-Syndrom‹. Möglicherweise die schrecklichste, bestürzendste Zeit für eine Multiple. Es tritt ein, wenn die Dinge sich wirklich böse entwickeln. Die Personen kommen und gehen sehr schnell, aber die Veränderungen sind voll ausgeprägt und ziemlich dauerhaft.«

Gleich nach dem Abendessen ging Page nach Hause. Die Frau fand sich an der Kochplatte wieder, wo sie Tee kochte. Arrogant und ohne zu lächeln, die Knie fest zusammengepreßt, saß *Lady Catherine* am Tisch und wartete darauf, daß ihr eingeschenkt würde. Vor ihr stand eine zerbrechliche Tasse, die die Frau schon oft gesehen, aber nie benutzt hatte.

Keine von denen, die sich in diesem Moment der Frau präsentierten, unterließ es, ihren Namen zu nennen. *Catherine* schnaubte verächtlich. Sie hatte keinen Titel und nannte sich in *Lady Catherines* Gegenwart immer »einfach nur Catherine«. Tatsächlich hielt *Catherine* sich für alles andere als einfach, eher für die beste von allen. Sie zog eine Augenbraue hoch und trommelte mit den Fingern auf den Tisch.

»Warum habt ihr zwei nicht verschiedene Namen?« fragte die Frau.

»Sie ist nicht echt«, sagte *Catherine* und studierte aufmerksam ihr Spiegelbild im Glasgeschirr. »Sie hat mich nachgemacht.«

Ein Streit darüber, wer zuerst dagewesen war, brach aus. Die Frau versuchte sich ihnen zu entziehen, aber sie waren heute derart stark, daß jede einzeln befragt werden mußte. *Lady Catherine* »mit den zusammengepreßten Knien« wies einen Keks zurück, aber *Lambchop* aß zwei und ließ keinen Krümel übrig.

»Ich war zuerst hier«, teilte *Lady Catherine* der Frau mit. »Wenn ich nicht gewesen wäre, gäbe es hier keine Manieren, keinen Sinn für ordentliches Benehmen. Und während ich keine Übergriffe dulde, weder mündlich noch sonst, läßt du dich von allen bis aufs Blut piesakken.« Sie nestelte an ihrem Rock, zog die Luft durch fein geschnittene Nasenflügel und streckte das Kinn in die Höhe.

»Verpiß dich, Liebste.« *Catherine* machte eine Flasche Wein auf.

»Nicht für das Kind!« schrie *Lady Catherine* und schlug *Catherine* das Glas mit einer Bewegung aus der Hand, die weniger auf vornehme Salons als auf Nachtclubs schließen ließ.

»Stanley«, sagte die Frau in der nächsten Sitzung, »sie sind einfach Kinder.«
»Einige von ihnen schon. Bei anderen ist nur die Entwicklung angehalten worden.«
Mit den eigenen Augen und denen eines Truppenmitglieds direkt hinter ihr sah sie ihn an. »Gerade jetzt schieben sie etwas in mein Bewußtsein ... Verstehen Sie, wie eine wie ich ihr ganzes Leben mitgemacht und keine Vorstellung von der Penetration hat? Und das bei dem, was die anderen von den beiden Farmhäusern erzählen.«
»Doch, ich glaube, ich verstehe es«, sagte Stanley.
»Und es überrascht Sie gar nicht?«
»Wir lernen, die richtigen Fragen zu stellen und sorgfältig auf die Antworten zu achten. Vom ersten Tag an, an dem ich Sie sah, waren Sie nicht in der Lage, die Wörter für Geschlechtsorgane auszusprechen, wenn sie mit irgend etwas in Verbindung standen, das auch nur entfernt mit Ihnen zu tun hatte. Einige in der Truppe hatten Geschlechtsverkehr, aber Sie waren nicht dabei.«
»Wer dann?«
»Sie werden es mir sagen, wenn es soweit ist. Meinem Gefühl nach ist es mehr als eine, wahrscheinlich sind es vier.«
»Himmel«, sagte sie, weil jemandem *Mean Joe* einfiel.
»Heißt das, daß ich lesbisch sein könnte?«
Stanley schüttelte lächelnd den Kopf. Dann lachte er.
»Nein«, sagte er. »In die Richtung geht mein Gefühl nicht.«
»Menschen wie Sharon und Norman sind verwirrt. Sie behaupten, bis zu einem bestimmten Punkt habe jedermann multiple Persönlichkeiten. Alle Menschen haben mehrere Gesichter, sagen sie, und auch sie könnten sich an manche Sachen nicht mehr erinnern.«

»In Ihrem Fall sprechen wir von einem Kontinuum«, sagte Stanley. »Das entgegengesetzte Ende des Spektrums. Andere Menschen wissen, was ihre verschiedenen Seiten oder Persönlichkeiten tun. Sie haben auch keine ausgedehnten Erinnerungslücken. Die Wissenschaft nimmt an, daß innerhalb jeder multiplen Gruppe eine Person alles weiß. Ich bin mir nicht sicher, ob das in Ihrem Fall zutrifft oder ob man von jeder Person in der Truppe sagen muß, daß sie große Gedächtnisausfälle hat.«
»Es ist nicht einfach, in unserem Manuskript zu vermitteln, wie der Prozeß der Gedankenübertragung funktioniert. Manchmal sind alle richtig ärgerlich. Als würden wir zwei Tage schreiben und sechs Tage brauchen, um alles zu erklären. Verstehen wenigstens Sie jetzt etwas mehr? Verstehen Sie, daß in diesem Augenblick – so wie immer – die anderen mit ihren Gedanken durch mich hindurchfließen?«
»Ich glaube schon«, sagte Stanley. Ihre Sprache, ihr unschuldiger Gesichtsausdruck bewiesen ihm, daß sie den tieferen Zusammenhang dessen, was sie gesagt hatte, nicht begriff. Nur logische Weiterentwicklung machte ihre Situation durchschaubar – sein Mitgefühl versuchte immer noch, diese Situation zu beschönigen.

Bring ihn um. Tagelang hatte der Choral so schön geklungen. Aber jedesmal, wenn die Frau überlegte, was das praktisch hieß, kam sie um die Vorstellung nicht herum, ihn berühren und mit ihm in einem Raum sein zu müssen. Mit dem Choral mischte sich die Stimme von Bob Dylan, der hinter einem Wall von Rauschen das Lied sang, das *Black Katherine* so liebte. Bob Dylan schien zu wissen, wovon er redete. Seine Worte drangen durch *Weavers* schützenden Schleier und enthüllten der Frau eine weitere Schicht der Wirklichkeit der Truppen.

Sie strauchelt nie; sie hat zum Fallen keinen Platz.
Sie ist niemandes Kind; das Gesetz kann ihr nichts tun.
Sie trägt einen Ring aus Ägypten, der funkelt, bevor sie spricht.
Sie bündelt die Kräfte des Hypnotiseurs; du bist es, den sie lehrt.

In *Black Katherine* und ebenso in der Frau tobte der Haß. Der Spiegel über dem Terrarium, der trotz des Sonnenlichts von einem eigenen Scheinwerfer angestrahlt wurde, warf ein Leuchten auf das Gesicht, das er zurückgab. Als seien sie zwei wilde Tiere, die sich in einer Waldschlucht begegnen, starrte die Fremde im Spiegel der Frau in die Augen. Das Lied ging weiter.

Kauf ihr eine Trompete zu Allerseelen.
Gib ihr zu Weihnachten ein Gewehr.

Ihre Augen hielten sich gegenseitig fest, und in den fremden Augen im Spiegel las die Frau rasenden Schmerz und wilden Haß. Die Frau wollte sich losreißen, aber der Kampf ging weiter. Ein ganzes Leben voll Zorn und Angst ging auf sie über. In beider Seelen brannte es ein Zeichen.

Mit einem letzten verzweifelten Blick des Einverständnisses riß die Frau sich los, die fremden Augen schienen ihr zu folgen. Sie waren apfelgrün, umrandet mit einem dünnen schwarzen Strich, und jedes hatte in der Mitte eine winzige, tiefschwarze Iris.

Die Geschichte, die in dieser Nacht den Kindern im Tunnel vorgelesen wurde, klang teilweise ziemlich blutig.

31

»Es war, als blickte man in den Schlund der Hölle.«
»Ich glaube, sie war in der Hölle.« Stanley sah seine Patientin sachlich an. »Erstens: Sie stellen Fragen, weil Sie Beruhigung brauchen. Daran ist nichts falsch. Zweitens: Ich glaube, ich habe schon mal von so etwas gehört. Sie haben also im Spiegel eine andere gesehen?«
»Im Radio sang Bob Dylan ›She Belongs to Me‹. Ich blickte in den Spiegel und sah *Black Katherine*. Eine Minute lang stand ich da, sie ließ mich nicht los, ihre Augen hielten meine fest. Sie schien mir gegenüberzustehen, mich überlagernd und doch vollkommen von mir getrennt; sie schickte mir ihre Gedanken, sie drangen in mein Bewußtsein, und ich wußte, was das heißt: Wut. Ich erkannte sie.«
»Wie haben Sie sich dabei gefühlt?« fragte Stanley sanft.
»Weniger Furcht als Mitgefühl. Ich vermute, ihre Gedanken und alles, was sie durchgemacht hat, machten mir wirklich Angst. Aber dadurch verstand ich auch die Wut. Statt sie zu hassen und zu wünschen, sie möge verschwinden, wollte ich sie in die Arme schließen, die Qual von ihr nehmen. Aber das kann niemand. Oder können sie es?«
»Eines Tages, ja.«
»Noch etwas: Ich habe versucht, bis an die Schläge heranzukommen, vier riesige Schritte, aber dann bin ich davongerannt. Ich bin zu feige.«

Stanley legte den Schreibblock nieder, hätte gern damit zugeschlagen. »Sie sind nicht feige«, sagte er. »Sie wissen, daß ich vor Inzestopfern große Hochachtung habe. Irgendwie bringen Sie es fertig, trotz allen Zwangs und aller Qualen zu überleben.«
Seit sie heute nachmittag das Studio betreten hatte, hatte er gespürt, daß sie sich auf dem schmalen Grat zwischen relativer Ordnung (ganz gleich wie unordentlich die auch scheinen mochte) und vollständigem Chaos bewegte.
»Außer in Momenten höchsten Bewußtseins«, sagte er, »sind die meisten von Ihnen zu sehr in die Maschinerie eingespannt, als daß sie ständig Todesangst empfinden könnten. Eines Tages, wenn wir ein wenig weiter sind, werden Sie mir sagen, es war ein Luder, eine Herumtreiberin, meschugge.«
»Was wird dann mit mir geschehen?«
»Wir werden alle für Sie da sein«, versprach er, »Ihre Leute und ich.«
»Der Schmerz.« Ein Aufflackern von Einsicht. »Ich spüre keinen Schmerz. Neulich habe ich es versucht, aber die anderen ließen ihn nicht an mich herankommen. Bald werden sie es tun, ich weiß es.«
»Wir werden«, er beugte sich grinsend vor, »den allerfeinsten Schmerz für Sie aussuchen.«
Damit hatte er die Spannung gelöst, das Grauen, das sie umgab, zerrissen. Er hatte sowohl die Absurdität des Pfeifens im Dunkeln zum Ausdurck gebracht als auch sein Vertrauen in sie, das groß genug war, um den Vorfall ins Scherzhafte zu ziehen.
Sie lachte, dankbar für die Ablenkung, und berichtete ihm dann die jüngste Erinnerung.
»Letzte Nacht sah ich mich auf dem Feld stehen, ich reichte dem Stiefvater gerade bis zum Gürtel, seine Hosentaschen waren so verführerisch. Erst wußte ich nicht, warum ich meine Hände hineinstecken sollte. Ich

hatte die Vorstellung von Wärme. Was immer in diesen Taschen war, ich wollte es haben. Plötzlich waren wir weiter draußen im Feld. Die Sonne knallte vom Himmel; wie ein riesiger Spiegel warf das Feld ihr Licht zurück.
Er legt sich hin, und seine Hose ist offen, und ich auf ihm. Ich sehe das gottverdammte rosa Ding ganz deutlich. Er setzt mich so, daß ich drauf hocke, und das Ding berührt mich.«
Die Frau hatte den Kopf zwischen den Händen gehalten. Als *Sewer Mouth* hervorkam, schoß der Kopf in die Höhe, sie biß die Zähne zusammen. Stanley hörte beide sprechen, eine nach der anderen.
»Während der ganzen Zeit dieser Rückerinnerung hatte ich – los, du Miststück, sag es – ein erotisches Empfinden.«
Sewer Mouth spuckte über die Schulter. Die Frau hatte die Augen geschlossen. Plötzlich kamen die Worte nicht mehr aus ihr oder von *Sewer Mouth*, sondern von *Rachel*. *Rachel*, innerhalb von neun Jahren von *Sewer Mouth* erschaffen, war schließlich auf der zweiten Farm geboren worden, exakt so, wie sie dann bleiben sollte: eine Fünfzehnjährige mit dem Wissen einer Puffmutter. *Rachel* vermittelte sich heute ohne ihre üblichen verführerischen Bewegungen; vielleicht war das ein Zugeständnis an die vielen in der Truppe, die sich durch ihre unverhüllte Sinnlichkeit beleidigt fühlten. Die Frau hörte *Rachels* entfernte, junge Stimme.
»Es ist vorbei«, sagte die Frau. »Der Stiefvater ist aufgestanden, er macht seine Hose zu. Und ich – ob es an diesem Tag war oder einem anderen, weiß ich nicht – ich folge ihm. Ihm nach, ich will diese Taschen. Natürlich weiß ich, daß die Taschen nicht das Primäre sind. Sie stehen für etwas anderes.« Ein finsteres Lächeln glitt über ihr Gesicht. »Die Hosentaschen ste-

hen für Vergnügen. Stolpernd, so schnell wie der Stiefvater sonst hinter mir her war, rannte ich über die Felder ihm nach.«
Noch einmal zeigte ihr jemand das Bild des fünfzehnjährigen Mädchens mit dem Stiefvater auf dem Feld und ließ es für einen Moment stehen: Das Mädchen war wieder ein anderes Ich.
»Sie waren nicht die ganze Zeit da, vergessen Sie das nicht«, sagte Stanley sehr schnell, denn er wußte nicht, wer ihn hörte und wer die Sätze ausspie.
»Ich finde ihn, als wären wir ein heimliches Liebespaar. Sein Körper ist warm, und ich presse meinen dagegen. Hurensohn, schmutziges, verdorbenes häßliches Luder, es war so deutlich. Worauf soll das hinaus?«
»Die anderen nehmen das Bild für einen Augenblick fort, damit Sie wieder zu sich kommen«, sagte Stanley.
Sewer Mouths zorniger Gossenjargon und das gleichzeitige Lachen und Weinen wurden lauter. Zwischen wem der Kampf tobte – der Frau, *Sewer Mouth* und wem noch? –, konnte Stanley nicht feststellen. Wieder sah er das wilde Muskelspiel, die Backenknochen traten stärker hervor, die Mundwinkel fielen herunter. Das Gesicht war zur Maske geworden.
»Sie sind ihm nachgelaufen, weil Sie Wärme suchten«, sagte Stanley behutsam. »Wer hat Sie in die Arme genommen, als Sie klein waren?«
»Niemand«. Der maskengleiche Ausdruck hinterließ nur das absolute Nichts.
»Hat die Mutter Sie jemals in den Arm genommen? Sie gestreichelt, Ihnen gesagt, wie hübsch Sie seien?«
»Nein.«
»Heuzutage erfaßt Sie Panik, weil es mit dem Stiefvater auch gute Zeiten gegeben hat, als er Sie und Ihre Mutter auf die erste Farm brachte. Außer dem Inzest gab es auch Lachen und Zuneigung. Aber wenn er auch nur ansatz-

weise gut war, dann müssen Sie die Böse sein. Stimmt das?«
»Ja.« Die Augen waren vollkommen leer und tot.
Stanley nahm an, daß er zum erstenmal hinter der Maske die wahre Natur seiner Patientin sah.
»Immer noch trägt er die Schuld für alles. Egal wieviel Wärme und Zärtlichkeit er Ihnen gab, angesichts einer Mutter, die das nicht wollte oder nicht konnte – Ihr Stiefvater manipulierte Sie, führte Sie auf ein Gelände, das für Kinder nicht gedacht ist. Ihr Stiefvater war der Täter. Er ist schuldig. Nicht Sie.«
Du darfst jetzt nicht aufhören, sagte sich Stanley.
»Erinnern Sie sich an den Tag, als Ihre Tochter geboren wurde?«
Die vollkommen bewegungslose Erscheinung vor ihm starrte auf die Wand; ihr Kopf neigte sich ihm langsam entgegen. Weit hinten in den leeren Augen flackerte etwas, das er nicht ergründen konnte, über die Mauer der Iris. Die Erscheinung sagte:
»Was?«
Stanley sah, was die Frau nie gesehen hatte, denn jedesmal, wenn sie in den Spiegel geblickt hatte, hatte eine von den anderen zurückgeblickt. Stanley fand kein Zeichen von Leben in diesem Gesicht. Er sah die Frau, wie sie war, wenn sie frei war von dem, was die anderen ihr eingaben. Für einen schmerzlichen Augenblick sah er sie, wie sie seit dem Tag ihrer »Geburt« gewesen war.

Die Frau vermied es, in den Spiegel zu sehen, als sie an diesem Abend Nachthemd und weiße Socken anzog und die Existenz der anderen Ichs immer noch leugnete. Jemand, das spürte sie, hatte eine heilige Scheu, das alles zu akzeptieren. Jeannie Lawson hatte gesagt, sie habe es in seiner Gesamtheit erst in dem Moment

der endgültigen Integration akzeptieren können, und auch da eher in einem »spirituellen« Akt.
Neben dem Bett stand eine Tasse mit heißer Schokolade. Sie gehörte *Me*. *Me* tauchte selten auf. Die Frau spürte, daß das Kind das Leben nicht besonders witzig fand. Zu müde und verwirrt, um den Terror noch zu empfinden, kroch sie unter die Decke. Aber ihr war klar, daß er noch da war.

Als sie den Packen mit Karikaturen überreichte, hatte sie nicht mit dem Schock gerechnet, der sich auf Ms. Yorks Gesicht spiegelte.
»Genau das, was wir haben wollten: sonderbare kleine Kinder, alle individuell und leicht zu merken. Aber«, widersprach Ms. York, »diese Arbeit ist im Etat auf elf Monate verteilt. Wir hatten nicht gedacht, daß Sie den größten Teil der Zeichnungen gleich in den ersten sechs Wochen machen.«
Das war's dann, dachte die Frau. Nicht so *Catherine*.
»Wirklich? Soll ich sie wieder mitnehmen?«
Erregt drehte Ms. York sich um und erklärte *Catherine*, sie möge warten, während sie, Ms. York, noch einmal den Zeitplan des Projekts durchginge. Woher sollte die Agentur das Geld nehmen, um sie auf einmal auszuzahlen? Ms. York griff die Karikaturen und marschierte türenknallend in die hinteren Büroräume.
Angewidert betrachtete *Lady Catherine* die Unordnung auf Ms. Yorks Schreibtisch, den schief auf dem Garderobenständer hängenden Mantel, das Durcheinander in ihrer offenen Aktentasche. Besonders unmöglich fand *Lady Catherine*, daß die Aktentasche nicht aus Leder, sondern aus Plastik war. Sie rümpfte die Nase. Unfähigkeit und dann auch noch ein schlechter Geschmack. Provinz.
Ms. York kam zurück. »Also«, sagte sie, »es ist fast fünf.

Was halten Sie von einem Drink irgendwo in der Nähe, bei dem wir das Ganze nochmal in Ruhe durchsprechen können? Ich weiß nicht, was wir tun sollen.«
»Nein, danke«, sagte *Lady Catherine*. »Wir sind schon verabredet.«
»Einen Augenblick noch«, sagte Ms. York, als würde sie von Stahlreifen zusammengehalten. »Dann muß ich noch mal mit einem Abteilungsleiter sprechen.«
Wieder knallte die Tür hinter ihr zu.
»Tun Sie das.« Ohne zu fragen griff »Einfach nur Catherine« zum Telefon auf Ms. Yorks Schreibtisch. »Einfach nur Catherine« fragte niemals irgend jemanden nach irgend etwas. Sie nahm es sich.
Page meldete sich sofort, und *Catherine* lächelte ins Telefon. »Hallo, Liebes«, sagte *Catherine*. »Hat dein Vater für dich eine Verabredung getroffen, damit wir anfangen können, Hypnose zu lernen?«
»Mein Vater hat seine Meinung geändert«, teilte Page ihr mit. »Er sagt, Hypnose bringt deinen Verstand durcheinander. Stimmt das, Mami?«
Mit vor Wut zitternden Händen wählte die Frau Stanleys Nummer.
»Wie durchgedreht müßte ich angesichts der vielen Hypnose, die ich schon durchgemacht habe, in Normans Augen sein? Er glaubt nicht daran, daß Hypnose Page hilft, also kann er auch nicht glauben, daß sie mir hilft. Er denkt, ich bin verrückt.«
Die Frau hörte die tiefe, zischende Wut in ihrer Stimme.
Stanley sagte, daß er ihre Wut zwar begreife, daß sie aber trotzdem etwas lauter sprechen müsse, sonst könne er sie nicht verstehen.
»Ich habe einen Job«, sagte sie. »Wir zeichnen die Karikaturen für ein 500 Seiten dickes Handbuch einer Werbeagentur.«
Stanley überlegte, welches der Truppenmitglieder wohl

diesen Job ausführte. Er fragte, was auf den Karikaturen zu sehen sei.

»Kinder«, sagte sie. »Als ich sie zeichnete, waren aus irgendeinem Grund die Schläge heftiger denn je. Und auch die Gerüche; wenn ich noch ein einziges Mal Jauche rieche, fange ich an zu schreien. Ich habe Angst. Während ich zu Hause zeichnete, habe ich die ganze Zeit gezittert, und auch, als ich sie abgeliefert habe. Man kann nie sicher sein, ob es wirklich gut geworden ist; aber ich denke, wir sind in Ordnung. Auf einer der Zeichnungen taucht übrigens das Gesicht meines Halbbruders auf. Früher habe ich ihn nie besonders gut getroffen, aber auf einmal war er da, Strich für Strich. Als ich sein Gesicht sah, haben die anderen mich darauf aufmerksam gemacht, daß der Stiefvater ihm schreckliche Dinge angetan hat, Dinge, die über physischen oder psychischen Mißbrauch weit hinausgehen.«

»Sexueller Mißbrauch geht fast immer Hand in Hand mit den anderen beiden«, sagte Stanley. Er schätzte es nicht, wenn während einer Therapie ein neues Thema zuerst am Telefon besprochen wurde, aber sie hörte sich an, als hätte sie es nötig.

»Konnte der Stiefvater so etwas tun? Die anderen sagen, daß er es sehr wohl konnte.«

»Ihr Stiefvater war zu allem fähig. Das ist ein Pauschalurteil, aber ich entschuldige mich deswegen nicht. Wie die meisten Kinder habe auch ich als Kind ein paar unerfreuliche Erlebnisse gehabt. Also habe ich mich bei solchen Gelegenheiten zurückgezogen. In der Truppenformation aber hat das erstgeborene Kind sich aus allem zurückgezogen. Sie und die anderen entstanden, um das zu tun, was es nicht tun konnte.«

»Stanley, gibt es noch Schlimmeres, als was sie mir jetzt schon zuschieben? Sie werden stärker, sie sind in letzter Zeit so aktiv.«

»Sie werden weitere Erinnerungen bringen. Damit sie das tun können, müssen Sie dahin kommen, sie alle zu kennen. Angesichts dessen, was passiert ist, wissen Sie immer noch zu wenig. Vielleicht sind sie gar nicht stärker geworden.« Stanley zwang sich, deutlicher zu werden. »Vielleicht liegt es daran, daß Sie sich ihrer stärker bewußt sind.«
Eine Stunde später saß die Frau in einem von Lärm erfüllten, schummrigen Raum und versuchte, ihre Augen an den Rauch zu gewöhnen. Das Make-up zu erneuern und die vom Wind zerzausten Haare zu kämmen war keine Zeit mehr gewesen.
»Happy hour«, sagte Ms. York, »ich liebe es. Zwei Drinks für einen.«
»Man erreicht dann schneller das Klassenziel, stimmt's?« *Elvira* tauchte ganz auf. Sie warf den Kopf zurück und lachte. Ihre Finger schnippten den Takt der Musik.
»Sie sind eine gute Zuhörerin«, sagte Ms. York, mit ihrem vierten Bourbon beschäftigt. »Zuhören ist eine Kunst, die vor rund tausend Jahren ausgestorben ist. Ich kann nicht glauben, daß Sie von dieser Welt sind.«
»Wir sind sehr real. Wie heißen Sie mit Vornamen, und was sollten die vielen kleinen Flaschen auf Ihrem Schreibtisch?«
»Thementa – bitte nicht lachen. Meine Mutter stammte aus dem Süden und heiratete einen muffeligen Bankmenschen aus dem Norden. Sie nannte mich so, um der Welt zu zeigen, daß er sie wahnsinnig gemacht hatte. Es kommt von ›Dementia‹*. Und die Tabletten sind gegen Rückenschmerzen, Allergien und ein Magengeschwür. Die Werbebranche, wissen Sie.«
»Du grüne Neune«, sagte *Elvira* anstelle von *Sewer*

---

* Dementia: Schwachsinn.

Mouth und *Ten-Four*, die eine Weile brauchten, bis sie in Gesellschaft hervorzukommen wagten. »Macht Ihr Typen denn gar nichts aus Spaß?«
Die Frau hörte nur Musik: »*Devil with a Blue Dress on*«.
»Den Druck in der Agentur können Sie sich nicht vorstellen. Jeden Tag stirbt man ein bißchen mehr.« Thementa zählte die unerquicklichen Seiten ihres Jobs auf, sprach zum Entsetzen der Frau an einem für alle zugänglichen Ort zu laut und zu deutlich.
»Ich begreife Sie nicht«, sagte Thementa. »Einerseits sind Sie so kalt und dann wieder so verständnisvoll.«
Catherine lächelte geheimnisvoll. »Bald werden uns alle begreifen«, sagte sie und sah sich im Raum um. »Deshalb sind wir ja da.«

Vom fernen Horizont des Tunnels hallte der irische Tonfall. *Weaver* lauschte den gewichtigen Äußerungen, die festzuhalten seine Aufgabe war. Heute nacht sollte die Frau eingeweiht werden, der bevorstehende Abend sollte die Erinnerung bringen.
Das wird lustig, sagte *Me*. Dürfen wir aufbleiben und zusehen, oder müssen wir ins Bett?
Lernen ist wichtiger als Schlafen, sagte *Irishman*. Schau zu, wenn du magst.
Was trinkst du da? fragte *Me*.
Nichts, was dich interessieren könnte. Es ist kein einziger Tropfen Schokolade drin.

In dem Rauch und Lärm konnte die Frau nicht sagen, was ihr gerade durch den Kopf gegangen war. Sie sah Thementa aufstehen und zur Damentoilette gehen und beglückwünschte sich. Es schien ein wirklich netter Abend zu werden. Sie zündete sich eine Zigarette an und sah die zweite im Aschbecher. Hatte Thementa ihre nicht mit zur Toilette genommen?

Ein handfester Mann von mittlerer Größe, durchdringend nach Givenchy duftend, mit dunklem Haar und sehr blauen Augen, bat sie um den nächsten Tanz. Die Frau nahm noch schnell einen Schluck und ließ sich mitziehen. Und es begann.

Wie aus einem Nebenraum schlug leise Unterhaltung an ihr Ohr. Sie »trat zurück«, als betrachtete sie einen Schwarz-Weiß-Film. Hinterher würde sie sich erinnern, wie die Farbe aus allem, was sie umgab, gewichen war. Die Schauspielerinnen und Schauspieler – die Gäste in der Bar – bewegten sich vor ihr. Die Sätze, die sie in Gedanken formulierte, verwandelten sich, während sie sie aussprach, in andere, die nichts mit ihr zu tun hatten. Der Abend glich sehr ihrem sonstigen Dasein. Losgelöst von Dingen und Menschen wanderte sie umher. Unter ihren Fingerspitzen spürte sie die Jacke des Mannes. Sie strich darüber hin, versuchte ihn aufzunehmen, wirklich werden zu lassen, sich vorzustellen, wer und was er war. Sie schwebte in seinen Armen, ließ sich von ihm führen. Sie lachte, wenn er lachte, und strengte sich an, seiner Unterhaltung zu folgen. Immer wieder verlor sie den Faden; sie merkte, wie sie sich in sich zurückzog und dann hinter sich verschwand.

Der Mann brachte sie an ihren Tisch zurück; mit volltönender, sicherer Stimme redete er weiter, als er sich setzte. Er zeigte keine Anzeichen von Langeweile oder den Wunsch, wegzukommen. Thementa hatte ihr schwarzes Bürokostüm und die strenge Frisur gegen einen tiefen Ausschnitt und offene Haare ausgetauscht. Zwischen all den lässig gekleideten Tänzern fühlte die Frau sich in ihrem sandfarbenen Kleid fehl am Platz. Nicht einmal ein buntes Tuch hatte sie, um die Biederkeit aufzulockern.

Nach einer Weile schien Thementa verärgert; ihre dunklen Haare sträubten sich vor Elektrizität. Thementas Ärger hatte mit dem zu tun, was der Mann von seiner Arbeit erzählte. Weil die Frau nicht hören konnte, was er sagte, beugte sie sich zu Thementa, um wenigstens sie zu verstehen.
»Er hat was mit Kernspaltung zu tun«, zischte Thementa. »Er ist auf Besuch hier. Er ist einer dieser *Atombombenbauer*.«
Thementa störte es nicht, daß alle mitbekamen, was sie sagte, obwohl die Band in voller Lautstärke spielte.
Der Mann verteidigte sich, aber nichts von dem, was er sagte, konnte Thementa friedlich stimmen. Die Frau sah, wie er ihr Zeichen machte. Sie lächelte, als hätte sie ihn gehört, und sie bahnten sich einen Weg durch die Tanzenden.
Beim Tanzen redete er. Seine Stimme hatte eine bestimmte Melodie; was er sagte, verstand sie nicht ganz. Es war bezaubernd, aber unecht – sie war sich sicher. Es strömte in ihr Bewußtsein, und schließlich verlor sie jedes Zeitgefühl.
Als sie an den Tisch zurückkamen, wies Thementa sie auf diesen Tonfall hin, und wieder trieb die Frau davon. Irisch? Der Mann sprach keinen Dialekt.
Als sich eine Weile später ein männlicher Mund, von dem sie nicht wußte, wem er gehörte, auf ihre Wange legte und sie sich seltsam wie eine Zwölfjährige fühlte, ging sie einfach mit. Biegsam und gelenkig wirbelten ihre Beine über die Tanzfläche und folgten dem Rhythmus der Musik.
Ich tanze nicht, schrie es im Kopf der Frau.
Aber ich, sagte *Twelve*.
»Meine Liebe«, sagte Thementa, die in den Armen eines kahlköpfigen Handelsvertreters an ihr vorüberschwebte, »Sie scheinen sich gut zu amüsieren. Wer ist *Nails*?«

Nails. Der Name gehörte zu jenen Dingen, die tief in ihrem Bewußtsein vergraben waren und selten auftauchten, wobei sie immer meinte, sich erbrechen zu müssen. Betranken sich etwa ihre Leute hier in aller Öffentlichkeit? Sie versuchte, es auf den Scotch zu schieben, und wußte, daß sie nicht betrunken war.
Willst du ein Geheimnis wissen? fragte *Twelve.*
Die Frau wollte überhaupt nichts hören.
Bei solchen Gelegenheiten, sagte *Twelve,* wenn so viele von uns draußen sind, bekommt jede von uns ohnehin nur ein Glas. Wir können die ganze Nacht durchmachen. Was wir trinken, hat auf dich keine Wirkung. Wir sind alle voneinander getrennt. Natürlich kann eine mehr und schneller trinken als der Rest. Die Person mag besoffen werden, aber das ist sein oder ihr Problem, nicht deins.
Die Frau verschwand. Aber eine ihrer Personen rief sie zurück und warf sie mitten zwischen die herumwirbelnden Tanzenden. Sie fand sich einem Farbigen gegenüber wieder, der seine Partnerin verloren hatte. Die gummiweichen Knie, die offenbar ihr gehörten, fanden bei ihm schnell wieder den Takt der Musik. Er studierte irgend etwas Bedeutendes an der Columbia University und schrieb zum Ausgleich Songs. Er sagte, er fände sie fabelhaft, und noch einiges mehr, aber die Frau hörte nichts davon.
Sie fragte sich, ob sie sich an diesem Abend wirklich gut amüsierte. Vielleicht, vielleicht auch nicht. Dann lachte der Schwarze, und mühsam konzentrierte sie sich auf sein Gesicht. Er war hübsch und sehr jung. Vor allem aber fesselte der schmerzliche Ausdruck seiner Augen die Aufmerksamkeit der Frau. Es war ihr, als würde sie aus sich herausgerissen und quer durch den Raum geschleudert. Eine andere betrat ihr Inneres, und in diesem Augenblick begriff die Frau, was es hieß, Unge-

rechtigkeit und Vorurteile auszuhalten und die Grausamkeit des Menschen gegen den Menschen.
Der, der tief im Tunnel lebte, hatte soeben der Frau in einer riesigen Woge all das übermittelt, was er je über die Frage gedacht und dagegen eingewendet hatte. Er war sehr vieles; aber dies vor allem anderen war sein »Wesen«, der Kern seines Seins. Die Frau wurde davon überflutet.
Der Schwarze lachte. »Ich finde es toll«, sagte er, »Sie verstehen etwas von Musik und können über alles reden.«
Die Frau merkte, wie eine Hand sich auf seinen Arm legte. In dem gedämpften Licht und dem Rauch über ihren Köpfen lächelte jemand ein zwölf Jahre altes Lächeln und sprach über so ernsthafte Themen, daß die Frau es kaum glauben konnte.
Twelve hatte mit ihrem raschen Verstand die Worte aus dem Tunnel weitergegeben. Die Unterhaltung war in der Tat sehr ernsthaft gewesen – wie Menschen eben reden, die eine Gefühlsaufwallung zusammengeführt hat, wie sie im Leben selten vorkommt.
Nails, zu deren Aufgaben es unter anderem gehörte, die Frau vor solchen Aufwallungen zu bewahren, kam herbei.
»Achtung«, sagte sie zu dem Mann.
Als *Twelve* sich weiter auf den Mann einließ, war die Frau nicht dabei. *Twelve* verbreitete sich über gewichtige Wahrheiten und bewunderte den Intellekt des Schwarzen. Sie dachte dabei an *Mean Joe*, der seinen Verstand verbarg.
Gelegentlich tauchte die Frau auf und merkte, daß ihr Gesicht voller Tränen war, die nicht zu ihr gehörten. Die Augen des Mannes waren ebenfalls verschleiert. Worüber sprachen sie?
Die Frau wußte nicht, wo die Zeit geblieben war. Plötz-

lich küßte der irische Bombenbauer, wie Thementa ihn nannte, ihr die Hand, und in der Bar gingen die Lichter aus. Der Abend war vorüber.

Die Frau saß in ihrem Wagen auf dem Parkplatz hinter der Bar und sah in ihrem Schoß den dunklen Kopf des Bombenbauers. Sie schüttelte ihn, er rührte sich nicht. Während sie ihn stärker rüttelte, versuchte sie höflich zu bleiben. Es brauchte eine Weile, ihn lächelnd und sich entschuldigend davon zu überzeugen, daß sie nicht mit ihm kommen konnte. Sie nahm seine Telefonnummer und sah ihm nach, bis er um die Ecke verschwunden war. Sie fühlte sich gut und in Ordnung, nur traurig, daß sie den Klang seiner Stimme nicht mehr hörte. Obwohl sie nicht hätte sagen können, was sie daran beunruhigte.

Am nächsten Morgen trällerte Thementa durchs Telefon: »Ich habe die ganze Nacht getanzt. Meine Füße sind völlig kaputt.«
»Hm«, sagte die Frau mit entschlossenen Augen.
»Sie scheinen Unmengen von Kraft zu haben. Und ich fühle mich heute so gut wie schon lange nicht mehr.«
Eine aus der Truppe, die hinter ihrem Rücken wie ein Gespenst herumschlich, hatte in der Etage eine sichtbare Spur in Form von Alka-Seltzer-Packungen und Gläsern, in denen sich ein weißer pulverförmiger Rückstand befand, hinterlassen.

In der Sitzung am Nachmittag hörte sie überhaupt nicht wieder auf zu reden.
»Stanley, die Alka-Seltzer-Gläser erschrecken mich. Ich war nur müde wegen des fehlenden Schlafs, aber irgend jemand hatte einen Kater. Der Beweis stand vor mir, in diesen Gläsern. Können Sie sich vorstellen, was das heißt: die Spuren von jemand anderem neben sich zu

finden? Sie sind wütend auf mich. Was kann ich tun, um ihnen begreiflich zu machen, daß ich Angst habe? Am andern Tag fühle ich mich schuldig, weil ich mich amüsiert habe, wenn auch nur ansatzweise, und schäme mich über Dinge, von denen ich nur vermute, daß sie passiert sein müssen.«
»Sie haben erkannt, wie aktiv und stark sie sind, wie sehr sie immer schon zu Ihrem Leben gehört haben. Sie haben Sie beschützt. Alles, worum sie jetzt bitten, ist, was sie schon immer hatten: ihre eigenen Leben.«
»Wenn ich das nur begreifen könnte. Wenn ich jemand erschaffen haben sollte, so erinnere ich mich nicht daran.«
»Sie haben es nicht allein getan«, sagte Stanley.
»Wir haben uns selbst geschaffen?«
»Sie gehören alle zu dem erstgeborenen Kind.« Ihm war klar, daß das nicht die Antwort auf ihre Frage war. Trotz aller Forschungsarbeit gab es diese Antwort noch nicht.
»Ich weiß nicht, was es bedeutet«, sagte sie am Ende der Sitzung, »aber irgend jemand liest den Kindern nachts laut vor. Es erinnert mich an die Farm, wenn die Mutter uns vorlas.«
»Das hört sich hübsch an«, sagte Stanley.
»Hübsch? Etwas daran ist verdächtig. Ich kann nicht sagen, wer da vorliest, und auch nicht, worum es geht. Die Kinder scheinen von der Stimme und der Geschichte in Schlaf gewiegt zu werden. Ich nicht. Ich werde das Gefühl nicht los, daß es ein Vorspiel ist.«

32

Die fünf folgenden Nächte lauschten die Kinder der klangvollen Stimme und nickten darüber ein. In einigen von ihnen spürte die Frau eine geradezu erschreckende Aufgewecktheit, eine kühne Einsicht auch in die schwierigsten Gedanken. Denn die Stimme las nicht nur Kindergeschichten vor; die Stimme schien ein aus äußerstem Erbarmen und kämpferischem Verlangen nach Gerechtigkeit entstandenes Wissen zu vermitteln.
Eines Morgens stand die Frau im hellen, vom Schnee zurückgeworfenen Licht und fand in der Schreibmaschine ein Blatt Papier eingespannt. Als sie seinen Inhalt ein zweites Mal lesen wollte, war das Papier verschwunden. In ihrem Kopf war kein einziges Wort haften geblieben.
Nails, die an diesem Morgen zur Sitzung fuhr, genoß den Schnee und die Eiszapfen an Ästen und Zweigen. Schnee und Eis erinnerten sie an die Farmen, die völlige Stille der Landschaft im Winter und – im Widerspruch dazu – an den Aufruhr und das Geschrei im Haus. *Nails* lächelte. Nur noch ein Monat bis Weihnachten.
Im gleichen Augenblick brandete *Nails* Zorn ins Innere der Frau.
Auch sie lächelte, die Freude war zu groß.
Die Freude versiegt.
Gefühle zu haben, wenn auch aus zweiter Hand, zieht Verantwortung nach sich, sagte jemand. Es bedeutet Betroffensein, Antwort, Konfrontation.

Bevor sie mit der Sitzung begannen, legte die Frau das Blatt Papier vor ihn hin. Stanley las:
Vor so vielen Jahren, als es Wassertropfen im Ozean gibt oder Sandkörner am Strand, ritt ein mächtiger Krieger von den Bergen herab und hob sein Schwert gegen den Himmel, bereit, die Feinde, die sich zahlreich vor ihm versammelt hatten, zu schlagen. Und ebenso ritt ein Mann des Wortes herbei, der kein Schwert bei sich hatte, nur die Macht seiner sterblichen Zunge.
Der Kampf tobte so viele Jahre, als es Tropfen im Ozean gibt oder Sandkörner am Strand, und der mächtige Krieger und der Mann des Wortes kämpften mit Eifer und Hingabe und widmeten sich ihrer Aufgabe, jeder vor dem anderen beschützt in seinem Glauben und dem Verlangen nach Sieg.
Und es kam die Zeit, die Leichen der Feinde zu zählen. Und zum Entsetzen und Mißfallen der zuschauenden Menge ward sichtbar, daß der mächtige Krieger Schläge ausgeteilt hatte nach rechts und nach links, so weit das Auge reichte. Und es war ein blutiger, heilige Scheu auslösender Anblick.
Aber siehe, der Feind, angegriffen von dem Mann des Wortes, schwankte und hatte Schaden genommen in Massen – durchbohrt und ausgeweidet und nicht mehr zu heilen, geschwächt an Geist und Seele durch die Zunge des Mannes mit den blendenden, aufwühlenden Worten, der fortfuhr, die Botschaft zu künden.
Und so ist es – jeder von uns, ohne Ansehen seiner Waffen, getrennt voneinander durch Glauben und Verlangen nach Sieg, jeder in seiner Art, muß das tödliche Schwert schwingen, geschmiedet aus Stahl oder Fleisch.
EAN FÜR DIE TRUPPEN

Ean. Stanley legte das Papier nieder. Der Name hatte einen irischen Klang, auch wenn er angenommen hatte,

er buchstabiere sich mit »I« wie »Ian«. Versteckten sich die Truppen sogar hinter Buchstaben?
»Wem gehört dieser Name?« fragte er.
»Steht ein Name darunter?« Ausdruckslos starrte die Frau unverwandt auf das Papier.
Er hatte es die ganze Zeit vor Augen gehabt; heute hatte er es begriffen: Sie hörte, roch, fühlte, erinnerte, sah nur nach dem Ermessen der anderen.
»Jetzt, wo Sie es gelesen haben«, sagte sie, »erklären Sie mir, was es bedeutet. Die Stimme hat das den Kindern vorgelesen. Am nächsten Morgen steckte das Blatt in der Schreibmaschine. Später fand ich es in meiner Tasche. Ich kann die Spur nicht verfolgen, es bleibt nie an seinem Platz.«
»Ich denke, *Ean* — wer immer es ist — bedeutet Verschiedenes. Ins Auge fällt, daß das Wort mächtiger ist als das Schwert. Des weiteren sagt er, daß der Mann des Wortes, wenn er in die Schlacht gehen will, ebensoviel Mut haben muß wie der Mann mit dem Schwert.«
»Mut«, sagte sie. »Etwas, das ich nicht mitbekommen habe.«
»Wollen Sie behaupten, daß es keinen Mut braucht, mit diesem Text vor sich in einem Haus zu sitzen — egal was Sie davon erfassen oder nicht? Das nehme ich Ihnen nicht ab. Sie hätten diese Erfahrungen nicht durchgestanden. Selbst wenn Sie zurückgeworfen werden, wenn Sie sie diesmal leben. Und es wird noch schlimmer kommen, sowohl die Inhalte als auch die Art, in der die anderen Ihnen die Inhalte vorführen. Ich würde behaupten, daß das eine Menge Mut erfordert, mehr als die meisten Menschen mitbekommen haben.«
»Nein.«
»Nein? Möchten Sie wissen, in welcher Gesellschaft Sie

sich befinden? Seit dem frühen 19. Jahrhundert sind 200 Fälle von multipler Persönlichkeit dokumentiert.« Stanley war gespannt auf ihre Reaktion.
»In den ganzen Vereinigten Staaten?« Die Stimme der Frau war nur noch ein Flüstern.
»In der ganzen Welt«, sagte er. »Ich denke, daß in den nächsten zwei, drei Jahren 200 weitere Fälle dazukommen werden. Sie sind einer davon. Und das meiste an Dokumentation werden Sie selbst geleistet haben, durch das Manuskript und die Filme.«
»So wenige Fälle«, sagte sie.
»Genau. Aber sie sind da, und wir wissen, daß es relativ gesehen, nicht so selten vorkommt, wie man früher angenommen hat. Würden Sie wirklich sagen wollen, daß andere Multiple keinen Mut haben, daß es sie nicht Courage und Stärke kostet, zu überleben?«
»Nein.«
»Dann beziehen Sie das auch auf sich. Auch für Sie gab es etwas, mit dem Sie kämpfen mußten. Meine therapeutische Methode bringt die Patienten schneller voran als gewöhnlich. Manchmal — im Hinblick auf die Sicherheit — zu schnell, und auf jeden Fall zu schnell, um sich wohl zu fühlen.«
Sewer Mouth erklärte ihm, daß die Truppen bis aufs Blut gereizt waren. Wenn man die Motivation bedachte, sagte sie, die diese Wut hervorrief, hätte die ganze Formation längst das therapeutische Ziel erreicht haben müssen.
»Einige darunter zögern noch, probieren mich noch aus. Einige von ihnen wissen, daß wir darauf hinarbeiten, alle in einem einheitlichen Menschen aufgehen zu lassen, der alles besitzt, was die anderen jetzt getrennt voneinander haben.«
Die Frau war wieder an die Oberfläche gekommen, »Aufgehen? Ich glaube nicht, daß irgend jemand hier

das will, Stanley. Ich will es nicht. Es würde keinem von uns gerecht werden.«
»Man wird darüber nachdenken müssen«, sagte Stanley. »Da ist etwas, das übrigbleibt, wenn wir das täten. Es würde nicht verschwinden.«
»Ihre Angst, daß Sie etwas getan haben könnten, was Mord gleichkommt? Nehmen wir an, *Mean Joe* zum Beispiel, diese Person, die in Ihrer Vorstellung ein stämmiger schwarzer Mann ist mit der Kraft der Götter und dem festen Vorsatz, die Kleinen zu schützen, hätte etwas nicht Wiedergutzumachendes getan? Was, wenn die Kleinen wirklich in Gefahr waren und er diesen letzten Ausweg wählen mußte, um sie zu retten? Was, wenn es keine andere Wahl gab?«
»Sie meinen, weil jemand uns vergewaltigen oder töten wollte?«
»Das geschieht auf der Welt jeden Tag. Würden Sie dasitzen und sich nicht verteidigen?«
»Warum kann ich nicht einfach hinnehmen, was Sie sagen, und die Sache wäre damit erledigt?«
»Die Muster, die sich ein Leben lang eingeprägt haben, verschwinden nicht so schnell. Dafür ist der Fortschritt erstaunlich, den Sie alle machen. Sie können es nur noch nicht selbst beurteilen.«
»Wenn ich Ihnen sage, daß wir den Stiefvater töten werden, würden Sie das wahrscheinlich nicht als Fortschritt bezeichnen. Trotzdem werden wir es tun, Stanley. Mut hin oder her − wir werden es tun. Und niemand hier ist so töricht, anzunehmen, daß wir dafür nicht werden bezahlen müssen. Aber wenn es geschieht, denken Sie daran: *Mean Joe* hatte damit nichts zu tun.«
Stanley sah zu, wie sie den Mantel umwarf und die Stiefel anzog. Außer sie einzusperren, gab es wenig, was man bei einer solchen Entscheidung tun konnte.
»Stanley«, sagte sie an der Tür, »wiederholen Sie mir,

was Sie über die Spielsteine gesagt haben. Sharon sagt, das sei eine Plattitüde, aber das ist mir egal. Irgendwie fühle ich mich jedesmal, wenn Sie das sagen, besser.«
Stanley legte den Schreibblock hin. »Lassen Sie die Steine fallen, wie sie wollen.«
»Danke, Stanley. Aus welchem Grund auch immer, ich finde mehr Trost in solchen Worten als in allen anderen, ausgenommen vielleicht: Den letzten beißen die Hunde. Ich liebe es. Wirklich.«

In der Nacht hörte die Frau Bruchstücke einer Unterhaltung. Eine, die sich wie ein junges Mädchen anhörte, erklärte einer anderen mit höflichem Ernst, daß »den letzten beißen die Hunde« soviel bedeute wie »den Teufel auf den Mond schießen«. Die Übersetzung war schwer zu verstehen. Eine andere, von mehr prosaischer Natur und nicht annähernd so höflich, fluchte und sagte: »Bleib bei der Wahrheit, du Aufschneiderin.« Die Frau wollte noch mehr hören, aber es kam nichts mehr. Großzügig schüttete sie Parfüm auf Hals und Handgelenke. In diesen Tagen war es wichtig, gut zu riechen; es vertrieb den Jauchegestank aus ihrer Nase. *Me*, den Teddybären auf den Knien, schlürfte heißen Kakao und gähnte. Sie hätte längst ins Bett gehört. Einen Augenblick lang empfand die Frau jemandes Furcht und das Bedürfnis, zu Hause zu bleiben. Aber da erklang der »*Tube Snake Boogie*«, und *Elvira* schrie laut auf. Die Musik blieb, bis die Frau das Restaurant erreicht hatte.
Norman lächelte. »Ich habe gelesen, was du in dem Buch für Page unterstrichen hast. Hypnose zu lernen scheint mir vernünftig. Ich denke, du hattest recht.«
Die Frau stieß mit ihm an; sie fühlte sich prächtig und vollkommen kontrolliert. Diese Schlacht war gewonnen. Zwischen ihren Tellern stand in einer Vase eine rote Nelke. Ihre grünen Blätter schienen zwischen die Schich-

ten ihres Bewußtseins gepreßt. Ohne ersichtlichen Grund mußte sie über die Farbe lächeln. Sie sah aus dem Fenster auf die Straße. Sie sah nicht den Schnee, sondern weit hingestrecktes grünes Land, mit schwingenden Hügeln, neblig.
Die Frau verkrampfte die Hände im Schoß. Sie merkte nicht, das ihr Lächeln breiter wurde, als die Finger sich allmählich entspannten und erschlafften, wie wenn die Zeit durch sie hindurchströmte. Nicht ihre Zeit — die eines anderen; eines, der so sanft an sie rührte, auf so zärtliche Weise sein Wissen übermittelte, daß sie es kaum spürte. Zeit, die Stimme war nur ein leises Flüstern in ihr, soll man nicht packen und horten, sondern auswringen und fallen lassen. Denn es gibt so viel Zeit, und wenn es vorbei ist, noch mehr.
Die Worte enthielten eine Einladung, und der, der sie sprach, winkte ihr zu, unbekannt und nicht bedrohlich. Er bot die Vorstellung des weißen Lichtes an: diesen Ort ohne Nöte, ohne den Zwang, Entscheidungen zu treffen, denen sie sich nicht gewachsen fühlte; Kriege zu führen, die sie wahrscheinlich verlor; und, vor allem, ohne die schreckliche Angst und ständige Drohung, kämpfen zu müssen. Und sie hörte sein Lachen, als er diese Vorstellung, in das weiße Licht fliehen zu können, wieder fortlegte, als kenne er sie besser als sie sich selbst.
Immer hatte sie versucht, davonzulaufen, anstatt den Dingen ins Gesicht zu sehen, und wenn er den einen, sicheren, endgültigen Fluchtweg fortnahm, mußte sie bereit sein — besonders weil sie in letzter Zeit das Gefühl, die große Angst nicht loswurde, daß in der Truppe, in ihr und in der direkt hinter ihr ein Siedepunkt erreicht war und alles kurz davor stand, in die Luft zu gehen.
Schließlich nahm sie das eigenartige Verhalten des Kellners wahr. Der Mann knallte mit eisigem Blick die Teller auf den Tisch. Norman bat sie, leiser zu sprechen.

»Unser Plausch heute abend wird bitter«, sagte er.
Plausch? Die Frau, die nichts von einer Unterhaltung gemerkt hatte, hatte sich gefragt, warum Norman so schweigsam war. Sie hatte kein Wort gesagt, weil sie ihn nicht beleidigen wollte. Warum blickte er so betreten zu den anderen Gästen, und warum sahen sie weg?
Wieder stand die Zeit für die Frau still, bis zwei ihrer Leute – sie kamen und gingen und führten mit Norman eine Unterhaltung, die sie nicht hören konnte – einander in die Quere kamen. Ein Bissen vom Huhn blieb ihr im Halse stecken, als sie zu schlucken versuchte und nicht gemerkt hatte, daß gar nicht sie es war, die aß. Sie rang nach Luft. Norman sah, wie sie rot anlief. Sein Gesicht glühte, als er über den Tisch langte.
Ein Truppenmitglied warf den Kopf der Frau zurück und gab ihr so den Atem wieder. Wie gelähmt fühlte sie, daß ihr geholfen wurde, auch wenn ihr klar war, daß keines Menschen Hand sie berührt hatte. Mit wunder Kehle schluckte sie, und vor Anstrengung standen ihr Tränen in den Augen.
»Es gibt keinen Anlaß«, sagte Norman, »in einem Restaurant solche Ausdrücke zu benutzen. Und woher kommt die neue?«
»Was für Ausdrücke? Welche neue?«
Norman saß regungslos auf seiner Seite des Tisches. »Hast du irgend etwas von unserem Gespräch heute abend mitbekommen?«
»Wir hatten kein Gespräch.«

Aus dem Radio erklang »*Slow Hand*«, als *Nails* auf den Parkplatz der Werbeagentur fuhr. Die Frau sah auf den Reisewecker, der ihre Armbanduhr ersetzt hatte. Uhren, die sie in der Handtasche hatte, funktionierten, solche, die sie am Körper trug, nicht, Sie hatten zwanzig Minuten Verspätung, aber *Elvira* weigerte sich, sich von der

Stelle zu rühren, bevor das Lied zu Ende war. Eine, die Angst hatte, zu spät zu kommen, den Job aufs Spiel zu setzen, fing an zu weinen.
Eine, die der Frau ganz neu und unbekannt war, legte eine Hand auf ihren Arm und wischte die Tränen fort. Die Frau spürte das Lächeln, zärtlich und unbezähmbar. Sie spürte die unschuldige Jugend und die Güte, die das Wesen dieser neuen Person ausmachten. Die Frau wurde umgarnt von der hochfliegenden Intelligenz eines funkelnden Geistes. Sie stand daneben und darüber, und doch hüllte er sie ganz ein. Die Frau hatte soeben *Twelve* kennengelernt.
Die Verabredung lief gut. Die Frau merkte, wie positiv die Leute auf *Twelve* reagierten. Sie hatte eine glückliche Art, zuzuhören, Probleme zu entschärfen, zu Lösungen vorzustoßen, ohne jemanden zu verletzen.
Nach der Besprechung fand die Frau sich mit einer ganz neuen Haltung gegenüber der Welt um sie her auf der Straße wieder. Ein Teil der Angst war verschwunden. Auf dem Weg zum Mittagessen kamen sie an einer Mauer aus Ziegelsteinen vorbei. *Twelves* Hände nahmen die Wärme auf, die jeder Stein von der Vormittagssonne gespeichert hatte; sie lauschte dem Tröpfeln schmelzenden Schnees auf dem Bürgersteig. *Twelve* sagte freundliche Sachen, und wie vom Blitz getroffen, hörte die Frau sie und empfand, was es hieß, zwölf Jahre alt und auf dem Tanzboden zu sein. Dies war das Truppenmitglied, das getanzt und die Menschen mit vor Freude aufgerissenen Augen angesehen hatte; das sich so intensiv mit dem jungen Farbigen unterhalten hatte.
Die Frau suchte ihr Lieblingsversteck auf, den Stehimbiß des Warenhauses am Ende der Straße, in der die Agentur lag. Das Essen war nicht übel, und hier konnte sie unter Leuten sein, ohne sich beobachtet zu fühlen. *Twelve* aß ein Sandwich mit Schinken, Gurke und Tomaten. Sie

verstreute Krümel, verlangte nach einem Glas Milch, sah sich ihre Umgebung an und überprüfte, wie die Leute sich beim Essen benahmen.
Alles, was passierte, schrieb die Frau in ihr Tagebuch und bestellte geistesabwesend bei der Kellnerin, worauf *Twelve* Appetit hatte. Um das Ganze zu testen, zündete sich die Frau nach dem Essen eine Zigarette an, schmeckte den Tabak, als hätte sie nie vorher geraucht.
Twelve hustete nicht, ihre Augen glänzten.
›Du genießt es‹, sagte die Frau lautlos, ›du hast schon mal geraucht?‹
Twelve antwortete nicht. Die Frau erschrak bei dem Geräusch, daß ihre Sandwich kauenden Zähne machten.
Twelve verlangte ein Erdbeer-Shake; der Frau wurde übel. Sie konnte Erdbeeren nicht ausstehen.

Weil sie etwas tun wollte, zu dem sie nicht gezwungen wurde, und um ihnen zu zeigen, daß sie auf ihrer Seite war, brachte die Frau an diesem Abend zum Essen Milch auf den Tisch.
»Was«, sagte *Twelve*, setzte sich an den Tisch und führte vor, was für eine normale Zwölfjährige sie sein konnte, wenn man sie nur zur Kenntnis nahm, »kein Kakao? Wenn es Kakao wäre, könnte ich ihn mit den Kleinen teilen.«
Die Frau machte einen Ausflug zum nächsten Laden, kaufte einen Kasten mit Limonade, packte ihn ins Auto und überreichte ihn.
»Was?« sagte *Twelve*. »Keine Erdbeeren?«
Die Frau ging ins Bett, eine Flasche Limonade in der Hand, während sie das unstillbare Verlangen nach Whisky und einer Flasche Bier schüttelte. Auf dem Kopfkissen lagen Kekskrümel. Die Kleine, deren Identität sie bisher nicht herausgefunden hatte, mußte irgendwo in der Nähe sein, denn trotz der weißen Socken und des dicken Flanellnachthemds fühlte ihre Haut sich eisig an.

»Hör auf, mich ›Kleine‹ zu nennen«, sagte eine dünne Stimme. »Ich heiße *Lamb Chop*. Das war das einzige, was ich auf der ersten Farm gern gegessen habe. Lammkotelett mit Pfefferminzsoße.«

Ich hab' sie doch nicht aufgeweckt? *Lambchop* **mochte diesen Teil des Abends, wenn alle sich zum Schlafengehen fertigmachten. Es war so ganz anders in den beiden Farmhäusern.**
Mean Joe **sah auf das kleine schlafende Gesicht. Niemand kann sie aufwecken. Er sah auf die anderen, die bereits schliefen.**
Sie wollen uns zusammenmanschen, aus uns allen eine machen, sagte *Lamb Chop*. **Sie werden uns umbringen. Nicht, solange ich hier bin.**

Catherine zog das schwarze Spitzennachthemd an. Das weiße aus Flanell stopfte sie unter das Bett.
»Hörst du mir zu?« fragte sie die Frau.
Die Frau antwortete nicht. *Catherine* machte einen neuen Vorstoß.
»Du willst nicht zuhören, wenn Stanley über den Stiefvater redet. Du willst nicht glauben, was er uns angetan hat. Du mußt endlich lernen, daß eine Kakerlake zu zertreten eine größere Sünde ist als ihn umzubringen.«
Am nächsten Morgen rief die Frau Norman an, entschlossen, auch noch mit dem Schlimmsten fertigzuwerden.
»Es war ein schrecklicher Abend«, sagte Norman. »Woran ich mich noch erinnere, ist, daß die Person, die da redete, den Dialekt perfekt beherrschte. Die Stimme war die eines Mannes, tiefer als deine, heiserer, aber kultiviert. Der Dialekt war unverkennbar. Er erklärte mir,

ich hätte keine Ahnung, was in der Welt vor sich ginge; ich kam mir wie ein Narr vor. Dann kam die mit der Kodderschnauze und fing an zu fluchen. Ich kann mich gut an sie erinnern — als wir verheiratet waren.«

»Norman sagt, jemand hier spreche einen Dialekt«, erzählte die Frau Stanley. »Ich glaube ihm nicht. Ich habe es nie gehört.«
Im Verlauf der Sitzung trat *Catherine* zurück und zeigte Stanley eines der Ichs, die in ihrem Schatten lebten. Die Truppen sprachen über die Frage der Zeit, wie wenig es davon gab, um all die Dinge zu tun, die sie im Lauf eines Tages schaffen wollten. Die Person, die dann auftrat, zeigte ihm, wie die Truppen es fertiggebracht hatten, eine staunenswerte Zahl von gewöhnlichen Routinearbeiten in relativ kurzer Zeit zu erledigen und so frei zu sein für wichtigere Beschäftigungen. Die Bewegungen waren unglaublich schnell, als das zuletzt aufgetauchte Truppenmitglied die Handtasche durchwühlte, Mengen von losen Münzen, Make-up, Geldscheine, Skizzen und Listen herauskramte. Sie vermochte nicht stillzusitzen. Er hatte den Eindruck, daß ihr Verstand so schnell arbeitete wie ihre Hände.
»Warum wollen Sie es nicht glauben?« fragte *Catherine*, obwohl er gar nichts gesagt hatte.
»Es scheint fast menschenunmöglich zu sein. Wie heißt sie?«
»*Mable*. Sie macht ein ganzen Haus in einer dreiviertel Stunde sauber, vom Keller bis zum Dachboden. Sie trägt ein Make-up in exakt drei Minuten auf. Sie näht, bügelt, kocht, räumt die Schränke auf, kauft ein und hält die Manuskriptordner auf dem laufenden.«
»*Mable*«, murmelte Stanley.
»Sie verdingt sich nicht«, sagte *Catherine* sarkastisch. »Hinter *Mable* gibt es andere, jede hat ihre Spezialität.

Eine macht erlesene Handarbeiten; eine andere ist eine Feinschmeckerköchin; eine hat die Fähigkeit, drei bis vier Stunden in einem Raum auszuhalten, in dem mit einer hochwirksamen Reinigungsmischung gearbeitet wird, die gefährlich ist, wenn man sie einatmet. Die Dämpfe stören sie überhaupt nicht. Bevor Sie fragen – ich weiß nicht, wie sie heißen. Ich weiß nur, daß sie da sind.«
»*Outrider*«, sagte Stanley, »lebt sie auch in Ihrem Schatten?«
»*Outrider* ist eine Person für sich«, sagte *Catherine*, »die einzige von uns mit zwei Identitäten. Zum einen besteht ihre Aufgabe darin, eine bestimmte Atmosphäre zu schaffen, um unser Unglücklichsein, unseren Schmerz – und womöglich auch ihren eigenen, man weiß es nicht – zu verbergen. Zum anderen hütet sie die Herde, erkennt und verbindet die Wunden, ohne vor dem Blut zurückzuschrecken. Sie ist die Grundlage aller Tarnung. Sie hat *Junkman* das Überleben im Versteck beigebracht, als er schon alles verloren glaubte. Auch in ihrem Schatten leben andere: *Twelve*, bis sie ein *Frontrunner* wurde; einige von denen, die mit dem Geschlechtsakt zu tun hatten, *Sixteen* und *Rachel*, *Brat* und *Me*, und ein paar von denen, die künstlerisch aktiv sind. Um nur ein paar zu nennen.«
Catherine sagte ihm nichts von *Outriders* zweiter Identität, aber Stanley hatte aus den Sitzungen und dem Manuskript seine Schlüsse gezogen.
»Ich bin froh über dies Gespräch«, sagte *Catherine*. »Ich habe mit Ihnen nämlich noch ein Hühnchen zu rupfen. In der letzten Sitzung haben Sie wörtlich gesagt: Nehmen wir an, *Mean Joe* zum Beispiel, der in Ihrer Vorstellung ein stämmiger schwarzer Mann ist. Stanley, ich weiß, daß Sie der Frau gern sagen, sie lebte in zwei Welten, in unserer und in der Realität, welche, wie ich annehme, auch Ihre ist. Haben Sie sich je gefragt, wie real Ihre Welt

wirklich ist? So wie Sie da sitzen, nehmen Sie die Dinge auf bestimmte Weise wahr und glauben, das alles sei real. Das ist nur natürlich; es ist Ihr Bezugsrahmen. Aber wie können Sie so sicher sein, daß es keine andere Welt gibt, eine, für die Ihre Wirklichkeit, wie Sie sie sehen, so lächerlich oder wenigstens so sonderbar ist wie unsere für Sie?«

»Manchmal frage ich mich«, sagte Stanley, »welche Welt realer ist, Ihre oder meine. Aber ich kann nur von mir ausgehen.«

»So wie wir auch nur von uns ausgehen können«, sagte *Catherine* mit jenem bitteren Lächeln, das sich ihm vom ersten Tag an als für sie charakteristisch eingeprägt hatte. »Was das angeht, sind beide Seiten beschränkt. Übrigens: Sie erwähnten die Integration. Wen unter uns würden Sie auswählen, integriert zu leben? Wen würden Sie damit töten? Die ganze Truppe steht unter Waffen. Über Integration nachzudenken bedeutet für sie das gleiche wie wieder auf den Farmen zu leben, wo die Todesdrohung täglich über ihren Köpfen hing. Glauben Sie, wir haben die Farmhäuser überlebt, damit Sie uns den kollektiven Selbstmord empfehlen?«

Er sagte, es hinge von ihnen ab, ob sie die Integration wollten, und versuchte sich zu erinnern, woher er die Vorstellung hatte, daß am Ende alle Multiplen dieses therapeutische Rezept akzeptierten. Er versetzte *Rabbit* in eine leichte Trance. Die Frau wurde hin- und hergetrieben, während sie an *Rabbits* Erinnerung teilnahm.

Die Ichs waren an diesem Tag sehr lebhaft: Sie zeigten Entsetzen und Trauer; hier und da einen belustigten, sarkastischen Ausdruck; das glückliche Lächeln einer, die etwa zwölf Jahre alt sein mochte. Und die ganze Zeit gab es flüchtige Hinweise auf eine bestimmte Haltung, die ihre eigene Musik hörte und ihren Körper im Takt dazu bewegte.

Als *Rabbit* die Erinnerung daran durchmachte, mit einem Lederriemen geschlagen zu werden, war ein tiefes, klagendes Wimmern zu hören, das sich zum Heulen steigerte. Die Tatsache der Schläge, die *Rabbits* Heulen verursachte hatten, erreichte mit einem Mal auch die Frau. Von irgendwoher eilte ein Sein zu ihr, und die Art, wie dieses Sein mit tiefer, wütender Besorgnis von ihr Besitz nahm, ihr den Atem raubte, die unerträgliche Konzentration, als sie und die andere als ein und dieselbe den Atem anhielten, waren ihr voll bewußt. Atmen war wieder möglich. Der Schmerz war vorüber.
Nach der Pause machte Stanley einen Vorschlag.
»Wie würden Sie es finden, wenn Sie einige der Täter kennenlernten?«
»Das trauen Sie mir zu?« Die Frau traute sich selbst absolut nichts zu.
»Warum nicht?« Stanley grinste. »Ich werde dabei sein und eingreifen, wenn es nötig wird. Ich denke, Ihr Anblick wird es diesen Männern leichter machen, die Notwendigkeit einer Therapie für ihre Töchter zu begreifen.«
»Amen«, sagte *Sister Mary Catherine*.

Mit Lippenstift schrieb jemand in dieser Nacht in kindlichem Gekrakel auf den Rand der Badewanne: »Zwei – vier – sechs – acht – Integration wird nicht gemacht.«
»Stanley ist gemein«, sagte später *Lamb Chop* zur Frau. »Er will uns umbringen.«
»Das ist mit Integration nicht gemeint.« Die Frau vermochte nicht weiterzusprechen. Was bedeutete Integration für jede einzelne von ihnen? Sie alle waren Individuen, keine glich der anderen.
»Wirst du es zulassen, daß Stanley uns tötet?« *Lamb Chop* trat mißtrauisch von einem Fuß auf den anderen.
»Nein«, sagte die Frau.

»Auf der Farm hätte der Stiefvater uns umbringen können. Er war größer und stärker. Stanley ist auch größer und stärker als wir. Ich fürchte mich.«
»Das brauchst du nicht«, sagte die Frau. »Wir haben jetzt die Wahl. Stanley hat es möglich gemacht. Niemand wird sterben müssen.«
Die Worte beruhigten *Lambchop*. Aber die Frau hatte das schwindelerregende Gefühl, daß eine, auf der zuviel lastete, gewaltsame statt spitzfindige Gedanken anstellen mußte, um dem Terror Ausdruck zu geben. Die Spitzfindigkeit hatte die Frau bisher auf halbwegs geradem Kurs bleiben lassen, hatte ihr den Eindruck verschafft, sie sei wie alle anderen und in der Lage, für sich geradezustehen.
Mean Joe kaufte eine Flasche *Eau de Cologne for men*; der Gedanke, daß sie wie ein Mann riechen könnte, verursachte ihr Qualen. Jeden Abend verschwanden die Kleidungsstücke, die sie für den nächsten Tag herausgelegt hatte, und wurden durch die ersetzt, die die anderen tragen wollten. Drei Tage hintereinander hatte sie so den gleichen schwarzen Rock mit Weste und die gleiche gemusterte Bluse angehabt.
Dem Treffen mit den Tätern sah sie entgegen als einem Beweis, daß sie, wenn auch durch andere, mit fremden Menschen über ein Thema, über jedes Thema reden konnte. Aber mit Männern in einem Raum zu sein, die das gleiche getan hatten wie der Stiefvater – niemand in der Truppe konnte versprechen, daß aus dem Treffen nicht die Katastrophe des Jahrhunderts würde.

33

Als sie bei Einbruch der Dunkelheit den Parkplatz überquerten, peitschten ihnen kalte Graupelschauer ins Gesicht. An Stanleys Seite betrat die Frau das Haus der Sozialfürsorge. Sie gingen durch die Vorderräume, in denen ehrenamtliche Helfer Konserven und gebrauchte Kleider sortierten. In dem Gebäude zog es und war es kalt, aber die Frau merkte nichts davon. Sie und Stanley gingen weiter.
»Sind Sie sicher, daß das, was ich sage, den Fortgang ihrer Therapie nicht behindert?«
»Auf keinen Fall«, sagte Stanley. »Lassen Sie die Steine fallen.«
Hellgrüne Wände, ein altes Ledersofa, ein Kreis von Stühlen, einige gepolstert, die anderen aus Plastik. Der Raum war erfüllt von männlichen, witzereißenden Stimmen, und sie stand in der Tür, an Stanleys Seite, sah die Männer sie anblicken und hörte, wie die Geräusche verstummten.
Sie setzte sich neben Stanley. Mißtrauisch und zurückhaltend, darauf bedacht, schnell zu Ende zu kommen, stellten sich die Männer mit ihren Decknamen und einer Beschreibung dessen, was sie hierhergebracht hatte, vor. Einige, nicht alle, sahen ihr dabei in die Augen.
»Selbstverständlich wußte sie, was sie tat«, sagte ein Mann in bezug auf die acht Jahre alte Tochter seiner Freundin. Er war neu in der Gruppe. Mit übereinander-

geschlagenen Beinen saß er zurückgelehnt in seinem Sessel. In seinem runden, pausbackigen Engelsgesicht bildeten die hellbraunen Haare und Augen die einzige Farbe.
»Was meinen Sie damit?« fragte die Frau.
»Ich meine«, sagte er, »daß alles, was sie tat, die Art, wie sie auf mich zukam, darauf hinwies, daß sie wollte, was ich ihr gab.«
Einer der Täter machte eine schnelle Bewegung, als wolle er protestieren, aber die Frau hörte, wie sie ihn unterbrach.
»Wollen Sie mir erzählen«, sie klang völlig unbeteiligt, »daß sie im Alter von acht Jahren wußte, was Sex bedeutet?«
»Nun«, er stockte.
»Ist Ihnen nicht eingefallen, daß jemand es ihr beigebracht haben mußte, einer der Freunde ihrer Mutter oder vielleicht auch ihr eigener Vater?«
Er sah weg und räumte ein, daß das möglich sei.
Der kleine Mann, dem sie sich als nächstes zuwandte, war erst zweiundvierzig Jahre alt. Aber sein Gesicht war von tiefen Falten durchzogen, mit dunklen Ringen unter tränenden blauen Augen. »Ich kann mich nicht so ausdrücken wie die anderen Kerle hier. In meinem Kopf ist bloß, daß ich weiß, ich hab' meiner Tochter bös mitgespielt. Es fing an, als sie vierzehn war. Mein Leben stank zum Himmel, und sie war die einzige Person mit Herz. Ich werd's nicht mehr loswerden. Ich weiß, ich hab' ihr weh getan.«
Dann erklärte er noch, daß Stanley zu viele Fremdwörter benutzte.
»Ich kenn' mich da nicht aus«, sagte er und verstummte für den Rest des Abends.
Von da an hielt die Frau mit den Augen Kontakt zu ihm, um ihm das Gefühl zu geben, sie sei wirklich da, und um

sich selbst zu versichern, daß er gut fand, daß sie da war. Irgendwie wußte sie, daß in jedem der Männer ein geheimer Mechanismus dafür sorgte, daß ihre Handlungen und ihre Kinder ihnen unwirklich vorkamen. So verdrängten sie die Konfrontation mit der Sache.
Wie wurde ein solcher Mechanismus in Gang gesetzt? Bei einigen Truppenmitgliedern machte es klick. Ihre Therapie, unterstützt von der Intensität, mit der sie durch das Manuskript alles noch einmal erlebten, war an einem Punkt angekommen, wo ein Zusammentreffen mit diesen Männern Türen öffnete, von denen sie nicht einmal geträumt hätten, daß es sie gab. Die Frau hörte ein Weinen in sich, und da weinte mehr als ein Truppenmitglied.
Sie sah die Augen des dritten Mannes. Im Schein der Lampe schien seine ganze Sexualität geradeheraus und offensiv in seinen Augen zu liegen.
»Ich bin seit drei Jahren bei Dr. Phillips«, sagte er zu niemandem direkt. »Seit sie mich aus dem Gefängnis entlassen haben. Jetzt kann man mich wieder auf die Straße lassen. Meine Tochter und ich haben jetzt eine gute Beziehung. Sie weiß, daß ich sie liebe und daß mir leid tut, was passiert ist.«
»Ist sie in einer Therapie?«
»Nicht nötig, darüber zu reden. Jemand von der Fürsorge hat dreimal mit ihr gesprochen. Sie wird allein damit fertig.« Seine tonlose Stimme schwankte, seine Pfeife verströmte einen aromatischen Duft.
»Aber es hat drei Jahre gebraucht, bis Sie damit umgehen konnten?«
Die Frau blickte in ihren Schoß.
Ein grobknochiger Mann von achtundzwanzig mit kräftigen Muskeln und struppigen Haaren, die ihm ins Gesicht hingen, erzählte seine Geschichte. Seine Stimme polterte ins Ohr der Frau, als er berichtete, wie er und

seine zweijährige Tochter sich gegenseitig gestreichelt hätten und wie sich das gesteigert habe zu oralem Sex. Der Inzest, nur selten unterbrochen durch die Tränen und Wutanfälle seiner Tochter und einmal wegen ihrer schlechter werdenden Zensuren in der Schule, hatte sich fortgesetzt bis vor einem Jahr, als sie acht wurde. Seine Frau hatte sie weinend in ihrem Zimmer gefunden und ihm alles auf den Kopf zugesagt. Der Mann erzählte, wie er zur Polizei gegangen war, wo man alles aufschrieb und seine Fingerabdrücke abnahm. Der Kommissar hatte zu ihm gesagt: »Freundchen, Abschaum wie du gehört in den Knast. Wenn du auch nur einmal die Bewährung verletzt, krieg' ich dich ran.«

Bei dem Wort »Abschaum« prallte die Frau zurück, obwohl sie wußte, daß es angemessen war. Auch beim Wort »streicheln«, das an diesem Abend oft benutzt wurde, zuckte sie zusammen. Einige Truppenmitglieder ließen den dringenden Wunsch erkennen, diese Männer totzutrampeln. Andere drängten sich bei der Erinnerung an den Schrecken eng aneinander. Einige streckten den Männern verständnisvoll die Hände entgegen. Aus dem Tunnel gab einer still die Losung aus, jetzt Geduld, Mut und Ruhe zu bewahren.

»Als ich heiratete«, fuhr der Mann fort, »brauchte ich so sehr Liebe und Zärtlichkeit. Ich versuchte, meiner Frau keine Schuld zuzuschreiben – sie war kalt wie meine Mutter –, und wendete mich meiner zweijährigen Tochter zu. Ich war immer da, sie war da, und meine Frau tat nichts, um ihr Leben zu retten. Immer wenn meine Frau aus dem Haus ging, erwischte ich meine Tochter und – versank in ihr. Ich liebe mein Kind, und ich wußte, was ich tat, war falsch, aber ich konnte nicht aufhören. Für mich bedeutete das Streicheln Wärme und Zärtlichkeit, nicht so sehr Sex.«

»Einen Augenblick«, hörte die Frau sich zu Stanley

sagen. »Seine Tochter wußte mit zwei Jahren, wie man streichelt?«
Stanley und der Mann nickten.
»Er hat es ihr gezeigt«, sagte Stanley.
Das man einem kleinen Kind so etwas beibringen konnte, war eine ganz neue Vorstellung — wenigstens für das Truppenmitglied, das das Spiegelbild des erwachsenen Kerns war.
»Was hat Ihr Stiefvater Ihnen beigebracht?« Stanley machte sich eine Notiz. Sein wachsamer Ausdruck entsprach dem Druck, den viele Truppenmitglieder ausübten; die Frau nahm wahr, was sie dachten: Was den Männern in diesem Raum von ihren Eltern beigebracht worden war, hatten die Truppen von ihrem Stiefvater gelernt.
Stanley ließ einige der Männer von ihrem körperlichen und sexuellen Mißbrauch als Kinder berichten. Mütter und Pflegemütter, Tanten, Großmütter, Schwestern hatten sie als kleine Jungen mißbraucht. Ihre Väter hatten sie geschlagen, einige hatten sie ebenfalls sexuell benutzt. Sie waren erniedrigt und psychisch mißbraucht worden.
Klick. Da lag die Vergleichbarkeit.
»Das verstehe ich nicht.« *Twelve* wandte sich an Stanley. »Wir haben dasselbe durchgemacht wie sie, und mehr. Aber wir haben Page nie als Sexobjekt angesehen. Warum nicht?«
»Sie haben sich gegenseitig geholfen«, sagte Stanley. »Eine andere Erklärung habe ich nicht.«
Die Männer wußten nicht, wovon Stanley sprach. Der Blonde fing wieder an. Er erzählte von dem sexuellen Mißbrauch durch seinen Großvater, wie seine Brüder und sogar seine Mutter sich seines kleinen Körpers bedient hatten. »Als ich vier war, schien mein Großvater für mich mindestens drei Meter hoch. Wenn ich heute an

ihn denke, schaudert mich noch immer. Niemand hat ihm jemals Widerstand entgegengesetzt.«
Twelve hatte den dringenden Wunsch, seine Verwandten durchzupeitschen, so wie sie sich wünschte, den Stiefvater umzubringen. Ihre Stimme kam ihr wie ein Flüstern vor.
»Wollen Sie damit sagen, daß auch Jungen Angst haben können?«
Er lächelte. »Die hab' ich immer noch. Aber immerhin habe ich die Nerven gehabt, im Radio zu sprechen, wenn auch mit verzerrter Stimme. Und ich habe einen Artikel in der Zeitung geschrieben, anonym natürlich. Kann sein, daß ich ein Feigling bin; aber ich könnte meine Familie nicht mehr ernähren, wenn man mich erkennt. Ich wäre meinen Job los.«
Jobs. Stanley hatte gesagt, daß die meisten dieser Männer bis zu drei Jobs hatten, um während der Therapie die Kosten dafür aufzubringen, daß sie von ihren Familien getrennt lebten.
Ein fünfter Mann, kleiner als die anderen, seufzte, als Stanley ihn aufforderte, zu sprechen. Er nannte seinen Namen und fügte wie die anderen automatisch hinzu: »Ich bin ein Kinderschänder.«
»Sie war zehn. Die Tochter meiner Frau aus erster Ehe. Ich fing an − sie zu streicheln, verstehen Sie? Zuerst wie ein Freund.«
»Freund?« *Nails* Stimme war kalt. »Beschreiben Sie.«
»Beim erstenmal nahm ich sie mit ins Kino. Ihre Mutter war auf der Arbeit. Es war ein Zeichentrickfilm von Walt Disney, und ich legte meinen Mantel auf die Armlehne zwischen uns.«
»Was haben Sie gemacht? Wie haben Sie angefangen?«
»Unter dem Mantel habe ich meine Hand erst so auf ihre gelegt, dann auf ihren Arm, dann auf ihren Schenkel, und sie hat es nicht zurückgewiesen.«

»Sie hat sich nicht bewegt und nichts gesagt?«
»Nein, hat sie nicht. Ich schob meine Hand höher, in ihren Schritt.«
»Sie war zehn Jahre alt«, wiederholte die Frau.
»Ja. Zehn.« Seine Augen irrten über die Wand, er sah sie nicht mehr an. »Hören Sie, sie hat nie nein gesagt.«
»Wie konnte sie?« unterbrach ihn der Mann rechts von ihr. »Sie war wie groß? Ein Meter zehn? Sie müssen ihr riesig vorgekommen sein. Ich bin ein ausgewachsener Kerl, aber mein Großvater ist für mich noch immer ein Riese.«
»Noch was«, sagte *Twelve*. »Opfer glauben, daß sie irgendwie selbst den Inzest herausgefordert haben, deswegen wehren sie sich nicht. Vom ersten Tag an hat man uns beigebracht, zu tun, was die Eltern oder andere Respektspersonen uns sagen. Wir sind machtlos.«
»»Machtlos.‹« Der, den seine ganze Familie mißbraucht hatte, beugte sich vor. »Das bin ich heute noch, wenn jemand mir was tut.«
Starker heißer Kaffee wurde in weißen Pappbechern herumgereicht. Die Frau tauchte auf und wünschte sich, alle säßen auf dem Fußboden. Versteckt in der dunklen Tasche auf dem Stuhl neben ihr lag der Teddybär, ein Trost, den ihr niemand wegnehmen konnte.
»Meine Patientin«, Stanley nickte in ihre Richtung, »ist, wie Sie alle wissen, ein Inzestopfer mit einem besonderen Problem, das durch den Inzest entstanden ist. Sie wird Ihnen erzählen, was sie heute, viele Jahre nach dem Geschehen, durchmacht. Und ich möchte Sie daran erinnern, daß ihr Problem nicht so einmalig ist, wie man früher angenommen hat.«
Sie nannte ihren Namen, buchstabierte ihn, nannte den Namen ihrer Firma und ihren Beruf: Immobilienmaklerin. »Ich benutze meinen richtigen Namen«, sagte sie, »weil ich mich daran gewöhnt habe und weil wir uns

vielleicht eines Tages auf der Straße treffen könnten. Ich hoffe, daß Sie mich dann grüßen werden. Ich jedenfalls werde Sie grüßen.«
Alle sahen sie an.
»Es ist sehr wichtig, daß alle Ihre Söhne und Töchter so früh wie möglich therapeutisch behandelt werden, damit sie lernen, über den Inzest zu sprechen, ihn zu verstehen. Sonst, Dr. Phillips hat es bereits gesagt, enden sie im gleichen Alter wie ich in einem Raum wie diesem. Und wissen gar nicht, wie und warum es passiert ist. Wissen nur, daß sie das meiste in ihrem Leben versäumt haben. Selbst ohne mein spezielles Problem gehen Inzestopfer jeden Tag durch die Hölle, ob es ihnen bewußt ist oder nicht.«
Alle Männer bis auf zwei nickten zustimmend. Stanley hatte gesagt, daß sie zuhören, vielleicht sogar zustimmen würden. Sie war sich des sprunghaften, scharfen Tons ihrer Stimme voll bewußt. Demonstrier ihnen Vernunft, sagte sie zu sich, nichts, was ihnen krank vorkommen könnte. Aber das verlangte Kontrolle, und sie war sich nicht sicher, ob sie das leisten würde. Jemand lachte in ihrem Kopf und riet ihr, sich zu entspannen. Sie bemühte sich. Außer mit Stanley hatte sie schon lange nicht mehr mit irgendeinem Menschen über den Inzest und die Erfahrung der Multiplizität gesprochen. Von Zeit zu Zeit mußte er sie unterbrechen und wieder auf den richtigen Weg bringen.
Als es an der Zeit war, »Penis« zu sagen und »Vagina«, öffnete sich ein anderer Mund für sie und wuchtete die Worte eins nach dem anderen heraus. In ihrem Schädel fühlte sie zwei kalte Augen liegen, die die Männer zwangen, sie bei diesen Worten anzusehen. Der Voyeurismus des Stiefvaters, seine bestialischen Handlungen, die Sodomie – die Männer sahen sich an.
»Wir behaupten nicht«, unterbrach Stanley an dieser

Stelle, »daß jeder hier im Raum so weit gehen würde. Ihr Stiefvater war ein schwer gestörter Mann. Er war krank.« Die Frau nickte. »Zu jener Zeit kam mir das alles ganz normal vor. Ich haßte es, es machte mir Angst; aber erst als ich fortging, erfuhr ich, daß die Menschen nicht so sind.«
»Jesus, das will ich hoffen.« Der Mann neben ihr verschüttete seinen Kaffee.
»Etwas kommt noch hinzu.« Sie sah Stanley nicht an, wohl wissend, daß er ihr keine Anweisungen geben würde. »Jeder Inzest läßt das Opfer ohne wirkliche Beziehung zu sich oder zu sonst jemandem zurück.«
Gesichtsausdruck und Körperhaltung hatten sich in der letzten Stunde laufend verändert. Für jemanden, der sich nicht auskannte, sah es aus wie »Stimmungsschwankungen« einer ungewöhnlich ausdrucksreichen Person. Sie sah auf; die Stimme, mit der sie jetzt sprach, war tiefer und geladen mit mühsam zurückgehaltenem Zorn.
»Sie alle haben betont, Sie liebten Ihre Kinder. Wir haben eine Tochter, sie ist vierzehn. Wir können nicht wirklich behaupten, wir hätten je so etwas wie Liebe empfunden. Haß auf alles mögliche, ja, Liebe, nein. Inzest ist wie ein Dieb; er nimmt den Opfern mehr, als Sie sich vorstellen können. Machen Sie sich nichts vor – unter welchem Vorwand auch immer: Inzest, Kindesmißbrauch muß ausgeräuchert werden.«
Warum sahen die Männer und der Sozialarbeiter sie so an? Was war geschehen? Die Frau zündete sich eine Zigarette an, obwohl sie wußte, daß die mit dem Lippenstift am Filter, die im Aschenbecher vor sich hinqualmte, ihre sein mußte. Sie erklärte ihnen, daß sie eine Multiple sei und was das bedeute. Ihre Beschreibung von *Mean Joes* und *Miss Wonderfuls* erstem Auftritt, ihrer Stärke, die sie völlig überrannt hatte, ließ den Mann neben ihr von seinem Stuhl aufspringen.

»Mein Gott«, sagte er. »Sie müssen vor Angst außer sich gewesen sein.«
Für *Nails*, die sich ihren Weg in diese Zusammenkunft freigekämpft hatte, war das zuviel.
»Sie haben's begriffen«, sagte sie zu ihm und lächelte scharf und schnell.
Es berührte die Frau seltsam, daß keiner ihrer Freunde jemals ihre Angst so begriffen hatte; sie hatten sie herunterzuspielen versucht.
Hinterher sprach sie einer der Männer an.
»Weiß nicht«, sagte er, »irgendwie bewundere ich Sie.«
Gelächter stieg in ihr auf. Sie sah ihn verblüfft an. »Das ist das größte Lob, das ich je gehört habe.«
»Was ich meine: Sie müssen mit mehr als sechzig auskommen, wir bloß jeder mit einem.«
Stanley hielt ihr die Tür auf. Er umklammerte seinen Schreibblock. Obwohl die Frau offen und freundlich aussah, schien er auf alles vorbereitet.
»Hören Sie.« Vor Lachen liefen ihr die Tränen aus plötzlich gelb-grünen Augen. »Diese beiden Neuen. Am besten rammen Sie und die anderen diese Esel ungespitzt in den Boden. Wenn ich das nächste Mal mit Stanley rede, möchte ich hören, daß die Idioten gründlich in die Mangel genommen worden sind; und außerdem möchte ich hören, daß sie zu begreifen anfangen, warum Inzestopfer die meisten Multiplen stellen.«
Nach dem Treffen begleitete Stanley sie in ihr Lagerhaus. Er wollte sie nach diesem schwierigen Abend nicht allein lassen. In dem vorher so trostlosen Raum war bescheidene Gemütlichkeit eingekehrt. Hohe Palmen in Weidenkörben warfen ihre langen, schmalen Finger über die leeren Wände, und die frisch gebohnerten Dielen rochen nach altem Holz. Er saß und trank Tee, während seine Patientin bei sich und außer sich war und gegen so viele ihrer Leute prallte, daß er und sie die Übersicht verloren.

Schmerz brannte in ihr, jähes heiseres Lachen, Tränen vor Kummer über einen Verlust, den sie nicht benennen konnte. Das wilde, freie Lächeln einer, die sich sehr weiblich und sehr sinnlich gab, legte sich über *Twelves* unschuldig-glückliches Lächeln. Und dann gab es da noch die traurigen Tränen einer, die ebenfalls für das Bewußtsein der Frau neu war.
Würde es nie aufhören? Würden immer neue auftauchen? Wie konnten sie so viele sein, die ihr die ganzen Jahre über verborgen geblieben waren? Ihre Verschiedenheit wurde immer deutlicher, als brächten sie ihre jeweilige Individualität dar, drückten ihr ihren Stempel auf. Hinter einem dichten Schleier von Tränen vermochte sie nicht über die Wirkung, die das alles auf sie hatte, mit Stanley zu sprechen. Sie empfand einen heftigen körperlichen Schmerz, der aber gleich wieder verschwand. Ausgelassenheit trat an seine Stelle.
Elvira war aufgetaucht. Sie lachte laut. »Hallo, Charlie«, sagte sie und grinste ihn unter dem Strom von Tränen an. »Mögen Sie Ihren Namen? Wir mögen ihn.«
Aha, dachte Stanley, die Dame mit den zwei Identitäten. Nach all den Monaten kannte er sie gut genug, auch ohne ihren Namen zu wissen, um zu begreifen, daß sie ihn einerseits begrüßte und andererseits einen, wenn auch lahmen, Scherz machen wollte, um die Traurigkeit, die die Frau heute erfüllte, ein wenig abzubauen. Ihr schleppender Südstaatenakzent betonte jedes Wort.
»Sie sind verdammt gierig nach Namen«, spottete sie, »nach etwas zum Anfassen. Gut, ich sage Ihnen einen. Sie können *Elvira* zu mir sagen. Der Name hat mir zwei neue Singles eingebracht. *Elvira!* Doch, der Name gefällt mir.« Ihre Finger schnippten im Takt mit den Oak Ridge Boys. »Hören Sie, Charlie. Der erwachsene Kern sieht mit meinen Augen. Ich lache viel; es ist die Rettung. Wenn sie mit eigenen Augen sieht, wird sie verrückt.«

Jemand versuchte, an ihr vorbei nach dem Teddybär zu langen. Aber *Elvira* hatte die Situation voll im Griff.
»Meinetwegen nennen Sie das Bewußtseinsspaltung oder wie Sie wollen, aber so ist es. Was wollen Sie von uns? Wollen Sie aus uns allen eine einzige machen? Das bringt nur eins, Charlie: unsere Zerstörung. Aber hier haben nur wir etwas zu sagen und das schon seit langer Zeit.«
»Das weiß ich«, sagte Stanley und versuchte, ihren höllischen, nach Schwefel riechenden Sarkasmus zu erfassen. Die Art, wie sie herumschwadronierte, war wirklich unmöglich. Höhnisch, im Stil eines altmodischen Predigers, unterlegte sie ihrer Rede den Rhythmus des *Rock and Roll*.
Stanley sah sie genau an. Er akzeptierte den Namen, den sie ihm genannt hatte; aber er wußte, daß sie auch *Outrider* war. Der Südstaatenslang ließ nach. Die Stimme, die er als nächste hörte, war kalt und nüchtern.
»Wir versuchen, ihr zu erklären, daß wir mit vierzehn genügend sexuelle Erfahrung hatten, um ein Bordell aufzumachen.«

Zwischen den Kinderschändern und dem Stiefvater hatten Unterschiede bestanden. Als die Frau und *Twelve* 24 Stunden später das Abendessen vorbereiteten, waren die Unterschiede immer noch da. Bevor der Stiefvater seine Schuld zugegeben hätte, hätte er Wände eingerissen, Köpfe und Körper zerschmettert. Die Frau sah, wie *Twelve* mit zornigen, lachenden Bewegungen Gemüse für einen Salat zerkleinerte, und realisierte, daß *Twelve* an diesem Nachmittag nicht die einzige Quelle des Kriegsgeschreis war. Direkt neben der Küchenecke, in der die Frau und *Twelve* mit ihren Vorbereitungen beschäftigt waren, schien *Lambchop* vor etwas Wache zu stehen. Ihr kleines Gesicht war rot vor Wut.

»Was macht *Lamb Chop* da?« fragte die Frau flüsternd.
»Was hat sie?«
»Die Kinder bereiten sich auf Weihnachten vor«, sagte *Twelve*.
»Hat *Catherine* dir das nicht gesagt?«
»Wir haben kein Geld für Weihnachten. Waren wir nicht alle so verblieben, daß wir nächstes Jahr feiern wollen?«
»Wir haben ein bißchen was zur Seite gelegt. Ich auch«, sagte *Twelve*. »Die Kinder müssen etwas bekommen.«
Der Frau fiel kein Geschenk ein, das gegen den Ausdruck in *Lambchops* Gesicht in diesem Moment angekommen wäre. Ein Ausdruck, den man nicht beschreiben konnte.
Als sie *Twelves* Salat auf den Tisch stellte, gelang ihr aus dem Augenwinkel ein Blick auf das glänzend rote Lackkästchen, in das *Lamb Chop* ernst und konzentriert hineinstarrte. Zögernd trat die Frau näher und hob den Deckel. Auf einem Stück faulen Fleisches rollten sich in einer Ecke des Kästchens zwei Maden zusammen.
»Rühr das nicht an«, sagte eine kleine lispelnde Stimme.
»Es gehört mir. Du läßt es in Ruhe.« Ein Schnauben, dann Stille.
Die Frau ließ den Deckel polternd fallen und schob den Kasten beiseite.
»Und knall damit nicht so rum. Sie schlafen. Du störst sie. Du bist wie die Mutter, immer in anderer Leute Sachen schnüffeln.«
»Was heißt das: Sie schlafen. Was soll das?« Aus dem Gesicht der Frau war das Blut gewichen.
»Sie sind gerade richtig für diese beiden großen Worte.« Die kleine Stimme verschwand, aber die Frau hörte dahinter die Stimmen vieler anderer Kinder.
»Wenn das ein Weihnachtsgeschenk sein soll«, sagte die Frau, »für wen ist es?«
»Die beiden große Worte sind Rache und Vergeltung«, sagte *Twelve* vom Küchentisch her.

»Es ist ein Spiel, nicht wahr?« Die Frau bekam einen trockenen Hals.
»Ja«, sagte *Twelve*. »Ein Spiel.«
Graupelschnee schlug gegen die Fenster, auf der Straße hupte ein Auto. In dem großen Raum war es kalt. Der Plattenspieler spielte »*Hell Is for Children*«. *Twelve* beließ es dabei, und die Frau kam nicht weiter, so sehr sie es auch wollte. Sie spürte, wie *Twelves* Bewußtsein in sie eindrang, als wären sie in perfektem Gleichmaß verbunden.
»Bei dem Treffen glich niemand wirklich dem Stiefvater«, sagte *Twelve*. »Gibt es sonst keine, die so sind wie er?«
Die Frau wußte es nicht. Stanley hatte behauptet, nur einen brutalen Täter behandelt zu haben, den Berufskiller. Stanley hatte sie auch daran erinnert, daß brutale Täter in der Regel in Familien lebten, die Todesangst vor ihnen hatten. Niemand zeigte sie an, also wurden sie erst entlarvt, wenn ein Kind starb. Durch Gewalt.
»*Black Katherine* hat darauf gewartet«, sagte *Twelve*. »Sie gehört zu *Big Three*. Sie sind zuständig für Frustration, Zorn, Wut. Wenn einer gesagt hätte, er hätte mit seiner kleinen Tochter Sex gemacht, weil es gut für sie war oder weil er ihr beibringen wollte, wie sie es später mit ihrem Mann genießen könnte, oder weil sie ihm gehörte und er mit seinem Eigentum machen kann, was er will . . .«
»Ich hätte hingelangt und ihn geschlachtet«, sagte jemand. *Twelve* lächelte. »Wir haben eine Redensart. Wenn *Rabbit* schreit, ist *Black Katherine* nicht weit. Es ist wie bei *Mean Joe*: Er beschützt *Miss Wonderful* und *Lamb Chop* und all die anderen Kleinen. Aber *Black Katherine* fällt über jeden her, der *Rabbit* weh tut; *Black Katherine* gibt ihnen, was sie verdient haben; von den *Big Three* ist sie die stärkste. Als du in *Rabbits* Qual stecktest, in der Sitzung damals, hat *Black Katherine* den Schmerz von dir genommen. Und auch beim Abendessen mit Norman, als dir das Hühnchen im Halse steckte.«

Twelve hörte auf, laut zu sprechen. Sie tat etwas, das ihr immer sehr leichtgefallen war. Und weil es nicht ihr erster Versuch war, hatte sie in dieser Nacht großen Erfolg. Wie besessen murmelte sie etwas und schickte Gedanke, Bild und Logik vor das innere Auge der Frau – Szene nach Szene, farbig und deutlich, und überließ nichts ihrer Phantasie. Alles wurde ordentlich und unwiderlegbar ausgebreitet, und als *Twelve* fertig war, kannte die Frau *Black Katherine*, ohne daß Platz für Zweifel geblieben wäre.
»Sie tut dir nichts«, sagte *Twelve*. »*Black Katherine* ist nicht hier, um dir oder uns weh zu tun. Aber sie ist die Quelle der Wut, und die wird nie versiegen. Etwas davon wird immer bleiben.«
»Norman würde dir nicht zustimmen«, zischte die Frau. »Die Psychologen sagen, daß ein Opfer so lange nicht gesund ist, so lange es noch böse Gedanken, Rachegelüste hegt.«
»Stanley sagt, kein Opfer kann ohne Zorn leben«, sagte *Twelve* beiläufig. »Die Opfer selbst sagen, es hört nie auf.« Wie um ihre Sicht der Dinge zu beweisen, trat sie beiseite und ließ die Frau mit voller Wucht *Black Katherine* spüren.
Ein unsichtbares Messer drehte sich in ihren Inneren, etwas tief drinnen brach entzwei, und Wut, so alt wie die Zeit, überflutete die Frau. Es war wundervoll, es war eine brutale, eine hinreißende, eine tödliche Wut.
Unverzüglich wußte die Frau auch das Ziel dieser Wut. Hurrageschrei erhob sich im Raum.
In den Schlachten von einst, intonierte eine Stimme mit einem Anflug von irischem Dialekt, genossen wir diese Leidenschaft ohne Reue.

34

Am ersten Montag im Dezember, gegen neun Uhr abends, versammelte sich eine Gruppe von vierzig Menschen, Stanleys Studenten, Freunde und Kollegen, in seinem von Kerzen erleuchteten Haus. Ihre Stimmen vermischten sich mit den Weihnachtsliedern, die aus der Stereoanlage schallten.
An der provisorischen Bar schenkte Captain Albert Johnson aus fast ebenso vielen Flaschen, wie Leute da waren, die Drinks ein. Jeannie, die beschlossen hatte, dieser große, bärbeißige Mann solle sich heute abend amüsieren, erzählte Witze, die sie in der Universität aufgeschnappt hatte, und wartete auf seine Reaktionen. Es gab keine. Mit einem Kopfnicken machte sie Stanley ein Zeichen, der sich daraufhin einen Weg durch die Menge bahnte, um zu ihnen zu kommen.
Albert hatte Eiswürfel aus einer großen Wanne geschaufelt. Als er aufsah und Stanley erblickte, waren seine Augen ein flaches, kaltes Grau.
»Ich mag diese Saufereien, Stanley. Was mit der Truppenformation geschieht, mag ich ganz und gar nicht. Unangebrachte Schuldgefühle, wie du das nennst, loszuwerden und sich eine innere Wut bewußt zu machen, ist eine Sache. Sie auszuagieren, ist etwas anderes.«
»Hängt das nicht davon ab, wie sie es auszuagieren beschließen?« Stanley goß sich einen schaumigen Eierflip in einen durchsichtigen Plastikbecher.

»Meine Frau stammt aus Irland«, sagte Albert. »Die Iren kennen nur einen Weg, Konflikte zu lösen: Krieg.«
»Vergißt du nicht ein paar Dinge, für die die Iren auch noch gut sind?«
»Wenn meine Frau wütend wurde, dann gab es nur noch eins. Der Ire in dem verdammten Tunnel läßt nichts Gutes ahnen, und du solltest etwas dagegen tun. Bis Weihnachten ist nicht mehr viel Zeit.«
Jeannie wußte, wovon Albert sprach. Sie saß oft neben ihm, wenn sie in Stanleys Seminar die Videofilme ansahen. Der Zorn der Truppe hatte einen Punkt erreicht, den sie nur zu gut kannte. Ihre Therapie war noch nicht so lange beendet. Sie war darin dem, was die Truppen planten, gefährlich nahe gekommen – und gelegentlich wünschte sie sich noch immer, sie selbst hätte es auch getan.

Die Besprechung heute war eine reine Formalität, einige Details der Bebauung mußten geklärt werden. *Ten-Four* war eigentlich schon gar nicht mehr im Immobiliengeschäft. Der Käufer gab ihr Feuer für ihre Zigarette, die Flamme beleuchtete jede Falte in seinem Gesicht. Würde sie je einen Mann ansehen können, ohne nach Ähnlichkeiten mit dem Stiefvater zu suchen?
Der Stiefvater hatte eine Erbschaft totaler Leere hinterlassen, auf allen Seiten eingefaßt von Angst und täglichem Wiedererkennen. Erbschaften werden hinterlassen, sagte jemand, aber man muß sie nicht annehmen.
Ich habe Angst, schrie die Frau.
Das Geschäft ist noch nicht abgeschlossen, sagte die Stimme. Wir können nicht weitermachen, so lange es nicht beendet ist. Die Kleinen langweilten sich während der Besprechung. Hinterher rannten sie die Straße entlang. *Twelve* wollte ins Kino; *Nails* sagte nein, es gäbe noch zu viel zu tun; *Elvira* unterstützte *Twelve*. Sie stritten

den ganzen Weg bis zum Selbstbedienungsladen, wo *Lambchop* mit dem Fuß aufstampfte.
»Eines Tages«, warnte *Lamb Chop* sie und hielt *Rabbits* Hand, »werde ich erwachsen sein. Dann wird es euch leid tun.«
»Mußt du wirklich ganz erwachsen sein, um zu gewinnen?« *Rabbits* Stimme trug weit in der frostigen Winterluft.

Zur nächsten Sitzung brachten die Truppen eine Flasche Wein mit.
»Stoßen wir an, Stanley«, sagte *Nails*. »Außer für Sie ist dies keine gute Nachricht. Wir haben das Manuskript fast fertig. Wir haben alle miteinander lange gearbeitet, um das Ding zusammenzubringen, ohne uns gegenseitig zu töten. Die einzige Frage ist: Wenn *Aufschrei* jemals veröffentlicht wird, wie wollen Sie dann unsere Existenz beweisen? Einige von uns werden das Manuskript nie im Ganzen lesen können — aber wir, die wir das können, wissen, wie sonderbar wir uns anhören.«
»Da ist nichts zu beweisen«, sagte Stanley. »Was da steht, ist Ihre Realität. Eines Tages wird die Gesellschaft es begreifen, und Bücher wie Ihres helfen dabei.«
Als die Frau auftauchte, schienen ihre Augen grenzenloses Glück auszustrahlen. Ihr Kopf sank auf die Brust.
»O Gott.« Ihre Stimme klagte leise. Eine andere mit rundem, entspannten Gesicht mußte erfahren, was sie nicht schaffte. »Stanley«, sagte *Miss Wonderful*. »Ist es nicht ein Wunder?«
Stanley begann darüber nachzudenken: eine höllisch anstrengende Therapie und Erinnerungen und Tausende beschriebene Blätter — ein Wunder hatte es *Miss Wonderful* genannt.
Und dann lachte er laut.
Vielleicht hatte *Miss Wonderful* recht.

»Besser, Sie lassen dem Zorn freien Lauf«, sagte Stanley.
»Ich versuche es.« Die Frau klang müde. »Aber bei den Kindern muß ich mich beherrschen, oder ich erwürge sie. Mir wird klar, was sie vorhaben. Es gefällt mir nicht.«
»Was erschreckt Sie?«
»Wenn ich ihnen nachspioniere, komme ich mir vor wie meine Mutter. Ich hasse es. Aber was sie mir ins Haus bringen, ist höchst seltsam.«
»Sie sind nicht mit den Muppets und dem ›Krieg der Sterne‹ groß geworden. Sie sind aufgewachsen mit einem sehr realen Spiel nach den Regeln der Erwachsenen.«
»Sie behaupten, ich würde noch mehr Erinnerung brauchen, und Sie haben recht. Ich kann dem Kerl nicht gegenübertreten ohne einen Berg von Beweisen. Offenbar erinnere ich mich am genauesten, wenn ich todmüde bin. Nur — wie kann ich noch müder werden als jetzt schon?«
»Sie haben gerade aufgehört, in einer verkommenen Wirtschaftswelt Immobiliengeschäfte zu machen. Sie sind dabei, das Manuskript zu beenden; Sie illustrieren ein Büchlein von fünfhundert Seiten; Sie treffen sich mit Ihrer Tochter und haben pro Woche sechs Therapiestunden. Das alles bedeutet Anstrengung, und neunzig Prozent davon verlangt eine unglaubliche Kreativität.«
»Sie meinen, andere Leute haben nicht dieses Tempo?«
»Ich meine, Sie gehen zu schnell. Und Sie sind zu hart mit sich selbst. Übrigens: Ist es denkbar, daß denen, die sich rächen wollen, die Existenz des Buches genügt?«
Von *Black Katherines* Spiegelbild kam die Kälte, die sie in diesem Moment ausstrahlte.
»Wir alle handeln rational. Wenn andere durch das Buch und die Videofilme eine Wahl ermöglicht bekommen, die wir nicht hatten, so ist das genug. Erwarten Sie von uns nicht, daß wir Abbitte tun und ihm Mitleid entgegenbringen oder auch nur ein freundliches Wort. Nie.«
Sein Tod jedenfalls würde nicht genügen. Als ihr dieser

Gedanke kam, sah die Frau plötzlich ein Bild vor sich: das Gesicht des Stiefvaters, die zornig funkelnden gelben Lichter in seinen Augen, als er sie ansah. Er amüsierte sich, hielt ein Kind fest, das mit den Füßen nach ihm trat und Obszönitäten brüllte.
›Versuch es‹, sagte er. ›Los, versuch es. Ich schlag dir die Fresse gegen die Wand. Dann vergeht dir die Frechheit.‹ Zack. Er starrte sie während des Essens an, grinste schmierig, lachte. Dann ein Blick zur Seite, als die Mutter aufstand, um etwas zu holen. ›Los, sag es deiner Mutter. Versuch's, und ich brech' dir das Kreuz, du Hure.‹
Sie verstand sehr wohl die Botschaft, die dahintersteckte: Ich bin stärker als du; ich kann dich demütigen, quälen, foltern, entwürdigen, und du kannst nichts dagegen machen; und wenn du etwas sagst, wird niemand dir glauben. Ich bin der Sieger, du verlierst!
Die Kinder weinten. Sie stampften mit den Füßen vor Zorn; ihre Stimmen wurden leiser, als sie eng aneinanderdrängten.
Stanley wußte nicht, was vor sich ging. Er sah nur ihr leeres Gesicht und ihre zusammengekauerte Haltung auf dem Kissen.

Am nächsten Morgen stand sie um fünf Uhr auf und arbeitete ununterbrochen am Manuskript, machte nur Pausen, um Tee zu kochen oder die verkrampften Muskeln zu lockern. Um Mitternacht war sie immer noch dabei, immer noch hellwach. Um überschüssige Kraft loszuwerden, tobte sie zu der Melodie von »*Elvira*« und »*Tube Snake Boogie*« durch den Raum. Der Zorn der Kinder war nicht verraucht.
»Wann sind wir dran?« *Lamb Chop* weinte.
»Das Buch wird viel Gutes tun.« Die Frau schenkte heißen Kakao ein und sprach mit ruhiger Stimme.

»Quatsch«, sagte *Twelve.* »Das Buch ist was für Erwachsene. Wir brauchen was für uns.«
»Was meinst du damit?« fragte die Frau, denn sie verstand wirklich nicht.
»Ich meine, daß Erwachsene die Dinge mit anderen Augen sehen als Kinder.«
»Du bist fixer, als für dich gut ist.«
»Das hat der Stiefvater auch immer zu uns gesagt.«
Die Frau begann zu weinen; sie wußte, daß das stimmte. Viele kleine Füße, die verdrossenen, wütenden kleinen Personen gehörten, stampften durch die Küche.
»Es war ungerecht.« *Lambchop* warf die Papierhülle ihres Trinkhalms auf den Boden und weigerte sich, ihn aufzuheben. »Der Riemen tat weh, und jedesmal, wenn du weintest, gesagt zu bekommen, du seist verrückt, war auch nicht gerade schön.«
»Warum sind wir so oft verdroschen worden?« *Rabbit* hob ihre rotgeränderten Augen zu der Tasse mit heißer Schokolade, die auf dem Tisch stand.
»Die Mutter wußte, was für ein Scheusal er war«, sagte *Lamb Chop.* »Sie wollte es bloß nicht sagen. Ich habe oft ihr Gesicht beobachtet. Wenn er direkt vor ihren Augen böse Sachen machte, war es nach einer Weile ganz zu.«
»Also, wie kommt es, daß sie uns die Bösen nannte?« *Twelve* wandte sich stirnrunzelnd an die Frau. »Ich verstehe es nicht.«
Die Frau fuhr fort, den Imbiß vorzubereiten, sie zu beruhigen, den Zorn über die Demütigung zu besänftigen; sich selbst zu sagen, daß sie schon wußte, was gut für sie war.
So wie vor langen Jahren die Mutter?
Lamb Chop holte sich einen Keks aus der Tüte auf dem Regal. »Findest du, daß es fair von ihm war, uns so zu prügeln? Mit seinem blöden Grinsen. Als wären wir so dumm, daß er mit allem durchkommen konnte?«

Stille. Die kleinen Mitglieder der Truppe, von denen die Frau einige noch immer nicht kannte, tauschten Erinnerungen aus.
Mean Joe sang leise vor sich hin, aber sogar das kleine schlafende Gesicht an seiner Schulter begann sich zu rühren.
»Denk mal an den Tag mit dem Teetopf. All dieser kochend heiße Tee.« *Twelve* wäre am liebsten vor ihren eigenen Worten davongelaufen.
Rabbit, die bisher still auf dem Boden gehockt hatte, konnte sich nicht länger zurückhalten. Ihre Schreie zerrissen die Luft.
Die Frau stand stocksteif. »Welcher Teetopf?«
Zwei oder mehr der kleinen Ichs teilten ihr mit, daß ihre Bäuchlein immer noch von dem heißen Tee brannten, als Stanley sie in der Sitzung gerufen hatte. *Rabbit* heulte und hielt sich den Kopf. Die Tränen liefen über den Pullover.
Die Frau hatte das Essen vollkommen vergessen; sie wollte nur noch ins Bett. Sie schlug es nicht einmal richtig auf und blieb liegen, wohin sie gefallen war. Sie tastete nach dem Teddybär. Aus irgendeinem Grund war es sehr wichtig, daß er bei ihr war.
Zack. Am Küchentisch ihr gegenüber saß die Mutter. Unter dem üppigen roten Haar blickten die Augen der Mutter wild und smaragdgrün. Mit der linken Hand faßte sie mit einem Topflappen nach dem Teetopf, mit der rechten langte sie nach ihrer sechsjährigen Tochter und kippte den Topf um. Er war aus feinem weißen Prozellan mit einem rosa Blümchendekor. Aus der Tülle zischte der Dampf. Kochendheißer Tee strömte gleichmäßig heraus.
Rabbit stieß einen furchtbaren Schrei aus, als die heiße Flüssigkeit ihre weiße Baumwollbluse zerknitterte. Der Tee durchtränkte auch die Thunfischbrote, die auf einem

Teller vor ihr standen. *Rabbit* stöhnte und schlang die Arme um sich — vorsichtig, denn es tat furchtbar weh. Die Erinnerung, gefangen in einem der längsten Schläge, die die Frau je erhalten hatte, erschöpfte sie aufs äußerste. Als sie verschwunden war, fand sie sich auf dem Boden wieder, wie sie sich aus Kissen ein Nest baute und ihren Kopf an einer Schulter verbarg. Hinter einem nebligen Schleier sah sie Rückblenden, so klar wie Eis im Winter. Der Geruch von Blumen, Thunfisch und warmem Regen. Die Rückblenden standen still. Ein Gefühl tiefer Bewegung ergriff sie.
Die Kleinen warteten.
In Ordnung, sagte *Lamb Chop*. Jetzt.
Ich fürchte mich.
Untersteh dich. Es dauert nur eine Sekunde. Und mach kein Geräusch. Keins.
Sie hätten sich auch über ein Spiel beraten können, Verstecken im Dunkeln. Bewegung. Vor und zurück, erst gleichmäßig, dann ruckartig. Das Bewußtsein der Frau nahm das, was ihr mitgeteilt wurde, auf. Wie ein unregelmäßig laufender Motor nahm die Empfindung ab und wieder zu. Die Frau wehrte sich. Die Schläge gingen weiter, sie zeigten ein riesiges, viereckiges weißes Tuch. Das Viereck wurde immer größer, glänzend weiß füllte es die Frau vollkommen aus.
Jetzt, sagte *Lamb Chop* zu *Rabbit*. Jetzt.
Während die Frau kämpfte, um das weiße Viereck zu identifizieren, ging ihr das Wort *Küchentisch* durch den gepeinigten Kopf. *Lamb Chop* spannte all ihre Kräfte an. Dann sah die Frau das winzige Kind mit seinen klebrigen Händen, das bei *Seventh Horseman* gewesen war, sah den Kopf mit den goldenen Locken und die zerstörten Augen. Diesmal trug es marineblaue Cordhosen und ein gestricktes Oberteil in verwaschenem Mauve. Ruckartige Bewegungen vor und zurück, das Weinen eines Kindes,

das halberstickt nach Atem rang. Das Kind saß mitten in dem zerknitterten See aus weißem Stoff.
Ein Laken. Sie saß in der Küche des zweiten Farmhauses auf einem Laken. Während der Einmachzeit legte die Mutter immer ein weißes Laken auf den Küchentisch. Die Frau hatte keine Vorstellung, wie alt das Kind war. Aber das Mädchen war zu klein, um ohne fremde Hilfe vom Küchentisch klettern zu können.
Das Bild des Kindes wich zurück und gab den Blick auf den Stiefvater frei. Seine riesigen kräftigen Arme ergriffen das Mädchen und preßten seinen Magen mit würgenden Bewegungen. Wie man es mit jemandem machte, der sich verschluckt hatte. Da war das rosa Ding, ein Ballon, der sich nun in des Stiefvaters Reißverschlußöffnung zurückzog. Dann sah die Frau die blasse, klebrige weiße Masse, die dem Mädchen aus Mund und Nase tropfte.
Sie schlief.

Catherine hatte gewartet. Sie ging mit der Frau ins Badezimmer. Die Badewanne war mit Wasser gefüllt. Benommen legte sich die Frau hinein.
»Gut, Schatz. Keine Schonung für die Gottlosen. Tu mir einen Gefallen. Sträub dich nicht gegen die Erinnerung, bloß weil dir etwas nicht vertraut vorkommt. Gelegentlich setzte der Stiefvater das Mädchen auf den Küchentisch, und zur Abwechslung ejakulierte er in ihren Mund. Eines Tages ging es daneben — das Kind erstickte fast daran.«
Warum wollte sich die Erinnerung nicht einprägen? Die Frau sank tiefer ins Wasser und beobachtete, wie es gegen die Ränder der Badewanne schwappte. Sie suchte einen Ausweg aus *Catherines* Worten, als stecke dahinter noch etwas anderes, Schreckliches. Sekunden später kniete sie vor der Toilette, spürte Holzsplitter unter den

Knien. Sie hielt sich den Kopf, und *Rabbits* gellendes Schreien stieg in unmenschliche Höhe. Nichts davon ging sie an — immer noch nicht.

»Steh auf«, sagte *Catherine*. »Wir haben dir gezeigt, was die Mutter unter Strafe verstand und wie sich das über die Jahre hinzog. Solche Sachen wie der heiße Tee kamen immer dann, wenn die Mutter wieder ein Spiel des Stiefvaters entdeckt hatte. Weil sie ihre Wut nicht an ihm auslassen konnte, richtete sie sie gegen uns.«

Rabbit hielt sich die Ohren zu, schluchzte und konnte gar nicht wieder aufhören. *Catherine* sagte etwas, und *Rabbit* zog sich am Rand des Waschbeckens hoch.

Catherines Stimme wurde weich. »Prima«, sagte sie zu *Rabbit* und bezog die Frau mit ein. »Ich wußte, daß du es schaffst. Es gibt noch mehr zu tun, aber wir lassen es langsam angehen.« *Rabbit* schoß davon, zurück in ihre private Hölle.

Mit einem sonderbaren Ausdruck auf dem Gesicht saß das Kind immer noch mitten auf dem Laken. *Catherine* wartete einen Augenblick, aber die Frau reagierte nicht, als klar wurde, was dieser Ausdruck und die Gedanken des Kindes bedeuteten.

»Du siehst mich an«, sagte das Mädchen, »mich, nicht dich. Hilf mir.«

Die Frau merkte, daß *Catherines* erwachsener Verstand formulierte, was das Kind dachte. *Catherine* wollte nicht verstummen. »Hörst du zu?« fragte sie.

»Erledigt und dreckig«, sagte *Elvira* mit einer Spur von Trauer in der Stimme.

Das Kind wartete schweigend.

»Sie ist das Spiegelbild des schlafenden kindlichen Kerns«, sagte *Catherine*. »Eine der Toten, ich habe nur ihr Denken und ihre Sehnsucht weitergegeben. Tot und vergangen. Macht deine Lage angenehmer, was? Und jetzt willst du mir antworten und kannst es nicht. Du

spürst die andere, die sagt: Ich verstehe nicht, das Spiegelbild des erwachsenen Kerns, und all die Leere, die nur für kurze Zeit außer Kraft gesetzt wird, wenn sie verwirrt auf die Bruchstücke ihres Lebens blickt.«
»*Catherine* ist ein Biest«, sagte *Elvira*, »aber ein ehrliches Biest.«
Elvira stellte die Musik lauter. Die Frau konnte weder sprechen noch sich bewegen. Wie ein nasser Sack saß sie da, mit leerem Gesicht und einem unentschlossenen Zug um den Mund.
Catherine war nicht zu stoppen. Sie sagte, daß die Erstgeborene, als sie mit zwei Jahren starb, sich in zwei Kerne spaltete: einen latent kindlichen, einen potentiell erwachsenen. Sie erklärte, wie die beiden Kerne schliefen und daß an ihrer Stelle Spiegelbilder entstanden waren, die das, was den anderen Ichs geschah, in sich aufnahmen. Die Kerne selbst, sagte sie, nahmen den Mißbrauch nicht wahr.
»Die Kerne«, sagte die Frau, »schlafen an *Mean Joes* Schulter. Ich weiß es, ich spüre, wie er sie beschützt. Ich wußte nur nicht, was sie waren.«
»*Mean Joe* ist in Sicherheit«, sagte *Catherine*. »Die Kerne haben wahrscheinlich eine ähnliche Erinnerung wie du. Kaum mehr als ein fernes Wissen und ein andauernder Verdacht.«
»Geh weg.« Die Frau weinte nicht, sie wußte nicht mehr, wie das ging.
»Du bist nur ein Ersatz für die Erstgeborene; deine Entwicklung begann in dem Augenblick, als sie sich spaltete und die Kerne sicher schlafen sollten. Du hast mit unserer Hilfe gehandelt, lange bevor du geboren warst. Jemand mußte eine Fassade präsentieren, eine, die die Ursache für den Tod der Erstgeborenen nicht kannte und auch das nicht, was uns danach als Individuen geschah. Von dem kindlichen Kern wissen wir wenig, die Kleine

ist so unentwickelt, daß sie nicht einmal spricht. *Lamb Chop* übermittelt dir das Wesen ihres Spiegelbildes. Was den erwachsenen Kern angeht — ist dir bewußt, daß sie an jenem Tag, als ich unter der Dusche war, zum erstenmal ihren Ellbogen sah? Ich habe vorher nie begriffen, wie abgeschirmt und behütet sie ist; daß der eigene Ellbogen eine derartige Verblüffung erzeugt.«
»Ich weiß nicht, ob ich das wirklich wissen will«, sagte die Frau. »Aber ich vermute, alles wissen zu wollen, war die Voraussetzung für die Therapie. Ich fühle mich so leer.«
»Ohne dir zu nahe treten zu wollen, Liebste: du bist leer. Das ist dein Wesen. Für keine von uns ist es leicht, zu erfahren, daß wir nicht das ursprüngliche Kind, die Erstgeborene sind.«
»Ich kann es nicht glauben.«
»Hast du eine Ahnung, was es für uns bedeutet, wenn jemand sich ständig verweigert? Ich habe dich deswegen gehaßt, bis ich begriff, woher das kam: von uns allen, aus unseren nicht ausgesprochenen Gedanken; ich vermute, ein uns allen gemeinsamer Schutzmechanismus, selbst wenn wir wissen, daß er nichts nützt. Und du, außerhalb des Mißbrauchs stehend, nur mit einem vagen Gefühl des Entsetzens — ich denke, daß das Entsetzen für dich so schlimm ist wie unsere Existenz.«
»Aber ich erfülle einen Zweck?«
»O ja«, sagte *Catherine*. »Das tust du.«
Die Frau wußte nicht, was das heißen sollte, und niemand sagte es ihr. Alle machten sich zum Schlafen fertig.
»Ist es schlimm für dich«, fragte *Lambchop* die Frau, »zu wissen, daß du nicht aus eigener Kraft denkst und alles, was du bist, uns gehört?«
Die Frau antwortete nicht, denn niemand sagte ihr, was sie *Lambchop* erwidern sollte. *Twelve* sagte zu *Lambchop*, sie solle den Mund halten.

»Vielleicht«, sagte *Twelve* behutsam, »könntest du antworten, daß die Frau für uns sehr wichtig ist. Wenn es sie nicht gäbe, hätte das Spiegelbild des erwachsenen Kerns vielleicht keinen Grund, ihre Gedanken an irgend jemand weiterzugeben und wäre aus der Truppenformation vollkommen ausgeschlossen.«
»Wir denken und reden eine ganze Menge.« *Lamb Chop* war kurz vor dem Einschlafen. »Hoffentlich bekommen wir heute nacht eine neue Geschichte erzählt. Der eine im Tunnel redet mehr als alle anderen.«

35

Mit heulenden Stößen trieb der Sturm feuchte Schneeschauer über Cashell, Maryland. Die Truppen störte es nicht. Sie standen an den Fenstern und zeigten sich gegenseitig die Lichter der Weihnachtsbäume, die aus fernen Häusern blau und grün und rot herüberwinkten.

»Bald ist Weihnachten«, sagte *Lamb Chop*. »Die Männer hatten recht. Der Stiefvater schien auch immer vier Meter groß zu sein. Was meinst du, *Twelve?* Heute sind es vielleicht bloß noch drei Meter.«

Lamb Chop hatte einen Platz in dem alten Schaukelstuhl ergattert und erlaubte *Rabbit*, sich neben sie zu setzen. Das rote Lackkästchen stand in der dunkelsten Ecke des Raums.

»Vielleicht nur zwei Meter siebzig«, sagte *Twelve*. »Aber selbst dann gehört er nicht hierher.«

Lamb Chops Augen äußerten eine Frage, sie wisperte mit *Rabbit*, aber dann siegte die kindliche Unschuld, und sie kicherte.

»Ich will nur gewinnen«, sagte *Rabbit*.

»Wir werden gewinnen.« *Lambchop* sah plötzlich alles andere als unschuldig aus. »Es dauert nicht mehr lang.«

»Das sagte er auch immer.« *Elvira* wiegte den Kopf im langsamen Takt der Musik.

Captain Albert Johnson achtete nicht weiter auf den Weihnachtsbaum im Polizeirevier, außer daß er sich fragte, wann er wohl anfangen würde zu nadeln.
»Stanley, wie soll ich diese idiotischen Geschenke einpacken, wenn ich dauernd darüber nachdenken muß, was wohl passieren wird.« Albert hielt den Hörer am Ohr und trommelte mit den Fingern auf den Schreibtisch.
»Albert, sie haben beschlossen, ihn nicht zu töten.«
»Glaubst du das?«
»Ich glaube gar nichts.« Stanley legte den Hörer auf.

Die Frau hatte sich angewöhnt, auf Stanley in der Halle vor seinem Büro zu warten. Gewöhnlich brachte sie den Teil des Manuskriptes mit, der gerade fertig geworden war. Sie wurde nicht müde, sich über die Menge beschriebener Seiten zu wundern, die in einer halben Stunde entstehen konnten. Es schien alles so nutzlos.
»Für dich«, sagte *Catherine*.
Einige Studentinnen gingen vorüber und grüßten. Auch daran hatte sich die Frau gewöhnt. Um neun öffnete sich Stanleys Tür. Eine Frau kam heraus. Sie war klein und zierlich, hübsch und etwa 22 Jahre alt. In der weißen Spitzenbluse und maßgeschneiderten Jeans wirkte sie sehr weiblich, ihr frisches Gesicht glich einem voll erblühten Apfelbaum.
Sie ging langsam davon. Als sie die auf der Bank wartende Frau sah, beschleunigte sie ihren Schritt.
Stanley war schneller. »Lisa«, rief er. »Ich möchte, daß Sie sich kennenlernen.«
Sie kam zurück. Sorgenvolle blaue Augen unter einer schwarzen Mähne tasteten den Raum zwischen der Frau und Stanley ab. Stille.
Unsicher stand die Frau auf. *Sister Mary Catherine* streckte die Hand aus und tippte sanft mit einem schwarzen Filzstift gegen die weißen Knöchel der jungen Frau.

»Es wird besser«, gab sie weiter, was Jeannie Lawson vor Monaten den Truppen gesagt hatte.
Wie um diese Aussage zu überprüfen, sah Lisa rasch Stanley an. In ihren Augen standen Tränen. Ohne ein Wort drehte sie sich um und ging davon.
»Ich weiß nicht«, sagte Stanley, »ob das nun sinnvoll war oder nicht. Sie hat in ihrer Therapie einen gefährlichen Punkt erreicht, mit den Fingerspitzen klammert sie sich an das, was sie für den letzten Rest Gesundheit hält. Sie ist eine Schwester im Geist.«
»Opfer und multipel«, sagte die Frau und mochte es kaum glauben.
»Alle Symptome sind vorhanden«, sagte Stanley. »Ich habe sie getestet und es ihr so schmerzlos wie möglich beizubringen versucht.«
»Nun«, sagte *Twelve*, »wenn sie so weit ist, schenken wir ihr Buntstifte und einen Teddybär. Glauben Sie, daß das hilft? Hat sie viele Kleine? Hat sie große Angst?«
Stanley sagte, ein Teddybär wäre bestimmt nett, und ja, sie hätte große Angst. Von einer schweren Sitzung ging er in die nächste. Seine unsichere, sonst so unauffällige Handhabung des Tonbandgeräts erregte die Aufmerksamkeit der Truppenmitglieder. Das und der geqälte, schmerzliche Blick in seinen Augen veranlaßte sie, sich gegenseitig darauf hinzuweisen, daß auch Stanley nur ein Mensch war; sie hatten das zwar gewußt, aber nie so ganz geglaubt.
»Ich denke, wir können ihm alles sagen«, murmelte *Twelve*. Im Kontrollraum kümmerte sich Tony um seine Regler.
Stanley beobachtete aus den Augenwinkeln, den Kopf über seine Notizen gebeugt. Im Kopf der Frau marschierten die Gedanken auf. Es waren zu viele; sie fühlte sich schwindelig und außer Kontrolle geraten. Der Raum schien zu schwanken.

Stanley sollte nun einen der sonderbarsten Mechanismen der Mulitiplizität kennenlernen.

»Was habe ich gesagt?« Der Schmerz begann im Nacken und klopfte dann heftig an ihre Schädeldecke, als wollte er auf sich aufmerksam machen. »O Mann.« Sie hörte die Worte, ein Kichern, ihr Mund erschlaffte. »Die Zeit verschwindet.«

Für die Frau stimmte das. *Twelve* saß auf dem Kissen und erlebte den gleichen Schwindelanfall. *Twelve* fand es gar nicht lustig, als andere Truppenmitglieder sie beiseiteschoben und ihr dazwischenredeten. Stanley erfuhr, wie die Truppen Norman die letzte Erinnerung an das weiße Laken erklärt hatten, in der der Stiefvater oralen Sex praktiziert hatte — fast mit tödlichem Ausgang.

Die einsame, unbekannte Stimme wurde leiser, die Frau kam wieder an die Oberfläche. Schluchzend hatte sie die Fäden der Erinnerung aufgegriffen.

»Als ich mit dem Bericht fertig war — in klarem, präzisem Englisch, wie mir schien«, sagte sie, »wiederholte er, was ich gesagt hatte. Er sagte, ich hätte eine Allegorie benutzt; aus dem Mund des Kindes sei ein weißes Laken gekommen — ein weißes Laken anstelle des Spermas, das ich beschrieben hatte. Ich saß auf dem Boden und fühlte mich saumäßig, nicht nur, weil ich schon wieder etwas falsch gemacht hatte, sondern auch, weil ich meine eigenen Worte nicht richtig gehört hatte.«

Stanley hatte den Prozeß, der nun konkrete Formen annahm, nie in Worte fassen können.

Norman hatte über den Vorfall einen Bericht in allegorischer Form gehört, die die Frau nicht benutzt hatte. Daraus und aus dem, was er in vorangegangenen Sitzungen gelernt hatte, schloß Stanley, daß Informationen, die für zu schmerzlich gehalten wurden, als daß sie in Hörweite bestimmter Truppenmitglieder ausgesprochen werden durften, von einem Mitglied verschleiert werden

konnten. Ein ganzer Gedankengang mochte dem Zuhörer als Parabel übermittelt werden, und für bestimmte Wörter oder Sätze wurden Allegorien benutzt. Stanley wußte nicht, wer mit dieser List beschäftigt war; aber offenbar hatte jemand in der Truppe die Fähigkeit, zu bestimmten Zeiten die Stimme jeder anderen, die gerade an der Spitze stand, zu »übernehmen«. Das bedeutete, daß das, was andere Menschen hörten, sich von dem unterschied, was die Frau oder auch die Truppenmitglieder zu sagen glaubten. Es stand ganz im Ermessen des sie überrennenden Truppenmitglieds.
Er nahm an, daß die Allegorie in diesem Fall nicht benutzt worden war, um die Frau zu beschützen — eher ein verletztes Truppenmitglied, oder die Kerne.
»Ich fing an, mit Norman zu streiten«, sagte die Frau, »weil ich ihm nicht glauben konnte. Dann fragte er mich: Was machst du mit deinen Haaren? Zuerst wußte ich nicht, wovon er sprach. Dann sah ich einen schwarzen Schatten oberhalb meiner Stirn. Ich hatte keine Angst, Stanley, er war zu weit weg. Später fand ich es heraus. Eben wegen dieses Gefühls von Distanz und weil Norman durch die Haarsträhnen hindurch anzusehen ohnehin das Gesichtsfeld verzerrte, mußte der schwarze Schatten zu jemand anderem gehört haben. Jedenfalls war es nicht meine Hand, die sich da bewegte. Wie soll ich es Ihnen erklären? In dem Moment schien ich keine eigenen Füße, keine Hände zu haben — nur meine Gedanken.«
Das Gesicht der Frau entspannte sich und wurde sanfter. Ihre Augen strahlten. Stanley hörte die Stimme eines Kindes.
»Norman wurde ärgerlich«, sagte die junge Stimme. »Wir gaben ihm unseren Teddybär und sagten: Ist er nicht süß?«
Es war die Stimme eines Kindes und auch wieder nicht. Stanley hatte sie nie zuvor gehört.

»Wir sagten Norman, daß der Bär uns gehörte. Er wußte nicht, was er machen sollte. Er saß bloß da und hielt ihn fest und sagte immer wieder: Du lieber Himmel! Und wir lehnten uns zurück und kicherten, denn Norman sah so dumm aus. Wir sagten ihm, daß das Bäuchlein des Bären mit Erdnußschalen gefüllt wäre statt mit Baumwolle und daß wir den Bär sehr liebhätten. Wir konnten nicht aufhören zu kichern, egal wie böse Norman guckte. Wir erzählten ihm, daß Page in der vergangenen Nacht den Bär mit ins Bett genommen hatte. Norman sagte bloß: ›Wem gehört er denn? Mit wem rede ich jetzt?‹«
»Charlie«, unterbrach *Elviras* Stimme, »keine von uns sagt Norman ihren Namen. Er würde nur lachen.«
Als *Elvira* sprach, gab es verschiedene Stimmen und hineingewoben eine Melodie, schwer von Trauer und Schatten. Einige der Stimmen waren gereizt und streitlustig, sie sprachen über naheliegende Probleme. Andere waren beladen mit der Erinnerung an den Schmerz. Für Stanley wurden die Dinge immer unübersichtlicher, während die Frau mit leeren Augen nur dasaß, scheinbar blind und taub gegenüber allem.
Stanley spürte, wie die Energie im Studio immer stärker wurde. Angesichts der vielen Truppenmitglieder, die auftauchten und wieder verschwanden, wunderte ihn das nicht. Wieder sprach ein Kind.
»Norman legte dann seinen Kopf in die Hände, und seine Augen sahen ganz merkwürdig aus, als weinte er. Wir fühlten uns gar nicht gut dabei. Wir wollten doch nicht, daß jemand weinte. Norman saß wie festgenagelt auf seinem Stuhl, starrte uns immerzu an und wußte wahrscheinlich nicht, was er sah. Wird er das je? Werden die Leute immer weiter denken, wir seien eine?«
»Wollen alle voneinander getrennt bleiben?« fragte Stanley.
»Möchten Sie denn mit Ihrem Nachbarn von nebenan

oder Ihrem Bruder einfach zusammengemischt werden?«
Twelves Stimme war schwach, und dann kam die Frau hervor und zerfetzte ein Papiertaschentuch in ihrem Schoß. »Ich hatte den Bär in der Hand«, sagte sie, »das ist alles, was ich weiß. Norman schien das Thema wechseln zu wollen, um es von dem Bären wegzubekommen. Er sagte etwas von Bewußtseinserweiterung. Er denkt, das brauchen wir. Er sagte, einige Leute hätten es darin so weit gebracht, daß sie ein weißes Licht sehen könnten. Ich erzählte Norman, daß ich so weit auch schon gewesen sei. Ich habe es Ihnen nie erzählt, Stanley, aber in einer der Sitzungen stieg ich auf in das weiße Licht. Es war blendend und scharf, als sei es der eigentliche Kern meines Seins. Auf einmal war ich nicht mehr hier, sondern tatsächlich im Zentrum meines Geistes. Es war, als spazierte ich dort herum, zufrieden und lachend. Ich wußte, daß ich nicht zurückkehren mußte.«
Stanley starrte die Frau an, die gerade erklärte, wie sie aus eigener Kraft einen Zustand erreicht hatte, nach dem zu allen Zeiten Jünger und fromme Menschen sich gesehnt hatten. Die meisten von ihnen waren gescheitert.
»Erzählen Sie mir davon«, sagte er. »Wie kam es Ihnen vor?« Sie zuckte die Achseln. »Vor allem, von Vorkommen kann nicht die Rede sein. Es war absolut wirklich, es geschah mir. Oder wenigstens war ich ein Teil davon. Ein Raum, ohne Anfang und ohne Ende. So weit, so leer – so hell. Weiß. Ich war dort oben ganz allein, in meinem eigentlichen Wesen.«
»Wissen Sie, womit dieses weiße Licht, das Sie erlebt haben, in Verbindung gebracht wird? Wissen Sie, was die Leute glauben, daß es bedeutet?«
»Norman sagte mir, was er meint. Ich bin anderer Ansicht. Norman sagt, es ist etwas Spirituelles.« Die Frau spuckte das Wort geradezu heraus. »Sich in Verbindung mit dem Allmächtigen bringen.«

»Oder?« warf Stanley ein, der ihre Erklärung hören wollte.

»Es hat nichts mit Gott zu tun. Es ist die Macht meiner Gedanken. Ich muß mich selber retten, niemand kann es für mich tun.«

»Was Sie beschreiben, haben andere Menschen ebenfalls erfahren. Wissen Sie, was man mit einigen von ihnen gemacht hat?«

»Sie wurden als Hexen verbrannt«, sagte sie.

»Die Kirche, religiöse Führer in vergangenen Jahrhunderten fürchteten die, die diesen Zustand erreichen konnten. Nicht alle wurden verbrannt. Da waren die, die es schließlich erreicht hatten, dieses weiße Licht, von dem Sie sprechen — ist Ihnen bekannt, was mit denen geschah?«

»Sie wurden Fanatiker? Religiöse Eiferer?«

»Nein«, sagte er. »Die, die nicht verbrannt wurden, wurden später heiliggesprochen.«

»Soviel können Sie mir gar nicht bezahlen, daß ich heilig werde.«

»Wissen Sie«, fragte er, »was ein Medium ist?«

»Ja. Jemand, der mit Geistern in Verbindung tritt.«

»Abgesehen davon ist ein Medium jemand, der das, was Sie unbewußt machen, mit Bewußtsein tut.«

»Das verstehe ich nicht.«

Die Stimme klang plötzlich keck und unschuldig. Stanley und Marshall hatten das Phänomen der raschen und vollständigen Wechsel diskutiert. Sie hatten darin übereingestimmt, daß neben diesem Phänomen es auch noch einzelne, nicht identifizierte Truppenmitglieder gab, die zu bestimmten Zeiten durch andere sprechen konnten.

»Die Yoga-Stellungen«, sagte Stanley und übersah die Veränderung, wie er andere ignoriert hatte, »Ihre Fähigkeit, sich vollkommen von der Welt um Sie herum zurückzuziehen, Ihre Konzentrationsfähigkeit, all das

sind Teile der gleichen Kraft. Man könnte auch Geschenk dazu sagen.«
»Sie sagen, ich täte unbewußt das gleiche wie Medien und Yoga-Lehrer? Ohne es zu wissen?«
»Genau das meine ich. Einige Wissenschaftler halten diese Begabung, sich versenken zu können, für die Grundlage der Multiplizität.«
Er fügte nicht hinzu, daß er inzwischen *Twelve* und nicht die Frau für den Ursprung dieser »Begabung« hielt. Eine solche Enthüllung konnte *Twelve* dazu veranlassen, sich wieder zu verstecken, und er brauchte sie, in vorderster Linie. Wenn seine Wahrnehmung ihn nicht trog, hatte *Twelve* heute abend viel gesagt.
Er bat um eine Pause, und während er durch die Halle zum Waschraum ging, dachte er über Lisa und Jeannie und die Truppen nach. Jeannie hatte drei Ichs, Lisa würde wahrscheinlich am Ende der Therapie bei neunzehn angekommen sein. Nach dem Stand von heute abend, die unbekannten Stimmen und die neuesten Seiten des Manuskripts mit einbezogen, betrug die Zahl der Truppen etwa neunzig. Alle drei Patientinnen waren Überflieger, superintelligent. Jeannie hatte nach Integration verlangt. Wozu Lisa sich entscheiden würde, wußte er nicht. Die Truppen mit ihrem stählernen Rückgrat und den Mündern aus Eisen würden einer Integration nie zustimmen. Jeannie, Lisa und die Truppen hatten alle dieselben Probleme mit elektrischer Energie. Lisas Freunde behaupteten, sie habe »eine glückliche Hand« als Fernsehmechanikerin; sie könnte perfekt Ton und Bild genauso »befehlen« wie Störungen und Rauschen. Alle drei Patientinnen zeigten die Gabe der Vorausschau, aber das »weiße Licht« heute war trotzdem ein Schock gewesen.
Intelligenz beiseite, gab es unbestreitbare Gemeinsamkeiten zwischen den drei Frauen? Seine Gedanken konzentrierten sich auf eins: unendliche Wut.

Stanley spritzte sich kaltes Wasser ins Gesicht, krempelte die Ärmel hoch und hielt seine Handgelenke unter den Wasserstrahl.
Als er ins Studio zurückkam, saß die Frau mit ausdruckslosem Gesicht am Boden, und ein leises Geräusch war kaum als Kichern zu erkennen. Aber gleich darauf schallte *Twelves* Lachen. Und dazu ein erfreutes, angstfreies Lächeln.
»Mein Kopf«, sagte *Twelve*. »Mein Kopf.« Sie drehte den Kopf nach links und zeigte auf ihre Nase. »Mein Kopf ist ganz voll, Stanley. Ich fühle mich so leicht, so schwebend. Ich komme mir vor wie betrunken.«
Twelve hatte schon früher oft versucht, den Zustand der Unausgewogenheit zu beschreiben, über den die Frau klagte. Stanley erkannte auch jetzt *Twelves* Stimme, obwohl sie sich nicht vorgestellt hatte.
»Heute abend sind so viele da. Kein Wunder, daß Sie sich so fühlen«, sagte Stanley.
»Ja.« *Twelve* lächelte und wiegte sich auf dem Kissen. Sie versuchte, sich daran zu gewöhnen.
Flüchtig erhaschte Stanley auch einen Blick auf die Frau, die verwirrt und offensichtlich deprimiert *Twelves* Stimme hörte.
»Stanley«, flüsterte *Twelve*. »Die Scheune. Ich sitze dahinter, schaue auf das Feld und den Obstgarten. In meinem Rücken spüre ich die Wärme der alten Holzplanken. Es ist ein sehr heißer Augusttag. Die Sonne scheint auf meine Knie, ich sehe es, sie glänzen und sind ganz braun. Die Pflanzen, die da wuchsen, nannten wir Elefantenohren, wegen ihrer großen grünen Blätter. Ich will mich unter ihnen verstecken, die Erde ist da schwarz und schwer. Ich sitze hier schon lange, der Stiefvater hat schon mehrmals gerufen. Ich will hier nicht weg.«
An *Twelves* Stelle trat jetzt eine andere Stimme, genauso

jung, aber weniger mädchenhaft, eher »berichtend« als »erfahrend«.
»Wenn er rief, hatten wir zu kommen. Hinten in der Scheune führten enge, abgenutzte Stufen nach oben. Da hinauf auf den Heuboden ist ein langer Weg. Da oben liegt das Heu, es duftet; im Sonnenlicht, das durch ein großes Loch in der Mauer fällt, tanzen die Staubkörnchen. Der Stiefvater hat die graue Katze im Nacken gepackt und ihr Kleines unterm Arm. Er geht die Treppe rauf, sein Hemd riecht nach Schweiß, als hätte er sich tagelang nicht gewaschen.«
»Das Pferdehalfter«, wimmert *Twelve*. »Ich sehe das Pferdehalfter an der Wand. Halfter.«
Mehrere Augenblicke war außer *Twelves* Weinen nichts zu hören. »Mein Bauch tut weh«, sagte *Twelve*. »Er zerrt mich hoch. Die Katze ist verrückt, sie jault. Ich hasse die Katze. Er wird wieder anfangen, ihr etwas zu tun.«
»Was macht er mit der Katze?«
»Es ist schwer«, sagte *Twelve*. »Mir fehlen die Worte.«
Stanley sah sie genau an, erkannte ihre Stimme und Gesichtszüge, trotzdem wirkte sie heute anders. Dann wurde ihm klar: *Twelve* sprach als die Sechsjährige, die sie im zweiten Farmhaus gewesen war.
»Er hat das Pferdehalfter schon bereit, aber erst quält er die kleine Katze«, sagte *Twelve*. »Es ist ein Kater. Wenn wir nein sagen, setzt er sich auf uns, daß wir uns nicht mehr rühren können, dann setzt er uns den Kater auf die Brust. Er läßt dessen kleinen roten Finger herauskommen, und dann kneift er hinein. Der Kater kratzt mich. Ich bin voller Blut.«
»Blödes Spiel«, ging *Lamb Chop* dazwischen. »Ich mag nicht im Heu eingebuddelt werden, ich fürchte mich, wenn es über meinem Kopf zusammenschlägt und mir in die Augen piekst. O«, weinte sie, »er hat seinen Fuß auf meinen Rücken gestellt, er läßt mich nicht aufstehen.«

»Die Bretter sind alt«, murmelte *Twelve*, »und der Weg nach unten ist weit. Niemand sollte da hinaufgehen.«
»Es ist richtig gemein«, schluchzte *Lamb Chop*. »Manchmal ging er so, mit dem einen Fuß auf meinem Rücken. Gemein.«
»Was?« Stanley war verblüfft, und *Lamb Chops* kleines Gesicht verzog sich vor Anstrengung, es ihm zu erklären, in lauter Falten.
»Als wenn du an einem Fuß einen Rollschuh hast und am anderen keinen«, sagte sie. »Das Pferdehalfter hängt an einem Haken an der Wand. Und da steht ein alter Holzstuhl.«
Lamb Chop weinte beim Anblick des Stuhls und schüttelte den Kopf. »In einem der Balken ganz oben unter dem Dach ist noch ein Haken.« Sie weinte heftiger; Stanley merkte, daß das entsetzte Wimmern und die leise Stimme zu *Rabbit* gehörten.
»Der Stiefvater setzt uns in das Pferdehalfter. Er steht auf dem Stuhl und hakt das Halfter in den Flaschenzug. Am Seil werden wir hochgezogen, hängen über der Tenne. Ich hasse ihn. Es geht tief hinunter. Sind alle Spiele so?«
»Das genügt«, sagte *Lamb Chop* mit Bestimmtheit, aber Stanley hatte nicht neun Monate mit dieser Patientin verbracht, um jetzt aufzugeben.
»Wer kommt jetzt heraus?« fragte er.
Elvira tauchte auf. Sie riß den Mund auf. Die Worte waren die des kleinen Mädchens, das sie damals gewesen war.
»Ich will nicht, ich will nicht, ich will nicht«, kreischte sie.
»Was will er dir tun?«
»Das rosa Ding«, sagte *Elvira* etwas ruhiger. »Ich will es nicht anfassen. Und das vom Kater auch nicht. Der Stiefvater dreht durch. Als er zum Essen geht, entscheide ich mich. Leb wohl, Kater. Ich habe ihn ertränkt. Der

Stiefvater war zu groß, ich konnte ihn nicht töten. Ich habe viel darüber nachgedacht, mit dem Gewehr oder dem Messer? Aber er war zu groß. Also habe ich die Katze ertränkt.«
Kinderlogik. Stanley akzeptierte sie. »Und die, die der Stiefvater zwang, mit ihm Sex zu machen?«
»Sie war hier«, sagte *Elvira*, »aber *Catherine* hat sie wieder fortgeschickt. *Sixteen* hat *Sister Mary* wochenlang an den Rand der Verzweiflung getrieben. Es war zuviel. *Sister Mary* kann es nicht ertragen, wenn jemand geradeheraus sagt, sie habe Spaß am Sex.« Schnipp. Schnipp. *Elviras* Finger schnippten einen unhörbaren Rhythmus.
»*Sixteen* kann nicht bleiben?« fragte Stanley.
»Nein«, sagte *Elvira*. »*Sixteen* hat Angst. *Sister Mary* drohte, *Nails* anzustiften, daß sie ihr den Arm bricht. *Sister Mary* weiß aber nicht, daß *Sixteen* nur eine Maske von *Rachel* ist, die viel geiler ist, als *Sixteen* je von sich geglaubt hätte. *Rachel* ist auch verschwunden. Sie weiß, wenn *Sister Mary* schon *Sixteen* nicht akzeptiert, dann wird sie mit ihr erst recht nicht klarkommen.«
Elvira verschwand, und mit rundem Gesicht und jungen Augen sah *Twelve* zu Stanley auf.
»Wir werden größer, jedenfalls einige von uns. Aber *Rabbit* nicht.« *Twelve* machte eine Bewegung in Gürtelhöhe. »*Rabbit* wird nie größer sein als so. Ihre Nase wird immer genau da sein.« *Twelve* machte eine zweite Andeutung, in Schritthöhe.
Plötzlich brach *Twelve* in Tränen aus. »Die Schwalben. Sie nisten in der Scheune. Wunderschöne, frei in der Luft kreisende Vögel mit langen Schwanzfedern. Was geschieht mit ihnen, wenn es brennt?«
Wieder diese plötzliche Umbildung und *Elviras* ältere Augen. »Ich war's«, sagte sie. »Eines Nachts stand ich auf und legte Feuer in der verdammten Scheune. Ein-

fach so. Leb wohl, Scheune.« Sie wartete darauf, daß Stanley etwas sagte, aber er wollte, daß sie fortfuhr.
»Ich wollte den Stiefvater ins Freie treiben«, sagte sie. »Die Scheune war zu bequem als Versteck für das Schwein. *Sister Mary Catherine* beobachtete die Flammen. Die Mutter befahl ihr, ins Haus zu gehen und alles herauszuholen, was sie behalten wollte. Sie hatten Angst, daß das Haus abbrennt.«
»Wo war die Frau, meine Patientin, in der ganzen Zeit?«
»Als die Erstgeborene mit zwei Jahren starb«, sagte *Elvira*, »fing die Frau an zu entstehen. Aber erst in der Nacht, als die Scheune brannte, wurde sie wirklich geboren. *Mean Joes* Schulter ist ihr Geburtsort.«
Nach der Sitzung gingen sie über den verschneiten Parkplatz zu ihren Autos, die mit Eis überzogen waren.
»Die ganze Zeit schon frage ich mich etwas«, sagte Stanley. »Einige von Ihnen scheinen manchmal meine Gedanken zu lesen. Wie machen Sie das?«
»Es ist nicht besonders nett, nicht wahr?« *Twelve* lächelte. »Wenigstens sagt *Sister Mary Catherine* das. Wenn eine von uns damit anfängt, sagt sie: ›Geht da weg.‹ Wir lesen nämlich keine Gedanken, Stanley, wir besetzen sie einfach. Wir sind in Ihrem Bewußtsein gewesen.«

36

Heiligabend. Die Nacht war gekommen.
»Der Schnee gefällt mir.« *Lamb Chop* streckte die Zunge heraus und fing die Schneeflocken auf, die vor dem offenen Fenster der Fabriketage langsam herabsanken.
»Beeil dich«, sagte *Rabbit*. »Ich muß noch mein letztes Päckchen einpacken. *Twelve* hilft mir dabei.«
»Macht das Scheißfenster zu«, schrie *Sewer Mouth* hinter ihnen.
»Schlängeln sich deine?« *Lambchop* kämpfte mit dem Fensterflügel. »Meine schlängeln sich, und ich hab' Angst, daß sie sich auf der Reise das Gehirn beschädigen.«
»*Twelve* sagt, sie haben kein Gehirn, keins von ihnen.«
»Sehr gut«, sagte *Lambchop*. »Dann wird sich der Stiefvater nicht so allein fühlen.«
Braunes Packpapier und Bindfaden waren im ganzen Raum verstreut, und die Kleinen beeilten sich, aus allen Ecken ihre Schätze herbeizuholen. Sie erinnerten sich an den alten silbernen Fingerhut, den die Mutter an allen möglichen Stellen verlor, und an die Stunden, die sie mit der Suche danach verbracht hatten.
»Bei dem Spiel war ich gut«, sagte *Elvira*.
»Nicht alle Spiele sind so einfach.« *Lamb Chop* verschnürte ein kleines Paket.
Im Raum waren mehr als neunzig Personen versammelt. Nicht alle kannten sich. Auf der Kochplatte kochte duftend und dampfend die für die Kleinen bestimmte Milch.

Eine von den Erwachsenen hatte eine Flasche Whisky aufgemacht, dessen kräftiger Geruch die Luft durchzog. In den Adern der Frau sang und summte etwas ebenso Kräftiges und machte sie auf die Veränderung im Verhalten der Truppe aufmerksam. *Sister Marys* Veränderung war am offensichtlichsten. Mit durchgedrückten Knien saß sie am Boden und sah zum letztenmal das Manuskript durch. Der Rosenkranz war nirgendwo zu sehen.
Wohin die Frau auch sah, überall fand sie gemeinschaftliche Anstrengung, hörte das Murmeln der Stimmen; alle waren über irgendwelche Aufgaben gebeugt, die sie nicht durchschaute. Die Besetzer des Lagerhauses hatten sich in zwei Gruppen geteilt: Erwachsene und Kinder. Die Frau gab sich Mühe, zu verstehen, was sie sagten, aber sie hörte nur Stille.
»*Nails*, was hältst du von all dem?« fragte *Catherine*.
»Diese Aufregung. Ich kann sie spüren, die noch nicht aufgetaucht sind. Es ist wieder ein Sturm im Kopf der Frau.«
»Stimmt«, sagte *Nails* und schnippte die Asche von ihrer Zigarette. Sie verfehlte den Aschenbecher.
Lady Catherine Tissieu, die eifrig Seiten durchnumerierte, sah auf, bereit zu widersprechen, und unterließ es dann. Weit hinten in dem höhlenartigen, dämmerigen Raum bewegte sich etwas Schweres. Die Zeit war auseinandergebrochen und für alle außer Kraft gesetzt. In der Ecke dahinten, wo Schatten ihn in mächtige Dunkelheit hüllten, lächelte einer der Erwachsenen und hob sein Glas zu den Worten — denn sie waren seine.
»Kennst du mich jetzt?«
Sister Mary Catherines Hand verharrte über dem Manuskript. Sie neigte den Kopf und lauschte. Die Frau tat das gleiche. Aber während *Sister Mary* in ihrem schwarzen Gewand auf dem Boden sitzen blieb, stand die Frau

langsam auf und ging durch den Raum, auf nichts achtend als auf die Stimme in ihrem Kopf.
Der Gedanke an das Essen mit Norman, der versteinerte Kellner, der Rest einer bestimmten Melodie in ihren Ohren, die Furcht, die durch etwas erzeugt wurde, das — wie sie wußte — neu war, mächtiger als alles andere —, daß jemand ihr gesagt hatte, daß die Zeit nicht dazu da war, gehortet zu werden, sondern aller Saft herausgepreßt werden müsse, denn wenn sie vergangen war, gab es mehr davon — und es fiel ihr ein, wie sie in der Nacht, in der sie mit Thementa ausgegangen war, in der Stimme des irischen Bombenbauers den irischen Dialekt nicht hatte hören können.
Die Frau begann zu zittern, so wie *Sister Mary*, und beide waren sich weicher, jammernder Schluchzer bewußt. *Sister Mary* am Boden über dem Manuskript sitzend, machte klickklickklick mit den Rosenkranzperlen. Mit grimmigem Gesicht schenkte *Ten-Four* Whisky nach.
Die Schluchzer wurden lauter und hämmerten gegen ihre Ohren.
»Pscht, Kind«, sagte die Stimme. »Das Beste liegt vor uns. Ein wenig Trost, um den Weg zu pflastern für die Reise, die bevorsteht.«
Die Stimme sprach zu dem um sich schlagenden, klagenden Wesen, das *Mean Joe* an seine Schulter preßte. Aber niemand sah *Mean Joe* und seine Last, und die Frau nahm an, die Stimme spräche zu ihr.
»Ich verlasse dich jetzt«, sagte sie. »Ich werde nicht dabei sein.«
»Du kannst mich diesmal nicht verlassen«, sagte die Stimme. »Mein Rhythmus ist bereits der deine. Die Zeiten, die uns bevorstehen, werden nicht einfach sein.«
Die Frau spürte die Güte und Stärke — sie konnte das, was er ihr auferlegte, nicht zurückweisen.
»Ich dachte«, sagte sie langsam, »die Idee, den Stiefvater

umzubringen, sei fallengelassen. Nur die Kinder sind unzufrieden. Sie wollen Rache.«
»Sie sollen sie haben. Das ist ihr Recht. Sie haben sie mehr als verdient.«
Die Frau stand vor ihm, und zum erstenmal sah sie sein Gesicht. Tausend einander widersprechende Dinge lagen in seinen Augen, und alle waren wahr.
»Ich habe viele Seiten, und der Mensch siegt auf mehr als eine Art. Mir scheint, es wäre am klügsten, wenn wir an vielen Fronten und viele Tage kämpften, statt nur an einer. Zugegeben, es wäre eine großartige Gelegenheit, dieser eine Tag; aber was lohnt es, wenn wir alle mit dem Feind untergehen?«
Die Frau war sich nicht sicher, ob sie dem zustimmen konnte. In eben diesem Augenblick hielt sie des Stiefvaters Eingeweide in den Händen, sah ihn einen langen Moment sterben. »Erklär das den Kindern«, sagte sie.
»Genau das ist es, was wir tun werden«, sagte er.
»Du bist der, der ihnen kürzlich vorgelesen hat. Warum habe ich deinen Dialekt nicht früher gehört?«
»Du warst noch nicht soweit«, erklärte er ihr. »Jetzt bist du es. Du allein von allen empfindest nichts. Die Kinder werden deiner Stärke vertrauen, deiner Unbesiegbarkeit sogar bei seinem Anblick.«
»Du sagtest, wir würden ihn nicht töten.«
»Ich sagte, wir würden es auf eine Weise tun, die uns erlaubt, an vielen Fronten zu kämpfen und für lange Zeit.« Er legte das Gewicht des Manuskripts in ihre Hände. »Das Ende ist das gleiche geblieben. Es hat immer den Kindern gehört. Es wird ihnen immer gehören.«
Irishman gab das Zeichen.
Weaver hielt die zweite Haut der Erinnerung über dem Arm. Die Haut enthielt all das, was seine flinken Finger je fortgenommen hatten. Die Frau kniete, den Kopf

gesenkt. *Irishman* packte die Haut, hielt sie in Schulterhöhe und ließ sie fallen. Mehr als neunzig Ichs füllten sie mit ihrer Erinnerung. Es gab keine Pause, um Atem zu holen; die zweite Haut schwebte für einen kurzen Moment und umschloß die Frau wie ihre eigene. Sie war die anderen, die anderen waren sie, ein Gedanke, Millionen von Erinnerungen.
Mean Joe konnte ihr nicht helfen; er war in ihr, und seine Erinnerung war ihre. Ein Brausen ging durch den Raum, als wenn in Tausenden von Feldern und hohem Gras jeder Halm sich gegen einen Sturm wehrte, der nicht enden wollte.
Irishman hob die Haut empor. Er ließ die Frau gehen.
Sie fühlte die Hitze einer schrecklichen Frage. »Wenn ich nur eine leere Schale bin, eine Fassade, ist dann irgend etwas von all dem hier meins?«
»Mehr als du je zu hoffen wagtest«, sagte er. »Mehr als du dir je erträumt hast.« Und mit der Kraft seines Denkens nahm er sie zu sich und mit allem, was er war und immer sein würde, und zeigte ihr die Ordnung der Truppen, die darauf warteten, hervorzutreten. Er zeigte ihr die toten Kinder an *Mean Joes* Schulter. Die Frau stand in Ehrfurcht vor ihnen, ihr Inneres kochte vor Wut über ihren Schmerz. Der Wunsch nach Rache überwältigte sie.
Sein Ton wurde sanfter, als er sie zwang, sich auf andere, sehr unterschiedliche Gefühle in schwindelerregender, ständig wechselnder Fülle zu konzentrieren.
Erschüttert atmete die Frau die süßeste Luft, die sie je gespürt hatte. »Ich darf das haben? Alles für mich, nur für mich? Genau wie andere Menschen?«
Er kannte die Antwort: Solange sie lebte, würde sie nur durch die anderen empfinden, niemals durch sich. Solange sie lebte, würden die anderen da sein. Aber da sie lernten, auch die guten Seiten des Lebens aufzuneh-

men und ein Teil des Hasses und des Argwohns allmählich versiegte, würden sie ihr viel geben können.
Und deshalb log er.
»Ja«, sagte er. »All das und noch mehr.«
Ihm standen viele Variationen zur Verfügung, deswegen war das für ihn, relativ gesehen, keine große Lüge, sondern nur eine kleine, harmlose.
Aber im Tunnel würde in dieser Nacht donnerndes Schreien zu hören sein, und die Mauern würden vor seiner Wut erzittern, denn er war eine gütige Seele und hatte seine Gefühle nie zurückhalten oder verstecken können.
Für diesen Augenblick gab er nun das endgültige Signal, und die Kinder versammelten sich um ihn. Im Raum gab es keinen Weihnachtsbaum und auch keine lustig verpackten Geschenke, nur eine Ansammlung von kleinen Päckchen, in braunes Papier gewickelt, die sie fest an sich drückten.
Mit schwerem, freundlichem Akzent begann die Stimme zu lesen.

Die Stunde der Kinder*
Zwischen Dunkel und Tag,
wenn die Nacht sich zu senken beginnt,
kommt die Pause in des Tages Geschäften,
die den Namen hat: Stunde der Kinder.

In der Kammer da oben hör' ich
das Tappen von kleinen Füßen,
das Geräusch einer Tür, die sich öffnet,

---

* The Childrens Hour – Die Stunde der Kinder. Text von Henry Wadsworth Longfellow, 1807 bis 1882. Amerikanischer Schriftsteller, der europäischen, besonders der englischen Romantik verpflichtet.

und Stimmen, so sanft und so süß.

Im Schein meiner Schreibtischlampe
kommen sie die Treppe herab:
die ernste Alice und Allegra, die lacht,
und Edith mit dem goldenen Haar.

Ein Flüstern, und Stille dann,
doch ich seh' ihre fröhlichen Augen,
sie schmieden gemeinsam den Plan,
wie sie mich überraschen können.

Die Augen der Kinder glänzten. Ohne weitere Vorrede wurde Henry Wadsworth Longfellow auf die Armlehne des Schaukelstuhls gelegt, und der, der mit voller, klarer Stimme las, so daß kein Wort verlorenging, nahm die letzten Seiten des Manuskripts auf und fuhr fort: »Wer will mit mir gehen in den Schlund der Hölle, ins Tal des Todes?«

In Stanleys Haus war es still. Ein Teller mit Weißbrot, gebratenem Schinken, Butter und Senf stand auf dem Couchtisch. Die brennenden Kiefernzapfen im Kamin verströmten einen Geruch nach Wald, und Stanley holte eine Flasche mit irischem Whiskey und zwei Gläser, die klangen, als die Flasche dagegenstieß.
»Ein Geschenk der Truppen«, sagte Stanley zu Albert. »Sie verlangten, daß ich dich heute abend einlade und es mit dir teile. Weil du Anteil genommen hast und weil sie dich ins Manuskript aufgenommen haben und ins letzte Kapitel.«
»Warum ich?« Captain Albert Johnson sah geschmeichelt und mißtrauisch drein.
»Sie haben sich vor Autoritätspersonen immer gefürch-

tet«, sagte Stanley. »Ich vermute, jemand wie du erschreckt sie nicht mehr. Die anderen Kapitel entsprachen der Wahrheit, bis hin zu *Lambchops* Unfähigkeit als Kind, ihren Namen zu buchstabieren. Durch all das versuchte *Irishman* seine Verdammten zurückzuhalten. Jetzt gewährt er den Kindern einen warmen Ofen, gutes Essen und Trinken – und sein Geschenk. Ist dir jemals aufgefallen, Albert, daß Erwachsene für gewöhnlich Kindern das schenken, was sie in Wirklichkeit selbst haben wollen? Dinge, die ihnen gefallen und nicht den Kindern. Ich vermute, daß *Irishman* sich auch in diesem Fall zurückhält und den Kindern etwas schenkt, das sie wirklich mögen.«
»Soso«, sagte Albert. »Willst du mir ein Weihnachtsmärchen erzählen?«
»Richtig«, sagte Stanley. »Zu Ehren des morgigen ersten Feiertags.«
Er nahm das letzte Kapitel und fing an zu lesen:
Die Frau fühlte sich in der schützenden Plazenta, die *Zombie* an diesem Morgen um sie gelegt hatte, sehr ruhig. Kurz vor dem Ende der gestrigen Sitzung hatte Stanley darauf hingewiesen, daß die Ängstlichkeit nie ganz verschwinden würde. Sie würde sich im Lauf der Zeit nur verringern. Das Gefühl, in einem Druckkochtopf zu leben, hatte er gesagt, würde in dem Maß nachlassen, wie der Dampf durch die an die Oberfläche steigenden Erinnerungen langsam entweichen konnte.
Seventh Horseman stand an der Tür und wartete ungeduldig darauf, daß sie losgingen. Aber erst mußte der Mantel bewundert werden. Die Truppen hatten nämlich einen neuen, wie ihn die Frau noch nie besessen hatte. *Miss Wonderful* gefiel sein Rot; *Rabbit* sagte, es sähe aus wie Blut. Aber er war warm, das meinte jedenfalls *Mean Joe*, warm genug für die Arktis. *Ten-Four* warf einen Blick darauf und äußerte ihr Mißfallen darüber, daß alle Welt

so schwere Mäntel kaufte, obwohl die Winter in Cashell, Maryland, nicht danach waren. *Lamb Chop* und *Twelve* faßten den Saum und wischten sich damit über ihre Gesichter.

In der Tasche des Mantels steckte ein Rückflugticket. Das Ticket in der Hand zu haben, beruhigte die Frau, als sie am Fenster stand und auf das Taxi wartete. *Sister Mary Catherine* stand neben ihr — keine von den beiden wollte zur Kenntnis nehmen, wofür das Ticket bestimmt war.

»Hör mal«, sagte *Black Katherine.* »Hast du wirklich geglaubt, daß es Taten gibt, auf die keine Reaktionen erfolgen?«

Sister Mary tat so, als sei sie vollauf damit beschäftigt, der Frau Tylenol einzuflößen, und zog den Mantel enger um sich. Sie schloß die glänzenden, blutroten Knöpfe am Hals der Frau, war behilflich, als hätte sie es mit einem kranken Kind zu tun. Aber die Frau war nicht krank, und ihr Zittern hatte mit Angst nichts zu tun.

Catherine konnte ein Schnurren über die Schönheit des Mantels, den sie ausgesucht hatte, nicht unterdrücken. Sie wünschte der Frau, *Mean Joe* und den Kindern eine gute Reise. *Catherines* Schnurren wurde gedämpft durch das Gewicht der schweren Tasche, die gegen ihre Schenkel stieß. In der Tasche waren die kleinen, in Papier gehüllten Pakete der Kinder.

Seventh Horseman öffnete die Tür.

Und die Frau ging aus dem Raum in Richtung auf den Lastenaufzug, einen Fuß vor den anderen setzend, wie *Zombie* es sie gelehrt hatte.

Auf der verschneiten, windigen Straße stieg sie ins Taxi und sagte zu dem Fahrer: »Dulles Airport, bitte.«

Albert beschrieb sie der Flughafenangestellten, so gut er konnte. Auf der Anzeigentafel über ihr waren die Flüge

nach New York angezeigt, wo — wie Stanley gesagt hatte — die Frau die Maschine nach Rochester nehmen würde. Die Angestellte verstand ihn sofort, als hätte sie von der, die er suchte, ein fertiges Bild im Kopf. Mit einem behandschuhten Finger zeigte sie in eine Richtung, und Albert sah einen weißen Pelzhut über der Menge wippen und darunter den hübschesten Mantel seit dem, den er letztes Jahr seiner Mutter geschenkt hatte.
Von hinten betonte der Schnitt ihre kräftigen Schultern, fiel weich bis zum Gürtel um eine schmale Taille und endete über beigefarbenen Wildlederstiefeln. Er erkannte sie — trotz der Verkleidung und obwohl er ihr Gesicht nicht sehen konnte — an ihrem unschuldigen, ungezwungenen und stolzen Gang. Ein Kind in einem neuen Kleid, das sich in die Ferien aufmachte.
Was hatte Stanley immerzu gestammelt, als vor kaum einer Stunde Albert von ihm verlangte, daß Stanley eingriff, sie zurückhielt, sie alle zurückhielt von dem, was mit Sicherheit eintreten würde, wenn man ihnen gestattete, in die Nähe des Stiefvaters zu gelangen?
»Ich werde es nicht tun, Albert. Ich kann nicht.« Stanley hatte den kürzlich überreichten Packen Papier auf den Tisch geknallt. »Vertrauen zwischen Patientin und Therapeut ist eine Sache auf Gegenseitigkeit. Egal, was andere sagen, die Truppen sind vernünftig. Ich vertraue ihnen, Albert. Ich traue ihnen zu, das zu tun, was für sie das richtige ist.«
»Was ist, wenn ihr Stiefvater ihr etwas antut?« Albert war nicht bereit, es dabei bewenden zu lassen.
»Albert. Diese Frau und ihre Leute haben tödliche Techniken gelernt, die du und ich uns nicht vorstellen können. Von einem Mann, der bei seinen Spielen nie erwischt worden ist. Einem Mann, dessen verbürgte Rechte zu schützen Männer wie du geschworen haben. Außer, natürlich, wenn er nicht in deine Zuständigkeit

fällt. Ganz nebenbei würde ich sagen, daß diesmal er um sein Leben rennen sollte, nicht umgekehrt.«
»Zum Teufel, Stanley.« Albert zog seine letzte Karte. »Sie ist nur eine Frau.«
»Aber einige ihrer Leute nicht.«
Die Person im roten Mantel war durch die Sperre gegangen und würde gleich von dem gähnenden Schlund der Eingangsschleuse verschluckt werden. Albert zündete sich eine Zigarette an und vergrub die Hände in den Taschen seines Wintermantels. Die Zigarette klebte unbeweglich zwischen seinen Lippen, als er zur Flughafenbar schlenderte.

Draußen vor dem Fenster des Flugzeugs sah man nichts als blauen Himmel und ein paar verstreute graue Wolken. Ein Zipfel des sorgfältig zusammengelegten roten Mantels ragte über den Rand der Gepäckablage; die Frau konzentrierte sich auf diese Pracht und zwang sich, das Schlucken und Trockenwischen der Hände zu unterlassen.
Die Stewardeß kam. *Mean Joe* bestellte einen Scotch mit Eis für sich, dazu ein Bier und zwei Gläser Schokoladenmilch. Mit Strohhalmen. Die Getränke reichten gerade für den Flug. Seine rechte Schulter hielt er vorsichtig hochgezogen.
»Ich hab' ihn als ganz schön kräftigen Kerl in Erinnerung«, sagte *Mean Joe*. »Ich hoffe, niemand hier bildet sich ein, es würde ein Kinderspiel.«
»Mir ist egal, wie kräftig er ist«, sagte die Frau. »Ich hoffe, er ist ein Berg von Kraft. Groß genug, um all den Schweiß in unseren Achselhöhlen zu rechtfertigen.« Die Frau lehnte sich zurück, und mit einem Knopfauge sah der Teddybär unter ihrem Arm hervor. Die ganze letzte Nacht war sie hellwach gewesen und fiel nun immer wieder in leichten Schlaf, bis *Mean Joe* sich bewegte und seine langen Beine ausstreckte.

Das Essen, das ihnen serviert wurde, war hervorragend, aber für ihn nicht genug. *Mean Joe* hatte oft großen Hunger. Deshalb war er dankbar für die Tüte aus dem Schnellimbiß, die die Frau ihm eine Stunde später hinüberreichte, und er teilte deren Inhalt: Hamburger, Pommes frites und Gummibärchen. Die Stewardeß staunte über die Mengen von Milch, die die Frau trank. Auf ihre Bemerkung bekam sie keine Antwort.
Die Mitreisenden auf der anderen Seite des Ganges nahmen nur die gelegentlichen prüfenden Seitenblicke *Mean Joes* und seine rauhe, schleppende Stimme wahr, dazu die Gesichtszüge der Frau, die sich nur veränderten, wenn eines der Kleinen sich vergaß und hervorlugte. Weil die Kinder andere Menschen mehr erschreckten als die Erwachsenen, hatten sie versprochen, während des Fluges nur zu reden, wenn sie von einer der ihren angesprochen wurden. Die meiste Zeit verlief es reibungslos.
Die Stewardeß kündigte die Landung in Rochester an und sagte, das Wetter dort sei schlecht. *Lamb Chop* kicherte und überreichte *Mean Joe* ein Paar riesige Lederhandschuhe. Sie zählte noch einmal die Päckchen durch und lächelte — ein schmaläugiges, rundgesichtiges, glückliches Lächeln. *Mean Joe* konnte sich nicht zurückhalten. Er sah auf *Lamb Chop* mit dem lächerlichen, zu erwachsenen Pelzhut hinunter. »Amüsierst du dich?«
»O ja«, sagte sie und schüttelte sich vor Entzücken.

Zurückgekehrt öffnete Stanley die Post, die auf dem Eßtisch lag. Seine Patientin, oder genauer: ihre Besatzung, hatte ihm nicht nur eine Weihnachtskarte geschickt, sondern zwei. Die eine, gekaufte, zeigte einen mit einem einzigen Strich gezeichneten Musiker, das Gesicht war offengelassen. Diese Karte war unterschrieben mit: »Ihre Unvollendete Symphonie.«

Die zweite Karte, handgemalt, trug die Überschrift: »Ein echter alter gälischer Segensspruch« und lautete folgendermaßen:
> Wenn der Nachtwind scharf wie ein Degen aus dem dunklen eisigen Norden weht; wenn das Wasser unter deinen Füßen und in deinen Adern gefriert; wenn dir der Durchgang versperrt ist und niemand kommt, aufzuschließen oder wenigstens mit sanften Worten dich zu beruhigen – in solch dunkelster Nacht, wenn der Mond nicht scheint, möge das Moor dir leuchten mit seinem Licht aus anderer Quelle. Und bevor wir das Wichtigste vergessen: Möge jede Flasche, auf die du triffst, gefüllt sein vom Feinsten.

Die Unterschrift verwirrte Stanley; sie war verschlungen und krakelig, als stammte sie von einem, der mindestens tausend Jahre alt war. Aber schließlich entzifferte er sie: »*Ean*, für die Truppen.«

Das Taxi hielt an der Ecke einer sehr hübschen Straße mit sauberen kleinen Häusern, in deren Fenstern Weihnachtsgirlanden hingen. Die Stewardeß hatte recht gehabt: Es war bitterkalt, so kalt wie vor dreißig Jahren. Wie damals stob ihnen Schnee ins Gesicht, als sie die geschützte Ecke verließen und die Straße entlanggingen. Die Frau zog ihre Fausthandschuhe aus und schob eine kleine Hand in *Mean Joes* größere.
»Ich bin froh, daß du da bist«, sagte sie.

Das Alter hatte dem Mann, der die Tür öffnete, nichts anhaben können, außer daß es seine Gestalt zusammengezogen und Falten in sein Gesicht gegraben hatte. Sein Haar war nicht mehr schwarz, sondern eisgrau. Die Frau begrüßte ihn mit einem zwölfjährigen Lächeln.
»Kennst du mich noch?«

»Nein.« Aber in seinen gelblichen Augen unter grauen Brauen entstand eine Frage, und plötzlich waren es hundert Fragen. Er wollte nicht glauben, was sein Verstand ihm sagte, und so sagte er noch einmal: »Nein.«
»Du bist immer noch so ungehobelt wie damals. Du hast dich überhaupt nicht verändert«, sagte die Frau, und ihr Herz klopfte heftig. »Es ist kalt hier.«
Er war immer noch ein sehr kräftiger Mann, wie er da in ein mittelgroßes Wohnzimmer zurückging, vollgestellt mit Möbeln, ein Fernsehgerät, dessen Ton leise gedreht war, ein großer Deutscher Schäferhund, der ihn nervös umkreiste.
»Kusch«, sagte *Mean Joe* zu dem Hund.
Der Hund wedelte mit dem Schwanz und legte sich hin.
»Immer noch mit Tieren zugange?« Der Blick der Frau wanderte durch den Raum, nahm die Stapel von Kriminalromanen wahr, die rot-weißen Päckchen mit Kautabak, die verblaßten Familienfotos auf dem Kaminsims. In der Mitte stand das Bild seiner Mutter mit ihren hennagefärbten Korkenzieherlocken und dem schmollenden, geschminkten Mund.
Der Stiefvater schob seine Hände in die Taschen der gleichen grünen Arbeitshose, die er auf der Farm auch immer getragen hatte.
»Sind Sie die, für die ich Sie halte?« Seine Stimme klang knirschend und alt.
»Ich bin viele Personen.« Ausdruckslos sah die Frau den Stiefvater an. Ihre Leute waren heute freundlich; sie hielten Gefühle von ihr fern. Nur die Bewegungen von *Zombie*: ein Fuß vor den anderen.
»Du warst schon immer merkwürdig.« Der Stiefvater lehnte sich an den Kaminsims.
»Verrückt, nicht wahr?« Die Frau im roten Mantel zog die Schultern hoch. Sie erkannte das Grinsen auf seinem Gesicht; es hatte sich nicht verändert.

»Richtig. Das warst du schon immer. Keinen Funken Verstand im Kopf.« Das Grinsen wurde breiter. Er kam vom Kamin auf sie zu und umkreiste sie, wie vorher der Hund ihn.
»Es wird eine lange Nacht werden«, sagte *Mean Joe* zu ihm. »Setz dich.«
Der Stiefvater wollte sich nicht in den großen Sessel setzen, zu dem *Mean Joe* ihn führte. Aber *Mean Joe* war kräftig und wendig und muskulös. Und seine schrägen Augen brannten.
Die Frau las etwas von einem Blatt Papier ab. Einige Passagen erweckten des Stiefvaters Aufmerksamkeit. Er wollte sich zur Wehr setzen. *Mean Joe* hielt ihn im festen Griff. Die Frau hörte auf zu lesen. Sie öffnete das erste der kleinen braunen Päckchen. Sie sah eigenartig aus dabei, kindlich und unschuldig saß sie da und erklärte die Spielregeln.
Die Kapseln mit rasch sich auflösender Gelatine, sagte sie mit heller klarer Stimme, enthielten köstliche Überraschungen. Nur für ihn. Er konnte sich nicht bewegen, als sie die anderen Päckchen öffnete und ihren Inhalt auf den Couchtisch legte.
»Nichts davon wird dich umbringen, Mann.« *Mean Joe* lächelte. »Aber du wirst dir wünschen, daß es das täte.«
Rabbit wollte den Anfang machen. *Lamb Chop* bestand darauf, sie sei die erste, sonst wäre das Spiel verdorben. Wie ein winziger Zwergenbiologe erläuterte sie den Plan. Die Kapseln mit den kleinen Wurmlarven, die sie so lange und sorgfältig mit verfaultem Fleisch aufgezogen hatte, waren kurz vor dem Schlüpfen. Sie müßte, sagte sie, diese Kapseln in die Nasenhöhlen einführen und zwar schnell, bevor die Gelatine sich auflöste.
Twelve, sagte sie, hatte ihr das aus einem Buch vorgelesen, einem dicken Buch. *Twelve* fischte bereits eifrig in den braunen Papierpäckchen nach ihrer Spezialität, die

einen warmen, feuchten Platz in den Ohren des Stiefvaters finden würde.
Er protestierte heftig. Dann wehrte er sich nicht mehr. Er saß nur da, denn *Mean Joe* beugte sich vor, sorgfältig auf seine rechte Schulter achtend, und sagte ihm etwas in das Ohr, das *Twelve* gerade nicht bearbeitete. Durch *Mean Joes* Körper floß ein immer größer werdender Strom von Kraft, die ihn in seinem Leben zum Erstaunen vieler Leute schon unglaublich schwere Dinge hatte heben und bewegen lassen. Ohne das Adrenalin hätte der Stiefvater vielleicht aufstehen und alle in sehr kleine Stücke zerbrechen können. Es schien viel Zeit vergangen, bis die Frau *Rabbit* die hübschesten Kapseln gab. *Rabbit* mußte sie auf die Zunge des Stiefvaters legen und einen winzigen Schluck Wasser hinzugeben. »Das ist für dich.« *Rabbit* wagte, die Hand auszustrecken und ihn anzutippen. »Bandwurmbabys. Es wird nicht lange dauern. Hast du das nicht immer zu mir gesagt?«
Der Stiefvater zitterte ziemlich heftig, er war wirklich ein alter Mann. Die Kinder überhörten sein Winseln. Sie sahen *Mean Joe* an, als der Mann beschlossen zu haben schien, aus dem Stuhl herauszukommen und sich zu verteidigen, aber das Adrenalin strömte nur stärker. *Mean Joe* zeigte nicht die Spur von Angst, auch nicht, als der Stiefvater grinste. Zusammen mit *Mean Joe* trat die Frau vor, ihr Griff war fest. Sie sahen aus, als warteten sie nur darauf, daß der Stiefvater auch nur eine Bewegung riskierte. Zu schade, dachten die Kinder, daß sie nie in der Lage gewesen waren, den Respekt zu erregen, den der Stiefvater heute abend diesen beiden fabelhaften Erwachsenen erwies.
Die Frau hatte noch nicht zu Ende gelesen, also saß der alte Mann nur da und hörte dem Rest der Geschichte zu. Stück für Stück brach sein Verstand von ihm ab. Denn an manchen Stellen des Manuskripts heulte *Rabbit,* und ihre Töne wurden immer furchterregender.

Mean Joe hatte immer noch die Schulter hochgezogen, seine Hände hielten die Ohren des kleinen Wesens zu, das sein Gesicht an seinen Hals schmiegte.
Twelve sah auf den Stiefvater herab und lächelte.
»Es macht dir offenbar keinen Spaß«, sagte sie. »Hast du vergessen, daß es nur ein Spiel ist?«
»Ist er jetzt so verrückt, wie er uns die ganzen Jahre gemacht hat?«
Lamb Chop sah aus, als erwarte sie wirklich eine Antwort auf ihre Frage. Die Frau lächelte sie an — die gemeinsame Anstrengung von 92 Ichs.
Lamb Chop weinte vor Erleichterung und griff nach *Twelves* Hand. *Mean Joe* und die Frau sammelten die Seiten des Manuskripts und die Reste von den Paketen ein. Sie verabschiedeten sich nicht. Selbst wenn sie es getan hätten, es gab niemanden mehr, der sie hätte hören können.
Immer noch schneite es in großen weißen Flocken. Die Straße war leer, denn es war schon spät. Und an der Seite des großen schwarzen Mannes hüpften die Kinder in die Nacht.

»Danke, *Mean Joe*«, sagte *Lamb Chop*, »für die Weihnachtsgeschichte.«
»Bedank dich bei *Irishman*«, sagte *Mean Joe*.
»Du hast ihm klargemacht, daß wir das brauchten.« *Lamb Chop* arbeitete sich durch einen riesigen Negerkuß.
»Süßigkeiten verderben die Zähne, Kind. Wasch dich, und ab ins Bett.«
»Mein Hals«, klagte *Irishman*, als alle Kinder im Bett lagen. »Meine Kehle ist trocken vom Vorlesen.« Er blickte traurig auf den Boden einer leeren Flasche.
»Hier.« *Mean Joe* brachte eine neue. »Damit wir die Nacht überstehen.« Er holte Eiswürfel und schenkte mit großen ruhigen Händen ein.

551

»Mein Herz tut weh.«
»Man kann nicht alles haben.« *Mean Joe* grinste.
»Was würde ich jetzt geben für richtiges Blut, für ein Schwert in meiner Hand. Für ein Pferd.«
Mean Joe sagte: »Heute oder einst?« Er grinste immer noch. »Wirst du das Stanley erzählen?«
»In dem Manuskript ist für mich kein Platz«, sagte *Irishman*.
»Scheinheiliger Heuchler.« *Mean Joe* nahm einen tiefen Schluck und wartete, bis die Wärme ihn durchflutete. »Du bist doch derjenige, der Individualität und Selbstverwirklichung predigt. Und was ist mit dir?«
»Mit mir?« *Irishmans* Gesicht leuchtete auf. »Heiligabend ist gleich vorbei. Ich denke . . .«
Das Eis in seinem Glas klirrte, und *Mean Joe* nahm einen zweiten Schluck. »Du kannst sie nicht zurückhalten, genauso wenig wie uns. Erzähl mir nicht, daß du das nicht weißt.«
Von fern kam durch die Nacht, die das Lagerhaus einhüllte, das Getrappel von Pferdehufen. Es kam näher.
»Horch«, sagte *Mean Joe*.
Irishman lächelte. Seine Augen strahlten. »Ich bleibe nicht«, sagte er. »Sie kommt von so weit her wie ich selbst, meine Herrin, meine Gefährtin.«
So war es. *Irishman* rückte beiseite, damit *Mean Joe* sie sehen konnte: eine Frau mit rabenschwarzem Haar und so schlank wie eine Kornblume. Sie schüttelte ihre Röcke, als sie aus der Kutsche stieg.
Mean Joe sah in eine enge, bewaldete Schlucht, so dunkel wie diese Mitternachtsstunde, die nur der Mond erleuchtete. In der Schlucht hielt die Kutsche mit acht Pferden, auf einer Straße ohne Anfang und ohne Ende. *Mean Joe* hörte das Schnauben der Pferde. Rastlos stampften ihre Hufe die Erde.
»Die Pferde«, sagte *Mean Joe* mit erstaunter Stimme. »Sie

gleichen den Pferden von heute nicht. Sie sind gemacht . . .«
»Um zu rennen, *Mean Joe*. Die Pferde sind zum Rennen da.«
Und wie ein Pfeil flog *Irishman* der Frau mit den rabenschwarzen Haaren entgegen.
Mean Joes Stimme folgte ihm.
»Du kannst gehen«, rief *Mean Joe*. »Aber du kannst nicht bleiben. *Ean*, dieser Tag wird in einer Minute vorbei sein.«
Irishman blieb nicht stehen. Er sah sich nur um, mit dem Blick aller Krieger aller Zeiten.
»Wer«, fragte er, »glaubst du, dehnt die Zeit, wenn *Outrider* ihre Musik spielt? Eine Minute genügt. Ich werde sie nutzen, *Mean Joe*.«

EPILOG

Das war die Geschichte der Entfaltung der Truppen. Zum erstenmal haben multiple Personen in Buchform einen Einblick in ein erstaunliches Bewußtsein, einen verblüffenden Prozeß zugelassen. Die Truppen unterscheiden sich in bemerkenswerter Weise von anderen Multiplen, die in der Fach- oder der populären Literatur beschrieben wurden.
Sie bieten eine neue Lösungsmöglichkeit an. Nachdem ich mir der multiplen Personen bewußt geworden war, erwartete ich als Ziel der Psychotherapie, die zentrale Person zu finden und die anderen in deren Entwicklungsprozeß zu integrieren. Statt dessen fand ich heraus, daß der »Kern« tot war und daß der Heilungsprozeß wahrscheinlich bei einer Gruppe von Personen enden würde, die durch die »Hülle« einer Frau sprachen. Die Aufgabe hieß: Kooperation vieler, nicht Integration in einer. Dies Buch ist das Ergebnis der Kooperation und zeigt die Wirksamkeit dieser Lösung. Therapeuten, die mit multiplen Persönlichkeiten arbeiten, berichten in zunehmendem Maß von der Möglichkeit mehr als nur einer Lösung.
Im Fall der Truppen ist die Erstgeborene tot, und die Entscheidung hieß, die Multiplizität aufrechtzuerhalten. Im Verlauf der Entwicklung bedeutet das für die Truppen: zunehmende Kenntnis voneinander und gemeinsame Erfahrung der traumatischen Ursachen der Multi-

plizität. Die Kommunikation der Truppenmitglieder untereinander hat sich verstärkt, und ganz offensichtlich nimmt die Fähigkeit, gemeinsam zu handeln, zu. Dies Buch erlaubte und beförderte ermutigende Beziehungen zwischen den Truppenmitgliedern.
Wahrscheinlich wirft vor allem das letzte Kapitel für die Leser viele Fragen auf. Beschreibt es eine wirkliche Reise, um Rache am Stiefvater zu üben? Bei aufmerksamer Lektüre wird deutlich, daß diese Passage in Wahrheit die Erzählung ist, die *Ean* den Kindern vorliest. Die Wut der Kinder schrie nach Vergeltung für die Brutalität, die viele von ihnen erlitten haben. Dieser Schluß half den Kindern, ihre Wut auf den Stiefvater herauszulassen, ohne mit dem Gesetz in Konflikt zu geraten. *Eans* Weihnachtsgeschenk für die Kinder ist die Geschichte einer Rache — ihrer Rache. Der geheimnisvollste Teil des Buches ist die Schlußpassage. Deren Bedeutung bleibt im dunkeln und ist zum gegenwärtigen Zeitpunkt wohl nur durch eine Reise mit *Ean* in einen irischen Pub zu lösen, wo ein ordentlicher Schluck Met seine Zunge lösen könnte. Wir sehen einen Mann mit irischem Akzent, der von einer Aura des Geheimnisvollen umgeben ist. Wer ist *Ean* wirklich? Er scheint ein Teil der Truppe zu sein und ist es doch wieder nicht. Es heißt, daß *Ean* »oben« sitzt. Er hat die Fäden der Choreographie in der Hand, nach der die Truppen kommen und gehen, und er strahlt große Energie aus. Es heißt auch, daß er nicht von dieser Zeit ist, sondern zeitlos. *Eans* Macht scheint jenseits von Zeit und Raum zu bestehen, aber was heißt das? Blicken wir in jenen Bereich, den moderne Menschen »psychische Phänomene« nennen, oder sehen wir die Spuren früheren Lebens? Vielleicht handelt es sich um eine Welt, von der wir uns keine Vorstellung machen können; vielleicht wird uns erlaubt, über unsere normalen Sinne hinaus einen Blick auf die Welt des Übersinnlichen zu werfen.

Die Erscheinung der Frau mit den rabenschwarzen Haaren in einer von mächtigen Pferden gezogenen Kutsche deutet auf eine andere, längst vergangene Welt, die andererseits keine Zeit kennt. Es gibt mehr als einen Hinweis darauf, daß *Ean* ein Bewußtsein und ein Leben jenseits der Truppen besitzt — ein Leben, das ihn ruft, und sei es auch nur für einen unendlichen Augenblick. Aber wer er ist und woher er kommt, bleibt vorerst ein Geheimnis.

Die Leser werden sich fragen, an welchem Punkt ihres Heilungsprozesses die Truppen jetzt stehen. Im Oktober 1986 sprach ich mit den Truppen, um ihnen zu helfen, sich selbst einzuschätzen. Sie schickten mir eine schriftliche Antwort, die für sich selbst steht. Sie schreiben:

Wo stehen wir jetzt? Bis die Werbung für dieses Buch beginnt, arbeiten wir in einer relativ autonomen Position für eine bekannte Firma und stehen durchaus im Licht der Öffentlichkeit. Niemand von denen, die täglich an unserem Schreibtisch vorbeikommen, weiß, daß wir die Regeln und Gesetze hassen und fürchten, die andere für einen selbstverständlichen Teil ihres Lebens halten, und wie sehr wir fürchten, daß in diesem Gesellschaftssystem unsere Fehler uns eines Tages umbringen könnten.

Vertrauen? Einige von uns wagen es immer noch und haben damit kein Glück. Beziehungen brechen unter unserer Angst, unserem Mißtrauen und der alten Erwartung des Schmerzes zusammen. Opfer rechnen normalerweise mit dem Schmerz, sind zu schnell bereit, ihn hinzunehmen, und werden nie lernen, ihn anzunehmen. Entweder wählen sie den falschen Partner (was zwangsläufig Schmerz mit sich bringt), oder sie finden den richtigen und zerstören dann, was sie doch nicht verlieren wollen.

Öfter als früher wagen wir es, aufrecht zu gehen. Wir sehen uns um und staunen, daß alles so gutgeht. Ein wunderbares Gefühl.

Mean Joe kann uns nicht vor allem schützen; manchmal versuchen wir, ihn zu beschützen. Die Kinder bemühen sich, größer zu werden; einige von ihnen gegen alle Hindernisse. *Irishman* weint nachts aus Sehnsucht nach dem, was er »die alte Heimat« nennt; vielleicht werden wir sie besuchen. Vielleicht finden wir, abgesehen von dem Glück, das *Irishman* unter seinem längst vergangenen Himmel suchen will, dort den Schlüssel zu uns selbst.
Ean ist zu großen Teilen immer noch ein Geheimnis für uns; aber beim Verfassen dieses Buches waren wir gezwungen, seine Macht zu erkennen. Nach den letzten Problemen, denen sich jeder Autor gegenübersieht, wenn die Arbeit dem Ende zustrebt, seufzten wir vor Erleichterung. Wir waren sehr schockiert, als wir uns noch einmal an der Schreibmaschine fanden, vor uns ein weißes Blatt Papier — und die Tasten klapperten, beschrieben irgend etwas aus einer Sitzung, und nur *Ean* schien in der Lage, die Dinge dahin zu bringen, wohin nur er gehen kann. Deshalb zeigen die beiden letzten Seiten, die an jenem Tag entstanden, nicht nur *Eans* enge Beziehung zu *Mean Joe*, sondern auch, warum die Wände des Tunnels jede Nacht von qualvollen Schreien erschüttert wurden. Als *Ean* schrieb, wurde alles klarer. Er stand in dieser stillen, mondbeglänzten Schlucht, die nicht von dieser Zeit war, und blickte auf die wartende Kutsche und die acht Pferde und auf seine Herrin — und er nahm sie zu sich, und sein Weinen ließ uns wünschen, mit ihm schreien zu können.
»*A 'garron a' fain*«, brüllte er. »*M' darling, a garoon a' fain!*«
Irgendwo wird es jemanden geben, der versteht, was er sagte. Wir verstehen es nicht, wir wissen nicht einmal, ob wir es richtig wiedergegeben haben. Nur den Klang des rollenden R und den Aufruhr, der dahinter stand, hat unser Bewußtsein reflektiert. Als wir das Manuskript

abgegeben hatten, begannen wir uns zu fragen: Stahl sich *Irishman* in seiner letzten Szene zu einem langersehnten Treffen mit der Frau, die schon immer die seine gewesen war, davon, oder holte er sie zu sich auf seine Seite, um weiterzukämpfen? Und welche Kämpfe würden noch folgen? Während wir dies schreiben, spüren wir, wie *Ean* sagt, daß auf jeden Kampf der nächste folgt – und deshalb hat die Straße weder Anfang noch Ende.

Dies Bild vom gegenwärtigen Zustand der Truppen zeigt mir den Fortschritt, der erreicht wurde, seit ich sie im September 1980 zum erstenmal in der Frau, von der man mir sagte, sie sei Truddi Chase, gesehen habe. Sie werden mit dem Leben sichtlich besser fertig, und sie akzeptieren, wer sie sind und wie die Multiplizität funktioniert. Das Buch, das sie schrieben, um die Therapie zu unterstützen, ist der Hauptbeweis für ihren Willen, »gesund« zu werden. Natürlich ist die Angst immer noch da, und manchmal deckt sie alles andere zu; aber wenn die Truppen ihre Fähigkeiten einsetzen, sind sie imstande, diese Ängste zu überstehen. Ihre Energie hat sie überleben lassen; sie ist der Hauptfaktor bei der Entscheidung, sich dem Leben zu stellen und das Risiko neuer Beziehungen einzugehen. Positive Unterstützung findet das durch die Tatsache, daß sie nicht mehr so häufig durch ihre Angst vor anderen Menschen gelähmt werden.
Obwohl die Truppen und ich inzwischen räumlich getrennt sind, halten wir regelmäßig sowohl informellen wie therapeutischen Kontakt. Wir telefonieren miteinander und sehen uns. Die Aussichten auf weitere Besserung sind gut, und die Entfernung wird unsere Beziehung nicht behindern. Denn wie mit *Ean* verstehen wir uns inzwischen jenseits von Worten und Zeit und Raum.

ROBERT A. PHILLIPS JR., PH. D.

Namen der Truppenmitglieder und Übersetzung
(in alphabetischer Reihenfolge)

Big Three – Die Großen Drei (vgl. Catherine)
Black Katherine – Die Schwarze Katharina (vgl. Catherine)
Brat – Balg, Gör
Buffer – Stoßdämpfer, Dämpfer (weiblich)
Catherine – (zusammen mit Black Katherine und Lady Catherine Tissieu bildet sie die Gruppe Big Three)
Collector – die Sammlerin
Ean – Eigenname, männlich (manchmal auch Irishman, der Ire)
Elvira – die zweite Identität von Outrider
Frontrunner – Favoritin, Spitzenreiterin, die in vorderster Front
Grace – auch Zombie, die tote Seele
Gatekeeper – die Türhüterin
Interpreter – die Dolmetscherin
Irishman – siehe Ean: der Ire
Junkman – Altwarenhändler, Trödler, der, der sich auf dem Schrottplatz versteckt
Lady Catherine Tissieu – (vgl. Catherine)
Lamb Chop/Lambchop/Lamchop – Lammkotelett
Mable – Eigenname (die Häusliche, Fleißige)
Me – ein Kind, das »ich« sagt
Mean Joe Green – der gemeine Joe, großer, dunkler Mann, der die Kinder und Miss Wonderful beschützt
Miss Wonderful – die Hübsche
Nails – Nägel, scharfe Zunge
Olivia I. – vierjähriges totes Kind
Olivia II. – Nachfolgerin von Olivia I., als Sechsjährige auch – siehe Well – der »Brunnen der Kreativität«
Outrider – Vorreiterin (vgl. Elvira)
Peacemaker – Friedensstifterin
Rabbit – Kaninchen
Rachel – Eigenname, die sinnlichere Variante von Sixteen
Recorder – die Protokollführerin
Relief – die, die etwas deutlich ausspricht, linke Hand von Sewer Mouth
Renegade – die Abtrünnige, die Überläuferin
Seventh Horseman – der siebte Reiter (weiblich)
Sewer Mouth – Schandschnauze, loses Maul
Sister Mary Catherine – die Nonne

Sixteen – Sechzehn, das Mädchen, das den Sex genießt
Suicidal Warrior – die Selbstmordkandidatin
Ten-Four – Zehn-Vier, die Geschäftstüchtige
Twelve – Zwölf, das Mädchen mit dem blitzenden Verstand
Well – der Brunnen (der Kreativität – siehe Olivia II.)
Zombie – die tote Seele

Die beiden folgenden Seiten zeigen frühe handschriftliche Aufzeichnungen.

that these | the way we once pictu[red]
y the public. | ourselves enjoying it
theirs. They

LIFE: There seems to be a lot of
foot + their | drivel being spoken and written th[ese]
s. But, | days, possibly as a cover up [for]
ies to die, bad | real issues promised for this nex[t]
from the | plateau.
overload
conversation. | Kindergarten time is over. Hi t[here]
                Selver.
was creating
d for the
that overload   Vow — Great bemused attitude upon
at emotional   discovering that entire basement
have struck   All Art Supplies, Household Belong-
(a   ings, Shop Area, have been
Buffer)   Cleared, Re-aligned, Moved, Re-
+ only   Packed, (LIFTED, SHOVED, POUN[DED])
                with terrible Anger.
own, for
te Sunday
ing nice   It's A Strange Way, Armeth
down,   it's A way through Me. It's a
haul

hese are the same pages you handed me when [the]
uscript was to begin," he said. "No Ch[anges]
ve been made. There are those who woul[d say]
that change is progress."

"Let them say it." Twelve's eyes were w[ith]
mazes me at how changed but we hav[e]

...ring us. Dr. Phillips / ...plain it on Friday

her flicks
tail, Angus —
... on black
... my wrist
...ther's grasp &
...onked forward
... doesn't
? —

...o Says
...estion &
...s just
— a Cou...
...d at his
...t hit me
...visuali...
...uddens
& stiff
...t the f
& I s...
... but I
...older /
I nod
...oss, I
...eel 'C on in) wom...
... though not yet kno...

...ages would not b...
The children waite...
...tood, those who we...
...le other. No child.
...in his shoulder, :
stirred, ~~but~~ her
     "Why do you,
...nd, ruthmic. Th...
going down here, now? Sud-
denly I could see that
later acreage — with the
well tucked in one corner.
IT WAS NEVER MINE,
before, even thou...
the memory hun...
here, vague & ~~far~~
They are saying that
still don't OWN the
of it, to the degree t...
THEY do, or that O...
people OWN what
themselves have eve...
They are saying that u...
to own any property
one must live it —
I never lived it
will therefore neve...

quires,
long ...
night,
was n...
set do...
first
not
becau...
any
twelv...
& re-...
proper...

She
go ahead
doing